ARBEITEN ZUR KIRCHLICHEN ZEITGESCHICHTE
REIHE A: QUELLEN · BAND 7

V&R

ARBEITEN ZUR KIRCHLICHEN ZEITGESCHICHTE

Herausgegeben im Auftrag der Evangelischen Arbeitsgemeinschaft
für Kirchliche Zeitgeschichte von
Carsten Nicolaisen und Harald Schultze

REIHE A: QUELLEN

Band 7

Matthias Weindel (Bearb.)

Leben und Lernen hinter Stacheldraht

GÖTTINGEN · VANDENHOECK & RUPRECHT · 2001

Leben und Lernen
hinter Stacheldraht

Die Evangelischen Lagergemeinden und Theologischen
Schulen in England, Italien und Ägypten

Eine Dokumentation

bearbeitet von
MATTHIAS WEINDEL

Mit einem Geleitwort von Gerhard Schäfer

GÖTTINGEN · VANDENHOECK & RUPRECHT · 2001

Redaktionelle Betreuung dieses Bandes:
Carsten Nicolaisen

Die Deutsche Bibliothek – CIP-Einheitsaufnahme

Leben und Lernen hinter Stacheldraht: die evangelischen Lagergemeinden
und theologischen Schulen in England, Italien und Ägypten; eine Dokumentation /
bearb. von Matthias Weindel. Mit einem Geleitw. von Gerhard Schäfer.
[Red. Betreuung dieses Bd.: Carsten Nicolaisen]. –
Göttingen: Vandenhoeck und Ruprecht, 2001
(Arbeiten zur kirchlichen Zeitgeschichte: Reihe A, Quellen; Bd. 7)
ISBN 3-525-55757-4

Satz: Satzspiegel, Nörten-Hardenberg
Druck und Bindung: Hubert & Co., Göttingen

INHALT

DOKUMENTE

I. Leben und Lernen in Großbritannien – das Norton Camp 1945–1948

II. Leben und Lernen in Italien – die Enklave Rimini 1945–1947

Evangelische Lagergemeinden in den Kriegsgefangenenlagern . . 235

GELEITWORT

Kenntnis der Vergangenheit als Ermöglichung der Zukunft: Unter einem solchen Motto könnte die vorliegende Dokumentation verstanden werden.

Die von den westlichen Gewahrsamsmächten bis zum Jahr 1948 verhängte Kriegsgefangenschaft für deutsche Soldaten hatte ihren besonderen Charakter. Es ging nicht nur darum, die Arbeitskraft der deutschen Soldaten als eine Art von Reparationsleistung einzusetzen; der Aufenthalt in den Gefangenenlagern sollte auch einer Umerziehung zu demokratischer Haltung dienen. In diesem Prozeß einer erhofften Sinnesänderung war die Zulassung von Schulen mannigfacher Art in den Lagern zunächst eingebunden. Mit der Förderung der Theologischen Schulen durch kirchliche Stellen der werdenden Ökumene und durch die YMCA kam dann aber ein anderer Gesichtspunkt hinzu: Die gefangenen Deutschen sollten etwas verspüren von der christlichen Bruderliebe, die an den Schranken von Freund und Feind nicht halt macht. So sind jene Schulen ein bleibendes Mahnmal für diese Hilfe aus der Christenheit der Welt, und eine Dokumentation wie die vorliegende ist ein Zeichen des bleibenden Dankes.

Ohne die Eigeninitiative der Gefangenen und deren Aufbauwillen hätten die Schulen aber kaum die Bedeutung erlangt, die sie im Lauf der Zeit gewannen. Was dort geleistet wurde, sollte nicht nur Antwort sein auf das Angebot der verschiedenen beteiligten Stellen; die Deutschen wollten selber dazu beitragen, die Vergangenheit aufzuarbeiten, die geistesgeschichtlichen Hintergründe für das Aufkommen des Nationalsozialismus und damit für die Katastrophe des Krieges zu erfassen. Sie mühten sich um eine neue, aus christlichem Geist geborene Haltung. Die Dokumente sind deshalb auch Vermächtnis der Gemeinde hinter Stacheldraht an künftige Generationen, die selbst ein halbes Jahrhundert nach dem Ende des Zweiten Weltkrieges des Nachdenkens wert sind.

Wenn die Dokumentation in dieser Weise der Erinnerung dient, wenn sie Dank nicht verstummen läßt und wenn sie fruchtbar gemacht wird, von der biblischen Botschaft her einen Weg in neuen Situationen und Zeiten zu versuchen, dann hat die Mühe des Bearbeitens den wohlverdienten Lohn gefunden.

Zu danken habe ich dem Evangelischen Oberkirchenrat in Stuttgart, dem Landeskirchenamt in München, dem CVJM-Generalverband in Deutschland in Kassel und dem Deutschen Jugenddorfwerk; sie alle haben das

Zustandekommen dieser Dokumentation finanziell in entscheidender Weise ermöglicht. Die Evangelische Arbeitsgemeinschaft für Kirchliche Zeitgeschichte unter dem Vorsitz von Prof. Dr. Joachim Mehlhausen† hat den Band in ihre Reihe aufgenommen. Ohne diese vielfältige Hilfe hätte der Band nicht zusammengestellt und nicht veröffentlicht werden können; dafür bin ich herzlich dankbar.

Im Herbst 2000   D. Dr. Gerhard Schäfer

VORWORT

Zu den bis heute weithin vergessenen Kapiteln der protestantischen und ökumenischen Kirchengeschichte gehört das christliche Leben in der Kriegsgefangenschaft nach dem Zweiten Weltkrieg. Unter den verschiedensten Bedingungen entwickelten sich in der großen Mehrzahl der Kriegsgefangenenlager Lagergemeinden, deren Prägungen für die Kriegsgefangenen und – nach deren Repatriierung – für die Evangelische Kirche in Deutschland nicht zu unterschätzen sind. Ein besonderes Beispiel kirchlicher Vielfalt und Lebendigkeit stellt dieses *Leben und Lernen hinter Stacheldraht* dar.

Zuerst leben und dabei lernen! Das war die große Herausforderung und zugleich unermeßliche Chance für die Kriegsgefangenen. Die Männer hinter Stacheldraht mußten nach dem Zusammenbruch des „Dritten Reiches" in der Gefangenschaft lernen, ihr Leben neu zu gestalten. Dies gelang zuweilen nur durch den Entschluß, mit der eigenen Biographie zu brechen. Und um sich neu zu orientieren und etwaige Brüche zu verarbeiten, boten die Lagerschulen, wie sie im Bereich der britischen Gewahrsamsmacht entstanden, gute Möglichkeiten. Es ging nicht nur darum, nach den Jahren des Krieges sich wieder in geistiges Arbeiten hineinzufinden und sich Sachwissen anzueignen; das letzte Ziel war, dem persönlichen und dazu auch dem gesellschaftlichen Leben in dem anderen Deutschland eine neue Ausrichtung zu geben.

Die Wechselbeziehung zwischen Leben und Lernen läßt sich besonders deutlich an den drei Theologischen Lagerschulen zeigen, die in deutschen Kriegsgefangenenlagern der britischen Gewahrsamsmacht ins Leben gerufen wurden und sich dort zum Teil über mehrere Jahre hin entwickelten. Hier waren von allen Seiten die Voraussetzungen vorhanden, die zum Gelingen eines solchen Weges nötig waren. Im Gegensatz zu den Wissensgebieten, die von anderen Fakultäten der Lagerhochschulen gepflegt wurden, bietet die Beschäftigung mit theologischen Fragen eine noch unmittelbarere Beziehung zur und Hilfe bei der eigenen geistigen Orientierung. Die britische Regierung mußte ein Interesse an einem geistigen Lernprozeß der Gefangenen haben, da sie mit dem Programm der Re-education einen ebensolchen Prozeß in Bewegung bringen wollte. Die Kriegsgefangenenhilfe der YMCA war gewillt, die Theologischen Schulen zu unterstützen. Damit war die für den Erfolg notwendige neutrale, das heißt eine nicht in den Krieg verwickelte, Einrichtung zur Hand. Schließlich fanden sich

unter den Kriegsgefangenen geeignete und engagierte Persönlichkeiten, die
bereit waren, mit gleichermaßen geeigneten und engagierten Persönlichkeiten der beteiligten Organisationen zusammenzuarbeiten und die Schulen
innerhalb der Lager aufzubauen.

Auf dem Hintergrund einer solchen historischen Situation zeichnet die
Dokumentation beispielhaft für Leben und Lernen hinter Stacheldraht das
Umfeld und die Arbeit der Theologischen Schulen in Norton Camp (Eng-
land), in Rimini (Italien) und in der Suezkanalzone (Ägypten) nach.

Die Arbeit an dieser Dokumentation hat sich länger hingezogen als
zuerst zu vermuten war. Wenn ich heute auf den langen Weg bis zu dem
fertigen Band zurückblicke, möchte ich mich bei den vielen bedanken,
denen ich begegnet bin und die dieses Projekt unterstützt haben, die zu
Gesprächen bereit waren und die mir ihre Unterlagen anvertrauten und
zum Verbleib im Landeskirchlichen Archiv Stuttgart überantworteten. Obgleich ich nur wenige hier erwähnen kann, mögen sich doch alle bedacht
wissen. Herausheben möchte ich aber doch meine Frau und meine Kinder,
die unter den gegebenen Umständen oft über das gebotene Maß Einschrän-
kungen hinnahmen und den Ehemann und Vater mit Verständnis trugen.
Ich bedanke mich ganz besonders bei Herrn D. Dr. Gerhard Schäfer für
seinen erfahrenen Rat und seine unterstützende Tat vom ersten bis zum
letzten Tag. Herrn Prof. Dr. Joachim Mehlhausen† möchte ich für die
Freiräume danken, die er mir zur Erstellung dieser Arbeit in unserer Zeit
in Tübingen einräumte. Ich freue mich, daß er und die Evangelische
Arbeitsgemeinschaft für Kirchliche Zeitgeschichte schließlich dieses Kapitel
Kirchlicher Zeitgeschichte mit der Aufnahme in ihre Publikationsreihe
gebührend würdigen.

Im Herbst 2000   Matthias Weindel

EINLEITUNG

Die Dokumentation – das Umfeld der Literatur – die Quellen – die Konzeption

Die drei Theologischen Schulen, die im Mittelpunkt dieser Dokumentation stehen, haben bisher in der Literatur eine eher sporadische Beachtung gefunden. Gegenüber den Schulen in Rimini und in der Suez-Kanalzone steht dabei mit einer gewissen Berechtigung Norton Camp im Vordergrund: Das Unterrichtsangebot war dort am breitesten, die Schule bestand relativ lange Zeit, hochrangige Besucher und Gastdozenten schufen schon sehr früh eine gewisse Verbindung zum Festland und ließen das Lager in das Bewußtsein der Kirchen und Theologischen Fakultäten eingehen.

Als die Theologische Schule in Norton Camp noch voll in Betrieb war, erschienen in Deutschland in der „Theologischen Literaturzeitung" zwei anonyme Berichte, die auf unmittelbare Zeitzeugen zurückgehen.[1] Ein Jahr nach Schließung der Schule meldete sich mit Wolfgang Sange ein Autor zu Wort, der selber in Norton Camp studiert hatte.[2] In späteren Gesamtdarstellungen zur Geschichte der Kriegsgefangenen und Kriegsgefangenenschulen nach dem Ende des Zweiten Weltkriegs werden die Schulen in Norton Camp und in Rimini zwar erwähnt, aber nicht im eigentlichen Sinn behandelt. Hinzuweisen ist auf die 22 Bände umfassende Reihe der Wissenschaftlichen Kommission für deutsche Kriegsgefangenengeschichte, in der die Arbeiten von Kurt W. Böhme, Henry Faulk und Helmut Wolff die wichtigsten für das Thema dieser Dokumentation sind.[3] Fast 30 Jahre nach der Gründung der Schule in Norton Camp mahnte deren letzter Leiter, Ernst Dammann, das in dieser Schule geschriebene Kapitel der Kirchengeschichte nicht zu vergessen.[4] Eine Darstellung mit vielen einzelnen Informationen von früheren Lehrern und Schülern aus Norton Camp und Rimini bietet dann Matthew Barry Sullivan, von dessen Werk zwei Jahre nach der englischen Originalausgabe eine deutsche Übersetzung erschien.[5] Da zahlreiche Angaben auf Erinnerungen beruhen, unterlaufen bei Einzelheiten, besonders bei der Datierung, des öfteren Ungenauigkei-

---

[1] Theologische Schule.
[2] W. Sange, Kriegsgefangene.
[3] K. W. Böhme, Geist und Kultur. – H. Faulk, Re-education. – H. Wolff, Überblick. Vgl. auch W. Wienert, Unterricht. Zur ganzen Reihe vgl. E. Maschke, Geschichte.
[4] E. Dammann, Theologische Schule.
[5] M. B. Sullivan, Schwelle zum Frieden.

ten. Im Zusammenhang mit mehreren ausführlichen Interviews, die der
Bearbeiter dieser Dokumentation mit Werner Jentsch führte, erwachte bei
ihm, dem ehemaligen Leiter des Theologischen Seminars in Rimini und
des Jugendleiterkurses in Norton Camp, der Gedanke, seine Lebenserin-
nerungen zusammenzustellen und zu veröffentlichen.[6] Als letzte Publikation
zur Schule in Norton Camp ist schließlich noch auf die Arbeit von Klaus
Loscher zu verweisen.[7] Unter dem allgemeinen Gesichtspunkt des Studiums
nach dem Ende des Zweiten Weltkrieges werden in der Studie von Wal-
demar Krönig und Klaus-Dieter Müller auch Norton Camp, Rimini und
Ägypten erwähnt.[8] Die Arbeit basiert auf einer Umfrage bei etwa 1.650
Personen, die zwischen 1945 und 1954 an Universitäten in Westdeutsch-
land oder in Westberlin immatrikuliert waren. Sie zeigt die Vielfalt der in
den Kriegsgefangenenlagern vorhandenen Lagerschulen und weist den Versuch der Re-education als deren Ermöglichungsgrund aus.

Schon bei den vorbereitenden Überlegungen für diese Dokumentation
wurde deutlich, daß eine mehrfache Einschränkung notwendig sein würde,
wenn der Plan nicht scheitern sollte. Die erste Entscheidung war die
Beschränkung auf den Bereich der britischen Gewahrsamsmacht und auf
Schulen für protestantische Theologen. Dadurch blieben die Studienlager
für katholische Theologen in England, wie z. B. Camp 186 in Berechurch-
Hall, Colchester/Essex, und die großen Schulen in Frankreich, in Montpellier und Chartres[9] unberücksichtigt. Zum anderen wurde darauf verzichtet, den in englischen Archiven vorhandenen Unterlagen nachzuspüren,
von denen ein Teil nach zuverlässigen Informationen nicht mehr auffind-
bar, ein Teil noch nicht gesichtet war. Zeitlich und finanziell hätten solche
Recherchen den vorhandenen Rahmen gesprengt. Die jüngste Arbeit von
Klaus Loscher, der sich auf die Auswertung englischer Archive beruft, hat
keine nennenswert weiteren Ergebnisse zutage gefördert; der hier geübte
Verzicht ist damit als möglich bestätigt.[10] Schließlich erzwang der Umfang
des einen Bandes, der für die Dokumentation vorzusehen war, eine sehr
strenge Auswahl der Dokumente. Eine Verlaufsgeschichte der Theologischen Schulen, die nach dem vorhandenen Material hätte dargestellt werden können, ließ sich nicht verwirklichen. Dabei mußte Dokumenten, die
den Alltag der Kriegsgefangenen beleuchten, entsprechend der Intention
der Dokumentation derselbe Stellenwert eingeräumt werden wie Dokumenten zu den Schulen selber. Das gesamte Material, das in der Sammel-

---

[6] W. JENTSCH, Ernstfälle.
[7] K. LOSCHER, Studium.
[8] W. KRÖNIG/K.-D. MÜLLER, Nachkriegs-Semester.
[9] Vgl. dazu E. BLUM, Frankreich; K. H. KLOIDT, Chartres; E. MÜLHAUPT, Psalmen.
[10] Vgl. K. LOSCHER, Studium, S. 336.

phase zusammengetragen wurde, ist jetzt als Bestand D 54 im Landeskirchlichen Archiv Stuttgart verwahrt.

Da die Dokumentation vor allem den Theologischen Schulen gilt, erwiesen sich die kirchlichen Archive am ergiebigsten; über die Evangelische Kirche in Deutschland, über die Landeskirchen von Bayern, Hannover und Württemberg verliefen die meisten Kontakte der Heimat zu den Kriegsgefangenen. In ökumenischer Hinsicht bot das Archiv der YMCA in Genf eine wertvolle Ergänzung. Die zentralen staatlichen Archive Westdeutschlands, das Bundesarchiv in Koblenz und dessen Militärarchiv in Freiburg, boten Material zur allgemeinen Situation der Kriegsgefangenen, während naturgemäß die Archive der Bundesländer in der Hauptsache die Situation in Deutschland erfassen und deshalb bei den Sucharbeiten außer Betracht bleiben konnten.

Die in die Dokumentation aufgenommenen Dokumente sind in drei sachlich gebotene Abschnitte aufgeteilt und innerhalb dieser Abschnitte chronologisch geordnet. Die Dokumente erscheinen in der Regel in vollem Wortlaut; Auslassungen sind durch [...] kenntlich gemacht. Leichte Wiederholungen müssen in Kauf genommen werden. Wo für englische Texte eine autorisierte deutsche Fassung vorlag, wurde diese übernommen.

Die Texte sind nach Rechtschreibung und Zeichensetzung normalisiert. Hervorhebungen in den Dokumenten wurden nur übernommen, wenn sie inhaltlich von Bedeutung sind oder der besseren Lesbarkeit dienen (Kursivdruck). Die Abkürzung P wurde grundsätzlich als „Pfarrer" aufgelöst. Beibehalten ohne näheren Hinweis sind nur allgemein gebräuchliche Abkürzungen, die übrigen sind im Abkürzungsverzeichnis erklärt. Bemerkungen des Bearbeiters sowie Daten, die erschlossen wurden, erscheinen in eckigen Klammern. Die Anmerkungen beschränken sich auf das Notwendigste.

Die Kriegsgefangenenhilfe der YMCA – Leben und Helfen

Der Vorstand des Weltbundes der *Young Men's Christian Associations (YMCA)* hatte bereits im Juli 1939 die Zeichen der Zeit erkannt und seine *War Prisoners' Aid* ins Leben gerufen.[11] Noch vor dem 3. September 1939, dem Ausbruch des Krieges, trat das Weltkomitee der YMCA mit den

---

[11] Vgl. zur Geschichte der Kriegsgefangenenhilfe der YMCA T. STRONG, Service, S. 545–588 sowie das unveröffentlichte, in englischer Sprache verfaßte Manuskript von Andre Vulliet: A Record of YMCA Service among Prisoners, Internees and Displaced Persons during World War II. o. O. o. J., auf das Strong bei seinen Ausführungen wesentlich zurückgreift. Es befindet sich in der Bücherei des Weltbundes in Genf, die dem Bearbeiter eine Kopie zur Verfügung gestellt hat (LKA STUTTGART, D 54: YMCA).

Regierungen von Großbritannien, Deutschland und Frankreich in Verhandlungen und erhielt vom britischen Kriegsministerium, dem deutschen sowie dem französischen Außenministerium in den ersten Wochen nach Kriegsausbruch die schriftlichen Zusicherungen, ihre internationale Kriegsgefangenenhilfe durchführen zu dürfen. Aufgrund dieser Erlaubnis wurde in Absprache mit dem im Aufbau befindlichen Ökumenischen Rat der Kirchen[12], dem Christlichen Studentenweltbund und der *Young Women's Christian Associations* die YMCA mit der generellen Kriegsgefangenenbetreuung beauftragt, der die anderen Weltorganisationen im Rahmen ihrer Möglichkeiten unterstützend zur Seite treten sollten. In Abstimmung mit dem Internationalen Komitee des Roten Kreuzes (IKRK) übernahm die Kriegsgefangenenhilfe der YMCA die drei Aufgaben: 1. Aus- und Weiterbildung, 2. Freizeitgestaltung und 3. kulturelle und geistige Betreuung der Kriegsgefangenen. Dem gegenüber blieb das Rote Kreuz gemäß der Genfer Konvention[13] für die medizinische und strukturelle Versorgung verantwortlich.

Daß die Arbeit der Kriegsgefangenenhilfe nicht immer einfach war, zeigte sich bei den Bemühungen, die Universalität und Neutralität der Organisation mit der jeweiligen nationalen Autonomie der Gewahrsamsmacht und der Kriegsgefangenen zu verbinden. Dadurch wird nachvollziehbar, daß die Kriegsgefangenenhilfe der YMCA in England, Italien und Ägypten ganz unterschiedliche Ausprägungen erfuhr.[14] Entscheidend für ihre guten Wirkungen bei den Kriegsgefangenen war die strikte Neutralität der War Prisoners' Aid auch gegenüber den Re-education-Maßnahmen. Man durfte nicht Mittel zum Zweck oder Handlanger der Re-education werden.[15] Dennoch ergänzten sich beide Bemühungen.

---

[12] Der ÖRK in Genf rief die *Ökumenische Kommission für die Pastoration der Kriegsgefangenen* ins Leben. Sie hatte sich die *pastorale* Betreuung der Kriegsgefangenen zur Aufgabe gemacht, welche praktisch darin bestand, die Kriegsgefangenenlager zu besuchen und die Strukturen für Lagergemeinden zu fördern und seelsorgerlich zu unterstützen. Häufig bestand ihre Hilfe in der Vermittlung von theologischer Literatur, die dann vor Ort von der YMCA verteilt wurde. Deshalb kam es mitunter bei den Kriegsgefangenen zu dem Eindruck, alle Literatur sei von der YMCA gekommen. Von der Ökumenischen Kommission für die Pastoration der Kriegsgefangenen hörten gerade in Großbritannien, aber auch in Ägypten die Kriegsgefangenen erst sehr spät. Das lag unter anderem darin begründet, daß sie mehr im Hintergrund agierte als öffentlich Akzente setzte; vgl. den Bericht des Dekans der deutschen lutherischen Gemeinden in Großbritannien Dr. Julius Rieger, den er auf der Konferenz der evangelischen Lagerpfarrer in London am Freitag, dem 2.4.1948 hielt (Referat von Dekan Dr. Julius Rieger bei der Konferenz der evangelischen Lagerpfarrer in London. London März/April 1948. In: EZA BERLIN, 2/475). Dem gegenüber war die Hilfe der YMCA jedem Kriegsgefangenen offensichtlich.

[13] Vgl. LThK Bd. 4, S. 459.

[14] Vgl. z. B. Nr. I/2, S. 74 ff., mit II/6-8, S. 256-269.

[15] Vgl. W. KRÖNIG/K.-D. MÜLLER, Nachkriegs-Semester, S. 41.

Gemeinsam war allen Aktivitäten der YMCA eine ökumenische und insofern gerechte Betreuung aller Kriegsgefangenen, unabhängig von ihrer Herkunft und ihren Motiven, diese Hilfen anzunehmen. Getragen wurde die Arbeit von einem Geist praktischen Christentums. Hierin liegt der Grund, daß dem Bearbeiter in Interviews mit Zeitzeugen[16] im Zusammenhang mit der YMCA immer wieder von deren materiellen Hilfeleistungen berichtet wurde. Diese sind offensichtlich prägend in Erinnerung geblieben. Dennoch wäre es falsch, daraus folgern zu wollen, daß die YMCA-Kriegsgefangenenhilfe sich in der Lieferung von materiellen Gütern wie z. B. Schreibmaterial, Büchern oder Fußbällen erschöpfte. Aufgrund ihrer Erfahrungen in der Kriegsgefangenenhilfe während des Ersten Weltkrieges und durch die internationale Organisationsstruktur war sie geradezu dafür prädestiniert, die Kriegsgefangenen mit solchen Gütern zu versorgen. Die tiefere Bedeutung der Kriegsgefangenenhilfe der YMCA lag jedoch darin, den verzagten, hoffnungslos und mutlos gewordenen Gefangenen ein Christentum der Tat zu vermitteln. Man wollte die emotionellen Grenzen von Verzweiflung und Resignation überwinden helfen, indem die Kriegsgefangenen in der trostlosen Zeit ihrer Gefangenschaft mit irdischen Gaben beschenkt wurden. Weiterhin – und das ist kirchengeschichtlich entscheidend – öffneten die Mitarbeiter der YMCA den Kriegsgefangenen den Blick über nationale und konfessionelle Grenzen hinweg zu einem ökumenischen Christentum, das die Kriegsgefangenen in den Lagern allgemein und in den Theologischen Schulen im besonderen erfahren und leben konnten. Diesen Aspekt will die Dokumentation unterstreichen.

Re-education – Erziehen und Leben

Seit dem Frühsommer 1944 machte man sich im britischen *War Office* und im *Foreign Office* verstärkt Gedanken über die Rolle der Deutschen und über den Umgang mit ihnen nach dem Ende des Krieges. Diese Überlegungen gingen davon aus, daß Deutschland in der Gemeinschaft der Völker sich vollständig diskreditiert habe. Eine Antwort auf diese Fragen meinte man in der nicht neuen Idee einer sog. *Re-education* zu finden, in einer *Umerziehung* des ganzen Volkes. Solche Gedanken mußten natürlich auch die Behandlung der Frage der deutschen Kriegsgefangenen beeinflussen.

Die Maßnahmen der Re-education werden im Folgenden nicht unmittelbar dokumentiert; in den verschiedenen Veröffentlichungen wird auf sie eingegangen. Die Bedingungen für das Leben und Lernen hinter Stacheldraht im Bereich der britischen Gewahrsamsmacht sind jedoch nur dann

---

[16] Vgl. die Interviews in: LKA STUTTGART, D 54.

wirklich zu verstehen, wenn die Re-education als Hintergrund im Blick
bleibt. Ohne das ausgeprägte Interesse der britischen Stellen an der Re-
education wäre das Unternehmen der Lagerschulen anders verlaufen. Die
Gewahrsamsmacht hegte mindestens am Anfang die Hoffnung, die Lagerschulen für ihre Zwecke einer Re-education einsetzen zu können. Die
Schulen ließen sich jedoch nicht willig in diesen Rahmen einspannen,
sondern verfolgten ihren eigenen Weg. Hier wollte man als Ausgangspunkt
keine Umerziehung nach einem festgelegten Schema; am Anfang stand
vielmehr die einzigartige Lebensgemeinschaft und die Begegnung mit der
christlichen Botschaft; die Re-education ergab dann einen Ermöglichungsgrund für das Leben und Lernen. Durch einen Vergleich und eine Gegen-
überstellung der zwei verschiedenen Konzeptionen gewinnen Ansatzpunkt
und Methode der beiden Seiten die endgültige Klarheit. Das Lernen auf
der Grundlage der Lebensgemeinschaft half, neue geistige Räume zu er-
schließen. Dagegen gelang es den mit der Re-education betrauten britischen
Stellen selber nie ganz, ihre inhaltlichen Ziele vor allem den Kriegsgefangenen gegenüber deutlich zu machen. Die Betroffenen, die Kriegsgefangenen, erlebten die Art und Weise der Umerziehungsversuche und die damit
verbundene Einteilung in Kategorien, das *Screening*, als negative Erscheinungen und wehrten sich mindestens innerlich dagegen.

Am 14. September 1944, als bereits 120.000 Kriegsgefangene auf den
britischen Inseln inhaftiert waren[17], wurde die Re-education der Deutschen
vom *War Office* als offizielles Programm beschlossen. Vier Tage später,
am 18. September, beauftragte das Kriegskabinett die *Political Warfare
Executive (PWE)* mit der Durchführung. Die Umerziehung avancierte
damit zu einem von vier Nachkriegszielen der Briten: 1. der Strafverfolgung
der einzelnen Schuldigen[18], 2. der Entnazifizierung[19], 3. der Internierung
und 4. der Re-education.[20]

Man kann bereits hier erkennen, daß die übliche Zielsetzung gegenüber
Kriegsgefangenen bei den Briten von Beginn an weit über deren eigentlichen

---

[17] Hinzu kamen 30.000 Kriegsgefangene in britischem Gewahrsam im Mittleren Osten.

[18] Dies geschah erstens in den Kriegsverbrecherprozessen, z. B. dem Nürnberger Tribunal,
und zweitens in den Spruchgerichten gegenüber Mitgliedern verbrecherischer Organisationen.

[19] Der Begriff ist vieldeutig. Der am weitesten verbreitete Sinngehalt ist der, unter *Entnazifizierung* alle Maßnahmen zu subsumieren, die dem Ziel dienten, den Nationalsozialismus
in Deutschland zu zerstören. Damit würde er jedoch zum Synonym von Nachkriegsplanun-
gen und die hier aufgeführten vier Ziele zu drei Wegen der Entnazifizierung. Sicherlich war
dieser Begriffsgehalt auch bei den Briten zunächst vorherrschend. Der Begriff wird jedoch
in dieser Einleitung so verwendet, daß er eine „personelle Säuberung" bestimmter Positionen
mit dem Ziel der Neubesetzung „mit zuverlässigen Personen" (A-Leuten; vgl. unten zum
Screening) meint, insofern sich dieser Weg für den britischen Gewahrsamsraum herauskri-
stallisierte; zur Definition vgl. H. Wember, Umerziehung, S. 25.

[20] Zur Bedeutungsvielfalt und Geschichte des Begriffs vgl. G. Pakschies, Umerziehung,
S. 1–7 und H. Faulk, Re-education.

Status hinausging. Zum Verständnis, wie es dazu kam, erweist sich das Deutschlandbild der Briten zur Zeit des letzten Kriegsjahres als aufschlußreich: Kontakte zwischen Deutschen und Briten gab es nur unter besonderen Umständen, so daß geprägte Vorurteile und die politisch-militärische Propaganda weitläufigen Zuspruch erfuhren. Psychologisch entscheidend war die Kriegsangst, die die Briten in bezug auf die Deutschen prägte. Die britischen Überlegungen zielten darauf, neben dem damaligen alle etwaigen und zukünftigen Kriege, die von Deutschland ausgehen könnten, in ihrem möglichen Ansatz zu verhindern. Um jedoch die Wurzeln des deutschen Militarismus vernichten zu können, dachte man, zugleich den deutschen Nationalismus desavouieren zu müssen. Der Grund zu dieser Schlußfolgerung lag im britischen Verständnis des Nationalsozialismus.[21] Danach hatte im letzten Kriegsjahr für die Mehrheit der Briten der Begriff *Nationalsozialismus* nicht die Bedeutung einer politischen Theorie, sondern war ein menschlich-moralisch negativer Terminus. Unter anderem auch deshalb, weil man kaum zwischenmenschliche Kontakte zur deutschen Bevölkerung pflegte, wurden alle Deutschen mit demselben Urteil belegt. Nicht die einzelnen Schuldigen, sondern das Volk galt als nazistisch, als Verkörperung des Nationalsozialismus, so daß es zu der verkürzten Gleichung kam: Deutscher (Kriegsgefangener) gleich Nazi. Also sah man sich bestärkt, auch weiterhin den völkerverständigenden persönlichen Kontakt zu verbieten. Ihren formaljuristischen Ausdruck fand diese Einstellung im sog. *Gesetz der non-fraternisation* von 1940, nach dem es der britischen Zivilbevölkerung unter Strafandrohung verboten war, persönliche Kontakte mit den Deutschen und deshalb auch mit den Kriegsgefangenen zu unterhalten.[22] Umerziehung bedeutete für die Vertreter dieser Auffassung: Man mußte die Kriegsmöglichkeit für Deutschland im Ansatz verhindern durch 1. Entmilitarisierung, 2. Entnazifizierung, 3. Bestrafung und Reparationszahlungen der Deutschen. Dies sollte mittels einer bedingungslosen Kapitulation mit anschließender repressiver Umerziehung des gesamten deutschen Volkes – nicht nur der Kriegsgefangenen – erreicht werden, die dann einer zukünftigen Generation zugute kommen sollte, da die damalige abgrundtief schuldig geworden sei.[23] Wo sich die Kriegsgefangenen mit

---

[21] Zum Folgenden vgl. H. FAULK, Re-education, S. 5–21; G. PAKSCHIES, Umerziehung, S. 25–50.

[22] Das Fraternisierungsverbot wurde erst im Dezember 1946 endgültig aufgehoben. Zu den Folgen vgl. H. FAULK, Re-education, S. 625–642.

[23] Wegbereiter und Hauptvertreter dieser Meinung, des nach ihm benannten *Vansittartismus*, war der ehemalige diplomatische Chefberater der britischen Regierung im Foreign Office, Lord Robert Gilbert Vansittart, der die britische Außenpolitik bis weit in die Nachkriegszeit hinein nachhaltig prägte. Es wird vermutet, daß er selbst oder einer seiner Anhänger bereits 1941 den Begriff *Re-education* im beschriebenen Sinne geprägt hat, bevor er im November 1942 erstmals in offiziellen britischen Dokumenten auftauchte; vgl. M. BALFOUR,

einer solchen Haltung konfrontiert sahen oder sie nur zu sehen meinten, war von deren Seite ausnahmslos Widerstand, aber keinesfalls Einsicht oder gar Mitarbeit zu erwarten.

Es ist das Verdienst von Dolmetscheroffizier Henry Faulk[24], einem Hauptverantwortlichen der Umerziehungsabteilung, und seiner umfassenden und trefflichen Studie über die Jahre der Re-education zu verdanken, daß nicht nur dieses politische Ziel im Bewußtsein blieb. Faulk hat in Erinnerung gerufen, daß der ersten Phase ihrer Theoriebildung bis zum Herbst 1944 eine zweite folgte, in der mit dem Beginn einer eigenen Re-education-Abteilung der sozialpsychologische Aspekt in den Vordergrund trat. Bei ihrer Analyse der geistig seelischen Lage der deutschen Kriegsgefangenen gewannen Faulk und seine Mitarbeiter folgendes Bild:

Nach ihrer Grundthese gingen Nationalsozialismus und Patriotismus völlig ineinander über.[25] Das bedeutete, daß das politische Gruppenethos verbunden war mit dem Nationalgefühl und zu einer notwendigen Treue zur Gruppe führte, die keine positive Möglichkeit ließ, sich dieser Gesetzmäßigkeit zu entziehen: „Das politische Gruppenethos dient der Gruppe, und das Nationalgefühl erfordert Treue zur Gruppe. Wer aus menschlichmoralischen Gründen Einspruch gegen das politische System erheben will, ist verloren. Ganz gleich, wie man eigentlich eingestellt ist, gibt es kein Mittel, dem politischen Gruppenethos zu entrinnen. Ob man will oder nicht, [...] man ist unwillkürlich eine politische Einheit. Und diesen politischen Zustand bringt der deutsche Kriegsgefangene in das Kriegsgefangenenlager mit."[26] In dieser Gruppe gab es danach zwei Gruppentypen; „wirkliche Nazis und eine hilflose Gefolgschaft", die unwissend und gezielt unaufgeklärt gehalten wurde. Die Gefahr des Nationalsozialismus war von daher nicht „der blutrünstige Sadist der ‚SS-Bataillone', sondern der normale, anständige Deutsche" – in der unpolemischen Bedeutung des Wortes.[27]

In Retrospect, S. 140(!). Zur Person Vansittart vgl. die Biographie von N. ROSE, Vansittart; L. KETTENACKER, Krieg, S. 363 f.; G. PAKSCHIES, Umerziehung, S. 25–38, S. 329–331(!); E. BETHGE, Briefwechsel Bell-Leibholz, bes. S. 298–302, S. 303 u.ö.

[24] Durch sein Germanistikstudium in Deutschland vor dem Krieg und seine Tätigkeit als Pädagoge brachte er die notwendigen Voraussetzungen mit, sich in die Mentalität der Kriegsgefangenen hineinzuversetzen, um seiner Aufgabe gewachsen zu sein.

[25] H. FAULK, Re-education, S. 22.

[26] EBD., S. 23. Entsprechend beschreibt Faulk die Situation der Kriegsgefangenenlager in Großbritannien bis zur Kapitulation folgendermaßen: „Politische Auseinandersetzungen, Gewalttaten, psychologischer Druck und sogar Mord kamen vor, und all das geschah im Namen des Patriotismus, denn durch das politische Gruppenethos hatten die Nazis immer ‚den Schein des Rechts'. Der Patriotismus war bis zur Kapitulation selbstverständlich der Hauptcharakterzug aller Lager, und die Antinazis waren Einzelerscheinungen, die durch die lockere Organisation der Kriegsgefangenschaft ermutigt wurden, zwischen Patriotismus und politischer Vorherrschaft zu unterscheiden" (EBD., S. 33).

[27] EBD., S. 24.

Das Naziregime war für die Umerziehungsabteilung nicht die unvermeidliche Folge des deutschen Charakters, wie es ein gängiges britisches und amerikanisches Vorurteil behauptet hat, nach dem den Charaktereigenschaften von autoritärer Erziehung und Gehorsam die wirklichen Empfindungen zu Vaterbild und Treue entsprächen. Vielmehr erkannte Faulk, daß der Nationalsozialismus sich als politischer Staat mit der gesamten Volksgruppe identifizierte. Andersdenkende seien deshalb nicht mehr als politische Gegner, sondern als Volksverräter angesehen worden. So sei es ein Grundfehler der Mehrzahl der Analysen des Nationalsozialismus und der Deutschen gewesen, keinen Unterschied zwischen dem Individuum und der Gruppe zu machen. Das habe unter anderem zu dem verhängnisvollen Fehler geführt, nicht zwischen politischer und persönlicher Schuld zu unterscheiden:[28] „Die britische Bevölkerung ging von der Überzeugung aus, daß der moralische Charakter des Staates den moralischen Charakter des einzelnen Staatsbürgers offenbart." Und da man „den Nationalsozialismus mit einem moralischen Übel" gleichgesetzt habe[29], sei jeder Deutsche ein Übel für die Völkergemeinschaft gewesen. Für einen Briten sei es 1944 fast unvorstellbar gewesen, „daß die moralische Anständigkeit des einzelnen irgendwie mit einer amoralischen Gruppeneinstellung verbunden werden könnte".[30] Erst wenn man also zwischen dem Individuum und seiner Gruppeneinstellung differenziert, bekommt man den Blick dafür, daß die moralisch-sittliche Anständigkeit des einzelnen noch nichts über seine moralisch-sittliche Gruppeneinstellung aussagt.

Hier setzte die Konzeption der Umerziehungsabteilung ein. Man sah den Kriegsgefangenen als Individuum und organisierten Gruppenangehörigen an, dessen Individualität angesichts der nationalsozialistischen Gruppenzugehörigkeit in den Hintergrund getreten war. Mit Kriegsgefangenschaft und bedingungsloser Kapitulation war es zu einem Zusammenbruch gekommen, insofern der Nationalsozialismus aus der Sicht des Besiegten zu einem Identitätsverlust seines Gruppenbewußtseins geführt hatte, welcher als moralisches Verhängnis erfahren wurde. Nach der Kapitulation mußten die Deutschen sich als Individuen verantworten, konnten es aber nicht oder hatten es verlernt. Jede Re-education mußte aus dieser Sichtweise heraus für die Kriegsgefangenen als politische Anklage und moralische Degradierung mißinterpretiert werden. Von daher war die Kriegsgefangenschaft zumindest nach dem Mai 1945 geprägt von Hilflosigkeit, Mutlosigkeit und Schuldgefühl. Man war hilflos angesichts der Leere, die der Zusammenbruch des Nationalsozialismus für das Gruppenbewußtsein bedeutete. Denn eine Identifizierung mit ihm erschien nur noch fanatischen

---

[28] EBD., S. 60–63.
[29] EBD., S. 129.
[30] EBD., S. 130.

Phantasten möglich. Der Kriegsgefangene war hilflos alleine. Dies nahm zugleich den Mut, sich mit einer neuen Gruppe zu identifizieren, da die Enttäuschung mit der alten zu tief erfahren worden war und keine neue Gruppe ein Äquivalent geboten hatte. Von den Siegern wurde man schuldig gesprochen, ohne in den meisten Fällen ein Schuldbewußtsein als Individuum zu besitzen.

Für die Re-education-Abteilung stand die Anständigkeit des einzelnen deutschen Kriegsgefangenen nicht in Frage, vielmehr wurde sie vorausgesetzt: „Der schlechte Mensch war kein Umerziehungsproblem", sondern ein „juristisches". „Die Umerziehungsversuche galten der Gruppeneinstellung der anständigen Mehrheit".[31] Das Ziel war deshalb auch nicht eine politische Bekehrung, sondern die Beeinflussung der (patriotischen) Normen einer Volksgruppe in bezug auf ihre Gesinnung und Lebensanschauung. Diese sollten auf der Ebene der sozial-moralischen Gruppeneinstellung für die Zukunft Europas umerzogen werden. Nach diesem Selbstverständnis war „'Re-education' [...] ein unglückliches Wort für all das, was getan wurde, um dem POW die Möglichkeit zu geben, sich über den eigenen Standpunkt und den Standpunkt anderer klarzuwerden".[32]

Um dieses Konzept durchzuführen, mußte eine geeignete Organisation aufgebaut werden, die der anstehenden Masse der Kriegsgefangenen individuell gerecht werden sollte.[33] Nachdem das *Political Warfare Executive (PWE)* damit beauftragt worden war, leistete in deren Auftrag fortan die *Prisoner of War Division of the Political Intelligence Department (POWD)*

---

[31] EBD., S. 135.

[32] *Die Zeit am Tyne* (Lagerzeitung des Lagers 18), Nr. 17 vom März 1948. In: Ebd., S. 60. Es lag nicht nur an dem Pluralismus englischen Demokratieverständnisses, sondern vor allem an der unterschiedlichen Durchführung der Re-education an den verschiedenen Orten des britischen Gewahrsamsraumes, die die Bedeutung des Begriffs geradezu verkehrten. So muß man feststellen, daß das Konzept Faulks nur für einen Teil der Kriegsgefangenenlager in Großbritannien zutrifft. Spätestens in Italien oder Ägypten unterlagen die guten Ansätze der Willfährigkeit der Kommandanten vor Ort, so daß dort von einer Umerziehung nur begrenzt die Rede sein kann, wenn sie auch den offiziellen Rahmen etlicher Unternehmungen bildete. In Deutschland verkam die Re-education mehrheitlich zu einem „Mittel zur Domestizierung des deutschen Volkscharakters" (L. KETTENACKER, Krieg, S. 363–379, hier S. 363). Man sollte aber die unterschiedlichen Bedingungen berücksichtigen: In Großbritannien konnten die Briten auf ihrem eigenen Territorium unter den Gefangenschaftsbedingungen und ohne zu berücksichtigende Traditionen ihr Konzept entfalten. In Deutschland jedoch mußten sie Rücksichten auf die Interessen der anderen, anders Umerziehung betreibenden, Alliierten nehmen und sich mit einem vorhandenen Schul- und Erziehungssystem auseinandersetzen.

[33] Zum Folgenden vgl. H. FAULK, Re-education, S. VIIf., S. 23 f., S. 39–41, S. 74 u.ö.; M. BALFOUR, In Retrospect, S. 142–145; U. REUSCH, Institutionen, S. 318–443. Die letztgenannte Arbeit zeigt, wie undurchsichtig und verworren die Kompetenzverteilung in der britischen Deutschlandpolitik tatsächlich war. Dies mag als entschuldigender Hinweis mancher diesbezüglicher Unklarheiten in der Literatur dafür gelten, daß PID, POWD und PWE immer wieder durcheinandergebracht werden.

die eigentliche Arbeit. Diese Abteilung war bereits vor dem 18. September 1944 aus der Tätigkeit des Departments für psychologische Kriegsführung, dem *PWE*, entstanden, das sich zur Tarnung den Titel *Political Intelligence Department (PID)* gegeben hatte und als politischer Nachrichtendienst eine verhältnismäßig kleine Abteilung im *Foreign Office* in London darstellte.[34] Der Chef der PID, General K. W. Strong, gab Air Commodore Groves, dem Leiter der POWD, bereits Anfang 1944 den Auftrag, ein Re-education-Modell zu entwerfen, das man dem Kriegskabinett zur Beschlußfassung vorlegen könne. Dessen Verfasser war einer der geistigen Väter der Umerziehungsidee, der Studienrat *Cyrus Brooks*[35], der schon 1940 die ersten Berichte über deutsche Kriegsgefangene – unter besonderer Berücksichtigung ihrer nationalsozialistischen Gesinnung – im Auftrag der POWD erarbeitet hatte. Während Brooks anfangs die programmatische und politische Arbeit maßgeblich prägte, übernahm dann der Oberstleutnant der Luftwaffe Wing Commander Frank Hector Hitch die Verwaltung als Direktor der POWD. Hitchs und Brooks' Bitte um die „leihweise" Überstellung von Faulk vom *War Office* zur POWD des Foreign Office wurde entsprochen, so daß fortan Brooks, Faulk und Hitch dieses Konzept die nächsten dreieinhalb Jahre maßgeblich fortentwickelten, weshalb sie als die Väter der britischen Re-education gelten.[36]

Dabei darf nicht übersehen werden, daß die Leute der POWD viele tatkräftige Mitarbeiter in den Kriegsgefangenenlagern und in London hat-

---

[34] Es ist eindeutig falsch, die PWE dem War Office zuzuordnen; vgl. K. JÜRGENSEN, Deutschlandpolitik, S. 103–128; dagegen U. REUSCH, Institutionen, S. 332–352. Andererseits muß man sie von der *Political Warfare Division* (PWD) unterscheiden, der die Medienumerziehung unterstand und dem SHAEF unterstellt war (vgl. EBD. und M. BALFOUR, In Retrospect, S. 143).

[35] Zur Person vgl. H. FAULK, Re-education, S. 23–25.

[36] Wie deren Zusammenarbeit und Einfluß auf die Arbeit in der Lagerhochschule Norton aussah, zeigt anschaulich die Tagebuchnotiz von Forell anläßlich der Auswahl der Dozenten für die Theologische Schule: „Mittwoch, 27. Juni 45: Ich war zu Mr. Cyrus Brooks, Sicherheits-Chef im PID bestellt, eine Art Polizei-Chef für unsere Arbeit, der aufpassen muß, daß wir nicht etwas Verrücktes anstellen. Wir wußten ja schon, daß er nur zwei der von uns vorgeschlagenen Professoren genehmigt hatte. Das erschien uns doch sehr sonderbar und ich bat Barwick, sich der Sache anzunehmen. Aber er wollte sich nicht damit befassen und ließ mich an seiner Stelle gehen. Mr. Brooks ist kein heuriger Hase. Eine Art Detektivfigur, etwas mißtrauisch, aber nicht unsympathisch. Meine Ahnungen bewahrheiteten sich. Erstens hatten sie statt Professor Frei [Frey] einen – Bäcker gleichen Namens verhört, der sich als ‚feuriger Nazi' entwickelt hatte. Ferner hatten sie den falschen Pfarrer vorgenommen – durch falsche Namensangabe in einem Lager – und zwar einen Herrn Voss anstelle von Ferdinand Laun. Von Damrath und v. Bodelschwingh war überhaupt nicht die Rede, also eine Reihe von Mißverständnissen und das Ganze ziemlich verworren. Ich konnte das Durcheinander lichten und bekam die feste Zusicherung, daß wir alle von uns vorgeschlagenen Theologie-Studenten ohne weiteres in unser Lager überführen könnten. Das war nun wirklich ein Gewinn" (Birger Forell: Tagebuch 1944–1956. In: BA KOBLENZ, NL 109 Forell/2, S. 168 f.).

ten. Erstere waren in der *Field Section* organisiert, die sich ihrerseits wieder in die Bereiche *Segregation* und *Training Adviser* gliederte. Aufgabe der *Segregators* war das sog. *Screening*, eine politische Einstufung der Kriegsgefangenen in Antinazis (weiße = A-Leute), Mitläufer (graue = B-Leute) und Nazis (schwarze = C-Leute).[37] Neben allen Problemen und Mißverständnissen sowohl unter der britischen Bevölkerung als auch unter den deutschen Kriegsgefangenen über die „Einstufungen" galt der POWD das Hauptaugenmerk den A-Leuten, insofern man in ihnen die geeignetsten Ansprechpartner für die Arbeit in den Lagern und später in Deutschland erkannte. Während man für das *Screening* auf möglichst fähige Dolmetscher angewiesen war, die von den *Segregators* erst noch gefunden und angelernt werden mußten, war es die Aufgabe der *Training Advisers*[38], die gesamte Umerziehungsarbeit in den Kriegsgefangenenlagern zu koordinieren. Nach vorausgegangenem *Screening* führten sie regelmäßige Lagerinspektionen durch, bei denen sie 1. die Lagerkommandantur[39] und die kriegsgefangenen A-Leute zur Mitarbeit zu gewinnen suchten, um 2. ein erfolgversprechendes Lagermilieu zu schaffen, in dem 3. die Kriegsgefangenen selbst ihre Umerziehung organisieren sollten. Der *Ausbildungsberater* hatte der inhaltlichen Arbeit ausschließlich als Katalysator zu dienen. Die Durchführung und Verantwortung der Re-education-Arbeit lag bei den Kriegsgefangenen selbst.[40] Letztlich wurden die Ergebnisse der *Field Section* der zweiten Unterabteilung der POWD, der *Re-education Section*, zugeführt, um dort ausgewertet zu werden.

---

[37] Zum Screening vgl. H. FAULK, Re-education, S. 75–173. Man muß drei Phasen des *Screenings* unterscheiden: 1. Zwischen dem offiziellen Inkrafttreten des Umerziehungsprogramms und dem Kriegsende diente die „Aussonderung" einerseits dazu, den Mangel an Arbeitskräften – vorwiegend in der Landwirtschaft – durch zuverlässige Kriegsgefangene – d. h. A-Leute also Antinazis – auszugleichen und andererseits verantwortungsvolle Kräfte für die Lagerführung zu finden. 2. Vom Kriegsende bis zum Beginn der ersten Repatriierungen im September 1946, also dem Zeitraum der hauptsächlichen und wirkungsvollsten Re-education, war das Ziel die moralische Rechtfertigung, der Wiederaufbau und die sozial-psychologische Umerziehung. 3. Nach den ersten Repatriierungen bis zum Screening-Ende am 1. Juli 1947 hatte das Screening seinen zwischenzeitlich mühsam aufgebauten Sinn durch das Merkmal der Repatriierung wieder verloren. Als bloßes Repatriierungskriterium blieb es fortan den meisten Kriegsgefangenen bis heute in Erinnerung. Einen völlig destruktiven Sinn erhielt es bei denen, die das Screening als Mittel der Entnazifizierung mißbrauchten – besonders im deutschen Besatzungsgebiet beziehungsweise nach der Rückkehr aus der Kriegsgefangenschaft in der Britischen Zone.

[38] Bis Ende 1945 hießen sie *Camp Visitors*. Zu deren Arbeit vgl. EBD., S. 174–185.

[39] Die Lagerkommandanten sahen in den Kriegsgefangenen vorrangig ein militärisches und nicht sozialpsychologisches Problem. Ihr entsprechendes Ziel war es, ihr Lager ruhig und gehorsam zu halten. Je offener die Offiziere gegenüber der Arbeit der POWD jedoch eingestellt waren, umso erfolgreicher verlief die Re-education.

[40] Zu den Aufgaben der Training Advisers vgl. den nicht datierten Bericht der POWD bei H. FAULK, Re-education, S. 176 f.

Was sowohl die Mittel als auch die Durchführbarkeit der pädagogischen Seite dieses Modells anbelangt, so kann man sich angesichts der ständig wachsenden Zahl der deutschen Kriegsgefangenen leicht vorstellen, daß selbst bei idealen Bedingungen das ganze Unternehmen eine Überforderung aller war. Da weder halbwegs genügend Personal noch die notwendigsten Finanzen zur Verfügung standen, war man seitens der POWD über jede Unterstützung von außen wie aus den Lagern selbst angewiesen und dankbar.[41] Hierbei waren drei Personengruppen von besonderer Bedeutung: An erster Stelle sind die internationalen Hilfsorganisationen zu nennen, und von ihnen exponiert die YMCA. Ihre Weltbundmitarbeiter und ihre durchorganisierte *War Prisoners' Aid* waren in jeder Hinsicht die wichtigsten Materialbeschaffer, weil sie in dieser Hinsicht entschieden mehr leisten konnten als das britische Kriegs- und Außenministerium.

Ein Erfolg der Umerziehungsversuche war weiterhin abhängig von der positiven Zusammenarbeit zwischen Lagerkommandanten, Lagerdolmetschern und der POWD. Während der Lagerkommandant für die Lagerstruktur und Atmosphäre verantwortlich war, sollten die Dolmetscher den deutschen Kriegsgefangenen möglichst verständnisvolle Gesprächspartner sein, um deren Mißtrauen gegenüber allem Britischen abbauen zu helfen. Je verständnisvoller und unmilitärischer sich so das Lagermilieu entwickelte, desto erfolgreicher verlief die Re-education. Es mußte also eine Umerziehung aller, der Kommandanten, Dolmetscher und Kriegsgefangenen, greifen. Eine idealtypische Konstellation im Sinne der POWD gab es wohl in keinem Lager.[42]

Maßgeblich war an dritter Stelle die aufopferungsvolle Tätigkeit vieler kirchlicher Mitarbeiter, die als Kriegsgefangene in den Lagern selbst lebten.

---

[41] Dies hatte unter anderem zur Folge, daß die Aktivitäten der POWD – mit Ausnahme des *Screening* – nicht sofort in allen Lagern des britischen Gewahrsamsraumes durchgeführt werden konnten. Während sich zunächst auf den britischen Inseln die meisten Aktivitäten konzentrierten, konnten die dort gemachten Erfahrungen erst nach und nach und mit unterschiedlicher Akzentuierung auf Italien, den Nahen Osten und die britische Besatzungszone in Deutschland übertragen werden.

[42] Was die Lager in Großbritannien betrifft, so ist dort auch die britische Bevölkerung in die Umerziehung mit einzubeziehen, denn ihre Einstellung gegenüber den Deutschen und der Propaganda ihrer Regierung veränderte sich vom Haß bis hin zur Parteinahme für die Kriegsgefangenen bei den Personen, bei denen die zwischenmenschlichen Kontakte wuchsen. Die Geschichte des Fraternisierungsverbots belegt dies treffend. Die Mitarbeit der Kommandanten zu gewinnen, erwies sich umso schwieriger, je militärischer sich diese verhielten. Entsprechendes läßt sich von den Dolmetschern sagen, die von den Kommandanten eingesetzt wurden. Da sie oft jüdischer Herkunft waren oder aus Deutschland hatten flüchten müssen, begegneten ihnen die Kriegsgefangenen mit Ressentiments, da sie der Meinung waren, die Dolmetscher könnten den Deutschen gegenüber ja nur negativ eingestellt sein. Andererseits gab es unter den Dolmetschern durchaus Vertreter, die sich in die Lage der Gefangenen versetzen konnten.

Denn bei der Suche der Kriegsgefangenen nach neuen Standpunkten bot sich neben einer Mitarbeit bei den Re-education-Angeboten der christliche Glaube als alternative Möglichkeit an, die in den Lagergemeinden und mit den dortigen Lagerpfarrern erlebbar wurde.

Alle verfügbaren Mittel wurden angewandt, um die Konzeption der POWD zu verwirklichen:

1. Das „eigentliche Herz der ganzen Umerziehungsarbeit" für „sehr viele" Kriegsgefangene waren, nach Faulks Meinung, die „Arbeitsgemeinschaften", d. h. Lagergruppenorganisationen mit bewußtem Meinungsaustausch, gewesen. Sie galten als beste Methode zur Überzeugung und sozial-psychologischen Wiederherstellung der natürlichen Gruppennormen.[43]

2. Die Masse der Kriegsgefangenen betreffend wichtiger war das zur Verfügung gestellte Schriftgut. Davon gab es erstens Bücher sowie englische und schweizerische Zeitungen und Broschüren, die den Kriegsgefangenen in Lagerbibliotheken zur Verfügung standen. Sie wurden weitestgehend gespendet oder mancherorts nachgedruckt und unterstanden einer Art Zensur durch eine dazu als Unterabteilung der POWD gegründete *Literature Section*.[44] Neben den an zweiter Stelle zu nennenden Zeitungen[45] und Zeitschriften[46], die die Briten alleine herausgaben[47], erschienen drittens Lagerzeitungen, „die in einem Kriegsgefangenenlager von den Lagerinsassen für ihren eigenen Gebrauch veröffentlicht wurden", aber niemals von der POWD. Mit letzteren identifizierten sich die meisten Kriegsgefangenen.[48] Sie fanden in den Theologischen Schulen vielfältige Formen.

3. Filme, die erstmals 1940 von der YMCA eingeführt wurden, waren ebenfalls ein willkommenes Umerziehungsmittel.[49]

---

[43] Vgl. H. FAULK, Re-education, S. 467–494, hier S. 489. Hierher gehören auch die Studiengemeinschaften, wie sie sich an den Theologischen Schulen bildeten.

[44] Spender waren vor allem die YMCA und die Kirchen. Die Zensur beschränkte sich in den Kriegsgefangenenlagern auf eine grobe Aussonderung eindeutig nationalsozialistischen Schriftguts. Sie funktionierte praktisch jedoch zu keinem Zeitpunkt. Die POWD übernahm im Oktober 1944 die Aufgabe zur Zensur von der PWE, im Juli 1945 wurde die gesamte Verantwortung der Literature Section auferlegt, bis die Zensur am 16.1.1947 endgültig aufgehoben wurde (vgl. EBD., S. 311–338; zu den Aufgaben der Literaturabteilung EBD., S. 323 f.).

[45] Z. B. *Die Wochenpost*. Zeitung für die deutschen Kriegsgefangenen in England, seit April 1941 (LKA STUTTGART, D 54: Zeitschriften). Unter bewußtem Verzicht auf Propaganda wurden die OKW-Berichte neben denen der Alliierten abgedruckt.

[46] Z. B. *Der Ausblick,* seit März 1945 (LKA STUTTGART, D 54: Zeitschriften).

[47] Vgl. H. FAULK, Re-education, S. 289–310.

[48] Zum Verhältnis der POWD zu den Lagerzeitungen, deren Ziele, Probleme und Wirkungen vgl. EBD., S. 439–466, hier S. 439.

[49] Vgl. EBD., S. 339–348. Den zweifelhaften Versuch, in Deutschland mittels eines Dokumentarfilms die Deutschen umzuerziehen, beschreibt treffend B. S. CHAMBERLIN, Todesmüh-

4. Ihrem tiefen Bedürfnis nach Kultur konnten die Kriegsgefangenen erst nach der Kapitulation, dann jedoch relativ uneingeschränkt in der aktiven Gestaltung von Theater, Musik und Malerei nachgehen. Es entstanden u. a. hoch qualifizierte Orchester- und Theaterensembles.

5. Sowohl die kulturellen als auch die sportlichen Aktivitäten hatten ihren seelisch-therapeutischen Wert – insbesondere für die Akteure – zum einen in der Überwindung des Selbstmitleids, zum anderen im Kontakt mit ihrer Umwelt. Der sportliche Wettstreit wurde in wohl allen Lagern ausgetragen.[50]

6. Der Unterricht war für die POWD in jeder Hinsicht und an allen Orten von tragender Bedeutung. Mancherorts wurden die Re-education und die britische Bildungspolitik geradezu Synonyme.[51] Während die POWD den äußeren Rahmen in Form von Lagerschulen ermöglichte, war sie darüber hinaus dankbar für die Unterstützung durch die Militärregierung in Deutschland, britische Universitäten und Volkshochschulen, Kirchen etc.[52] Hierin liegt begründet, warum es von seiten der Gewahrsamsmacht zu den Theologischen Schulen kommen konnte.

7. Bei den im Auftrag der POWD durchgeführten öffentlichen Vorträgen bediente man sich keiner Kriegsgefangenen als Referenten, sondern Personen von außen. Dabei standen die Persönlichkeit des Redners und die freie Diskussion im Vordergrund.[53] Die Besuche der Vertreter aus der Ökumene, aus Heimatkirchen und Universitäten ergänzten dieses Bild.

8. Das neben den Lagerzeitungen oft einzige Mittel der Kriegsgefangenen, eine eigene Meinung öffentlich zu äußern, waren die beliebten *Visual Informations*, eine von den Kriegsgefangenen selbst entworfene Darstellung eines bestimmten Themas mit Bildmaterial und dergleichen, das die offene Diskussion anregen sollte.[54]

---

len, auch wenn er sich hierbei auf ein Beispiel unter der Ägide der PWD – und nicht POWD – bezieht.

[50] Vgl. EBD., S. 540–552. Faulk weist darauf hin, daß eine britische Erziehung ohne Sport unvorstellbar sei.

[51] EBD., S. 536; vgl. G. PAKSCHIES, Umerziehung, der die Re-education auf dem Gebiet des allgemeinbildenden Schulwesens in Deutschland kenntnisreich thematisiert; vgl. K. KOSZYK, „Umerziehung", der die Umerziehung auf eine erzieherische Maßnahme im Schulbereich zu reduzieren scheint.

[52] Vgl. H. FAULK, Re-education, S. 524–539.

[53] EBD., S. 349–401. Als Redner wurden oft deutschsprachige Emigranten jüdischer Herkunft ausgewählt.

[54] Diese im Lager 181 entwickelte Idee erfuhr, nachdem sie von Norton Camp 174 übernommen und programmatisiert worden war, ein rasantes Interesse in fast allen Lagern in Großbritannien (vgl. EBD., S. 427–438).

9. Ein wichtiges Informationsmedium war der Rundfunk mit seiner eigentümlichen Entwicklung. Er hatte eine besondere Bedeutung für nicht in Großbritannien internierte Kriegsgefangene – z. B. im Mittleren Osten.[55]

10. Daß auch das religiöse Leben und die kirchlichen Mitarbeiter als Mittel der Re-education genutzt wurden, beruhte anfangs auf der irrtümlichen britischen Meinung, daß die wahren Christen (vor allem Pfarrer) Antinazis seien. Deutsche Pfarrer als Offiziere der kämpfenden Truppen war eine die Briten schockierende Wirklichkeit, durften doch ihre Geistlichen in der britischen Armee ausschließlich als Pfarrer tätig werden. Aber auch nach dieser Ernüchterung genossen die entstehenden christlichen Lagergemeinden wohlwollende Vergünstigungen.

Großbritannien

Der erste Abschnitt der Dokumentation über das Leben in den Kriegsgefangenenlagern und über die Fort- und Ausbildungsmöglichkeiten in den britischen Lagern zeigt die grundlegenden Fragen, die durch den geistigen und nationalen Zusammenbruch des Nationalsozialismus und die zunächst nicht abzusehende Dauer der Kriegsgefangenschaft der deutschen Soldaten entstanden sind. Die Aktivitäten in den Lagern wurden aus der Sicht der Betroffenen zur Linderung dieses Schicksals entwickelt, aus der Sicht ihrer Initiatoren zum geistigen Aufbau in Deutschland und zur Lagerseelsorge ins Leben gerufen und aus der Sicht der Briten als Möglichkeit der Umerziehung gesehen. Dabei ist die räumliche Nähe der maßgeblichen britischen Behörden spürbar. Gerade der Vergleich mit Italien und Ägypten macht dies deutlich. Entscheidend für die jeweilige Entwicklung und Gestaltung der Lebens- und Lerngemeinschaften war das Zusammenwirken der beteiligten Personen von den britischen Behörden (Lagerkommandantur bis zum PID), der YMCA und Kirchen sowie der Kriegsgefangenen. Unter diesen wurden besonders die kriegsgefangenen Lagerpfarrer wohlwollend unterstützt, so daß sie zu entscheidenden Personen der Gefangenschaftskirche wurden. Um die von ihnen begleiteten christlichen Gemeinschaften herum entwickelte sich maßgeblich die Lagerseelsorge und darin die Möglichkeit von Lerngemeinschaften. Die größte Bedeutung für die genannte Arbeit mit den Kriegsgefangenen gewann das Lager 174, das Norton Camp.

---

[55] „Die Radiosendungen [...] begannen 1943 in Nordafrika als Bestandteil der psychologischen Kriegsführung der Alliierten, wurden nach der Invasion in Frankreich 1944 nach England verlegt, [...] vor Kriegsende (Oktober 1944) von deutschen Kriegsgefangenen als eine eigene Sendung ,Kriegsgefangene rufen die Heimat' organisiert, waren nach dem Krieg ein Teil der Umerziehungsversuche unter der Verantwortung der Umerziehungsabteilung und wurden schließlich [...] im Oktober 1946 von der [...] (BBC) übernommen" (vgl. EBD., S. 402–426, hier S. 402).

Die Quellenbasis für die Vorgänge in diesem Lager ist besonders gut, die Berichte der Beteiligten werden ergänzt durch Berichte von Besuchern von außerhalb. So ist das anfänglich spannungsreiche Verhältnis zwischen PID und Lagerkommandant einerseits und den Beauftragten der YMCA andererseits deutlich zu überblicken; es wird sichtbar, wie die Schulen zwischen den Interessengebieten der Beteiligten und aus diesen Interessengebieten heraus entstehen. Norton Camp bildete mit der Theologenschule und der Pädagogischen Akademie ein Zentrum für die Kriegsgefangenenarbeit in Großbritannien, ein Zentrum für die Beschäftigung mit theologischen und pädagogischen Fragen und ein Zentrum für die praktische Betreuung durch die YMCA.

Die ersten Überlegungen zu einer Theologischen Schule in einem Kriegsgefangenenlager in England gehen auf den Spätsommer 1944 zurück. Es ist wohl kein Zufall, daß diese zeitlich parallel mit den Re-education-Diskussionen angestrengt wurden. Dennoch war das Re-education-Programm, wie bereits ausgeführt, nur *ein* Ermöglichungsgrund für die Lagerhochschule.[56] Die Idee und die Durchführung der Schule in Norton Camp stammten vor allem von dem schwedischen Pfarrer D. Birger Forell und dem Generalsekretär der YMCA-Kriegsgefangenenhilfe in Großbritannien, John Barwick. Ihnen ist es zu verdanken, daß die deutschen Kriegsgefangenen nicht nur in den Lagern festgehalten wurden, sondern daß vielmehr Anstrengungen unternommen wurden, die kirchliche Versorgung zu verbessern sowie Schulen und Beratungsstellen in den Lagern der Insel einzurichten.[57]

Birger Forell[58], der ehemalige Gesandtschaftspfarrer der schwedischen

---

[56] Vgl. auch W. KRÖNIG/K.-D. MÜLLER, Nachkriegs-Semester, S. 37–44.

[57] Daß Forell maßgeblich und entscheidend für die Lebens- und Lerngemeinschaft in Norton Verantwortung trug, wurde von allen Zeitzeugen stets hervorgehoben und anerkannt und von niemandem bestritten, vgl. z. B. das Referat von Hans Hirschwald (Nr. I/13, S. 165).

[58] Zu Birger Forell vgl. seine Tagebuchaufzeichnungen von 1944–1948 (BA KOBLENZ, NL 109 Forell/2) sowie die Biographie von H. v. KOENIGSWALD, Forell; Ursula Bosselmann, Die Kriegsgefangenenbetreuung Forells in England (1944 bis 1948) und seine Arbeit an deutschen Flüchtlingen (1945 bis 1948). Diplomarbeit an der Missionsakademie der Universität Hamburg. Hamburg 1968 (BA KOBLENZ, NL 109/136); K. LOSCHER, Studium, zum Lebensweg Forells bis 1942 besonders S. 55–57. Die drei letztgenannten Veröffentlichungen basieren maßgeblich auf der Auswertung von Forells Tagebuchaufzeichnungen vom 17.4.1944 bis zum 28.6.1948. Nach Auskunft des BA Koblenz wurde das Tagebuch in schwedischer Sprache geführt. Die dieser Dokumentation zugrunde liegende getippte deutsche Fassung ist durch den Biographen Forells, Harald von Königswald, veranlaßt und vom Sozialministerium des Landes Nordrhein-Westfalen finanziert worden. Diese Tagebücher sind ein reichhaltiger Fundus, um die Atmosphäre zu spüren und die vielfältige Arbeit zu erahnen, die hinter dem Gelingen eines solchen Unternehmens steht. Als Dokument einer persönlichen Sicht bedürfen jedoch solche Tagebuchnotizen der Ergänzung durch andere Quellen; nur so kann ein einigermaßen objektives Bild zustande kommen.

Vertretung in Berlin (1930–1942), hatte sich in den Jahren des „Kirchen-kampfes" als ein Freund und Unterstützer der Bekennenden Kirche erwie-sen.[59] Persönlich geprägt von seinem Erzbischof von Uppsala, Nathan Söderblom, und theologisch orientiert an Rudolf Otto und Mahatma Gandhi[60], war er immer ein Mann der friedlichen Tat und des ökumeni-schen Geistes. Der Bischof von Chichester, Dr. George Bell[61], der in engem Kontakt mit Kreisen der Bekennenden Kirche stand und den Gesandt-schaftspfarrer aus jenen Tagen in Berlin gut kannte, fragte nach Vorge-sprächen mit Erzbischof Erling Eidem Anfang Februar 1944 bei Forell an, ob er von seiner Pfarrei in Borås nach London wechseln wolle, von wo aus er sich um die seelsorgerliche Betreuung der deutschen Kriegsgefan-genen kümmern sollte. Forell sagte zu, und so kam er als Beauftragter der Kriegsgefangenenhilfe des Weltbundes der YMCA im April 1944 nach England.[62]

In Forell und dem Generalsekretär der YMCA-Kriegsgefangenenhilfe in Großbritannien, dem Amerikaner John Barwick, der ein hervorragender Organisator war und von seinem amerikanischen YMCA finanziell ent-scheidend unterstützt wurde, fanden sich zwei engagierte Männer, die die Kriegsgefangenenarbeit der folgenden Jahre in England nachhaltig be-stimmten.

Daneben und mehr im Hintergrund wirkte Dr. Hans Hirschwald maß-geblich an der Betreuung der Kriegsgefangenen mit, der neben den beiden großen zuvor genannten Persönlichkeiten allzuleicht vergessen werden

---

[59] So brachte er z.B. 1942 heimlich geheime Akten der Bekennenden Kirche von Berlin nach Schweden in Sicherheit.

[60] In Marburg studierte er bei Rudolf Otto kurz nach dem Ersten Weltkrieg, wo er mit den Deutschen schon einmal nach einem verlorenen Krieg hautnah zusammengelebt hatte. Mit Otto lernte er die Dimension der ökumenischen Bewegung auf der ersten Weltkonferenz für Praktisches Christentum in Stockholm 1925 lieben und schätzen. Gandhi begegnete er 1928 auf einer Indienreise persönlich.

[61] Der Lordbischof zog im Hintergrund die entscheidenden Fäden. Alle Korrespondenzen dieser Jahre zeigen, daß bei Krisen die Kontakte von Bell gefragt und entscheidend waren. Dies galt umso mehr wegen seiner Stimme im britischen Oberhaus. Auch bei der Erklärung der kriegsgefangenen Lagerpfarrer in Ägypten im Oktober 1947 war dies von Bedeutung (vgl. Nr. III/6, S. 319–326).

[62] Seine ersten Tagebuchaufzeichnungen von London datieren vom 17. April 1944 (Birger Forell: Tagebuch 1944–1956. In: BA KOBLENZ, NL 109 Forell/2, S. 1.). Von dem Geist Forells zeugt eine Anekdote, die sein Sohn Urban Forell überliefert. Danach wurde Forell von einem Beamten des War Office befragt, was er mit den deutschen Gefangenen vorhabe: „‚Ich nehme an, Hochwürden, Sie werden Vansittarts Linie folgen.' ‚Nein', sagte Forell. ‚Ich würde niemals einen solchen Unsinn akzeptieren.' ‚Ja, aber wie wollen Sie mit ihnen umge-hen?' ‚Ich werde jeden so behandeln, als wäre er mein eigener Sohn.' Eine Stille trat ein, bis der überraschte Engländer, nicht ohne Sympathie, erklärte: ‚Hochwürden, ich weiß selbst nicht, was da das Beste wäre'"; M. B. SULLIVAN, Schwelle zum Frieden, S. 100. Zum genaueren Hergang vgl. K. LOSCHER, Studium, S. 58–63.

könnte. Er war vor Kriegsausbruch jüngster Richter am Berliner Kammergericht und in der Dahlemer Gemeinde Martin Niemöllers für die Bekennende Kirche aktiv. Aufgrund einer Warnung von Bischof Bell gelang ihm
1939 gerade noch vor Kriegsbeginn die Emigration nach England, wo er
am Mansfield College in Oxford Theologie studierte und Reverend der
Anglikanischen Kirche wurde.[63] Von ihr wurde er durch die Empfehlung
von Bell und mit der Unterstützung der Umerziehungsabteilung des Foreign Office ab Oktober 1944 mit der Betreuung der deutschen Kriegsgefangenen beauftragt. Die britischen Kirchen übernahmen damit einen wichtigen Aufgabenbereich für die Kriegsgefangenen, den eigentlich die Evangelische Kirche in Deutschland (EKD) hätte verantworten müssen, aber
in jenen Jahren nicht hatte übernehmen können. Das *British Council of
Churches* gründete im Februar 1947 das *Joint Committee on Prisoners of
War,* das die Seelsorge in den Kriegsgefangenenlagern in ihren Ländern
koordinieren und unterstützen half und zu dessen Sekretär Hirschwald
ernannt wurde. Nach den Aufzeichnungen Forells zu urteilen, war Hirschwald einer seiner wichtigsten und verständnisvollsten Mitarbeiter.[64] Auf der
Konferenz der evangelischen Lagerpfarrer im Frühjahr 1948 hielt er die
Geschichte der evangelischen Lagerseelsorge in Großbritannien in den
Jahren 1944 bis 1948 aus seiner Sicht in einem Vortrag fest.[65] Später änderte
er in England seinen Namen in Herbert Hartwell.

Drei Monate nach Kriegsende wurde die *Theologische Schule* in Camp
174, einem ehemaligen Offizierslager, in Norton bei dem Dorf Cuckney in
der Nähe zu Mansfield in der Grafschaft Nottinghamshire feierlich eröffnet.[66] In weniger als einem Jahr war die Idee zur Wirklichkeit geworden.
Bereits im Mai war durch Rundschreiben an die Lagerkommandanten und
Lagerpfarrer eine hinreichende Liste mit Namen von Personen vorhanden,
die in Norton als Dozenten und Studenten zusammengezogen werden
sollten. Nach Überprüfung durch die POWD der Briten konnte man schließlich am Donnerstag, dem 16. August 1945, den Lehrbetrieb aufnehmen.[67]

---

[63] Sein dortiger Lehrer war Professor Dr. Nathaniel Micklem, der die spätere Theologische Schule in Norton tatkräftig durch Bücher und Vorlesungen unterstützte. Hirschwald
mußte emigrieren, da er ein zum Christentum konvertierter ehemaliger Jude war.

[64] Forell selbst hat ihn in seine Tätigkeit genauestens eingeführt; vgl. die Eintragungen in
seinem Tagebuch ab 16.10.1944 (Birger Forell: Tagebuch 1944–1956. In: BA KOBLENZ, NL
109 Forell/2, S. 109 ff.).

[65] Vgl. Nr. I/13, S. 165–194.

[66] Zur geographischen Lage von Norton vgl. K. LOSCHER, Studium, S. 73–78, bes. die
beiden geographischen Karten, S. 75 f.

[67] Forell schreibt zu diesem Tag, auf den er unermüdlich hingearbeitet hatte: „Ein großer
Tag ist zu Ende gegangen. Er begann mit einem Gottesdienst im bis auf den letzten Platz
besetzten großen Saal. Schnuis sprach kraftvoll und einfach. Die offizielle Einweihung fand
im Freilichttheater statt. Punkt 11 [Uhr] standen Barwick, Ögren und ich an der Pforte
und nahmen den Kommandanten in voller Gala und den Dolmetscher in seinem schönen

Die *Pädagogische Schule* eröffnete drei Tage später im Norton Camp ihren Lehrbetrieb.[68] Beide, die Theologische und die Pädagogische Schule bildeten gemeinsam die tragenden Säulen dieses Schulungslagers. Daneben leistete die organisatorische Arbeit im wesentlichen ein YMCA-Stab, der ebenfalls in und für Norton eingerichtet worden war.

Die wichtigste Funktion der Theologischen Schule war nach Hirschwalds Meinung „die Schaffung einer geistlichen Zentrale zur Befriedigung der seelsorgerlichen Arbeit in allen Lagern".[69] Die Arbeit der Lagerpfarrer mußte weithin von Improvisation leben. Entscheidend waren kaum pastoraltheologische, wissenschaftliche Erwägungen, sondern die Gegebenheiten eines Lagers und die menschliche Struktur des Pfarrers. Seelsorge wurde fortan als das entscheidende Thema in der Kriegsgefangenschaft erkannt, und ihr wurde die theologische Wissenschaft zugeordnet. Um diesem Ziel gerecht zu werden, überließ man die Studierenden nicht sich selbst, auch wenn sehr fleißig, konzentriert und auf zunehmend hohem Niveau gelernt wurde, sondern richtete die Studien auf die Praxis der Seelsorge aus. Praktisches Ziel der Theologischen Schule war daher die Förderung und Heranbildung von Pfarrern, Laienpredigern, Diakonen und Jugendleitern für den Dienst in der Evangelischen Kirche in Deutschland, deren Arbeit zuvor jedoch, soweit dies möglich war, in den Kriegsgefangenenlagern Großbritanniens fruchtbar gemacht werden sollte. In der Pädagogischen

---

schottischen Kilt in Empfang. Das Programm begann mit einem Chor ‚Ich weiß, mein Gott, daß all mein Tun' und einem wunderbaren Tenorsolo Pfarrer Launs. – Danach sprach Barwick, der General Jepps und Major Gilkes Verdienste hervorhob und von den Verpflichtungen für alle, die hier arbeiten werden, sprach. Ich übersetzte seine Rede ins Deutsche, ebenso wie Captain Carnie die Ansprache des Kommandanten, der kurz und militärisch vom Frieden und seinem Sinn und auch ein wenig von den Segnungen der Demokratie sprach, aber nicht allzu herausfordernd. Zwischen seiner und meiner Ansprache ein Konzertsolo unseres Pianisten Franke. Ich sprach am längsten und hatte als Text Joh 8,31–32 ‚Die Wahrheit macht euch frei' genommen. Zuletzt dankte Damrath allen, die an der Aufbauarbeit teilgenommen haben. Das Ganze war einfach, aber sehr eindrucksvoll. – Nachmittags berichtete ich in einem Vortrag ‚Wie dies Lager entstand' von Barwick und der YMCA und was sie für die Kriegsgefangenen bedeutet hätten. Stürmischer Beifall für Barwick, der völlig überrascht und sehr ergriffen war. Dann sprachen noch Dr. Siebens und Dr. Schweitzer. – Die Kaffeetafel war durch Ögren etwas reichhaltiger als sonst. – Abends feierlicher Abendmahlsgottesdienst mit Damrath und Schweitzer am Altar, zum ersten Mal zusammen seit 1937. Für sie ein großer Tag und für uns unvergeßlich" (Birger Forell: Tagebuch 1944–1956, S. 178 f. In: BA KOBLENZ, NL 109 Forell/2). Vgl. auch Nr. I/14, S. 195 ff.

[68] Besonders hinzuweisen ist auf die Bedeutung einer solchen Konstruktion, die jungen Menschen die Möglichkeit bot, in einem mitmenschlichen und von christlichem Geist geprägten Klima ihre schulische Ausbildung mit dem Reifezeugnis abzuschließen. Daß aus diesem Abiturlehrgang unter anderem Professoren hervorgingen, belegen einige Namen der damaligen Schüler: Jürgen Moltmann, Johann Friedrich Gerhard Goeters, Friedrich Baumann, Alfred Schönbucher, Bernhard von Watzdorf; zum Abiturlehrgang vgl. z. B. Nr. I/16, S. 205, Nr. I/18, S. 215 oder Nr. III/16, S. 348 f.

[69] Nr. I/13, S. 174.

Schule wollte man geeignete deutsche Kriegsgefangene zu christlichen Lehrern ausbilden, die die neu zu erziehende Jugend im Nachkriegsdeutschland mit dem ökumenischen Geist des Christentums prägen sollten. Man hatte also erkannt, von welch entscheidender Bedeutung das Bildungswesen für das zukünftige Deutschland war. Die Erziehung der nachwachsenden Generation mußte in die Hände der Fähigsten gelegt werden, wollte man ein neues und mitmenschliches Denken fördern. Das sind übrigens Themen, die nach dem Zusammenbruch des Kommunismus und der Wiedervereinigung in Deutschland ebenso bedeutsam geworden sind.

Um die Kriegsgefangenen in allen Lagern besser versorgen zu können, entstanden in Norton zusätzlich zu den ursprünglichen Einrichtungen:

1. Ein Gremium, das Hinweise zu Fort- und Ausbildung in den verschiedenen Berufen gab: das *Norton Education Committee*.[70] Am 1. Juli 1946 übertrug Barwick die Organisation der Erziehungsarbeit von der War Prisoners' Aid auf das dazu eingerichtete Erziehungskomitee in Norton Camp. Es setzte sich zusammen aus dem Sekretär der YMCA in Norton Camp und dem Leiter sowie einem Lehrer der Pädagogischen Schule. Allein dem Sekretär der YMCA verantwortlich, hatten die Mitglieder des Komitees freien Handlungsspielraum gegenüber der Re-education-Abteilung. Unter anderem daran zeigte sich das große Vertrauen der staatlichen Stellen gegenüber der gesamten Arbeit in Norton Camp – und zwar nicht nur gegenüber den Theologen. Die Aufgabe des Norton Education Committee war die Sicherstellung des Unterrichts in den Kriegsgefangenenlagern Großbritanniens auch für die weitere Zukunft mit dem Ziel, die Kriegsgefangenschaft für die persönliche und berufliche Zukunft zu nutzen. Dies war ein umso schwieriger zu erreichendes Ziel, als die Repatriierungen im Laufe des Jahres zunahmen, so daß häufig die fähigsten Lehrkräfte aus den Lagern herausgezogen wurden, da diese zumeist auch als bessere Demokraten beim *Screening* eingestuft worden waren – ein Problem, unter dem auch die Theologische Schule litt.

2. In diesem Zusammenhang sind die Gründung einer YMCA-eigenen Druckerei in Luton und die Veröffentlichung vielfältiger Zeitschriften und religiöser Schriften zu betonen. Sie zeigen die pädagogische Orientierung der Veröffentlichungen: Die Persönlichkeit der jungen Kriegsgefangenen sollte gebildet und insofern erzogen werden. Die Vielfalt der Zeitschriften,

---

[70] Vgl. folgende Dokumente: Entwurf eines Planes für die Unterrichts- und Erziehungsarbeit in deutschen Kriegsgefangenenlagern in Großbritannien. Norton Camp Herbst 1946 (BA/MILITÄRARCHIV FREIBURG, B 113/54); Bericht über eine Konferenz des Norton Education Committee. In: Studienblatt Nr. 13. Norton Camp Dezember 1946 (BA/MILITÄRARCHIV FREIBURG, B 205 v 490); Beschlüsse des Norton Education Committee für die Aus- und Fortbildung von deutschen Kriegsgefangenen. Norton Camp 7.–9.10.1946 (BA/MILITÄRARCHIV FREIBURG, B 113/54).

die die Kriegsgefangenen produzierten, und deren weite Verbreitung zeigt das Bedürfnis nach freiheitlichem Denken, wie es unter der Zensur des „Dritten Reiches" gelitten hatte. Diese Veröffentlichungen sind ein beredter Spiegel für die Art und Weise, wie sich die Kriegsgefangenen mit ihrem Leben auseinandersetzten. Ihre Initiatoren verbanden hiermit einerseits die Möglichkeit, den Wissensdurst der Männer zu stillen. Andererseits konnten sie sich hierin selbstkritisch und produktiv persönlich zu Wort melden. Beides lag natürlich im Interesse der Inhalte einer Re-education.[71] Die wichtigsten von der YMCA in Großbritannien herausgegebenen und in Luton gedruckten Zeitschriften waren das *Studienblatt, Der Monatsbrief,* die *Bereitschaft,* der *Kulturspiegel* und das *Pfarrblatt.*

Das *Studienblatt der Kriegsgefangenenhilfe des Weltbundes der Christlichen Vereine Junger Männer* war sicherlich die pädagogisch und geistig anspruchsvollste Zeitschrift. Sie wurde im Auftrag der YMCA des Norton Camp herausgegeben und erschien monatlich von Herbst 1946 bis April 1948. Sie veröffentlichte Vorträge, Reden und Aufsätze von Kriegsgefangenen aus den Lagern in Großbritannien oder deren Besuchern, informierte über andere Studienangebote aus den Lagern und die Entwicklung der Ausbildungsbedingungen und ihren Veränderungen in Deutschland. Gerade die Lehrer der beiden Schulen und das Norton Education Committee hatten hiermit ein geeignetes literarisches Mittel, um sich in allen britischen Lagern Gehör zu verschaffen.[72]

Der Monatsbrief war, wie sein Untertitel sagt, eine bewußt *Christliche Zeitschrift für deutsche Kriegsgefangene.*[73] Obgleich sie vom Weltbund der YMCA herausgegeben wurde, ist sie maßgeblich von der Theologischen Schule unter der Leitung des Lagerpfarrers in Norton, Rudolf Halver, redigiert worden. Ihre Auflage von 20.000 Exemplaren zeigt an, daß man sich mit dieser Zeitschrift an alle Kriegsgefangenen ohne konfessionelle Schranken wandte. Auf geistig anspruchsvollem Niveau erschien sie von Oktober 1945 bis Oktober 1947 und wurde dann im November 1947 von

---

[71] Der begrenzte Umfang dieser Dokumentation hat zu der Entscheidung geführt, diese an sich lesenswerten Stücke kaum zu dokumentieren. Im Rahmen der Arbeit wurden aber zahlreiche Exemplare von Zeitschriften zusammengetragen, die jetzt im Landeskirchlichen Archiv Stuttgart zugänglich sind (LKA STUTTGART, D 54). Vgl. auch die Übersicht bei K. LOSCHER, Studium, S. 219–247, S. 314–316.

[72] Vgl. die vollständige Sammlung LKA STUTTGART, D 54: Zeitschriften.

[73] Eine gebundene Gesamtausgabe wurde dem Bearbeiter von dem ehemaligen Nortoner Fritz Rau mit den Worten überlassen: „Diese Sammlung ‚Der Monatsbrief' habe ich zum Weihnachtsfest 1947 von einem Mitgefangenen als Geschenk erhalten. Es ist mir damals zu einem sehr wertvollen Buch geworden. Auch nach meiner Entlassung habe ich noch daraus für meine Arbeit weitere Anregungen erhalten. Wenn es nun in einem Archiv oder dgl. als eine Erinnerung an die Kriegsgefangenenhilfe des YMCA verwendet werden kann, soll es mir eine große Freude sein" (LKA STUTTGART, D 54: Rau).

der *Bereitschaft* abgelöst, die monatlich noch bis zum April 1948 erschien. Letztere hatte ihrerseits einen gleichlautenden Vorläufer in Italien.[74]

Der *Kulturspiegel*, der „das kulturelle Leben der Kriegsgefangenenlager in seiner ganzen Mannigfaltigkeit widerspiegeln" und dabei eine Verbindung mit dem kulturellen Deutschland wieder aufbauen wollte[75], ist ein Versuch, an den positiven Traditionen Deutschlands, nämlich an seiner Kultur anzuknüpfen, um den Kriegsgefangenen wieder zu einer Identität zu verhelfen. Als deutsche Kriegsgefangene trafen die Herausgeber in diesem Bemühen sicherlich auf offenere Ohren bei ihren Mitgefangenen als die britischen Vertreter der Re-education, die Ähnliches versuchten. Wenn der *Kulturspiegel* auch von der YMCA in London herausgegeben wurde, war doch die Redaktion hauptsächlich in Norton angesiedelt.

Ein ganz eigenes Werk der Theologischen Schule war das *Pfarrblatt*, das sich gezielt an die Lagerpfarrer und Seelsorger wandte und als Handreichung für das kirchliche Leben in den Kriegsgefangenenlagern des gesamten britischen Gewahrsamsraumes verstanden wurde. Die Lehrer der Theologischen Schule wollten hiermit ihren Brüdern Predigthilfen und theologische Erkenntnisse zu ihrer Arbeit in die Hand geben und sie über die kirchliche Entwicklung in der Kriegsgefangenschaft und in der Ökumene informieren. Das *Pfarrblatt* spiegelt so die innere Verbundenheit zwischen der Theologenschule und den anderen Lagern wider. Man wollte auch den Brüdern Anteil an den Privilegien geben, die den Nortonen zuteil geworden waren. Mit diesem Blatt konnte also eine kontinuierliche Brücke in die Isolation der in ihren Lagern eingeschlossenen Seelsorger geschlagen werden.

Eine umfangreiche *Bücherei* wurde in Norton durch Spenden und zum Teil durch eigene Nachdrucke zusammengetragen.[76] Sie umfaßte vier Bereiche: 1. eine Evangelisch-theologische Fachbibliothek, die vorrangig von der Theologischen Schule genutzt wurde; 2. eine Evangelisch-theologische Wanderbibliothek, die reges Interesse bei vielen Kriegsgefangenen, insbesondere bei den Lagerpfarrern der anderen Lager fand; 3. eine Katholische Leihbibliothek; 4. eine allgemeine Bibliothek, die Bücher der Pädagogischen Schule und der sog. schönen Literatur, Psychologie, Philosophie, Geschichte usw. umfaßte. Insgesamt dürften die Bibliotheken zusammen über 10.000 Bände vereint haben. Schließlich war es den Lehrern und Studenten gestattet, Bücher aus der *Mansfield College Library Oxford* zu entleihen, was der Fürsprache und Unterstützung von Professor Micklem zu verdanken war.

3. Norton Camp entwickelte sich weiterhin zu dem Zentrum für die Organisation der seelsorgerlichen Arbeit der deutschen Lagerpfarrer, die

---

[74] Vgl. unten S. 48.
[75] Ankündigung in Heft 1 vom März 1946; vgl. Kulturspiegel 1 (LKA STUTTGART, D54: Zeitschriften).
[76] Zu ihrem Umfang und möglichen Verbleib vgl. K. LOSCHER, Studium, S. 248–256.

dort zu Rüstzeiten *(Refresher Courses)* und Lagerpfarrerkonferenzen zusammenkamen.[77] Insbesondere die dreiwöchigen Pfarrerfreizeiten, die im März 1946 begannen und jeweils etwa 10 bis 20 Lagerpfarrern die Möglichkeit zum Erfahrungsaustausch, zur gegenseitigen Unterstützung und geistlichen Fortbildung boten, wurden unter der Ägide der Lehrer der Theologischen Schule veranstaltet. Dies zeigt, wie die theologische Lehre unter einem praktischen Anspruch stand, der den Studenten und den amtierenden Lagerpfarrern und somit auch den Kriegsgefangenen dienen sollte.

4. Diesem Anspruch ist es zu verdanken, daß in Norton Camp auch Laienprediger für die Arbeit in den Kriegsgefangenenlagern ausgebildet und Kurse für kirchliche Jugendleiter abgehalten wurden. Erhoffte man sich anfangs, mit den Laienpredigerkursen möglichst bald dem Lagerpfarrermangel entgegen zu steuern, wurde diese Hoffnung im Jahre 1946 dadurch enttäuscht, daß die meisten Studenten dieser Kurse repatriiert wurden. Fortan bot man mit vierteljährlichen Kursen interessierten Kriegsgefangenen durch einen theologischen Grundkurs Einblicke in die Grundfragen der Bibel, des Glaubens und der Kirchengeschichte, um sie somit zu kompetenteren späteren Mitarbeitern im kirchlichen Leben zu bilden. Einigen wenigen war es nach Absolvierung dieser Laienkurse vergönnt, zunächst als Lagerseelsorger in Großbritannien zu arbeiten. Schließlich wurden einige von ihnen in Deutschland zu Pfarrern ordiniert.

5. Anläßlich eines Besuches des Generalsekretärs des deutschen CVJM, Pfarrer Arnold Dannenmann, im November 1946 wurde der Plan ins Auge gefaßt, durch die YMCA Jugendleiterkurse in Norton einzurichten. Sie sollten jungen Christen unabhängig von ihrer Konfession die Möglichkeit geben, später in der Jugendarbeit in Deutschland tätig zu werden, wo man sie dringend benötigte.[78] Als Pfarrer Lic. Werner Jentsch, der frühere Leiter der Theologischen Schule in Rimini (Italien), im Auftrag der Kriegsgefangenenhilfe der YMCA nach England kam, übernahm er die Leitung des Jugendleiterkurses in Norton vom 15. Oktober 1947 bis 18. April 1948. Die Studenten wurden voll in das gemeinschaftliche Lagerleben integriert und hatten verschiedentlich Gelegenheit, sich in der Praxis zu erproben. So wurden einige von ihnen in der Weihnachtszeit 1947 als sog. missionarische Helfer der Lagerpfarrer in ganz Großbritannien eingesetzt. Die meisten Teilnehmer des Jugendleiterkurses studierten und arbeiteten später als haupt- oder ehrenamtliche Mitarbeiter des CVJM in Deutschland.

Für alle diese Aktivitäten bildete die Theologische Schule das geistliche Zentrum; auf sie liefen alle Aktivitäten zu, aus ihr heraus waren sie initiiert

---

[77] Vgl. Nr. I/20, S. 226 f., und I/21, S. 228 ff.

[78] Vgl. Nr. I/22, S. 230 f., und I/23, S. 232 f. Am Schluß besuchten mehr Katholiken einen Kurs als Protestanten.

oder prägend unterstützt worden. Über sechs Semester wurde auf wissenschaftlich hochstehendem Niveau vom Tag der Eröffnung bis zum April
1948 trotz aller Widrigkeiten der Kriegsgefangenschaft evangelische Theologie in einer Kontinuität und Vielfalt gelehrt und studiert, wie es für den
britischen Gewahrsamsraum einmalig blieb. Die Vorlesungsverzeichnisse
lassen erkennen, daß vom ersten Semester an alle Disziplinen der Theologie
gelesen wurden.[79] Legte man zu Beginn das Schwergewicht auf den alt-
sprachlichen Unterricht, wurde alsbald die Systematische Theologie verstärkt. Die dogmatischen Themen entsprachen ganz dem Ziel, die theologische Wissenschaft eng mit der Seelsorge zu verbinden, orientiert an
Anthropologie und Ethik.

Das Dozentenkollegium bestand im ersten Semester aus einem Studienleiter des Betheler Theologenseminars, einem Studiendirektor eines Hannoverschen Predigerseminars, Pfarrern, einem Kirchenjuristen und einem
Altphilologen. Die Dozentenschaft wurde von Semester zu Semester quali-
tativ und quantitativ verbessert. Der jeweilige Studienleiter wurde bis auf
den ersten Leiter, der nach dem Vorschlag von Forell berufen wurde, vom
Kollegium gewählt und von der Lagerkommandantur sowie der YMCA in
seinem Amt bestätigt. Der Leiter, der zugleich Lagerpfarrer war, wählte die
Dozenten aus. Man bildete nach Absprachen mit der YMCA, den britischen
Erziehungsbehörden und später den Vertretern der EKD Prüfungskommis-
sionen für die Sprachen (Griechisch, Hebräisch, Latein), die theologischen
Fächer und die Abnahme von Ersten und Zweiten Theologischen Examina.
Am 14. November 1946 nahm der Zonenbevollmächtigte für das Erziehungswesen in der Britischen Zone, Oberschulrat Merck, an der Sitzung
des Dozentenkollegiums der Theologischen Schule teil. Dabei erkannte er
offiziell die in Norton abgelegten Sprachprüfungen und die Abschlußprü-
fungen der Reifeprüfungsergänzungslehrgänge an. Letztere wurden nicht
nur für die Studenten der Theologischen Schule angeboten. Aufgrund re-
nommierter Stellungnahmen von hochrangigen Besuchern in Norton, die
sich von der Qualität der Ausbildung und der Leistungen der Studenten
überzeugen konnten, erkannten alle Landeskirchen die meisten der in Norton absolvierten Semester später an. Differenzierter verhielten sie sich bezüglich der abgelegten Ersten und Zweiten Theologischen Examina. Hier
wollten einige Landeskirchen, wie z. B. die Evangelisch-lutherische Landeskirche Hannovers, nicht auf ihr eigenes Prüfungsrecht verzichten.

Seminarleiter während der ersten beiden Semester war Wehrmachtoberpfarrer Rudolf Damrath. Als er im April 1946 repatriiert wurde,
holte ihn der damalige Präsident der Kirchenkanzlei der EKD, Hans
Asmussen, nach Schwäbisch Gmünd zur Kanzlei und beauftragte ihn mit

---

[79] Vgl. Nr. I/15, S. 198 f.

der Koordination der die Kriegsgefangenen betreffenden Fragen für die EKD. Die Kirchenkanzlei trat daraufhin in einen ständigen Kontakt mit der YMCA-Zentrale in London. Der Informationsfluß durch den Austausch von kirchlichen Nachrichten und Schriften gelang seitdem reibungsloser. Am wichtigsten war, daß fortan die Heimatkirche an den Fragen, welche die Kriegsgefangenen betrafen, beteiligt war. Das Ziel beider Seiten bestand auch weiterhin darin, die Seelsorge der Kriegsgefangenen in der Fremde zu verbessern. Auf dieser Linie muß auch gesehen werden, daß Dekan Dr. Julius Rieger, der an der deutschen St. Georgskirche in London tätig war und sich somit im Status eines Zivilisten in England aufhielt, vom Rat der EKD mit der Aufsicht über die Seelsorge in den Lagern und bei den Lagerpfarrern in Großbritannien beauftragt wurde. Daß der Einfluß der Heimatkirche zuweilen nicht schneller und sinnvoller zu den gewünschten Ergebnissen führte, zeigt die mühevolle Geschichte der *Austauschpfarrer*, d. h. der Versuch, kriegsgefangene Lagerpfarrer gegen zivile Pfarrer aus Deutschland auszutauschen. Weil die Heimatkirche in ihren Entscheidungsprozessen schwerfällig war, kamen zu wenige Austauschpfarrer viel zu spät in die Lager, so daß sie nur noch wenige Wochen für die Abwicklung der letzten zu repatriierenden Kriegsgefangenen zur Verfügung standen.

Die Studenten und Lehrer der Theologischen Schule bildeten zusammen mit den Teilnehmern an den anderen Lehrgängen in Norton eine Studien-, Lebens- und Gebetsgemeinschaft. Tägliche Morgen- und Abendandachten, Feiern am Wochenende, sonntägliche Gottesdienste, Studiengemeinschaften in den Nissenhütten, Bibelstunden, Gastvorlesungen und sportliche Aktivitäten zeugen davon. Eine eigenständige Studentengemeinde mit Studentenpfarrer und Gemeindebeirat entwickelte sich. Nach der Gemeindewahlordnung der Oldenburgischen Landeskirche wurden die Ältesten gewählt. Durch die Isolationssituation des Lagerlebens entwickelte sich eine innere subjektivistische Frömmigkeit, die von kontemplativem Geist geprägt war. Durch Kontakte zur Ortsgemeinde Cuckney und seit Ende 1946 zum *Student Christian Movement (SCM)* wurde der Horizont erweitert und das Gemeindeleben angeregt. Einen Höhepunkt in der Geschichte zwischen der Lagergemeinde und der SCM bildete sicherlich die Teilnahme der Nortonen an der SCM-Konferenz in High Leigh vom 27. Februar bis 3. März 1947, auf der die Kriegsgefangenen mit britischen Studenten ihre Erfahrungen und Probleme offen und frei austauschen konnten.[80]

Zum Nachfolger Damraths wurde der spätere Superintendent von Drochtersen bei Stade und frühere Leiter eines Predigerseminars der Hannoverschen Landeskirche, Frerich Schnuis, gewählt. Er mußte jedoch mit-

---

[80] Vgl. Nr. I/19, S. 223.

ten im dritten Semester ersetzt werden, da er am 14. Juli 1946 repatriiert wurde. Der Verlauf der Repatriierungen stellte eines der schwierigsten Probleme dar. Einerseits erschwerten es die oft nicht zu überschauenden Repatriierungspläne der Briten, kontinuierlich sinnvoll den Lehr- und Studienbetrieb zu planen, so daß Dozenten wie Schüler immer wieder in ihrer Tätigkeit unterbrochen wurden. Andererseits schob die Repatriierung im Jahr 1946 die Frage der Heimkehr immer stärker in den Vordergrund. Mußte man sich nach der Kapitulation auf eine lange Gefangenschaftszeit einrichten, so kamen im Laufe des Jahres 1946 viele Kriegsgefangene aus Übersee nach England, denen man zugesichert hatte, daß sie in ihre Heimat verschifft würden, sich nun aber erneut in Kriegsgefangenschaft wiederfanden. Daß diese Kriegsgefangenen, die jetzt auf die vorhandenen Lager in Großbritannien verteilt wurden, für Unruhe und Kritik sorgten, ist verständlich, denn sie hatten nur ein Ziel: möglichst schnell nach Hause zu kommen. Verstärkt wurde dies durch die massenhafte Repatriierung von der Insel nach Deutschland im Jahre 1947, wodurch die Gedanken der einzelnen Kriegsgefangenen immer ausschließlicher um das persönliche Heimkehrdatum kreisten. Umso bemerkenswerter ist es, daß es der Schule immer wieder gelungen ist, zu neuen Lehrkräften zu kommen und die Studenten zu motivieren.

Mit Dr. theol. habil. Gerhard Friedrich erhielt die Theologische Schule ihren am längsten amtierenden Leiter, der vom 17. Juli 1946 bis 31. August 1947, dem Abschluß des fünften Semesters, an der Spitze der Schule stand. Es war jene Zeit, in der das Lager ständig neue Impulse durch Besuche von außen bekam. Sicherlich gab es auch Besucher und Gastdozenten vor und nach jener Zeit, doch nicht in dieser Massivität. Das lag zum einen an den sich lockernden Reisebestimmungen der Briten. Zum anderen aber, und das ist wohl das Entscheidende, wuchs das Interesse an Norton Camp und seinen Schulen international.[81] Die Gewahrsamsmacht benutzte Norton Camp darüber hinaus als eine Art Vorzeigelager für ihre Behandlung von Kriegsgefangenen. So verwundert es nicht, daß Persönlichkeiten aus der Ökumene und der Evangelischen Kirche in Deutschland das Lager und die Theologische Schule besuchten und meistens die Gelegenheit nutzten, Vorträge oder Vorlesungen zu halten. Professoren verschiedener Länder und theologischer Richtungen weilten Wochen bis Monate für Gastvorlesungen in Norton und vermittelten trotz des Lebens im Kriegsgefangenenlager Eindrücke und Anregungen in großer Breite.[82] Dem entsprach es,

---

[81] Das lag auch an den Kontakten, die Forell in Europa besaß und nun für die Sache der Schule nutzte.

[82] Die Dokumente erwähnen eine Vielzahl der Besucher namentlich und beschreiben deren Aktivitäten, Wirkungen und Eindrücke. Genannt seien nur ein paar wenige Persönlichkeiten: Bischof Otto Dibelius, Martin Niemöller, Hans Asmussen, Hanns Lilje, John R. Mott,

daß die Lager in England von zahlreichen Beobachtern besucht wurden, die von ihrem kirchlichen und theologischen Standpunkt aus dann Bericht erstatteten und den Eindruck eines weltweiten Interesses besonders an Norton vermittelten.[83]

In die Amtszeit von Friedrich fielen auch die ersten *Ordinationen.* Nachdem das ursprüngliche Ziel, Lagerseelsorger auszubilden, endlich Früchte trug, wollte man die Ausgebildeten auch als rechtmäßig berufene Diener am Wort Gottes[84] in ihre Lager senden. Daß dieses Vorgehen von der Heimatkirche nicht unwidersprochen blieb, ist nicht verwunderlich. Hatte man sich doch in Deutschland mit der Vergangenheit auseinanderzusetzen, in der die Konfessionalität eine entscheidende Rolle spielte und die im Zusammenhang mit der Neuordnung der Evangelischen Kirche in Deutschland heftig diskutiert wurde.

Die Theologische Schule hatte wie die Gefangenschaftskirche das Konfessionsproblem sehr bald nach ihrer Gründung erkannt und für sich dadurch zu lösen versucht, daß man sich eine konfessionelle Orientierung gab, diese jedoch nicht exklusiv interpretierte. Am 30. Januar 1946 beschloß das Dozentenkollegium, die Theologische Schule im lutherischen Bekenntnis zu führen.[85] Man gab dies 14 Tage später öffentlich bekannt mit dem ausdrücklichen Hinweis nach Deutschland, damit keine Entscheidung der EKD präjudizieren zu wollen. Die EKD stand selber seit ihrer Gründung vor der Frage ihres konfessionellen Selbstverständnisses. Sie überließ die Festlegung des Bekenntnisstandes ihren Gliedkirchen und verstand sich als Kirchenbund, nicht als Einheitskirche. Praktisch wurde das Beziehen des konfessionellen Standpunktes nun so genutzt, daß man von da aus sich ökumenisch orientierte und verhielt. So waren das Kollegium und die Studenten denominationell gemischt. Hier lehrten und studierten miteinander Lutheraner, Reformierte, Methodisten und sogar Freikirchler; in den anderen Schulgängen wie dem Jugendleiterkurs waren auch Katholiken vertreten. Die Erwartungen, die die Dozenten mit ihrer Entscheidung an die EKD geknüpft hatten, nämlich in ihrer Neuorientierung unterstützt zu werden, wurden letztendlich enttäuscht.

Das sechste und letzte Semester unter der Leitung von Dr. Ernst Dammann war geprägt von den bereits erwähnten erschwerten Bedingungen der Repatriierung. Dennoch konnte trotz ständigem Wechsel der Lehrbe-

---

Jacques Courvoisier, die Professoren Anders Nygren, Søe und Blanke (vgl. Nr. I/5, S. 90, I/8, S. 99, und I/9, S. 101).

[83] Man beachte in diesem Zusammenhang die auch kritischen Berichte von Markus Barth und Hans-Dietrich Pompe (Nr. I/9, S. 101–128, und I/11, S. 132–159).

[84] CA XIV.

[85] Darunter versteht man die Hauptbekenntnisse der lutherischen Reformation: Confessio Augustana, Großer und Kleiner Katechismus Martin Luthers, Schmalkaldische Artikel und Konkordienformel.

trieb und das Niveau gehalten werden, bis die Schule im Frühjahr 1948 schloß.

Daß die insgesamt sehr erfreuliche Entwicklung des Norton Camp nicht verschont blieb von gewissen Krisen, darauf machten die versammelten Teilnehmer der Konferenz der evangelischen Lagerpfarrer vom 30. März bis 5. April 1948 in London aufmerksam.[86] Hier versuchten die deutschen Lagerpfarrer die Probleme der Gefangenschaftskirche aufzuarbeiten und für die Arbeit der Kirche in Deutschland fruchtbar zu machen. Die Konferenz kann als ein früher Ertrag der Gefangenschaftskirche Großbritanniens aus der Sicht der Betroffenen eingeschätzt werden.

Italien

In Italien kam es zu den ersten Kriegsgefangenen, nachdem die Alliierten Streitkräfte ihre Offensive in Italien gestartet hatten. In der Zeit zwischen dem 10. Juli 1943, der Landung der Alliierten auf Sizilien, und Mai 1945 – in einigen Gegenden auch bis August – wurden die deutschen Soldaten, die man gefangen nahm, aus strategisch-militärischen Gründen auf dem schnellstmöglichen Weg aus Italien verschifft. Geriet man in amerikanischen Gewahrsam, führte der Weg meist nach Nordamerika, während die Briten ihre Kriegsgefangenen vorwiegend nach Nordafrika deportierten, denn seit der dortigen Zerschlagung und Kapitulation der deutschen und italienischen Truppen am 13. Mai 1943 bestanden große britische Kriegsgefangenenlager u. a. in Ägypten und Algerien.

Mit der bedingungslosen Kapitulation der deutschen Heeresgruppe Südwest, die am 29. April 1945 durch Generaloberst von Vietinghoff und dem britischen General Alexander in Caserta unterzeichnet wurde und am 2. Mai um 14.00 Uhr in Kraft trat, war eine Verlegung der Gefangenen von der italienischen Halbinsel weg grundsätzlich nicht mehr notwendig. So mußten binnen weniger Stunden und Tage für mehrere Hunderttausend deutsche Soldaten neue Unterbringungsmöglichkeiten entstehen. Die vorhandenen Lager waren aber durch die vielen Gefangenen der letzten Kriegstage bereits bis zum Rand gefüllt. So errichteten Amerikaner und Briten bis Ende Mai mehrere *Prisoners of War Enclosures* (PWE), riesige Auffang- und Durchgangslager in ganz Italien – u. a. in Ghedi, Modena, Udine, Forli, an der Adriaküste um Rimini und in Tarent. Unter diesen Gegebenheiten kam es zu einem kaum zu durchschauenden Durcheinander

---

[86] Die Referate und Protokolle dieser Konferenz wurden vom Bearbeiter aus verschiedenen Archiven zusammengetragen. Sie befinden sich nun in Kopie im LKA STUTTGART, D 54. Vgl. aber Nr. I/13, S. 165–194, Anm. 72.

und Austausch von Gefangenen innerhalb und zwischen den Lagern und von der einen Gewahrsamsmacht zur anderen.[87]

Die Briten, denen man schon von ihrem demokratischen Selbstverständnis her sicherlich nicht den Willen zur Einhaltung der Genfer Konvention absprechen sollte, unterschieden angesichts dieser prekären Situation die Gefangenen in *Prisoners of War* (POW) und *Surrendered Enemy Personnel* (SEP) bzw. *Disarmed Enemy Forces* (DEF). Damit zog man eine juristische Grenze zwischen den Soldaten, die man noch während des Krieges gefangengenommen hatte, und denen, die erst nach der Kapitulation in Gefangenschaft kamen. Erstere behandelte man auch weiterhin als reguläre Kriegsgefangene, denen man alle Rechte und Pflichten nach der Genfer Konvention zukommen ließ. Letzteren hingegen sprach man jegliche Berufung auf sie ab.

Den deutschen Soldaten erschienen angesichts dieser Rechtsstellung ihre Chancen auf eine humane Behandlung zunächst wenig verheißungsvoll. Ein Brief des Colonels Lloyd Lowles von der 21. britischen Panzerbrigade, die die Oberaufsicht über die Sammellager im Raum Rimini hatte, vom 28. Juni 1945 an das deutsche Hauptquartier in Bellaria ließ Schlimmes befürchten. Danach hatten die in Rimini gefangen gehaltenen Deutschen, „Soldaten wie Zivilisten [...], keinerlei Recht oder irgendwelche Ansprüche." Mit der „bedingungslose[n] Übergabe" stehe es „ganz im Belieben der Alliierten, ob Sie als Kriegsgefangene oder als Angehörige der Truppenteile behandelt werden, die die Waffen streckten, und Ihre rechtliche Stellung kann sich je nach Wunsch der Alliierten von Zeit zu Zeit ändern". Nochmals wird ausdrücklich betont und vom „Alliierte[n] Hauptquartier [...] bestätigt": „Die Genfer Konvention kommt nicht in Anwendung noch steht Ihnen irgendeine schützende Macht zu noch erfreuen Sie sich der normalen Vorrechte eines Kriegsgefangenen."[88]

Entgegen möglicher Willkür und Schikanen behandelten die Briten ihre Gefangenen jedoch zumeist äußerst korrekt und übertrafen in humaner Hinsicht häufig die Genfer Konvention. Die deutschen SEP erhielten in Italien von den Briten Freiheiten, von denen die meisten POW in sonstigem britischen Gewahrsam nur träumen konnten. Die Entscheidung der Briten, den SEP den Kriegsgefangenenstatus abzusprechen, ist angesichts der Geschichte der Enklave Rimini nicht als Vergeltungsmaßnahme der Sie-

---

[87] So berichteten Zeitzeugen dem Bearbeiter bei den Interviews nicht selten von fünf und mehr Lagerwechseln innerhalb weniger Wochen. Im Gegensatz zu Großbritannien, wo pädagogische Gründe der Re-education maßgeblich für einen Lagerwechsel waren, lagen diese in Italien im Organisatorischen. Der Austausch der Gefangenen zwischen den Gewahrsamsmächten beruhte dabei auf Abmachungen zwischen den Alliierten (vgl. z. B. das Abkommen aus dem Jahre 1943 zum Austausch von Kriegsgefangenen im Zusammenhang mit dem Zusammenbruch der Front in Nordafrika; vgl. H. WOLFF, Überblick, S. 8).

[88] Vgl. H. WOLFF, Überblick, S. 81 f.

germacht – wie dies bis heute noch vereinzelt behauptet wird –, sondern positiv zu interpretieren: So paradox es klingt, die Briten gewannen durch das rechtliche Außerkraftsetzen der Genfer Konvention den Spielraum, den sie angesichts der Massen von Kriegsgefangenen benötigten, um die Gefangenen human, gerecht und dem Geist der Konvention entsprechend behandeln zu können.[89]

Welche Konsequenzen der SEP-Status für die deutschen Kriegsgefangenen in britischem Gewahrsam hatte und wie dies zu interpretieren ist, dafür steht exemplarisch das größte britische Sammellager in Italien, die *Enklave Rimini.* Sie wird als Beispiel für die Aktivitäten der deutschen Kriegsgefangenen in Italien und deren Betreuung dokumentiert[90]; außer Betracht bleiben britische Kriegsgefangenenlager im übrigen Italien und die amerikanischen Lager im Raum Pisa-Livorno.

Die deutsche SEP-Enklave Rimini entstand nach dem 2. Mai 1945 innerhalb nur weniger Tage. Es wurde ein Generalslager eingerichtet. Zwischen Cervia im Norden und Riccione im Süden Riminis lebten in den folgenden Monaten und Jahren 150.000 deutsche Soldaten als Gefangene in einer Reihe von großen Lagern, die auch zum Mittelpunkt der kirchlichen Arbeit mit den deutschen Kriegsgefangenen in Italien wurden.

Am 20. Mai, knapp drei Wochen nach der Kapitulation, übergaben die Briten dem Stab des 76. deutschen Panzerarmeekorps die weitgehende Selbstverwaltung über die gesamte Enklave, für das ein deutsches Hauptquartier mit Sitz in Bellaria[91] eingerichtet wurde. Die Leitung übernahm Generalleutnant Dr. Fritz Polack und sein Stab. Der Generalleutnant war ein bekennender Christ, der den Glauben stets zum Maßstab für sein Handeln machte. So förderte er nachhaltig die kirchliche Betreuung der Kriegsgefangenen in Italien.[92] Die Oberaufsicht über alle Lager behielt die 21. britische Panzerbrigade. In diesem Klima entstand in kürzester Zeit eine Struktur, die ihresgleichen suchte. Angefangen bei einer Lagerpolizei und eigener Gerichtsbarkeit, verfügten die Deutschen außerdem über zwei eigene Tankstellen, eine Transportkolonne, eine Werkstattabteilung in Cervia, einen Versorgungsstützpunkt in Viserba, jeweils drei Verpflegungs-Ausgabestellen und Bücherei-Kompanien, eine Buslinie zwischen den verstreut gelegenen Lagern bis hin zu großen und gut ausgerüsteten Lazaretten

---

[89] Die Interviews mit Zeitzeugen aus Rimini bestätigten dies dem Bearbeiter übereinstimmend. Deren Erfahrung zeigt ein Defizit der Genfer Konvention auf, das bis heute auf seine Einlösung wartet.

[90] Zur Enklave Rimini und zu den Aktivitäten, die von dort ausgingen, vgl. W. JENTSCH, Ernstfälle, S. 261–366.

[91] Zu diesem frühen Zeitpunkt handelte es sich noch nicht um das spätere Generalslager Bellaria.

[92] Nach seiner Entlassung aus der Gefangenschaft war Polack für den CVJM in Deutschland tätig, zunächst für den CVJM-Heimkehrerdienst.

in Cesena und Cesenatico. So hatte man in nur wenigen Wochen eine Infrastruktur geschaffen, die das Leben in dieser Enklave erträglich, ja angenehm machte. Es gab über die ganze Zeit hinweg keine erwähnenswerten Ernährungsprobleme oder ansteckenden Krankheiten.

Eine Folge der Selbstverwaltung waren die enormen Bewegungsmöglichkeiten, die den Gefangenen eingeräumt wurden, und die frühen Repatriierungen. Ab August 1945 begann man mit dem Einsatz von Arbeits- und Versorgungseinheiten von der Enklave aus in alle Gebiete Italiens, nachdem man dazu übergegangen war, auch Pässe an die Gefangenen zu verteilen. Bis zum Jahr 1946 hatte „sich die Enklave Rimini zum Mittelpunkt der unter englischer Führung stehenden deutschen SEP in Italien entwickelt".[93] Von hier aus wurden die Einheiten in Marsch gesetzt und die deutschen SEP schließlich in die Heimat entlassen. Die Repatriierung begann bereits am 18. August 1945, die nach vorangegangenem *Screening* vorgenommen und im Sommer 1947 vollständig abgeschlossen war. Als Durchgangs- und Entlassungslager erhielt die Enklave nach der Auflösung des zweitgrößten britischen Lagers in Italien, Tarent, im Frühjahr 1946 alleinige zentrale Bedeutung.[94]

Von der *Re-education* wurden in Italien bis auf das *Screening* nur wenige Maßnahmen gezielt angewandt, womit die inhaltliche Zielsetzung der Re-education für die Kriegsgefangenen in Italien noch weniger transparent wurde als in England. Daß es dieses Programm allerdings gab, eröffnete andererseits für die Betreuung der SEP Freiräume. Die Initiativen für die Arbeit mit den Kriegsgefangenen gingen zunächst ganz allgemein als Selbsthilfeaktionen von den deutschen Kriegsgefangenen selber aus. Die zuständigen britischen Militärpfarrer, die YMCA und die Ökumenische Kommission für die Pastoration der Kriegsgefangenen in Genf leisteten dann Hilfe in vielerlei Art, und die britische Lagerkommandantur unterstützte besonders die kirchliche Arbeit.

Der Generalsekretär der YMCA, der von den Kriegsgefangenen nur *Mister Jones* genannt wurde und bis zum Frühjahr 1946 für Italien zuständig gewesen war, bevor er von *Mister Meade* abgelöst wurde, errichtete Ende des Jahres 1945 ein deutsches YMCA-Sekretariat in Miramare in der Enklave Rimini. Dessen Bezeichnung als *CVJM-Lagerdienst* deutet an, wieviel stärker die dortige Arbeit von der Tradition des deutschen CVJM

---

[93] Nr. II/3, S. 244.

[94] Tarent war von 1943 bis zur Kapitulation ausschließlich ein Durchgangslager zur Verschiffung der Gefangenen nach Nordafrika. Im Sommer 1945 löste man es als solches auf, nachdem die letzten 10.000 POW nach Ägypten verschifft worden waren. Nach der Kapitulation mußte man für maximal 24.000 SEP sorgen, die auf Einzellager verteilt und dort wiederum in sog. *Cages* von ca. 1.000 Mann eingeteilt waren. Von hier kamen viele später nach Rimini.

geprägt war als z. B. in Norton, wo der amerikanische Einfluß entscheidend war.[95] Dies tat jedoch in Italien der Zusammenarbeit mit den deutschen Lagerpfarrern, der Ökumene und der britischen Chaplaincy insofern keinen Abbruch, als sie genauso eng war wie in Großbritannien. Die gesamte YMCA-Arbeit stand auch weiterhin unter britischer Aufsicht. Durch die Ansiedlung ihres Sekretariats in Rimini wurde die Enklave nun auch zu einem Zentrum der kirchlichen Arbeit unter den deutschen Kriegsgefangenen in ganz Italien.

Mit der Leitung des Sekretariats beauftragte Jones Lic. Werner Jentsch, den ehemaligen Standortpfarrer im Nebenamt an der alten Garnisonskirche in Berlin und Gauwart des Evangelischen Jungmännerwerkes in Berlin und Brandenburg.[96] Ab Januar 1946 organisierte Jentsch die Kriegsgefangenenhilfe der YMCA in ganz Italien, inklusive der amerikanischen Kriegsgefangenenlager. Meade übernahm in Absprache mit Jentsch den organisatorischen Teil der Arbeit, während dieser sich vorrangig um die Seelsorge und Evangelisation der Kriegsgefangenen bemühte. Jentschs evangelistischmissionarischer Eifer bestimmte die Ziele der YMCA-Arbeit in Italien: Einerseits wollte er durch Mission an den jungen Männern YMCA-Gruppen in den Lagern bilden. Andererseits sollte dieses Ziel verbunden werden mit einer Verkündigung des Evangeliums in Wort und Tat.[97]

Wie prägend Jentschs Person für die Entwicklung der Arbeit in Italien war, läßt sich daran ermessen, daß er seit Oktober 1945 auch zum Oberpfarrer der Lagerpfarrer in der Enklave Rimini gewählt worden war. Diese Neuwahl wurde erforderlich, da im gleichen Monat über 100 kriegsgefangene Pfarrer, Vikare und Laienprediger repatriiert worden waren, unter denen sich auch der bis dahin amtierende Wehrmachtoberpfarrer Herbert Ziekur befand.[98] Deren frühe Repatriierung macht deutlich, wie bevorzugt die Geistlichen in Italien von den Briten behandelt wurden. Als YMCA-Mitarbeiter und Oberpfarrer und ab Januar 1946 auch für die kriegsge-

---

[95] Dadurch kam es allerdings zu einigen Mißstimmungen zwischen dem Weltbund der YMCA in Genf und dem Leiter des deutschen YMCA-Sekretariats in Rimini, Werner Jentsch (vgl. YMCA-ARCHIV GENF, Box Correspondence: Werner Jentsch. 1936–1961).

[96] Vgl. W. JENTSCH, Ernstfälle, S. 114.

[97] Daß Jentsch mit seiner Verkündigung die jungen Männer in ihrer Kriegsgefangenschaftssituation erreicht haben muß, zeigt sich in dem starken Zulauf, den seine Evangelisationen genossen. Bis zu 2.000 Kriegsgefangene sollen nach mündlichen Zeitzeugenaussagen dem Bearbeiter gegenüber an einem Abend zusammengekommen sein.

[98] Vgl. die Verzeichnisse protestantischer Pfarrer, Vikare, Diakone, Laienprediger und Theologiestudenten Rev. Charles E. B. Cranfields von der britischen Chaplaincy (er wurde nach seiner Rückkehr nach England im Herbst 1945 erster Staff Chaplain beim War Office), die dieser zur Repatriierung vorschlug (LKA STUTTGART, Bestand D 54: Cranfield; die Unterlagen wurden der Dokumentationsstelle freundlicherweise durch Frau Hannelore Braun M.A. von der Evangelischen Arbeitsgemeinschaft für Kirchliche Zeitgeschichte zur Verfügung gestellt).

fangenen Lagerpfarrer in ganz Italien zuständig, genoß Jentsch weitgehende Bewegungsfreiheit und konnte so die Betreuung der deutschen Kriegsgefangenen in britischen und amerikanischen Lagern koordinieren, erweitern und vertiefen.

Auch in Rimini wurden wie in Großbritannien verschiedene Zeitschriften
von den Kriegsgefangenen verfaßt und herausgegeben, wenn auch in wesentlich geringerer Vielfalt als in England. Dabei verdient die Halbmonatsschrift *Bereitschaft* besondere Beachtung. Von Februar 1946 bis Februar
1947 erschienen als erster Jahrgang in einer Auflage von je 12.000 Exemplaren 24 Hefte, die von der deutschen Druckerei in Miramare erstellt
wurden. Herausgeber war das deutsche YMCA-Sekretariat, CVJM-Lagerdienst. Die Schriftleitung lag bei Pfarrer Kurt Oehlmann, Rimini, und als
Hauptherausgeber zeichnete bis zu seiner Repatriierung Werner Jentsch,
bevor sein Nachfolger als Oberpfarrer, Kurt Oehlmann, auch dieses Amt
übernahm. Der Titel war Programm: Die Herausgeber wollten die Leser
für Christus und sein Wort bereit machen, aus dem heraus sie hören,
handeln und helfen könnten und sollten. Die Beiträge in dieser Zeitschrift,
deren Leserkreis aus Kriegsgefangenen in Italien und Österreich bestand,
vermitteln einen differenzierten Einblick in die vielfältige kirchliche und
seelsorgerliche Arbeit, die von der Enklave Rimini ausging. Darüber hinaus
wurden erbauliche und informative Aufsätze veröffentlicht und Informationen aus dem kirchlichen Leben der Kriegsgefangenenlager, der Heimatkirchen, der YMCA und der Ausbildungssituation in Deutschland weitergegeben.[99] Es ist zu vermuten, daß der Namenswechsel des seit Oktober
1945 in England erscheinenden *Monatsbriefes* ebenfalls in *Bereitschaft* mit
dem Wechsel nach England von Jentsch und einem Teil seiner Mitarbeiter
an der italienischen *Bereitschaft* zusammenhängt.

Bald nach der Einrichtung der Lager um Rimini entstanden Lagerschulen
auf unterschiedlichem Niveau und mit verschiedener Ausrichtung. In dem
Lager 6a in Bellaria bildete sich bereits im August 1945 eine Evangelische
Lagerschule.[100] Etwa 30 Theologiestudenten, CVJM- und Diakonenschüler
fanden sich hier bis zu ihrer Repatriierung im Oktober zu einem theologischen Grundkurs zusammen. Unter der Leitung von Jentsch schloß man
sich am 18. September 1945 zu einer Bruderschaft, der *Michaelskette*,

---

[99] In Bereitschaft 1946/1947, Nr. 4 wurde z. B. der Text des Barmer Bekenntnisses vom
Mai 1934 wiedergegeben. In Bereitschaft 1946/1947, Nr. 13 erschien ein Auszug aus Luthers
„Von der Freiheit eines Christenmenschen". Im März 1946 (Bereitschaft 1946/1947, Nr. 3)
veröffentlichte man internationale Reaktionen auf das Stuttgarter Schuldbekenntnis. Auch
die Konfessionsfrage und rechtliche Probleme der Kirchengliedschaft wurden angesprochen
(vollständiger Jahrgang in: LKA STUTTGART, D 54: Bereitschaft).

[100] Sie war Teil der *Lagerhochschule des deutschen Hauptquartiers Bellaria (Italien),* so ihre
offizielle Bezeichnung. Die dort besuchten Vorlesungen aller Fakultäten wurden durch
Hörerscheine bestätigt (vgl. W. KRÖNIG/K.-D. MÜLLER, Nachkriegs-Semester, S. 314).

zusammen. 16 der Seminaristen konnten mit Hilfe der Bayerischen Landeskirche und der Erlanger Theologischen Fakultät das Theologiestudium in Erlangen aufnehmen.

Im sog. Winterlager auf dem Flugplatz in Rimini wurden ab Ende September 1945 die Schulen weiter ausgebaut. Eine *Evangelische Arbeitsgemeinschaft* als Abteilung der allgemeinen Lagerschule war unter verschiedenen Bezeichnungen tätig. Im Lager 2 wurde sie spätestens im Oktober 1945 gegründet. Im Februar 1946 konnten 20 Kriegsgefangene, die an der Theologie Interesse gefunden hatten, erneut durch die persönliche Unterstützung von Landesbischof Hans Meiser und Prof. Paul Althaus geschlossen nach Bayern repatriiert werden und ein Theologiestudium in Erlangen anschließen. Die Lehrer der Schulen wurden unter den kriegsgefangenen deutschen Pfarrern und kirchlich interessierten Laien gewonnen. Das Ziel des Unterrichts der beiden theologischen Lerngemeinschaften war vorrangig nicht die Ausbildung für einen späteren spezifischen Beruf. Es sollte vielmehr versucht werden, den Kriegsgefangenen Hilfe und Anregung zu geben für eine neue geistige Orientierung sowie für die Aufarbeitung der Ursachen und Folgen der jüngsten deutschen Geschichte und der Niederlage des Krieges. Man wollte die jungen Männer nach den Jahren des Krieges wieder an geistiges Arbeiten gewöhnen und die Lernfähigkeit wecken. Die Unterrichtsveranstaltungen hatten deshalb auch allgemeine Themen zum Gegenstand. Die Vorträge lassen das Bemühen erkennen, inmitten der für die meisten Männer empfundenen Katastrophe durch Anknüpfung an kirchliche und humanistische Traditionen neuen Boden unter den Füßen zu gewinnen. Erst in zweiter Linie hoffte man, damit Mitarbeiter im weitesten Sinn für die Kirche in der Heimat zu gewinnen.[101]

Im Sommer 1946 wurde in der Enklave ein *Theologisches Seminar* eröffnet. Nachdem mit Hilfe von Reverend Speirs von der britischen Chaplaincy alle Bedingungen für die Seminargründung geschaffen worden waren, suchte man sich die Lehrer und Studenten aus den britischen und amerikanischen Kriegsgefangenenlagern zusammen. Unter deutscher Selbstverwaltung konstituierte sich ein Kuratorium unter dem Vorsitz von Jentsch. Den ehemaligen Lagerpfarrer des Generalslagers Bellaria, Hans Karcher, berief man zum wissenschaftlichen Leiter, und als Studentenpfarrer fand sich der ehemalige Leiter des Studentenheims ins Leipzig, Hans Mrozek.[102] Im Kuratorium wurden die Pfarrer durch Kurt Oehlmann, die Laien durch Polack und das allgemeine Kirchenpersonal durch Kirchenverwaltungsinspektor Seifert vertreten. Dozenten waren wiederum Pfarrer und entsprechend vorgebildete Laien aus den Lagern. Die etwa 70 Studenten der

---

[101] Diese Reihenfolge war gewiß in Italien stärker ausgeprägt als in England. Aber auch hier läßt sich unmittelbar erkennen: erst leben und dann lernen.

[102] Zu Mrozek vgl. H. PATZELT, Schlesische Pastoren, bes. S. 1008.

verschiedensten Denominationen waren zwischen 16 und 50 Jahren alt und
hatten den unterschiedlichsten Bildungsstand. Vom Volksschüler bis zum
promovierten Akademiker machten sie sich ein Semester lang auf den Weg
dieser Lebens- und Studiengemeinschaft hinter Stacheldraht.

Allein diese Unterschiede deuten an, daß die Ziele des Seminars nicht
für alle immer ganz einheitlich waren. Dennoch: Als am 11. Juni 1946 der
Lehrbetrieb aufgenommen wurde, wollten deren Initiatoren nach eigenem
Bekunden jetzt vorrangig die Kriegsgefangenen auf ein späteres theologisches Studium oder eine Ausbildung zum CVJM-Jugendleiter in Deutschland vorbereiten. Daneben verfolgte man mit der angebotenen theologischen Bildung das Ziel, die jungen Männer für die Zukunft geistlich zu
rüsten und in eine brüderliche Lebensgemeinschaft einzuordnen. Es steht
nach der Dokumentenlage jedoch zu vermuten, daß das Gemeinschaftsleben oft wichtiger war als das Ziel eines Studiums.[103] Der mutlose, depri-
mierte und vereinsamte Soldat suchte nach einem neuen Halt, den er hier
zu finden hoffte.[104] Diese Orientierung fanden viele Studenten in der
Lebens- und Studienordnung, die sich das Seminar gab. Insofern ist auch
das Theologische Seminar Rimini als eine Art Fortsetzung der vorherigen
Lagerschulen zu sehen.

Es ist von daher folgerichtig und wiederum auf den charismatischen Stil
von Jentsch zurückzuführen, daß sich das Theologische Seminar schließlich
zur *Bruderschaft des Theologischen Seminars Rimini* zusammenschloß.[105] Das
Thema *Bruderschaft* zieht sich wie ein roter Faden durch die Kriegsgefangenschaftszeit von Jentsch:[106] Bereits in Abano Terme, wo er bei Padua in
britische Kriegsgefangenschaft geriet und von Mai bis Juli 1945 gefangen
war, bildete er eine kleine theologische Arbeitsgemeinschaft, die sich als
feste christliche Gemeinschaft verstand und sich bis heute regelmäßig trifft.
Die erwähnte *Michaelskette* aus dem Lager 6a in Bellaria war sicherlich die
im Sinne Jentschs festeste und strukturierteste Bruderschaft. Sie gab Jentsch
auf seinem weiteren Weg modellhafte Orientierung. Die Ordnung, die man
sich gab, wurde als Hilfe für die Nachfolge Jesu Christi in einer ungewissen
und orientierungslosen Zeit verstanden. Es waren von da an im wesentlichen vier praktische Elemente, in denen die Bruderschaften lebten: das

---

[103] Diese Vorrangigkeit der Lebensgemeinschaft sollte keinesfalls diskreditiert, wohl aber
benannt werden.

[104] Die ausgezeichnete Untersuchung von W. KRÖNIG/K.-D. MÜLLER, Nachkriegs-Semester, beschreibt aus vielfältigen Blickwinkeln diese Suche nach Neuorientierung im Studium
und beim Lernen (bes. S. 61–80).

[105] Die Suche nach christlichen Studiengemeinschaften, seien es Studentengemeinden wie
in Norton oder Bruderschaften wie in Rimini oder CVJM-geprägte Lagergemeinden wie in
Ägypten, war unter den jungen Deutschen weit verbreitet (vgl. EBD., S. 272–276; zu den
weltlichen Gemeinschaftsformen: S. 255–271).

[106] Vgl. W. JENTSCH, Ertrag.

gemeinsame Gebet, persönliche Opfergaben, regelmäßige Treffen und die briefliche Kontaktpflege. Man wollte sich aber damit weder in die Innerlichkeit eigener Frömmigkeit oder in die geschlossene Gemeinschaft abkapseln, noch wollten die Mitglieder ihre Ordnung als unumstößliches Gesetz verstehen, das die Freiheit eines Christenmenschen vergesetzlicht.[107] Die Berufung auf den Erzengel Michael, der nach dem alttestamentlichen Buch Daniel, Kapitel 12, sein Volk rettet, diente als Symbol. Einen dritten Schritt auf diesem Weg von Bruderschaften stellte die Pfarrkonferenz in Cervia im Mai 1946 dar, die die erste ihrer Art in Italien war. Sie behandelte das Generalthema *Bruderschaft*. Als eher losen pfarrbrüderlichen Zusammenschluß, aber nicht ohne geistlichen Tiefgang hat man wohl die aus ihren 35 Teilnehmern gebildete *Bruderschaft der evangelischen Pfarrer in Italien* einzuschätzen. Dem erwähnten Zusammenschluß zu einer *Bruderschaft im Theologischen Seminar in Rimini* folgte noch ein fünfter und letzter Versuch in Norton Ende 1947, auch die dortigen Studenten in einer Bruderschaft zu verbinden. Allerdings konnte Jentsch dort durch die Prägung des Nortoner Stils nur wenige Studenten für diese Idee gewinnen.

Im Theologischen Seminar in Rimini gab man sich eine Lebens- und eine Bruderschaftsordnung, während die Leitung der Bruderschaft Pfarrer Mrozek übertragen wurde. Einerseits regelte das Gebet den Tagesablauf, andererseits wurde die Beichte als ein elementarer Bestandteil des zu erneuernden Lebens erkannt, ohne den auch kein Studieren Hoffnung geben würde.

Im Rahmen dieses Gemeinschaftslebens wurde im italienischen Sommer 1946 dann aber auch fleißig studiert. Neben Kursen in den Alten Sprachen standen Einleitungsvorlesungen in die Fächer der wissenschaftlichen Theologie im Vordergrund. Dabei war es wichtig, der antijüdisch geprägten jungen Generation das Alte Testament als einen elementaren Bestandteil des christlichen Glaubens zu vermitteln. Mit solchen Themen kam es zu Berührungspunkten zwischen dem Theologiestudium und den beschriebenen Zielen einer Umerziehung. Eine Studienordnung legt Zeugnis darüber ab, mit welchem Fleiß das Studium angegangen wurde. Es muß jedoch erwähnt werden, daß sowohl die Qualität der Lehrkräfte als auch die Möglichkeiten bescheiden waren, vergleicht man sie mit Norton. Trotzdem wurden bis zum Ende des Seminars am 28. September 1946 Sprachprüfungen, dreiwöchige schriftliche Hausarbeiten und mündliche Prüfungen abgelegt. Mit ihrer Abschlußprüfung wurde den Studenten ein Zeugnis ausgehändigt, das die Grundlage dafür bildete, daß ihnen das Studium an der Lagerhochschule vom Deutschen Fakultätentag anerkannt und auf die Dauer des folgenden Studiums angerechnet wurde.

---

[107] Demnach war die Gefahr gegeben.

Von dem Studium dieses Seminars konnten und sollten auch die übrigen italienischen Lager profitieren, wie dies bereits in England der Fall war. Die sog. Michaelis-Rüstzeit[108] in Miramare vom 24. September bis 1. Oktober 1946 wurde wesentlich durch die Mitglieder des Theologischen Seminars gestaltet und geprägt. Hier kamen die evangelischen Lagerpfarrer aus ganz Italien zusammen, um ihre Erfahrungen und Fragen auszutauschen und sich gegenseitig zu unterstützen. Die gewonnenen Impulse aus dieser gemeinsamen Woche trug in der Seelsorgearbeit in den Lagern ihre Früchte für die übrigen Kriegsgefangenen.

Obwohl sich die geschlossene Repatriierung ankündigte, wollte man zuerst über den September hinaus weiterstudieren. Der einsetzende Spätsommerregen und andere Umstände in den Lagern machten es jedoch notwendig, daß die Studenten diverse Arbeiten im Lager verrichteten, die ein Studieren unmöglich machten. So fand dieses Kapitel einer Lagerschule in der Enklave mit der Repatriierung der letzten *Riminesen* im November 1946 ein Ende.

Nachdem schließlich alle Studenten des Theologischen Seminars der Enklave Rimini geschlossen und gruppenweise in die Heimat entlassen worden waren, konnten sie unmittelbar das Theologiestudium an der Augustana-Hochschule in Neuendettelsau an deren Vorstufe im Pastoralkolleg in Heilsbronn anschließen. Möglich wurde dieser Übergang in das zivile Leben vor allem durch Landesbischof Meiser in München. Ihn bat Jentsch in einem Brief vom 16. August 1946 erneut, sich auch um die Studenten des Theologischen Seminars zu kümmern. Während die einen zum CVJM nach Kassel zu Erich Stange geschickt werden sollten, hoffte Jentsch damals noch, daß die anderen wieder über Prof. Althaus nach Erlangen zum Theologiestudium gehen könnten. Da jedoch die Kapazität und die finanziellen Möglichkeiten der Erlanger Fakultät erschöpft waren, man aber andererseits das Potential an zukünftigen Pastoren nicht verlieren wollte, überführte der Bayerische Landeskirchenrat die Studenten nach Heilsbronn, wo bereits Überlegungen weit fortgeschritten waren, eine Kirchliche Hochschule zu errichten. So bildeten die *Riminesen* nicht nur den ersten Jahrgang der Augustana-Hochschule in Neuendettelsau, die sich schließlich aus dem dortigen Studienkolleg des Evangelisch-Lutherischen Pastoralkollegs heraus entwickelte, sondern einer ihrer Studenten, der Altphilologe Dr. Hans-Eberhard Wilhelm, wurde sogar einer ihrer Lehrer. Ihm und den *Riminesen* hat Neuendettelsau viel zu verdanken.[109]

---

[108] Der Eigenname geht auf das Bild des Erzengels Michael zurück, wie es sich in einer Kapelle in Miramare befand. Die Kopie einer Zeichnung findet man im „Kettenbuch der Michaelskette" (LKA STUTTGART, D 54: Cranfield).

[109] Als die *Riminesen* im Dezember und Januar in Heilsbronn ankamen, wurden in den Räumen der ehemaligen Ev.-Luth. Diakonissenanstalt in Neuendettelsau dreiwöchige Fort-

Insgesamt ist als ein Schatten, der auf das Leben der Kriegsgefangenen fiel und ihre Zeit in Italien je länger desto mehr traurig stimmte, die Tatsache zu erwähnen, daß sie, etwa im Gegensatz zu ihren Kameraden in England, von keinem führenden Mitglied der EKD besucht wurden. Den immer dringlicheren Bitten der Lagerseelsorger an die führenden Personen in den Heimatkirchen wurde höchstens mit einem Grußwort aus Deutschland entsprochen. Der einzig ernstzunehmende Versuch in jenen zwei Jahren Kriegsgefangenschaft in Italien war das Bemühen von Oberlandeskirchenrat Dr. Hanns Lilje Anfang 1947, der jedoch aus organisatorischen Gründen in Deutschland scheiterte.[110]

Ägypten

Entsprechend den anderen beiden Abschnitten werden auch in den Dokumenten zu Ägypten die Selbsthilfemaßnahmen der deutschen Kriegsgefangenen und deren Betreuung an einem Beispiel dokumentiert, und zwar an den Lagern in der Suez-Kanalzone. Die besondere Situation der dortigen Gefangenen, die durch das Wüstenklima und die weite Entfernung von der Heimat geprägt war, wird in den Dokumenten immer wieder deutlich. Die Lage war insgesamt wesentlich schwieriger als in England und Italien.[111]

Anders als in Italien standen die meisten Lager unter unmittelbarer Verwaltung der Britischen Gewahrsamsmacht. Der Grund lag in der besonderen Geschichte der Lager im Mittleren Osten. Hier, wie im gesamten nordafrikanischen Raum, befanden sich bereits seit der Niederlage der deutschen und italienischen Truppen im Mai 1943 im Afrika-Feldzug Kriegsgefangene in großen Lagern unter strengster Bewachung. In Ägypten bestand zunächst das Lager 306 am Großen Bittersee im Suez-Kanal-Distrikt. Mit der Deportierung von Kriegsgefangenen aus dem nördlichen Mittelmeerraum nach Nordafrika wurde südlich von Lager 306 im Juni 1944 zusätzlich

bildungskurse für Geistliche, die repatriiert worden waren, angeboten. Unter der Leitung von Dekan D. Georg Merz entstand daraus ein Pastoralkolleg der Bayerischen Landeskirche, bevor es schließlich zur Gründung der Augustana-Hochschule kam. Daß die vielen kriegsgefangenen Studenten nicht nur positiv gesehen wurden, mag angesichts der organisatorischen Probleme verständlich sein; vgl. z. B. das Schreiben vom Ev.-Luth. Landeskirchenrat, Lic. Schmidt, an den Rektor in Neuendettelsau, D. Georg Merz, vom 2.5.1947 (LKA Nürnberg, LKR IV 557a Bd. 1). Zur Entstehung der Augustana-Hochschule und der Übernahme der Theologiestudenten des Theologischen Seminars Rimini vgl. Denkwerkstatt, S. 12–66.

[110] Jentsch faßte seine Erfahrungen mit der Gefangenschaftskirche bald nach seiner Rückkehr zusammen (vgl. W. Jentsch, Vermächtnis).

[111] Dies schildert eindrücklich der Erlebnisbericht aus afrikanischer Gefangenschaft von Erhart Kästner, der mit seinem Buch als eine der wenigen frühen Veröffentlichungen auf die schwierige Wüstensituation hinweist (E. Kästner, Zeltbuch).

das 8.000 Kriegsgefangene umfassende Lager 307 errichtet. Nach der Kapitulation der deutschen Wehrmacht wuchs in den folgenden Wochen die Zahl der Kriegsgefangenen in Ägypten von knapp 20.000 auf etwa 100.000 an. Diese Entwicklung machte unter anderem die Einrichtung eines Offizierslagers, Lager 305 westlich von Ismaelia, notwendig, in das auch alle Offiziere der weiterhin bestehenden Lager 306 und 307 verlegt wurden, so daß alle übrigen Lager zu reinen Mannschaftslagern wurden. Denn im Gegensatz zur Einführung des SEP-Status in Italien behandelten die Briten die Gefangenen in Ägypten über die gesamte Dauer ihrer Kriegsgefangenschaft als POW, so daß nach der Genfer Konvention verfahren werden mußte, nach der Mannschaften und Offiziere unterschiedlich zu behandeln waren. Im Juni 1945 wurde zusätzlich das Lager 379 als reines Antinazilager gebildet.[112] Das Offizierslager 305 verlegten die Briten im September 1946 in das Mannschaftslager 380 am Großen Bittersee. Dieses neue Lager hieß weiterhin Lager 380 und fungierte fortan auch als zentrales ägyptisches Repatriierungslager. Im August/September 1947 wurde dann das Lager 380 in das alte Lager 307 nach Fayid verlegt und wiederum unter dem Namen Lager 380 weitergeführt, so daß es von da an kein Lager 307 mehr gab. Das Lager 306 wurde im Laufe des Jahres 1947 allmählich aufgelöst.

Besonders bis zum Jahre 1946 waren die Lebensbedingungen in den Lagern sehr schlecht. Zum einen hatten viele Deutsche zum Zeitpunkt der Kapitulation bereits lange Haftzeiten hinter sich, so daß die Stimmung dieser Kriegsgefangenen die Atmosphäre in den Lagern für die Neuankommenden prägte. Zum anderen wurden die Soldaten in sog. *Cages* (Käfigen) bzw. *Pens* gefangengehalten, in die das jeweilige Lager aufgeteilt wurde. 100 bis 400 Kriegsgefangene waren in einem Pen zusammengelegt. Obwohl sich die *Pens* in Sichtweite voneinander befanden, wurden die Insassen der einzelnen *Cages* durch Stacheldraht und strenge Bewachung daran gehindert, untereinander Kontakt aufzunehmen. Diese Maßnahme verstärkte das Gefühl der Isolation noch mehr. Ein Drittes tat die weite Entfernung von der Heimat, das Wüstenklima und die unverhältnismäßig lange Kontaktsperre mit der Heimat sowie die Zeit der Kriegsgefangenschaft, die zum Teil bis Herbst 1948 dauerte. Eine Fraternisierung wie in England gab es nicht. Man lebte in Ägypten viel isolierter, so daß hier für den einzelnen Kriegsgefangenen die Lagergemeinde wichtiger und von größerer Bedeutung war. Die Umstände der ägyptischen Gefangenschaft

---

[112] Dies war dort notwendig geworden, weil gerade die überzeugtesten Nationalsozialisten während der Kriegsjahre in den Lagerleitungen das Sagen hatten. Von ihrem Machteinfluß mußten die Kriegsgefangenen allmählich befreit werden. – In diesem Zusammenhang erscheinen die Beschreibungen Kästners jedoch nach allen hier vorliegenden Dokumenten wie auch den Aussagen der Zeitzeugen als zu negativ und einseitig; vgl. unter anderem das Interview mit Hartmut Heinrici (LKA STUTTGART, D 54: Heinrici).

verbesserten sich, als man im Frühjahr 1946 die deutschen Kriegsgefangenen zum Arbeitseinsatz brachte. Da sie dazu in kleinere Arbeitskompanien eingeteilt werden mußten, wurden im gleichen Zuge die großen Lager aufgelöst und umstrukturiert. Im Laufe der Zeit kam es so zu einem Zusammenrücken der Lager in der südlichen Kanalzone. Diese Umstrukturierung brachte des öfteren einen Wechsel von einem Lager in das andere mit sich, was die Organisation der Lagerseelsorge erschwerte.

Dennoch entwickelte sich die kirchliche Arbeit allmählich. Sie wurde aber von der Britischen Gewahrsamsmacht oft im Sinne der angestrebten Re-education instrumentalisiert. Das lag daran, daß hier, weit entfernt von der britischen Insel, die Umerziehung der Deutschen sehr restriktiv gehandhabt wurde, so daß das *Screening* entgegen der Idee seiner Erfinder als wesentliche Maßnahme der Re-education mißbraucht wurde. Auf diese Weise kam es dazu, daß die Kriegsgefangenen alle Aktivitäten im Zusammenhang mit der Re-education nur negativ beurteilten und die Pfarrer die von ihnen verantwortete kirchliche Arbeit nicht von den Umerziehungsmaßnahmen vereinnahmt wissen wollten.[113] Trotz des Wohlwollens und der Hilfe von einzelnen britischen Militärpfarrern und Lagerkommandanten besaß die seelsorgerliche Betreuung nicht den Rückhalt, wie sie ihn z.B. in der Enklave Rimini von Anfang an gefunden hatte. Erschwerend kam die Haltung vieler in Gefangenschaft geratener Offiziere hinzu, die noch stark vom alten nationalsozialistischen Geist geprägt waren und der Kirche fremd gegenüberstanden.

Zu einer kirchlichen Lagerbetreuung war es in den ägyptischen Kriegsgefangenenlagern eigentlich erst nach der Kapitulation gekommen. Sie verdankte sich ausschließlich der Initiative einzelner Geistlicher, aber entstand auch erst dann, wenn kriegsgefangene Pfarrer in den Lagern waren bzw. sich zu erkennen gaben.[114] Sich als Geistlicher zu erkennen zu geben, war jedoch problematisch, da es nicht selten wegen der kirchenkritischen Haltung der Kriegsgefangenen zu lebensbedrohlichen Auseinandersetzungen kam.[115] Da die meisten Pfarrer darüber hinaus Offiziere waren, wurden sie aus den Lagern herausgeholt und in Lager 305 zusammengezogen. Somit waren die großen Lager 306 und 307 in ihrer ersten Zeit völlig ohne seelsorgerliche Betreuung. Obwohl man auch innerhalb des Lagers 305 durch die *Cages* voneinander isoliert war und nur wenige Lagerpfarrer von der Tätigkeit ihrer Kollegen im Nachbar-Pen erfuhren, war es im Offi-

---

[113] Dies läßt sich auch von Italien oder England sagen, aber nicht in dem Ausmaße wie hier.

[114] So ist die Einschätzung des späteren Kriegsgefangenendekans des Mittleren Ostens, Norbert Rückert, zu verstehen, der davon ausging, daß er im Lager 307 der einzige anwesende Pfarrer von 8.000 Kriegsgefangenen gewesen sei, was jedoch nicht zutraf.

[115] Selbst einem Mann wie Kästner war diese kritische Haltung nicht fremd (vgl. E. KÄSTNER, Zeltbuch, S. 189 f.).

zierslager 305 ab August 1945 möglich, daß 14 Lagerpfarrer voneinander Kenntnis bekamen und wöchentlich zu einer Art Pfarrkonferenz zusammenkommen durften.

Zu den wichtigsten seelsorgerlichen Aufgaben in Ägypten gehörte es, das Einleben in die Gefangenschaft für die neu ankommenden Männer zu erleichtern und sich als Christ in die vielfältigen Diskussionen unter den Kriegsgefangenen über den Untergang des Großdeutschen Reiches und den verlorenen Krieg sowie über eine mögliche Rolle der Kirche dabei einzumischen. Durch das enge Zusammenleben von Pfarrern mit ganz verschiedenen theologischen Prägungen führte die Aufarbeitung des „Kirchenkampfes" während des „Dritten Reiches" zu völlig neuen Konstellationen. Die früheren Abgrenzungen zwischen Pfarrern der Bekennenden Kirche und der Deutschen Christen, zwischen Lutheranern und Mitgliedern des Pfarrernotbundes traten in den Hintergrund. Dies galt es theologisch wie seelsorgerlich zu bewältigen.[116]

Erst Mitte des Jahres 1946 wurde es durch das Engagement des britischen Militärpfarrers bei der Chaplains Branche des britischen Hauptquartiers im Mittleren Osten, Captain Reverend John K.S. Reid, möglich, daß die Lagerpfarrer verschiedener Lager untereinander Kontakt aufnehmen konnten; Reid war bis Herbst 1946 für die Betreuung der Kriegsgefangenen im Mittleren Osten zuständig. Von diesem späten Zeitpunkt an kann man von einer eigentlichen Organisation der kirchlichen Betreuung sprechen. Jetzt gelang es, jedem Lager einen Seelsorger zukommen zu lassen, soweit die Zahl der Pfarrer ausreichte. Und durch die Zusammenlegung des Lagers 305 mit Lager 380 im Sommer 1946 und der damit verbundenen Überwindung der Trennung von Offizieren und Mannschaften war das Lager 380 fortan die Zentrale für die kirchliche Arbeit in Ägypten. Die

---

[116] Auch in Ägypten galten die Lagerzeitungen als wichtige Möglichkeit dieser Bewältigung. Daß das nicht nur im Rahmen der Lagergemeinde versucht wurde, zeigt das große Verlagswerk *Tribüne* in Ägypten, das durch die maßgebliche Unterstützung der Briten ins Leben gerufen wurde: „Als Training-adviser und Manager, Herausgeber und Chefredakteur hatten die Engländer für dieses Unternehmen den emigrierten deutschen Kinderarzt Dr. Sindler eingesetzt. Die Belegschaft war 150 Mann stark und produzierte die Wochenzeitung ‚Tribüne', die sich in sog. Kopfausgaben mit großen Persönlichkeiten der Literatur und Politik befaßte, wobei der Höhepunkt eine Dostojewski-Nummer mit über 230 Seiten, Kunstblättern und Illustrationen war. 650 mal erschienen die ‚Tägliche Rundschau' mit 6 bis 12 Seiten und daneben eine Fülle spezieller Blätter für die Jugend, für Offiziere, über Religionsfragen, Materialien für den Sprachunterricht, politische, humoristische und viele andere Zeitschriften" (W. KRÖNIG/K.-D. MÜLLER, Nachkriegs-Semester, S. 38; vgl. auch K. W. BÖHME, Geist und Kultur, S. 99 ff.). Zu welchen literarischen Leistungen die Kriegsgefangenen in der Lage waren, zeigt z.B. das Büchlein von W. Billhardt (Hg.): Wie sind wir dir in diesen Tagen nah [...] Religiöse Dichtung deutscher Kriegsgefangener in Lagern des Mittleren Ostens. o. O. [Arbeitslager 3112 in Ägypten] 1947 (LKA STUTTGART, D 54: Marquardt). Vgl. zur Problematik die Auseinandersetzungen um Pfarrer Georg Schneider Nr. III/2, S. 300–308.

konstruktive und gute Zusammenarbeit mit den britischen Geistlichen war auch weiterhin die entscheidende Grundlage für eine gelingende Lagerseelsorge. Sie wurde nach dem Weggang von Reid im Herbst 1946 durch Reverend Mac Quarrie weitergeführt.

Vor allem dank der Initiative des deutschen Kriegsgefangenendekans im Mittleren Osten, Pfarrer Norbert Rückert, konnte die Lagerseelsorge besonders seit Anfang des Jahres 1947 zu einer festen Form finden. Als Pfarrer der Bayerischen Landeskirche kam er bereits im Juni 1944 in britische Kriegsgefangenschaft, zunächst in das Lager 306 und bald darauf in Lager 307. Nach seiner Verlegung in das Offizierslager 305 im Mai 1945 begann er von dort aus die kirchliche Lagerseelsorge den Bedingungen entsprechend mitzugestalten. Seinem Engagement verdankt sich die erwähnte erste Pfarrkonferenz der 14 Geistlichen in Lager 305, die ihn später auch zu ihrem Senior wählten. Da er ein langjähriges CVJM-Mitglied in Deutschland war, wirkte er aktiv an der Gründung der ersten CVJM-Gruppe in Ägypten mit.[117] Er hatte außerdem erheblichen Anteil an der Gründung der Theologischen Schulen. Als Pfarrer Reinhard Wester durch den Ratsvorsitzenden der EKD, Bischof Theophil Wurm, am 14. November 1946 zum Dekan der kriegsgefangenen evangelischen Pfarrer im Mittleren Osten bestimmt wurde, konnte dieser sein Amt nicht mehr wahrnehmen, da er kurz darauf im Dezember repatriiert wurde. In Übereinstimmung mit den übrigen Lagerpfarrern wählte man daraufhin Rückert zum Dekan von Middle East. Seine Funktion bestand darin, einerseits die Lagerseelsorge sicherzustellen bzw. zu ermöglichen und andererseits die Probleme im Zusammenhang mit der Bekenntnisfrage in den Lagern zu ordnen.

In den Heimatkirchen betrachtete man die Lagerkirchen in bezug auf ihre gelebte Ökumene mit geteilter Meinung. Besonders das Beispiel der ägyptischen Lagergemeinden macht deutlich, daß sich die Pfarrer nicht unreflektiert mit dem Gegebenen abfanden, sondern um eine Lösung der Konfessionsfrage rangen. Man befand sich persönlich und kirchlich immerhin in einer Notsituation. Das sollte obgleich vieler Vergünstigungen und Erfolge kirchlicher Arbeit in den Kriegsgefangenenlagern nicht aus dem Blick geraten. Zunächst bildeten sich innerhalb der einzelnen *Pens* kleine Zeltgemeinden. Wo ein Pfarrer war, feierte man erste Gottesdienste und gestaltete sie nach der konfessionellen Tradition des jeweiligen Geistlichen und den Möglichkeiten der Situation. Christen der unterschiedlichsten Denominationen lernten so mit- und voneinander. Als entscheidendes Bindeglied erwies sich auch in Ägypten das Wirken des CVJM. Sein

---

[117] Nach der Kriegsgefangenschaft organisierte und gestaltete er maßgeblich die CVJM-Arbeit in Nürnberg.

ökumenischer Geist und seine Beteiligung der Laien, die den Christen aller Herkunft ohne konfessionelle Enge einen Raum zum kirchlichen Leben gab, erwiesen sich als Brücke für früher unüberwindliche Grenzen. Nachdem man seine Kirchlichkeit in der Gefangenschaftskirche gefunden hatte, suchte man auch die Anerkennung von den Heimatkirchen einerseits und der Ökumene andererseits. Deshalb war es den ägyptischen Lagerpfarrern so wichtig, den gewählten Dekan von der EKD bestätigen zu lassen. Der kirchenbildende Prozeß fand seinen Höhepunkt in Ägypten, als man schließlich im Kirchenjahr 1947/48 zu einer eigenen, lutherisch geprägten und von allen Pfarrern und Laien mitgetragenen Agende fand.[118]

Der Sitz des Dekanats befand sich zunächst in Lager 305 und anschließend in Lager 380. Als 1947 das General Head Quarter von Alexandria an den Großen Bittersee verlegt wurde, nutzte Rückert die Gelegenheit der Umstrukturierung, um zwei ständige Pfarrkonferenzen im Suezkanal-Gebiet einzurichten, im Kanal-Nord-Mittel-Distrikt und im Kanal-Süd-Distrikt. Sie waren wesentlich Dienstbesprechungen, die der Organisation der Lagerseelsorge dienten, ergänzt durch ein wenig theologische Fortbildung. Anfang 1947, als Rückert zur Repatriierung anstand, ließ er sich freiwillig wegen der pastoralen Aufgaben in den Lagern zurückstellen, obwohl seine Familie ihn in der Heimat dringend benötigte. Er blieb schließlich noch bis zum Mai 1948 in Ägypten und verließ die Kriegsgefangenen erst, als sein Nachfolger, der Austauschpfarrer Alfred Fliedner, aus der Heimat im Lager 380 angekommen und somit die Lagerseelsorge bis zum Ende der Kriegsgefangenschaftszeit für die Kameraden gesichert war.

Dem Mut von Rückert war es zu verdanken, daß die gefangenen Pfarrer im Namen der Kriegsgefangenen in Ägypten ihre Stimme erhoben und die *Erklärung der kriegsgefangenen evangelischen Lagerpfarrer in Ägypten vom 11. Oktober 1947* veröffentlichten.[119] Die Pfarrer beauftragten den Leiter der Theologischen Schule[120], Lic. Wolfgang Arnold, mit der Formulierung. Das Ergebnis wurde in 2.000-facher Auflage in deutscher und englischer Sprache an die kirchlichen Stellen der Heimatkirche, der Anglikanischen Kirche und der Ökumene sowie der politischen und publizistischen Öffentlichkeit in England, Deutschland und der Schweiz versandt. Nachdem die Unterzeichner sie den britischen Dienststellen offiziell übergeben hatten, wurde die Erklärung am 15. Oktober 1947 zweimal über den Lagersender des Lagers 380 verlesen und am 12. und 19. Oktober im Gottesdienst von der Kanzel in vollem Wortlaut abgekündigt. Sie sorgte für sehr viel Aufgeregtheit in Politik, Öffentlichkeit und Kirche und fand geteilte Auf-

---

[118] Die handgeschriebene Fassung vgl. LKA STUTTGART, D 54: Rückert.
[119] Vgl. Nr. III/6, S. 319–324.
[120] Vgl. unten S. 63.

nahme. Der Anlaß für diesen Schritt war der am 30. September 1947 gefaßte Beschluß der britischen Behörden, einen totalen Repatriierungsstop wegen Schiffraummangels anzuordnen, der den Kriegsgefangenen einen Tag später bekannt gemacht wurde. Dadurch, daß hier erstmals mutig die Mißstände der Kriegsgefangenschaft wie z. B. die Dauer und die klimatischen Bedingungen in Ägypten oder das ständige Brechen von Versprechungen von seiten der britischen Behörden ausgesprochen wurden, erreichte man dreierlei: Erstens wurde in der britischen Öffentlichkeit das Schicksal der deutschen Kriegsgefangenen in einem neuen und für die Deutschen parteieinnehmenden Licht gesehen. Die parteipolitischen Gremien des britischen Ober- und Unterhauses nahmen sich zweitens intensiv der Kriegsgefangenenfragen an. Drittens gewann die kirchliche Arbeit in Ägypten enorm an Ansehen unter den Kriegsgefangenen. Daß die Lagerpfarrer und ihre Arbeit zunächst selbst unter den Folgen ihres Mutes zu leiden hatten, ist verständlich. Doch schon bald wurden einige der angeprangerten Mißstände zur Zufriedenheit der Kriegsgefangenen beseitigt. Es ist ein bezeichnendes Beispiel für die Ängstlichkeit in den evangelischen Kirchenleitungen und deren Abhängigkeiten von den Besatzungsbehörden in jener Zeit, daß die Lagerpfarrer kaum Unterstützung in diesem Zusammenhang von der Heimatkirche erhielten.[121]

Eng mit den Bemühungen der Lagerseelsorge verbunden entwickelte sich ab 1946 die CVJM-Arbeit. Am 28. Januar 1946 wurde die erste CVJM-Gruppe in Middle East in einem Pen des Offizierslagers 305 gegründet. Sie entstand aufgrund der Initiative einzelner Kriegsgefangener, die vor ihrer Zeit in der Wehrmacht im deutschen CVJM oder im Evangelischen Jungmännerwerk aktiv gewesen waren und sich jetzt ihrer Erfahrungen bedienten, um das Leben und die Gemeinschaft in den Kriegsgefangenenlagern geistlich zu gestalten. Diese ehemaligen CVJM-Gruppenführer übernahmen nun auch die geistliche Leitung in den Lagern. Man erkannte, daß sich die eigene geistige Verfassung wie auch die der Kameraden in einem trostlosen Zustand befand und neue Werte und Normen dringend notwendig waren. Methodisch wollte man durch Laien an die Massen der Kriegsgefangenen herankommen, um ihnen vom christlichen Glauben und seiner Ethik her eine Neuorientierung zu geben. Die Fragen nach dem richtigen und falschen Handeln standen eindeutig im Vordergrund. Es bestanden jedoch entgegen dieser Ziele in der Umsetzung Tendenzen und berechtigte Befürchtungen, daß sich die CVJM-Gruppen in ihrer geistlichen Haltung zu sehr in ihrem Glauben einschlössen und die Sorgen nicht wirklich mit ihrer Umwelt teilen würden.[122]

---

[121] Zum Zusammenhang vgl. Nr. III/8, S. 326 f.

[122] So meinte z. B. Christian Christiansen in einem Interview mit dem Bearbeiter, daß manche CVJM-Gruppen sich in ihrer geistlichen Einstellung in eine eigene Frömmigkeitswelt

Man wollte bewußt unpolitisch bleiben, allerdings derart auf die Persönlichkeit einwirken, daß der einzelne sich politisch neu orientieren konnte. Die jeweilige CVJM-Gruppe bildete recht bald eine Art Heimat in der Isolation der Gefangenschaft und in der Ferne von Deutschland und war nicht wenigen Mitgliedern zu einem Ersatz ihres Elternhauses geworden. Bezeichnenderweise veranstaltete die CVJM-Gruppe Heim-Abende und besaß als Gemeinschaftszelt ein CVJM-Heim. Am 17. März 1946 wurde ein stabiles CVJM-Heim, das die Kriegsgefangenen aus einem Doppelzelt inmitten des Lagers 305 gebaut hatten, feierlich eröffnet. Von dieser ersten Gruppe aus entwickelten sich rasch weitere in anderen *Pens* des Lagers und bald auch in den meisten anderen Lagern Ägyptens. Die Arbeitsfelder wie auch die Zahl der eingetragenen Mitglieder wuchsen beständig. Waren es im August 1946 noch 120, zählte man an Ostern 1947 bereits weit über Tausend, wobei die Anzahl der Kriegsgefangenen, die die Angebote des CVJM nutzten, um ein Vielfaches höher lag.

Neben regelmäßigen Heimabenden zu aktuellen Themen, Bibelarbeiten, der materiellen Versorgung mit Gütern, die das Leben in der Kriegsgefangenschaft erleichterten, und der Atmosphäre eines christlichen Geistes bot man engagierten und motivierten Mitarbeitern interne Fortbildungsmöglichkeiten an. Unter anderem sind zu erwähnen: ein Lehrgang für Jugendleiter durch die CVJM-Führung vom 8. bis 21. Juli 1946 sowie eine Mitarbeiterschulung zur Jugendarbeit, die zweimal wöchentlich für fünf Mitglieder vom 6. März bis 3. September 1947 angeboten wurde.

Nach dem August 1946 verdankte sich die Ausweitung der Arbeit von Lager 380 aus in alle Lager auch der materiellen Unterstützung von dem sog. *Mister Morgan* aus Kairo von der Kriegsgefangenenhilfe des Weltbundes der YMCA. Doch erst das Eintreffen des dänischen YMCA-Sekretärs Christian Christiansen in Ägypten gab der Kriegsgefangenenbetreuung neue Impulse und neue Möglichkeiten.[123] Der Theologe Christiansen kannte die Kriegsgefangenschaft von innen und außen. Vor Kriegsende war er mehrere Jahre von der War Prisoners' Aid der YMCA mit der Betreuung von Alliierten Kriegsgefangenen in Deutschland beauftragt. Nach der Einnahme Berlins durch russische Truppen wurde er nach Rußland deportiert und als angeblicher Spion arretiert. Als er nach über einem Jahr Kriegsgefangenschaft entlassen worden war, ging er von November 1946 bis Mai 1947 nach London zu Barwick und Forell, bevor ihm schließlich die Kriegsgefangenenbetreuung im Mittleren Osten übertragen wurde. Chri-

---

begaben, die ein Inseldasein innerhalb der Lagergemeinschaft bedeutete (vgl. LKA STUTTGART, D 54: Christiansen).

[123] Zum Lebensweg Christiansens vgl. das Interview, das der Bearbeiter mit ihm in Dänemark führte (LKA STUTTGART, D 54: Christiansen); vgl. auch CHR. CHRISTIANSEN, Hoffnung; DERS., Erindringer.

stiansen begann seine Arbeit in Ägypten am 1. Juni 1947 zunächst von Kairo aus, wo sich der Sitz der War Prisoners' Aid der YMCA befand. Drei Monate später konnte er in das neue Lager 380 umziehen, nachdem er bei seinen Besuchen in den Lagern gesehen hatte, daß es für die Arbeit in Ägypten unbedingt notwendig war, vor Ort unter den deutschen Kriegsgefangenen zu wirken. Zusammen mit Morgan, der in Kairo blieb, wurde nun die Kriegsgefangenenhilfe völlig neu belebt. Morgan war ein genialer Materialbeschaffer, der seine Fähigkeiten mit dem Eintreffen Christiansens voll ausschöpfen konnte, während Christiansen von da an die Organisation und Seelsorge übernahm.[124] Für Christiansen wurde mit Genehmigung der britischen Behörden ein YMCA-Büro im Lager 380 eingerichtet, gleichzeitig wurde der Sitz der YMCA-Kriegsgefangenenhilfe von Kairo nach Fayid verlegt. Er bekam zehn Zelte sowie alle notwendige Unterstützung, um im Sinne der YMCA-Kriegsgefangenenhilfe tätig werden zu können. Neben dem bereits erwähnten CVJM-Heim in der Mitte des Lagers nahe der Kirche errichtete man eine Verkaufsstelle und eine Bücherei und versandte regelmäßig Rundbriefe an alle Lager.[125]

Auf der Basis der beiden Säulen von kirchlicher Lagerseelsorge und CVJM-Arbeit ergänzte schließlich die Geschichte der Theologischen Schulen in Ägypten als dritte Säule das kirchliche Leben und Lernen im Mittleren Osten.[126] Bereits im August 1945 ermöglichte die Gewahrsamsmacht in den Lagern 306 und 305 den Unterricht in den unterschiedlichsten Fächern, so daß sich sehr bald unter den gegebenen Bedingungen eine bescheidene Wüstenuniversität entwickelte. Während die Briten das Studieren mit Büchern und Fachvorträgen förderten, nahmen einige der späteren Theologiestudenten hier schon die Möglichkeit wahr, sich mit den Alten Sprachen zu befassen, indem sie an dem allgemeinen Unterricht teilnahmen. Erst auf einer Theologischen Rüstzeit über Christi Himmelfahrt und die Pfingsttage 1946 konkretisierten sich die Pläne für die Fortbildung des theologischen Nachwuchses. Vom 30. Mai bis zum 13. Juni 1946 ermöglichte Reid den Lagerpfarrern in der Suez-Kanal-Zone und den zukünftigen Theologiestudenten, zu dieser Konferenz in Lager 305 im CVJM-Heim zusammenzukommen. Unter dem Thema *Bergpredigt* versuchten die Pfarrer eine Verarbeitung der Vergangenheit und eine theologisch-

---

[124] In dem erwähnten Interview wies Christiansen darauf hin, daß Morgans Besuche von Kairo aus in die Lager nur selten zu intensiven Gesprächen mit den Kriegsgefangenen führten. Er kam immer nur kurz vorbei, erkundigte sich nach den Materialien, die benötigt wurden – oftmals nur aufgrund einer Liste, die er über die Lagerkommandanten erhielt –, verabschiedete sich wieder und ließ dem jeweiligen Lager die gewünschten Gegenstände zukommen.

[125] Vgl. Nr. III/11, S. 332, und III/13, S. 336.

[126] Zu den Lagerhochschulen in Ägypten vgl. die Übersicht bei W. Wienert, Unterricht, S. 27 f.

ethische Neuorientierung für das Leben in der Kriegsgefangenschaft. Die Ergebnisse suchten die Teilnehmer durch öffentliche Vorträge, die gut besucht waren, in das gesamte Lager zu tragen. Mit Reid verständigte man sich darauf, zunächst zwei Schulen zu bilden: eine für die Mannschaften in Lager 306 und eine für die Offiziere in Lager 305, da der POW-Status den Lagerkommandanten eine Zusammenlegung beider Dienstgrade zu jenem Zeitpunkt noch nicht gestattete. In jeder Schule sollte ein Leiter die Belange der Schule und ein Lagerpfarrer die Angelegenheiten des Gemeindelebens nach außen vertreten. Die Initiatoren verfolgten damit mehrere Ziele: Einerseits sollte der theologische Nachwuchs für die Heimatkirchen geschult werden. Andererseits wollte man von dieser Schule aus mit Lehrern und Studenten in die breite Öffentlichkeit des Lagers gemeindebildend hineinwirken. Während die gute Zusammenarbeit mit dem britischen Militärpfarrer Reid die Grundlage bildete, zu einer Organisation der kirchlichen Betreuung zu gelangen, ergab die Rüstzeit die konkrete Möglichkeit, den meisten Lagern und Arbeitskompanien Lagerpfarrer zuzuordnen, so daß nun eine flächendeckende Seelsorge angestrebt werden konnte und soweit möglich auch angegangen wurde.

Am 15. Juni 1946, also bereits zwei Tage nach der Rüstzeit, wurde die *Mannschaftsschule* in Lager 306 eröffnet. Bis zum 15. Dezember 1946 übernahm Pfarrer Johannes Kramer aus der Hannoverschen Landeskirche deren Leitung.[127] Man wollte zu jenem Zeitpunkt noch die Theologiestudenten mit einer eigenen Fakultät an die allgemeine Lageruniversität angliedern, was jedoch nie gelang. Schon kurze Zeit nach ihrer Eröffnung wurde die Theologenschule im Rahmen der Umstrukturierungen der Lager nach Lager 307 verlegt. Damit verlor man Pfarrer Reinhard Wester als Lehrer und Vertreter der Gemeinde, da er in Lager 306 als Lagerpfarrer bleiben mußte. Dennoch wuchs die Studentenzahl von Juni bis November stetig von acht auf 15 Personen an.

---

[127] Kramer verfaßte nach seiner Repatriierung in Deutschland einen Bericht an den Rat der EKD. Dieser Bericht wurde nicht in diesen Dokumentenband aufgenommen, da er keine wesentlich neuen Informationen enthält. Die Ziele seiner Tätigkeit formulierte er darin folgendermaßen: „In der Leitung der Theologischen Schule habe ich von Anfang an nicht nur auf wissenschaftliche Ausbildung - diese war uns ja nur in eng gesteckten Grenzen möglich -, sondern vor allem auch auf kirchliche Führung und seelsorgerliche Betreuung mein Augenmerk gerichtet und glaube, damit der Heimatkirche für ihren theologischen Nachwuchs einen Dienst tun zu können. Der bruderschaftliche Gedanke stand für mich dabei im Vordergrund. Ich habe sodann versucht, etwas von dem weiterzugeben, was ich einst von Männern wie Alfred Dedo Müller, der mein Direktor im Predigerkolleg St. Pauli in Leipzig war, und Hugo Hahn, der mein Superintendent in Dresden war und mit dem ich einige Jahre im Kirchenkampf zusammengestanden hatte, empfangen habe." Vgl. den Bericht des Leiters der Theologischen Schule in Lager 306/307, Pfarrer Johannes Kramer, an den Rat der EKD. Nienburg/Weser 30.4.1947 (LKA HANNOVER, Nr. L 2, 33 Bd. 2).

Nachdem Kramer im Dezember 1946 repatriiert worden war, verblieb zunächst nur der Stuttgarter Pfarrer Georg Schneider von den zu Beginn tätigen vier theologischen Lehrern im Lager. Die Lehrtätigkeit von Kramer im Fach Neues Testament füllte bald Pfarrer Leonhard Ruske aus. Nach Schneiders Repatriierung Ende Januar 1947 übernahm Pfarrer Carl Richter vom Februar 1947 bis zur Zusammenführung mit der Offiziersschule die weitere Leitung.

Die Zeit zum Studieren war bei den Studenten des Mannschaftslagers dadurch sehr eingeschränkt, daß sie noch bis zum Januar 1947 drei Tage in der Woche arbeiten mußten. So hatte sich der Lehrbetrieb auf das wichtigste zu konzentrieren, weshalb das Sprachstudium an oberster Stelle stand. Mit dem Altphilologen Dr. Andreas Thierfelder hatte man einen ausgezeichneten Lehrer. Soweit darüber hinaus noch Zeit blieb, führten die anderen Lehrer, die Pfarrer waren, in die Biblischen Fächer ein. So sollte für ein späteres Studium in Deutschland ein solides Fundament gelegt werden. Die anfänglichen Probleme mit den Mitarbeitern der Re-education-Abteilung waren zu jenem Zeitpunkt entkrampft, so daß von Beginn der Schule an die Theologen den Kontakt zur allgemeinen Lagerschule suchten und nach Absprachen die Theologen religiös-kirchliche Themen in die allgemeinen Vorträge einbrachten, während andererseits Vorträge im Rahmen der Re-education in der Kirche gehalten wurden.

Ein großes Problem stellte die spärlich vorhandene Fachliteratur dar. Dieser Mangel wurde erst durch Büchersendungen der Ökumenische Kommission für die Pastoration der Kriegsgefangenen und des Lutherischen Weltbundes in Vertretung seines National Lutheran Council in New York gemildert, so daß die Theologische Schule schließlich 250 Bände für ihre Studien zur Verfügung hatte.

Wesentlich für den gesamten Studienbetrieb war hier wie in England und Italien die enge Verbindung von Lebens- und Studiengemeinschaft, die sich in gemeinsamen Morgen- und Abendandachten, Mahlzeiten und der Mitarbeit in der Lagergemeinde und den CVJM-Lagergruppen zeigte. In diesem wechselseitigen Befruchten von Studium, Gemeindearbeit und CVJM-Geist lag die Eigentümlichkeit der Theologischen Schulen in Ägypten. Für Außenstehende wie auch für die Beteiligten bildeten Theologenschule, Lagergemeinde und CVJM-Gruppe sozusagen eine Einheit.

Bei den Offizieren in Lager 305 wurde die Theologische Schule erst einige Tage später, am 1. Juli 1946, eröffnet. Von ihrem Beginn bis zum 15. April 1948 übertrug man dem Pfarrer der Sächsischen Landeskirche Lic. Wolfgang Arnold die Leitung. Als die ersten zehn Kriegsgefangenen ihre Studien begannen, betrug deren Durchschnittsalter bereits 25 Jahre. Auch hier strebte man eine enge Verflechtung mit der Lagergemeinde und dem CVJM an. So waren alle Teilnehmer der Schule zugleich Mitglieder des CVJM und die meisten Studenten auch Gruppenleiter. Als das Lager zwei Monate später nach Lager 380 umsiedelte, bekam die Theologische Schule ein eigenes *Cage*, während Studenten und Lehrer in Lager 305 noch auf verschiedene *Pens* verteilt leben mußten. Da die Offiziere nicht arbeiteten, konnten sie sich über das gebotene Sprachstudium hinaus, das auch hier im Vordergrund stand, stärker als die Studenten aus den Mannschaftsdienstgraden in Lager 307 den Einleitungswissenschaften der Theologie widmen. Die Altphilologie war über die gesamte Studiendauer durch qualifizierte Studienräte abgedeckt. Bis zu seiner Repatriierung im Januar 1947 dozierte diese Fächer Studienrat Dr. Walter Ruhe. Daraufhin konnten die Studenten regelmäßig zu Thierfelder ins Lager 307 gehen. In der letzten Phase übernahm den Auftrag Studienrat Franz May. Neben Rückert, der für das Hebräische zuständig war, und Arnold, der die Männer in die Systematische Theologie und das Neue Testament einführte, unterrichteten noch die beiden Pfarrer Matthes und Volkenand Altes Testament.

Obgleich die beiden Theologenschulen sich seit September 1946 untereinander austauschten, dauerte es trotz mehrfacher Anläufe noch bis zum April 1947, ehe sie in Lager 380 zusammengefaßt wurden. Dies war nun um so gebotener, je mehr die ständigen Umgruppierungen und die angelaufene Repatriierungswelle den Unterrichtsbetrieb vor nicht unerhebliche Probleme stellte, da in der Wüste geeignete Lehrer rar waren. Am Osterfest war es endlich soweit, daß die Theologischen Schulen der Lager 307 und 380 in Lager 380 den *Pen* 14 zugewiesen bekamen und mit Wohn- und Studienzelten versorgt wurden.

Mit der Zusammenlegung erlebte der Lehrbetrieb, aber auch das kirchliche Leben und die CVJM-Arbeit noch einmal einen neuen Aufschwung. Denn nun waren Dekanat und Theologenschule und die CVJM-Kerngruppe in dem zentralen Lager des Mittleren Ostens vereint. Als dann auch noch fünf Monate später das Büro der YMCA-Kriegsgefangenenhilfe hier einzog, war der Höhepunkt der *Wüstenkirche* erreicht. Von jener Zeit zeugen nicht nur der für jedermann sichtbare Bau einer Massivkirche auf der Mitte der Lagerstraße, sondern vielfältige Heimabende unter der Ägide des CVJM sowie Vorträge z. B. von Arnold oder Rückert vor über 500 Zuhörern.

Mit der Unterstützung der britischen kirchlichen Stellen, der Ökumene und der Heimatkirchen versuchten Rückert und Arnold seit März 1947 immer wieder parallel zum gelungenen Versuch des Theologischen Seminars Rimini eine geschlossene Repatriierung der Theologischen Schule zu erwirken. Die Briten hatten zur Bedingung gemacht, daß alle Studenten aus Ägypten in Deutschland weiterstudierten. Nachdem die Evangelisch-Theologische Fakultät der Universität Tübingen allen einen Studienplatz zugesichert und das Heim des Evangelischen Hilfswerks auf der Burg Hohenzollern bei Hechingen eine Unterkunft in Aussicht gestellt hatte, waren diese Bedingungen erfüllt. Doch spätestens seit der *Erklärung* der

Lagerpfarrer waren derartige Pläne nicht mehr realisierbar, weil sie vermutlich bei den britischen Behörden trotz ihrer Berechtigung zu großen Mißmut ausgelöst hatte.[128] Im Januar teilte man Arnold und Rückert schließlich mit, daß eine geschlossene Repatriierung nicht mehr möglich wäre.

Arnold und seinen Amtskollegen gelang es trotz aller Schwierigkeiten, einen geregelten Unterricht bis zum Sommer 1948 durchzuhalten. Dennoch verlief sich die Arbeit der Theologischen Schule gegen Ende zusehends. Nachdem Arnold im April und Rückert im Mai 1948 repatriiert worden waren, ging der Studienbetrieb für die Verbliebenen Studenten unter der Leitung des Austauschpfarrers Reinhard von Kirchbach zwar noch bis zum September 1948 weiter, doch seit deren Repatriierung standen alle weiteren Aktivitäten unter dem Vorzeichen der eigenen Rückkehr in die Heimat und den Überlegungen, wie und wo man in Deutschland weiterleben werde. Mit dem letzten Gottesdienst in der Lagerkirche des Lagers 380 am 26. September 1948 endete das Kapitel der Theologischen Schulen in Ägypten.

Die Kriegsgefangenen in den ägyptischen Lagern litten sehr an der Ferne zur Heimat. Es dauerte lange Zeit, bis Impulse und Unterstützung von außen in die Lager kamen. Der unmittelbare Einsatz von Christiansen als Sekretär der YMCA in Lager 380 gab der kirchlichen Arbeit sicher neue Impulse und neue Möglichkeiten, erfolgte aber relativ spät. Die deutschen Kriegsgefangenen in Ägypten fühlten sich oft verlassen und auf sich allein gestellt. Um so mehr wurde der erste Besuch eines Deutschen aus der Heimat, Dr. Reinold von Thadden-Trieglaffs, vom 17. bis 22. Februar 1948 als besonderes Erlebnis empfunden.[129] Er konnte im Auftrage der Ökumenischen Kommission für die Pastoration der Kriegsgefangenen wie schon zuvor die deutschen Kriegsgefangenen in England und Italien nun auch jene in Ägypten besuchen. Doch so erfreulich diese Reise für die Verbliebenen war, sie kam eigentlich zu spät. Schließlich wurden erste Ansätze gemacht, gegen Ende der Wüstenzeit die Erfahrungen in der Gefangenschaft festzuhalten und auszuwerten. Hierbei half ein Besuch des Leiters der Kriegsgefangenenhilfe der YMCA in Großbritannien, John Barwick, der am 6. Mai 1948 in Lager 380 war, wo er mit den verbliebenen Kriegsgefangenen sich dem Thema stellte: *Gewinn und Verlust in der Gefangen-*

---

[128] So zumindest vermuteten es die Kriegsgefangenen, wie sie dem Bearbeiter übereinstimmend berichteten. Dokumente zur Erhärtung dieser Meinung fanden sich bisher nicht. Es könnte also auch ganz einfach an praktischen Problemen, z. B. Transportschwierigkeiten via See, oder der erschwerten Lage der Kriegsgefangenen im fernen Afrika gelegen haben, die man doch immer wieder vernachlässigte gegenüber den Gefangenen in Europa.

[129] Man beachte dem gegenüber die vielen Besuche in Norton von 1945 an und den Besuch von Thadden-Trieglaffs in Italien bereits im Juli 1946 (vgl. Nr. II/4, S. 245), während in Ägypten der erste deutsche Besucher erst 1948 eintraf.

schaft.[130] So zeigt gerade der Abschnitt Ägypten wohl am deutlichsten die Probleme einer lang andauernden Kriegsgefangenschaft ohne verläßliche Perspektive der Entlassung.

Gelebtes und Gelerntes in britischer Kriegsgefangenschaft – und ihre Wirkungsgeschichte

Blickt man resümierend auf das Leben und Lernen hinter Stacheldraht zurück, wie es hier dokumentiert wird, so kann man folgendes festhalten und für die Wirkungsgeschichte im deutschen Protestantismus weiterfragen: Trotz unterschiedlich schwieriger Bedingungen in den jeweiligen Ländern des britischen Gewahrsams entwickelte sich in den deutschen Kriegsgefangenenlagern eine eigene Gefangenschaftskirche. Im Umfeld der evangelischen Theologischen Schulen entstanden christliche Lebens- und Lerngemeinschaften, die von einem ökumenischen Geist getragen waren. Dieser befähigte die Männer, nationale, mitmenschliche und konfessionelle Spannungen zu überwinden. Im gemeinsamen theologischen Lernen gelang es den Kriegsgefangenen, nach dem Kriege und in der Situation der Kriegsgefangenschaft ihren persönlichen Lebensgeschichten eine neue Ausrichtung zu geben. Die Seelsorge führte die Männer zusammen. Und das Lernen wurde ihnen zur Therapie. So entwickelten sich die Theologischen Schulen zu Kommunikations- und Schulungszentren für Pfarrer und engagierte Laien, die die Seelsorge an ihren Mitgefangenen verantworteten. Wie hat sich dieses Maß an praktizierter christlicher Gemeinschaft auf die Theologischen Lehranstalten in den Heimatkirchen ausgewirkt? Haben auch andere Theologische Hochschulen in Deutschland neben der von Neuendettelsau davon profitiert? Wie sieht es mit den Universitäten aus?

Durch die Bedingungen der Gefangenschaft war das Theologiestudium an allen drei Orten in eine eigene kirchliche Lebensgemeinschaft eingebunden. Variierten auch die Gestaltungsformen von Studentengemeinde in Norton, Bruderschaft in Rimini und CVJM-geprägter Lagergemeinde in Ägypten, so befruchteten sich doch immer Gemeinde und Studium gegenseitig. Vergleicht man dies mit dem Theologiestudium späterer Tage, so läßt sich fragen, ob die dokumentierte Geschichte nur zeitgeschichtlich bedingt war und als überholt betrachtet werden soll oder ob sie auch kritisch die heutigen Verhältnisse beeinflussen könnte. Erlebten es Theologiestudenten und -studentinnen der Nachkriegsgenerationen nicht oft als Manko, daß der wissenschaftliche Lehrbetrieb weitestgehend unabhängig und bewußt abgekoppelt von der christlichen Lebensgemeinschaft unter-

---

[130] Vgl. Nr. III/14, S. 338–343.

richtet wurde? Könnte ein Lernen aus der Geschichte der Gefangenschaftskirche Impulse geben für die mit dem Studium zu profilierende persönliche Spiritualität, die heutzutage spätestens beim Vikariat als unzureichend ausgebildet erfahren wird? Mangelnde Spiritualität konnte man den Teilnehmern an den Theologischen Schulen zumindest nicht nachsagen.

In der Regel verläuft heutzutage in Deutschland die Ausbildung von Pfarrern und Pfarrerinnen doch so, daß die Seelsorge bis auf Ausnahmen erst im Anschluß an das Theologiestudium im Vikariat gelehrt wird. Welchen Stellenwert könnte die Seelsorge im Miteinander der theologischen Disziplinen erhalten, wenn man hier von den Erfahrungen der *Nortonen, Riminesen* und *Ägypter* lernen würde?

Die Wirkungen der gegenseitigen Ergänzung von Leben und Lernen machte die Gefangenschaftskirche in ihrer Zeit sicherlich modern, vergleicht man sie mit den Verhältnissen und Entwicklungen der Evangelischen Kirchen in Deutschland zur gleichen Zeit. Als Kriegsgefangene wurden die Männer ständig in einer Weise mit der eigenen Vergangenheit konfrontiert, diese zu bewältigen; etwa in bezug auf die Schuldfrage geradezu gedrängt. Die Verarbeitung gelang dort, wo sie nicht nur auf akademischem Gebiet angestrengt wurde, sondern zugleich Formen gelebter Schuldvergebung anbot. Und der aus langer zeitlicher Distanz geschriebene Rückblick auf die Zeit in Ägypten von Dr. Günther Frankowski[131] macht deutlich, daß Erfahrungen aus dem Leben und Lernen hinter Stacheldraht den einzelnen durch ein ganzes Leben hindurch befähigten, zu den existentiellen Themen des Lebens Stellung zu beziehen.

Insbesondere die seit der Verfassung der Deutschen Evangelischen Kirche von 1933 ungeklärten Konfessionsprobleme, die den „Kirchenkampf" mitprägten, wurden in der Kriegsgefangenschaft in anderer Weise gelöst als im Nachkriegsdeutschland. Durch die gelebte Hilfe einer weltweiten Ökumene und das Zusammenleben von Christen als Kriegsgefangene mußte man zu gemeindlichen Formen finden, die von der Praxis geprägt wurden und von daher nach ihrer theologischen Legitimation suchten. Nicht Restauration oder Neuanfang hieß dort die Alternative.[132] Vielmehr erfuhren sich die kriegsgefangenen Männer in ihrer Lebens- und Studiengemeinschaft in die Aufgabe gestellt, ihre persönliche Biographie mit der Zukunft der Mitmenschen in Beziehung zu bringen. Dabei ging es um nicht weniger als das Überleben und Weiterleben in einer veränderten und sich gewaltig entwickelnden Welt. Dies ging nicht ohne Brüche mit der kirchlichen Tradition vonstatten, aber auch nicht unabhängig von ihr. Allerdings war das Ziel gewissermaßen durch die Gefangenschaftsbedingungen vorgegeben: mög-

---

[131] Nr. III/25, S. 374–383.
[132] Vgl. das unter der Lizenz der US-amerikanischen Nachrichtenkontrolle der Militärregierung herausgegebene Heft von H. Diem, Restauration.

lichst gemeinsam und nicht getrennt; möglichst ökumenisch und dennoch nicht konfessionslos; immer miteinander und niemals gegeneinander.

Unterstützt wurde der ökumenische Geist durch ein praktiziertes Priestertum aller Gläubigen. Die Aktivierung der Laien besonders durch die YMCA-Betreuung wirkte allerorts belebend für Studium und Kirchlichkeit. Angesichts gravierender struktureller Veränderungen, die heute in den Landeskirchen zum Teil aufgrund ökonomischer Zwänge anstehen, läßt sich fragen, ob die Geschichte der Gefangenschaftskirche Ansätze böte, um zu neuen kirchenleitenden Gemeindebildern zu gelangen. Wenn der Umfang pastoralen Handelns reduziert wird, kann das als Herausforderung und Chance genutzt werden, wie dies die Gefangenschaftskirche vorlebte. Das Image einer PastorInnenkirche in den evangelischen Landeskirchen fünf Jahrzehnte nach Kriegsende könnte durch ein gleichberechtigtes Engagement der Gemeinden neben dem der Pfarrer und Pfarrerinnen eine auch nach außen und innen belebende Wirkung haben. Gleichzeitig stellt die Gefangenschaftskirche kirchenleitendes Handeln auch kritisch infrage; dort etwa, wo die Kirche willige, motivierte und befähigte Theologen und Theologinnen, die sich zum Pfarramt berufen wissen, nicht in ihren Dienst beruft, weil die ökonomischen Bedingungen dies nicht zuließen. Eine Gefangenschaftskirche hatte andere Maßstäbe für ihr kirchliches Handeln als die Finanzen. Und sie erkannte den Wunsch junger Menschen, Theologie zu studieren, ausschließlich als Chance niemals als Problem.

Schließlich mag diese Dokumentation die Leser und Leserinnen neugierig machen, danach zu suchen, ob und wie der Geist der Lagergemeinden im Zivilleben nachgewirkt hat. Viele Kriegsgefangene der Theologischen Schulen haben später Theologie studiert und sind Pfarrer ihrer Landeskirchen geworden. Haben sie mit ihren Erfahrungen das Gemeindeleben in Deutschland nachhaltig mitbestimmt oder ist ihr Wort untergegangen? Wie prägten die Pfarrer, die von den Lagergemeinden beeinflußt waren, nun ihrerseits die Gemeinden, in die hinein sie wirkten? Und während die einen sich um ihre Gemeinden bemühten, gingen andere in Kirchenleitungen oder wurden Hochschulprofessoren, sind also ihrerseits zu Ausbildern geworden. Hat ihre Theologie der protestantischen Nachkriegstheologie Impulse geben können, und wenn ja, wie?[133] Hat ihr kirchenleitendes Handeln Auswirkungen gehabt auf die Gemeindebildungen im Nachkriegsdeutschland?

All die Spuren, die hinterlassen wurden, sollten im Interesse einer eigenen Geschichtsverbundenheit nicht vergessen werden und mögen bei der Suche heutiger Theologiestudenten und -studentinnen und Christen, ihr

---

[133] Zum Werdegang von Prof. Dr. Jürgen Moltmann, der in Norton war, vgl. unter anderem: J. MOLTMANN, Theologie, S. 235–257; bes. S. 236.

Leben zu gestalten, Orientierung vermitteln. Wenn dann diese Dokumentation dazu führte, das dieses Kapitel evangelisch-ökumenischer Kirchengeschichte nicht nur nicht vergessen wird, sondern hier und dort Menschen sich auf ihre Spuren begeben, etwa ihre Lokalgeschichte auf die hier gefundenen Impulse hin näher zu untersuchen, so erführe die Geschichte dieser Untersuchung ihre Berechtigung, als Arbeit zur Kirchlichen Zeitgeschichte gedient zu haben.

DOKUMENTE

I. LEBEN UND LERNEN IN GROSSBRITANNIEN – DAS NORTON CAMP 1945–1948

Evangelische Lagergemeinden in den Kriegsgefangenenlagern

a. Vorbereitungen für die Bildungsarbeit mit deutschen Kriegsgefangenen und für die Ausgestaltung der Lagerseelsorge

I/1. Schreiben des Britischen War Office an den Sekretär der Kriegsgefangenenhilfe des Weltbundes der YMCA in Großbritannien, John Barwick

London, 4. August 1945

YMCA-Archiv Genf, Box 4[1]

We have informed Northern Command that No. 174 Prisoner of War Camp has been set aside for the purpose of training German prisoners of war as teachers under the Prisoner of War Educational Scheme sponsored and arranged with War Office approval by the Worlds Alliance of the YMCA War Prisoners' Aid and have advised them of the following points:

Prisoners of War selected by you will be transferred to the Camp for the following purposes:

a) to form a general staff of permanent resident teachers;

b) to be trained as teachers. These latter will if satisfactory be posted to camps on the completion of their course to conduct classes amongst the prisoners of war.

For all purposes of administration and discipline this unit will not vary in any respect from other prisoner of war units. The duties and responsi-

---

[1] Diesem Schreiben ging seit Ende 1944 ein Schriftwechsel zwischen dem Political Intelligence Department of the Foreign Office (zuständig für die Re-education), dem War Office und dem Sekretär des Weltbundes der YMCA in London voraus, der vor allem für die Kriegsgefangenhilfe zuständig war. Noch im Sommer 1945 teilten Barwick als YMCA-Sekretär für die Kriegsgefangenenhilfe in Großbritannien und Gustav Ögren als Studienleiter den Kommandanten der deutschen Kriegsgefangenenlager den Plan mit, ein besonderes Schulungslager zu errichten, und baten, Interessenten dafür zu melden (YMCA-ARCHIV GENF, Box 4).

bilities of the Commandant and Camp Leaders will not be affected in any way. The YMCA will provide all school materials, books etc. and their representatives will supervise the instruction and studies. They will arrange the lectures and programmes subject to the authority of Commandant and to such conditions and instructions as he may find it necessary to lay down to conform to the proper administration of the unit.

It has been emphasised that this scheme has War Office approval and that the Commandant of No. 174 Camp will be required to co-operate with the YMCA representatives in every way to ensure its success.

It is intended that the prisoners of war should be politically harmless and that all names are submitted to the War Office for approval before transfer. However in the time available it has not been possible to screen[2] more than a small proportion and it is therefore not possible to guarantee their political complexion. Those who are found politically unsuitable will be returned to their camps of origin.

I/2. Vierteljahresbericht für das dritte Quartal 1945 der Kriegsgefangenen-hilfe des Weltbundes der YMCA, German Department

O. O. [Herbst 1945]

Bundesarchiv Koblenz, NL 109/13

[I] In General
The third quarter of 1945 can be characterised as the most decisive one in the history of the German Department. Three important developments primarily contributed towards the marking out of that period in this sense, that is the opening of our Theological School and our Teachers Training School at Norton Camp, and the wholesome effects resulting there from, further the fact that our printing press at Luton has been able in that period to come into full swing and to realise a first essential part of our printing programme, and finally that generally speaking we have been able to cope with a sudden remarkable increase in the number of new camps and new hostels attached to existing camps.

The opening of the YMCA training centre at Norton Camp signified on the one hand the end of a period of extensive preparations, extending over several months, and on the other hand, the begin of a busy life of learning and studying for several hundreds of theological students and

---

[2] Zum Screening vgl. Einleitung, S. 26; H. WOLFF, Überblick, S. 46–50; H. FAULK, Re-education, S. 75–185.

potential teachers respectively. But this important event in the life of the War Prisoners' Aid of the World's Alliance of the YMCA meant still more. The accumulation of many thousands of educational books in German at the school camp made this camp all at once the spiritual centre of life for all the POW camps in Great Britain. In very short time all educational books requested by camps, hostels, hospitals or individual POWs will be despatched from our new despatch centre at the school camp, and a Circulating library which will be established at the same place, will still more increase the importance of the school camp for the intensification and expansion of the educational activities in many camps.

And further, the several religious and educational publications provided by the school camp, though only the first numbers of them have come out so far, have already more than fulfilled the hopes associated with them. For in the short time of their existence they have already proved that they are satisfying an urgent need of the POWs and are capable of welding all the POW camps in Great Britain in one spiritual unit by delivering them from their former spiritual isolation, and to be also a powerful incentive for all kinds of religious and educational activity. More will be said about this in a later part of this report.

The printing press has been able to provide the camps with the first three books of plays and with the first number of „Der Monatsbrief".[3] The printing of the first three educational text books is almost finished and will provide the camps with the much needed educational text books on some essential elementary subjects. A considerable gap in the provision of educational material will thereby be filled.

About the middle of the past quarter the number of camps suddenly began to increase on a large scale. Everywhere in Great Britain new camps came into existence which according to the new policy of practically employing all POWs, had the character of labour camps. At the same time the employment of limited numbers of POWs for special projects as for instance farming, repairing of roads and buildings, necessitated the establishment of many hostels attached to German or Italian camps. In our last quarterly report we gave the figure of 180 separate camp units. This figure increased to 263 separate camp units during the third quarter.[4] [...] figure the number of hostels attached to camps is not in [...].[5] Their number ist not yet known. There seem to be many hostels about which we have no official information yet. There may be all in a all 60 to 100 hostels attached

---

[3] Der Monatsbrief. Christliche Zeitschrift für deutsche Kriegsgefangene. Hg. von der World's Alliance of the YMCA's, War Prisoners' Aid London (vgl. Einleitung, S. 36 f.).

[4] Einen Überblick über die deutschen Kriegsgefangenenlager in England vgl. H. WOLFF, Überblick, S. 123–138. 143–164.

[5] Textverlust in der Vorlage an zwei Stellen.

to German and Italian camps. It goes without saying that the establishment of so many new camps and hostels demanded much work on our part.

50 more questionnaires have so far been sent to new camps, and dealt with after their return. Moreover, inmates of the new camps familiar with our religious and educational activities from their former camps were quick to ask from us all the help they were accustomed to get from us in their former camps. It has not always been possible to give this help so quickly, and on such a scale as would have been desirable, and much more work has still to be done in this respect. But it can be said that most of the new camps and hostels got at least some educational material, and all of them are covered by our distribution schemes regulating the distribution of religious and educational books in bulk. Some of the new camps in the districts round London sent their lorries to the London office, and were able to take at once with them a substantial amount of educational books [...][6]

II. Our religious work

Our religious work in the third quarter of 1945 continued in the main on the lines indicated in our last quarterly report. We have again been in permanent close collaboration with the Chaplain General, the British Council of Churches, the Apostolic Delegate for Great Britain and the German pastors living in this country. We have once more

1. provided religious literature for camps, hostels and hospitals, in particular Bibles, New Testaments, Gospels, Hymn books, Hymn sheets and Prayer books, and further theological and devotional books for the study of the ministers in the camps and religious literature for the POWs in general;

2. prepared and proposed the transfer of German ministers of both confessions to camps and hospitals with no ministers;

3. arranged for Divine Services to be taken in camps and hospitals with no ministers by German pastors in this country, or by British clergy and ministers able to conduct Services in German;

4. made the arrangements necessary for the supply of Church utensils for the conducy of Divine Services in camps and of Church vessels, wine and wafers required for the celebration of Holy Communion. Here again we have worked in close collaboration with the Chaplain General and the Apostolic Delegate for Great Britain respectively;

5. collected theological and other books for the library of our theological school camp and for individual camp ministers.

---

[6] Ausgelassen sind Angaben über einzelne Aktivitäten.

The distribution of 100.000 Gospels in German from the USA proved a
great help to our religious work in the camps, and this work will receive
a further considerable help by the present distribution of 28.700 Hymn
sheets in German which have been printed on our behalf by the British
Council of Churches. Each separate camp unit has now been supplied with
10 copies of the official German Hymn book (with tunes) for Lutheran
congregations abroad („Deutsches Evangelisches Gesangbuch") so that at
least the choir of each unit is able to use this very helpful Hymn book.
The considerable cost involved in the reprint of this book made it unfor-
tunately impossible to have more than 3.000 copies printed. But the Hymn
sheets already mentioned, the 5.000 copies of the booklet „Gebet und
Gesang" – to a large extent already distributed to many camps – and the
38 Hymns contained in the devotional booklet „Mein Begleiter"[7] will fill
the gap at least to some extent.

[...][8] most salient feature of our religious work in the past period is
the effect of the distribution of our „Agenda" for Protestant Divine Services
in the camps, and of the first „Monatsblatt für Evangelische Lagerpfarrer"
which took place at the end of August. The many spontaneous letters of
thanks we received always immediatly after these papers had reached the
camps, made abundantly clear that they were meeting a genuine and urgent
need in the camps. Many ministers in the camps expressed in their letters
a feeling of the great relief they had experienced after receiving these
publications. They felt relieved from their spiritual isolation behind barbed
wire. They realised that they were reunited with the One universal Church
of Christ, and that they were no longer alone in their pastorals work in
the camps, entirely dependent on themselves, but standing in a spiritual
communion with, and helped by their brethern in other camps. Thus one
German pastor wrote as follows:

> „Mit großer Freude empfing ich heute das erste Monatsblatt für Evangelische
> Lagerpfarrer und die Agenda. Es entspricht einem sicher von allen Amtsbrü-
> dern empfundenen Bedürfnis, daß auf diese Weise der immer fühlbarer wer-
> denden Isolierung und ihren Folgen in der Arbeit und im persönlichen Leben
> entgegengewirkt wird. Auch von Inhalt und Auffassung der mitgeteilten Ord-
> nungen bin ich sehr befriedigt."

And from another camp minister we received this letter:

> „Es ist mir ein Bedürfnis, Ihnen auch im Namen unserer Lagergemeinde herz-
> lich zu danken für alle Hilfe, die wir nun schon seit langen Monaten durch
> Sie in der Einsamkeit unserer Gefangenschaft empfangen durften. Alle Zu-
> wendungen waren uns eine große Freude und ein Beweis für die christliche

---

[7] Ein Original befindet sich im LKA STUTTGART, D 54.
[8] Textverlust in der Vorlage.

Verbundenheit. Ich weiß, daß mancher tief beeindruckt worden ist durch die Arbeit der YMCA und den Geist der tätigen Bruderliebe inmitten des Ungeistes der Zeit. Haben Sie für alles Dank."

The first suggestions and contributions received at first in respect of the „Monatsbrief", and now also in respect of the „Monatsblatt" (Christliche Zeitschrift für deutsche Kriegsgefangene), make us hope that these publications of our school camp will prove a powerful incentive for strongly intensified religious and educational activities in all the camps. Their instructive value on both the religious and educational side can hardly be overestimated.

Finally, camp reports indicate a further growth of the religious interest of the POWs in many camps and increased religious activities.

III. Our educational work
The remarkable increase in the number of camps and hostels necessitated an adequate extension of our educational activities. Our correspondence increased considerably. In order to coordinate the educational activities of the new units with those of the older units, our questionnaire and educational circular letters were sent to the new units and our distribution schemes were extended to them. Further, a first instalment of educational books and good fiction with an instructive value was supplied to them. This in turn made it necessary to provide for many more educational books, and in consequence of that we had to contact many spurces at home and abroad, in particular publishers and bookshops in order to get the books which were needed in the camps. Thus the provision of educational books and other educational material and the selection and collection of book parcels for the various camps and hostels occupied an essential part of our time.

The handling of the manifold problems of censorship represented another important part of our educational work. Here we were in constant close contact with the authorities concerned, and this contact increased the more we were engaged in the printing of books and the production of the publications of our school camp.

Again, the more our study training centre at Norton Camp developed, the more the co-operation between the latter and our London Office developed. Numerous requests from the school camp had to be fulfilled, and we were also the permanent mediator between the school camp and the authorities.

Another part of our educational work was the collaboration with the other members of the educational committee, that is with the International Red Cross, World Student Relief and Society of Friends. Much information was provided by us for these organisations and on the other hand we received much information from them. In addition, a steady exchange of requests coming from the camps took place between us and these organisations by some sort of clearing house, in that each of these organisations received those requests and information which they were competent to deal with and communicated those requests and information which belonged to our competence.

The enquiry for candidates for the training as potential teachers and for young POWs destined to form classes for the practical training of potential teachers at the school camp, the selection of books to be printed by our printing press, the reading of manuscripts submitted for publication, the study and evaluation of the reports of our camp visitors and of the head teachers of many camps with their not infrequently very comprehensive surveys and the drawing up of distribution schemes for the distribution of educational enclosures, and the books in bulk, formed further parts of our educational activities in the past quarter.

I/3. Auszug aus einem Bericht über die Haltung der deutschen Kriegsgefangenen

[Herbst 1945]

YMCA-Archiv Genf, Box 4[9]

Confidential

Precis of a confidential report on Camp 174: Discipline
Basically, the trouble with the Camp is that the schools consider themselves a chosen race, and said so. While all pay lipservice to democracy, in most of them, there are strong traces of nationalism of which they are not aware themselves. For example, when they were accused of harbouring an outspoken Nazi, they admitted the fact, but defended the man vigorously because they said he was a good character, simply not realizing that the strongly nationalist outlook of the POW concerned, and his Prussian sense of duty, found an echo in themselves. There is a violent reaction against what they call militarism, but it is a reaction that has lost all sense of

---

[9] Der Auszug enthält weder Datum noch Unterschrift; er dürfte aus dem Political Intelligence Department stammen. Vgl. auch unten Nr. I/9, Ziffer 6 und die Aktennotiz über eine Besprechung von Pfr. Rudolf Damrath von der Kirchenkanzlei der EKD mit dem Sekretär der Kriegsgefangenenhilfe des Weltbundes der YMCA in London, John Barwick, am 27.7.1946 in Bad Salzuflen: „Die Schule [in Norton Camp] ist nach harten Kämpfen der Einflußsphäre des Political Intelligence Department entzogen. Der politische Unterricht hat ganz aufgehört. Der Dolmetscher-Offizier wird versetzt" (EZA BERLIN, 2/547); zum Ganzen vgl. auch K. LOSCHER, Studium, S. 83–95.

proportion, so that they strive to reject the direction they are renouncing, without replacing it with something more positive; and thus there is very little sense of self-discipline. The Teaching School also admits to 15 % of anarchy among its members. It is typical too that there is still a distrust of the British staff, to the extent that they can accuse the Camp Leader of being a spy for the British. All these arguments are, however, symptoms of the one disease. They feel that as an academically chosen race, non-academic people cannot really be their administrators, much less their leaders. This feeling is so strong that they even look down on the British troops who work as batmen as an inferior race, and also claim that there should be sufficient permanent staff to do the cleaning up so that they can get on with their studies. When they objected to being put on a fatigue list by the Camp Leader, the latter agreed to them doing their own fatigue list. In a short time, the Camp became so dirty that the Commandant himself had to take action. Partly too, the fault may lie in the way in which they drive themselves. They work too hard, so hard that the Commandant had to enforce a compulsory hour of rest at mid-day. I rather suspect myself that this drive is part of an escape mechanism which helps them to forget the past and bolsters up their sense of superiority. Once again, it lacks a sens of proportion. The whole movement finds utterance in disciplinary trouble, internal intrigue, and a strong desire to influence outside bodies. Thus, when a representative of an international body visited the camp, with a view to getting some idea of the work in the camp, Pastor Damrath[10], instead of affording that picture, utilised the opportunity to air his grievances against the Camp Leader. This malevolent spirit has gripped the Camp so tightly that the procedure of the leading personalities appears quite dishonest, thought it is probably fundamentally over-zealousness in trying to achieve a set of given conditions. They have not stopped at any time to examine these conditions critically.

Contributory causes to the trouble are, firstly, the lack of a fixed line of demarcation as between the YMCA and the Camp, and secondly, the lack of positive attitude on the part of the YMCA as an organisation. The YMCA as an international body, fears the semblance of participation in political activity, and fears too the appearance of interfering with discipline. This negative attitude which is hidden from itself by its exclusive preoc-cupation with individuals, has merely resulted in the YMCA representatives becoming willy-nilly harried pawns in the struggle for control, and their situation is extremely difficult. The POW attempt to play off the YMCA against the Camp authorities. I would suggest that while the YMCA may

---

[10] Vgl. H. KUNST, Dohrmann, S. 86: Bericht über eine Rüstzeit für deutsche Wehrmachtspfarrer 1943, bei der Damrath sich „defätistisch" geäußert haben soll.

not show an official attitude to burning problems, they may still retain their human standpoint, but let a definite line of action and sympathy by apparent.

Political complexion

The troubled scene of the Camp is played against a background of political confusion. I have no doubt but that had political re-education been started properly, the greater part of the present troubles in the Camp would have been avoided. From that angle, the POW can scarcely be blamed, the former Commandant of the Camp was not cooperative.

At present, while the teachers are aware not only of the necessity of education in the broad sense, and of the elimination not only of Nazism but of the deeper roots of it, they are still afraid, on account of the political mixture of the Camp, to talk openly of politics, or to undertake themselves active measures. They asked to be included in a sheme of political re-education that would not use the word „politics", and that fact fits neatly into the incident of the student who left the Bible class because the teacher made derogatory remarks about National Socialism. Opinion is unanimous that the POW are all of good character, and the schools hoped therefore that the POW would improve of themselves, a fallacy which only the meeting brought to light. While they insisted that they were trying to get a broader re-education in a subtle way, they themselves had great difficulty in overcoming their own inhibitions on the subject. It took me two hours to exact information which can normally be obtained in 20 minutes, but when they had unburdened themselves, their own relief was very obvious. They estimated the political division of the Camp as follows:

A. Teaching School

55 % positive anti-Nazis. 25 % POW who still have marked Nazi tendencies. 15 % POW not only with Nazi tendencies but with a Nihilist attitude. 5 % POW still strongly under Nazi influence.

B. Theological School

50 % positive anti-Nazis. 30 % POW still with some Nazi tendencies. 20 % POW with more marked Nazi tendencies.

C. Permanent staff

Unanimously agreed to be white.

Conclusion

It is quite evident that with the present mentality of Germans, any educational scheme needs political co-ordination, not so much in order to give it political biss as to ensure a sense of direction and balance in the POW concerned. This Camp will certainly be the better off for having received the first step in that direction.

b. Vorschläge und Richtlinien für die Arbeit mit Kriegsgefangenen

I/4. Arbeitsprogramm für die YMCA-Arbeit in Kriegsgefangenenlagern

Genf, März 1941

LKA Stuttgart, D 54: Christiansen[11]

Ein alter Mann, der in seinem Leben mehr als sein gewöhnliches Maß von Not und Unglück zu tragen gehabt hatte, antwortete auf die Frage, wie er trotzdem noch so fröhlich sein könne: „Weil ich gelernt habe, aus dem Unvermeidlichen etwas zu machen." Der Zweck der Kriegsgefangenenhilfe ist gerade, den Gefangenen zu helfen, „aus dem Unvermeidlichen etwas zu machen". Mit anderen Worten, sie will jedem im Lager helfen, die großen Feinde aller Gefangenen zu überwinden: die Eintönigkeit des Lebens, das Gefühl der Nutzlosigkeit und der Entmutigung, indem er diese Zeit zur Vorbereitung der Zukunft aufs beste ausnützt. Keiner weiß besser als der Gefangene selbst, daß es von seiner eigenen Haltung dem Leben gegenüber abhängt, ob er sich elend fühlt und sowohl in seiner leiblichen wie in seiner geistigen Gesundheit Schaden leidet, oder ob er einmal das Lager verlassen wird mit neu erworbenen Kenntnissen und Fähigkeiten, nützlichen Gewohnheiten und Charaktereigenschaften, die er dort durch Studium und Übung, durch Arbeit an sich selbst sowie durch Freundlichkeit und Dienstbereitschaft den anderen gegenüber erwerben konnte. Wie in früheren Kriegen benützen jetzt zahllose Kriegsgefangene ihre unfreiwillige Muße so, daß sie mit einer inneren Bereicherung zu ihrer Familie und als bessere Bürger ihres Landes und der Welt einmal zurückkehren können. Die folgenden Vorschläge zeigen, wie das früher erreicht worden ist und wie es heute erreicht werden kann. Es handelt sich hier nur um einen Entwurf. Bitte, helfen Sie uns, ihn zu verbessern und ihn zu vervollständigen, indem Sie uns mitteilen, was für Erfahrungen Sie gemacht haben bei dem Versuch, die freie Zeit zu Ihrer eigenen intellektuellen, moralischen, geistlichen und sonstigen Förderung zu nützen. Senden Sie, bitte, Ihre Vorschläge wie auch Ihre Nachfrage nach etwaigen Handreichungen unsererseits an die „Kriegsgefangenenhilfe des Weltkomitees der YMCA", 52, Rue des Pâquis, Genf, Schweiz.

---

[11] Solche Richtlinien lagen der Arbeit von Chr. Christiansen als YMCA-Sekretär in Alliierten Kriegsgefangenenlagern in Deutschland während des Zweiten Weltkrieges zugrunde. Bei dem vorliegenden Text handelt es sich um einen Zweiten Entwurf. – Zum Ganzen vgl. CHR. CHRISTIANSEN, Hoffnung, S. 143–160.

Angewandte Formen der Organisation
Die Lagertätigkeit läßt sich auf die verschiedenste Weise gestalten. Welches auch das angenommene Arbeitsprogramm sein mag, immer wird die Organisation desselben mit dem Lagerkommandanten oder mit einer von ihm bezeichneten Persönlichkeit zusammen ausgearbeitet. Manchmal beauftragt der Lagerkommandant einen oder mehrere Kriegsgefangene mit der Organisation sämtlicher Lagertätigkeiten. Anderswo geht die Initiative von den Kriegsgefangenen selbst aus, die sich einen Plan für die verschiedenen, den Bedürfnissen des Lagers entsprechenden Tätigkeiten ausarbeiten. Es gibt keine Methode, die in allen Lagern durchführbar ist; aber die Erfahrung hat gezeigt, daß für jeden Zweig ein Ausschuß von einem oder mehreren Männern die Verantwortung zu übernehmen hat. Diese Zweige sind: I. Bildung, II. Bücherei, III. Unterhaltung und Erholung (Gebrauch und Instandhaltung der hierfür zur Verfügung gestellten Räumlichkeiten inbegriffen), IV. Theater, V. Musik, VI. Kunst, VII. Sport und Leibesübungen, VIII. Handfertigkeiten, IX. Wohlfahrtspflege, X. Kantine, XI. Religiöse Veranstaltungen. Das beste Ergebnis wurde immer erreicht, wenn die verantwortlichen Leiter jeder dieser Zweige zusammen ein ausgeglichenes Arbeitsprogramm für das Lager als Ganzes aufgestellt haben.

Wie die Organisation auch aufgebaut sein mag, ihr Zweck ist immer, jeden einzelnen Mann im Lager und in den Arbeitskommandos zu einer nützlichen Freizeitbeschäftigung zu bringen, die ihn nicht nur vor der Entmutigung bewahren, sondern auch aus der Gefangenschaft eine der fruchtbringendsten Zeiten seines Lebens machen soll.

Aufgaben des für die Lagertätigkeit verantwortlichen Ausschusses
1. Feststellung der Bedürfnisse der Kameraden im Lager, soweit sie nicht durch die bestehende Lagerorganisation erfüllt werden, und der Möglichkeiten der bestehenden Arbeitsausschüsse in dieser Hinsicht.

2. Förderung von Veranstaltungen zur Bildung von Geselligkeit, Erholung und Erbauung, die auf eine möglichst zahlreiche Beteiligung der Kameraden rechnen können, so daß niemand mehr sich mit Recht einsam, vernachlässigt und verlassen fühlen kann.

3. Zusammenordnung der Tätigkeit der verschiedenen verantwortlichen Leiter und Ausschüsse, um ihre reibungslose und regelmäßige Arbeit sicherzustellen.

4. Mitteilung (durch die offiziellen Stellen) an die Kriegsgefangenenhilfe der YMCA oder andere Verbände, welche zugunsten der Kriegsgefangenen arbeiten, welche Hilfe für einzelne Gefangene oder die Durchführung gemeinsamer Veranstaltungen, die von den Gefangenen selbst nicht beschafft werden kann, erwünscht ist.

5. Gemeinsame Prüfung mit dem Lagerkommandanten der Möglichkeiten zur Förderung der Freizeitbeschäftigungen in den zum Lager gehören-

den Arbeitskommandos. Dies bezieht sich vor allem auf Wanderbibliotheken, Musik und Theater.

6. Veranstaltung der besonderen Kirchenfeste wie Ostern, Weihnachten usw.

Aufgaben verantwortlicher Ausschüsse oder einzelner Persönlichkeiten
I. Bildung

1. Ermittlung der intellektuellen Bedürfnisse der Kameraden und der vorhandenen Kräfte. Ständig wird man in einem Lager überrascht, wie viel Leute es gibt, die etwas, das andere zu lernen wünschen, gut können und willig sind, ihre Kenntnisse mit anderen zu teilen. Wieviel man hier leisten kann, hängt in erster Linie von diesen Lehrern ab. In vielen großen Kriegsgefangenenlagern sind richtige Universitäten gebildet worden, die nahezu jeden Zweig der Wissenschaft betreiben. Die Kriegsgefangenenhilfe der YMCA ist bereit, ihr Möglichstes zu tun, um bei der Beschaffung von Lehrmitteln und der nötigen Ausstattung der Schulräume behilflich zu sein.

2. Maßnahmen, um alle Kameraden im Lager zu überzeugen von der Bedeutung einer intelligenten und fruchtbaren Nutzung der freien Zeit zur Vorbereitung der Zukunft. Dies wird vor allem erreicht durch Vertiefung des eigenen Wissens und der Berufskenntnisse oder durch Vorbereitung auf eine neue Laufbahn. Es genügt nicht, die Zeit nur auf angenehme Weise totzuschlagen.

3. Veranstaltung von solchen Lehrgängen, Vorträgen und Studienkreisen, die den Bedürfnissen der Kameraden entsprechen. Erfolg haben erfahrungsgemäß Veranstaltungen, welche die Kameraden wünschen, nicht die, welche der Ausschuß für geeignet hält.

4. Auswahl der Lehrer und Redner, die für bestimmte Veranstaltungen verantwortlich gemacht werden. Begeisterungsfähigkeit, Geduld und Ausdauer sind nötig, denn viele Kameraden haben sich der geistigen Arbeit entwöhnt.

5. Gruppierung der Kameraden mit gleichen Interessen in kleinen Studiengruppen, die dann ihr eigenes Programm ausarbeiten. Wenn auch diese Gruppen solche mit gleichen Interessen vereinigen, so darf dabei doch nicht vergessen werden, daß ihre Arbeit allen im Lager zugute kommen soll. Folgende Aufzählung gibt einiges, aber nicht alles, was möglich ist:

Literatur: Debattieren, öffentliche Rede, Geschichtenerzählen, Dramatik.

Lagerzeitung: Manche Lager haben eine sehr unterhaltende Lagerzeitung, die mit Druckereimaschinen oder Vervielfältigungsapparaten hergestellt werden [!], die sich die Gefangenen selbst angeschafft haben.

Naturwissenschaften: Maschinentechnik, Photographie, Elektrizität, Chemie, Astronomie, Medizin, Luftschifferei.

Staatsbürgerkunde: Politik, Volkswirtschaft und Wohlfahrtspflege, Gemeindeverwaltung, Soziale Wissenschaften.

Wohlfahrtspflege: Studium der verschiedenen Zweige des sozialen Hilfsdienstes, Lagerstatistik, Schulung von Pfadfinderführern, YMCA-Arbeit und andere nicht an bestimmte kirchliche Bekenntnisse gebundene religiöse Veranstaltungen.

Berufs- und Geschäftskunde: Einkauf und Verkauf, Reklame, Geschäftsführung, Wirtschaftsfragen, Verkehrswesen, Bankwesen, Büroleitung, Druckerei, Landwirtschaft. (In einem Lager wurde ein kaufmännischer Verein gegründet zur Aussprache über allerhand berufliche Fragen.)

Verschiedenes: Schach, Weltgeschichte, Reisebeschreibungen, Sammlungen, Ausstellungen. (Ein Ingenieur in einem ganz kleinen Offizierslager hat eine höchst interessante Sammlung von Käfern aus Funden nur in der Festung selbst aufgestellt, ein anderer von Schmetterlingen und anderen Tieren, die er dort gefangen und ausgestopft hatte.)

   6. Lichtbildvorträge

   7. Praktische Vorträge aller Art mit dem Zweck

   a) die Interessen der Zuhörer zu vertiefen und zu erweitern,

   b) zum Lesen anzuregen,

   c) ganz beiläufig Lebenskenntnis zu vermitteln,

   d) durch Erholung zur Bildung zu führen,

   e) für ernstere Arbeit vorzubereiten,

   f) eine starke Persönlichkeit wirken zu lassen und hinzuweisen

   g) auf die Notwendigkeit, das Leben bei der Heimkehr den neuen Verhältnissen anzupassen,

   h) zum Nachdenken anzuregen über die Möglichkeiten, das Berufs-, Geschäfts-, Familien- und Volksleben zu heben.

Solche Gegenstände haben weithin geholfen, die geistige Betätigung in den Studiengruppen einzuführen. Ein praktischer Vortrag kann über jeden Gegenstand, jederzeit und an jedem Ort gehalten werden, vor jeder Gruppe von Männern, wenn nur der Redner seine Sache beherrscht und sie recht darzubieten versteht. Das kann in einem Gebäude oder auch draußen geschehen, wenn nur die Aufmerksamkeit nicht durch anderes abgelenkt wird. Im allgemeinen ist es besser, solche Vorträge vor kleineren Gruppen zu halten. Es gibt in jedem Lager und bei jedem größeren Arbeitskommando Männer, die interessante Erfahrungen gemacht haben und darüber in verständlicher Weise reden können. Sie selbst haben davon mindestens ebensoviel Gewinn wie die Zuhörer. In der Regel wird man den Gegenstand wählen je nach dem verfügbaren Redner. Diesem sollte man genügend Zeit zur Vorbereitung lassen, und man sollte auch die Veranstaltung rechtzeitig ankündigen.

II. Bücherei

1. Erwerbung, Umlauf und Instandhaltung guter Bücher für die Kameraden im Lager und bei den an dieses angeschlossenen Arbeitskommandos. Auf Wunsch werden Wanderbüchereien in besonderen Kistchen geliefert. Der Bücherwart des Lagers sollte über die Benutzung Aufzeichnung machen und darauf bedacht sein, daß der Umlauf der Bücher so in Gang gehalten wird, daß möglichst viele Kameraden, auch die bei den Arbeitskommandos, mit Lesestoff und Lehrbüchern versehen werden.

2. Zusammenarbeit mit dem Leiter der Bildungsarbeit für Sicherstellung der Literatur für Studienkreise, Vorträge usw. (Mitteilung der Bedürfnisse an die Kriegsgefangenenhilfe der YMCA).

3. Aufstellung von Lesekursen und Lesekreisen.

4. Besprechungen, Mitteilungen über Autoren usw.

5. Wo möglich Verbindung mit öffentlicher Bücherei der Gegend.

III. Unterhaltung und Erholung

1. Hauptaufgabe: Aufrechterhaltung einer guten Stimmung unter den Kameraden. Die Kriegsgefangenenhilfe der YMCA stellt auf Wunsch Beschreibungen zahlreicher Freiluft- und Zimmerspiele zu Verfügung.

2. Man finde heraus, welche Spiele und Scherze die Kameraden kennen, und suche, jeden zu ermuntern, etwas zur allgemeinen Unterhaltung beizutragen.

3. Man trage Sorge dafür, daß der Aufenthaltsraum so anziehend sei als möglich; die Künstler sollen zur Ausschmückung desselben aufgefordert werden.

IV. Theater

1. Aufführung von Schauspielen aller Art. Ein dramatischer Klub, der für die Gesamtheit der Kameraden wirklich Wertvolles zu bieten wünscht, wird Stoffe auswählen, die zu denken geben und die Gespräche erfüllen. Auch für die Spieler ist das auf die Dauer allein befriedigend. Die Kriegsgefangenenhilfe der YMCA wird gern bei der Beschaffung des Nötigen behilflich sein.

2. Man sollte möglichst viele Kameraden beteiligen, die neben den Schauspielern als Maler, Dekorateure, Elektriker und Gehilfen aller Art wirken können.

3. Aufführung von christlichen Laienspielen in Verbindung mit dem Ausschuß für religiöse Veranstaltungen. Auch hier wird die Kriegsgefangenenhilfe der YMCA gerne die gewünschten Texte vermitteln.

V. Musik

1. Bildung eines Gesangchors, Orchesters oder einer Liebhabergruppe für bestimmte Instrumente und Abhaltung regelmäßiger musikalischer Veranstaltungen.

2. Anregung, Musik zu studieren und zu üben und Verständnis dafür zu gewinnen. Gewisse Lager haben erstklassige Konservatorien gegründet.

3. Unterstützung der Gründung verschiedener Musikgruppen.

4. Beschaffung von Instrumenten, Notenpapier usw. Manche Instrumente können im Lager hergestellt, andere aus der nahen Stadt und manche auch durch die Kriegsgefangenenhilfe der YMCA beschafft werden.

5. Vorbereitung geeigneter geistlicher Musik für die Gottesdienste aller Bekenntnisse und in Zusammenarbeit mit anderen Gruppen Beschaffung von Musik für Theater, Konzerte, Lagerunterhaltungen.

6. Übernahme der Verantwortung für die Musikinstrumente, die von irgendwelchen Organisationen zum Gebrauch im Lager geliehen werden.

VI. Kunst

1. Herausfinden von Malern, Bildhauern, Holzschnitzern und anderen Künstlern und Beschaffung des Materials, das sie benötigen, um ihre Kunst im Lager auszuüben. Ein Maler, dem die Ruhelosigkeit seiner Kameraden und deren Gefühl der Nutzlosigkeit zu Herzen ging, setzte sich mitten im Hof hin und begann, ein schönes Bild zu malen. Das führte zu Fragen, dann zu Vorträgen über Kunstkritik und schließlich zu einem neuen Geist im Lager.

2. Veranstaltung von Studiengruppen über Kunst und Kunstkritik.

3. Auffindung von Möglichkeiten, die Kunst dem Lager nutzbar zu machen. Gemeinschaftsräume wurden auf diese Weise freundlich und anziehend gestaltet, Kapellen zur Andacht einladend ausgeschmückt, Bibliotheken verschönt.

4. Veranlassung von Kunstausstellungen und Verkäufen. Dies kann durch die Lagerkantine geschehen oder durch die Lagerleitung.

VII. Sport und Leibesübungen

1. Jedermann ist eine Möglichkeit zu körperlicher Bewegung zu verschaffen, sofern dies nicht durch die Lagerleitung geschieht. Am leichtesten ist das durchzuführen durch Spiele wie Volleyball, Korbball, Fußball oder, wo dies möglich ist, durch Tennis; es gibt auch sonst viele Spiele, wie sie in den Anleitungen, die von der Kriegsgefangenenhilfe der YMCA bezogen werden können, beschrieben sind.

2. Veranstaltung von Schauturnen und Wettkämpfen zwischen einzelnen Kameraden und verschiedenen Gruppen.

3. Vorträge über Gesundheits- und Körperpflege besonders im Hinblick auf das Leben im Lager.

VIII. Handfertigkeiten

1. Man sollte möglichst viele Kameraden dazu bringen, mit ihren Händen etwas zu bauen oder zu basteln. Mancher gewinnt eine eigene Befriedigung aus solcher Herstellung von etwas Nützlichem oder Schönem. So lehrte in

einem Lager ein Geigenbauer acht lernbegierige Kameraden sein Handwerk, und diese Gruppe belieferte dann mehrere Lager mit Geigen. So hat man in den Lagern Leder- und Filigranarbeiten gemacht, geschnitzt, gewebt, Körbe geflochten, gestrickt, geknüpft, gehäkelt, Modelle von Schiffen, Flugzeugen und vielen anderen Dingen gebaut und anderes mehr. Es ist bisweilen gelungen, solche Arbeiten auf Ausstellungen zu zeigen und zugunsten der Kriegsgefangenenhilfe zu verkaufen. Vielfach ist auf solche Weise die Ausstattung des Lagertheaters, der Lagerbücherei und des Versammlungsraumes entstanden, Bücher wurden neu eingebunden und die Bibliothek auf diese Weise in schönster Ordnung gehalten, Volleyballnetze, Spiele, Pantoffeln und andere, für das Lagerleben nützliche Gegenstände hergestellt.

2. Die Einrichtung von Lehrwerkstätten für Schneider, Schuhmacher, Buchbinder, Tischler usw. mit dem doppelten Zweck, augenblicklichen Bedürfnissen zu genügen und manchen für die Zukunft vorzubereiten, ist zu empfehlen.

IX. Wohlfahrtspflege

1. Entgegennahme, Aufzeichnung und Verteilung von Gaben und Unterstützungen (in Zusammenarbeit mit der Lagerleitung).

2. Verteilung von Liebesgabensendungen, die an verstorbene, geflohene oder unauffindbare Gefangene gerichtet waren.

3. Ermittlung von bedürftigen oder kranken Kameraden ohne Familie oder andere Stellen, die ihnen Hilfe zukommen lassen, und Vermittlung solcher Hilfsquellen für sie.

4. Einleitung einer gegenseitigen Hilfeleistung innerhalb des Lagers für besonders dringende Fälle.

5. In den Offizierslagern sorge man für die Bedürfnisse der Ordonnanzen.

X. Kantine

1. Einrichtung und Führung der Kantine sind sehr verschieden. Da in manchen Lagern die Kantine vor allem von den Gefangenen in Zusammenarbeit mit der Lagerleitung geführt wird, können die für diesen wichtigen Zweig Verantwortlichen neben der Besorgung der gewöhnlichen Gegenstände wie Nahrungsmittel, Kleidungstücke usw. auch folgenden Dienst übernehmen:

2. Entgegennahme von Bestellungen von Büchern, Musikinstrumenten oder anderen von den Gefangenen für die Lagertätigkeit benötigten Gegenstände.

3. Mancherorts wird der Gewinn der Lagerkantine zum Ankauf von Ausrüstungen für die Lagertätigkeit benützt.

XI. Religiöse Veranstaltungen

1. Sicherstellung regelmäßiger Gottesdienste für die verschiedenen Be-

kenntnisse. Wo es unter den Kriegsgefangenen an Geistlichen fehlt, wird die Kriegsgefangenenhilfe der YMCA in Verbindung mit den Lagerbehörden sich dafür einsetzen, daß solche von auswärts besorgt werden, wie auch die hierfür benötigten Bibeln, Gebetsbücher, Feldaltäre usw.

2. Einrichtung eines für Abhaltung von Gottesdiensten geeigneten Ortes.

3. Förderung des Bibelstudiums sowohl einzeln wie gruppenweise, um Gott, wie ER sich in den Zeitaltern offenbart hat, zu begegnen.

4. Bei aller Achtung vor Glauben, Bekenntnis und Überzeugung anderer sollte doch nach Wegen gesucht werden, wie man gemeinsam sich besinnen könnte auf die Bedeutung der Liebe und Vaterschaft Gottes und Bruderschaft der Menschen für den einzelnen und die Welt.

5. Jedes Lager ist Ausschnitt eines Volkes. Warum sollte das Lager nicht zu einer Gemeinschaft werden, die nach Gottes Willen fragt und zu leben sucht? Da ließe sich zeigen, wie auch Völker nach Gottes Willen leben könnten.

Führerschaft
Bei der Wahl der für die verschiedenen Tätigkeitsgebiete verantwortlichen Männer sollten folgende Eigenschaften in Betracht gezogen werden:

1. Charakter: a) starke Persönlichkeit, sauber, aufrecht, korrekt; b) menschenfreundlich; c) Gottesglauben, darum rechtes Selbstvertrauen und Vertrauen in andere.

2. Befähigung: a) Geschick eines Rechtsanwaltes, Begeisterung eines Studenten, Hingabe eines Menschenfreundes; b) ernst und tüchtig in seinen Geschäften; c) originell und voller guter Einfälle; d) fähig, Pläne durchzuführen; e) geeignet, um andere Leute in die Arbeit einzustellen und harmonisch mit ihnen zusammenzuwirken; f) persönliche Anziehungskraft, ansteckende Begeisterungsfähigkeit und Arbeitsgewohnheiten, die eine glatte Erledigung bedingen.

3. Kenntnisse: a) Sachen und Methoden; b) Bedürfnisse, Verhältnisse und Zeitlage; c) Hochschulbildung oder etwas Entsprechendes an Lebenserfahrung oder durch Selbststudium Erworbenes; d) Befähigung für Unterricht, Geschäftsführung und Leitung.

Die Kriegsgefangenenhilfe der YMCA, 52 Rue des Pâquis, Genf, Schweiz, nimmt gerne weitere Vorschläge zur Freizeitbeschäftigung der Kriegsgefangenen entgegen.

I/5. Schreiben von Staff Chaplain Rev. Charles E.B. Cranfield an den Präsidenten der Kirchenkanzlei der EKD

London, 25. Mai 1946

EZA Berlin, 2/553

Sehr verehrter Herr Pfarrer Asmussen![12]
Oberpfarrer Ian Wilson hat Ihren Brief an die evangelischen Pfarrer in den Kriegsgefangenenlagern Großbritanniens an mich weitergeleitet, weil ich hier für den britischen „Chaplain General" bei den Kriegsgefangenen arbeite. Zu derselben Zeit habe ich den Brief von Pfarrer D. Niesel und die Formulare für die Rückkehr der Ausgetretenen[13] erhalten. Ich habe sie beim Leiter der Theologischen Schule im Lager 174 [Norton Camp] gelassen, so daß sie vervielfältigt werden können, und an die verschiedenen Lager weitergeleitet. Ich weiß, daß die Lagerpfarrer und ihre Gemeinden sehr froh sind für jedes Zeugnis, daß die Kirche in der Heimat sie nicht vergessen hat.

Sie wissen selbstverständlich, daß Dr. Lilje vor einigen Wochen bei uns war und daß er die Theologische Schule besucht hat.[14] Ich hatte die Gelegenheit, mit ihm zu sprechen über die ganze Situation der evangelischen Seelsorge in den Lagern. Ein Problem, das mich besonders betrübt, ist die Frage der Repatriierung der Pfarrer. Ich verstehe gut, wie nötig es ist für die Kirche in Deutschland, ihre jüngeren BK-Pfarrer zur Verfügung zu haben, und auch wie tief und stark der Wunsch eines jeden ist, nach Hause entlassen zu werden. Aber ich weiß nicht, was ich tun soll. Fast täglich rufen mich Kommandanten [der] POW-Lager an, um nachzufragen, ob sie einen evangelischen Pfarrer bekommen können. Wieder und wieder muß ich sie beantworten: „Es gibt keinen übrigen Pfarrer mehr." Wenn die Kirchenbehörden in Deutschland noch bitten um die Repatriierung anderer Pfarrer, dann wird es sehr bald aus sein mit der evangelischen Seelsorge der POW in Großbritannien. Ich muß sagen, wenn ich so offen sein darf, daß ich der Meinung bin, daß es einen sehr schlechten Eindruck

---

[12] Im Sommer 1946 besuchte Asmussen Kriegsgefangenenlager in Großbritannien. Seine Rede am 16.8.1946 in Norton Camp vgl. LKA STUTTGART, D 54: Jagow IV. Vgl. auch K. LOSCHER, Studium, S. 274.

[13] Formulare für den Wiedereintritt in die Kirche.

[14] Im Frühjahr 1946 besuchte Oberlandeskirchenrat Dr. Hanns Lilje, Hannover, im Auftrag der EKD deutsche Kriegsgefangenenlager in England. Vor seiner Rückkehr nach Deutschland sandte er ein Grußwort an die deutschen Kriegsgefangenen in England, das in einer Veröffentlichung im Christlichen Nachrichtendienst für die kriegsgefangenen evangelischen Pfarrer und Laienbrüder in Ägypten Nr. 5 vom September 1946 vorliegt (LKA STUTTGART, D 54: Arnold).

bei den anderen POW machen kann, wenn die Pfarrer *zuerst* nach Hause gehen. Werden sie nicht denken, daß der Hirte seine Schafe nicht so verlassen soll? Ich denke, daß vielleicht die Tatsache, daß die Besatzungsmächte freundlich der Kirche gegenüber sind, in dieser Angelegenheit eine Gefahr ist; denn sie sind ganz bereit, die Pfarrer zu repatriieren, und eine Menge ist schon nach Hause gegangen.

In Italien war die Situation ganz anders, und ich habe selber mich bemüht, viele Pfarrer und Vikare und Studenten der Theologie und auch Diakone nach Hause zu schicken. Mein Amtsbruder Rheinallt Williams, der mein Nachfolger in Italien war, hat auch Pfarrer und Studenten nach Hause geschickt. Aber wir hatten immer Vorsicht, um Lagerpfarrer genug zu halten. Hier in England sind die POW mehr verbreitet, und die Pfarrer sind nicht genug für die Arbeit.

Wir haben zwar jetzt die Erlaubnis bekommen, so daß die POW an englischen Gottesdiensten teilnehmen dürfen. Das ist ja besser als nichts und auch, wenn es nicht der einzige Gottesdienst ist, ein gutes Zeugnis von der „Una Sancta". Aber es ist nur ein Ersatz für einen Gottesdienst in der Muttersprache.

Sie werden die Gelegenheit haben, mit Dr. Lilje zu sprechen. Ich habe ihm einige Vorschläge gemacht, besonders daß, wenn wir die nötige Erlaubnis bekommen können, der Rat der Evangelischen Kirche in Deutschland drei oder vier ausgezeichnete Pfarrer herübersenden sollte, die hier als Zivilisten arbeiten könnten. Die Erlaubnis haben wir noch nicht, aber wenn ich die drei oder vier Namen habe, dann werde ich mich sofort bemühen, die Erlaubnis zu kriegen. Die Einzelheiten habe ich Herrn Oberkirchenrat Lilje dargestellt. Sie werden vielleicht sich freuen zu wissen, daß einige Lagerpfarrer fünf Tage in der letzten Woche in theologischen Colleges in Cambridge zugebracht haben. Ich kann mit aufrichtigem Dank sagen, daß ich eine sehr verständnisvolle Unterstützung beim Kriegsministerium gehabt habe.

Viele von den deutschen Lagerpfarrern, die ich hier in Großbritannien und auch in Nordafrika in [den Jahren] 1943–1944 und in Italien kennengelernt habe, haben einen ausgezeichnet guten Eindruck bei mir hinterlassen. Ich bin stolz, daß es mir gegeben worden ist, sie als Amtsbrüder kennengelernt zu haben.

Vergeben Sie, bitte, diesen langen Brief.

Mit herzlichen Grüßen
Ihr sehr ergebener Charles Cranfield.

I/6. Memorandum von Oberkirchenrat Hansjürg Ranke über die Seelsorge in Kriegsgefangenenlagern

[Herbst 1946]

EZA Berlin, 2/470

1. Die Zahl der in England befindlichen deutschen Kriegsgefangenen soll in diesem Sommer sich von etwa 200.000 im Winter 1945/46 auf 800.000 bis 1.000.000 erhöhen. Die gegenwärtig etwa 350 Gefangenenlager werden auf etwa 500 zuzüglich 1.000 Hostels anwachsen. Nach den vorhandenen Unterlagen stehen zur geistlichen Betreuung dieser Kriegsgefangenenlager 170 kriegsgefangene Pfarrer und Vikare zur Verfügung, die zum überwiegenden Teil streng an ihre Lager gebunden sind. Der größte Teil dieser Geistlichen ist in den Lagern als Lagerpfarrer beziehungsweise als Dozent an der Theologischen Hochschule eingesetzt. Etwa 16 von ihnen bereiten sich im Theologenlager auf das II. Examen vor oder befinden sich ohne Auftrag der Gewahrsamsmacht in Lagern, die Lagerpfarrer haben.

Es ist dringend nötig, daß die Evangelische Kirche in Deutschland in Verhandlungen eintritt, die wenigstens in den über 300 unversorgten Lagern (abzüglich der Hostels) die geistliche Betreuung der Kriegsgefangenen gewährleisten. Vom Standpunkt des Kriegsgefangenen aus scheint es hierzu notwendig, daß sich eine entsprechende Zahl von Pfarrern der deutschen Evangelischen Landeskirchen verpflichten, freiwillig in die Kriegsgefangenschaft zu gehen, um auf diese Weise den verwaisten und seelisch leidenden Kriegsgefangenengemeinden das Evangelium zu verkündigen.

Darüber hinaus scheint es zweckmäßig zu erwägen, ob nicht bei längerer Dauer der Kriegsgefangenschaft im Einverständnis mit der Gewahrsamsmacht um der Lebendigkeit der Verkündigung willen an einen Austausch besonders der älteren Kriegsgefangenenpfarrer durch jüngere deutsche Pfarrer gedacht werden kann.

Die Theologische Hochschule im Norton Camp versucht diesem geistlichen Notstand durch Ausbildung von Diakonen und in Zukunft vermehrt von Laienpredigern zu steuern. Sie sieht sich aber mit diesen Mitteln nicht in der Lage, der Not abzuhelfen.

2. Eine besondere Schwierigkeit bildet in diesem Zusammenhang die Frage der Ordination von Lagerpfarrern bzw. die Ermächtigung von Diakonen und Predigern, die Sakramente zu verwalten. Es ist nicht tragbar, daß zahlreiche Lager vom Empfang der Sakramente nur deshalb ausgeschlossen sein sollen, weil kein Kirchenregiment besteht, das eine Ordination der noch nicht ordinierten Vikare bzw. eine Regelung der Sakramentsverwaltung durch Diakone und Prediger vornehmen kann. Naturgemäß können die Maßnahmen, die dieser Not zu begegnen versuchen und die

sich gegen die entstehende Anarchie auf diesem Gebiet wenden, [sich] nur auf die Dauer der Kriegsgefangenschaft erstrecken. Für die Dauer der Kriegsgefangenschaft sind sie aber nötig. Es scheint erwünscht, daß die Evangelische Kirche in Deutschland eine kirchliche Stelle beauftragt, die notwendigen Ordinationen vorzunehmen. In diesem Zusammenhang ist es nötig, um der Bekenntnisverpflichtung in der Ordination willen das klärende und entscheidende Wort über den Bekenntnisstand der Kriegsgefangenengemeinden zu sprechen, das die Kriegsgefangenenkirche von der Heimatkirche erwartet.

Ähnlich verhält es sich mit den Fragen der Aufnahme bzw. Wiederaufnahme in die Evangelische Kirche und der Konfirmation von Kriegsgefangenen, die einer Regelung in Übereinstimmung mit Richtlinien der Heimatkirche dringend bedürfen. Auch hier stehen die Kriegsgefangenengemeinden vor der Frage des Bekenntnisstandes.

Der Arbeitskreis für kirchliche Verkündigung an die Kriegsgefangenen (im Norton Camp) wird zu allen diesen Fragen Vorschläge ausarbeiten, bittet aber auch die Evangelische Kirche in Deutschland, von ihrer Seite so schnell als möglich eine Klärung der betreffenden Fragen zu betreiben.

3. Es ist um der Verkündigung willen notwendig, daß über solche und ähnliche Fragen (Agende, Gesangbuch, Gebetbuch, theologische Literatur) möglichst bald wenigstens die unmittelbare Korrespondenz der Heimatkirche eröffnet wird.

4. Durch die Repatriierung der Herren Pastor von Bodelschwingh, Magister Frey und Oberpfarrer Damrath – die von Generalsuperintendent Dibelius die Ermächtigung, I. und II. Theologische Examina abzuhalten, und die Versicherung der Bemühung um die Anerkennung der Prüfungen in der Evangelischen Kirche in Deutschland erhalten haben, – ist die Existenz der Theologischen Hochschule im Norton Camp gefährdet. Die Heimatkirche kann unter der Voraussetzung der Zustimmung durch die Gewahrsamsmacht diesem Notstand dadurch abhelfen, daß sie für jedes Semester zwei bis drei Universitätslehrer aus Deutschland nach Norton Camp entsendet, die freiwillig das Los der Kriegsgefangenschaft auf sich nehmen. Es ist darüber hinaus notwendig, einheitlich von der Evangelischen Kirche in Deutschland aus für alle deutschen Evangelischen Landeskirchen nach den nötigen Verhandlungen mit den politischen und Staats-Stellen die Frage der Anerkennung der im Norton Camp abgelegten bzw. abzulegenden Examina (I. und II. Theologisches Examen, Graecum, Latinum, Hebraicum, Reifeprüfung) und die Frage der Anrechnung der dort abgelegten theologischen Semester auf das zur Vorbereitung auf das Pfarramt nötige Gesamtstudium zu regeln.

5. Die Evangelische Kirche in Deutschland wird gebeten, mindestens zu allen hohen Festtagen Botschaften und Hirtenbriefe an die Kriegsgefangenen zu senden. Sowohl der Monatsbrief als das Pfarrmitteilungsblatt stehen

zu ihrer Verbreitung zur Verfügung. Um eine lebendige Verbindung mit der Heimatkirche herzustellen, wäre es wünschenswert, wenn sie regelmäßig geeignete Theologen zur Betreuung der Kriegsgefangenen und ihrer Pfarrer zu Besuchsreisen abordnen könnte.

I/7. Verwaltungsvorschriften des Britischen War Office für Lagerpfarrer in deutschen Kriegsgefangenenlagern in Großbritannien

[Norton Camp], November 1946 bis Januar 1948

EZA-Berlin, 2/625 (Auszüge aus dem „Pfarrblatt"[15]*)*

Pfarrblatt November 1946, S. 24 f.

Wir veröffentlichen hiermit zur Unterrichtung der Lagerpfarrer die Verwaltungsvorschriften, die das War Office in der Angelegenheit der geistlichen Fürsorge in deutschen Kriegsgefangenenlagern erlassen hat. Zur Vermeidung von Mißverständnissen wird darauf aufmerksam gemacht, daß es sich bei diesen Verwaltungsvorschriften um allgemeine Richtlinien handelt, deren Einhaltung nach Möglichkeit angestrebt werden soll, aber im Einzelfall aus praktischen Gründen nicht immer sogleich durchführbar sein wird.

Verwaltungsvorschriften des War Office, Nummer 83. Übersetzung

Geistliche Fürsorge
1. Kriegsgefangenen Pfarrern und Priestern, die zu Lagerpfarrern ernannt sind, wird in gleicher Weise wie Geschütztem Personal das Vorrecht eingeräumt, das Lager zu Spaziergängen unbegleitet zu verlassen, gleichviel ob sie selbst im Rechtssinne Geschütztes Personal sind oder nicht.
2. Lagerpfarrer werden, wenn sie sich außerhalb des Lagers befinden, die Armbinde tragen, die vom YMCA geliefert wird und vom War Office genehmigt worden ist.
3. Die Kommandanten sollen den Verkehr zwischen britischen Zivilgeistlichen und Lagerpfarrern erleichtern.

---

[15] Die Vorschriften aus dem Pfarrblatt vom November 1946 wurden auch von Rev. Charles E. B. Cranfield, dem Beauftragten des War Office für die Seelsorge an Kriegsgefangenen, am 14.10.1946 brieflich dem Leiter der Kirchenkanzlei der EKD, Pfr. Hans Asmussen, mitgeteilt (EZA BERLIN, 2/547). – Vgl. auch eine englische Zusammenfassung der Vorschriften in den Unterlagen von Chr. Christiansen (LKA STUTTGART, D 54: Christiansen). Zum Pfarrblatt vgl. Einleitung, S. 37.

4. Lagerpfarrer sollen nicht genötigt werden, andere Arbeit zu verrichten als die ihnen als Lagerpfarrer obliegende Arbeit.

5. Lagerpfarrern darf gestattet werden, Fahrräder zu benützen.

6. Lagerpfarrern soll gestattet werden, Billetees zu besuchen.

7. Lagerpfarrern soll gestattet werden, zusätzlich zu ihrer normalen Quote Amtsbriefe zu schreiben. Letztere dürfen auch Amtsbriefe nach Deutschland sein. Sie dürfen ferner (wenn es sich um Protestanten handelt) an den YMCA und an den Staff Chaplain, DPW, (wenn es sich um Katholiken handelt) an den SCF[16] (RC) vom Command schreiben. Diese Briefe sind *nicht* dem deutschen Lagerführer zu unterbreiten, und die etwa notwendige Zensur wird vom Lager-Post-Officer persönlich durchgeführt werden.

8. Wo immer es möglich ist, soll dem Lagerpfarrer ein eigener Raum zur Verfügung gestellt werden, in dem er arbeiten und persönliche Besprechungen abhalten kann.

9. Kommandanten sollen dafür sorgen, daß alle Kriegsgefangenen, die ihnen unterstehen, an Gottesdiensten regelmäßig teilnehmen können, wenn sie dies wünschen. Wenn ein Lager einen Lagerpfarrer hat, soll der Kommandant dafür sorgen, daß er regelmäßig die Hostels besuchen kann. Wenn ein Lager keinen Lagerpfarrer hat infolge Mangels an Pastoren und Priestern unter den Kriegsgefangenen, soll der Kommandant sich mit dem Kommandanten eines Nachbarlagers in Verbindung setzen und vereinbaren, daß der dortige Lagerpfarrer regelmäßig herüber kommen kann. Wo es aus irgendwelchen Gründen ganz unmöglich ist, einen deutschen kriegsgefangenen Pfarrer regelmäßig zu bekommen, soll der Kommandant dafür sorgen, daß die Kriegsgefangenen an dem gewöhnlichen englischen Gottesdienst in der am Ort befindlichen Kirche in Übereinstimmung mit den Bestimmungen unter [Ziffer] 10 teilnehmen. Es soll jede nur irgend mögliche Anstrengung gemacht werden zu verhüten, daß Kleiderinspektionen, Roll-Calls, Unterrichtskurse und dergleichen in der Zeit der gottesdienstlichen Stunden abgehalten werden.

10. Kriegsgefangenen in Lagern und Hostels darf gestattet werden, die Gottesdienste in den örtlichen Gemeinden zu besuchen, sowohl die protestantischen wie die katholischen, sofern der Ortspfarrer oder -Priester damit einverstanden ist und militärische Begleitung bereit gestellt werden kann.

11. Ein Lagerpfarrer darf einen eigenen Gottesdienst in einer Kirche am Ort halten, sofern der Geistliche dieser Kirche seine Zustimmung dazu gibt.

---

[16] Diese Abkürzung konnte nicht eindeutig aufgelöst werden; vielleicht: Staff Chaplain of Forces (Roman Catholic).

12. Lagerpfarrern soll der unmittelbare Zugang zum Kommandanten ohne Hinzuziehung des deutschen Lagerführers gestattet werden.

13. Es soll den Lagerführern klar gemacht werden, daß Lagerpfarrer als Pfarrer zu behandeln sind, ohne Rücksicht auf den militärischen Rang, den sie besitzen.

14. Kriegsgefangenen, die auf Farmen einquartiert sind, wird erlaubt, die Gottesdienste in den Kirchen am Ort zu besuchen, sowohl die protestantischen wie die katholischen, vorausgesetzt, daß sie vom Farmer begleitet werden oder von einer für sie verantwortlichen Person, die vom Farmer dazu ernannt ist. Derartige Vorkehrungen sind in das Ermessen des betreffenden Farmers gestellt und unterliegen der Zustimmung des Kommandanten.

Wo die in Frage kommende Entfernung drei Meilen oder weniger beträgt, darf der Kriegsgefangene unbegleitet gehen oder radeln. Aber bei darüber hinaus gehenden Entfernungen muß der Kriegsgefangene von seinem Arbeitgeber oder einer für ihn verantwortlichen und von ersterem dazu bestellten Person begleitet sein.

Pfarrblatt, Dezember 1946, S. 18

Den Lagerpfarrern ist durch einen neuen Erlaß des War Office die Möglichkeit zugebilligt worden, mit einer Eskorte die Satellite Camps und Hostels vom Hauptlager aus auf dem Motorrad (WD Motor Cycles) zu besuchen.

Pfarrblatt, Januar 1947, S. 19

Die im letzten Pfarrblatt mitgeteilte Erlaubnis der Benutzung des Motorrades durch Lagerpfarrer ist durch einen Erlaß des War Office dahin erweitert worden, daß von nun an die Satellite Camps und Hostels vom Hauptlager aus auf dem Motorrad *ohne* Eskorte besucht werden können.

Pfarrblatt, April 1947, S. 20

The Staff Chaplain Reverend W.B. Johnston, CF[17], ermächtigt uns, seine Stellungnahme zu folgenden zwei Punkten bekanntzugeben:
1. Da Kriegsgefangene nunmehr in englische Häuser eingeladen werden können[18], besteht kein Bedenken dagegen, daß die Lagerpfarrer bei ihren Ausgängen innerhalb der gestatteten Fünf-Meilen-Grenze auch englische Ortsgeistliche zwecks Rücksprache aufsuchen.

---

[17] Diese Abkürzung konnte nicht eindeutig aufgelöst werden; vielleicht: Chaplain (Captain) of Forces.
[18] Diese Erlaubnis galt seit Weihnachten 1946.

2. Es besteht kein Bedenken dagegen, daß Lagerpfarrer sich mit Erlaubnis des Kommandanten auch nach Eintritt der Dunkelheit unbegleitet außerhalb des Lagers aufhalten, sofern und solange sie in Ausübung ihres Amtes außerhalb des Lagers weilen.

Pfarrblatt, September 1947, Seite 22 f.

Öffentliche Verkehrsmittel dürfen nach einer Mitteilung von Staff Chaplain Captain W.B. Johnston, War Office (PW1) von allen Lagerpfarrern (evangelisch und katholisch) auf Fahrten, die in Verbindung mit ihrer Arbeit stehen, über die Fünf-Meilen-Grenze hinaus benutzt werden. Diese Fahrten dürfen jedoch nicht weiter gehen als bis zu dem entferntesten Hostel, das verwaltungsmäßig von ihrem eigenen Lager betreut wird.

Nach einer Verfügung des War Office vom 5. August 1947 (UM 3903/PW1)[19] können Lagerpfarrer ab sofort Briefe, die Fragen der Seelsorge und der geistlichen Betreuung betreffen, an Staff Chaplain PW1, Hotel Viktoria, Northumberland Avenue, London WC2, oder an Very Reverend Dr. Rieger, 21 Bloomsbury Street, London WC1, schreiben. Diese Briefe müssen versiegelt, mit der Aufschrift „Confidential" versehen und vom Lagerpfarrer auf der Außenseite abgezeichnet werden. Diese Briefe unterliegen nicht der Lagerzensur. Allen Lagerpfarrern ist es außerdem erlaubt, mit Lagerpfarrern in benachbarten POW-Lagern wegen Angelegenheiten der Seelsorge in Verbindung zu treten. Diese Besuche sind durch den Lagerkommandanten zu erleichtern. Im Bedarfsfalle dürfen öffentliche Verkehrsmittel benutzt werden. Auf allen diesen Fahrten müssen jedoch die Lagerpfarrer ohne weiteres als Geistliche erkennbar sein.

Pfarrblatt, Oktober 1947, S. 19

Gefängnisseelsorge. Nach einem Memorandum des War Office vom 28. August 1947 (UM/4068/PW1a) können Kriegsgefangene, die eine Strafe in Zivilgefängnissen ableisten, vorbehaltlich der Genehmigung des Gefängnisdirektors um den Besuch eines deutschen Geistlichen ihres eigenen Bekenntnisses nachsuchen. Die Gesuche werden durch den Gefängnisdirektor an den Kommandanten des betreffenden Lagers weitergeleitet, der zu einer mit dem Gefängnisdirektor festgelegten Zeit den Besuch seines Lagerpfarrers ermöglichen wird. Lagerpfarrer der folgenden Lager werden mit der Seelsorge von Kriegsgefangenen in den angeführten Gefängnissen betraut: HM Prison Lincoln, Camp 156; HM Prison Lewes, Camp 238; HM Prison Barlinnie, Glasgow, Camp 64; HM Prison Gloucester, Camp

---

[19] Hier und an folgenden Stellen Aktenzeichen der Abteilung für Kriegsgefangene im War Office.

263; HM Prison Stafford, Camp 99; HM Prison Parkhurst, IOW, Camp 65.

Pfarrblatt, November 1947, S. 20

Lagerpfarrerfahrten ohne Eskorte. Gemäß einer Verfügung des War Office vom 7. Oktober 1947 (UM/4373/PW1a) dürfen Lagerpfarrer ohne Eskorte von und nach Kursen, Konferenzen und anderen Zusammenkünften innerhalb ihres Kommandobereiches (Commands) unter folgenden Bedingungen fahren: Sie müssen sich am Bestimmungsort bei einer verantwortlichen Person melden, die über die genauen Einzelheiten ihres Eintreffens unterrichtet ist und im Falle der Nichtankunft sofort das entsendende Lager zu benachrichtigen hat. Die Kriegsgefangenen müssen genügend englisch können, um auf Umsteigebahnhöfen usw. sich zurecht zu finden. Sie müssen im Besitz eines schriftlichen Marschbefehls ihres Kommandanten sein, woraus sich auch der genaue Marschweg ergibt. Jeder Lagerkommandant kann jedoch, wenn ein Deutscher nicht genug englisch kann, bis zur Umsteigestation eine Eskorte mitgeben und danach sich vergewissern, daß der Kriegsgefangene den richtigen Zug benutzt und am Bestimmungsbahnhof abgeholt wird. Im Sinne dieser Anordnung schließt der Begriff „eine verantwortliche Person" jeden Lagerkommandanten und britischen Geistlichen ein sowie einen Bischof oder Abt, der während einer Lagerpfarrerkonferenz oder Rüstzeit Gastfreundschaft gewährt.

Pfarrblatt, Januar 1948, S. 19

Eine Verfügung des War Office vom 27. November 1947 (BM/5867/PW1a) besagt, daß in Anbetracht der besonderen Verhältnisse des Lagers 174 [Norton Camp] Lagerpfarrer aus allen Kommandobereichen (Commands) ohne Eskorte nach und von Lager 174 zur Teilnahme an Kursen und anderen Konferenzen reisen können, vorausgesetzt, daß sie die Bedingungen der Verfügung vom 7. Oktober 1947 – War Office UM/4373/PW1a – erfüllen. (Siehe Pfarrblatt November 1947.)

Dienstfahrten: Lagerpfarrer dürfen in Ausübung ihrer Amtspflichten öffentliche Verkehrsmittel benutzen und können zu diesem Zwecke mit Bus warrants ausgestattet werden, wenn andernfalls Lagertransport bereitgestellt werden müßte, dieser aber teurer kommen würde. (Memorandum des War Office vom 17. November 1947, 0103/8396 AM5d.)

c. Berichte und Korrespondenz

I/8. Schreiben von Kirchenpräsident Martin Niemöller an Pfr. Rudolf Damrath in der Kirchenkanzlei der EKD

Büdingen, 21.11.1946

EZA Berlin, 2/470[20]

Lieber Bruder Damrath!

Während meines Aufenthaltes in England habe ich zusammen mit Bruder Birger Forell am 9. und vom 11. bis 13. November eine Anzahl der Kriegsgefangenenlager besucht und dort gesprochen. Ich war der Reihe nach in Luton, Red Winter, Norton Camp, Lager 17, Lager 294, Naburn, Ripon (Lager 247), Haltwistel (Lager 18), in einem weiteren Arbeitslager auf dem Wege nach Süden und in Northwich.

Die Lager waren so ausgesucht, daß ich nach Möglichkeit zu solchen Kriegsgefangenen kam, die noch keinerlei direkten Besuch aus Deutschland gehabt hatten. Die Freude war sehr groß, und ich habe viele Grüße mitnehmen können.

Die äußere Unterbringung fand ich überall einwandfrei, zum Teil recht „gemütlich". Lager mit Zeltunterbringung gibt es, wie Herr Pfarrer Forell

---

[20] Die Anlagen befinden sich nicht bei den Akten. – Vgl. auch H. FAULK, Re-education, S. 572 f.: „Über den Besuch von Pastor Niemöller berichtete Birger Forell, der ihn begleitet hat: ‚Mit gespannten Gesichtern und forschenden Augen standen die Männer vor diesem Mann, der acht Jahre hinter Stacheldraht verbracht hatte und trotzdem von Glaube und Hoffnung sprach.' Pastor Niemöller sprach auch eingehend vom Schuldgefühl, und was er sagte, wurde zum Teil von den Kriegsgefangenen abgelehnt. Trotzdem berichtete er am 14. November 1946 bei einer Konferenz mit Vertretern des Außenministeriums und der Umerziehungsabteilung in London, daß die Kriegsgefangenen seiner Meinung nach eine ‚gesündere moralische Einstellung' hätten als die Bevölkerung in Deutschland und daß er die Hoffnung hegte, daß ‚... die Kriegsgefangenen nach ihrer Heimkehr für die Zivilbevölkerung eine beträchtliche moralische Verstärkung bedeuten würden'." – Zu dem Besuch von Niemöller in Norton Camp vgl. weiterhin den Jahresbericht 1946 der Theologischen Schule (EZA BERLIN, 2/505): „Ein besonderes Ereignis in der Geschichte der Theologischen Schule war der Besuch von Pfarrer Niemöller im November. Pfarrer Niemöller hielt vor dem gesamten Lager in der Kirche zu Cuckney einen eindrucksvollen Vortrag über das Thema ‚Jugend und Kirche'. Sein Besuch fiel mit einem Treffen deutscher, englischer, dänischer, schwedischer und norwegischer Visitors der YMCA zusammen, und er nahm die Gelegenheit wahr, sich mit ihnen über die seelsorgerliche Betreuung der Gefangenenlager, besonders auch der in Deutschland befindlichen, auszusprechen. In einer Sitzung mit den Dozenten sprach Pfarrer Niemöller eingehend über die kirchliche Lage in Deutschland." – Zur England-Reise Niemöllers vgl. auch J. BENTLEY, Niemöller, S. 218–228; K. LOSCHER, Studium, S. 274.

bestätigte, in England in diesem Winter nicht mehr. Die Verpflegungssituation war beneidenswert, der Gesundheitszustand nach Aussage der Ärzte und nach meinem Eindruck in den Revieren überdurchschnittlich gut. Wir haben auch öfter Kriegsgefangene bei der Arbeit gesehen und gesprochen und hatten auch dort einen guten Eindruck.

Die geistig-geistliche Situation in den Lagern fand ich unterschiedlich. Die am wenigsten aufgeschlossene Haltung war in dem Lager Northwich festzustellen, während in sämtlichen genannten übrigen Lagern neben einem Hunger nach Nachrichten aus der Heimat eine ausgesprochene geistige Aufgeschlossenheit, um nicht zu sagen ein geistlicher Hunger in die Erscheinung trat. Bei der Kürze der Zeit konnte ich mir kein eigenes Urteil über die Hintergründe dieser Verschiedenheit bilden. Es mag zum Teil am Lagerführer, zum Teil auch am Lagerpfarrer liegen, vielleicht an beiden, oder an dem Verhältnis beider zueinander; daneben spielt wohl auch die innere Einstellung und Aufgeschlossenheit der englischen Lageroffiziere eine merkliche Rolle. Ganz ausgezeichnet war die Zusammenarbeit und das Verständnis in dem großen Offizierslager bei Haltwistel (Nummer 18).

In Ergänzung zu meinem an Sie bereits im Durchschlag abgegangenen Schreiben an Landesbischof D. Wurm möchte ich zunächst einmal darauf hinweisen, daß es mir dringend wünschenswert erscheint, die Gefangenen, die ja nun nach und nach repatriiert werden (gegenwärtige Monatsquote 15.000), für ihre Rückkehr entsprechend vorzubereiten, damit diese Rückkehr nicht alsbald zu einer großen Leere und Hoffnungslosigkeit führt. Das „Menschenmaterial" in den englischen Lagern stellt zweifellos das Beste dar, was wir physisch und auch geistlich von der im Kriege gewesenen Jungmännergeneration übrig behalten. Es wäre ein Jammer, wenn diese Kräfte bei der Heimkehr untergingen. Ich habe deshalb meine sämtlichen Gespräche darauf abgestellt, den Männern begreiflich zu machen, daß es für sie selber wie für die Heimat entscheidend ist, in was für einem Zustand und mit was für Absichten sie in die Heimat zurückkehren; also nicht das „Daß" ihrer Rückkehr, sondern das „Wie" entscheidend sein wird.

Es ist mir zweifelhaft geworden, ob die vorhandenen Lagerpfarrer, von Ausnahmen abgesehen, wirklich in der Lage sind, unseren Kriegsgefangenen den notwendigen Dienst zu tun, das heißt sie in eine rechte Verfassung für ihre Rückkehr vorzubereiten, weil diese Lagerpfarrer als Kriegsgefangene selber keine wirkliche Vorstellung von den Versuchungen und Aufgaben der Heimkehrer haben, weil sie ja selbst völlig unzureichende Vorstellungen von der deutschen Situation hegen. Ich habe deshalb Pfarrer Forell vorgeschlagen und diesen Vorschlag auch im Deutschland-Ministerium in einer Sitzung mit Sir G. Jenkins und seinen Mitarbeitern ausgeführt, daß man die zu repatriierenden Kriegsgefangenen durch Kräfte aus Deutschland während ihrer letzten Gefangenschaftswochen betreuen und vorbereiten lassen möchte. Mein Vorschlag sah etwa so aus: Wir senden von der EKD eine Arbeitsgruppe von zehn Pfarrern (ordentliche jüngere Bekennende Kirche-Pfarrer aus Ostpreußen und Schlesien) nach England für diese Arbeit. Sie müßten vorher in Deutschland kurz zusammengefaßt und in allgemeinen Zügen über Lage und Aufgabe informiert werden. Professor Iwand in Göttingen und Präses Hornig in Breslau würden bei der Auswahl helfen können.

Sir G. Jenkins war von dem Plan sehr angetan und hat alle erdenkliche Unterstützung versprochen. Pfarrer Forell bzw. das YMCA würde sich der Dinge annehmen, und auf der Rückreise fand ich auch bei Mister Gwyune in Bunde grundsätzliche Zustimmung und das Versprechen der Unterstützung. Mister Gwyune hatte dabei nur den Wunsch, daß eine gleiche Aktion auch von katholischer Seite in die Wege geleitet werden möchte, was – glaube ich – uns am Handeln nicht hindern brauchte.

Nun gebe ich Ihnen diese ganzen Dinge weiter mit der Bitte, sich die Frage durch den Kopf gehen zu lassen und sie gegebenenfalls weiter zu verfolgen. Sir G. Jenkins befindet sich im Norfolke House, St. James Square, London; die übrigen Adressen haben Sie ja.

Als Anlage übergebe ich Ihnen noch einen Einzelbericht von D. Paul Bill, Abteilungsarzt in dem Hospitallager Naburn, und aus dem gleichen Lager ein Memorandum, das Ihnen vielleicht ebenfalls von Nutzen ist.

Mit brüderlichen Grüßen
Ihr M. Niemöller.

I/9. Bericht von Pfr. Markus Barth über seinen Besuch von Kriegsgefangenenlagern in Großbritannien vom 10. Dezember 1946 bis 9. Januar 1947

[Genf, Januar 1947]

EZA Berlin, 2/470

1. Der Auftrag

Als Abgesandter der Ökumenischen Kommission für die Pastoration der Kriegsgefangenen bin ich in der Zeit vom 10. Dezember 1946 bis zum 9. Januar 1947 in England und Schottland herumgereist, um deutsche Kriegsgefangenenlager zu besuchen. Es war mir zur Aufgabe gemacht worden, den Gefangenen Grüße der aussendenden Kommission zu bringen, von ihrem Befinden mir einen Eindruck zu verschaffen, ihre Meinungen und Wünsche zur Kenntnis zu nehmen und weiterzuleiten.

Infolge von drei kürzeren Aufenthalten in Deutschland im Oktober, November und Dezember 1946 fühlte ich mich verpflichtet, nicht nur als Beobachter in die Gefangenenlager zu reisen, sondern in den Lagern auch in einem bestimmten Sinne zu wirken. Die neu gegründete Kirchlich-theologische Arbeitsgemeinschaft für Deutschland hatte mir einen Sendbrief an die Gefangenen in England verheißen. Daß dieser Brief erst kurz vor meiner Abreise aus England in meine Hände kam, konnte nicht verhindern, daß ich in allen Lagern nicht nur als Abgesandter der Ökumene, sondern auch der Heimatkirche der Gefangenen zu reden und zu wirken versuchte.

2. Die Vorbereitung in London

Für die Erfüllung des Auftrages auf britischem Boden, insbesondere für die Beschaffung der nötigen Papiere, für die Beratung über die zu besuchenden Lager und die Art des Vorgehens in den Lagern und für die Bemühung um Transportgelegenheit in die zum Teil sehr zerstreut und einsam gelegenen Lager, war ich angewiesen auf die Beratung und Mitwirkung der YMCA in London (Kriegsgefangenenhilfe unter Mr. Barwick), dem Chaplaincy Service im War Office, des British Council of Churches, des ökumenischen Vertreters und der Delegation des Internationalen Roten Kreuzes in London und der einzelnen Lagerkommandanten. Ich verdanke Herrn Dr. Hirschwald (YMCA), Reverend Johnston (War Office), Reverend Burlingham (British Council of Churches), Oliver Tomkins (ökumenischer Delegierter), Major Bieri (Internationales Rotes Kreuz), mit denen ich zum Teil am Anfang und am Ende meiner Reise zusammenkommen konnte, volles Verständnis für meine Aufgabe, wertvolle Ratschläge und aktive Mithilfe. Pastor Birger Forell war in der Zeit meiner Reise nicht in England.

Ein mehr oder weniger zufälliges Zusammentreffen mit zwei Bischöfen hat je in besonderer Weise meine Tätigkeit in den Lagern beeinflußt. Bischof Chichester erschien mir – bei einem Kaffee im Atheniumclub in Pall Mall – vorbildlich in seiner Freundschaft zu den Deutschen, welche nicht davor zurückschreckt, sich selbst zu kompromittieren. Bischof Dibelius wirkte – trotz seines zweifellos bischöflichen Auftretens – weniger vorbildlich, indem er, wenn auch in durchaus jovialer Form, ein Kirchentum vertrat, dessen Rolle gestern groß war, das aber vielleicht nicht notwendiges Kennzeichen der Kirche Jesu Christi heute und morgen ist.[21] Ich weiß nicht, warum dieser Kirchenmann für die Schweiz und für mich persönlich nur sarkastische Bemerkungen und sonst keine Worte aufbringen konnte.

Über die Gefangenen selbst hat mich, wenn man von dem Reisebericht von Prof. Courvoisier aus dem Sommer 1946 absieht, am besten Major

---

[21] Hier und an weiteren Stellen des Berichtes scheint die kirchlich-theologische Einstellung des Verfassers durch, der von der Theologie Karl Barths herkommt und der Institution einer Lutherischen Kirche kritisch gegenübersteht. Bischof Dibelius war über das Weihnachtsfest 1946 in Großbritannien.

Bieri informiert. Er versteht es, sie als Freund und doch mit der nötigen Kritik zu sehen. Er empfahl mir, auch einsame, abgelegene und wenig besuchte Lager aufzusuchen.

3. Der Weg zu den Gefangenen

Es bestehen zur Zeit in Großbritannien für die deutschen Kriegsgefangenen noch ca. 300 Lager, wohl über 1.000 Hostels (Lagerfilialen) und Tausende von Billete-Plätzen (wo Kriegsgefangene bei meist bäuerlichen Arbeitgeberfamilien wohnen). Etwas über 300.000 deutsche Kriegsgefangene sind noch in England. Pro Monat werden jetzt ca. 15.000 Mann entlassen, wovon einzelne Lager noch fast nichts, andere aber sehr viel merken. In einem Lager wurden im letzten Monat vier, in einem anderen neunzig Gefangene in die Heimat, das heißt zunächst in ein Übergangslager entlassen.

Besucht habe ich

- Hostel Kolburn, Camp 122, Brondesburry Park, London (Kommandant: Captain Green),
- Hostel Ravensbourne, Camp 237, Chislehurst, Kent,
- POW Camp 174, Norton near Mansfield, Nottinghamshire (Kommandant: Major Boughton),
- Camp 18, Featherstone Park near Haltwhistle, Northumberland (Kommandant: Colonel Mc Bain),
- Hostel Pellmellor, Camp 18, near Haltwhistle,
- Camp 76, Merry Thought, Calthwaite near Penrith, Cumberland (Kommandant: Colonel Dokerty),
- Camp 103, Moota, Cockermouth, Cumberland (Kommandant: Major Patterson),
- Hostel Silecroft, Camp 104, Cumberland,
- Camp 104, Beela River, Milnthorp, Westmoorland (Kommandant: Major Selby),
- Hostel Brampton, Camp 76, Cumberland,
- Camp 69, Darras Hall, Ponteland near Newcastle/Tyne (Kommandant: Colonel Pitz),
- Camp 16, Gosford, Long Niddry, East Lothian (Kommandant: Colonel Hewat),
- Hostel Sighthill, Camp 123, Midlothien (Kommandant: Major Craighie),
- Hostel Woodhouse Lee, Camp 123, near Edinburgh,
- Camp 109, Braham Castle, Dingwall, Rossh. (Kommandant: Colonel O'Morchoe),
- Camp 165, Watten, Caithness (Kommandant Colonel Murray)
- Hostel Fearn, Camp 109 Rossh.
- Military and Profional [?] Hospital, Inverness, Schottland,

- Camp 300, Wilton Park, Beakonsfield near Oxford (Recot [?] Koepp-
  ler),
- Camp 687 Shothover House near Wheatley, Oxford (Kommandant:
  Major Dhapaten).

Es ist zu befürchten, daß ich zu viele und nicht zu wenig Lager besucht
habe. Denn beide Arten von Lagern, die vielbesuchten und mit Vorträgen
schwer beladenen, und die wenig besuchten Lager, deren Bewohner angeblich – weil sie arbeiten – weder Zeit noch Interesse für Vorträge haben,
haben es satt, daß man für eine bis zwei Stunden die Nase hereinsteckt
und wieder davonfährt. Es genügt den Gefangenen nicht, daß man sie nur
anredet in einem Vortrag. Es genügt ebensowenig, daß man nur mit dem
Pfarrer, dem Speaker, dem Kommandanten oder einzelnen plaudert. Es
genügt nicht, sich nur herumführen zu lassen und die vielen schönen, [...][22]
oder eigenartigen Malereien, Einrichtungen oder Basteleien (von der Dreh-
bühne bis zur ausschließlich aus Holz gearbeiteten Uhr) zu bewundern.
Es hat sich als vorteilhaft erwiesen, wenn pro Lager mindestens ein Zeitraum von [24?] Stunden zur Verfügung stand und wenn man bei der
Ankunft nicht schon an die Weiterreise denken mußte. Diese Erfahrung
konnte nicht ohne schmerzliche Entrichtung von Lehrgeld erworben werden. Einige kürzere Visiten hätte ich wohl besser zugunsten eines einzigen
wirklichen Besuches nicht gemacht.

Meine Reise sollte durch den Kriegsgefangenendienst der YMCA
(Young Men's Christian Associations) vorbereitet sein. Wahrscheinlich
infolge der Aufregung, welche das fast gleichzeitige Eintreffen von Bischof
Dibelius aus Berlin in London hervorgerufen hatte und infolge des Verlu-
stes eines Briefes im vorweihnachtlichen Postverkehr bedeutete meine Ankunft im Hauptbüro YMCA im Norton Camp eine völlige und anscheinend
unliebsame Überraschung, von der sich der dortige YMCA-Chef, Pastor
Hansen, weder erholen konnte noch wollte. Es war weder ein Reiseplan
vorhanden, noch stand ein Auto zur Reise zur Verfügung, obwohl beides
zugesagt war, obwohl ein Auto unabdingbare Voraussetzung für die Besuche ist und obwohl ich instruiert war, mich völlig leiten zu lassen und
nicht einen eigenen Plan aufzustellen. Den verschiedentlich auftauchenden
Gedanken, mich dem Gefolge des ohnehin im Auto herumreisenden Bischofs Dibelius zuzuordnen, konnte ich mich entziehen. Ich entging dadurch unter anderem einer Autofahrt, die im Straßengraben endete. Nur
in den ersten zwei und in den letzten zehn Tagen meines Englandaufenthaltes klappte die Zusammenarbeit mit der YMCA. In Schottland funktionierte der technische Kontakt mit der YMCA ausgezeichnet, indem ich
mit Pfarrer Dr. Golzen gemeinsam viele Lager besuchen konnte. In Eng-

---

[22] Nicht lesbares Wort in der Vorlage.

land gelang es mir zum Glück bald nach Entdeckung des Sachverhaltes, auf eigene Faust Transporte, Lager und Unterkunft zu ermitteln.

Es ist zwar erholsamer, aber tiefergehenden Gesprächen und rechter Freundschaft eher abträglich, wenn der Besucher abends das Lager verläßt, um in einem Hotel Wärme, fließendes Wasser und ein weiches Bett zu suchen, vielleicht auch zu finden. Es gibt Gespräche, die gewöhnlich erst in der Nacht geführt werden können. Es kann mehr der Gemeinschaft dienen, den kalten Zementboden neben dem heißen, kleinen Kanonenofen in Bude oder [...][23] von den ersparten Cakes der Gefangenen zu essen oder von ihrem Kaffee zu trinken, als neben ihnen zu stehen und Zigaretten auszuteilen. Ich bin bereit, die Tage, an denen ich in den besuchten Lagern (meist im Hospital) schlief und mit den Gefangenen aß und an denen der jeweilige Kommandant mich im nächsten Lager anzeigte und für Transporte in großen und kleinen Wagen, in Taxis, in Zügen, in Autobussen und Kohlencamions sorgte, als die fruchtbarsten und schönsten meiner Reise anzusehen. Der Permit des War Office zum Besuch der Lager enthält allerdings die Bestimmung, daß der Besucher [...][24] um 22.00 Uhr das Lager zu verlassen hat. Der jeweilige Kommandant gestattete aber die Übertretung dieses und anderer Paragraphen und war manchmal froh, wenn ich nicht die Offiziersmesse beanspruchte, da die englischen Offiziere selbst zusätzlich Nahrungsmittel zu ihrer Verpflegung kaufen müssen. Bei den Deutschen bin ich weder auf derartige Aussprüche noch Tatsachen gestoßen.

4. Die Zusammenarbeit mit der YMCA

Es hat sich herausgestellt, daß solche Angestellte der YMCA, die sich hauptsächlich auf den Verkauf von Fuß- und Tischtennisbällen und Kartenspielen beschränken, weder Zeit noch Lust haben, mehr als ein bis zwei Stunden in einem Lager zu verweilen, daß aber andere, die auch mit dem Wort dienen wollen, einen Vortrag eines Außenstehenden für alle Lagerbewohner als Konkurrenz der vorbereiteten eigenen Bibelstunde für die kleine Lagergemeinde empfinden. Ob man gekommen sei, um ihn zu inspizieren und seine Lehre zu kritisieren, fragte mich einer. Over here, the machiner for pastorisation of the POWs works allright. Everything is done so far quite statisfactorily. Genf habe ja einen Bericht über die geistige Lage der Gefangenen erhalten. Warum man dem nicht traue?

Die regelmäßig für die Gefangenen Arbeitenden haben zum Teil einen Verdacht gegen die gelegentlichen Besucher. Ob die dauernde Anstellung eines ökumenischen Vertreters für die Gefangenen in England den Konkurrenzneid stillen würde, ist mehr als fraglich. Pastor Kramm forderte

---

[23] Nicht lesbares Wort in der Vorlage.
[24] Nicht lesbares Wort in der Vorlage.

mich unverblümt auf, Genf auszurichten, man solle von Genf aus besser sein schmales Gehalt durch L[25] 150.- p.a. aufbessern, statt Reisespesen für Außenseiter – die zum Beispiel meistens seine konfessionalistisch lutherischen Kreise stören – zu bestreiten. Die Altpreußische Union betrachtet er als Sekte.

Aus diesen und ähnlichen Tatbeständen und Worten kann geschlossen werden, daß künftige Besuche von der Ökumene her besser nicht ausschließlich der YMCA zur Organisation überlassen werden. Es ließe sich denken, daß in Verbindung mit dem British Council of Churches und unter Benutzung eines der Ökumene eigenen Autos künftige Reisen vorteilhafter arrangiert und mit weniger Zeitverlust auf Bahnsteigen und an Straßenkreuzungen durchgeführt werden könnten. Ärgerliche Auseinandersetzungen können einem dadurch erspart bleiben. Barwick war entsetzt, als er hörte, was für Gespräche ich mit den englischen Kommandanten, mit PID-Leuten (Political Intelligence Department) und mit den Deutschen geführt habe: daß eine gewisse Offenheit und nicht nur Bewunderung des YMCA-Werkes zur Aide spirituelle an den Gefangenen [...][26] gehörig, erschien ihm grundsätzlich als befremdlich und praktisch als Belastung für die Arbeit der YMCA.

Viele Lagerkommandanten, die mich eher kühl empfingen, da ich nicht schriftlich angemeldet sei, waren von dem Moment an sehr freundlich, als ich sagte, ich reise nicht im Auftrage der YMCA und sie habe meine Anmeldung nicht vollzogen. Dem entspricht auf der Gegenseite das meist abschätzige Urteil der YMCA-Leute über die Kommandanten. Bei aller Anerkennung, welche die YMCA wegen ihrer Rührigkeit und Tätigkeit in England und Amerika bei Engländern und Deutschen findet, hat sie doch ein reichlich geschäftliches Gebaren und Auftreten. „They do nothing but sell footballs. Where is the spiritual help we want?" fragte mich ein Oberst. Gewisse [...][27] außerordentliche Erscheinungen im Hauptbüro der YMCA in Norton erschweren das Leben der dortigen Dozenten mehr als der Stacheldraht und alle für einen Gefangenen gültigen Restriktionen, so wurde mir in der Theologischen Schule gesagt.

Der Klage, die YMCA sei ein christlich getarntes (Fußball- etc.) Geschäft, steht allerdings die Behauptung eines Gefangenen gegenüber: Gerade weil und wo die YMCA *ohne* Worte wirke, gebe sie ein echtes christliches Zeugnis. Viele Gefangene beabsichtigen später in Deutschland, wenn für irgend etwas, so für den CVJM zu arbeiten und Geld zu geben.

Dr. Golzen in Edinburgh (mit finanzieller YMCA-Hilfe ständiger Beauftragter der Schottischen Kirche für die Kriegsgefangenen) sieht die

---

[25] Angabe der Währung unsicher, wahrscheinlich englische Pfund.
[26] Lücke in der Vorlage.
[27] Nicht lesbare Gruppe von Wörtern in der Vorlage.

Situation klar und bittet, gerade um der bedrohten Christlichkeit und des verdrängten Wortzeugnisses der YMCA willen, künftige Delegierte der Ökumene nicht ganz ohne Verbindung mit der YMCA reisen und wirken zu lassen. Leider war keine Gelegenheit vorhanden, mit Pastor Rieger, der von Asmussen zum Dekan aller Lagergemeinden eingesetzt ist und der natürlich kaum einen Bruchteil der notwendigen Arbeit tun kann, das Problem zu besprechen. Wenn die Kanzlei der Evangelischen Kirche in Deutschland sich auf eine gewisse Linie festlegt, die ihre Veröffentlichungen der letzten Zeit andeuten, so könnte die Entsendung eines ständigen unabhängigen ökumenischen Delegierten dringendes kirchliches Gebot werden.

5. Die militärische Leitung der Lager

Die englischen Lagerkommandanten lieben es, von einem Besucher begrüßt zu werden, bevor dieser seine Tätigkeit im Lager aufnimmt. Leider traf ich nicht alle der oben in der Lagerliste genannten Kommandanten. Lebt der Kommandant auch, besonders in größeren Lagern, faktisch wenn auch nicht geographisch, weit weg von den Gefangenen, so daß sie von ihm fast nur väterliche und andere Erlasse zu Gesicht bekommen, so ist er doch meist am deutschen Problem interessiert. Ich bin zwar keinem Kommandanten begegnet, der Deutsch verstand oder sprechen konnte. Dennoch scheint die Mehrheit der Kommandanten sorgfältig ausgewählt und gut geeignet für ihre Aufgabe. Jeder hat eine andere Antwort auf die Frage, warum die Deutschen noch gefangen gehalten werden. Am plausibelsten ist wohl die Ansicht: In einem englischen Gefangenenlager genügten zwei Briten, um hundert Mann zu bewachen. (Fluchtversuche gelten bei den Deutschen ja heute als Blödsinn, da die Heimschaffung, wenn auch langsam, im Vollzug ist.) Der meterhohe [...][28] Stacheldrahtzaun ist einer einfachen Umzäunung gewichen, die der unserer Kuhweiden entspricht. Sie dient nach der Ansicht der Gefangenen dazu, daß „die Kühe der Gegend unseren selbstgepflanzten Kohl nicht fressen", bzw. sie nehmen an, „daß für die Engländer wir schon auf das Niveau der Kühe heraufgestiegen sind". Wären dieselben hundert Deutschen bei der jetzigen wirtschaftlichen Lage in Deutschland, so würden nach Ansicht der Kommandanten viele zu Verzweiflungsakten und Dummheiten getrieben, deren Verhinderung mehr als zehnmal soviel Briten erforderte. Auffallend viele Kommandanten bekennen sich als Christen und reden ihren Gefangenen sehr viel Gutes, der offiziellen Gefangenenpolitik (PID etc.) aber etliches Böse nach. Manche denken, daß die Entwicklung zu einem Krieg mit Rußland treibe. Ich bin nur auf einen einzigen Kommandanten gestoßen, der bei den Deutschen, eventuell mit Recht, wirklich verhaßt war – und

---

[28] Nicht lesbares Wort in der Vorlage.

das mehr wegen seines Privatlebens als seiner Lagerführung. Auf alle Fälle gehört zur geistigen Betreuung der Gefangenen auch eine Art unauffälliger Betreuung und Beratung der Kommandanten. Mehr als einer bat mich, am Schluß meines Besuches (wenn er wenigstens 24-stündig war) ihn wieder zu besuchen und ihm meine Beobachtungen und Anregungen mitzuteilen. Es besteht Grund zur Annahme, daß ein jeweiliger zweiter Besuch sinnvoll war. Auch die Kommandanten, zum Teil gebildete Leute, leiden unter der Länge des Gefangenenlagerlebens und sind für geistliche Anregung offen.

Da die Wachmannschaften auf ein Minimum reduziert sind, gelang es mir, trotz Unterstützung durch den Kommandanten, in keinem Lager sie zu einem Vortrag oder zu einer Aussprache zu versammeln. Es sind oft sehr junge, manchmal erst sechs Wochen vorher eingekleidete, oft auch sehr einfache Menschen, worüber dann die Gefangenen gern spotten. „Wenn wir das Hostel nicht in Ordnung hielten, fiele alles auseinander." „Und von denen sollen wir Demokratie lernen." Der einzelne englische Soldat oder Unteroffizier tut seine Pflicht schweigend, gelangweilt, für ein Gesprächlein geneigt. Beschwerden gegen die Wachmannschaften hörte ich von den Deutschen nie, wohl aber großes Lob für einzelne von ihnen. Die Gefangenen wissen, daß weder der Kommandant noch seine Untergebenen etwas mit der Dauer ihrer Gefangenschaft zu tun haben.

6. Die Umerziehung (Re-education) der Gefangenen[29]

Das Element in der Leitung der Lager, wogegen fast jeder der heute noch in Gefangenschaft Sitzenden in höchster Wut schäumen kann, ist gewöhnlich weniger der persönliche Vertreter des PID – ein Sergant oder Captain, der als „Interpreter-Officer" getarnt herumläuft – als die Institution des PID. Seine bedenklichen Seiten sind beschrieben in dem Bericht von Prof. Courvoisier über seine Reise in englische Gefangenenlager, Seite 8–9: Gesinnungslumpen haben eine gewisse Chance. Viele seien, so sagten mir Gefangene, in fast allen Lagern als Demokraten schon in die Heimat entlassen worden, obwohl sie es nicht sind. In Deutschland kursiere folgende Geschichte: Frau Müller fragt Frau Meier, ob ihr Gatte und Sohn auch schon aus der Gefangenschaft heimgekehrt seien. Frau Meier antwortet: „Nein, sie waren nicht in der Partei."

Die Situation hat sich nun insofern geändert, als ab Neujahr 1947 angeblich nicht mehr die politische Einteilung durch den PID in A (aktiver Antinazi), B [1] (vermutliche Demokraten), B [2] (Unpolitische), B [3] (verdächtige Demokraten), C [1] (Nationalsozialisten und Militaristen), C [2] (ganz schlimme Nazis) für die Heimschaffung maßgebend ist, sondern die Dauer der Gefangenschaft. Das verhindert nicht, daß U-Boot-leute, Fallschirmjäger, SS-Leute und Luftwaffenpersonal noch nicht viel

---

[29] Vgl. Einleitung, S. 19–30.

Aussicht auf Heimschaffung haben. Bevorstehende Kriegsverbrecherprozesse gegen deutsche Kommandanten und russische Zwangsrekrutierungen werden als Gründe für die Zurückhaltung solcher Leute – ich sprach mit einem, der am 13. September 1939 gefangen genommen wurde – angegeben. Das wirkt sich als besondere Härte für diejenigen aus, welche zwangsweise zu einer der betreffenden Waffengattungen versetzt wurden.

Die Aufgabe, die sich das PID gesetzt hat, indem es gestützt auf Fragebögen und ein kurzes oder langes Verhör die politische Einstellung und [...]keit[30] eines Menschen feststellen will, ist so schwierig, daß sie nicht ohne Irrtümer gelöst werden kann. Ich staunte, daß deutsche Gefangene wie auch englische Kommandanten übereinstimmend von notorischen Fehlurteilen in (nur!) ca. 10 % der behandelten Fälle sprachen. Rekurse sind neuerdings möglich. Persönlich hatte ich Anlaß anzunehmen, daß maßgebende Leute des PID in einem wichtigen Lager mich sicher mit dem Buchstaben C gekennzeichnet hätten.

In einem Lager kam es zu einem regelrechten Konflikt mit dem PID: Rapport des Interpreter-Officers gegen den Inhalt meines Vortrages und der Diskussion, Drohung und erste Schritte zu einem Bericht ins War Office, um mir Redeverbot in den Lagern zu verschaffen und überhaupt mir die Besucherkarte für die Lager entziehen zu lassen, Vorwurf, ich hätte an *einem* Abend ein halbes Jahr Erziehungsarbeit des PID vernichtet, lauter peinlich verschnupfte und zurückhaltende Offiziere in der Offiziersmesse beim Mittagessen, Zitierung zum Kommandanten. Der anklagende PID-Mann nebenbei galt als großer Freund der Deutschen und hatte sich beim ersten Zusammentreffen mit mir beeilt, mir Dutzende von deutschen Dankschreiben aus Lagern und aus Deutschland und dazu einige schöne Erlasse aus seiner Feder an die Gefangenen zu zeigen. Daß er – unbemerkt – die letzten zwanzig Minuten Diskussion überwachte und sich dabei Notizen machte, war zwar vielleicht sein gutes Recht, aber als Beispiel für Bespitzelung durch englische Behörden eine Ausnahme. Der Kommandant des betreffenden Lagers – beim PID als „romantischer Christ" und „närrischer Verehrer alles Deutschen" verschrieen – nahm mich völlig in Schutz. Er bat, in demselben Geist weiterzuarbeiten und ihm zu seiner Hilfe einen „really spiritual man" ins Lager zu schicken (gegen das Lagerpfarramt hat er vielleicht mit Recht große Vorbehalte). Denn ein von außen Kommender könne viel, er selbst könne – außer durch Gebet – nichts ausrichten. „I see, you are fighting for the Light. The Light will always have to fight. We must fight ... and we shall win." Dem Mann sollte und könnte (vom Chaplaincy Service der Armee, vom British Council of Churches oder von der Ökumene?) geholfen werden.

---

[30] Nicht lesbares Wort in der Vorlage.

In anderen Lagern ist die Situation ähnlich. Der Versuch des PID, auf rein politischer Basis eine neue Weltanschauung zu züchten oder zu erzwingen, ohne sich anders als kühl oder spöttisch um das Licht zu kümmern, von dem der zitierte Kommandant sprach, ist nicht nur an sich fast unmöglich. Die Redner des PID sind zwar stolz auf ihre Erfolge hinsichtlich der Re-education. Es sind zum großen Teil Emigranten aus Deutschland, oft persönlich sehr tüchtige und gelehrte Leute. Doch dürften die Gefangenen den nicht aus Deutschland stammenden Rednern eher und lieber abnehmen, was ihre Vorträge bieten. Nur der naturalisierte Emigrant sagt in seiner Rede: „Wir Engländer" – der Engländer nie. Mayer-Klügel, der für den PID sprach, habe – so wurde mir erzählt – die Schuld am Krieg der Evangelischen Kirche in Deutschland zugeschoben: Sie selbst habe das ja eingestanden. Niemöllers Reden werden in den Dienst der PID-Re-education gestellt. „Der Schuldige spricht zu den Schuldigen" verkündigte eine Zeitung nach Niemöllers Reise durch die Lager. An der Stelle von Hitlers „vierzehn Jahre Weimar" stehen die zwölf Jahre Nazismus. Man kann die richtigsten Dinge falsch, unglaubhaft und anstößig sagen. Man kann Ärgernis geben, welches mit dem notwendigen Ärgernis, das die Wahrheit gibt, nicht identisch ist.[31] Und es ist kein Wunder, daß zur seelischen Belastung der Gefangenen der PID einen gewissen Beitrag leistet, der mit einer Bußpredigt nicht verwechselt werden darf und kann. In Camp 300 sollte sich dasselbe Problem der Re-education ohne Evangelium erneut und verschärft stellen. (Siehe unten.) Es ist die Frage, ob die geistliche Hilfe der Ökumene für die Gefangenen ohne Konflikt mit dem PID oder ohne die Forderung einer Revision einiger Prinzipien und Praktiken des PID geleistet werden kann. Auch hier könnte das British Council of Churches in Verbindung mit geeigneten Leuten aus dem War Office eine Aufgabe sehen und vielleicht etwas Gutes wirken.

7. Der Lagersprecher
Der Weg in dem von den Gefangenen bewohnten Bezirk im Lager, in den Compound, ist nicht weniger lang und mühsam als alles, was bisher über die verschiedenen zu passierenden Hilfs- und Dienststellen gesagt werden mußte. Gewöhnlich sorgte der Kommandant des Lagers dafür, daß ich sofort mit dem Lagersprecher – er wird an manchen Orten, auch von den Engländern, noch Lagerführer genannt – und dem Lagerpfarrer in Verbindung gesetzt wurde. Einmal entlassen vom Kommandanten konnte ich mich, von der obengenannten Ausnahme abgesehen, immer mit vollkommener Freiheit, ohne jegliche Begleitung oder Bespitzelung im Compound bewegen. Sprecher und Pfarrer bewohnen je ein besonderes, meist recht geheiztes und mit allerlei Wandschmuck vom Pin-up-girl über den selbstgeschnitzten

---

[31] Vgl. Lk 17,1.

Indianer und Kunstdrucke bis zum Passionsbild geschmücktes Zimmer in einer Baracke. Es ist dadurch zwar ein nicht immer günstiger Unterschied ihrer sozialen Stellung gegenüber den Mitgefangenen geschaffen und angedeutet; doch könnten sie unter anderen Umständen ihre Arbeit, die zu einem wesentlichen Teil in Privatgesprächen geschieht, kaum tun.

Der jeweilige Sprecher ist von der englischen Lagerleitung ernannt. Oft würden die Gefangenen wohl denselben Mann wählen. Er kann aus irgendeinem Beruf stammen und sogar Berufssoldat gewesen sein. Ist er gut, so hat er sich mit der Gefangenschaft als einer Tatsache abgefunden, die für ihn und andere zwar betrüblich und nicht recht ist, aber nun doch einmal vorhanden ist. Er versucht, Anliegen der Gefangenen beim Kommandanten zu Gehör zu bringen. Er leitet die Lagerdienste. Er veranstaltet die meist zur reinen Formsache gewordenen täglichen Appelle ("Zählungen"). "Bei einer richtigen Zählung sind immer zu viele Leute da; fliehen würde nur ein Dummkopf. Verspäten aber kann sich jeder einmal." Verhältnismäßig oft hat der Sprecher auch eine Funktion in der Lagergemeinde, z. B. als Ältester oder Organist. Ist der Sprecher weniger gut, so ist er stolz auf sein Amt und auf seine Kenntnis über die Wege, auf denen man Ehescheidungen aus der Ferne einleitet. Eventuell benutzt er seine Stellung dazu, um selbst Vorteile für seine beschleunigte Heimschaffung zu erlangen und um auf die Engländer zu schimpfen, deren Heuchelei er durchschaut habe. Meistens war die Person des Speakers irgendwie für das ganze Lager kennzeichnend. Auf alle Fälle dürfte es schwer sein, in einem Lager mit einem "schlechten Speaker" noch Getrostheit und Freude lebendig zu halten. Infolge der schon erfolgten Heimschaffungen sind zum Teil anscheinend sehr tüchtige Leute den Lagern schon verloren gegangen. Es wäre zu bedauern, wenn für die Gefangenen, welche bis zuletzt bleiben müssen, nur noch verbitterte und vergrämte Sprecher übrig bleiben würden. Da man die Pfarrer nicht mehr heim läßt, um die Lager nicht ganz der Seelsorger zu berauben, könnte man an die Zurückhaltung auch von geeigneten Sprechern denken. Ich weiß von einem Berufsoffizier, der Sprecher ist und freiwillig in der Gefangenschaft bleibt – er fürchtet allerdings für sich als "Militaristen" in der Heimat das Schlimmste.

Dem Lagerpfarrer zur Seite stehen, je nach Größe des Lagers, ein oder mehrere Beauftragte für Kultur, Schulwesen, Musik, Handwerk, Theater, Presse, Bibliothek und anderes, mit denen allen ein Gespräch zum mindesten lohnend ist, wenn man von der Eigenart eines Lagers einen Eindruck haben will.

8. Der Lagerpfarrer[32]

Es ist möglich, daß in den meisten Lagern der Lagerpfarrer ein wenig

---

[32] Zur Haltung einzelner Pfarrer vgl. auch H. FAULK, Re-education, S. 557–559.

abseits vom alltäglichen Betriebe steht. Seine Kleidung ist meist dunkler als die der meisten Mitgefangenen, sein Gesicht ist ernster, sein Lachen ist selten, wenn nicht zu einem gelegentlichen überlegenen Lächeln erstorben. Die beiden Sonntagspredigten, welche ich in den Lagern hörte, waren einander ähnlich: ganz interessante und gute theologische Abhandlungen über einen Text, leidenschaftlich nur im Protest gegen das Unrecht an den Kriegsgefangenen und der Heimat, eindrücklich zweifellos für solche, denen pastorale Art und pastorales Gehaben von jeher lieb und wert war. Doch deren sind anscheinend nicht mehr viele. Etwa 4–12 % der Lagerbewohner gehören zur evangelischen Lagergemeinde, welche sich meist auch werktäglich zu einer Bibelstunde versammelt. Die Repatriierungen haben die Gemeinden dezimiert, und es scheint im allgemeinen eine Umstellung des Pastors auf den verbliebenen gesamten Rest der Gefangenen im Lager nicht stattgefunden zu haben. In missionarischer Hinsicht wird wohl meistens sehr wenig oder zu wenig getan, da die Pfarrer müde geworden und resigniert sind. Das Einüben von Weihnachtsliedern hat in wenigen Lagern Anlaß gegeben, den Pfarrer auch mit solchen, die nicht als Glieder der Gemeinde gelten, wieder in Kontakt zu bringen. Angeblich haben zwar fast alle Lagerpfarrer „zur Bekennenden Kirche gehört". Doch hindert das nicht, daß man meistens „rückhaltlos hinter Bischof Marahrens steht", die intakten Landeskirchen, ihre Ordnungen und ihre Haltungen preist, die „Württembergische Sozietät in ihrer Einseitigkeit nie ganz begreifen konnte".[33] Das Abendmahl wird in einträchtiger Gemeinschaft von Unierten, Lutheranern und Reformierten gefeiert. Eine konfessionalistische Aufspaltung der Gemeinde wird als abwegiger Gedanke betrachtet – nicht nur von der Gemeinde, sondern auch von den meisten Pastoren.

Ich hatte mit allen Pastoren, die ich traf, lange und vertrauliche Gespräche, wenn die Gegenwart eines geschäftigen Reisebegleiters das nicht verhinderte. Daß ich als Besucher sofort auch Seelsorger und Superintendent der Lagerpfarrer sein sollte, war mir im Lager 174 ans Herz gelegt worden. Diese Aufgabe wäre unmöglich zu erfüllen gewesen, wenn nicht in jeder „Studierstube" binnen weniger Minuten eine vollkommene Offenheit und ein herzlicher Kontakt auch an Punkten, wo die Meinungen

---

[33] Hier kommt die theologische und kirchliche Haltung des Berichterstatters besonders deutlich zum Ausdruck. Als Schweizer und offenkundig von der Theologie Karl Barths geprägt, schätzt er die Sozietät, den lockeren Zusammenschluß junger Pfarrer in Württemberg, die seine eigene theologische Haltung teilen und eine Gemeindekirche an die Stelle der Volkskirche setzen wollen. Dem gegenüber betrachtet er die „intakten Landeskirchen" (Bayern, Hannover und Württemberg) mit Reserve. Dort blieb die seit 1933 bestehende Kirchenleitung auch während des Kirchenkampfes voll im Amt, kam aber nach dem Urteil des Berichterstatters dem Staat zu weit entgegen; das gilt vor allem für den Landesbischof von Hannover, August Marahrens. Zur Sozietät siehe G. SCHÄFER, Kirchenkampf, Sachregister.

auseinandergingen, entstanden wäre. Ein Pfarrer braucht manchmal mehr Zeit, um zu verstehen und sich verständlich zu machen als ein anderer Mensch. Er ist oft furchtbar einsam, da Dekan Rieger von London aus kaum alle Lager erreichen kann. Bei einem Pfarrer wird man dieselben Probleme wie bei jedem Gefangenen lebendig finden; nur wird er alles viel ausgeprägter, viel verhärteter, viel törichter, viel prinzipieller oder viel freudiger betrachten und beurteilen. Man wird ihn gerade darin als Bruder wieder- und anerkennen.

Ein einziges Lager habe ich gefunden, in dem der Pfarrer lacht und vergnügt ist. Es ist dort, wo an jedem Abend jedermann zu ihm auf die Bude kommen kann, wo man zusammen Christbaumschmuck vorbereitet, ernste und heitere Fragen bespricht – und betet. Dort sprach man im Lager respektvoll von der „Familie des Pfarrers", zu der man auch bisweilen gehe. In dieser Familie war man voll Dankes über viele schöne geistliche Erfahrungen in der Gefangenschaft, und man war zuversichtlich, daß auch eine weitere Gefangenschaft sicher nur zum Besten dienen müsse. Ein leises gemeinschaftshaftes Düftchen, ein starkes – die Katastrophen entschuldigenwollendes – Interesse an der Offenbarung Johannes und der Wille, sich von der Welt – das ist [die] der Politik – in Zukunft unbefleckt zu halten[34], konnte nicht verhindern, daß man dort von einer lebendigen kleinen Gemeinde getragen war und daß von dieser Gemeinde aus ein Licht über das ganze Lager fiel. Der Pfarrer sei überall zu gebrauchen und helfe in jeder Lage, sagte der Lagersprecher. Jener total verbitterte, dem Typus nach aristokratische Pfarrer und Dr. theol., der seine Tätigkeit in seinem Lager für längst beendet ansah, weil doch nur einzelne Pietisten seine Predigt besuchten, der jeden Anklopfenden abwies: „Wer stört mich da schon wieder?", bildete das andere Extrem.

Alle Pfarrer scheinen mit Büchern leidlich hinreichend versorgt zu sein. Basler und Züricher theologische Werke verstauben aufeinander gelegt in mehr oder weniger getrübter Ungestörtheit. Etwa alle 20 Minuten betritt ein Besucher das Zimmer des Pfarrers, so daß ruhiges Arbeiten ein Kunststück sein muß. Daß der Pfarrer einsam ist, daß er auf viel Mißerfolg blickt, daß er auf Mission verzichtet hat, daß er nicht das Schrifttum über aktuelle Probleme (christliche und politische) in Händen hat, zum Austeilen an interessierte und lesefreudige Leute, an Billetees, an Gelangweilte, daß er über das kirchliche Leben in Deutschland nur schlecht oder gar nicht unterrichtet ist und keine Drucksachen aus der Heimat bekommt, das ist die besondere Schwierigkeit der Situation des Lagerpfarrers. Abhilfe scheint möglich durch gute Besuche, durch Entsendung von evangelistisch begabten Männern in die Lager, durch Vermittlung von Broschüren, brüderliche

---

[34] Jak 1,27.

Zusammenkünfte der Pfarrer benachbarter Lager – abgesehen von den bestehenden von der YMCA veranstalteten Refresher Courses[35] – wären wünschenswert, scheitern aber einstweilen an englischen Bestimmungen.

Der Schrei der Lagerpfarrer nach Ablösung durch Pfarrer aus Deutschland ist laut, Bemühungen sind bis zum War Office hinauf im Gange mit dem Ziel, daß monatlich zehn deutsche Pfarrer für je ein halbes Jahr nach England in die Lager gehen. Für die etwa 1.200 bis 1.500 Camps und Hostels stehen nur etwa 180 gefangene Pfarrer zur Verfügung. Wenn überhaupt, so müßte Deutschland erste Kräfte senden. „Nicht Pfarrer, sondern Evangelisten! bzw. evangelistisch begabte Pfarrer", wurde mir oft eingeschärft. Wäre es nicht möglich, daß auch schweizer Pfarrer – nach einer kurzen Sonderausbildung – in die Lücke springen? Man kann als Lagerpfarrer äußerlich durchaus leben. Die Verschonung der Schweiz vom Krieg muß für geistliche Hilfe nicht unbedingt ein Hindernis sein.

Ob sich der kürzlich bewilligte Kontakt von Lagergemeinden und lokaler englischer Ortsgemeinde, von Lager- und Ortspfarrer vorteilhaft auswirken wird, bleibt noch abzuwarten. Erlaubte Kirchenbesuche in den örtlichen anglikanischen, presbyterianischen, kongregationalistischen, methodistischen, baptistischen Gemeinden erfreuen sich bei den Gefangenen großer Beliebtheit. Man geht in Scharen. „SS-Mann besucht Gottesdienst" – verkündigte die Schlagzeile der Wandzeitung eines Lagers. Der Text verriet, daß die SS hoffte, wieder einmal Mädchen zu sehen. Man hüte sich aber, vorschnell zu urteilen. Die englischen Geistlichen geben sich eine große Mühe für solche Gottesdienste. Mögen sie die Deutschen nicht allzu lange wie oder als arme Wilde anreden!

Die Teilnahme der Gefangenen an den ordentlichen Gottesdiensten englischer Gemeinden erscheint auf alle Fälle sinnvoller als die Veranstaltung von Massengottesdiensten in Kathedralen unter bischöflicher Leitung.[36] Zu viel Sensationelles hing wahrscheinlich auch um den entsprechenden Gottesdienst in Glasgow Cathedral, an dem ich das Fürbittegebet zu sprechen hatte, statt am gleichen Sonntag 200 Meilen von Glasgow entfernt mit einem Laienprediger in einem Lager und zehn Hostels das Abendmahl auszuteilen.

Leider habe ich nur zwei Laienprediger kennengelernt. Beide entbehrten der äußerlichen Merkmale, die für die Pfarrer typisch sind. Statt der leidigen Anrede „Sie", „Herr Doktor" etc., die sich in manchen weniger erfreulichen Lagern erhalten hat und die daselbst mit Fleiß gezüchtet wird, „damit alles möglichst zivil sei", herrschte in den Lagern der Laienprediger allgemein das „Du". Die Gemeindeglieder loben ihren Prediger und flüstern

---

[35] Vgl. unten Nr. I/20 und I/21, S. 226 f. und 228 ff.

[36] Gemeint ist der Gottesdienst mit Bischof Dibelius in der Glasgower Kathedrale an Weihnachten 1946 (vgl. auch K. LOSCHER, Studium, S. 274 f.).

einem zu, er sei eigentlich noch besser als der Pastor, der vorher da war. Wenn ein Laienprediger für drei Lager und etwa 25 Hostels allein zu sorgen hat, es nach Kräften und nicht ohne Erfolg tut und dann noch wegen irgendeiner Bestimmung das Abendmahl nicht austeilen und von seiner Gemeinde nicht ad hoc – für die Dauer der Gefangenschaft oder bis ein rite vocatus[37] erscheint – dazu berufen werden kann, so ist das ein Skandal. Leider habe ich keine Predigt eines Laien hören können. Norton Camp inszeniert Kurse für Laienprediger.

9. Die Lagergemeinde

Man sollte denken, daß jedes Lager eine einzige große Gelegenheit zur Mission ist. Warum sollte Gott nicht gerade in diesen Stätten sich ein großes Volk zubereitet haben?[38] Doch scheint es so, daß die Bedeutung der Lagergemeinde und des Gottesdienstes im Lager nicht größer als die der Kirchengemeinde und des Glockengeläutes in einer schweizerischen Ortschaft ist. Noch hat jedes Lager und wohl auch jedes Hostel eine Gruppe von Leuten, die sich fest zur Predigt und an den Pfarrer halten. In dieser Gruppe wird die von der Ökumene herausgegebene Monatszeitung „Die Lagergemeinde" eifrig und mit Freuden gelesen. Nur in einem Lager verbrennt der Pfarrer die eintreffenden Kopien, da man den Leuten so etwas nicht zumuten könne: Die Zeitung fordere zu scharf eine Entscheidung heraus. Verhältnismäßig oft ist es anscheinend so, daß gerade die Gemeindeglieder Entscheidungen nicht scheuen und auch wichtige Posten im Lager bekleiden. Wesentliche Fragen kann man gründlich mit diesen Leuten besprechen. Manche sind in gutem Kontakt mit dem ganzen Lager.

Die Frage wäre zu prüfen, ob der Gottesdienstbesuch in den Lagern und die Zahl der als Gemeindeglieder geltenden oder anerkannten Leute nicht auch darum so gering ist, weil der Gottesdienst in einem Rahmen und in einer Form vollzogen wird, welche fast nur retrospektives und konservatives Denken verraten. Die Kirchen – in jedem Lager gibt es eine so bezeichnete Baracke – sind oft mit größter Liebe ausgeschmückt. Der Altar weist Säulen, Vertiefungen, Bogen, Figuren, Symbole und Anderes auf. Viele Kirchen wurden von früheren italienischen Gefangenen hergerichtet und übernommen. Man baute nichts ab, aber man fügte fleißig noch Mehreres hinzu. In einigen Lagern fehlt es nicht an verschiedenfarbigen Altar- und Kanzeldecken. Über ein halbes Dutzend schöne Wolldecken, die man in den Schlafsälen mit Leichtigkeit erübrigt hat, ersteigt man die Stufen zum Altar. Die Fenster schillern in allen Farben, Figuren und Symbole schauen einen an. Ein Harmonium fehlt selten. Und dem Chri-

---

[37] Ein von der Kirche ordinierter, das heißt rechtmäßig berufener Pfarrer (vgl. CA XIV).
[38] Vgl. 2 Mos 32,10; Apg 11,24.

stusbild hinter dem geschnitzten Kreuz auf dem Altar hängt in einem Lager über dem Ausgang aus der Kirche ein Lutherbild gegenüber. Liturgie, Predigtton, Stimmung, es liegt leider über allem ein leiser altertümelnder Ton. Es scheint gerade der Gottesdienst zu sein, in dem die Sehnsucht nach dem alten, vorhitlerischen, bürgerlichen, zivilen Deutschland am meisten zum Ausdruck kommt und realisiert wird. Ob es so sein muß, daß die Kirche in ihrer eigentlichen Sichtbarwerdung im Gottesdienst Inbegriff der Restauration ist? Zu überlegen ist zum mindesten, ob nicht gewisse geschmackliche und stimmungsmäßige Elemente des gekennzeichneten Gottesdienstes für viele unter den Gefangenen ein Ärgernis und Hindernis bedeuten, wegen dessen sie sich vom Gottesdienst und von der Gemeinde fernhalten. Vielleicht würden die „Kirchen" am besten geschlossen und die Gottesdienste einmal in diesen Schlafsaal, einmal in jenen Speisesaal und einmal ins Theater verlegt. Es ist zu befürchten, daß die bisherige kirchliche Kirche eine Sache derer ist und bleibt, die von Haus aus in gewissem Sinne kirchlich waren, daß aber das große Volk der anderen Mitgefangenen durch sie nicht erreicht wird. Wenige Pfarrer und viele Laien waren der Meinung, daß die Kirchen von Grund auf erneuert werden müssen. Vielleicht würde das Abendmahl in den Gottesdiensten einer erneuerten Kirche eine andere Rolle als bisher spielen.

10. Das große Volk

Wenn es irgend möglich war, bin ich in jedes Lager ohne Begleitung durch den Pfarrer oder Sprecher unangemeldet und aufs Geratewohl in irgendeine Wohnbaracke gegangen, um dort ein bis zwei Stunden plaudernd zu verbringen. Diese Baracken sind bis 5 Uhr nachmittags meist fast leer, da die Bewohner bei Bauern, bei der Dränage oder in einem Betrieb arbeiten. Die zurückbleibenden ganz leicht Kranken oder sonst nicht Arbeitenden finden den Aufenthalt im großen Speisesaal zu blöd – nur einzelne fand ich dort Briefe schreibend –, im Leseraum zu kalt, in der Wohnbaracke aber ist es reichlich ungemütlich. Man darf allgemein erst ab 5.00 Uhr heizen, und die Bettgestelle sind so genial konstruiert, daß man krumm gebückt auf dem unteren der zwei Betten sitzen muß, wenn man plaudern, lesen oder schreiben will. An Tischen und Bänken herrscht Mangel. Auch der englische Zivilist kann sich heute kaum Möbel kaufen (forcierter Export, Holzmangel etc.). Die üble Konstruktion der Betten, welche an sich durch Verwendung des oberen Bettes als Rücklehne für das untere mit Leichtigkeit in bequeme Sofas verwandelt werden könnten – so im Lager 174 – und der durch Inspektion durchgesetzte Befehl, sie immer kommißgemäß aufgebaut zu lassen, ist eine unnötige Erschwerung des Lebens in den Lagern. Vor und nach 5.00 Uhr läßt sich im Rahmen solch einer Baracke etliches über die „Stimmung" des Lagers feststellen.

Man wird gewöhnlich kurz nach Betreten des Raumes fast überfallen mit der Mitteilung: „Sagen Sie überall, wo Sie nur können, daß die Stimmung bei uns furchtbar ist." Die Zurückhaltung in den Lagern, die meist katastrophalen brieflichen Nachrichten und Gerüchte aus Deutschland, die Methoden der demokratischen Erziehung werden als Grund angegeben. Man vermutet und berechnet, daß der englische Staat enorm an den Kriegsgefangenen verdiene, daß in Deutschland alles noch viel ärger sei, als die Briefberichte vermuten lassen.

Nicht schuld an dem, was die Gefangenen selbst als ihre Stimmung bezeichnen, ist die materielle Versorgung der Lager. Die Verpflegung der Mannschaftslager ist gut – reichlicher und besser als die in den Offizierslagern –, auf alle Fälle, so schien es mir, besser als die des englischen Durchschnittsbürgers. Die Bekleidung ist ausreichend, zwei Anzüge und eine Jacke oder ein Mantel. An einem Ort stellte ich fest, daß einige Gefangene keinen Pullover und keine brauchbaren Socken hatten: das war eine Ausnahme, und der maßgebende englische Offizier, mit dem ich die Beobachtung besprach, zeigte sich nicht wenig unzufrieden mit diesem Zustand. Gewisse Lieferungen, die längst verlangt waren, waren noch nicht eingetroffen. Die Baracken waren meistens wasserdicht und in der Mehrzahl der Fälle auch ziemlich winddicht. Unter Regentropfen habe ich auch in einer Offiziersmesse gelitten. Obwohl mit Brennmaterial wegen der englischen Lage in der Kohlenversorgung sehr gespart werden muß, habe ich doch in den Gefangenenlagern weniger gefroren als in den englischen Privathäusern und Hotels. An den ewig kalten Zementboden der meisten Baracken kann man sich scheint [anscheinend] gewöhnen. Wolldecken gibt es genug. Der allgemeine Gesundheitszustand der Gefangenen ist im ganzen erstaunlich gut. Schwere Krankheiten (Tbc, Pneumonie) sind selten und werden zum Teil in öffentlichen Spitälern behandelt. Knochenbrüche rühren vom Fußballspielen her. Erkältungen sind wegen des Klimas landesüblich. Einzig über rheumatische Beschwerden infolge der Dränagearbeiten wurde einige Male geklagt. An Dankbarkeit für die materielle Versorgung fehlt es nicht. Einzig die Barentlöhnung der arbeitenden Gefangenen ist knapp. Ein nicht Arbeitender erhält an sich nichts, bekommt aber aus dem sogenannten Wohlfahrtsfonds eine kleine Unterstützung. Die arbeitenden Gefangenen erhalten sechs Shilling (etwa 5 sfrs.) pro Woche, manchmal weniger, wenn das Wetter Arbeitsausfall verursacht, manchmal mehr. Dieselbe Summe wird zur Auszahlung am Entlassungstage noch einmal gutgeschrieben. Die Offiziere erhalten einen [...][39] Sold und können reichlich davon für ärmere Hostels, für die YMCA etc. abgeben. Nur in Amerika, und dort nur bis zum Tage der deutschen Kapitulation seien die

---

[39] Nicht lesbares Wort in der Vorlage.

Gefangenen materiell viel besser gehalten gewesen. „Aber was nützen uns volle Teller und Zigaretten, da wir doch lieber die Entbehrungen mit unseren Angehörigen in Deutschland teilen und etwas für unsere Zukunft tun würden?"

Es ist daher die Tatsache, daß man gefangen ist, und nicht die Art, wie man gefangen gehalten wird, welche für die sogenannte Stimmung verantwortlich ist. Nur die Freilassung und keine, auch nicht die bestgemeinten, Pflästerchen könnten daran etwas ändern. Nur Bemühung um die Freilassung wird als Hilfe gegen die vorhandene Stimmung anerkannt. Wenn die Ökumene etwas tauge, solle sie ihre Stimme für die sofortige Freilassung erheben und ihre Mittel dafür einsetzen, so bitten oder drohen manche Gefangene. Nicht nur die Gefangenen selbst, sondern anscheinend auch ein großer Teil der englischen Zivilbevölkerung ist gegen die Zurückhaltung der Gefangenen. „Send them home they are eating our rations" – meinte ein zahnloser Druckereigehilfe in einem Londoner Vorortzug.

Nimmt man aber, mit einer Minderheit der Gefangenen, die Gefangenschaft einmal als Tatsache an, gegen die die schönsten Reden, Rechtserwägungen und Deduktionen sinnlos sind, so ist man geneigt, die geschilderte Stimmung der Gefangenen wohl ernst, aber nicht tragisch zu nehmen, sondern sie als natürliches Korrelat und Gegengewicht gegenüber der Gefangenschaft zu betrachten. Mit dieser Stimmung ist als Lebensraum zu rechnen, innerhalb dessen erst die eigentlichen Entscheidungen fallen, die wesentlichen Beobachtungen zu machen und eventuelle Hilfe zu leisten ist. Die Gefangenen werden ja nach ihrer Heimkehr in einen noch viel übleren Stimmungsbereich geraten, der dann ohne einen deutlichen Hoffnungsschimmer, wie ihn in den Lagern die Aussicht auf die endlich doch einmal kommende Heimschaffung darbietet, sein wird. Es sind in der in den Lagern stimmungsmäßig herrschenden Nacht aber nicht alle Gemüter gleich grau.

Der westfälische Bauernsohn und jetzige Billetee auf einem Bauernhof in Northumberland findet sich anders in seine Lage und lebt ganz anders als seine Kameraden aus den Industriestädten, die in den Lagern sind. Was diesen Bauern an seinem Gefangenendasein bedrückt und beschäftigt, sind – außer seiner kranken Frau zu Hause – landwirtschaftliche Methoden seiner Arbeitgeber, die er für unwirtschaftlich hält. Wie kann man ihm einen Vorwurf machen, er gebe den Kühen zuviel zu fressen, wenn er ihnen das Quantum gibt, das sie nötig haben? „Aber de olle Oma darin" – er weist auf das Bauernhaus, „is sehr chut to mich." Manche Billetees sind ganz in die Arbeitgeberfamilie aufgenommen.

Die Dauer der Gefangenschaft, wohl auch die Zeitungs- und Brieflektüre, die gegenseitigen Gespräche, der Nürnberger Prozeß, die manchmal interessante Lagerzeitung, eventuell gelegentlich ein guter Vortrag haben je in verschiedener Weise etwas bewirkt. Viele „sind mit dem Nationalsozialismus fertig", man darf ihnen das glauben, wenn auch tausend Phänomene noch den Deutschen verraten, der alles ein wenig anders zu sehen, zu beurteilen, zu tun beliebt als die europäischen Nachbarn der Deutschen. Die Sehnsucht nach Kontakt und Austausch mit Ausländern und mit dem Ausland ist groß. Sie wird gedämpft, wenn der das Lager umgebende Lebensstandard der englischen Bevölkerung sehr armselig ist. Sie wird brennend, wenn es zu guten Beobachtungen oder Begegnungen schon gekommen ist. Die allerdings erteilte Erlaubnis, in englische Privathäuser zu gehen, wird mehr für die Umerziehung bewirken als alle Vorträge und Drohungen. Wille zu größerem politischem Verantwortungsgefühl ist verhältnismäßig selten. „Ich will mit Politik nichts mehr zu tun haben. Ich werde mich nur der Familie und dem Beruf widmen." Initiative zur Bereicherung und Ausgestaltung des Lagerlebens durch Theateraufführungen, Zeitungen, Zeitschriften, Kunstwerke, Diskutierklubs, Mittel- und Hochschulen, Werkstätten, Berufslehren etc. ist vorhanden, und die YMCA und die englischen Offiziere tragen oft kräftig zur Verwirklichung solcher Pläne und Ansätze bei. Es gibt aber auch, besonders (schien es mir) unter den deutschen Offizieren, manche, die sich völlig verbittert abseits halten, die die Schuld am Geschehenen den „Leuten ohne Tradition" vorwerfen und selbst nicht begreifen können, warum ihnen solches, wie die gegenwärtige Lage, widerfahren konnte. Es scheint, daß jüngere Leute die Gefangenschaft oft leichter ertragen – auch wenn sie ganz durch Hitlerschulen gegangen sind – als ältere Idealisten. Dafür sind viele ältere Gefangene infolge ihres beruflichen Könnens wieder von großer Hilfe für die jüngeren. Mancher verkürzt sich die Tage des Gefangenseins durch blindwütiges Arbeiten. Er ist sicher glücklicher dran als der zum Nichtstun verurteilte oder veranlagte Mann, der nur gekrümmt auf seiner Pritsche brütet. Die meisten Gefangenen aber können, soviel ich beobachten konnte, noch lachen, sich ganz interessieren und sich sogar auch für etwas einsetzen, das nicht direkt mit der eigenen Freilassung und den Angehörigen zu Hause zu tun hat.

Fraglich ist, ob das englische War Office sich kühn, früh, großzügig und einsichtig genug für die Selbsthilfe der Gefangenen in den Lagern eingesetzt hat. Es scheint mir, daß zwischen den Lagern mehr Kontakt möglich sein sollte und daß die mit der sogenannten Umerziehung der Deutschen gemeinte Sache mehr den dazu willigen und fähigen Gefangenen anvertraut werden sollte. Nur der Lagerpfarrer und in beschränktem Maße die Presseleute haben freie Hand. Aber wenn die einen auf die Mission fast ganz verzichtet haben, auf Restauration hinarbeiten und alles Politische als Böses, Weltliches betrachten, und wenn die anderen begreiflicherweise die eigene Freilassung nach Deutschland und ihre Zukunft in Deutschland nicht ganz aus dem Auge verlieren, so geschieht kaum alles, was von deutscher Seite geschehen könnte. Denn es ist klar, daß ein Deutscher, der demokratische Sätze nur eifrig nachbetet, aber nicht selbst verarbeitet hat, bei seinen Gefährten den Eindruck eines Kriechers macht und den Mitgefangenen nicht groß imponiert. Den Kulturchefs, den Lehrern, den Theaterleitern, den Presseleuten, den Handwerkern sollte vielleicht von außen noch mehr geholfen werden. Sie sollten nicht preisgegeben sein an die Eigengesetzlichkeiten ihrer Tätigkeitsbereiche. Gerade wenn man ihnen nicht zu sichtbar und überhaupt nicht nur politische oder militaristisch englische Instanzen helfend zur Seite stünden [!], könnte ihr Stand in den Lagern gefestigt und ihre Wirksamkeit intensiviert werden. Die rechten Leute und die Bereitschaft, wirkliche Hilfe anzunehmen, sind in den Lagern vorhanden. Was die YMCA tut, ist schon etwas, aber es fehlt die nötige spezielle Freundschaft und Verantwortlichkeit für Deutschland und die Deutschen. Eine wache Kirche müßte sich heute mehr denn je allen Lebensgebieten offen zeigen und verantwortlich wissen.

11. Die Theologische Schule hinter Stacheldraht
Die Theologische Schule Norton bedarf nach den Aussagen ihres sehr rührigen und einsichtigen Leiters dringend einer Ergänzung ihrer Bibliothek (im Sinne einer an die Ökumene eingereichten Liste) und der Veranstaltung von Gastvorlesungen prominenter Theologen. Besuche hat das Lager genug. Ob in Deutschland die Parole herrschte „Jeder einmal zu den Kriegsgefangenen!", wurde ich gefragt. Wirkliche Hilfe hat die Schule zu wenig. Die Dozenten sind durch zu viele Nebenaufträge, welche ihnen die YMCA in allerbester Absicht verschafft, überlastet. Die meisten Studenten der Schule laufen mit toternsten Gesichtern, mit standesgemäßer Miene und mit einer hebräischen Grammatik unter dem Arm herum. Denn ein scharfes Examen steht vor der Tür. Sport treiben sie kaum oder gar nicht, Berührung mit den Lehramtskandidaten, für welche im gleichen Lager eine Schule existiert, gibt es nicht viel, noch weniger mit dem Stamm, das heißt den für die YMCA, in der Küche, in den Werkstätten oder in der Verwaltung arbeitenden Gefangenen. Man hat – und wer sollte sich darüber nicht auch freuen können? – furchtbar viel zu tun. Der Kommandant des Lagers aber nennt das Gebaren der Theologen im Lager „sanctimonious" und ihre Haltung einseitig: Sie trügen ihr sentimentales oder frommes Herz auf dem Rockärmel und hätten Neigung dazu, das zu sein, was ein Engländer ein [out][40] blanket nennt. Obwohl der Leiter der Theologischen Schule das Problem sieht und nach volksmissionarischen Schriften und Anregungen und dazu nach frischer Luft schreit, hat der Kommandant nicht Unrecht. Es könnte sein, daß Norton nur für Pastoren kocht und Pastoren auskocht, obwohl auch Laienkurse stattfinden, daß de facto, wenn auch gegen die ausgesprochene Absicht, manches auf eine

---

[40] Nicht sicher lesbares Wort in der Vorlage.

Pastorenkirche tendiert, was dort mit großem Ernst und Fleiß getrieben wird. Für neue gute Einflüsse von außen wäre jedermann im Lager offen und dankbar. Aber wer bringt wie *in* das Lager [!], statt daß er nur hineinschaut, alles Erreichte bewundernswert findet und wieder seiner Wege geht. Geistlich müßte der Theologischen Schule in Norton geholfen werden. Daß sie sich solcher Hilfe bedürftig weiß und in aller Armut ungebrochen das Mögliche tut, das ist der Reichtum und die Verheißung dieser Schule. Die vertretenen konfessionalistisch lutherischen Grundsätze sind vor circa einem Vierteljahr aufgegeben worden.

12. Die Offizierslager
Featherstone Park Camp mit seinen 3.000 Offizieren hat unter allen Lagern wohl am meisten eigene Organisation und Veranstaltungen. Ich wohnte im dortigen Marionettentheater der wohlpräparierten Operettenpremiere von „Hänsel und Gretel" bei, nachdem eine Arbeitsgemeinschaft von Gemeindegliedern mich ausführlich über die Möglichkeiten von Jugendarbeit und aktiver Hilfe in der Gemeindearbeit im heutigen Deutschland befragt hatte. Das Lager dürfte für das zukünftige Deutschland besondere Bedeutung haben, und es ist gut, daß Niemöller dort war. „Hätten wir vorher gewußt, daß er es so meint, wir wären nicht gegen ihn gewesen." Für dieses Lager wurde ein „really spiritual man" gewünscht. Und er wäre nötig, um neben den vielen vorhandenen und wirksamen Kräften freier und stärker zu wirken, als es bisher durch die vorhandenen zwei Pfarrer geschehen ist und geschieht. Ich habe dort eine sehr wache kleine Gemeinde, einen vortrefflichen General als Lagersprecher und schlanken Widerspruch des besseren der zwei Pfarrer gegen meine Ausführungen über die kirchlichen Probleme im heutigen Deutschland gefunden. „Ich bin fast mit keinem Wort einverstanden, das bisher gesagt wurde."

Das Hostel Fellmellor beherbergt nur Oberste und höhere Ränge. Man nennt es im benachbarten Lager, wenn ich mich recht erinnere, despektierlich „Kalksteinbude". Man wird dort mit vollkommenen gesellschaftlichen Formen empfangen und redet sich aus einer Art Klubsessel in eine Verbitterung hinein, die ihresgleichen sucht. „Waren wir nicht viel menschlicher als die Alliierten? Sie bringen jetzt das deutsche Volk sehr langsam und systematisch zum Verhungern. Da waren die Vergasungen und Verbrennungen doch viel anständiger." Manche waren seit acht Jahren nie mehr zu Hause. Als Berufsoffiziere hätten sie sich nie um Politik gekümmert.

Es ist nicht wahr, daß alle verkalkt sind und daß Kalk nicht aufgelöst werden kann. Es wäre eine große, schöne und nötige Aufgabe, den einsamen Christen, den Einsichtigen und Verstockten in diesem Hostel zu helfen. Ich bedaure es sehr, daß meine Zeit nicht reichte, um auch das Generalslager 11 in Bridgend zu besuchen.

13. Ein Hostel

Das Hostel Brampton ist der Ort, an dem ich unangemeldet zehn Minuten vor Beginn der Weihnachtsfeier am Heiligen Abend eintraf. Ein zum Platzen vollgepferchter Saal des früheren Altersheims – sonst essen die Gefangenen dort in zwei oder drei Schichten –, eine von einem Studenten als Sprecher geleitete Gemeinschaft von fast lauter Arbeitern, die oft nur vier Schilling pro Woche in bar erhielten. (20 Zigaretten kosten 2–6 Shilling, 26 Gramm Tabak ebensoviel.) „Stille Nacht" und „O du fröhliche" in langsamen Schwingungen, eine aufmunternde Ansprache des Sprechers unter dem Weihnachtsbaum und größte Aufmerksamkeit für meine improvisierte Auslegung der Weihnachtsgeschichte, das war der Beginn des Heiligen Abends. Er endete mit Besuchen von Zimmer zu Zimmer, in denen überall ein Weihnachtsbaum, Kaffee, Kuchen, dazu Schnitzereien und recht verschiedenartige Photos und Bilder (aus Magazinen und Kunstmappen) zum Zeigen bereit waren, in denen vor allem eine Gemeinschaft von je sechs bis zehn Leuten wartete, die trotz allem froh, freundschaftlich und über den Besuch aus der Ferne glücklich waren. Wir feierten bis nach Mitternacht in dickster Freundschaft.

14. Das Nazilager

Watten Camp liegt im Nordostzipfel Schottlands. Es ist das Nazilager für die Ausgespieenen aus den übrigen Lagern und gilt vielerorts als Straflager. Der A-Compound des Lagers lebt unter den Bedingungen der anderen Lager und erfreut sich derselben Privilegien wie sie, also neuerdings: Ausgangs- und Besuchserlaubnis im Fünf-Meilen-Radius bis 22.00 Uhr abends, Fraternisierungserlaubnis mit bestimmter Grenze gegenüber Frauen.

Der B-Compound entspricht dem kriegsmäßigen Zustand eines Gefangenenlagers: hoher Stacheldraht, patrouillierende Wachen, keine Privilegien – außer einem: die Privilegien der Leute aus dem A-Compound beobachten und besprechen zu dürfen. Leider steht die Kirche im A-Compound, so daß die wenigen Leute aus dem B-Compound, die den Gottesdienst besuchen wollen, jeweils lange an ihrem Lagertor auf Durchgang warten und dabei reichlich bittere Bemerkungen von ihren zuschauenden Kameraden einstecken müssen. Die Bewohner des B-Compoundes gelten als Nazis und sind wohl tatsächlich zum größten Teil noch in der Verfassung, in die sie die Goebbelssche Propaganda und die Rosenbergsche Erziehung getrieben hat. Nur für die Hälfte dieser ca. 900 Mann gibt es Arbeit außerhalb des Lagers, – das Lager liegt inmitten eines endlosen und unfruchtbaren Hochmoores – der Rest wandelt in dem ewigen Sturm, Nebel oder Regen auf den Lagerwegen herum oder hockt, wenn erlaubt, brütend in den Buden. Es fehlt in den vorhandenen Werkstätten an Werkzeug und Material, so daß Arbeit, Berufslehren und dergleichen wohl fast unmöglich sind. Welchen Zweck man damit befolgt, Arbeitswillige arbeitslos herumsitzen zu lassen, ist nicht klar, Demokraten werden auf alle Fälle so nicht gezüchtet.

Zum Glück gelang es mir, meine zwei Vorträge hintereinander in einem großen Speisesaal des B-Compounds halten zu können. Der Besuch aller Vorträge, auch der vom PID veranstalteten, ist freiwillig. Es kamen etwa 250 Mann zum allgemeinen Vortrag und über 100 blieben für den zweiten kirchlichen Vortrag. Gelegentliches Zischen während des ersten Vortrages wurde von mir fälschlich als Mißbilligung gedeutet. Es rührte von solchen her, welche „vor Wut kochende" Kameraden, die protestieren, Radau machen oder ausmarschieren wollten, niederhielten. Protestaktionen seien sonst während vieler Vorträge in diesem Lager vorgekommen. Daß je ein politischer Gegner der nationalsozialistischen Partei in einem Konzentrationslager ums Leben gebracht wurde, wird im B-Compound bestritten. An den kirchlichen Vortrag schloß sich eine Diskussion an: Wenn Kirche – dann Freikirche, so wurde stürmisch verlangt. Es wurden mir Gegengrüße an die Ökumene aufgetragen, und eine Gemeindeversammlung wurde als Fortsetzung des nächsten Sonntagsgottesdienstes angekündigt. Was soll man dazu sagen als: Solchen Glauben habe ich in den anderen Lagern nicht gefunden?![41]

Der C-Compound in Watten Camp umfaßt eine mit Stacheldraht besonders eindrücklich umfaßte, dafür mit Wellblech nur einwandig (statt doppelwandig) versehene Baracke samt kleinem Spazierplatz. Darin wohnen diejenigen zwölf früheren Gefangenen des B-Compoundes, welche durch aktive Obstruktion, Arbeitsverweigerung, durch Propagandareden und Drohungen das normale Leben des B-Compoundes gestört haben. Es bedarf besonderer Anstrengung, diesen etwas zu laut redenden Parteigewaltigen zuzuhören, und man staunt, daß man von ihnen lebend entlassen wird, denn „sie könnten einen ja jetzt umbringen". Sie taten es nicht und ließen sich beim zweiten Besuch sogar eine Bibelstelle vorlesen über einen rassebewußten Nationalisten, der seine Vergangenheit kritisierte und vergessen wollte (Phil 3,4 f.). Was ich von ihnen zu hören bekam, war Folgendes: „Sind Sie Jude? Nein, dann können Sie hereinkommen. – Hitler lebt noch und wird mit seinen Leuten wiederkommen. In den Bergen ist er, dort sind die Wunderwaffen bereit. Wir werden weder für Rußland noch für die Angelsachsen, sondern unter Hitler für Deutschland kämpfen. Und diesmal nicht mit Gewehren. Lebt er leiblich nicht mehr, so doch in uns. – In Nürnberg saß nicht Göring auf der Anklagebank, sondern ein Schauspieler.[42] Sehen Sie dies Bild in der Illustrierten: *Ich* kannte meinen

---

[41] Vgl. Mt 8,10.

[42] Nürnberger Kriegsverbrecherprozeß vom 20.11.1945 bis 1.10.1946, Vollstreckung der Todesurteile am 16.10.1946. Hermann Göring beging unmittelbar vor der Hinrichtung Selbstmord durch Einnehmen einer Giftampulle (vgl. R. KEMPNER, Das Dritte Reich).

Chef! – Vergasungen gab es keine. Keinem Juden wurde je ein Haar gekrümmt. Bergen-Belsen war nie etwas anderes als ein Truppenübungsplatz. Dachau wurde 1943 in ein modernes Entbindungsheim für Fremdarbeiterinnen verwandelt. Die Konzentrationslagerfilme der Alliierten verwenden Bildmaterial, das nach der Bombardierung von Hamburg von uns Deutschen aufgenommen war. – Deutschland verlor den Ersten Weltkrieg aus Dummheit, den Zweiten aus Humanitätsduselei. Der Zweite Weltkrieg entstand, weil der westliche Kapitalismus fürchtete, für den Wohlstand des deutschen Arbeiters, den Hitler ihm vor dem Krieg verschafft hatte, bezahlen zu müssen. Damals war Deutschland ein Paradies, wie Ihnen heute jeder Engländer bestätigen wird. – Christus war schon recht, ein guter Sozialist, aber die Juden töteten ihn. Den Papst werden wir nicht ein zweites Mal beschützen. Visser 't Hooft ist neben Graf Galen einer der größten Lumpen: Er gestand, daß deutsche Kirchenführer während des Krieges landesverräterische Gespräche im Ausland hatten. Die Schriften des Zollikoner Verlages verbreiten einen Sumpf in diesem Lager (Titel waren nicht bekannt). Da schreiben Leute über Deutschland, die nichts davon verstehen. – Durch den Nationalsozialismus haben wir Charakter bekommen. Gestern Abend (Silvester) haben wir uns vorgenommen, im neuen Jahr zu bleiben, was wir sind. Grüßen Sie die Generäle im Generalslager, Rundstedt, von Brauchitsch, Manstein und die anderen. Sagen Sie ihnen, die alte Garde lebe noch. Sie werden noch unsere Führer sein. Hitler lebt!"

Die Engländer sind um die Aufgabe, die Zukunft dieser Männer im Compound zu gestalten, nicht zu beneiden. In anderen Lagern gilt ein Teil der Bewohner von Watten Camp für verrückt. Die beschriebenen zwölf Apostel freuen sich, mit jemanden reden zu können. Sie bestreiten zwar die Unterhaltung zu 99 % selbst.

15. Das Schulungslager

Von Wilton Park Camp hatte ich schon manches gehört, bevor ich es besuchen konnte. Es ist ein vom PID betriebenes Schulungslager für intelligente Gefangene. Die einen sechs- bis acht-wöchigen Kurs in Wilton Park absolviert hatten, schilderten mir begeistert die Vortrefflichkeit der dortigen Tutoren, die Objektivität der Vorlesungen, die Möglichkeit der Verifizierung erstaunlicher vorgetragener Behauptungen in der Lagerbibliothek, die Erlaubnis zu wirklich freier Diskussion. „In der Hitlerjugend durfte man nicht alles fragen und in der SS fragte man nicht mehr." „Daß es Rechte des einzelnen und Schutz vor willkürlicher Gewalt gibt, war mir neu. Der einzelne wußte zu wenig über die rechtlichen Grundlagen des Staates." Wilton Park beweist, daß gerade die ganz durch den Nationalsozialismus hindurchgegangene „Jugend" nicht grundverdorben und hoffnungslos ist. Der Erfolg dieses Lagers ist anscheinend so durchschlagend, daß die von dort in ihre Lager zurückkehrenden Leute oft als der britischen Propaganda verfallen gelten und isoliert in den Lagern dastehen. Gute Lagerführer benützen die von Wilton Park zurückgekehrten Leute für Vorträge. Was geht in Wilton Park vor?

Etwa 15 Klassen zu circa 25 Mann werden in drei täglichen Vorlesungen, denen immer eine Diskussion folgt, in folgenden Fächern unterrichtet: Deutsche Geschichte seit 1848; Individuum und Gemeinschaft; Internationale Beziehungen; England und das Empire. Außer den Tutoren, von denen jeder mehr oder weniger für ein Gebiet spezialisiert ist, beteiligen sich führende englische Persönlichkeiten durch gelegentliche Abendvorträge am Unterricht. Jegliche Kritik, auch offene Selbstkritik der britischen Lehrer, ist möglich. Diese Selbstkritik imponiert den Deutschen immer sehr stark. Nach Überwindung einer jeden Kursbeginn kennzeichnenden Scheu und Zurückhaltung bei den „Studenten" arbeiten sie begeistert, meist fragend und kritisierend, aber in freundlicher und sachlicher Stimmung mit. Die „Fülle von Tatsachenmaterial und der hohe Idealismus" beeindrucken sie. Der Unterrichtsbetrieb ist in seiner Art und Aufmachung ein anscheinend glücklicher Kompromiß von englischer College-Tradition und gemäßigtem Arbeitsschulprinzip. Die Tutoren leisten ihre Arbeit mit Hingebung. Es sind meistens Engländer, die zu verschiedenen Zwecken zum Teil auch während des Krieges länger oder kürzer in Deutschland gewesen sind und fließend deutsch sprechen.

Beim Besuch von zwei auf Vorlesungen folgenden Diskussionen muß ich besonders Pech gehabt haben. Der eine Dozent verfocht gegenüber einer Behauptung eines Gefangenen, daß der Geist eines Volkes für den Ausgang eines Krieges maßgeblich sei, die These, das habe bei Marathon und eventuell noch unter Napoleon gegolten. Der moderne Krieg aber werde allein durch das Kriegspotential entschieden, so daß heute der Ausgang eines Krieges bei seinem Ausbruch auf einem Stückchen Papier von der Größe eines Briefumschlages errechnet werden könne. Der andere Dozent antwortete auf die Anfrage, ob nicht ein armes, zahlreiches, in den geschichtlichen Erfolgen benachteiligtes Volk das Recht habe, sich den nötigen Lebensraum mit allen Mitteln zu verschaffen, mit dem Hinweis: Das sei, wie wenn ein armer Kerl es als Unrecht betrachte, daß sein Nachbar vier Autos besitze. Man müsse dem Armen sagen, er und seine Vorfahren hätten halt mehr leisten sollen. Eine höhere Gerechtigkeit, nach der solche Fragen entschieden werden könnten, gäbe es nicht.

Der Rektor von Wilton Park, dem ich diese Hörfrüchte mitteilte, war entsetzt und betonte nachdrücklich, solch krasser Materialismus und Marxismus sei nicht die Grundlinie für die Erziehung in seiner Schule. Und nach einem langen Nachtgespräch mit dem Tutorenkollegium über die alliierten Methoden in der Behandlung Deutschlands, über die Praktiken und Ziele des PID, über meine Erfahrungen in den Lagern, ist ihm zweifellos recht zu geben und Glauben zu schenken. Immerhin gab der Vorfall Anlaß zur Frage, warum es in Wilton Park eigentlich keinen Unterricht über den christlichen Glauben gebe, ob man von Gerechtigkeit, Freiheit und Frieden wirklich ohne den kleinsten Versuch einer Darstellung der biblischen Äußerungen zu diesen Problemen reden könne, ob der Beitrag der Kirche für den Aufbau eines neuen Deutschland nur geduldete oder belächelte Nebensache sein könne? Die Antwort des Rektors war erstaunlich: 1. Da der Rektor Historiker ist, wisse er zuviel, als daß er persönlich Christ sein könne. 2. Der im Lager wohnende – und nicht mit den Studenten wechselnde – Lagerpfarrer komme als Gefangener für entsprechende Vorlesungen nicht in Frage. Aber die Lagerzeitung sei voll von Auseinandersetzungen mit christlichen Fragen. 3. Ob ich als Besucher am nächsten Abend einen Vortrag über kirchliche Dinge halten wolle? 4. Warum ich nicht eine Anstellung als Dozent in Wilton Park annehmen wolle, vorausgesetzt, daß seine Vorgesetzten in London das billigten? Nach meinen Erfahrungen mit dem PID in anderen Lagern hätte ich besonders die letzte Antwort am allerwenigsten erwartet. Es gibt unter den Tutoren Leute, die für Unterstützung ihrer Arbeit und ihrer persönlichen Lehrtendenz durch einen Theologen sehr dankbar wären. Meine Aussprache mit den Tutoren fand statt, nachdem ein großer Teil von ihnen meine Vorlesung vor dem Plenum der Studenten über kirchliche Probleme in Deutschland und über Kirchenordnung mit angehört hatte. Obwohl Wilton Park für außenstehende Besucher und für Einflüsse von außen weniger leicht zugänglich ist als andere Lager, sollte unbedingt dafür gesorgt werden, daß auch regelmäßige kirchliche Vorträge dort stattfinden.

16. Das Gespräch mit den Gefangenen

Ich habe es als einen Teil meiner Aufgabe angesehen, den besuchten Lagern auch etwas zu bieten, gewöhnlich in der Form eines Abendvortrages. Vielleicht wurden die sogenannten Lagergemeinden von mir etwas vernachlässigt, da ich meist in nicht-kirchlichem Raum zu allen sprach, welche etwas über „das heutige Deutschland" hören wollten. Das Thema war mir im ersten Lager, das ich besuchte, empfohlen worden und erwies sich als enorm kräftig. Das Thema bot Gelegenheit, im Rahmen einer Reisebeschreibung auf alles Aktuelle, von der Bedeutung des Evangeliums und der Gebote, über Fragen der Ehescheidung bis zum Kommunismus und der CDU zu sprechen zu kommen. Vom Moment an, wo man gewisse Vorbehalte oder sogar eine Kritik gegenüber dem alliierten Verhalten in Deutschland sichtbar gemacht und also verraten hatte, daß man nicht im Auftrag des PID sprach, herrschte eine vertrauliche und gelöste Atmosphäre. Als Neutraler hatte ich – in krassem Gegensatz zu meiner Erwartung und Befürchtung – ungeheure Chancen. Man kann sich wieder anreden und vielleicht sogar verstehen. Wenn man aber nicht offen über alles, was in der Luft liegt, reden will, braucht man gar nicht zu kommen. Wenn die Gefangenen nicht als Nazis oder dumme Jungen, denen man Kultur beibringen muß, angeredet werden, sind sie sehr dankbar und offen. Ob ich ein Recht hatte, von der Voraussetzung auszugehen, daß sie durch die Ereignisse schon sehr kräftig belehrt worden seien, ist natürlich die Frage. Auf alle Fälle versuchte ich, nicht ohne Paränese hauptsächlich von den für Deutschland möglichen Hoffnungen zu reden. Man weiß ja von der Bibel her bessere Dinge über den Menschen, als er sich selbst sagen oder als das Auge wahrnehmen kann. Und der wütende Ausbruch eines Hamburger Matrosen über den üblichen Vortragsstil mit seinem ewigen „Ihr müßt, müßt, müßt …" war Warnung und Anlaß genug, gerade über politische Dinge nicht gesetzlich, sondern so evangelisch wie möglich zu reden. Zum Evangelium gehört es aber heute, daß man empfiehlt, mehr und nicht weniger politisch, das ist verantwortlich zu sein und sich zu fühlen für alles, was das öffentliche Leben angeht. Daß dazu auch eine andere als die von Goebbels propagandierte Einstellung zum Kommunismus gehört, war für viele eine erstaunliche Mitteilung. Ich habe mich auf den von einigen Pfarrern geäußerten Wunsch nicht eingelassen, ich möge doch vor allem „trösten und beruhigen". Es wird in den meisten Lagern nach meiner Abreise wahrscheinlich noch Auseinandersetzungen gegeben haben.

Nach diskussionsfähigen Kommunisten habe ich in den Lagern umsonst gefragt und gesucht. Weil sie oft aktive Antinazis waren und vielleicht, damit sie die Lager nicht beeinflussen, sind sie schon entlassen. Die meisten Gefangenen wollen mit Politik nichts mehr zu tun haben. Sie wollen arbeiten und fragen zum Teil schon nach Arbeitsmöglichkeiten in der UNESCO. Manche – in einigen Lagern hieß es: fast ein Drittel der Gefangenen – würden als freiwillige Arbeiter in England bleiben, wenn sie ihre Angehörigen in Deutschland unterstützen könnten. „Verschaffen Sie uns in England das Statut, das die westlichen Fremdarbeiter während des Krieges in Deutschland hatten – und wir bleiben gern und freiwillig in England." Andere weisen diesen Gedanken schroff zurück, möchten aber nach Übersee auswandern oder fragen nach Arbeitsmöglichkeiten in der Schweiz. Daß verschiedene Gemeindeglieder kirchlich arbeiten wollen, wurde oben schon gesagt. In den Diskussionen wurden aber fast nur Stimmen zugunsten einer Freikirche laut. Ein besonders Eifriger wünschte für das kommende Deutschland eine zweite Kammer aus politischen und kulturellen Leuten: Diese Kammer solle gegen alle Maßnahmen des Reichstages ein Veto einlegen können, um für Deutschland ähnliches Unheil wie das geschehene zu verhüten. Daß man sonst, wenn man nicht gerade in Wilton Park war, für demokratische Einrichtungen und Parolen wegen der heutigen Zustände in Deutschland nicht gerade begeistert ist, ist kein Wunder.

Es ist aber nicht zu bestreiten, daß man mit den gefangenen Deutschen in England gut Freund sein kann und daß in den Gefangenenlagern nicht nur Mißmut, sondern auch ernsthafte Bemühungen um einen Neuanfang vorhanden sind. Würde die Gelegenheit, die sich in den Lagern zur Sammlung fähiger Kräfte und zur Bildung weitester Kreise bietet, recht wahrgenommen, würde man den Heimkehrern und gewissen aufbauwilligen Kräften in Deutschland weniger Hindernisse in den Weg legen und ihnen deutlicher die Hand zur Hilfe reichen, so brauchte man trotz allem für die Kirche in Deutschland und für Deutschland nicht besorgt zu sein. Bleibt man aber nur Zuschauer und Beobachter, so besteht aller Anlaß, daß man in dem großen vorhandenen Dunkel überhaupt kein Licht mehr sieht.

Im Gefangenen- und Gemeindegottesdienst vom 5. Januar 1947 in Glasgow Cathedral predigte ein Schotte, der in diesem Kriege lange in Deutschland kriegsgefangen war. Er predigte über Joh 1,5: „Das Licht scheint in der Finsternis."

I/10. Schreiben des Leiters der Theologischen Schule in Norton Camp, Pfr. Dr. Gerhard Friedrich, an die Kirchenkanzlei der EKD

Norton Camp, 8. März 1947

EZA Berlin, 2/505

Lieber Bruder Damrath!
Haben Sie recht herzlichen Dank für Ihren vertraulichen Brief vom 18. Februar![43] Auch wir waren der Meinung, daß ein Kriegsgefangenendekan ein Kriegsgefangener sein müsse, denn nur ein Kriegsgefangener kann aus der Situation der Kriegsgefangenen das rechte Wort zu seinen Brüdern finden. Auf der anderen Seite will ich mich nicht den Gegengründen verschließen, daß es viel für sich hat, wenn jemand außerhalb des Stacheldrahtes dieses Amt innehat, denn er ist freier und kann diesen und jenen Amtsbruder besuchen, der den Besuch nötig hat.[44] Dekan Dr. Rieger ist kein Mann der Verwaltung und ist auch mit anderen Ämtern überladen, so daß er gar nicht alles schaffen kann, was er eigentlich tun müßte. Wie ich gehört habe, versucht man ihn zu unterstützen, indem man ihm einen Sekretär

---

[43] Der Brief befindet sich nicht bei den Akten.
[44] Gemeint ist die Berufung von Pfarrer Dr. Julius Rieger, London, zum deutschen Dekan für die Seelsorge unter den Kriegsgefangenen in Großbritannien.

und einen Kraftwagen zur Verfügung stellen will. Ich habe den Eindruck, daß es hier und in London in der Personalpolitik sehr kriselt. Pastor Hansen ist durch einen Amerikaner Kilpatrick ersetzt worden, als Nachfolger von Forell ist ein dänischer Hilfsgeistlicher Christiansen nach London von Barwick geholt worden[45], außerdem wird davon gesprochen, daß Barwick sich Pfarrer Jentsch mit einem Mitarbeiterstab von zwölf Mann aus Rimini bestellt hat.[46] Wie diese dann zu dem neugebildeten Administrative Centre and Working Committee des British Council of Churches stehen werden, entzieht sich meiner Kenntnis, zumal die YMCA sonst die religiöse Betreuung der Kriegsgefangenen ganz aufgeben wollte.

Die geistige Lage der kriegsgefangenen Pfarrer ist katastrophal. Die Situation hat sich nach Ihrem Weggang aus England, glaube ich, sehr geändert. Für die meisten der Zurückgebliebenen ist jede neue Repatriierung eine starke psychische Belastung, besonders bei denen, die nach den allgemeinen Repatriierungsbestimmungen nach Hause gehen könnten, aber durch Sonderbestimmungen zurückgehalten werden. Es gibt eine Reihe von Pfarrern, die wirklich am Ende ihrer Nervenkraft sind. Das hat mehrfache Gründe:

1. Viele sehen nicht recht die Notwendigkeit ihres Hierbleibens ein. Die Zeit der Massengottesdienste ist vorüber. In den Lagern versammeln sich nur noch kleine Grüppchen des alten Stammes, sofern er nicht repatriiert ist, was weitgehend der Fall ist. Viele der „christlich Interessierten" besuchen die englischen Gottesdienste, weil sie im Anschluß an den Gottesdienst dann oft noch von englischen Familien zum Essen eingeladen werden. An diejenigen, die vorher nicht vom Wort Gottes erfaßt waren, ist es heute fast unmöglich heran zu kommen. Entweder sind sie völlig abgestumpft, liegen auf ihren Betten, stehen nur zur Arbeit und zum Essen auf, stieren vor sich hin, haben weder an einem Vortrag noch an Kino Interesse und hadern mit Gott und den Menschen. Oder sie lehnen Christus und die Kirche ab und suchen durch Fußball und Fraternisierungsbesuche Zerstreuung und Abwechslung.

2. Die äußeren Schwierigkeiten der Lagerseelsorge sind noch immer nicht beseitigt. Wie Sie wissen, gehören die meisten Lagerpfarrer dem Mannschaftsstande an, das bedeutet, daß sie keine Löhnung bekommen, sondern Wohlfahrtsempfänger des Lagersprechers sind. Da die Lagersprecher oft nicht kirchlich eingestellt sind, ist es für die Lagerpfarrer unangenehm und deprimierend, bei dem um einige Shillinge betteln zu gehen,

---

[45] Vgl. dazu CHR. CHRISTIANSEN, Hoffnung, S. 143–160.
[46] Vgl. W. JENTSCH, Ernstfälle, S. 397–409. Jentsch kam nach Abschluß seiner Aufgabe in Italien (vgl. unten Nr. II/8, S. 264–269) im Mai 1947 nach England; die Berichte über seine Arbeit in England vgl. unten Nr. I/12, S. 159–165; den Arbeitsbericht von Jentsch für das vierte Quartal 1947. Norton Camp, 8.1.1948 (EZA BERLIN, 2/506).

mit dem sie eben schwere Auseinandersetzungen gehabt haben. Wir haben Lagerpfarrer, die von den Lagersprechern als ungelernte Arbeiter angesehen werden und darum nur ein Drittel von dem Wochenlohn des draußen Arbeitenden erhalten. Dieser reicht kaum aus, um die Kantinenware zu kaufen. Die Lagerpfarrer betonen immer wieder: Wenn sie wie PP-Personal[47] zwangsweise zurückgehalten werden, dann wollen sie auch wie PP-Personal finanziell unabhängig vom Lagersprecher werden. Die andere große Schwierigkeit äußerer Art, mit der die Lagerpfarrer zu kämpfen haben, ist die Transportfrage. Wenn es uns gelingen würde zu erreichen, daß öffentliche Transportmittel benutzt werden können, dann könnte ein Pfarrer mehrere Lager der Umgegend betreuen und andere würden frei für die Repatriierung.

3. Die lange Zeit der Isolierung macht sich bei den Lagerpfarrern sehr stark bemerkbar. Jahre hindurch haben sie einsam und verlassen auf ihrem Posten gestanden, Gottes Wort verkündet, gemahnt, getröstet, geraten und geholfen. Jetzt scheinen manche wie ausgebrannte Krater zu sein. Regionale Zusammenkünfte tun neben unseren Refresher-Kursen wertvolle Dienste. Diese gelegentlichen Zusammenkünfte genügen aber nicht. Es muß ein regelrechter Pfarrerbesuchsdienst eingerichtet werden. Schon lange fordere ich, daß zwei Pfarrer, vielleicht noch begleitet von einem Posaunenquartett, von Lager zu Lager gehen, dort volksmissionarische Vorträge halten und den Lagerpfarrer visitieren, indem sie ihm Ratschläge geben und ihn auch ermahnen zu eifrigerer Arbeit, wo es nötig ist. Bisher ist es mir nicht gelungen, einen solchen Besuchsdienst zu erreichen. Es gibt wohl eine fahrende POW-Theatergruppe vom YMCA aus. Es soll jetzt ein fahrendes Orchester eingerichtet werden. Für kirchliche Zwecke scheinen keine Mittel vorhanden zu sein. Letzten Endes scheitert dieser Plan auch an befähigten Predigern. Denn die ich in Aussicht genommen hatte, sind repatriiert worden. Wenn unter den zehn angemeldeten Austauschpfarrern geeignete Volksmissionare dabei wären, würde ich das sehr begrüßen. Ich habe übrigens vorgeschlagen, daß die aus Deutschland kommenden Pfarrer erst einmal mehrere Wochen zu uns ins Schulungslager kommen, damit sie mit der Gefangenenseelsorge vertraut gemacht werden.

4. Ein sehr schwieriger Punkt ist die Frau des kriegsgefangenen Pfarrers. Die meisten Pfarrer, die mit ihrer Kraft am Ende sind, werden durch Briefe von der Frau aus der Heimat beunruhigt und hin und her getrieben. Der Brief von Präsident Asmussen an die Frauen kriegsgefangener Pfarrer hat gute Dienste getan. Leider ist er nicht in die Hände aller gekommen. Wenn Sie es veranlassen könnten, daß die Frauen unserer Lagerpfarrer von ihren Nachbarn oder Dekanen gelegentlich besucht werden, so daß

---

[47] „Protected Personal", z. B. Sanitätspersonal.

sie spüren, es kümmert sich jemand um sie, und sie sind nicht ganz einsam und verlassen, so würden Sie den Brüdern hier einen großen Dienst erweisen.

5. Die meisten Lagerpfarrer sehen nicht ein, mit welchem Rechtsgrund sie zurückgehalten werden. In den Gesprächen auf den Lagerpfarrerfreizeiten betonen sie immer wieder, daß sie ihre Gemeinden in der Heimat haben, an die sie gebunden seien. Nach kirchlichem Recht könnten sie nicht zum Gottesdienst in einer anderen Gemeinde gezwungen werden, wenn in der eigenen Gemeinde ein Notstand vorliege und sie dort gebraucht würden. Sie würden hier nicht zurückgehalten, weil sie Soldaten seien, sondern weil sie Pfarrer seien. Mit einer solchen Einstellung wird vielen das Predigen schwer. Oft müssen die Gemeinden die Pfarrer tragen, und diese Gemeinden wenden sich an zufällige Besucher des Lagers, die Christen sind, mit der Bitte: Helfen Sie unserem Pfarrer! Wenn es möglich wäre, eine größere Anzahl von Amtsbrüdern hierher zu schicken, so wäre das sehr zu begrüßen. Vielleicht kann Missionsinspektor Milde für einen solchen seelsorgerlichen Lagerpfarrerbesuch in Aussicht genommen werden. Ich glaube, daß dieses im Augenblick die wichtigste Aufgabe in England ist, die überhaupt getan werden muß.

Wie ich über meine Repatriierung nach Göttingen oder Bethel denke, habe ich Ihnen geschrieben.[48] Ich möchte Sie nochmals darum bitten, mir rechtzeitig Mitteilung zu machen, wenn Sie mein Repatriierungsgesuch an die Kontrollkommission weitergeben, damit ich mich hier entsprechend einrichten kann, denn die Erfahrung zeigt, daß bei Reklamation man manchmal schon am nächsten Tag nach Eintreffen der Nachricht das Lager verlassen muß. Ein solcher Abbruch der Arbeit wäre im Interesse der Schule sehr ungünstig.

Mit den besten Segenswünschen für die Passionszeit grüßt Sie
Ihr G. Friedrich.

---

[48] Vgl. dazu Ziffer 2 aus dem Schreiben von Staff Chaplain Rev. W.B. Johnston an Pfarrer Rudolf Damrath in der Kirchenkanzlei der EKD. London, 30.4.1947 (EZA BERLIN, 2/512): „In der Sache der Entlassung von Pfarrer Dr. Friedrich stehe ich jetzt mit dem Control Office in Verbindung. Wie ich oben gesagt habe, muß dieses Gesuch über die Control Commission kommen, aber so bald diese Genehmigung vorhanden ist, werde ich alles Mögliche tun, seine Heimsendung zu beschleunigen. Gleichzeitig kann ich Sie von seiner Rückkehr benachrichtigen."

I/11. Bericht von Pfr. Hans-Dietrich Pompe über seinen Besuch in deutschen Kriegsgefangenenlagern in Großbritannien von November 1947 bis April 1948[49]

Lübeck, Mai 1948

LKA Hannover, L. 3 Nr. II/32

[…][50]

Zwei Überlegungen waren für meinen Einsatz maßgebend: 1. Mit zahlreichen kurzen Lagerbesuchen, die nur flüchtige Eindrücke vermitteln, ist niemand recht gedient. Deshalb sollte ich in der Regel vier bis acht Tage in jedem Lager wohnen, um von früh bis spät jedem POW erreichbar zu sein. Meine Erfahrungen haben später diese Planung als die einzig richtige bewiesen. 2. In der Vermutung, daß für den Dienst eines soeben aus Deutschland gekommenen Pfarrers besonders die kurz vor ihrer Heimkehr stehenden POW dankbar sein würden, sollte ich die Arbeit in den fünf großen Repatriierungslagern beginnen, die bis Weihnachten 1947 existierten. Im übrigen blieb es mir überlassen, die Arbeit so auszurichten, wie die Notwendigkeiten es gebieten würden.[51]

I. Der äußere Rahmen der Arbeit
Für eine fruchtbare Arbeit war entscheidend, daß ich fast in jedem Falle innerhalb des Lagers völlig unkontrolliert mich bewegen und wohnen konnte. Allein im Repatriierungslager Nummer 4 Scraptoft near Leicester war meine Unterbringung so mangelhaft, daß der Dienst darunter litt. Und im Lager 263 Leckhampton Court near Cheltenham-Spa, das offenbar überbelegt war, half mir der katholische Lagerpfarrer, der während der Tage Nachbarlager besuchte, aus der Verlegenheit, indem er mir seine eigene Lagerstatt in der gemeinsamen Pfarrstube anbot. In allen übrigen Fällen bin ich durch die Lagerkommandanten persönlich oder auf ihre Anweisung im Hospital (Revier) oder von den Lagerpfarrern in ihrem eigenen Raum auf die liebenswürdigste und denkbar beste Weise beherbergt

---

[49] Der Besuch fand statt im Auftrag der Ökumenischen Kommission für die Pastoration der Kriegsgefangenen. Der Bericht war für diese Kommission bestimmt, eine Mehrfertigung ging an die Kirchenkanzlei der EKD (vgl. auch K. LOSCHER, Studium, S. 275). Bei diesem Besuch wurden offenkundig Erfahrungen und Anregungen aus dem Besuch von Pfarrer Markus Barth (oben Nr. I/9, S. 101–128) ausgewertet.

[50] Der Bericht beginnt mit einem Zitat aus D. BONHOEFFER, Gemeinsames Leben, S. 5–7 und mit einem kurzen Rückblick auf Erfahrungen in Bonhoeffers Predigerseminar Finkenwalde, das Pompe besucht hatte.

[51] Der Besuch war vom Joint Committee on Religious Service to POW des British Council of Churches vorbereitet worden.

worden. Neben Kommandanten, die für den Dienst dieser Arbeit kein Interesse zeigten, habe ich Kommandanten gefunden, die persönlich um meine Unterbringung besorgt waren, mich im eigenen Wagen durch alle ihnen unterstehenden Außenlager fuhren und meine Eindrücke sowie etwaige Verbesserungsvorschläge wissen wollten. Ich nenne mit Dank den Kommandanten von Nummer 17 PW Base Camp Lodge Moor near Cheffield, Lieutenant Colonel Dollar, den von Nummer 171 PW Base Camp Bungay, Suffolk, Major Atkins, und den von Nummer 101 PW Camp Newtown, Monmouthshire, Major Edwards. Die Erlaubnis völlig freien Arbeitens und Wohnens in den Lagern wurde mir erteilt, weil der Staff Chaplain beim War Office, Reverend W.B. Johnston CF[52], sich bereit fand, meine Besuche den Lagerkommandanten jedesmal vorher zu empfehlen. Dadurch vollzog sich meine Arbeit unter den günstigsten Voraussetzungen. Schwierigkeiten und Hemmnisse, denen sie begegnete, waren nicht solcher äußerer Art. Die Befürchtung, die bei den ersten Beratungen betreffend meinen Dienst laut geworden war, meine Behinderung als Amputierter und der Fortfall eines zur Verfügung stehenden Autos würden den Dienst erschweren, hat sich nicht bestätigt. Die Lager waren stets per Bahn über die nächst gelegene Station zu erreichen, wo nötig, wurde ich von dort gerne mit einem Auto des Lagers abgeholt. Die Kriegsverletzung hat bei Engländern und Deutschen die gegenseitige Annäherung des öfteren spürbar gefördert. Den ursprünglichen Plan, den Besuchsdienst nur auf die Repatriierungslager auszudehnen, gab das British Council of Churches (Joint Committee) nach Weihnachten 1947 auf. Seit Mitte Dezember blieben nämlich die Heimkehrertransporte stets nur noch drei bis vier Tage in diesen Lagern und waren dann so stark durch andere Veranstaltungen und Dienste beansprucht, daß ein ruhiges Arbeiten und Kennenlernen einzelner schlecht möglich war. Ich habe deshalb im Januar die drei großen Militär Hospitals Nummer 231 Diss-Norfolk, 99 Stafford und 162 Naburn near York besucht und im Februar die Arbeitslager 240, 38, 101, 27 und 263 in Westengland. Im März folgten die Lager 112, 117 und 268.

II. Lebensbedingungen der POW
Über die verschiedenen Erleichterungen und Vergünstigungen, die den deutschen POW durch den War Office seit etwa Weihnachten 1946 gewährt sind und die ständig erweitert werden (während meines Aufenthaltes zum Beispiel Samstag abends Erlaubnis zum Ausgang bis 24 Uhr statt bisher wie an den anderen Wochentagen bis 22 Uhr) ist genügend veröffentlicht worden. Es braucht hier nicht wiederholt zu werden. Natürlich bemerkt der näher Zusehende auch Mängel, deren Beseitigung man gerechterweise

---

[52] Diese Abkürzung konnte nicht eindeutig aufgeklärt werden; vielleicht: Chaplain of Forces.

wünschen muß. So erlebte ich Anfang Dezember Heimkehrertransporte, die zu 30 Mann und mehr sich tagsüber auf den Schlafbaracken aufzuhalten gezwungen waren. Die Männer hatten keine Erlaubnis und zumeist auch keine Möglichkeit zum Heizen, wurden aber auch nicht zu irgendeiner Arbeit herangezogen. So lagen viele stundenlang in Decken gehüllt stumpf auf ihren Pritschen und erkälteten sich. So erlebte ich in den Arbeitslagern wiederholt, daß die POW abends, durchnäßt von ihrer Arbeit zurückkehrend, sich mit Holz zum Heizen schleppten, das sie unerlaubterweise irgendwo fortgenommen hatten. Die offizielle Zuteilung von Heizmaterial reichte bei weitem nicht aus, um die Baracken zu erwärmen. So blieb ihnen nur dieser Ausweg. Leseraum und Kantine waren zwar meist geheizt, aber natürlich nicht für alle POW ausreichend. Faktisch ist ja der Schlafraum in den Freistunden auch der Aufenthaltsraum, es sei denn, der POW hat Gelegenheit, nahe wohnende englische Zivilisten aufzusuchen. Die POW haben zu mir oft darüber geklagt, daß sie nach der Arbeit ihre feuchte Kleidung nirgends trocknen konnten. Hier waren Klagen und entsprechende Gesuche um Abhilfe an die zuständigen Stellen berechtigt. Wenn dagegen die Verpflegung bemängelt wurde, so habe ich als ein soeben aus Deutschland Kommender den so Sprechenden stets schnell den Mund geschlossen. Die, welche den morgendlichen Porridge verschmähten, brauchte ich nur an die unzähligen deutschen Frauen und Kinder zu erinnern, die über solche nahrhafte Speise glücklich gewesen wären. Daß dieser Porridge oft unangerührt stehen blieb, beweist, daß man sich das leisten konnte, weil die allgemeine Verpflegung ausreichend war. Im übrigen spricht das blühende Aussehen der überwiegenden Zahl der POW und der von allen befragten Ärzten bestätigte außergewöhnlich gute Gesundheitszustand für sich. Dabei soll das Leid derer, die in den großen Militär-Hospitals krank darniederliegen und von denen manche, schon vom Tode gezeichnet, fern der Heimat sterben, soll auch das Schicksal der durch Arbeitsunfall Betroffenen gewiß nicht vergessen werden. Aber gerechterweise muß man festhalten, daß in Deutschland, gemessen an der Gesamtzahl der POW, eine weit höhere Anzahl erkranken würde.

Die POW, soweit sie mit englischen Familien befreundet sind oder soweit sie bei Bauern arbeiten, erhalten selbstverständlich außerhalb des Lagers zusätzliches Essen. Viele verzichten deshalb oft auf ihre Lagerverpflegung. Den POW in höheren Dienstgraden erlaubt die bessere Löhnung, nicht rationierte Lebensmittel (Fische, Obst, Kuchen aus der Kantine) zu kaufen. Ich erlebte vorbildliche Familienväter, die sich regelmäßig ihre tägliche Butterration entzogen, diese sammelten und in Konservenbüchsen an ihre Angehörigen in Deutschland sandten (was zwar auch unerlaubt, aber alles andere als verwerflich ist). Trotzdem bin ich nur einem einzigen POW (einem Lagerpfarrer) begegnet, der infolge dieses regelmäßigen Verzichtes ausgesprochen elend aussah.

Im übrigen gibt es, was die wirtschaftliche Lage betrifft, unter den POW
größte Unterschiede. In allen Lagern wird der sogenannte „Stamm" allgemein beneidet, weil seine Angehörigen innerhalb des Lagers zumeist bequeme und einträgliche Posten innehaben. Ich mußte mich, wenn ich das
ruhige und äußerlich wohlversorgte Leben manches POW bemerkte, des
öfteren fragen: Wie werden sich diese Männer später im armen, hungernden Deutschland und seinem unerbittlichen Existenzkampf zurechtfinden?
Schon unter diesem Gesichtspunkt kam ich zur Erkenntnis, daß hier jeder
Tag länger in Kriegsgefangenschaft nur zum Schaden gereicht, weil er für
das spätere Leben untauglicher macht.

Dann gibt es besonders in den in der Nähe von Städten gelegenen Lagern
die verschiedensten Möglichkeiten, durch freie Arbeit außerhalb der offiziellen Arbeitszeit Geld zu verdienen. Dem Handwerker zahlen die englischen Familien für seine geschickte, fleißige und gediegene Arbeit gerne
zwei bis drei Shilling pro Stunde. Dem POW beim Farmer gibt man für
die Überstunden ebenfalls das Geld in bar. Und im Frühjahr verdienen
sich die POW in Scharen durch Graben und Arbeiten in den Gärten
wöchentlich ein Pfund und darüber. Während der Winterabende traf ich
die POW immer wieder beim Bauen der sogenannten Slippers, aus Sack-
leinen und Hanf geknüpfte Hausschuhe, welche die englische Bevölkerung
als punktfreie Ware schätzt und mit zehn bis fünfzehn Shilling das Paar
bezahlt. Auch diese Fertigung wird aus naheliegenden Gründen nicht
gestattet und geschieht in der steten Sorge, entdeckt zu werden. Aber ich
habe es nie übers Herz gebracht, dies verbotene Tun irgendwie zu monie-
ren. Ich habe die POW nur gebeten, sich klar zu machen, wie es für sie
als rüstige Männer völlig anormal und eine böse Folge böser Fehlentwick-
lung, ungeheuerlicher Schuld und Verkehrtheit der Menschen sei, daß sie
hier, Abend für Abend Slippers bauend, mühsam Geld zum Kaufen derjenigen Dinge sich beschaffen müßten, für welche ihnen im Frieden ein
Wochenlohn gereicht hätte. Hier bot sich dann stets leicht die Anknüpfung,
über den öden Alltag das Ziel nicht zu vergessen: Jeder an seinem Platz
schon heute und morgen für den Frieden zu arbeiten, deshalb nicht wie
so viele auf einen neuen Krieg zu spekulieren, vielmehr das menschliche
Zusammenleben auf solidere Fundamente zu gründen. In manchen Lagern
hatte nämlich, worüber mancher Lagerpfarrer mit Resignation sprach, die
Jagd nach dem Shilling wie ein Fieber um sich gegriffen und alles Denken
der POW in einen engen Horizont gebannt.

Neben denen, die alle Möglichkeiten zu Nebenverdiensten ausnützen,
gibt es viele, die solche Möglichkeit nicht haben. Jener Lagerpfarrer, der
in Hitlers Armee keinen „Dienstgrad innehatte", auch nicht als „PP"
(Protected Personal) zählt und aus dem „Welfare Fond" durch die deutsche
Lagerleitung nur drei bis vier Shilling wöchentlich erhält, ist kein Ausnah-
mefall. Auch die Kranken haben, wenn sie längere Zeit im Hospital liegen

und dann keinen Arbeitslohn erhalten, von ihrer Kontokarte oft das letzte Guthaben streichen lassen und können dann kaum ihre Rasierklingen bezahlen. Die endlich, die mit ihren Familien Heimat und Habe verloren und in jedem Brief ihrer Frauen von deren Entbehrungen Neues erfahren, geraten auch leicht in dauernde Hast und Unruhe über dem Mißverhältnis zwischen dem, was sie als POW aus der Ferne für die Ihrigen schaffen können, und dem, was sie als Väter ihnen schulden. Auch die so großzügigen Vergünstigungen, die ein POW heute in England genießt, lassen aus dem Gesicht dieser Männer nicht die täglich nagende Sorge verschwinden. Aber das gehört schon in einen der folgenden Abschnitte.

III. Unterhaltung, Wissenschaftliche Fortbildung, Geistiges Leben
Hierzu muß man sagen: Was jahrelang vorbildliche Fürsorge aller interessierten und beteiligten Stellen an Voraussetzungen schaffen konnte, steht bereit. Der Apparat ist eingespielt, Kinovorführungen laufen, Bibliotheken, Musikinstrumente sind vorhanden, Kirchenräume sind überall liebevoll hergerichtet. Also die Einrichtungen stehen bereit – aber als Zeugen der Aufbauarbeit der ersten Jahre hinter Stacheldraht. Heute werden sie weithin kaum noch benutzt. Die Gründe liegen nahe. Die besten geistigen Kräfte, Musiker, Künstler, Sportler wurden repatriiert. Viel tiefgreifender und auf das gesamte Leben innerhalb der Lager geradezu lähmend wirkt die Erlaubnis zur Fraternisierung.[53] Warum sollen wir, sagt sich heute der POW, in den Freistunden innerhalb des Lagers bleiben und dort Veranstaltungen besuchen, wenn uns englische Kinos, Kirchen und Kaufläden offen stehen? Darum führen die Kulturwarte, die Unterrichtskurse oft nur noch ein Schattendasein. In vielen Lagern ergingen zu Weihnachten 1947 derartig zahlreiche Einladungen in englische Familien, daß hier die Lagerweihnachtsfeiern nur mit Mühe zustande kamen. Ein von mir im Februar besuchtes Arbeitslager in North-Wales hatte von ca. 300 POW zur offiziellen Weihnachtsfeier nur ca. 100 Besucher gehabt. So ist natürlich auch das Interesse an Vorträgen auswärtiger Gäste gering, selbst wenn diese aus Deutschland kommen. Und dabei ist, was aus Deutschland kommt, fast das Einzige, was noch interessiert. Nur in den Repatriierungslagern, in denen die Heimkehrer oft untätig herumliegen und keine Ausgangserlaubnis bekommen, erlebten die Redner des Foreign Office und auch ich wirklich große Zuhörerscharen. Hinzu kommt, daß gegenüber der Anfangszeit das Mißtrauen gegen alles, was nach Belehrung und Umerziehung aussieht, in POW-Kreisen stark zugenommen hat.

---

[53] Erlaubnis zum Besuch englischer Familien durch die Kriegsgefangenen, gültig seit Weihnachten 1946.

Literatur ist reichlich vorhanden. Bücher aus dem Nachkriegsdeutschland sind, das kann nicht verwundern, selten. Wenn jetzt deutsche Stellen noch Bücher schicken wollen, sollten es nur wirklich aktuelle und überdurchschnittliche sein. Sonst werden sie nicht gelesen und verstauben. Die Zeitungen und Zeitschriften, welche der Weltbund YMCA, die Ökumenische Kommission und andere seit Jahren herausgeben, sind jedem POW bekannt, sie gehören quasi zum eisernen Bestand jeder Lesehalle, Schreibstube, Lagerkirche. Zu Weihnachten 1947 kam überreichlich Lesestoff in die Lager. Ich erlebte die Weihnachtstage im Repatriierungslager 186. Dort trafen ein: „Die Lagergemeinde", Nummer 18 und 19 vom November und Dezember 1947; „Die Bereitschaft", Monatsbrief Dezember 1947; „Die Neue Brücke", Wochenzeitung der YMCA in Paris; „Die Brücke", Heft 20, Dezember 1947; „Die Wochenpost", Weihnachtsausgabe; „Der Fuhrmann"; „Der Querschnitt", Weihnachtsausgabe.

Dann einzelne Grußworte in Sonderdrucken: „Weihnachtsgrüße für die deutschen Kriegsgefangenen, übersandt durch die Landesgemeinschaften für Kriegsgefangenenfragen in der US-Zone"; „An alle Pfarrer und Gemeinden der Deutschen Evangelischen Kirche in den Kriegsgefangenenlagern Großbritanniens"; „An die Evangelischen Lagerpfarrer in Großbritannien"; Rundschreiben der Kanzlei der EKD in Deutschland; Rundbrief vom Evangelischen Hilfswerk für Internierte und Kriegsgefangene; „Dennoch Weihnachten" von der Kanzlei der EKD und dem Hilfswerk der EKD; weitere Weihnachtsgrüße, Broschüren und Briefe anderer Kirchen, Organisationen und Persönlichkeiten, die auch in jeder Lagerkirche und Lesehalle auslagen.

Wer diese Leseflut wie ich erlebt hat, wird kaum widersprechen, wenn ich zusammenfasse: Hier wurde des Guten zu viel getan, hier ist mehr angeboten worden, als von den POW gelesen wurde, ja überhaupt gelesen werden konnte. Selbst Lagerpfarrer sprach ich, die nicht einmal zum Lesen der „Lagergemeinde" gekommen waren. Die meisten übrigen POW haben, durch Einladung in englische Familien und andere Vorhaben beansprucht, höchstens in das eine oder andere Blatt kurz hineingeschaut.

Aus diesem Anlaß sei etwas über die Belieferung der POW mit Literatur aus Deutschland gesagt: In Deutschland, das wegen katastrophalen Papiermangels auch die kirchliche Presse gar nicht oder nur mit beschränkten Auflagen arbeiten läßt, sollte keine Stelle mehr Sonderdrucke für POW herausgeben und versenden. Vielmehr sollte man mit der eingesparten Papiermenge die Auflagen wichtiger kirchlicher Blätter wie das Berliner Wochenblatt „Die Kirche" oder das seit kurzem erscheinende „Sonntagsblatt" erhöhen. Wenn von der Mehrauflage ein Teil regelmäßig den POW zugehen würde, würde ihnen ein lebendiges Bild des kirchlichen Lebens in Deutschland vermittelt und sie würden ein ungleich größeres Interesse zeigen. Darüber ist im folgenden noch mehr zu sagen.

Auch sonst treffen aus Deutschland immer noch Sendungen ein, die sich nur aus mangelnder Kenntnis der wirklichen Lage erklären. So kommt in die Hand des Lagerpfarrers von 157 PW Base Camp vor Weihnachten neben anderen Traktaten als „Ein Heimatgruß vom Evangelischen Hilfswerk für Internierte und Kriegsgefangene – Erlangen, Bischof D. Heckel" in ca. zehn Exemplaren „Der kleine Katechismus D. Martin Luthers, herausgegeben von der Abteilung für Wiederaufbau und Kirchliche Hilfsaktionen des Ökumenischen Rates der Kirchen in Genf". Die übrigen Lagerpfarrer erhielten, ohne entsprechende Wünsche geäußert zu haben, gleiche Sendungen. Vermutlich hatte die Wiederaufbauabteilung jene Katechismen dem Hilfswerk der EKD zum Wiederaufbau in Deutschland gespendet, wo solches Material in den Flüchtlingsgemeinden ja auch dringendst benötigt wird. In den POW-Lagern aber sind heute alle derartigen Sendungen fehl am Platze und bleiben, wie ich mit eigenen Augen wiederholt gesehen habe, in den Stuben der Lagerpfarrer haufenweise liegen und verstauben. Folgende Anregungen seien deshalb weitergegeben:

a) Männer der Kirchen und des öffentlichen Lebens in Deutschland lassen künftig ihre Grußworte etc. an die deutschen POW und Zivilarbeiter nur noch den bereits in London, Genf oder Paris erscheinenden Zeitungen der Ökumene oder YMCA zugehen.

b) Es wird endlich systematisch damit begonnen, alte, das heißt gelesene Nummern kirchlicher Blätter in den Heimatgemeinden zu sammeln und an die POW zu senden. Nach deren Rückkehr aus England bleibt der gleiche Dienst an den dort noch tätigen Zivilarbeitern und Arbeiterinnen. Die Vorgänge in der Heimat, auch die kirchlichen, interessieren über den Kreis der eigentlichen evangelischen Lagergemeinde hinaus. Das Lesen der heimatkirchlichen Blätter (besonders wegen ihrer Lokalnachrichten!) knüpft die abgerissenen Fäden, zeigt etwas vom Schaffen der besten Aufbaukräfte und wehrt somit der fortschreitenden Entwurzelung. Alle Blätter dieser Art, die ich regelmäßig auf Lagerbesuchen verteilte, „Die Kirche", Berlin, „Die Botschaft", Hannover, „Oldenburger Sonntagsblatt", und andere fanden stets besonders dankbare Leser. Den Verlagen und Herausgebern sei auch an dieser Stelle für die Zusendung gedankt!

c) Darum sollten gegebenenfalls auch Papierspenden des Ökumenischen Rates an die EKD einmal zu einer erhöhten Auflage dieser Blätter verwandt werden, auf keinen Fall aber noch zu Sonderdrucken für POW und Zivilarbeiter im Ausland.

d) Gegenwärtig werden durch die Repatriierung laufend Lager aufgelöst. Alle Bemühungen, die in den Lagerbüchereien und in den Pfarrstuben vorhandenen Bestände an religiösem Schrifttum sicherzustellen und zu gegebener Zeit eventuell nach Deutschland zu senden, wo sie über das Hilfswerk zur Verteilung kommen könnten, sind zu intensivieren. Ich sah Kisten wertvollsten Materials aus früheren Spenden der Ökumene usw., die in irgendeiner Lagerecke unbeachtet blieben und nur zu leicht verloren gehen können.

IV. Zur inneren Haltung der POW im gegenwärtigen Stadium

1. Niemand, der Kriegsgefangene besucht oder von der Heimat aus betreut, wird der Lage und seiner Aufgabe gerecht, wenn er sich über folgendes nicht klar wird: Ein erheblicher Teil der POW sehnt den Moment der Rückkehr nicht herbei, sondern fürchtet ihn. Nicht nur begegnet man laufend denen, die ihre Repatriierung bereits hatten zurückstellen lassen oder die einen Kontrakt als Zivilarbeiter in der englischen Landwirtschaft bis Ende 1948 eingegangen sind. Sondern ich wurde auch in meinen Sprechstunden von nicht wenigen aufgesucht, die wissen wollten, ob es weitere Aussichten zur Arbeit und zum Verbleib in England gäbe. Oder man fragte, ob man ohne den Zwang einer vorherigen Rückkehr nach Deutschland bereits direkt in andere Länder auswandern dürfe. In manchen besuchten Lagern hatten sich bis zu 25 % der POW für zivile Arbeit in England verpflichtet. Viele hoffen, daß ihr Arbeitskontrakt am Ende des Jahres erneuert wird.

Die sich hierfür entscheiden, sind vorwiegend Heimatlose, dann Männer, die ihre frühere Existenz verloren, Angehörige der NSDAP von einst, die in Deutschland Nachteile befürchten, solche, die eine Rückkehr in die Russische Zone nicht wagen, und jüngere Jahrgänge, die (mit 16–17 Jahren Soldat geworden) eine Berufsausbildung, Arbeitslosigkeit und andere Schwierigkeiten in Deutschland vor sich sehen. Durch Zweierlei wird die Haltung des POW, der von Deutschland fort strebt, begünstigt:

a) Infolge der laufend negativen Nachrichten aus der Heimat erscheint diese in düsterem Lichte. Immer wieder wird man als Besucher mit vorsichtigen, fast ängstlichen Worten gefragt: „Ist denn schon irgendwo zu spüren, daß es allmählich besser wird?" Was die Zeitungen über die Notlage daheim berichten, was darüber oft übertrieben in den Briefen der Angehörigen steht, wirkt aus der Ferne noch einseitig negativer, als [es] in Wirklichkeit zutrifft. Man kann eben von POW, die durch ihre Frauen, ihre Eltern ausdrücklich aufgefordert werden, so lange wie möglich in England zu bleiben, nicht erwarten, daß sie sich zur Repatriierung drängen.

b) Die englischen Familien haben, seit vor Jahresfrist die Fraternisierung erlaubt wurde, den POW oft zu verstehen gegeben, daß sie tüchtige und fleißige Arbeiter seien. Viele Engländer wünschen, diese brauchbaren Arbeitskräfte zu behalten. Viele gestehen, daß sie die Deutschen weit lieber nähmen als Polen und andere sogenannte „Displaced Persons", welche die POW aus den Arbeitsplätzen ablösen sollen. Wiederholt haben Engländer auch zu mir geäußert, sobald sie erfuhren, daß ich aus Deutschland zu Besuch gekommen sei: „Prisoners good Workers." So kann es nicht wundern, daß der POW die Stellung, die er sich bei der englischen Zivilbevölkerung erarbeitet und durch gute Haltung errungen hat, weiter auszubauen hofft. Die meisten POW freilich, die mit dem Gedanken spielen, für die nächsten Jahre in England bleiben zu dürfen, machen sich wenig Gedanken über das, was endgültig aus ihnen werden soll. Man sieht die derzeitige Misere daheim, man ist froh, von England aus mit Paketen helfen und für sich persönlich die notwendigsten Anschaffungen machen zu können, wenn man in England arbeitet. Der oberflächliche Beobachter könnte dazu in abfälligem Tone sagen, diese POW dächten nach dem Wort „Ubi bene, ibi patria". Aber selbst, wo dergleichen zuträfe, wäre solche Haltung doch nur Folge und Symptom der jahrelangen Trennung von daheim und der dadurch hervorgerufenen inneren Entfremdung. Die Sehnsucht und begründete Annahme aller POW, nach Kriegsende nach Hause zu kommen, ist – was von ihnen immer wieder als bitterste Enttäuschung bezeichnet wird – bis heute nicht erfüllt worden. Jetzt ist bei vielen das Interesse an der Heimkehr erstorben.

Erschrecken und unnachsichtig verurteilen muß man aber, wenn Ehemänner und Familienväter länger, als sie genötigt werden, in England bleiben. Auch diese Fälle sind nicht selten. Einige englische Lagerkommandanten zeigen an diesem Punkte das notwendige Verständnis. Sie lassen im Komitee, das über die Anträge der POW entscheidet, keinen Familienvater und Ehemann für längeren Aufenthalt zu. Sie erfüllen damit eine Pflicht, die jene POW vergessen haben. Denn wie könnten je Pakete und andere Hilfen für die Familien in Deutschland (was hier meist als Vorwand dient) das aufwiegen, was der den Seinen nach so langer Zeit wieder geschenkte Mann und Vater für die Familie bedeutet und ihr schuldig ist? Leider trifft zu, was mir von Lagersprechern und Lagerpfarrern beider Konfessionen beinahe regelmäßig eröffnet wurde: Diese Menschen haben – eine traurige Folge der anders gedachten Fraternisierung – zumeist irgend ein neues Verhältnis zu englischen Frauen begonnen und sind im Begriffe, sich von der eigenen Familie zu lösen. Um so weniger darf man ihren Wünschen nachgeben. Ich habe dem Joint Committee des British Council of Churches in einem Memorandum deshalb nahegelegt, von den zuständigen staatlichen Stellen eine entsprechende Anweisung an die Lagerkommandanten beziehungsweise die Labour-Officers zu erwirken. Selbst in den Fällen, wo die politische Lage Deutschlands eine Vereinigung mit der Familie augenblicklich nicht gestattet (zum Beispiel bei denen, die in der Russischen Zone gefährdet wären), sollte der POW doch in die Westzonen gehen und dort versuchen, endlich wieder mit seinen Nächsten zusammenzukommen. Der innere Schaden, den die getrennten Teile der Familie weithin schon genommen haben, frißt sonst weiter. Zuletzt mag auch bedacht werden, daß dem englischen Staat mit charakterlich einwandfreien Kräften sicher besser gedient ist als mit pflichtvergessenen Subjekten.

Nur in folgenden Fällen habe ich bei jeder Gelegenheit ein längeres Bleiben befürwortet: Unter den POW stammen viele als sogenannte Volksdeutsche aus Jugoslawien, Rumänien, Südrußland, Galizien, Kongresspolen und aus der Tschechoslowakei. Sie sind von Hitler – Himmler seinerzeit zum Dienst in der SS gepreßt worden, gerieten mit der Division „Prinz Eugen" in englische Gefangenschaft. Soweit ihre Familien jetzt in einer der vier Zonen Deutschlands leben, sollen sie selbstverständlich dorthin gehen. Oft aber leben die Familien noch in der alten Heimat, wenn auch unter Bedingungen, die unvorstellbar grausam sind. Viele Angehörige sind bereits verhungert, getötet, deportiert und verschollen. Mit Sicherheit würde der POW, wenn er sich in seine alte Heimat zurückwagen würde, dort ein Sklavendasein führen oder ebenfalls verschleppt werden. Ich hörte erschütternde Berichte von Familienvätern dieser Gruppe POW. Manche haben die Chance, in der Russischen Zone Deutschlands einen oder mehrere Angehörige wiederzufinden, nachdem diese inzwischen als krank und arbeitsunfähig aus Rußland dorthin (nicht in die frühere Heimat!) geschickt wurden. Wenn POW dieser Gruppe, die doppelt heimatlos ist, noch länger in England zu bleiben wünschen, sollte ihnen hier Asylrecht gewährt werden. Wenn auch der Termin zur Meldung für zivile Arbeit in England schon lange verstrichen ist, sollte für Männer dieser Gruppe, von denen kaum einer weiß, wohin, eine Sonderregelung offenstehen. Günstig wäre, sie in besonderen Lagern zusammenzufassen. Da es sich durchweg um fleißige und erfahrene Bauern handelt, würde aus solcher Regelung der Landwirtschaft jedes Gastlandes nur Vorteile erwachsen. Zudem würde dies die kirchliche Betreuung erleichtern und verhindern, daß sie dem kirchlichen Boden, der sie trug, noch mehr entrissen werden. Das grausame Schicksal hat sowieso viele bereits an den Rand der Verzweiflung getrieben und die kirchliche Bindung stark gelockert. Eine unendlich dankenswerte Aufgabe wartet hier. Lutherischer Weltkonvent, Ökumenische Flüchtlingskommission, das Außenamt der EKD sowie das Hilfswerk der EKD mit den ihm angeschlossenen Hilfskomitees ehemaliger Ostkirchen sollten sich zu einer gemeinsamen Betreuung zusammenfinden. Besonders sollten Vertreter der Ostkirchen als die mit der Materie sowohl wie mit den eigenen Landsleuten vertrautesten Kräfte längere Besuchsreisen unter diesen POW beziehungsweise Zivilarbeitern durchführen können.

2. Neben den POW, die in England zu bleiben wünschen, steht die Masse derer, die stärker denn je an Deutschland und an die Heimkehr dorthin denkt. Da nach festem Plan repatriiert wird, kann sich jeder ungefähr ausrechnen, wann er an der Reihe ist. Hier haben die Nachrichten über die Notlage in Deutschland gewöhnlich zur Folge, daß der POW jede sich bietende Gelegenheit ausnützt, um noch recht viele Sachwerte zu erwerben und diese nach Hause zu schicken oder in seinem Gepäck mitzunehmen. Das Denken und Reden der POW, ihre Freizeit, ihre Fraternisierung wird

mehr oder weniger von daher bestimmt. Wie schon erwähnt, hat die Jagd nach dem Shilling manche Lager wie ein Fieber ergriffen. Man arbeitet an den Slippers oder in Gärten bis in die sinkende Nacht und bis an die Grenze der eigenen Kraft, nur um etwas englisches Geld in die Finger zu bekommen. Was man schicken darf, was nicht, was auf dem Schwarzmarkt und beim Tauschhandel in Deutschland den größten Wert darstellt und die Dinge, um die man zu Hause gebeten hat, nehmen Sinnen und Trachten der POW gefangen. So spiegelt sich in den POW-Lagern die große Verarmung Deutschlands. Sie erzeugt die gleiche Nervosität wie bei der Bevölkerung daheim, eine dauernde Besorgnis, eine Gelegenheit zur Vorsorge für die Zukunft verpaßt zu haben. Faktum ist, daß unbedenklich und unter Ausnutzung jedes geeignet erscheinenden Weges die geltenden Versandbestimmungen umgangen werden. Wenn zum Beispiel Fahrradschläuche, in Konservendosen als Gemüse deklariert, nach Hause gehen, wenn Hunderte von Feuersteinen später im Tauschhandel die Existenz sichern sollen, so legt sich dem Kenner der heimatlichen Verhältnisse doch beängstigend die Frage aufs Gewissen, ob die, die das für ihr gutes Recht halten, wohl in Deutschland die Grenze zwischen Notrecht und moralisch Verwerflichem wie gesetzlich Verbotenem respektieren werden. Oft rechtfertigt man seine Haltung mit dem Hinweis, daß England aus dem besiegten Deutschland ja weit mehr Vorteil und Gewinn ziehe und der Paketversand der POW gar nicht ins Gewicht falle. Daß sogar auf Pfarrerkonferenzen die Meinungen zu den hier angedeuteten Fragen scharf gegeneinander stehen, beweist, welches Gewicht sie für das Leben hinter Stacheldraht haben.

Wer die Verhältnisse im Nachkriegsdeutschland kennt, wird leicht ermessen, was die Erlaubnis der englischen Regierung zum Paketversand und zur Mitnahme von Gepäck an tatsächlicher Hilfe in sich schließt: *Innere* Hilfe für den POW, der als Ernährer seiner Frau, seiner Kinder, seiner Eltern nun nicht mehr aus der Ferne deren Not völlig untätig zusehen muß. Und *äußere* Hilfe, von der der Pakete packende POW zumeist gering denkt, weil er immer nur das Viele sieht, was er nicht schicken kann und darf, von der aber die Pakete empfangenden Familien genug zu rühmen wissen. Man macht sich in POW-Kreisen zwar unbeliebt, wenn man für die vorhandenen Möglichkeiten dankbar zu sein mahnt. Ich habe aber dennoch in diesem Sinne gesprochen bzw. die harten Tatsachen in Deutschland heute für diese Ansicht sprechen lassen.

In diesem Zusammenhang muß etwas zu den oft gerühmten Vergünstigungen gesagt werden, die das War Office den POW seit etwa einem Jahre gewährt. Ohne die Freude darüber irgendwie zu schmälern, lassen sich die Beobachtungen doch dahin zusammenfassen: Die Vergünstigungen und Freiheiten haben die inneren Schwierigkeiten psychologischer Spannungen nur verschoben, nicht behoben. Die allgemeine Unzufriedenheit, welche den Engländern so oft ein Rätsel bleibt, ist dafür kennzeichnend. Der

POW muß nun kurz vor 22 oder 24 Uhr Hals über Kopf das anregende Zusammensein im Hause englischer Freunde beenden, um sich pünktlich bei der Lagerwache zurückzumelden. Nun sehen die Männer im rüstigen Alter in allen Geschäften die Waren auszliegen, die der eigenen Familie daheim bitter fehlen, und können sie doch nicht kaufen, da sie bei normaler Arbeitsleistung, sogar als Fachkräfte tätig, nur einen minimalen Lohn erhalten. Nun erfüllt der Umgang mit der englischen Zivilbevölkerung, die Bekanntschaft englischer Frauen die Phantasie mit Hoffnungen, die vielen POW den Sinn für das tatsächlich Mögliche trüben und sie für den Lebenskampf schlecht vorbereiten. Nach wie vor sind darum alle Bestrebungen, den POW-Status so schnell wie möglich zu beenden, auch aus diesen Gründen nur zu fördern.

Kurz gesagt: Als Besucher aus Deutschland hat man weit mehr die Aufgabe, Mut zur Heimkehr und zum Schritt in die Zukunft einzuflößen, als über die Zeit der langen Trennung zu trösten. In diesem Sinne habe ich unter den POW zu arbeiten versucht.

3. Zur politischen Haltung. Obwohl dieser Bericht keine politischen Interessen verfolgt, muß er einiges zu diesem Thema sagen. Auch wer in POW-Kreisen in erster Linie seelsorgerlich wirken möchte, stößt dauernd auf die Haltung in politischen Fragen. Sobald die Atmosphäre des Mißtrauens gegenüber dem fremden Besucher gewichen ist, steuert das Gespräch (man kann es kaum verhindern) auf diese Dinge zu. Drei Fragenkomplexe werden fast mit monotoner Wiederholung aufgeworfen.

a) Unvergessen blieb die harte Behandlung in den Gefangenen-Lagern 2224–2228 in Belgien im Jahre 1945, die vielen Kameraden Leben und Gesundheit gekostet hat. Unvergessen und unvergeben bleibt auch, daß nach übereinstimmender Aussage wiederholt und feierlich anläßlich der Verschiffung von USA nach England zugesagt wurde, die POW direkt nach Deutschland zu entlassen, und daß dies Versprechen eben nicht ausgelöst ist. Ich habe oft gefragt: Warum haben die Vertreter der beiden Gewahrsamsstaaten den POW nicht offen erklärt: Deutschland hat in unseren Ländern so viel vernichtet usw., darum sind wir gezwungen, die Kriegsgefangenen so und so lange zu Aufbauarbeiten heranzuziehen? Aber nie hat mir irgendeiner den Grund für jene anfänglichen Zusagen nennen können. Nun ist Tatsache, daß man unter Hinweis auf jene nicht eingelösten Zusagen auch allen weiteren Zusagen, Erklärungen und Abmachungen der Alliierten wenig Glauben schenkt. Das einmal geweckte Mißtrauen gegen den guten Willen der Siegermächte wird durch keine Vergünstigungen, auch nicht durch das deutliche Wohlwollen der englischen Öffentlichkeit im gegenwärtigen Zeitabschnitt beseitigt. Vielmehr wird es in POW-Kreisen genährt durch die Nachrichten über die Lage in Deutschland, die man einfach auf den fehlenden guten Willen der Alliierten zurückführt. Mit denselben Worten wie in Deutschland heißt es: „Sie wollen ja nicht, man sieht es ja an den und den Maßnahmen." Darum hat man auch für die bessere Behandlung oft nur die billige Erklärung: „Man sieht, sie brauchen uns schon wieder", wobei dann oft die Differenzen der Westmächte mit Rußland und nicht allgemein menschliche oder gar christliche Motive als treibende Kraft angesehen werden. Gegen solche düstere und pessimistische Grundstellung Tatsachen vorzubringen, die nicht das überlegene Lächeln der vermeintlich hinter die Kulissen Blickenden hervorrufen, ist eine Aufgabe, zu der sich jeder Besucher aus Deutschland verpflichtet fühlen sollte.

b) Diese Gesamtbeurteilung der Politik und Methoden der Siegermächte hat unter vielen POW das zur Folge, was man gemeinhin als Renazifizierung bezeichnet. Natürlich liegt eine solche Entwicklung auch daran, daß die bewußten Gegner des Nationalsozialismus unter den POW in die „Gruppe A" eingestuft und längst bevorzugt entlassen sind, während die POW der „Gruppe B" und „C" zurückblieben.[54] Aber seit „PED" (Political Education Department) im Jahre 1945–1946 jeden POW einstufte, wollte man den POW demokratisch umerziehen. Wer jetzt in den Lagern herumhorcht, gewinnt den Eindruck, daß dieses Bemühen nur von geringem Erfolg gekrönt wurde. Von dem anfangs geübten Verfahren politischer Prüfung und Beeinflussung (durch die sogenannten Screener) wird heute mit erstaunlicher Offenheit abfällig gesprochen, nachdem der POW deswegen Denunziation und Nachteile nicht mehr zu befürchten hat. So heißt die im Auftrag der Regierung für die POW erscheinende „Wochenpost" nach dem, was früher darin in offenbar wenig geschickter Polemik gegen Deutschland und die Deutschen zu lesen war, noch immer allgemein „Die Wochenpest". Immer wieder wird argumentiert wie heute in Deutschland: „Sie haben aus uns nicht nur keine guten Demokraten gemacht, sondern sie beweisen durch Aushungern unserer Frauen und Kinder, durch Demontage, Denazifizierung und (im Osten) durch Deportation, daß sie es auch nicht besser machen als Hitler." So glauben sich viele in ihrer nationalsozialistischen Haltung nachträglich gerechtfertigt und neu bestätigt. So wird auch verständlich, daß man den ins Gewissen dringenden Ruf Pastor Niemöllers nicht begriffen und rundweg abgelehnt hat und daß Niemöller (auch dies ist bezeichnend) erst nach seiner Erklärung zur Denazifizierung vom Februar 1948 wieder beginnt, nicht mehr persona ingrata zu sein. Daß in auffallend vielen Lagern gerade die Vertrauensstellungen (Lagerführer, Kulturwarte) von früheren Nationalsozialisten und Berufssoldaten bekleidet werden, die sich mehr oder weniger zum nationalsozialistischen Gedankengut bekennen, kann nach dem Gesagten nicht wundern. Die Lagerkommandanten, die im deutschen Lagersprecher vor allem einen guten Soldaten und Organisator suchen, nehmen daran offenbar keinen

---

[54] Zur Einstufung der Kriegsgefangenen in verschiedene Kategorien vgl. Einleitung, S. 26.

Anstoß. Wo auch eine für den Nationalsozialismus typische antikirchliche Einstellung von der deutschen Lagerführung beibehalten und gegenüber dem Lagerpfarrer betätigt wird, kann man sich leicht ausmalen, wie isoliert dieser dastehen und sich der unangenehmsten Behinderung seiner Arbeit gegenübersehen kann. Doch davon später.

c) Vor allen anderen Fragen bewegt die POW natürlich die Frage Ost-West. Nicht unwichtig ist, daß seitens der verantwortlichen englischen Stellen eine antirussische Polemik in den Lagern offenbar nicht gefördert wurde. Aber auch ohne Propaganda beschäftigt diese Frage die Gemüter. Wer zu ihr etwas Authentisches sagen kann, findet stets einen großen Zuhörerkreis. Ein Redner des „Political Education Department" reiste im Jahre 1946–1947 durch die Lager fast nur mit dem wie ein Magnet wirkenden Vortragsthema „Die Russen in Berlin" – er hatte die Eroberung persönlich erlebt. Alle fühlen, daß keine Frage so wie diese das Schicksal aller betrifft. Aber beunruhigt und bedrängt werden von ihr besonders die POW, die ihre Familie, Arbeitsplatz und Besitz in der Ostzone haben: „Kann man wagen zurückzugehen?" „Was ist an den Nachrichten über Deportationen?" „Ich war bei der SS, stamme aus Leipzig, werde ich nicht sofort nach der Heimkehr wieder abgeholt?" „Kann die Kirche mich nicht unterbringen, mein Besitz ist enteignet", so und ähnlich wird man dauernd gefragt. Selbst die, die politisch nicht im geringsten belastet sind, zeigen sich vor der Rückkehr in die Ostzone recht gedrückt. Andere verraten durch betont lautes Eintreten für die SED und den neuen Kurs dort, daß sie sich vor allen Eventualitäten nach der Rückkehr schützen wollen. Um Rat und Auskunft gebeten, war ich es besorgten Ehemännern und Vätern einfach schuldig, nicht zu verheimlichen, was jedem in Deutschland von der Gefährdung der Offiziere und vom Interesse der Russen an Spezialarbeitern bekannt ist. Sonst aber erschien es als Pflicht, dort Mut und Vertrauen zuzusprechen, wo unbegründete Ängstlichkeit vorlag, und auf die fast unüberwindlichen Schwierigkeiten eines Unterkommens in den Westzonen (mit Frau und Kind) hinzuweisen. Folgender Fall ist typisch: Ein Arzt, ehemaliger aktiver Oberstabsarzt des Heeres, beheimatet in einem Ort der Provinz Brandenburg; auf seine Bitte frage ich bei dem mir bekannten Ortspfarrer an, ob dieser Mann es wagen darf heimzukehren. Nach mehreren Wochen kommt die beruhigende Antwort: Er soll sofort zu uns kommen, großer Ärztemangel, jeder, der kommt, tut ein gutes Werk. Zugleich trifft ein Brief der eigenen alten Mutter ein: Bleib, wo du bist, auf keinen Fall darfst du jetzt herkommen! So lasten die Fragen weiter auf den POW und gehen mit ihnen nach Munsterlager[55] – unbeantwortet.

---

[55] Zentrales Entlassungslager in der Britischen Besatzungszone (vgl. H. Wolff, Überblick, S. 500 ff.).

Wer dem POW hier einen gangbaren Weg zeigt, sei es Staat, Kirche oder Organisation, der tut an ihm den Dienst, den ungezählte im Grunde allein begehren. Wer ihnen dies geben kann: Arbeit und Brot und endlich ein unkontrolliertes und ungestörtes Zusammensein mit der eigenen Familie in den eigenen vier Wänden, der hat ihre politischen Fragen beantwortet. Er braucht sich um politische Umerziehung nicht sonderlich zu bemühen und wird erleben, daß die Erinnerungen an die angeblich bessere Hitlerzeit von selbst verblassen. Die „Renazifierung" saugt ihre Kraft zum großen Teil nur aus der Hoffnungslosigkeit der Gegenwart.

V. Lagerpfarrer und Lagergemeinden
1. Was oben vom Aufhören des Lagerlebens im allgemeinen gesagt wurde, tritt in starkem Maße auch im Leben der Lagergemeinden zu Tage. Die Einrichtungen, die technischen Voraussetzungen – von den notwendigen militärischen Genehmigungen bis zu genügend Gesangbüchern, Harmonien und Abendmahlswein – sind geschaffen, stehen bereit. Aber die Lebendigkeit der ersten Zeit ist nicht mehr vorhanden. Lagerpfarrer und aktive Gemeindeglieder sprechen von der einstigen großen Beteiligung an Gottesdiensten, den täglichen Morgen- und Abendandachten, Bibelkreisen, Aussprracheabenden wie von einem verlorenen Paradies. Da aber gerade jenes Bild der Anfangszeit aus naheliegenden Gründen durch die kirchliche Presse der Heimatgemeinde und der Öffentlichkeit vor Augen gemalt ist und bisher als gültig und vorbildlich hingestellt wurde, verlangt die Wahrhaftigkeit, es hier im Sinne der veränderten Situation und der neu sich ergebenden Aufgaben zu korrigieren. Wer in diesen Monaten die Amtsbrüder in den Lagern und ihre Gemeinden besucht hat, bleibt vor Enttäuschungen nur bewahrt, wenn er auf die große Zahl grundsätzlich verzichtet hat und für die kleine Herde dankbar wird, der die Herrlichkeit der Verheißung Jesu gilt.[56] Darin weiß dieser Bericht sich einig mit jenen Lagerpfarrern von England und Schottland Anfang April 1948 in London[57], die (gewiß nicht pessimistisch oder weniger tüchtig!) sich mit Entschiedenheit gegen jede Berichterstattung an die EKD und an die Ökumene wandten, welche die harte Wirklichkeit in ein frommes Wunschbild verzeichnet. Man muß das bekannte Studienlager der Theologen, Abiturienten und Jugendleiter, auch das Offizierslager und das Generallager als Sonderfälle hier beiseite lassen. Für die Lager typisch sind auch nicht repräsentative Veranstaltungen wie jener oft genannte Weihnachtsgottesdienst im Jahre 1946 in der Kathedrale von Sheffield, in dem Bischof D. Dr. Dibelius vor Hunderten von POW predigte. Na-

---

[56] Lk 12,32.
[57] Die Konferenz der evangelischen Lagerpfarrer in London (vgl. unten Nr. I/13, Anm. 72, S. 165).

türlich konnte sich dieser oder jener, den ich danach fragte, noch gut
dieser eindrucksvollen Feier erinnern. Aber das Kirchlein des eigenen
Lagers kannte man nur von außen. Und den Lagerpfarrer dieses Lagers
traf ich, als ich zu der von ihm täglich angesetzten Morgenandacht kam,
als einzigen vor dem Altar seiner Kirche. Lagerpfarrer und Restgemeinden
arbeiten heute unter Bedingungen, für die auch jenes abgelegene Seiten-
lager Podorgan auf der Isle of Anglesey kennzeichnend ist: Um auch dort
wenigstens *einen* Gottesdienst während der Weihnachtstage zu haben,
kam dem rührigen jungen Pfarrer des Stammlagers ein Theologiestudent
aus 174 PW (Norton) Camp zu Hilfe. Er konnte den geplanten Gottesdienst nicht halten, da kein POW erschien.

Mit meinen Besuchsreisen hat auch ganz persönlich ein Bruder die
Brüder suchen wollen und mit ihnen tatsächlich von Morgen bis Abend
ein „gemeinsames Leben" führen dürfen. So weiß ich zur Genüge, wie sehr
die jetzige Lage als Last und Anfechtung das Reden und Denken, den
Dienst und das Gebetsleben der Brüder bestimmt. Wenn ihr treues Ausharren gerühmt wird, muß es unter diesen Aspekten gesehen werden. Und
bei wem die eigene Familie gar zu den Ostvertriebenen zählt und ohne
den Ernährer ein kärgliches Flüchtlingsdasein fristet, bei dem stehen Glauben und Amt des Lagerpfarrers unter besonderer Prüfung. Die Frage der
„Ostpfarrer", die in den Kirchen Restdeutschlands unter manchen Nöten
und Anstößen gelöst wird, findet hier eine besondere Zuspitzung. Unter
verständlicher Bitterkeit berichteten mir verschiedene Brüder von ausblei-
bender Unterstützung ihrer Familien seitens der Evangelischen Kirchen des
Aufnahmegebietes: Angesichts dieses Versagens leitender Organe innerhalb
der EKD (als ein solches wurde das Erfahrene jedenfalls empfunden) haben
die Amtsbrüder immer wieder dankbar von der Hilfe gesprochen, die ihren
Familien durch das von Pfarrer D. Birger Forell geleitete Hilfswerk in
Borås zukam.

Zu diesen Dingen, die hier mit Absicht offen zur Sprache kommen, da
sie gerade den „Alltag" des Lagerpfarrers und darum tiefer, als zumeist
sichtbar wird, seine „Existenz" berühren, gehört auch deren ganz unterschiedliche wirtschaftliche Lage. Eine gleiche Löhnung ist trotz mehrfacher
Bemühungen des Joint Committees, des Dekans aller Lagerpfarrer Dr.
Rieger, London, und des Staff Chaplain beim War Office nicht erreicht
worden. Es steht mir nicht zu, dies als Versagen der Behörden oder des
Bruderkreises zu kritisieren. Hier, wo von der Lage der besuchten Amtsbrüder im POW-Status berichtet wird, muß aber festgehalten werden: Ich
traf Lagerpfarrer, die in Hitlers Armee „nur" Obersoldaten oder Gefreite
gewesen waren und aufgrund dieses einstigen Dienstranges und auf Grund
der Tatsache, daß sie ja für (körperliche) Außenarbeit nicht entlohnt
werden, aus dem Welfare Fond 3–4 Shilling pro Woche erhielten. Mir
begegneten aber auch Lagerpfarrer, denen als frühere Offiziere bzw. Wehr-

machtspfarrer (im Majorsrang) eo ipso 3–5 Pfund pro Monat ausgezahlt wurden. Wer die Verhältnisse nur ein wenig kennt, wird sich nicht wundern, daß zum Beispiel ein Amtsbruder der ersten Gruppe, der in Schlesien Heim und Amt verloren hatte, sich durch „schwarze", heimliche Arbeit in Gärten etc. einige Shilling verdiente. Daß er dadurch die innere und äußere Freiheit, die er für seine Stellung braucht, beeinträchtigte, liegt auf der Hand.

Als Termin für das Schwinden des kirchlichen Lebens nennt man in den Lagergemeinden allgemein den Beginn der Erlaubnis zum freien Ausgang und zur Fraternisierung mit der Zivilbevölkerung. Andere Gründe können hier unerwähnt bleiben, da keine Maßnahme das Lagerleben und somit auch das kirchliche Leben so verändert hat wie diese. Ich habe Lagerpfarrer und ihre treuen Helfer des öfteren resigniert und mit gewisser Enttäuschung davon reden hören, daß es gerade die Initiative der verschiedenen englischen Kirchen gewesen ist, welche die Bewegungsfreiheit und menschliche Annäherung für die deutschen Kriegsgefangenen gefördert haben. Sie haben die POW zu tea-parties, parich-meetings und anderen eigenen Veranstaltungen eingeladen und dadurch indirekt das Abbröckeln der Lagergemeinden und das Erlahmen des allgemeinen Interesses für die Veranstaltungen innerhalb des Stacheldrahtes gefördert. Doch abgesehen davon, überwiegt natürlich der Dank und die Anerkennung bei allen POW (bei Christen sowohl wie bei denen, die bislang keinerlei Verbindung zu einer Kirche oder Glaubensgemeinschaft hatten), daß die englischen Kirchen, besonders die Freikirchlichen Gemeinden die ersten gewesen sind, die „den verachteten deutschen POW in ihre Häuser aufgenommen, an ihre Tische geladen und wieder als Menschen behandelt haben". Darüber ist in Wort und Bild oft berichtet worden. Hier muß gerechterweise auch gefragt werden, ob die einst zweifellos bedeutendere Stellung des Lagerpfarrers und das Zusammenkommen der Gemeindeglieder hinter Stacheldraht wirklich in der alten Weise fortbestanden hätte und von Segen geblieben wäre, hätte man es um den Preis weiteren Eingepferchtseins in dem engen Lagerbereich und Ausgeschlossenseins vom caritativen, humanen und ökumenischen Wollen englischer Kreise erkaufen müssen? Das würde selbst der Lagerpfarrer nicht wünschen, der resigniert meinte, man müsse sich damit abfinden, daß „die Sekten uns die besten Leute fortholen". Nein, die Änderung in der Politik der englischen Regierung und besonders die von jedem Ressentiment freie, offensichtliche Freude englischer Kirchengemeinden, sich für die POW einzusetzen, hat gerade auch Lagerpfarrern und Lagergemeinden eine für die Zukunft noch nicht abzuschätzende Ausweitung ihres Blickfeldes und persönlichen Erlebens gebracht. Und was vielleicht noch wichtiger ist, hierdurch kamen viele POW mit Christen und christlicher Atmosphäre in neue Berührung, erfuhren vielleicht zum ersten Mal in ihrem Leben selbstlose Liebe und Freude am Gutestun, ohne daß über den Grund viel geredet wurde, aus dem solche Haltung erwachsen ist. Und dies erfuhren gerade Männer, die von ihrer Heimatkirche nie erreicht wären und allem Predigen und Werben ihres Lagerpfarrers gegenüber sich weiterhin verschlossen hätten.

Vor den Lagerpfarrern liegt hier eine schwere und schöne Aufgabe rechter Weisheit und Selbstlosigkeit. Sollte man ironisch werden, wenn POW, die sich nie in der Lagerkapelle hatten blicken lassen, plötzlich mit ihren befreundeten englischen Familien zum Gottesdienst und Abendmahl der Baptisten usw. gingen? Oder galt hier, daß man es dem Geiste Gottes zutraute, daß Er auch und gerade in dieser ihnen bislang ungewohnten Form kirchlichen Lebens Sein Werk an POW ausrichtet? Mir will nach dem, was ich beobachtete, scheinen, daß diejenigen Lagerpfarrer recht haben, die hier „die Geister zu unterscheiden"[58] wußten, die auch im Zerfallen bisher geübter Formen des Gemeindelebens Gottes guten, gnädigen Willen anerkannten. Insbesondere waren sie auf rechtem Wege, wenn sie [für] Gottes Ruf zu völlig neuen Aufgaben offen blieben. Da dies einem frisch aus der Heimat kommenden Pfarrer psychologisch leichter gelingt als einem, der seit vier Jahren im POW-Status lebt, konnte ich schon aus diesen Gründen nur begrüßen, daß zu Weihnachten 1947 endlich die langerwarteten ersten Austauschpfarrer aus Deutschland eintrafen. Angesichts der schwierigen, auf sie wartenden Aufgaben verfuhren jene Landeskirchen richtig, die nicht Kräfte sandten, welche sie im Moment gut entbehren konnten, sondern gerade Theologen mit Elastizität, Feingefühl und Bereitschaft zum selbstlosen Dienst. Natürlich hätten auch diese ein Jahr früher kommen sollen. Nun sollten sie den bereits in Auflösung befindlichen Lagergemeinschaften dienen. Auf jeden Fall aber kam der Austauschpfarrer dort nicht zu spät, wo er einen Amtsbruder ablösen konnte, der müde geworden war, isoliert dahinlebte und das Gros der (desinteressierten) POW seines Lagers „abgeschrieben hatte". Daß ich auch solche angetroffen habe, darf nach allem bisher Gesagten nicht wundern. Ich erwähne dies hier nicht im Tone irgend eines Richters. Vielmehr gehörte der Besuch gerade dieser Brüder – besonders wenn sie bisher noch nie und von keinem Bruder aufgesucht waren – zu den Diensten, die die Ökumenische Kommission bei ihrer Beauftragung erwartet hatte. Diese Dienste muß man rückschauend als das Herzstück aller Arbeit bezeichnen. Auch hier kann man mit Rücksicht auf die vorgefundenen inneren Nöte nur bedauern, daß Dekan Dr. Rieger, London, nicht schon viel früher und durch eine bessere Kraft im Dienst der „consolatio fratrum"[59] unterstützt worden ist.

Anschließend muß ich zu dieser Frage bekennen, daß ich ein gewisses resigniertes Sich-isolieren des Pfarrers und seiner Getreuen, ein Pflegen

---

[58] 1 Kor 12,10.
[59] Vgl. M. Luther, Schmalkaldische Artikel IV (BSLK, S. 449, Zeile 28).

des Überkommenen im vertrauten Kreise, ein ungenügendes Ergreifen neuer Möglichkeiten und ein den veränderten Verhältnissen angepaßtes Arbeiten auf neuer Bahn als die Gefahr und Versuchung der „Kirche hinter Stacheldraht" anzusehen gelernt habe. Ihr zu begegnen, galt und gilt es, immer wieder Mut zu machen.

2. Die vorgefundene Lage würde diesen Bericht aber nicht so offen und illusionslos schildern, wenn in ihm nicht zugleich dankbar bestätigt werden müßte: Trotz aller Momente, die im gegenwärtigen Zeitraum jegliches geistliches Leben ersterben lassen könnten, gibt es Lagerpfarrer im rechten Werk eines evangelischen Predigers und Seelsorgers, fleißig und wachsam in den Pflichten, die von niemand sonst in den Lagern so oder ähnlich getan werden, und die darum unentbehrlich sind, bis der letzte POW nach Hause fährt. Und sie werden getragen von Gemeinden, die zwar klein geworden, aber untereinander zu wahren Familien zusammengewachsen sind. Unter Übergehung der bekannten und so erfreulichen Äußerungen des ihnen geschenkten und freudig betätigten geistlichen Lebens, an dem ich jedes Mal mit großem Dank habe teilnehmen dürfen, seien folgende Beobachtungen als typisch, folgende Anregungen als erwägenswert hervorgehoben:

a) Nicht kirchliche Arbeit, ausgerichtet an dem, was gewesen ist, das heißt nicht krampfhaftes Bemühen um Erfassung aller Lagerangehörigen, nicht Großveranstaltungen, sondern vermehrter und vertiefter Dienst, seelsorgerlich und caritativ, am einzelnen ist kennzeichnend und Aufgabe der Pfarrer und Christen unter den POW heute. Ich nenne: Nachforschung nach vermißten Angehörigen, Unterstützung notleidender Familienglieder durch Empfehlung an die Hilfswerke daheim, Gesuche um Patenschaften und um neue Heimat für Heimatlose sowie Rat und Hilfe in der sich erschreckend mehrenden Zahl zerbrechender Ehen. Mir haben Lagerpfarrer regelmäßig berichtet, daß sie auch von vielen Fernstehenden in den Nöten der eigenen Ehe ins Vertrauen gezogen wurden, ja daß sich mitunter selbst Katholiken zugestandenermaßen in diesen Fragen lieber an evangelische Pfarrer wandten als an ihre eigenen und daß schon dieses Mittragen ihrer Last durch den Pfarrer als hilfreich empfunden wurde und in größte menschliche Nähe brachte. Wem einmal die Augen für seine Aufgabe am einzelnen geöffnet sind, der erlebt, wie sich auch der POW im Grunde aus der Vermassung heraus sehnt und wie dankbar er dem wird, der ihn als einzelnen in seiner Besonderheit anspricht und ernst nimmt. Anstelle vieler Belege stehe hier die Antwort, die ein Lagerpfarrer erhielt. Dieser macht sich die Mühe, besser: die Freude, jedem ihm in der Sprechstunde, im Gottesdienst usw. einmal nahegekommenen Lagerkameraden einen besonderen Geburtstagsbrief zu schreiben und regelmäßig Schrifttum zu senden (besonders den in Seitenlagern und bei Bauern beschäftigten POW):

„Northwales, 23. November 1947
Lieber Lagerpfarrer!
Für Deine Geburtstagsgrüße danke ich Dir von ganzem Herzen. Es war für mich
das schönste Geburtstagsgeschenk. Gleichzeitig danke ich Dir für Deine Zeitungen
und Blätter, die Du mir wöchentlich schickst.
    An Gott zu glauben war für mich seit Kriegsende sehr schwer, da ich meine
Heimat und viele Angehörige verloren habe. Nun stehe ich alleine da. Was das
für einen jungen Menschen bedeutet, wirst Du ja wissen. Doch seit Du mir jede
Woche eine Zeitung oder ein Heft sendest, habe ich wieder das gefunden, was
ich für eine Zeit verloren hatte, nämlich den Glauben an Gott …
Herzliche Grüße Dein … " (ein POW aus Ostpreußen).

b) Geboten erscheint ferner Orientierung der gesamten Pastoration auf die
Heimatkirche und die künftige Heimatgemeinde hin. Das bringen schon
die genannten Dienste am einzelnen mit sich. So geschieht aber auch ein
Bauen der Kirche Jesu Christi, wie es zu diesem Zeitpunkt unter den POW
allein sinnvoll und fruchtbar sein wird. Als meine Arbeit im November
1947 begann, war jeder POW von heute Heimkehrer von morgen und
damit als Glied einer Kirchengemeinde daheim anzusehen. Wo man die
Wochen und Monate bis zur Repatriierung schon zählen kann, hat auch
die kirchliche Arbeit im Lager der Zurüstung, dem Fußfassen, dem Wie-
der-Heimisch-Werden, der Mitarbeit in der künftigen Gemeinde zu gelten,
besonders wenn der POW in ihr „Flüchtling", also fremd sein wird. Kein
Lagerpfarrer braucht sich am falschen Platz zu wähnen oder seine Gedanken dauernd an die leeren Bänke beim Gottesdienst zu heften, solange
Hunderte von POW seines Lagers, deren Repatriierung bevorsteht, noch
nicht dem Pfarramt ihrer Heimat respektive Aufnahmegemeinde avisiert
sind. Die Gefangenschaftskirche sollte nicht bei Heimatpfarrern fehlendes
Interesse an POW und Heimkehrern ihrer Gemeinden kritisieren, sondern
alles versuchen, um den POW mit seiner Heimatgemeinde zusammenzu-
führen. Ich habe Pfarrer getroffen, die mit Briefe-schreiben zu diesem
Zweck nicht ermüdeten.
    Allgemein war festzustellen, daß die Verbindung zur EKD, ihren Glied-
kirchen und Gemeinden, daß auch die Kenntnis der kirchlichen Vorgänge
in der Heimat bei Pfarrern wie bei anderen POW auffallend gering geworden war. Das erscheint nicht nur als natürliche Folge der langen
Trennung, die auch bei guter Information ein konkretes Bild der tatsäch-
lichen Verhältnisse nicht ermöglicht. Das ist zum gewissen Teil vielmehr
auch Folge davon, daß (aus welchen Gründen immer) die erreichbaren
Möglichkeiten, die Gefangenschaftskirche seitens der Heimatkirche zu
betreuen und mit sich zu verbinden, keineswegs voll ausgenützt wurden.
Folgende Beobachtungen mögen dies kurz beleuchten:
    Zu Weihnachten 1947 kamen über das Hilfswerk der EKD mehrere
Tausend Liebesgabenpakete mit Lebensmitteln und Gebrauchsartikeln für

POW in England an. Diese in der Heimat betriebene Sammlung sollte den heimatlosen POW eine Freude bereiten. Ich erlebte deren Eintreffen im Lager 186, unter anderem ein vom Hauptbureau Hannover des Hilfswerks eingesammeltes und über das Auslieferungslager Bremen versandtes Paket mit folgendem Inhalt: Zwei Shawls, Socken, Einheits-Seife(!), Nudeln(!), deutsche Zigaretten(!), Bleistift, Papier(!) usw. „Uns blutet das Herz", sagte der tüchtige und einsichtige deutsche Lagersprecher und bat mich, dies nach Deutschland zu melden, „wenn wir hier sehen, wie die Heimat sich Dinge abspart, die wir sämtlich reichlich und in unvergleichlich besserer Qualität besitzen." Man hätte das den Flüchtlingen daheim geben sollen. Solche Dinge haben in England auch die heimatlosen POW genau so reichlich wie die übrigen. Natürlich freuen sie sich über das Gedenken (leider waren die Absender meist anonym), aber dieselbe Freude hätte man ihnen bereitet, meinte der gleiche Lagerführer, wenn man dem Lager zehn persönliche Briefe freundlicher Menschen in Deutschland zur Verteilung gesandt hätte. Diejenigen Heimatlosen, die keine Briefe von Angehörigen erwarten, erführen dadurch Hilfe in ihrem besonderen Leid, könnten ihrerseits darauf antworten und ihrerseits vielleicht weit besser Pakete an Bedürftige in Deutschland senden. So kämen sie aus der lähmenden Passivität des Almosenempfängers heraus. Ein Hilfsdienst der Heimatlosen und Vertriebenen unter den POW und Ex-POW Englands zugunsten ihrer Schicksalsgenossen und Landsleute in Deutschland – eine Aufgabe, die ich als Anregung an das Hilfswerk der EKD und alle Hilfskomitees der verdrängten Ostkirchen hiermit weitergebe. Der Lohn eines im Arbeitseinsatz stehenden POW und Ex-POW (Zivilarbeiter) erlaubt dies gut. Der seelsorgerliche Wert liegt auf der Hand.

Ein weiterer Punkt: Die Vermittlung von Patenschaften liegt bei verschiedenen, parallel arbeitenden deutschen Stellen, zum Teil mit sehr vielversprechenden Namen. Oft setzt sie aber viel zu spät ein, so daß immer wieder heimatlose POW im Moment ihrer Repatriierung noch nicht wissen, wohin sie sich wenden sollen. Die Beratungsstelle der YMCA in Munsterlager[60], die ja ihrerseits die Unterbringung der dort sich meldenden POW an die Hauptbüros des Hilfswerks usw. weitergibt, muß dann schnell als letzter Notanker dienen. Die Hilfskomitees für die Gemeinden und Glieder der verdrängten evangelischen Ostkirchen, die in Deutschland (im Range eines Hauptbüros des Hilfswerks) arbeiten, waren in den Lagern völlig *unbekannt.* Die systematische Meldung aller POW, die Glieder dieser Kirchenkörper waren und es noch sind, war demnach noch nicht begonnen. Wie sollte man in den Lagern Näheres darüber wissen, da nicht einmal der von der EKD ernannte Dekan aller Lagerpfarrer, Dr. Julius Rieger in

---

[60] Vgl. Anm. 55, S. 145.

London, das „Amtsblatt der EKD" und die ihm regelmäßig beiliegenden „Mitteilungen aus dem Hilfswerk" erhielt. Der Versand heimatkirchlicher Gemeindeblätter an die POW wurde schon angeregt. Ihr Fehlen in den Pfarrstuben und Leseräumen wurde sehr empfunden. Wer ferner weiß, wie sehr etwa die Diskussion um Person und Botschaft Martin Niemöllers gerade in England (aber auch in Ägypten) die Gemüter der POW erregt und den Lagerpfarrern oft das Leben sauer gemacht hat, der kann nur bedauern, daß sich in Deutschland keine Stelle gefunden hat, Flugblätter aus Kreisen der Bekennenden Kirche (zum Beispiel „Martin Niemöller antwortet seinen Feinden" oder „Was Niemöller in Amerika wirklich sagte"[61]) den POW zugänglich zu machen. Es wäre manch Mißverständnis vermieden, manch böses Wort nicht gesprochen worden! Statt dessen wurden mit Unterstützung amtlich kirchlicher Stellen Neudrucke herausgegeben, Verlags-Neuerscheinungen versandt, deren belletristischer Inhalt an die Betreuung während des Krieges erinnerte, als man auf die deutsche und ausländische Zensur in dieser Hinsicht Rücksicht zu nehmen gezwungen war.

An dieser Stelle muß dankbar des Dienstes gedacht werden, den auch in puncto Information die Ökumenische Kommission und der Weltbund YMCA stellvertretend geleistet hat. Viele kirchliche Nachrichten, die den POW brennend interessierten, erfuhr dieser nur durch „Die Lagergemeinde" und den „Ökumenischen Pressedienst".

Über die in Norton Camp durchgeführten Kurse für künftige Jugendleiter[62] und für Laien, die ganz unter dem Gedanken an die Mitarbeit daheim stehen und die zu Ende gehende POW-Zeit vorbildlich und sinnvoll nützen, ist von anderer Seite genügend berichtet worden, so daß es hier unterbleiben kann.

c) Geboten erscheint ferner, daß Lagerpfarrer und Gemeinden auf alle Möglichkeiten ökumenischer Zusammenarbeit eingehen, die ihnen von englischen Kirchen und christlichen Vereinen eröffnet werden. Der Kontakt sollte nicht nur in England gepflegt, sondern auch nach der Repatriierung festgehalten werden im Sinne der von Bischof von Chichester gegründeten German British Christian Fellowship. Es ist mir, nachdem ich die POW in den Gemeindehäusern der Quäker, der Methodisten, auf Aussprachabenden der Church of England erlebt habe, nicht zweifelhaft, daß diese Fühlungnahme sich für den einzelnen wie für die Völker segensvoll auswirken wird. Über die Regierungen der Alliierten Nationen wird der POW (auch der Lagerpfarrer und das evangelische Gemeindeglied)

---

[61] Über die politische Haltung Niemöllers und den Anspruch der Bruderräte der Bekennenden Kirche, seit dem „Kirchenkampf" allein die wahre christliche Kirche zu vertreten, gab es innerhalb der EKD heftige Auseinandersetzungen (vgl. dazu oben Nr. I/8, S. 99).

[62] Vgl. dazu unten Nr. I/22 und I/23, S. 230 und 232.

weithin auch künftig scharf aburteilen. Aber das übliche generelle Urteil: „Die Engländer sind perfide, alle Heuchler" war nach meinen Beobachtungen demjenigen schon nicht mehr möglich, der dem Menschen dort ins Herz schauen durfte und mit Christen aller Denominationen Gott zu Ehren Choräle gesungen, gebetet und von ihnen oft beschämend selbstlose Liebe und Hilfe erfahren hat. Doch dazu hört man besser die Zeugnisse der unmittelbar Beteiligten, nicht den Bericht eines Besuchers.

In diesem Zusammenhang muß das überraschend gute Verhältnis zwischen dem evangelischen Lagerpfarrer und seinem katholischen Kollegen erwähnt werden, das in den meisten Lagern anzutreffen war. Vom Borgen des Fahrrades und gegenseitigen Heizen der Pfarrstuben bis zum gelegentlichen gemeinschaftlichen Dienst am Wort in gemeinsamen kirchlichen Feiern (die ich leider nicht persönlich erlebt habe) eine auf das angenehmste berührende menschliche Annäherung. Sie hat bei den Draußenstehenden das Gerede von konfessionellem Hader als etwas für die christliche Kirche Charakteristischem stets verstummen lassen. Freilich bieten auch die Ausnahmeverhältnisse eines Lagers besonders günstige Voraussetzungen für solche Gemeinsamkeit. Es ist kein Anlaß, daran allzuviel „Una Sancta" – Hoffnungen zu knüpfen. Nach meinen Eindrücken ist ein Gespräch um die Wahrheitsfrage, um die dogmatischen Kontroversen durch das enge und freundliche Beieinander-Wohnen und Arbeiten kaum in Gang gekommen. Die katholischen Lagerpfarrer werden übrigens mit vorzüglich redigiertem, zeitnahem Schrifttum durch das Kriegsgefangenenhilfswerk Caritas regelmäßig aus Deutschland versorgt.

VI. Der eigene Dienst

Über ihn sei abschließend noch kurz Rechenschaft gegeben: Während der Lagerbesuche gehörte die eigene Zeit und Kraft – das ergibt das bisher Gesagte fast mit Notwendigkeit – drei Personenkreisen: a) dem Lagerpfarrer, b) dem einzelnen POW, der Rat brauchte, c) dem Gesamtlager, das heißt dem informatorischen, caritativen und evangelistischen Dienst an der Gesamtheit der POW.

a) Um mit Letzterem zu beginnen: Damit der Besucher aus Deutschland der Masse der POW überhaupt bekannt wird, genügt nicht die Bekanntgabe des Lagerpfarrers am „Schwarzen Brett". Es sind Einführung und Protektion durch die deutsche Lagerleitung erforderlich. In den meisten Lagern hat sich diese auch kameradschaftlich und mit gewissem Interesse für meinen Dienst eingesetzt, das war ihr sozusagen Ehrensache. Regelmäßig erfuhr das Lager durch zwei bis drei Abendvorträge Sinn und Zweck des Besuches und das Grundsätzliche zu den aktuellen Fragen, die dem Vortragenden wie auch den meisten POW am Herzen lagen. „Was erwartet die deutsche Heimat von ihren Heimkehrern?", „Hilfswerke im Nachkriegsdeutschland an der Arbeit", „Brennende Fragen heute daheim und die Antwort der Christenheit", „Deine Zukunft und ihre wichtigste Frage", „Die Kirchen der Welt auf neuen Wegen" – dies waren deshalb die häufigsten Themen. Die Vorträge haben durchweg versucht, das düstere Bild der POW von der deutschen Lage aufzuhellen, ihren inneren Ursachen nachzuspüren und durch Aufzeigen positiver Tatsachen aus der jüngsten Vergangenheit Mut und Vertrauen und Verantwortung eines jeden zu wecken. Vor dieser Zuhörerschaft war das meiste, was hierzu aus den Hilfsaktionen und der Aufbauarbeit der Kirchen, insbesondere des Hilfswerks der EKD berichtet werden konnte, noch unbekannt, respektive es fehlte die lebendige Anschauung. Daß die Kirchen nicht nur hin und wieder Almosen verteilen, sondern ganze Siedlungen planen und tatsächlich aufbauen, löste Verwunderung aus und wirkte dem üblichen Fatalismus gegenüber befreiend. Daß die Liebesgaben der Christenheit ungehindert durch den „Eisernen Vorhang" bereits in Frankfurt an der Oder dem Heimkehrer aus Rußland zugute kommen, erschien glaubwürdig im Munde eines, der sich seinerzeit als Delegierter des Hilfswerks an Ort und Stelle davon überzeugt hatte. Und der Kreis der Hörer vernahm stets mit spürbarer Spannung, wenn aus der Zeitung „Die Kirche" vom 5. Oktober 1947 das Angebot vorgelesen wurde, das die Berlin-Brandenburger Kirchenleitung und Innere Mission unter dem 23. September 1947 allen jungen Müttern machte: Alle neugeborenen Kinder in ihre Obhut zu nehmen, soweit und solange die Mütter das wünschen, ohne nach ihrer Partei oder Konfession zu fragen. Katholische Lagerpfarrer haben gestanden, daß sie dies Faktum mit gewissem Neid gehört hätten, da ihnen etwas Gleiches aus ihrer Kirche zu der Zeit noch nicht zu Ohren gekommen war. Die POW haben angesichts solchen entschlossenen Helfenwollens deutlich den zweifelhaften Wert einer gesetzlichen Lockerung des § 218 empfunden, und viele wurden froh über ihre Kirche. Daneben wurden nüchtern die Aufgaben genannt, die auf den Heimkehrer im zerstörten Deutschland warten: Er ist unerwünschter Ballast, wenn er den „Schwarzen Markt" bevölkern will und sich zu diesem Zweck mit Unmengen englischen Kaffees eindeckt; aber er ist hochwillkommen, wenn er schwere körperliche Arbeit nicht scheut und der deutschen Frau und Mutter ihre zu harte Bürde von den Schultern nimmt. Zu verächtlichem Reden über die Haltung der deutschen Frau (das man oft hört) hat keiner ein Recht, der nicht an seinem Teil die schweren und versuchlichen Verhältnisse in Deutschland bessern will. Hier muß ich wieder an die Ökumenische Kommission erinnern, deren wirklich aktuelle Verteilhefte (zum Beispiel „Was erwartet Deutschland von uns?", „Man kann ruhig darüber sprechen") den Lagerpfarrern und auch mir, in diesem Sinne unter den POW zu wirken, hervorragend geholfen haben.

b) Im Gefolge solcher Vorträge entspann sich dann der Dienst am einzelnen. Sprechstunde und möglichst häufige Gänge durch die Wohnbaracken waren der Ort. Gerade die Besuche in den Quartieren sind mir je länger desto wichtiger geworden, da auch den bestbesuchten Abendvorträgen alle POW fernblieben, die schon lange prinzipiell keine Veranstaltungen mehr besuchten (außer Kino!). Sich zum Beispiel zu vier POW setzen, die am wärmenden Kanonenofen Skat spielen, und erleben, wie sie sofort mit ihren Fragen herauskommen, und zu sehen, wie allmählich immer mehr POW aus den entfernten Ecken der Baracke herzutreten und an der Aussprache teilnehmen – dies gehört zu den schönsten Erinnerungen der ganzen Arbeit. Die Möglichkeit, in dieser Umgebung gegenüber einer deutlich von allen als ausweglos empfundenen Weltlage und in das oft trostlose Schicksal des einzelnen hinein die Kraft und Hoffnung des Evangeliums, klipp und klar und ohne Umschweife den Namen Jesu Christi zu sagen – waren so einzige Geschenke, daß man der Ökumenischen Kommission, die diesen Dienst ermöglichte, nicht dankbar genug bleiben kann. Deutlich steht vor mir ein Bild aus der Adventszeit: in einer unfreundlichen, ungeheizten Baracke des Repatriierungslagers Nummer 4 ein Transport Heimkehrer. Die Mehrzahl Angehörige einer ehemaligen SS-Polizeidivision, die in Italien gefangen, nach England gebracht, bisher von der Repatriierung ausgeschlossen waren. Jeder weiß, daß diese Polizisten seinerzeit von Hitler-Himmler einfach zur SS überstellt worden sind. Die meisten unter ihnen Familienväter, viele aus Berlin und der Ostzone. Nach einer Woche werden sie in Munsterlager[63], nach 14 Tagen in Berlin, Leipzig usw. eintreffen. Würde man sie endlich zu ihren Familien lassen oder würde ihre Vergangenheit und, daß sie meist kräftige Gestalten waren, Männer in den besten Jahren, ihnen weiter zum Verhängnis werden? Ihre Sorgen bedurften keiner Veranschaulichung. Hinter Stacheldraht war ihnen wenigstens Nahrung, Kleidung, Obdach sicher. Welche Verkehrung aller gewohnten normalen Maßstäbe, daß man fortfahren muß zu fragen: Würde ihnen das in der Freiheit bleiben? An diesem vorletzten Abend in England erstarben ihnen und mir alle billigen Worte. Aber jene Worte aus dem Weihnachtslied liegen nahe und wollen ausgesprochen werden: „Welt war verloren …" Liegt nicht ebenso nahe, ja ist dies nicht das einzig Tröstliche, mit dem Liede fortzufahren: „Christ ist geboren …"[64] und das mitzunehmen in die unheimlich gewordene deutsche Heimat?

Und was man in den Baracken nicht auszusprechen wagt, tritt in der Sprechstunde oft mit einer Nacktheit als quälende Last hervor, daß es den Gefragten und Helfensollenden bis zur Stunde nicht losläßt. Vor allem kommen die Ostvertriebenen. Diese habe ich deshalb regelmäßig zu besonderen Besprechungen eingeladen, um ihre speziellen Fragen ausgiebig

---

[63] Vgl. Anm. 55, S. 145.
[64] „O du fröhliche, o du selige, gnadenbringende Weihnachtszeit" (EG 44, Strophe 1).

zu erörtern. Das diese Gruppe Kennzeichnende wurde bereits genannt. Es braucht hier nicht wiederholt zu werden. Besonders tragisch unter ihnen wiederum das Schicksal der aus Südosteuropa stammenden Volksdeutschen. Ebenfalls von Hitler-Himmler seiner Zeit in die SS hineingezwungen (SS-Division „Prinz Eugen"), als POW aus Italien nach England gebracht und dort auf die Lager verteilt, scheint bei ihnen die Frage des „Wohin?" ganz unlösbar. Auch die Katholiken unter ihnen kamen. Einige Schicksale mögen für viele stehen:

Johann K. ... aus O. ... bei Novi Sad im serbischen Banat, muß 1941 in der jugoslawischen Armee gegen Deutschland kämpfen, wird 1943 zur SS gezogen, gerät am 6. Mai 1945 in englische Gefangenschaft. Seine Frau bleibt zu Hause, wird im Mai 1945 binnen fünf Minuten mit ihren zwei Töchtern (14- und ein-jährig) vertrieben und kommt ins Sammellager Jareck. Dort sterben hintereinander an Hunger etc. im August die alte Mutter, im September die Schwiegermutter, am 18. November die Frau K. selbst und im Februar 1946 das einjährige Töchterchen. Die Vierzehnjährige trifft später im Lager Kruschilje eine Frau aus der alten Heimat, entflieht mit ihr, natürlich nur nachts unterwegs, nach Österreich. Dort ist sie seit Februar 1947 in einem DP-Lager. POW K. sucht für das einzige Kind, das ihm blieb, eine neue Heimat bei Frau Katharina T., jetzt in einem Dorf bei Herrenberg – Württemberg, die (ebenfalls aus dem Banat vertrieben) er zu heiraten gedenkt. Kann die Tochter aus Österreich hinkommen und wie?

Andere sind der immer wieder vergeblichen Versuche, Gewißheit über das Schicksal ihrer Familien zu erlangen, müde geworden. Soll der Besucher aus Deutschland die aufflackernde Hoffnung nähren? Oder ist nur noch Seelsorge möglich, die den geprüften Bruder bei der Hand nimmt, mit ihm betet, damit er auch im Nichtbegreifen der Gerichte Gottes für den Rest seines einsam gewordenen Lebens sagen lernt: Ich glaube!? Da kommt ein POW aus Bessarabien: 1940 mit den anderen in den „Warthegau" umgesiedelt, dann nach Essen eingezogen als Dolmetscher für Lager mit „Ostarbeitern". Dort verliert er durch Bombenangriffe seine Frau, seine Kinder, das älteste, eine 19-jährige Tochter, bringt er zu Verwandten nach Breslau „in Sicherheit". Seit er in englische Gefangenschaft geriet, das heißt seit Ende 1944 fehlt von seinen Verwandten und Kindern in Breslau jede Nachricht. Was muß er fürchten, was darf er hoffen?

Da liegt krank im Hospital Dissfolk, Norfolk Fritz J. aus Kohjenen in Ostpreußen, seit Februar 1945 ohne Nachricht von Frau und vier Kindern. Ihm ist es schon Hilfe, daß er endlich wieder die im Leid geprüfte alte Kirchengemeinde finden wird, nachdem ich ihm die neue Anschrift seines früheren Dorfpfarrers geben konnte. Die Adressenlisten sämtlicher vertriebener Ostpfarrer bewähren sich bei solchem Dienst als unentbehrliches Hilfsmittel. Auch sie waren nicht in den Händen der Lagerpfarrer. Im übrigen aber hatten Lagerpfarrer und -gemeinden sich dieser hart Betrof-

fenen meist schon angenommen und sie mit brüderlichem Verstehen um-
geben und getragen. Darüber zum Schluß nur dies:

Die Begegnungen mit einzelnen Gliedern dieser „geistlichen Familien"
sind persönliche Glaubenstärkungen, durch die der Besucher mehr emp-
fängt, als er zu geben hat. Ich denke da mit besonderer Dankbarkeit an
jene, die als POW (wie es einer von ihnen nannte) „für Gott reif
geworden" waren und nicht selten von weit her, aus der aktiven Anhän-
gerschaft Rosenbergs[65] und anderen Reservoiren des Unglaubens herzu-
gefunden hatten.

c) „Warum kommen sie erst jetzt?", so fragten des öfteren sowohl nach
Abendvorträgen und Einzelgesprächen POW als auch dieser und jener der
besuchten Amtsbrüder. Der Besucher, der mit allgemein interessierenden
neuesten authentischen Nachrichten aus Deutschland in ein Lager kommt,
der nicht wie der POW dem einengenden Reglement untersteht und nach
einer Woche wieder geht, arbeitet im Moment unter günstigeren Bedingungen als der, der seit langem in der Monotonie des Lagerlebens als
POW das geistliche Amt zu verwalten hat. Bei jedem Gang durch die
Quartiere findet jener leicht Anknüpfungspunkte und willige Ohren, nicht
aber der, der (wie allen schon bekannt nichts Neues, sondern) „immer nur
fromme Worte" zu bieten und vor den scharfen Augen der Kameraden
sich ständig als Christ zu beweisen hat. Vor der fieberhaften Geschäftigkeit
derer, die von ihren gesellschaftlichen Pflichten und gewerblichen Interessen aufgesogen sind („abstauben" ist weithin die Grundmelodie, und leer
sind am Samstag Mittag in vielen Lagern alle Quartiere), vor einer sittlich
oft bedenklich schwülen Atmosphäre, vor der verheerender Wirkung ent-
stellender Pressenachrichten über die Kirche und ihre markanten Vertreter
(zum Beispiel über Martin Niemöller) zieht sich ein Lagerpfarrer gerne
auf den Kreis der wenigen Getreuen, auf die Pfarrstube und auf häufige
Besuche benachbarter englischer Geistlicher zurück. Wer wollte das nicht
allzugut verstehen? Von daher aber auch verständlich die Frage: „Warum
... erst jetzt?" Und deshalb auch die deutliche Freude dieses und jenes
Amtsbruders darüber, daß endlich ein Bruder in seine Einsamkeit gefunden
hat, mit ihm den Alltag teilt, morgens Bibellese und Gemeinschaft pflegt
und (wie nicht verwunderlich) ganz ungehemmt einmal in Baracken und
Bereiche vorstößt, die (aus welchen Gründen immer) vom Lagerpfarrer
schon lange nicht mehr betreten waren, – ja, sich noch lange nach Mitternacht dem aus der Kirche ausgetretenen Lagerarzt widmet ... Hätte es
doch ein Besuchter einfach nicht gewagt, den Offizieren seines Lagers die
Novembernummer 1947 der „Lagergemeinde" zuzumuten wegen des darin
veröffentlichten „Wort zum politischen Weg des deutschen Volkes" und

---

[65] „Chef-Ideologe" des Nationalsozialismus (vgl. A. ROSENBERG, Mythus).

das Blatt nicht verteilt. Und ein anderer findet erst zusammen mit dem besuchten Bruder wieder die Freudigkeit, eine Sonderabteilung eines Detention Camp aufzusuchen, in dem einige ehemals führende National-Sozialisten unter verschärften Bedingungen leben; hernach scheint das Unternehmen ihm so wenig mißlungen und fruchtlos verlaufen, daß er die Männer bald wieder zu besuchen beschließt. In der Versuchung, im Dienst zu ermüden, bedeutet das Besucht-werden durch den mittragenden Bruder für den Lagerpfarrer eine Stärkung des eigenen Glaubens, eine Beglaubigung des eigenen Amtes vor dem gesamten Lager durch dies Zeichen des heute tätigen Lebens der Kirche und eine Auflockerung eingefahrener Bahnen wie auch verhärteter Fronten – und somit eine unaufschiebbare Notwendigkeit. Besucher und Besuchte bezeugen gemeinsam, daß durch solchen Dienst Gottes Reich gebaut wird. Das erklärt die Frage: „Warum, ... erst jetzt?".

I/12. Abschließender Bericht von Pfr. Lic. Werner Jentsch über seine Arbeit in evangelischen Kriegsgefangenenlagern in Großbritannien

[Mitte 1948]

EZA Berlin, 2/563

Anfang Mai 1947 wurde ich als Vertreter des deutschen CVJM und als Direktor des „Religious Department" innerhalb der Kriegsgefangenenhilfe der YMCA für Großbritannien eingesetzt.[66]

Im Rückblick auf die Erfahrungen hinter Stacheldraht in Italien und im Ausblick auf die Nacharbeit in der Heimat erlaube ich mir, dem Weltbund der YMCA, den Vertretern der Ökumene, den britischen und deutschen Kirchenbehörden und dem deutschen CVJM folgenden kurzen Abschlußbericht vorzulegen.

1. Die Lage
a) Die Kriegsgefangenen in Großbritannien unterschieden sich von den POWs in Italien außerordentlich. Herrschten in dem Besatzungslande Italien noch mehr die freien Auffassungen des noch nicht erloschenen Frontgeistes, auf beiden Seiten, so beeindruckten mich im Mutterlande England von Anfang an die strengeren „Regulations". Der POW in Italien stand unmittelbar nach der Kapitulation und war im Rahmen eines sinnenfrohen Volkes und einer fruchtbaren Landschaft offener für eine er-

---

[66] Zur Beauftragung Jentschs im Frühjahr 1947 vgl. K. LOSCHER, Studium, S. 42–49; W. JENTSCH, Erstfälle, S. 402–492.

weckliche Verkündigung als der Deutsche in den Lagern Englands, den mehrere Jahre Gefangenschaft, ein kühleres Land und kühlere Menschen umgaben. Die zweifelsohne notwendige Einteilung in politische Klassen und die in bester Absicht durchgeführte politische Umschulungsarbeit[67] haben den feinfühligen Gefangenen mehr belastet, als allgemein bekannt ist. Resignation, Skepsis, verletztes Gerechtigkeitsempfinden, religiöse Introversion, Kompetenzstreitigkeiten und Gereiztheiten waren die Folge der tragischen Dauer des Gefangenendaseins. Die großzügige Fraternisierung und das bemerkenswert warmherzige Verhalten der britischen Bevölkerung zu den Deutschen hat hier vieles besser, ja sogar gut gemacht. Für die Verkündigung der frohen Botschaft von Christus war aber aufs ganze gesehen das Jahr 1947/48 ein harter Boden. Der über[be]vortragte POW wollte keine Worte mehr hören, sondern Taten sehen, und die einzige Tat, die ihm noch imponieren konnte, hieß: Repatriierung.

b) Seit Jahren hat die YMCA-Kriegsgefangenenhilfe sich in hervorragender Weise für die deutschen POWs in Großbritannien unter Leitung von John Barwick eingesetzt. Ich fand breit angelegte soziale und kulturelle Betreuungsarbeit vor. Die YMCA hat unter den POWs deshalb einen so guten Ruf, weil sie nicht viel geredet, sondern etwas getan hat. Die christliche Liebe ohne Kommentar und der schweigend tätige Glaube haben hier mehr gepredigt, als es eine Predigt selbst zu tun vermöchte. Die Tat war die richtige Botschaft für die resignierten und enttäuschten Deutschen. Eine ganze Reihe von Mitarbeitern waren in den Stäben der YMCA erfaßt, die diese Haltung vertraten, ohne sich allerdings dabei alle der eigentlichen Lagergemeinde anzuschließen. Die religiöse Arbeit war durch die überragende Persönlichkeit des Schweden D. Birger Forell bestimmt, einer von den ganz wenigen Pfarrern in der Welt, an denen die Deutschen nichts zu kritisieren hatten. Er hat ihnen wirkliche Nächstenliebe vorgelebt. Eine konstruktive, geistliche Erfassung der jungen Generation in den Lagern, die Verbindung mit dem deutschen Heimat-CVJM und die gründliche Durchdringung der weltlichen Arbeitsgebiete der YMCA vom Evangelium selber aus war selbstverständlich nur im Ansatz vorhanden, weil es an einer geeigneten Mitarbeiterschaft mangelte.

c) Die Theologische Schule in Norton Camp hatte sich bis zum Sommer 1947 als eine Art stilles geistliches Zentrum für die Lagerseelsorge entwickelt. Ohne einen Auftrag zu haben, war hier die meiste Kenntnis über die einzelnen Lagerseelsorger vorhanden. Die Lagerpfarrer holten sich hier entscheidenden Rat. Lehrer und Leiter tragen dadurch eine große Verantwortung für die Amtsbrüder und haben sich fraglos bedeutende Verdienste erworben. Natürlich gingen auch die Auffassungen über die Problemstel-

---

[67] Zu Screening und Re-education vgl. Einleitung, S. 19–30.

lung zwischen den Vertretern der Lagerfront und den Theologen, die in Norton auf einer Insel leben mußten, gelegentlich auseinander.

2. Die Arbeit

a) In mehreren Lagern wurden vor allem im Sommer evangelisatorische Vorträge durchgeführt. Außer in Norton selbst habe ich auch mehrfach predigen können. Da ich selbst Soldat und Gefangener war und meistenteils nicht in der Kirche sprach, kamen über Erwarten viele Hörer. Die erweckliche Verkündigung erwies sich resignierten Männern gegenüber als einzige Möglichkeit der Evangeliumsverkündigung.

b) In der Theologischen Schule hielt ich eine zwölfstündige Gastvorlesung „Evangelische Jugendverkündigung und -seelsorge". Es war wohl zum ersten Mal, daß die christliche Jugendarbeit Gegenstand einer akademischen Sondervorlesung in einem deutschen Hörsaal gewesen ist.

Eine Reihe von Theologiestudenten sammelte sich auf Anregung hin in einer Arbeitsgemeinschaft für Jugendarbeit, die Heimabende für die CVJM-Gruppen in den Lagern ausarbeitete und Briefwechsel mit den Laienmitarbeitern des CVJM in Großbritannien führte.

c) Auf vier Pfarrkonferenzen und vier Refresher-Kursen in Norton Camp[68] wurden Referate gehalten, die den Amtsbrüdern bei der Erfüllung ihrer missionarischen und seelsorgerlichen Aufgabe helfen sollten.

d) Im September 1947 begannen wir mit der Sammlung der jungen Generation in eigenen CVJM-Lagergruppen, die von Laien geleitet und von deutschen CVJM-Heimatgruppen in Sinne einer Patenschaft betreut wurden. Sie erhielten von Norton Camp aus regelmäßig Material für Bibel- und Heimabende und leisteten einen bedeutenden Beitrag für die individuelle soziale Heimkehrerbetreuung in Verbindung mit den Patengruppen. Ein eigenes Sekretariat für diese CVJM-Gruppen wurde geschaffen (Herr von der Mühlen, später Herr Rappel). Damit war der Kontakt mit dem deutschen Heimat-CVJM geschlossen. Leider begann die Einführung der CVJM-Gruppenarbeit zu spät, so daß sie sich nicht so wie in Italien, Ägypten und Frankreich entfalten konnte.

e) Die Verbreiterung der Basis des Religious Affairs Department geschah durch die Anregung eines YMCA-Kammerchores und eines Streichquartetts. Heribert Beutel, der bereits in Italien für die YMCA als Chorleiter tätig war, wurde auf Antrag hin nach England versetzt und hat mit seinem neuen Chor eine umfassende Lagerbetreuung durchführen können.

f) Daneben war es vor allem die Übernahme der Pressearbeit, die das Department in lebendige Fühlungnahme mit fast allen POWs gebracht hat. Nach langen Verhandlungen erreichte ich die Umformung des bisherigen „Monatsbriefes" zur „Bereitschaft"[69], die sowohl im Interesse des deutschen

---

[68] Vgl. unten Nr. I/20 und I/21, S. 226 f. und 228 ff.

CVJM wie auch einer Reihe von Lagerpfarrern lag. Inhalt und Form der Zeitschrift wurden aufgelockert, gegenwartsnahe gemacht und in Kontakt mit der jungen Generation gebracht. An ihrem religiösen Kern wurde nichts geändert. Der Hauptverdienst in der Pressegestaltung gebührt Herrn Kurt Miethke, der ebenfalls von Italien nach Großbritannien versetzt wurde und mir außerdem in meinem Büro als Stellvertreter entscheidend geholfen hat.

Während des Englandaufenthaltes konnte ich auch noch literarisch tätig sein. Im Aussaat-Verlag erschienen zwei größere Hefte („Das seelsorgerliche Gespräch mit dem jungen Deutschen" und „Erweckliche Verkündigung"). Das Heft „Die deutsche Fieberkurve" konnte in einer Auflage von 5.000 Stück an die deutschen POWs kostenlos verteilt werden.

g) Einen großen Umfang nahm die Korrespondenz ein. Im Monat wurden etwa 300 seelsorgerliche Briefe geschrieben. Das macht zusammen über 3.000! Dadurch wurde die Brücke zur Heimat besonders fest verankert und der briefseelsorgerliche Kontakt mit einzelnen jungen Männern im Lager geschlossen. Mit unendlicher Treue hat hier mein Sekretär August Bayerwald geholfen.

h) Während der Reisen mußte ich regelmäßig und in Norton Camp zuletzt täglich zu seelsorgerlichen Gesprächen zur Verfügung stehen. Die gesamte geistliche Arbeit in England spitzte sich immer mehr auf das Gespräch unter vier Augen zu. Die Hauptfragen waren in folgender Reihenfolge akut: Beruf, Denazifizierung, Sexualfrage, Weltanschauungsprobleme.

i) Die Zusammenarbeit mit dem alliierten Personal von der Kriegsgefangenenhilfe, insbesondere mit dem amerikanischen Direktor des YMCA-Office Norton Camp verschaffte einen brüderlichen Austausch auf ökumenischer Basis. Dem britischen YMCA und seinem Generalsekretär Sir Frank Willis bin ich durch die Vermittlung des Kontaktes mit einer Reihe von bedeutenden britischen YMCA-Sekretären verbunden (Mrs. Howe, Edgar, Brown). Der YMCA Nottingham wurde zu einem besonderen Freundeskreis des deutschen CVJM. Zu der Weltkonferenz des YMCA in Edinburgh durfte ich zwei POWs als Delegierte der Kriegsgefangenenhilfe benennen. Ich selbst konnte als Mitglied der offiziellen deutschen Delegation teilnehmen.[70] In brüderlicher Verbundenheit halfen mir als Vertreter der deutschen Zivilgemeinden Dekan Dr. Rieger, der gleichzeitig als Pastor Pastorum von seiten der EKD die Lagerpfarrer betreute, Reverend Burlingham und Dr. Hirschwald vom British Council of Churches, Reverend Johnston, der Staff Chaplain des War Office, und zahlreiche Vertreter der

---

[69] *Bereitschaft*. Hg. von der World's Alliance of the YMCA's, War Prisoners' Aid, London, 6 Hefte, 1947–1948. Zur von Jentsch in Italien herausgegebenen Zeitschrift gleichen Namens vgl. auch unten Nr. II/6 und II/8, S. 257 und 266 f. sowie Einleitung, S. 48

[70] Vgl. W. Stursberg, Glauben, S. 267 f.

britischen Kirchen, mit denen ich privat Fühlung aufnahm. Im YMCA-
Studienlager Norton Camp erschienen auch eine Reihe ausländischer Be-
sucher als Vortragende. Besonders die Schweizer zeigten ein hervorragen-
des Verständnis für die religiöse Aufgabe des deutschen CVJM, so Pro-
fessor Courvoisier [von] der Ökumenischen Kommission für die
Pastoration der Kriegsgefangenen, Professor K.L. Schmidt und Professor
Blanke. Das größte ökumenische Ereignis war der Besuch von Dr. John
Mott und Tracy Strong im Lager.

k) Die erfreulichste Frucht des Berichtsjahres ist der Jugendleiterkursus[71], der 96 junge Menschen ein halbes Jahr lang für den Einsatz in der
kirchlichen Jugendarbeit in der Heimat geschult hat, davon 72 für den
unmittelbaren Dienst im deutschen CVJM. Etwa 40 werden die Laufbahn
eines hauptamtlichen CVJM-Sekretärs einschlagen, die übrigen helfen nebenamtlich im CVJM. 24 gehen in die katholische Jugendarbeit. Die Zusammenarbeit mit dem Benediktinerpater Wahler auf dem Kursus gehörte
zu den schönsten Erfahrungen interkonfessioneller Verständigung. Zwischen Protestanten und Katholiken haben sich Verbindungen angebahnt,
die für das gegenseitige Verständnis der beiden Konfessionen in Deutschland von unschätzbarem Wert sind. Der Kursus versuchte eine gründliche
Einführung in die christliche Botschaft zu vermitteln und die Methoden
einer Übersetzung des Bibelwortes in die Jungensprache darzubieten. Besonderer Wert wurde auf das Fach der Jugendseelsorge gelegt. Ganze
psychologische Übungen und Diskussionen über die Soziale Frage bemühten sich, die praktischen Probleme in den Vordergrund zu rücken, ohne
dabei die theologische Grundlegung zu vergessen. Ein wissenschaftlicher
Bericht über eine Reihe von hier erarbeiteten Testen wird demnächst in
der Schweizer Zeitung „Psyche" erscheinen. Namhafte Mitarbeiter des
deutschen CVJM halfen durch Gastvorlesungen, so die Herren Gedat,
Schnetter und Dr. Köhle. Besondere Fachkräfte unterrichteten in der
Technik des Erzählens, in Latein und Englisch. Einzelne erlernten in einer
eigenen Werkstatt das Basteln; eine Reihe von Schülern wurde zu Singlei-
tern ausgebildet. Die unterschiedliche Schulvorbildung machte einen Kul-
turkundeunterricht notwendig, der besonderen Anklang fand. Die Jungen
lebten in einer wirklichen Lebensgemeinschaft, die sich am Ende des
Kursus zu einer engeren Bruderschaft verdichtete. In einer Abendmahlsfeier
schlossen sich die 70 künftigen CVJM-Mitarbeiter zu einer brüderlichen
Arbeitsgemeinschaft für die Heimat zusammen. Aus dem Kreis der Schüler
selbst entstand eine Art geistlichen Memorandums, zu dem sie sich während der Sakramentsfeier öffentlich bekannten und das sie für die Zukunft
begleiten soll. Die meisten der Schüler sind Neuchristen und unter 25. Sie

---

[71] Vgl. unten Nr. I/22–I/23, S. 230 ff. und 232 f.

kommen aus der jüngsten Generation heraus und stellen einen neuen Typ von CVJM-Arbeitern dar, dessen Verwendung in Deutschland mit Hoffnung entgegengesehen werden darf. Das nicht leichte Examen am Schluß des Lehrgangs hatte einen guten Erfolg. Im Vergleich zu der CVJM-Schule in Rimini (Italien) ist das Ergebnis weitaus befriedigender, da in Norton Camp gründlicher gearbeitet werden konnte.

3. Die Folgen

a) Zu einer großen Erweckung der jungen Generation in den Lagern Englands ist es nicht gekommen. Eine ganze Reihe junger Deutscher aber hat auch in diesem Spätstadium der Kriegsgefangenschaft sowohl durch den breit angelegten Dienst der YMCA wie auch durch den besonderen religiösen Dienst des deutschen CVJM den Weg zu Christus gefunden. Sollte jemals wieder in der Welt eine Kriegsgefangenschaftsarbeit der YMCA notwendig sein, so wäre zu empfehlen, von Anfang an hauptamtliche YMCA-Mitarbeiter aus der Nation miteinzusetzen, deren Angehörige hinter Stacheldraht leben müssen.

b) Keiner wird bestreiten, daß die kommentarlose Liebe, mit der der Welt-YMCA sich der Gefangenen angenommen hat, der beste Weg zu den Herzen der verbitterten Deutschen gewesen ist. Andererseits aber darf die Gefahr nicht verschwiegen werden, die immer dann entsteht, wenn die Verdeutlichung der Tat durch die religiöse Botschaft nicht rechtzeitig eintritt. Die organische Einheit zwischen Handeln und Verkündigung bleibt gerade den Deutschen gegenüber eine besondere Aufgabe. Sie haben die Arbeit der nationalsozialistischen NSV kennen gelernt, sie wissen um das soziale Hilfswerk des Roten Kreuzes und sie erleben im Osten die Rote Hilfe. Wenn die Liebe der YMCA ohne Kommentar bleibt, kann sie leicht mit anderen sozialen Bemühungen verwechselt werden, und dann wäre der missionarische und seelsorgerliche Ertrag der YMCA-Kriegsgefangenenhilfe verpufft. Umso dankbarer ist der deutsche CVJM, daß der Weltbund durch die Berufung eines deutschen CVJM-Sekretärs in England Gelegenheit gab, in besonderer Form die religiöse Deutung des YMCA-Motives vorzunehmen.

c) Da der deutsche POW alle Ideologien satt hat und froh ist, daß er aus der Masse der früheren Parteierziehung und der gegenwärtigen POW-Umerziehung herauskommt, fällt den deutschen Kirchen und dem deutschen CVJM eine ganz ungeheure Aufgabe zu: Die Individualseelsorge für den privaten Alltag des Heimkehrers. Nur wenn die Heimat Berufe vermittelt, bei der Denazifizierung berät, verstreute Familien sammelt, zerrüttete Ehen repariert und alle diese Fragen in eine konkrete Beziehung zur Christusbotschaft von Schuld und Gnade, Bruderliebe und Ewigkeitshoffnung bringt, wird der Ertrag der YMCA-Kriegsgefangenenhilfe hinter Stacheldraht zu Hause fruchtbar werden können.

Als Vertreter des deutschen CVJM darf ich dem Britischen War Office,
den englischen Kirchen, dem britischen YMCA und insbesondere dem
Weltbund und der Kriegsgefangenenhilfe meinen aufrichtigen Dank für
das Erlebnis sagen, als erster freier Deutscher an meinen gefangenen
Brüdern arbeiten zu dürfen, die [!] eine Zusammenarbeit trotz Stacheldraht
und ohne Friedensvertrag im Zeichen des Kreuzes möglich gemacht hat.

**I/13. Referat von Pfr. Dr. Hans Hirschwald: „Die Geschichte der evan-
gelischen Lagerseelsorge in Großbritannien von 1944 bis 1948"**

[London, März/April 1948]

EZA Berlin, 2/475[72]

Auf dem Merkblatt des Neukirchener Kalenders für den heutigen Tag fand
ich das folgende Schriftwort: „Gehet hin in alle Welt und predigt das
Evangelium aller Kreatur" (Mk 16,15), und in den Losungen der Brüdergemeine lasen wir heute Morgen: „Herr, deine Augen sehen auf den
Glauben" (Jer 5,3).

Diese Schriftworte scheinen mir richtungweisend dafür zu sein, wie wir
die Geschichte der evangelischen Lagerseelsorge in Großbritannien betrachten sollten. Für alle, die in den vergangenen vier Jahren berufen waren,
an der Durchführung der Lagerseelsorge mitzuwirken, kam es ganz entscheidend darauf an, daß sie kraft ihres Glaubens handelten und in dieser
Kraft allein. Ferner stand die Lagerseelsorge unter dem Auftrage des Herrn,
wie er im Markus-Evangelium Kapitel 16 Vers 15 geschrieben steht, und
dieser Auftrag richtete sich an die Christen innerhalb und außerhalb des
Stacheldrahtes, gleichviel ob sie Pfarrer oder Laien waren, und ferner ohne

---

[72] Das Referat wurde bei der ersten Nachmittagssitzung am 30.3.1948 auf der Konferenz
aller evangelischen Lagerpfarrer in Großbritannien gehalten, die vom 30.3. bis 5.4.1948 in
London unter der Leitung von Dekan Dr. Rieger und Pfr. Dr. Hirschwald in Verbindung
mit Staff Chaplain Captain Johnston stattfand. An der Konferenz nahmen 60 Lagerpfarrer
und drei Dozenten aus Norton Camp teil. Ständige Gäste waren Bischof D. Dr. Dibelius,
Berlin, und Bischof Dr. Stählin, Oldenburg, als Besucher sind unter anderem genannt der
Bischof von Chichester und der Präsident der Ökumenischen Kommission für die Pastoration
der Kriegsgefangenen, Prof. Dr. Courvoisier aus Genf. In den verschiedenen Referaten
wurden Fragen der Verkündigung, der Jugend, der Seelsorge, der Nichttheologen, der
Ausbildung und der Ökumene behandelt. – Vgl. den Bericht über die Konferenz von Dekan
Dr. Richter vom April 1948 und die Vervielfältigungen der einzelnen Referate im EZA
Berlin, 2/475. Eine zweite, leicht abweichende Fassung des Referats von Hirschwald liegt
vor im BA Koblenz, B 150/4417. K. Loscher, Studium, S. 64, Anm. 236 nennt zwar das
Referat, gibt aber keine Fundstelle an.

Rücksicht darauf, welcher Denomination oder christlichen Organisation sie angehörten.

In diesem Zusammenhang ergeben sich drei Fragen für uns, die im folgenden ihre Beantwortung finden sollen, nämlich

1. *Wie* der uns von unserem Herrn erteilte Auftrag ausgeführt worden ist.

2. *Inwieweit* dieser Auftrag erfüllt worden ist oder inwieweit ein Versagen festgestellt werden muß.

3. *Was* wir aus der Geschichte der evangelischen Lagerseelsorge in diesem Lande für die Zukunft lernen können.

Der letztere Gesichtspunkt scheint mir besonders wichtig zu sein, da der Hauptzweck unserer Konferenz ist, aus den Erfahrungen der Vergangenheit für die Zukunft zu lernen. Dabei denke ich in diesem Zusammenhang nicht nur an uns selber und an die Lagerpfarrer sowie an die Evangelische Kirche in Deutschland, sondern auch an die englischen Kirchen.

Lassen Sie mich zunächst feststellen, daß das Thema des Vortrages zu weit gefaßt ist. Das Material ist zu umfangreich und die für die Vorbereitung des Vortrages zur Verfügung stehende Zeit war zu kurz, um innerhalb der im Programm für diesen Vortrag vorgesehenen Zeit die Geschichte der evangelischen Lagerseelsorge vollständig und in einer allen Beteiligten in gleichem Maße gerecht werdenden Weise darzulegen. Ich vermag nur Streiflichter zu geben, indem ich, wie es bei einer zusammensetzbaren Bühne geschieht, den Scheinwerfer bald auf dieses, bald auf jenes Problem der Lagerseelsorge richte. Aber auch in dieser Beschränkung dürfte der Vortrag nicht ohne Nutzen sein, indem er Sie in den Stand setzen wird, die Dinge einmal von einer anderen Warte aus zu sehen und vor allen Dingen zu erfahren, wie die Lagerseelsorge allmählich aus bescheidensten Anfängen aufgebaut worden ist. Das Leben hinter Stacheldraht erlaubt schon räumlich nur ein begrenztes Blickfeld. Aber auch die Kenntnis dessen, was außerhalb des Stacheldrahtes geschehen ist, um die Lagerseelsorge zur Durchführung zu bringen, kann verständlicherweise nur eine begrenzte sein.

Ich muß ferner auch dies vorausschicken, daß der Vortrag von dem falschen Mann gehalten wird. Es würde nur recht und billig sein, wenn Pastor D. Birger Forell an meiner Statt sprechen würde. Die evangelische Lagerseelsorge, wie sie in Großbritannien zur Durchführung gelangt ist, ist weithin sein Werk.[73] Ihre Geschichte trägt seinen Stempel. Die Grundlagen, auf denen sie aufgebaut worden ist, sind von ihm im wesentlichen bereits im Herbst 1944 gelegt worden. Alles Spätere war im großen und

---

[73] Vgl. K. LOSCHER, Studium, S. 55–63. 282 f.

ganzen Ausführung dessen, was von ihm bereits damals geplant war. Damit soll keineswegs eine geringere Bewertung der wertvollen Hilfe zum Ausdruck gebracht werden, die von seiten englischer Behörden, englischer Kirchen und anderer Organisationen und Einzelpersonen dem Werk der evangelischen Lagerseelsorge zuteil geworden ist.

Mit dem Hereinströmen von Hunderttausenden von deutschen Kriegsgefangenen in die Lager Großbritanniens war eine einzigartige Gelegenheit für die Christen innerhalb wie außerhalb des Stacheldrahtes geschaffen worden, die Stärke ihres Glaubens durch Taten zu beweisen, und die entscheidende Frage für uns ist, ob und in welcher Weise und von wem diese von Gott dargebotene Gelegenheit zum christlichen Handeln ergriffen worden ist. Für die verschiedenen zur Mitwirkung berufenen Stellen stellte sich diese einzigartige Gelegenheit in verschiedener Weise dar.

Das War Office und der Chaplain General standen der Tatsache gegenüber, daß Hunderttausende von deutschen Kriegsgefangenen, darunter viele Pfarrer, zeitweise über 200, einige Jahre lang in England würden zubringen müssen. Es war ohne weiteres klar, daß Durchgreifendes zur seelsorgerlichen Betreuung der Kriegsgefangenen geschehen mußte. Andererseits bildeten die einschlägigen Bestimmungen der Genfer Konvention nur eine sehr dürftige Grundlage für positives Handeln. Der einschlägige Artikel 16 des Genfer Abkommens über die Behandlung von Kriegsgefangenen vom 27. Juli 1929, der sich im Dritten Teil unter Abschnitt IV, Kapitel IV findet, lautet folgendermaßen:

„Den Kriegsgefangenen wird in der Ausübung ihrer Religion mit Einschluß der Teilnahme am Gottesdienst volle Freiheit gelassen, unter der einzigen Bedingung, daß sie die Ordnungs- und Polizeivorschriften der Militärbehörde befolgen.
Den kriegsgefangenen Geistlichen jedweder Religionsgemeinschaft ist es gestattet, ihr Amt unter ihren Glaubensgenossen ohne Einschränkung auszuüben."

Diese im wesentlichen negativ gefaßte Vorschrift dürfte nicht als eine ausreichende Grundlage für eine wirksame Durchführung der Seelsorge in Kriegsgefangenenlagern angesehen werden können. Die Stellen, die zur Zeit damit befaßt sind, die Vorschriften der Genfer Konvention einer Revision zu unterziehen, dürften gut daran tun, bei ihren Erwägungen die Erfahrungen zu berücksichtigen, die bei dem Aufbau der Lagerseelsorge in Großbritannien gemacht worden sind. Es stellt ein besonderes Ruhmesblatt des War Office dar, daß es, weit über die Genfer Konvention hinausgehend, im Laufe der Zeit eine Reihe von Vorschriften zur Erleichterung der Durchführung der Seelsorge in den Lagern getroffen hat, die in ihrer Zusammenstellung nicht mit Unrecht als „Magna Charta" der Lagerpfarrer bezeichnet worden sind. Ich werde auf diesen Punkt im Verlaufe meines Vortrages noch zurückkommen.

Auch die britischen Kirchen sahen sich vor eine große Aufgabe gestellt. Sie sahen in ihrem eigenen Lande ganz plötzlich eine große Kirche beider Konfessionen hinter Stacheldraht entstehen, die sie in einzigartiger Weise dazu aufforderte, das Gebot christlicher Nächstenliebe an ihren ehemaligen Feinden zu verwirklichen, insbesondere gegenüber den vielen Amtsbrüdern, die im Laufe der Zeit berufen wurden, das Amt eines Lagerpfarrers hinter Stacheldraht auszuüben. Sie waren zu dieser Hilfe umso mehr aufgerufen, als die Evangelische Kirche in Deutschland während des Krieges überhaupt nicht und nach Beendigung der Feindseligkeiten nur ganz allmählich und nur in sehr beschränkter Weise helfen konnte. Aus diesem Grunde stellte das Vorhandensein einer großen evangelischen Gemeinde hinter Stacheldraht, die sich zeitweise auf rund 1.400 räumlich voneinander getrennte Lagereinheiten erstreckte, eine einmalige Gelegenheit auch für die Ökumene, vertreten durch die Ökumenische Kommission für die Pastoration der Kriegsgefangenen in Genf dar. Es galt unter Beweis zu stellen, daß es sich bei der Una Sancta nicht nur um eine schöne theologische Konstruktion handele, sondern um eine lebendige Wirklichkeit im Dienste des Evangeliums. Die EKD konnte, wie gesagt, während des Krieges nichts und in der ersten Zeit nach dem Kriege nur sehr wenig für die Kriegsgefangenen tun, zumal sie sich in ihrem eigenen Hause großen Schwierigkeiten gegenübergestellt sah. Die britischen Kirchen waren, jedenfalls kirchenrechtlich, für die seelsorgerliche Betreuung der Kriegsgefangenen evangelischer Konfession nicht „zuständig", da letztere überwiegend Lutheraner waren. Diese Tatsachen stellten bereits einen genügenden Anlaß für das Eingreifen der Ökumenischen Kommission im Interesse der evangelischen Kriegsgefangenen dar. Auch die deutschen evangelischen Auslandsgemeinden in England sahen sich einer Situation gegenüber, wie sie sich ihnen jedenfalls seit dem Ersten Weltkrieg nicht mehr dargeboten hatte. Bildlich gesprochen erfuhren sie eine außerordentliche Erweiterung ihres Wirkungskreises, indem ganz plötzlich an vielen Stellen Großbritanniens deutsche Brüdergemeinden hinter Stacheldraht entstanden, die auf ihre Hilfe angewiesen waren und für längere Zeit reiche Möglichkeiten boten, das Gebot der christlichen Nächstenliebe zu erfüllen.

Um der Wahrheit Christi willen muß nun von vornherein dieses gesagt werden. Von dem War Office, der EKD und den deutschen Auslandsgemeinden abgesehen, die während des Krieges entweder gar nicht oder doch nur in sehr geringem Umfange helfen konnten, und zwar teils aus Gründen, die mit den Notwendigkeiten der Kriegsführung zusammenhingen, und teils aus anderen Gründen, haben die zuvor genannten Stellen zunächst jedenfalls im wesentlichen „versagt". Es gab rühmliche Ausnahmen wie die Church of Scotland, die bereits im Sommer 1944 Pastor Dr. Golzen mit der seelsorgerlichen Betreuung der Kriegsgefangenen in den schottischen Lagern beauftragte, und den Bischof von Chichester, der sich von Anfang

an in warmherziger und wirksamer Weise für die seelsorgerliche Betreuung
der Kriegsgefangenen in England einsetzte. Auch soll nicht unerwähnt
bleiben, daß einzelne Ortsgeistliche und örtliche Gemeinden sich von
Anbeginn an darum bemüht hatten, den Brüdern in Christo hinter Stacheldraht nach besten Kräften zu helfen. Aber wie gesagt, dies waren
Ausnahmen. Die britischen Kirchen als Ganzes waren zunächst nicht auf
dem Plan. Der Chaplain General war durchaus willig zu helfen, besaß
aber nicht den technischen Apparat, der eine wirksame Hilfe hätte möglich
machen können. Ich möchte in diesem Zusammenhang nicht unerwähnt
lassen, daß auch das War Office während des Krieges sowie in der ersten
Zeit nach dem Kriege noch nicht den Apparat besaß, um die Seelsorge in
den Lagern wirksam zu organisieren. Die Einrichtung eines Staff Chaplain
beim War Office ist erst im Herbst 1945 geschaffen worden. Die Ökumenische Kommission in Genf half wohl in einzelnen Fällen durch Übersendung religiösen Schrifttums, erkannte aber jedenfalls im Anfang noch nicht
die großen Möglichkeiten, die sich aus einer Zusammenarbeit mit anderen
an der Lagerseelsorge interessierten Organisationen für eine wirksame
Durchführung der Seelsorge in den Lagern darboten. Die einzige christliche
Organisation, die von Anfang an auf dem Plan war und sich sogleich auch
der seelsorgerlichen Betreuung der Kriegsgefangenen, und zwar sowohl
der evangelischen wie der katholischen annahm, war der Weltbund Christlicher Vereine Junger Männer, der in seiner für diese Zwecke besonders
geschaffenen Kriegsgefangenenhilfe sich diejenige Einrichtung schuf, mit
deren Hilfe die Lagerseelsorge, jedenfalls in den ersten Jahren, vornehmlich
durchgeführt wurde. Es muß uns allen sehr zu denken geben, daß es eine
Laienorganisation war, welche die von Gott dargebotene einzigartige Gelegenheit zum christlichen Handeln nicht nur sofort erkannte, sondern
alsbald in umfassender Weise ergriff und sich dabei auch nicht scheute,
rein kirchliche Aufgaben zu übernehmen, die an sich von den Kirchen
dieses Landes hätten erfüllt werden sollen.

Ich möchte Ihnen nunmehr zunächst einen kurzen Überblick über die
Situation geben, wie sie bis zum Sommer 1944 bestanden hatte. Es gab
damals etwa sechs bis sieben Kriegsgefangenenlager. Die Mehrzahl dieser
Lager waren Durchgangslager für Kanada und Australien. Einige wenige
Lager hatten schon den Charakter eines Arbeitslagers. Daneben gab es
auch einige amerikanische Lager. In diesen Lagern waren in den Jahren
1942/43 vereinzelt Gottesdienste gehalten worden, und zwar teils von
Pfarrern, die sich zufällig in diesen Lagern aufhielten, teils von dem
schwedischen Pfarrer Bengt Hoffmann, der als vollamtlicher Sekretär der
War Prisoners' Aid der YMCA sich der seelsorgerlichen Betreuung der
Kriegsgefangenen in denjenigen Lagern annahm, die keinen eigenen Pfarrer
aufzuweisen hatten. Am 6. Februar 1944 erhielt Pastor D. Birger Forell ein
Schreiben des Bischofs von Chichester mit der Anfrage, ob er bereit sein

würde, die Verantwortung für die Durchführung der seelsorgerlichen Betreuung der deutschen Kriegsgefangenen in England zu übernehmen. Dieser Brief war mit Zustimmung des Leiters der War Prisoners' Aid der YMCA, Mister John Barwick, und nach vorgängiger Rücksprache mit Dekan Dr. Rieger geschrieben worden und stellte gewissermaßen den ersten Schritt zum planmäßigen Aufbau der Seelsorge in den Lagern Großbritanniens dar. Lassen Sie mich in diesem Zusammenhang zum Ausdruck bringen, daß wir dem Bischof von Chichester außerordentlichen Dank schulden nicht nur dafür, daß er diesen entscheidenden Brief geschrieben hat, sondern auch für sein fortdauerndes Interesse, das er bei so vielen Gelegenheiten und in so mannigfaltiger Weise unter Beweis gestellt hat. Aber wir schulden auch der schwedischen Kirche und insbesondere der schwedischen Gemeinde in Borås herzlichen Dank dafür, daß sie es Pastor D. Forell ermöglicht haben, so viel von seiner kostbaren Zeit dem Dienst der Lagerseelsorge in Großbritannien zu widmen. D. Forell landete am 1. April 1944 in England, 878 Jahre nach der Landung Wilhelms des Eroberers, und wenn er auch nicht England erobert hat, so hat er sich doch die Herzen der deutschen Kriegsgefangenen erobert. Er begann seine Tätigkeit als Theologischer Sekretär der War Prisoners' Aid des YMCA damit, daß er die damals vorhandenen Lager besuchte und regelmäßig Gottesdienste in den Lagern hielt, die ohne eigenen Pfarrer waren. Zunächst war nur eine geringe Vermehrung der Lager eingetreten. Im Sommer 1944 gab es etwa 30 bis 40 Lager. Eine Organisation zur regelmäßigen Durchführung von Gottesdiensten in allen Lagern war damals noch nicht vorhanden. Ob in dem einen oder anderen Lager ein Gottesdienst abgehalten wurde, hing damals davon ab, ob in dem Lager ein Pfarrer anwesend war oder ob jemand von außerhalb das Lager zum Zweck der Abhaltung eines Gottesdienstes aufsuchte. Es gab damals Lager, die keinen Pfarrer hatten, während sich in anderen Lagern manchmal bis zu vier oder fünf Pfarrer befanden. Schon damals war es möglich, mit Hilfe des War Office einige Umbesetzungen vorzunehmen, die eine gleichmäßige Verteilung der Pfarrer in den Lagern ermöglichte.

Die Betreuung der Kriegsgefangenen war im Sommer 1944 folgendermaßen organisiert. Es bestand ein sogenanntes Joint Committee for Welfare to Prisoners of War, das sich aus dem Weltbund Christlicher Vereine Junger Männer, dem Internationalen Roten Kreuz und der Special Division der Schweizer Gesandtschaft zusammensetzte. Letztere war in ihrer Eigenschaft als Schutzmacht beteiligt. Dieses Committee bestimmte die allgemeine Politik der Kriegsgefangenenfürsorge. Unter ihm wirkte ein Joint Committee for Education, das zunächst allein von der YMCA und vom International Red Cross gebildet wurde. Späterhin schlossen sich ihm World Student Relief und die Society of Friends an. Dieses Committee hatte nur beratende Funktion, seine Tätigkeit beschränkte sich auf Unterrichtsfragen. Die Fragen der Lagerseelsorge und des Unterrichtes wurden damals noch nicht in verschiedenen Abteilungen behandelt, vielmehr war damals gewissermaßen jedermann für alle Fragen der Betreuung der Kriegsgefangenen zuständig. Die Hilfsmittel zur Durchführung der Arbeit in den Lagern kamen, soweit es sich um geldliche Mittel handelte, vornehmlich von der amerikanischen YMCA und von einigen amerikanischen Kirchen, wie zum Beispiel der Church of the Brethren. Papier zum Drucken wurde vornehmlich aus Schweden bezogen, die Bücher kamen teils aus der Schweiz, teils aus Schweden. Eine umfassende Hilfe wurde uns von Anfang an von den englischen Quäkern (Society of Friends) zuteil. Die deutschen Kriegsgefangenen schulden gerade den englischen Quäkern unendlichen Dank. Sie waren ein treuer Helfer in allen Nöten. Wenn wir gar nicht mehr aus noch ein wußten, dann wandten wir uns an die Society of Friends, und wir haben niemals vergeblich um Hilfe gebeten.

An dieser Stelle möchte ich Eines zu bedenken geben, woraus wir für die Zukunft viel lernen können. Die Männer, die damals zusammenarbeiteten, um den Kriegsgefangenen zu helfen, und zwar zu einer Zeit, als der Krieg noch im Gange war, gehörten den verschiedensten Nationen an, und zwar zum Teil Völkern, die miteinander Krieg führten. Amerikaner, Schweden, Schweizer, Engländer und Deutsche arbeiteten einträchtig zusammen, um den Brüdern hinter Stacheldraht ihr schweres Los nach Möglichkeit zu erleichtern. Auf diese Zusammenarbeit wird man die Beschreibung anwenden können, die Mister Barwick im Februar 1946 anläßlich einer Konferenz der Lagerbesucher im Norton Camp der Arbeit in diesem Lager hat zuteil werden lassen: Es war eine „Christian UNO on a miniature scale", ein schöner Beweis dafür, was die Gemeinschaft in Christo über alle trennenden Schranken hinweg zu vollbringen vermag, wenn sie von der wahren Liebe Christi erfüllt ist.

Im Herbst 1944 wurden die Grundlagen zum Aufbau der Seelsorge in den Lagern geschaffen. Im dritten Quartal 1944 gab es 41 Lager und fünf Arbeitskompanien. Diese wuchsen im nächsten Vierteljahr auf mehr als das Doppelte an, nämlich auf 83 Lager und sechs Arbeitskompanien. In diesen Lagern befanden sich damals 74.000 bzw. 157.000 deutsche Kriegsgefangene. Sie werden schon aus diesen Zahlen ersehen können, wie dringend notwendig es war, rasch und umfassend zu helfen.

Andererseits mußte diese Hilfe gewissermaßen aus dem Nichts heraus organisiert werden. Wir arbeiteten zunächst in einem Zimmer, das überdies noch mit einer anderen Abteilung geteilt werden mußte, ehe wir in ein Nachbarhaus zogen, wo uns drei Zimmer zur Verfügung gestellt wurden. Meine eigene Arbeit begann damit, auf einer großen Karte die vorhandenen Lager einzutragen. Diese Karte hat mich seitdem all die Jahre hindurch begleitet, und ihr Gesicht hat viele Wandlungen erfahren. Um die zu erwartenden großen Büchermengen aufzunehmen, mußten Bücherbretter gebaut werden, deren Holz wegen der Holzknappheit während des Krieges von einer ehemaligen Hühnerfarm genommen werden mußte. Diese Bücherbretter bedeckten sich bald mit Tausenden von Büchern. Es begann eine lebhafte Jagd nach Büchern in den Buchläden vieler Städte Englands, insbesondere in London und Oxford. Eine abenteuerliche Fahrt führte mich an die Ostküste Englands, wo mir die Witwe eines kurz vorher verstorbenen englischen Geistlichen eine wertvolle theologische Bibliothek in uneigenützigster Weise für die Zwecke unserer Arbeit unter den Kriegsgefangenen zur Verfügung stellte. Während eines mehrtägigen Besuches in Oxford durchforschte ich die 30.000 Bände umfassende Bibliothek des Mansfield College nach deutschen theologischen Werken, die dort in so reichem Maße vorhanden waren, daß wir sie nachher aufgrund eines besonderen Vertrages mit diesem College der Theologischen Schule im Norton Camp in weitem Umfang nutzbar machen konnten. Die Vorbereitungen für das erste Weihnachten nach Kriegsende waren nur in beschränktem Maße möglich, und zwar auch nur dadurch, daß sich uns dank der Vermittlung der Society of Friends freiwillige Helfer aus diesem besonderen Anlaß zur Verfügung stellten. Ich denke da besonders an einen englischen Quäker, Mister Lambert, der sich die Sache der Kriegsgefangenen so sehr zu Herzen nahm, daß er sogar die Nacht hindurch im Büro arbeitete, um die Bücherpakete noch rechtzeitig vor Weihnachten in die Lager zu schaffen. Es wurden damals Bibeln, Neue Testamente, religiöses Schrifttum sowie ein für die YMCA gedruckter „Weihnachtsgruß aus Gotteswort und Kirchenlied" an 43 Lager verteilt. Leider erreichten viele dieser Sendungen die Lager erst nach Weihnachten, da der technische Apparat damals noch auf allen Seiten recht mangelhaft war.

Ein im Herbst 1944 ausgearbeiteter eingehender Fragebogen, der an alle Lager versandt wurde, legte die erste Grundlage für den Aufbau unserer Arbeit. Sein Hauptzweck war, alle für die Schaffung eines umfassenden Unterrichtswerkes in den Lagern erforderlichen Faktoren zu ermitteln. Jedoch stellte er auch Fragen bezüglich der Anwesenheit von Geistlichen und Theologiestudenten in den Lagern. Denn schon damals bestand der Plan der Schaffung einer Theologenschule und einer Lehrerakademie, und das durch die Beantwortung des Fragebogens gewonnene Material sollte die Unterlagen für die Durchführung dieses Planes liefern. Dem Fragebogen war ein durchschlagender Erfolg beschieden. Die einlaufenden Antworten enthielten eine Fülle von Material, aus dem wir reiche Anregungen für die Weiterführung der Arbeit gewannen. Sie ermöglichten uns unter anderem, die erste Pfarrerliste aufzustellen. Wir wußten nunmehr, wieviele Pfarrer uns für die Durchführung der Lagerseelsorge zur Verfügung standen und in welchen Lagern sie sich befanden, ferner, mit wievielen Theologiestudenten wir die Theologenschule würden aufbauen können. Jedoch müssen Sie bedenken, daß wir damals auch unter erschwerenden Umständen arbeiteten. Wir befanden uns noch im Kriege. Security came first. Es gab damals noch keine Beauftragung von Lagerpfarrern durch das War Office, vielmehr stellten sich die Pfarrer entweder freiwillig zur Verfügung oder wurden von Kommandanten, die an der geistlichen Betreuung der Kriegsgefangenen interessiert waren, mit der Abhaltung von Gottesdiensten in den Lagern beauftragt. Die Zensur war damals noch streng. Selbst der arme Schleiermacher erregte den Verdacht des Zensors, und ich erinnere mich noch mit Vergnügen daran, wie ich eines Tages aufgefordert wurde, sein Hauptwerk „Der Christliche Glaube" zwecks Prüfung durch den Zensor einzusenden.[74] Die Zensur religiösen Schrifttums wurde am 7. Mai 1947, also erst zwei Jahre nach Beendigung des Krieges, aufgehoben.

Wie schon eingangs festgestellt, sind die Grundlagen der Lagerseelsorge von Pastor D. Forell im Herbst 1944 bereits gelegt worden. Damals wurden von ihm die folgenden Pläne entworfen:

1. Schaffung eines Schullagers[75], bestehend aus einer Theologenschule und einer Lehrerakademie.

Dieser Plan fand die lebhafte Unterstützung von Mister John Barwick, der schon damals die Schaffung einer Betreuungszentrale erwog, von der aus alle Lager mit denjenigen Dingen versorgt werden sollten, die ihnen nachher in so reichem Maße zur Verfügung gestellt worden sind. Auch das War Office zeigte warmes Interesse an diesem Plan, und es ist insbesondere dem damaligen Direktor der Abteilung für Kriegsgefangene im War Office, General Gepp, zu verdanken, daß ein besonderes Lager für diese Zwecke zur Verfügung gestellt wurde. Der ursprüngliche Plan der Schaffung eines Schullagers in der Nähe von Oxford ließ sich nicht verwirklichen. Als Schullager wurde das Norton Camp ausgewählt, das bis dahin ein Offiziers-Kriegsgefangenenlager gewesen war. Es dürfte die anwesenden Dozenten der Theologenschule heiter stimmen zu hören, daß gemäß dem Bericht eines Lagerbesuchers vom 2. Februar 1945 dieses Lager „no marked demand for religious life" zeigte.

Der Zweck der Theologenschule sollte in erster Linie der sein, Theologiestudenten für ihren zukünftigen Beruf als Pfarrer sowie Gemeindehelfer für die künftige Mitarbeit in der Heimatkirche auszubilden, ferner Laien für die Durchführung der Seelsorge in den Lagern zu schulen. Es zeigte sich immer deutlicher, daß mit den vorhandenen Pfarrern eine geordnete Seelsorge in den Lagern nicht würde durchgeführt werden können und daß es daher dringend notwendig war, diesem Mangel durch die Ausbildung von Lagerpfarrern aus den Reihen der Laienschaft abzuhelfen. Weitere Gesichtspunkte für die Schaffung der Theologenschule waren der

---

[74] Die Erstfassung erschien 1821/1822 in zwei Bänden.
[75] Vgl. unten Nr. I/14, S. 195 ff.

voraussichtliche Mangel an Pfarrern im künftigen Deutschland, die Ermöglichung nutzbringender Verwendung der Zeit der Kriegsgefangenschaft durch die Theologiestudenten und vor allem die Schaffung einer geistlichen Zentrale zur Befriedigung der seelsorgerlichen Arbeit in allen Lagern. Die letztgenannte Aufgabe der Theologenschule war meines Erachtens ihre wichtigste Funktion. Die Theologenschule hat sich gerade in dieser Hinsicht als außerordentlich segensreich für alle Lager erwiesen, wie [sich] aus dem erhellen wird, was ich über die Arbeit der Theologenschule zu sagen haben werde.

2. Schaffung der Einrichtung von sogenannten Refresher Courses.[76] Der Hauptzweck dieser Lagerpfarrerfreizeiten war, die Lagerpfarrer aus der Isolierung zu befreien, in der sie in ihren Lagern arbeiten mußten, und ihnen durch Vorträge und Aussprachen mit Amtsbrüdern aus anderen Lagern neue Anregungen und neue Kraft für die Weiterführung ihres Dienstes in ihren Lagern zu schaffen.

3. Schaffung einer Druckerei. D. Forell war sich von Anfang an klar darüber, daß zu einer wirklich umfassenden geistigen und geistlichen Betreuung der Kriegsgefangenen die Schaffung einer eigenen Druckerei unerläßlich war, da die in England vorhandenen deutschen Bücher sowie die aus dem neutralen Ausland zu beschaffenden Bücher zwar eine wesentliche Hilfe sein würden, aber gleichwohl bei weitem nicht die vorhandenen Bedürfnisse der Kriegsgefangenen würden decken können. Dieser Plan ist sodann von Mister Barwick in kurzer Zeit und mit großem Erfolg zur Ausführung gebracht worden. Das erforderliche Papier zum Drucken wurde vornehmlich aus Schweden beschafft. Die geeigneten Mitarbeiter wurden zumeist den Reihen der Kriegsgefangenen selbst entnommen, indem von Anfang an seitens der YMCA der Grundsatz vertreten und durchgeführt wurde, daß die Arbeit zum Wohl der Kriegsgefangenen soweit als möglich durch die Kriegsgefangenen selbst geleistet werden solle, und zwar nicht nur aus finanziellen Gründen, um die Kosten so niedrig als möglich zu halten, sondern auch aus erzieherischen Gründen. Es ist hier nicht der Ort, über die Leistungen der Druckerei der YMCA im einzelnen zu sprechen, aber das eine soll jedenfalls gesagt werden, daß das, was bei der Durchführung der Lagerseelsorge hat erreicht werden können, nicht erreicht worden wäre, wenn wir nicht immer wieder von der Druckerei der YMCA in wirksamster Weise unterstützt worden wären.

Im Verlauf der zweiten Hälfte des Jahres 1944 gestalteten sich die Verhältnisse in den Lagern in der Weise, daß, wie schon angedeutet, Ende 1944 insgesamt rund 90 Lager vorhanden waren. Nebenlager und Hostels, die von einem Hauptlager aus verwaltet wurden, gab es damals noch nicht.

---

[76] Vgl. unten Nr. I/20, S. 226 f., und Nr. I/21, S. 228 ff.

Dafür hatten die Lager häufig eine stärkere Belegschaft, als es heute der Fall ist. Es gab große Lager mit der Belegschaft bis zu 4.000 Kriegsgefangenen. Ferner bestanden solche Lager nicht selten aus mehreren Compounds, die voneinander so abgeschlossen waren, daß sie praktisch selbständige Lager darstellten. So war es zum Beispiel im Anfang nicht gestattet, daß Pfarrer von einem zum anderen Compound gingen, um dort Gottesdienste zu halten. Ein Lager mit vier Compounds hatte infolgedessen vier Lagerpfarrer notwendig, ohne daß es immer möglich war, für jeden Compound einen besonderen Lagerpfarrer zur Verfügung zu stellen. Viele Lager hatten keinen Pfarrer. In anderen Lagern befanden sich mehrere Pfarrer. Vereinzelt waren sogar zehn und mehr Pfarrer in einem Lager. In nicht wenigen Lagern verrichteten Diakone oder in keiner Weise kirchlich vorgebildete Laien den Dienst des Lagerpfarrers. In diesem Zusammenhang möchte ich kurz auf die religiöse Situation eingehen, wie sie damals bestanden hat, und die so wesentlich verschieden von derjenigen ist, wie sie seit nunmehr anderthalb Jahren uns in den Lagern begegnet. Es gab damals tatsächlich so etwas wie eine religiöse Wiedererweckung in den Lagern. Durch viele Berichte geht der Ruf nach einem Pfarrer, und zwar rufen die Lagergemeinden selbst, nicht etwa nur die Lagerbehörden oder der Lagerbesucher der YMCA. Die Gottesdienste und Bibelstunden wiesen damals ungewöhnlich hohe Teilnehmerziffern auf. In weitem Umfange griffen Laien zur Selbsthilfe, veranstalteten Gottesdienste und hielten Bibelstunden sowie Ausspracheabende über grundlegende religiöse Fragen ab. Aus vielen Lagern wird über ein wachsendes Interesse an religiösen Fragen berichtet. Das alles muß uns zu denken geben. Diese Erscheinungen können nicht nur damit erklärt werden, daß sich die Kriegsgefangenen nach dem plötzlichen Zusammenbruch und der dadurch hervorgerufenen Enttäuschung und Verzweiflung vor ein Nichts gestellt sahen und sich deshalb auf alle mögliche Weise abzulenken versuchten. Die Gründe liegen tiefer, und wir müssen uns ernstlich fragen, woran es liegt, daß die grundlegende Veränderung der geistigen Situation in den Lagern keinen Bestand hatte, sondern, wie wir noch sehen werden, bereits im Jahre 1946 einem entscheidenden Rückschlag Platz machte.

Zur Erhärtung des eben Gesagten möchte ich aus einer Reihe von Berichten einige Tatsachen mitteilen. In einer Chronik der Evangelischen Kirchengemeinde des Lagers 186 heißt es unter anderem: „Es fanden sonntäglich Gottesdienste statt, zunächst unter einem großen alten Birkenbaum. Die Zahl der Teilnehmer betrug 300 bis 400 ... Als mit Beginn des Winters Eßzelte aufgeschlagen wurden, fanden die Gottesdienste in solchen Zelten statt; ein Zelt faßte etwa 250 Gottesdienstbesucher. Es stellte sich bald heraus, daß dieser Raum nicht ausreichte. Pfarrer K. entschloß sich daher, seine Vormittagsgottesdienste im Doppelzelt des Theaters abzuhalten, das 350 Personen faßte." In einem Bericht des Lagers 18 vom 18. November

1944 heißt es: „Die Gottesdienste sind hier so willkommen, daß die Chapel niemals alle Besucher fassen kann. Viele hören von draußen." Über das Lager 12 wird in einem Bericht vom 27. Dezember 1944 mitgeteilt, daß die Gottesdienste regelmäßig von 1.200 Evangelischen besucht werden und daß wegen der Zahl der Teilnehmer die Gottesdienste trotz Vorhandenseins einer Lagerkapelle im Freien abgehalten werden müssen. Gemäß einem Bericht vom 16. Dezember 1944 nahmen an den Gottesdiensten im Lager 19 durchschnittlich 800 Evangelische teil, und zwar in jedem Compound. Das Lager 56 bittet in einem Bericht vom 6. Januar 1945 um sofortige Entsendung eines Pfarrers. Im Lager 96 wurden gemäß einem Bericht vom 14. Dezember 1944 die Gottesdienste regelmäßig von mindestens 50 % aller evangelischen Kriegsgefangenen besucht. In einem Bericht über das Lager 82 vom 14. Januar 1945 heißt es, daß nach Mitteilung des Lagerführers die geistige Situation in diesem Lager durch die Versetzung eines Pfarrers an dieses Lager wesentlich verbessert worden sei, daß regelmäßige Gottesdienste stattfänden und hohe Teilnehmerzahlen aufwiesen. Im Lager 73 betätigten sich vier junge Kriegsgefangene abwechselnd als Laienprediger, auch hielten sie in diesem Lager Bibelkurse ab, die eifrigst besucht wurden. Ferner bildeten die evangelischen Kriegsgefangenen in diesem Lager aus sich heraus religiöse Arbeitsgruppen, in denen ernstlich nach der Wahrheit gesucht wurde. In einem Bericht des Lagerpfarrers über die Arbeit der Evangelischen Lagergemeinde im Lager 17 heißt es unter anderem:

„Gerade in jüngster Zeit ist es erfreulich zu sehen, wie besonders die Jüngeren im Alter von 18 bis 25 Jahren sich aufschließen und immer zahlreicher in den Gottesdienst kommen. Daß dabei oft auch sehr menschliche Gründe und Hoffnungen eine Rolle spielen, muß nüchtern gesehen werden. Alles in allem aber muß man sagen, daß es nie so deutlich spürbar war, welche Kraft und welchen Trost das Evangelium von Jesus Christus den Menschen gibt wie hier in der Gefangenschaft unter dem Eindruck der Zeitereignisse. Bei allen eigenen Nöten und Anfechtungen in der Arbeit ... war es ein besonderes Geschenk und eine große Ermutigung, aufrichtigen Dank und ehrliches Bekenntnis über neu geschenkten Glauben zu hören ... Viele, die gleichgültig waren oder ganz abseits standen, haben in ihre Kirche zurückgefunden."

In diesem Lager allein wurden in den Monaten November und Dezember 1944 insgesamt 61 Gottesdienste mit einer Teilnehmerzahl von insgesamt 6.500 Kriegsgefangenen abgehalten. Das gottesdienstliche Leben in den Lagern spielte sich damals äußerlich in den einfachsten Formen ab. Nur wenige Lager, die zumeist ehemalige italienische Kriegsgefangenenlager waren, hatten eigene Lagerkapellen. Die Gottesdienste wurden überwiegend in Zelten, meistens in den Eßzelten, abgehalten. Die Beleuchtung war mangelhaft. Hilfsmittel zur Durchführung der Gottesdienste waren kaum vorhanden. Agenden waren noch nicht erhältlich, Bibeln und Neue

Testamente konnten in der ersten Zeit nur in geringem Umfang zur Verfügung gestellt werden, Gesangbücher gab es nur ganz vereinzelt, auch fehlte es fast in allen Lagern an Abendmahlsgeräten, soweit sie nicht von englischen Ortsgeistlichen leihweise zur Verfügung gestellt wurden. Auch die musikalische Begleitung der Gottesdienste war in der ersten Zeit nur gelegentlich möglich. Aber dafür wurden die Gottesdienste an vielen Orten mit einem tiefen Ernst und einer inneren Kraft durchgeführt, die auf keinen, der an ihnen teilnehmen durfte, ihren Eindruck verfehlen konnten.

Der Zeitraum, der zwischen dem 1. Januar 1945 und dem 15. August 1945, dem Tage der Eröffnung der Theologenschule im Norton Camp, liegt, kann als eine Zeit der Vorbereitung bezeichnet werden, in dem damals alle diejenigen Maßnahmen vorbereitet wurden, die dann dazu geführt haben, daß die Lagerseelsorge nach Eröffnung der Theologenschule sich in vollem Umfange und in mannigfacher Weise in allen Lagern auswirken konnte. In dieser Zeit arbeitete die War Prisoners' Aid der YMCA in enger Weise mit dem Chaplain General zusammen, ferner mit einer Anzahl in England anwesender deutscher Pfarrer, die sich für die Abhaltung von Gottesdiensten in den Lagern und als Lagerbesucher der YMCA zur Verfügung stellten, außerdem aber auch mit dem British Council of Churches, der in dieser Zeit erstmalig in größerem Maßstab an der Durchführung der Seelsorge in den Lagern tätigen Anteil nahm. Im Februar 1945 wurde von dem British Council of Churches ein besonderes Committee on Prisoners of War eingesetzt, das in einer Sitzung des British Council of Churches vom 29. Juni 1945 eine weitere Ausgestaltung erfuhr und sich aus Mitgliedern aller Kirchen Großbritanniens (mit Ausschluß der Römisch-katholischen Kirche) sowie aus Vertretern des War Office, der YMCA, der Ökumenischen Kommission für die Pastoration der Kriegsgefangenen, von Christian Reconstruction in Europe und der Society of Friends zusammensetzte. Dieses Committee trat in regelmäßigen Abständen zusammen, um zu beraten, in welcher Weise die britischen Kirchen und andere Organisationen bei dem Ausbau der Seelsorge in den Lagern und bei der Unterstützung der Arbeit der Lagerpfarrer mithelfen könnten.

Die Hauptschwierigkeit bestand damals darin, gleichzeitig die Organisation auf- und auszubauen und die große Fülle der Wünsche zu erfüllen, die an uns herangetragen wurden. Wir versuchten von überall her alle diejenigen Hilfsmittel zu beschaffen, die für die Durchführung der Seelsorge in den Lagern benötigt wurden. Beispielsweise möchte ich erwähnen, daß die British and Foreign Bible Society in großzügiger Weise unentgeltlich Neue Testamente in vielen Tausenden von Exemplaren zur Verfügung stellte und auch half, die Theologiestudenten im Norton Camp mit dem griechischen Neuen Testament auszurüsten. Die United Society of Christian Literature stellte uns, um dem Mangel an Gesangbüchern abzuhelfen, das Büchlein „Gebet und Gesang" in sehr erheblicher Anzahl zur Verfü-

gung. Die YMCA ließ das Deutsche Evangelische Auslandsgesangbuch in
3.000 Exemplaren nachdrucken, so daß es möglich wurde, den Chor der
Lagergemeinde jedes Lagers mit diesem Gesangbuch auszustatten. Der
British Council of Churches ließ 27.800 „Hymnsheets" drucken, die 12
geistliche Lieder enthielten. Da aber damit der Not an Gesangbüchern
noch nicht abgeholfen war, ließ die YMCA noch die Sammlung „Kirchen-
und geistliche Volkslieder" drucken, die weitere 50 geistliche Lieder umfaßte. Dazu kam ein im ersten Jahr von Pastor Diehl, im zweiten Jahr von
Pastor Hansen bearbeiteter und von der YMCA herausgegebener christlicher Kalender, der unter dem Titel „Mein Begleiter"[77] in hunderttausend
Stück in den Lagern verbreitet wurde und neben einer Anzahl von Kir-
chenliedern, die das ganze Kirchenjahr umschlossen, unter anderem auch
den Kleinen Katechismus Luthers enthielt. In dieser Zeit entstand auch
eine für die besonderen Bedürfnisse der Lagerseelsorge geschaffene Agende, die eine Gemeinschaftsarbeit der deutschen Pfarrer Dr. Kramm und
Dr. Ehrenberg war und allen Lagerpfarrern alsbald zugänglich gemacht
wurde. Diese Agende war trotz der ihr anhaftenden liturgischen Mängel
eine wesentliche Hilfe für die Durchführung der Gottesdienste in den
Lagern. Professor L. Hodgson in Oxford stellte uns ökumenische Literatur
in reichem Umfange zur Verfügung, aus Genf trafen, wenn auch zunächst
recht spärlich, die ersten Losungen der Brüdergemeine ein, Bibeln und
theologische Werke wurden in größerem Umfange aus der Schweiz beschafft. Dank eines Werbefeldzuges des British Council of Churches erhielten wir von Theological Colleges und Privatpersonen viel religiöses
Schrifttum.

Im zweiten Vierteljahr 1945 hatten wir bereits 180 Hauptlager und 40
Hostels mit insgesamt 200.000 Kriegsgefangenen zu betreuen. Es gab einige
Lager, die bis zu 10.000 Kriegsgefangene enthielten. Übereinstimmend
wurde damals berichtet, daß das Interesse am religiösen Leben in den
Lagern weiter zunehme, daß Gottesdienste gut besucht wurden, daß Bibelklassen in vielen Lagern eine regelmäßige Teilnehmerzahl von 50 bis
100 und mehr Kriegsgefangenen aufwiesen. In manchen Lagern erwies es
sich als notwendig, an Sonntagen jeweils fünf Gottesdienste abzuhalten,
um allen Kriegsgefangenen, die an einem Gottesdienst teilnehmen wollten,
die Teilnahme auch wirklich zu ermöglichen.

Ein wesentlicher Teil der Arbeit war der Vorbereitung der Gründung
der Theologenschule gewidmet. Durch Rundschreiben an alle Lagerführer
wurden die Kriegsgefangenen ermittelt, die für die Auswahl als Dozenten
und Studenten der Theologenschule in Betracht kamen. Im Mai 1945 waren
wir in der Lage, eine erste Liste von 107 Theologiestudenten aufzustellen,

---

[77] Ein Original befindet sich im LKA STUTTGART, D 54.

die auf Grund einer eingehenden Prüfung der bei uns eingereichten Lebensläufe hergestellt worden war. Nach Lage der Sache spielte für die Zulassung zur Theologenschule neben den Gesichtspunkten der Eignung und der Vorbildung auch der Gesichtspunkt der politischen Beurteilung des Bewerbers eine entscheidende Rolle, so daß in jedem einzelnen Fall erst mit den zuständigen englischen Amtsstellen geklärt werden mußte, ob der betreffende Bewerber zum Besuch der Theologenschule zugelassen werden konnte. Daß die damit verbundenen Verhandlungen gelegentlich ein nicht unerhebliches Maß an Zeit beanspruchten, wird jedermann ohne weiteres verständlich sein. In der gleichen Zeit wurden ferner die ersten Lehrpläne für die Theologenschule in Zusammenarbeit mit dem Wehrmachtoberpfarrer Damrath, dem späteren ersten Leiter der Theologenschule, entworfen, der von Pastor Forell in einem der Kriegsgefangenenlager „entdeckt" worden war. Auch wurden die künftigen Dozenten zwecks Vorbereitung des Unterrichtes an der Theologenschule schon vor der Gründung der Schule zusammengezogen, so daß es nach ihrer Eröffnung möglich war, mit dem Unterricht sogleich in vollem Umfang einzusetzen. Das Lehrmaterial wurde teils durch den erwähnten Vertrag mit dem Mansfield College in Oxford beschafft, das sogleich eine erhebliche Anzahl von deutschen theologischen Werken der Theologenschule leihweise zur Verfügung stellte, ferner durch Leihgaben anderer Colleges, durch Schenkung einer erheblichen Anzahl wertvoller englischer theologischer Literatur seitens des Bischofs von Chichester, sowie durch Leihgaben von Privatpersonen. Viele andere theologische Werke in deutscher Sprache waren schon Ende 1944 und Anfang 1945 in London und Oxford aus den von der YMCA zur Verfügung gestellten Geldmitteln angeschafft worden. Dazu kamen Bücherspenden aus Schweden, aus der Schweiz und aus Amerika. So wurde es möglich, daß die Bibliothek der Theologenschule bereits kurz nach ihrer Eröffnung einen Bestand von rund 1.800 Büchern aufwies. Dieser Bücherbestand erweiterte sich im Lauf der Zeit so sehr, daß es möglich wurde, im folgenden Jahr eine theologische Wanderbücherei im Norton Camp einzurichten, die mit einem Anfangsbestand von rund 1.000 Büchern die Lagerpfarrer in den Stand setzte, jeden Monat ein bis zwei theologische Werke und andere religiöse Schriften von dieser Bücherei zu entleihen.

Im dritten Quartal 1945 war die Anzahl der Hauptlager auf 263 angestiegen. Auch gelangten die ersten Hostels zur Entstehung. Ferner kam die Einrichtung der sogenannten Billetees auf, das heißt einzelner Kriegsgefangener, die allein oder mit einem oder zwei anderen Kameraden bei einem Farmer einquartiert wurden, um letzterem bei der landwirtschaftlichen Arbeit zu helfen. Dieses starke Anwachsen der Lager sowie die Entstehung der von ihnen abhängigen Hostels und die Einrichtung der Billetees schufen eine neue und zwar recht beängstigende Lage. Die entscheidende Frage war, ob es möglich sein würde, nicht nur eine geregelte Seelsorge in den stark vermehrten Hauptlagern durchzuführen, sondern auch die neu entstandenen Hostels seelsorgerlich zu betreuen und darüber hinaus die in großer Anzahl verstreut auf dem Lande lebenden Billetees in diese Betreuung einzuschließen. Die Lösung dieser Frage wurde weiterhin dadurch erschwert, daß es im vierten Quartal 1945 insgesamt 557 Lagereinheiten gab. Wie schwierig die Lage damals war, vermögen Sie daraus zu ersehen, daß nur 162 Lager einen eigenen Lagerpfarrer hatten, während die übrigen Lager teils regelmäßig, teils in längeren Zwischenräumen Gottesdienste hatten, die von deutschen Pfarrern außerhalb des Stacheldrahtes oder von englischen, der deutschen Sprache mächtigen Geistlichen gehalten wurden. Hier und da wurden Gottesdienste von englischen Geistlichen mit Hilfe eines Interpreters gehalten. Aber selbst unter Berücksichtigung dieser Hilfen von außen gab es gleichwohl damals noch 77 Lager, die ohne jeden Gottesdienst leben mußten, von den Hostels ganz zu schweigen. Zwar hatten wir schon damals 175 Pastoren und Vikare sowie 15 Laienprediger zu unserer Verfügung, aber aus politischen und anderen Gründen konnten nicht alle zum Einsatz gebracht werden.

Das dritte Quartal 1945 kann in einem gewissen Sinne als der wichtigste Zeitpunkt in der Geschichte der evangelischen Lagerseelsorge in Großbritannien angesehen werden. In diesem Zeitraum wurde die Theologenschule eröffnet, die sogleich ihren Betrieb in vollem Umfange aufnahm, die Druckerei der YMCA in Luton arbeitete nach längerer Vorbereitungszeit erstmals mit voller Kraft, Ende August 1945 erschien das erste „Pfarrblatt für evangelische Lagergemeinden" und im Oktober desselben Jahres die erste Nummer des von der Theologenschule herausgegebenen Monatsbriefes.[78] Sie, meine lieben Brüder, wissen selbst am besten, welchen reichen Segen diese Einrichtungen in alle Lager und insbesondere in die Arbeit der Lagerpfarrer und in das Leben der Lagergemeinden gebracht haben, wie kritisch man auch in der einen oder anderen Beziehung über die Tätigkeit der Theologenschule wie auch über die Ausgestaltung des Pfarrblattes und des Monatsbriefes denken mag. Vielleicht darf ich in diesem Zusammenhang über die Arbeit der Theologenschule und ihre Bedeutung für die Lagerseelsorge wenigstens dies sagen.

Die Theologenschule im Norton Camp ist die älteste Schule ihrer Art. Die Theologenschulen in Frankreich beziehungsweise in Ägypten[79] sind erst im Mai 1946 geschaffen worden. Die Schule in Montpellier, die sieben

---

[78] *Pfarrblatt für Evangelische Lagergemeinden* (Monatsblatt für Evangelische Lagerpfarrer). Hg. von der World's Alliance of YMCA, War Prisoners' Aid. Jahrgang 1–3. London, Herbst 1945–Mai 1948 (LKA STUTTGART, D 54: Zeitschriften); vgl. auch oben Nr. I/7, S. 94–98 und Einleitung, S. 36 f.

[79] Vgl. unten Nr. III/15–III/19, S. 344–357.

Dozenten und 230 Studenten und Diakone aufwies, war wohl zahlenmäßig größer als die Schule im Norton Camp, die zwar zeitweise einen Lehrkörper von zwölf Dozenten, aber nur Raum für 144 Studenten und Laienprediger hatte. Dafür war der Lehrplan der Theologenschule im Norton Camp weit umfassender als der der beiden anderen Theologenschulen. Es gab wohl kaum ein Gebiet der theologischen Wissenschaft, das nicht im Lehrplan der Theologenschule des Norton Camp mit einer oder mehreren Vorlesungen vertreten war, und es war ein wichtiger Tag im Leben der Theologenschule, als der Inhalt des an D. Forell gerichteten Schreibens des evangelischen Bischofs von Berlin, D. Dr. Dibelius, vom 9. Oktober 1945 bekannt wurde, in welchem Wehrmachtoberpfarrer Damrath ermächtigt wurde, „unter Heranziehung der Pastoren von Bodelschwingh, Frey und vom Berg, sowie anderer geeigneter Kräfte eine Prüfungskommission zu bilden, die sowohl die Erste wie die Zweite theologische Prüfung abzunehmen berechtigt ist". Diese vorläufige Ermächtigung fand später die ausdrückliche Genehmigung des Rates der Evangelischen Kirche in Deutschland.

Die gesamte Arbeit der Theologenschule scheint mir – recht verstanden – unter dem Motto gestanden zu haben, welches das Thema des Chores war, der zur Feier des 261. Geburtstages von Johann Sebastian Bach am 21. März 1946 im Verlauf eines unvergeßlich schönen Konzertes sang: „Schaffet, schaffet, Menschenkinder." Denn es ist unheimlich, was im Rahmen der Theologenschule seitens der Dozenten und der Theologiestudenten im wahrsten Sinne des Wortes „geschuftet" worden ist.

1. Binnen kurzem wurde die Theologenschule die geistige, oder ich sollte eigentlich sagen, die geistliche Zentrale für alle Lager, nicht nur dadurch, daß sie Lagerpfarrer und Laienhelfer für die Lager ausbildete, sondern auch vor allem durch die Schaffung und fortlaufende Veröffentlichung des Pfarrblattes, das mit seinem reichen Material für Predigt- und Bibelarbeit wie für Vorträge sowie durch seinen ständig zunehmenden Umfang an wichtigen kirchlichen Nachrichten bald eine unentbehrliche Hilfe für die Lagerpfarrer und eine wichtige Informationsquelle für das Leben der Lagergemeinde wurde.

Die Theologenschule wandte sich aber nicht nur an die Lagerpfarrer und deren Gemeinden, sondern durch den von ihr gleichfalls herausgegebenen Monatsbrief an alle Kriegsgefangenen ohne Unterschied der Konfession und forderte sie durch den Inhalt dieser wertvollen christlichen Zeitschrift zum Nachdenken und zur regen Mitarbeit auf. Dieser Monatsbrief, der in einer Auflage von 20.000 Stück an alle Lager verteilt wurde, hat zwar mancherlei Kritik, aber auch sehr viel Zustimmung erfahren, und zahlreiche Briefe, die uns erreicht haben, beweisen, daß er für viele Kriegsgefangene eine ständige Quelle des Trostes und der Stärkung gewesen ist.

Weihnachten 1946 sandte die Theologenschule eine von ihr verfaßte 16-seitige Weihnachtsbotschaft an alle Lager aus, die wesentlich dazu beitrug, den Kriegsgefangenen die Bedeutung dieses hohen kirchlichen Feiertages nahezubringen. Die Theologenschule war ferner von vornherein eine Beratungsstelle, an die sich alle Lagerpfarrer in ihren Nöten und mit ihren Wünschen wenden konnten. Darüber hinaus half sie durch Vorschläge, die an das War Office bzw. an uns weitergeleitet wurden, die Seelsorge in den Lagern weiter auszubauen und zu verbessern. Es herrschte ein reger Schriftwechsel zwischen dem Norton Camp und London, und es verging wohl kaum ein Tag, an dem nicht ein Brief vom Norton Camp ausging oder nach dort gesandt wurde. Die Theologenschule nahm sich ferner mit großer Sorgfalt und Liebe der Versorgung der Lagerpfarrer und Lagergemeinden mit religiösem Schrifttum an, war durch einen ihrer Dozenten an der fortlaufenden Ausleihung von Büchern seitens der theologischen Wanderbücherei an Lagerpfarrer, Theologiestudenten und Gemeindehelfer beteiligt und verwaltete die im Jahre 1947 gegründete Ökumenische Buchstelle, die mit der Verteilung des Schrifttums der Ökumenischen Kommission in Genf beauftragt ist.

2. Weitere wichtige Funktionen der Theologenschule waren, wie schon erwähnt, die Ausbildung von Theologiestudenten, Lagerpfarrern und Laienhelfern, die Abnahme der Ersten und Zweiten Theologischen Prüfung, die Einsegnung von Laienpredigern, die als Lagerpfarrer in die Lager entsandt wurden, die ihr vom Rat der Evangelischen Kirche in Deutschland mit Schreiben vom 9. Juli 1946 übertragene Aufgabe der Vorbereitung der Ordination derjenigen Kandidaten der Theologie, die in der Theologischen Schule die Zweite Theologieprüfung bestanden haben, und die Durchführung des Religionsunterrichts für evangelische Kriegsgefangene an der Lagerakademie im Norton Camp.

Ein wesentlicher Teil der Arbeit der Theologenschule wurde durch die Vorbereitung zum Latinum, Graecum und Hebraicum in Anspruch genommen. Bis Ende 1946 waren 68 Hebraica und 28 Graeca mit Erfolg abgelegt worden. Im Jahre 1946 wurden ferner 15 Laienprediger als Lagerpfarrer ausgesandt, und zwar acht bereits Anfang Januar 1946 nach nur viermonatlicher Ausbildung. Ich möchte in diesem Zusammenhang nicht verfehlen hervorzuheben, daß sich die Mehrzahl der Laienprediger in dem schweren Amt des Lagerpfarrers glänzend bewährt haben. Einige von ihnen haben große Lager unter schwierigen Verhältnissen ein bis zwei Jahre verwaltet, ohne daß jemals eine Klage über ihre Amtsführung laut geworden wäre und, was mir noch bedeutsamer zu sein scheint, ohne daß jemals von ihrer Seite eine Klage laut geworden wäre, obwohl sie angesichts der schwierigen Bedingungen, unter denen einige von ihnen arbeiten mußten, gewiß manchmal Anlaß gehabt haben würden, ihrem Herzen, wenn ich mich so ausdrücken darf, Luft zu machen. Selbst das zeitweilige sogenannte „Einfrie-

ren" haben sie stillschweigend erduldet, obwohl sie an kein Ordinations-
gelübde gebunden waren.[80] Ich könnte aus eigener Erfahrung so manches
über die treue und beharrliche Arbeit der Laienprediger sagen, die als
Lagerpfarrer tätig waren, muß mich aber hier darauf beschränken, Sie
herzlich zu bitten, bei Ihrer Rückkehr in die Heimat diese Brüder nicht
zu vergessen.

Zur Ausbildungsarbeit der Theologenschule gehörte schließlich auch die
Aussendung der älteren Theologiestudenten in eine Reihe von größeren
Lagern zu Weihnachten[81] und zu Ostern, um den Lagerpfarrern besonders
in den Hostels durch Abhaltung von Gottesdiensten und Leitung von
Ausspracheabenden zu helfen. Dieser Teil der Arbeit der Theologenschule
erwies sich als besonders segensreich, nicht nur für die Lagerpfarrer, denen
ihr schwerer Dienst in dieser Weise erleichtert wurde, und für die Lagergemeinden in den Hostels, die sonst an diesen wichtigen kirchlichen Feiertagen ohne ausreichende seelsorgerliche Betreuung gewesen wären, sondern auch für die Theologiestudenten selbst, indem sie genötigt wurden,
die Studierstube zu verlassen und das, was sie gelernt hatten, nunmehr in
der Praxis zu erproben.

3. Die Theologenschule stellte ferner ein wichtiges Verbindungsglied zu
einigen deutschen Universitäten wie auch zu Universitäten anderer Länder
dar. Es gelang ihr, Dozenten aus Schweden, Norwegen, Dänemark und
der Schweiz zu Vorlesungen an der Theologenschule zu gewinnen, die
nicht nur das theologische Wissen der Studenten wesentlich bereicherten,
sondern auch vom ökumenischen Standpunkt aus von großem Wert waren.
Daß daneben auch englische Dozenten das Norton Camp zahlreich zu
Vorlesungen aufsuchten, versteht sich von selbst. Sogar die Verleihung des
Doktor theologiae captivitatis h. c. an Professor Dr. Nygren fehlte nicht,
mit der Berechtigung, diesen Doktortitel „in den Ländern der Freiheit ganz
im geheimen, hinter Stacheldraht jedoch wirklich zu führen".

4. Die Theologenschule beteiligte sich ferner an der Tagung des Lutherischen Weltbundes in Lund, die vom 30. Juni bis 6. Juli 1947 stattfand,
indem sie zu dem Thema „Das Bekennen der Wahrheit in einer verwirrten
Welt" eine Vorlage für die Behandlung von Wort, Sakrament und Kirche
auf dieser Tagung ausarbeitete. Wie vielseitig die Tätigkeit der Theologenschule war, über die noch viel gesagt werden könnte, mögen Sie daraus
ersehen, daß die Theologenschule wiederholt geistliche Konzerte in der
St. Mary's Parish Church, Cuckney, veranstaltete, in denen unter anderem
auch geistliche Musikstücke zur Aufführung gelangten, die von Kriegsge-

---

[80] Die Lagerpfarrer wurden erst ab August 1947 in die Heimat entlassen.

[81] Vgl. den Bericht der Theologischen Schule über den Einsatz von Theologiestudenten
im Kriegsgefangenenlager 270 an Weihnachten 1946. Norton Camp, Anfang 1947 (EZA
BERLIN, 2/505).

fangenen in ihrem Lager verfaßt worden waren, ferner aus den von der Theologischen Schule geleisteten Vorarbeiten für die neuzeitliche Ausgestaltung der Liturgie in ihren Gottesdiensten.

Das Jahr 1946 kann mit einer Berg- und Talbahn verglichen werden. Es war reich an Erfolgen, jedoch sind auch entscheidende Rückschläge zu verzeichnen. Wir standen in diesem Jahr einer gewaltigen Aufgabe gegenüber. Es galt 280 Hauptlager zu betreuen, ferner rund 1.000 Hostels, die diesen Hauptlagern angeschlossen waren. Dazu kamen noch 40 und bis zu zeitweise 80 größere Nebenlager. In diesen vielen Lagereinheiten befanden sich insgesamt 400.000 Kriegsgefangene, von denen ungefähr die Hälfte evangelischer Konfession waren. Dem gegenüber standen uns zur Bewältigung dieser großen Aufgabe nur 205 Pfarrer und Vikare sowie 56 Laienprediger zu Verfügung, von denen überdies diejenigen, die im Frühjahr 1946 aus den Vereinigten Staaten von Amerika bzw. aus Kanada nach Großbritannien versetzt worden waren, eine Zeitlang noch nicht als Lagerpfarrer eingesetzt werden konnten, da sie zunächst den sogenannten „Screeningprozess"[82] durchzumachen hatten. Die Betreuung der vielen einem Hauptlager angeschlossenen Hostels stellte die Lagerpfarrer vor eine schwere Aufgabe. Es gab Lager, denen bis zu 20 Hostels angeschlossen waren, und diese Hostels lagen oft weit entfernt voneinander; auch waren sie vom Hauptlager manchmal bis zu 20 Meilen und in Schottland sogar bis zu 70 Meilen entfernt. Trotzdem gelang es, die Seelsorge im Lauf des Jahres 1946 so umfassend zu organisieren, daß schließlich alle Lager, wenn auch nicht immer mit einem eigenen Lagerpfarrer, so doch mit regelmäßigen Gottesdiensten versorgt waren. Lassen Sie mich jedoch zunächst von den Rückschlägen sprechen, die im Jahr 1946 zu verzeichnen waren, um auf diese Weise die ihnen gegenüberstehenden Erfolge in das richtige Licht zu rücken.

Da waren einmal die sogenannten „enttäuschten Amerikaner", die im Frühjahr 1946 nach England herüberkamen. Ihr Kommen bedeutete einen entscheidenden Rückschlag in unserer seelsorgerlichen Arbeit. Die verständliche Enttäuschung dieser Kriegsgefangenen darüber, daß sie nicht, wie erwartet, direkt in die Heimat zurückkehren konnten, sondern eine weitere, damals noch ungewisse Zeit hinter Stacheldraht auf englischem Boden zubringen mußten, wirkte sich in geradezu katastrophaler Weise auf das religiöse Leben in allen denjenigen Lagern aus, denen Kriegsgefangene aus Amerika und Kanada zugeteilt wurden. Die Beteiligung an den Gottesdiensten nahm rapide ab, fast von einem Sonntag zum anderen. Es war, wie wenn ein lähmendes Gift das ganze Leben der Lager ergriffen hätte. Die Bibelarbeit wie auch die Vortragstätigkeit mußte in vielen Lagern

---

[82] Zum *Screening* vgl. Einleitung, S. 26.

eingestellt werden, weil die bisherigen Teilnehmer ausblieben. Gewiß nahm das gottesdienstliche Leben in den Lagern allmählich wieder einen gewissen Aufschwung; aber es hat sich nie ganz von dem schweren Schlag erholen können, den es im Frühjahr 1946 erlitten hatte.

Ein zweiter entscheidender Rückschlag ergab sich aus der rapiden Verschlechterung der Stimmung in den Lagern. Sie beruhte im wesentlichen auf drei Faktoren, von denen der eine bereits erwähnt worden ist, nämlich der Einfluß der seelischen Haltung der amerikanischen Kriegsgefangenen auf die übrigen Lagerinsassen. Ferner trugen auch die schlimmen Nachrichten, die mehr und mehr aus der Heimat in den Lagern einliefen, wesentlich dazu bei, die Kriegsgefangenen mutlos und gleichgültig zu machen. Waren diese Nachrichten auch nicht immer im Einklang mit den Tatsachen, so trieben sie doch viele Kriegsgefangene in einen Zustand von Hoffnungslosigkeit und Verzweiflung. Mancher Selbstmord mußte verzeichnet werden. Vor allem trug aber zu diesem Zustand, der die Durchführung einer wirksamen seelsorgerlichen Betreuung mehr und mehr erschwerte, ferner die sich stetig mehr auswirkende Länge der Kriegsgefangenschaft sowie die Ungewißheit ihrer weiteren Dauer bei. Viele Kriegsgefangene waren schon eine Reihe von Jahren von ihren Familien getrennt. Sie wußten von der Not ihrer Lieben in der Heimat und konnten ihnen doch nicht helfen; sie mußten ferner befürchten, daß sie vielleicht noch jahrelang von ihnen getrennt sein würden. Die Folge war, daß es immer schwieriger wurde, das Evangelium in den Lagern zu verkünden. Man weigerte sich weithin, dieser Verkündigung noch irgendwelche Glaubwürdigkeit beizumessen.

Als ein weiterer Mißerfolg des Jahres 1946 muß bezeichnet werden, daß es nicht möglich war, die Bezahlung der Lagerpfarrer in angemessener Weise zu regeln, die, soweit sie nicht Offiziersrang hatten oder zum Protected Personal gehörten, auf die Gewährung eines „Taschengeldes" aus den Welfare Fonds angewiesen waren. Es handelt sich hier um ein trauriges Kapitel, auf dessen Geschichte ich aus Gründen der Zeitersparnis nicht eingehen kann. Das War Office war aus gesetzestechnischen Gründen nicht in der Lage, diese Frage aus eigener Kraft befriedigend zu lösen. Die Hoffnung, daß die Kirchen Großbritanniens für die Gewährung einer angemessenen Vergütung ihrer Amtsbrüder hinter Stacheldraht Sorge tragen würden, hat sich leider nicht erfüllt.

Und nun darf ich mich den Erfolgen des Jahres 1946 zuwenden. Hier muß ich in erster Linie die Zusammenarbeit mit dem Staff Chaplain beim War Office erwähnen. Dieser war, wie bereits erwähnt, im Herbst 1945 geschaffen worden. Sein Zweck war vornehmlich der, eine geordnete Seelsorge in den Lagern dadurch herbeizuführen, daß die für das Amt eines Lagerpfarrers geeigneten Pfarrer und ausgebildeten Laienprediger von dem Staff Chaplain als Lagerpfarrer berufen und entsprechend in den Lagern eingesetzt wurden. Es kann ohne Übertreibung festgestellt werden, daß die Zusammenarbeit mit Reverend Charles S. [richtig: E.] B. Cranfield, dem ersten Staff Chaplain, der bis zum Herbst 1946 in dieser Eigenschaft tätig war, sowie mit seinem Nachfolger, Reverend W.B. Johnston, zu den glücklichsten Erfahrungen der Lagerseelsorge gehört. Wir können ihnen nicht dankbar genug dafür sein, daß sie uns von allem Anfang an in großzügigster Weise erlaubt haben, gemeinsam mit ihnen im Dienst der Lagerseelsorge tätig zu sein und immer wieder unsere Wünsche und Sorgen zu ihrer Kenntnis zu bringen. Wir schulden ihnen aber auch dafür unseren aufrichtigen Dank, daß sie keinen Lagerpfarrer ernannt oder versetzt haben, ohne vorher Dekan Dr. Rieger und mir Gelegenheit zu geben, uns zu diesen Maßnahmen gutachtlich zu äußern, und daß sie ferner darüber hinaus auf alle unsere Vorschläge und Anregungen stets willig eingegangen und ihnen soweit möglich zum Erfolge verholfen haben.

Alsbald nach der Ernennung des ersten Staff Chaplain setzte eine planmäßige Neuverteilung der vorhandenen Lagerpfarrer ein mit dem Ziel, alle Lager mit einem Lagerpfarrer in der Weise zu versorgen, daß je zwei Lager einen Lagerpfarrer zugeteilt erhielten. Diese Umbesetzung erfolgte distriktsweise. Es wurden neue Lagerpfarrer durch das War Office ernannt, und vorhandene Lagerpfarrer wurden teilweise in andere Lager versetzt. Ferner begann ein planmäßiger Ausbau der Rechtsstellung der Lagerpfarrer. Es wurde allmählich die bereits erwähnte Magna Charta für Lagerpfarrer geschaffen, die in ihren Grundzügen von Reverend Cranfield geschaffen und von Reverend Johnston weiter ausgebaut wurde.[83] Die Arbeit der Lagerpfarrer wurde durch die in ihr enthaltenen Vorschriften wesentlich erleichtert. Ferner wurden die Refresher Courses, die, wie erwähnt, bereits im Herbst 1944 geplant waren, nunmehr in die Wirklichkeit umgesetzt. Nach längerer Vorbereitungszeit lief der erste dieser Kurse vom 18. März bis zum 7. April 1946, an dem Pfarrer aus der Umgebung des Norton Camp teilnahmen. Diese Kurse, die jeweils drei Wochen dauerten und bis zu 15 Lagerpfarrer im Norton Camp versammelten, wurden nunmehr zu einer ständigen Einrichtung. Es wurden insgesamt 20 Kurse mit 238 Teilnehmern abgehalten. Dank der werktätigen Mithilfe der Theologenschule boten sie allen Teilnehmern vielseitige Anregungen und ließen sie gestärkt in ihre Lager zurückkehren.[84] Ein weiteres schönes Ergebnis der Zusammenarbeit mit dem War Office war die Schaffung der Einrichtung von Pastorenkonferenzen, die distriktsweise durchgeführt wurden, jeweils drei bis fünf Tage dauerten und die Lagerpfarrer eines ganzen Bezirks, meistens zehn bis 20 Lagerpfarrer, zu gemeinsamer brüderlicher

---

[83] Vgl. oben Nr. I/7, S. 94–98.
[84] Vgl. unten Nr. I/20 und I/21, S. 226 f. und 228 ff.

Aussprache in einem möglichst zentral gelegenen Lager versammelten. Bei der Durchführung dieser Pastorenkonferenzen wurde darauf Wert gelegt, sie möglichst in der Nähe größerer Städte abzuhalten, die Gelegenheit boten, wichtige geschichtliche Sehenswürdigkeiten zu besichtigen. Es wurde auch dafür Sorge getragen, daß diese Pastorenkonferenzen jeweils von wichtigen Persönlichkeiten des kirchlichen Lebens besucht wurden, die auf diesen Konferenzen zu brennenden Fragen der Gegenwart Stellung nehmen konnten.

Unsere Arbeit im Jahre 1946 erhielt ferner eine wesentliche Bereicherung und Förderung dadurch, daß es zum ersten Mal möglich wurde, führenden Männern der Evangelischen Kirche in Deutschland, die nach England eingeladen worden waren, den Weg in die Kriegsgefangenenlager Großbritanniens zu öffnen. So kam als erster Propst Grüber (Berlin) im Februar 1946 nach England, und ich erinnere mich noch der freudigen Erregung, die sein unerwartetes Erscheinen bei den Kriegsgefangenen hervorrief, die wir auf der Fahrt nach dem Norton Camp auf einem Feld arbeitend antrafen. Mit seinem Erscheinen war das Eis gebrochen. Im Mai 1946 folgte ihm Bischof D. Dr. Lilje (damals noch Oberlandeskirchenrat)[85], der als erstes Mitglied der Rates der EKD, das England nach dem Kriege besuchte, die Gelegenheit wahrnahm, um in einer zweitägigen Konferenz mit der Theologenschule die ersten kirchenrechtlichen Grundfragen für die Arbeit der Theologenschule wie auch für die Arbeit der Lagerpfarrer in den Lagern zu legen. Auf dieser Konferenz wurden Fragen wie die Ordination von Kandidaten der Theologie, Taufe, Konfirmation und Wiedereintritt von Kriegsgefangenen in die Landeskirche, Anlegung eines Kirchenbuches, Regelung des Studienganges der Theologiestudenten usw. jedenfalls vorläufig geregelt. Diese vorläufige Regelung wurde sodann in eine endgültige verwandelt, als Präsident D. Asmussen im August desselben Jahres das Norton Camp besuchte. Ihm folgte der Besuch von Pastor D. Niemöller im November 1946[86], so daß auch die Verbindung mit dem Kirchlichen Außenamt der EKD hergestellt war, und im Dezember 1946 hatten wir die Freude, Bischof D. Dr. Dibelius, der das Weihnachtsfest im Lager 17 verbrachte und in der Kathedrale von Sheffield vor Tausenden von Kriegsgefangenen predigte, und Pastor Bethge aus Berlin unter uns zu haben. Alle diese Besuche brachten reiche Anregungen nicht nur für die Theologenschule und für die Lagerpfarrer, sondern auch für alle

---

[85] Vgl. Grußwort vom 18.5.1946 von Oberlandeskirchenrat Dr. Hanns Lilje, Hannover, an die Kriegsgefangenen in England. In: Christlicher Nachrichtendienst für die kriegsgefangenen evangelischen Pfarrer und Laienbrüder in Ägypten Nr. 5, September 1946 (LKA STUTTGART, D 54: Arnold).

[86] Vgl. oben Nr. I/8, Anm. 20, S. 99.

diejenigen, die berufen waren, an der Durchführung der Lagerseelsorge außerhalb des Stacheldrahtes mitzuwirken.

Ein weiterer, und zwar ganz entscheidender Erfolg, wurde im Jahre 1946 dadurch erreicht, daß Dekan Dr. Rieger vom Rat der Evangelischen Kirche in Deutschland mit Schreiben des Präsidenten D. Asmussen vom 17. August 1946 beauftragt wurde, „im Rahmen der gegebenen Möglichkeiten und innerhalb der Gesetze der Gewahrsamsmacht die kirchlichen Gesichtspunkte bei der Betreuung der Kriegsgefangenen zu vertreten" und ferner bevollmächtigt wurde, „die evangelischen Lagerpfarrer und Gemeinden nach außen zu vertreten". Auch erhielt er die Befugnis zur Dienstaufsicht über die Lagerpfarrer sowie das Recht, „Laien nach gehöriger Vorbildung zur Wortverkündigung und Sakramentsverwaltung für die Zeit ihrer Wirksamkeit in den Gefangenenlagern zu ordinieren".[87]

Die Schaffung des Dekanats wirkte sich in vielfacher Hinsicht sehr segensreich aus. Zunächst wurde eine „Kirchliche Übersicht" geschaffen, die alle Lagerpfarrer umfaßte und Auskunft gab über alle vom kirchlichen Standpunkt aus wichtigen Daten aus dem Leben dieser Lagerpfarrer. Es folgte die Anlegung eines Kirchenbuches, in das alle in den Lagern vorgenommenen wichtigen kirchlichen Amtshandlungen zur Eintragung gelangten. Ferner wurde ein fortlaufender Schriftverkehr mit der Kanzlei der EKD aufgenommen und die Verbindung mit den einzelnen Landeskirchen in den Fällen aufgenommen, in denen das Eingreifen einer Landeskirche im Interesse eines Lagerpfarrers sich als wünschenswert oder notwendig erwies. Mehreren Laienpredigern wurde das Recht zur Sakramentsverwaltung verliehen, in der St. Georgs-Kirche in London fand die feierliche Ordination eines Lagerpfarrers statt, es wurden Dienstzeugnisse an diejenigen Lagerpfarrer erteilt, die um die Ausstellung eines solchen Zeugnisses baten. Wiederholte Rundschreiben an die Lagerpfarrer sowie ein Grußwort an die Kriegsgefangenen im allgemeinen zum Weihnachtsfest fanden dankbaren Widerhall. Dies gilt vor allem auch für Dekan Dr. Riegers Rundschreiben an die Frauen der in Großbritannien internierten Pfarrer, das in viele Pfarrhäuser in Deutschland reichen Trost und neue Hoffnung sowie Kraft zum weiteren Ausharren gebracht hat. Im März 1947 erschienen im Rahmen des Monatsbriefes Dr. Riegers neun Betrachtungen zum Kreuz, für die ihm viele Lagerpfarrer und Mitglieder von Lagergemeinden aufrichtig dankbar gewesen sind. Der Zeit vorauseilend möchte ich schon in diesem Zusammenhang darauf hinweisen, daß die seit Herbst 1947 geschaffene Einrichtung von umfangreichen Vordrucken für die Erstattung

---

[87] Vgl. die Beauftragung von Superintendent Frerich Schnuis mit der Wahrnehmung der kirchlichen Gesichtspunkte bei der Seelsorge in den Kriegsgefangenenlagern in Großbritannien durch den Vorsitzenden des Rats der EKD, Landesbischof D. Wurm. Stuttgart, 10.7.1946 (EZA BERLIN, 2/472).

monatlicher Berichte seitens der Lagerpfarrer an ihren Dekan den mit der Durchführung der Lagerseelsorge betrauten Stellen in London reichliches Material für die Weiterführung ihrer Arbeit verschaffte und sich im Hinblick darauf, daß sich die YMCA aus finanziellen Gründen genötigt sah, ihre Lagerbesucher nach und nach abzubauen, als ein wirksames Ersatzmittel für den Ausfall der Berichte der YMCA-Lagerbesucher erwies. So manche Mängel konnten in kürzester Frist dadurch abgestellt werden, daß in diesen Monatsberichten auf solche Mängel hingewiesen wurde.

Wie schon kurz erwähnt, nahm sich der British Council of Churches im Jahre 1946 der evangelischen Lagerseelsorge mit Hilfe seines Committee on Prisoners of War in stärkerem Maße an. Diese Mitarbeit konnte in verschiedener Hinsicht schöne Erfolge aufweisen. So wurden an alle britischen Geistlichen wiederholt Rundbriefe ausgesandt, die diese Geistlichen zur Mitarbeit aufforderten und um ihre Unterstützung der Arbeit der Lagerpfarrer baten. In diesen Rundbriefen wurde im einzelnen dargelegt, in welcher Weise und in welcher Beziehung die Ortsgeistlichen die Arbeit von Lagerpfarrern in benachbarten Lagern unterstützen könnten. Der Erfolg dieser Rundbriefe machte sich sehr bald in unserer Arbeit bemerkbar. Es häuften sich die Anfragen von Pfarrern der Anglikanischen Kirche und der englischen Freikirchen, die entweder um Auskunft baten oder sich wegen der Beschaffung von religiösem Schrifttum für das von ihnen betreute Lager an uns wandten. In welchem Umfang sich englische und schottische Geistliche der Arbeit der Lagerpfarrer in benachbarten Lagern annahmen, mögen Sie daraus ersehen, daß nach dem bisher vorliegenden Ergebnis einer an alle Lagerpfarrer gerichteten Rundfrage 87 Lagerpfarrer von insgesamt 300 Geistlichen unterstützt worden sind. In diesem Zusammenhang muß ich einen Irrtum berichtigen. Auf Grund zahlreicher Berichte war der Eindruck entstanden, als ob die Lagerpfarrer in dieser Weise vorwiegend nur von den englischen Freikirchen unterstützt worden seien, während die Anglikanische Kirche, von rühmlichen Ausnahmen abgesehen, insoweit im großen und ganzen versagt habe. Die bisher eingelaufenen Antworten auf die erwähnte Rundfrage lassen jedoch erkennen, daß sich anglikanische Geistliche der Arbeit der Lagerpfarrer in größerem Umfange angenommen haben, als bislang vermutet worden war.

Der British Council of Churches half allen Lagern auch dadurch, daß er an kirchlichen Feiertagen, vereinzelt auch in anderen Fällen, die Lagerpfarrer mit Abendmahlswein und Oblaten versorgte. Er ließ ferner den Morgen- und Abendsegen, wie er in der Church of England gebräuchlich ist, in deutscher Sprache drucken, um denjenigen Kriegsgefangenen, die an einem Gottesdienst in der Church of England teilnehmen wollten, es zu ermöglichen, diesen Gottesdiensten zu folgen. Ferner sandte er jeweils zum Weihnachtsfest und zu Ostern Grußworte an alle Lagerpfarrer, die als ein Zeichen der brüderlichen Verbundenheit aller Christen dankbar empfangen wurden. Bereits im November 1945 hatten der damalige Generalsekretär des British Council of Churches, Dr. Craig, und Reverend R.E. Burlingham der Theologenschule im Norton Camp einen Besuch abgestattet, um diesem Geist brüderlicher Verbundenheit durch ihren Besuch besonderen Ausdruck zu verleihen.

Schon im ersten Halbjahr 1946 wurde ferner die bereits mehrfach erwähnte Theologische Wanderbücherei geschaffen, die rege in Anspruch genommen wurde und den Lagerpfarrern reiches Material für ihr eigenes Studium wie auch für Vorträge in ihren Lagern zur Verfügung stellte.

Es ist schwer zu sagen, ob im Jahre 1947, dem wir uns nunmehr zuwenden wollen, die Erfolge oder die Niederlagen überwogen. Lassen Sie mich aus Gründen der Zweckmäßigkeit zunächst von den Erfolgen sprechen.

An erster Stelle ist hier die Bildung des Joint Committee des British Council of Churches on Prisoners of War zu erwähnen, die Anfang Januar 1947 erfolgte und bezweckte, alle an der Durchführung der evangelischen Lagerseelsorge beteiligten Stellen und Organisationen zusammenzufassen, um durch eine engere Zusammenarbeit die Arbeit noch wirksamer als bisher zu gestalten und Überschneidungen zu verhindern. Unter diesem Joint Committee wurde eine besondere Zentrale geschaffen, die als Bindeglied zwischen allen an dem Joint Committee beteiligten Organisationen dienen sollte und gewissermaßen als Clearing House alle Wünsche und Informationen an die geeigneten Stellen leiten sollte. Diese Neuorganisation hatte sich auch dadurch als notwendig erwiesen, daß die im August 1946 erfolgte Schaffung des Dekanats eine stärkere Berücksichtigung der EKD im Rahmen der Gemeinschaftsarbeit wünschenswert machte. Ein Unterausschuß des Joint Committee, das sogenannte Working Committee, trat seitdem zu regelmäßigen Sitzungen zusammen, auf denen fortlaufend alle schwebenden Angelegenheiten besprochen und manche wichtigen Entscheidungen getroffen wurden. So nahm sich das Working Committee zum Beispiel der Durchführung des Projektes der sogenannten Austauschpfarrer an, mit dessen Vorbereitung bereits im Herbst 1946 begonnen worden war. Es ermöglichte ferner durch Aussendung entsprechender Einladungen das Herüberkommen führender Kirchenmänner aus Deutschland und half auch bei den Verhandlungen, die schließlich dazu führten, daß Pastor H. D. Pompe im Herbst 1947 im Auftrag der Ökumenischen Kommission für die Pastoration der Kriegsgefangenen nach England kam[88], um hier mehrere Monate lang auf Grund seiner genauen Kenntnis der Verhältnisse in Deutschland die Lagerpfarrer bei ihrer seelsorgerlichen Arbeit zu unterstützen.

Der Ausbau der Pastorenkonferenzen schritt im Jahr 1947 in erfreulicher Weise fort. Es wurden Distriktskonferenzen an vielen Orten abgehalten,

---

[88] Vgl. oben Nr. I/11, S. 132–159.

wie zum Beispiel in Oxford, Durham, Ripon, Liverpool, Battle, Tiverton, Much Hadham, Edinburgh und St. Andrews, auf denen vielfach auch führende Kirchenmänner aus Deutschland und der Schweiz anwesend waren und reichen Anlaß gaben, gleichzeitig eine Reihe englischer Kathedralen und anderer Sehenswürdigkeiten zu besichtigen. Daneben wurden auch erstmalig Monatskonferenzen geschaffen, zunächst in London, Shrewsbury und Bury St. Edmunds, deren Zweck darin bestand, es den Lagerpfarrern eines bestimmten Distriktes zu ermöglichen, jeden Monat einmal auf 24 bzw. 48 Stunden zusammenzukommen, um zu brennenden Problemen der Gegenwart Stellung zu nehmen und ihre in ihrer Arbeit gewonnenen Erfahrungen auszutauschen. Diese Pastorenkonferenzen bedeuteten eine wesentliche Erleichterung unserer Arbeit insofern, als sie es möglich machten, an einem bestimmten Ort und zu einer bestimmten Zeit eine größere Anzahl von Lagerpfarrern auf einmal anzutreffen, um mit ihnen schwebende Angelegenheiten zu besprechen. Damit wurde so mancher Lagerbesuch, der sonst notwendig gewesen wäre, erspart. Auch ermöglichten sie den Besuchern, die aus Deutschland kamen, in kurzer Zeit eine größere Anzahl von Lagerpfarrern zu sehen und zu sprechen. Indem an diesen Konferenzen jeweils zwei Dozenten der Theologenschule teilnahmen, wurden die vielfachen Anregungen, die von diesen Lagerpfarrerfreizeiten ausgingen, auch für die Arbeit der Theologenschule fruchtbar gemacht.

Am 15. Mai 1947 nahm Pastor Lic. W. Jentsch im Auftrag des deutschen CVJM seine Arbeit im Norton Camp auf[89], schuf daselbst neben der schon bestehenden Theologenschule und Lehrerakademie die Einrichtung eines Jugendleiterkursus zwecks Gewinnung späterer Mitarbeiter für den deutschen CVJM, rief eine Reihe von CVJM-Gruppen in verschiedenen Lagern ins Leben oder ernannte daselbst Verbindungsmänner, mit denen er zusammenarbeiten konnte. Auch seine Tätigkeit erwies sich in vielfacher Beziehung als anregend und fruchtbar für das religiöse Leben der Lagergemeinden im allgemeinen. Insbesondere waren ihm die Lagerpfarrer für die Vorträge dankbar, die er auf manchen Pastorenkonferenzen sowie bei seinen Lagerbesuchen gehalten hat.

Im August 1947 wurde es endlich möglich, die ersten Lagerpfarrer zur Repatriierung zu bringen, nachdem sie ungefähr ein Jahr lang „eingefroren" gewesen waren. Natürlich waren einzelne Lagerpfarrer auch schon vorher aus besonderen Gründen aus der Kriegsgefangenschaft entlassen worden. Der Aufstellung des endgültigen Repatriierungsplanes waren umfangreiche Verhandlungen mit dem War Office vorausgegangen, die nicht immer leicht

---

[89] Vgl. oben Nr. I/12, S. 159–165 sowie den Arbeitsbericht von Pfarrer Lic. Werner Jentsch für das vierte Quartal 1947. Norton Camp, 8.1.1948 (EZA BERLIN, 2/506); Zeugnis über die Teilnahme an einem kirchlichen Jugendleiterkurs. Norton Camp, Frühjahr 1948 (LKA STUTTGART, D 54: Kurz).

gewesen waren. Ich werde darüber nachher noch ein kurzes Wort zu sagen haben.

Zu den Erfolgen des Jahres 1947 möchte ich ferner rechnen die Bildung von sogenannten SCM-Gruppen im Norton Camp[90] und in zwei anderen Lagern, die nicht nur die kriegsgefangenen Studenten ein und desselben Lagers zu brüderlicher Gemeinschaftsarbeit enger zusammenschlossen, sondern sie durch Teilnahme an Konferenzen des britischen SCM wiederholt mit englischen Studenten in enge Berührung brachten. Ferner die Einladung von Lagerpfarrern zu einwöchigem Aufenthalt in Theological Colleges und zu Generalversammlungen englischer Freikirchen und der Church of Scotland. Im Interesse des Ausbaues der ökumenischen Bewegung können diese Veranstaltungen nicht hoch genug bewertet werden, und wir müssen dem britischen SCM und den Colleges in Cambridge, Edinburgh, Oxford und Callum außerordentlich dankbar dafür sein, daß sie diese Begegnungen ermöglicht haben, die zu einem besseren gegenseitigen Verständnis beigetragen und zu mancher fruchtbaren Aussprache geführt haben. Ein Höhepunkt war in dieser Beziehung die SCM-Konferenz in Westminster Anfang Januar 1948, an der 60 kriegsgefangene deutsche Studenten teilnehmen durften und auf der so hervorragende Kirchenführer bzw. Theologen wie Bischof D. Dr. Lilje, Dr. Visser 't Hooft und Professor Reinhold Niebuhr sprachen.

Die vielfache enge Zusammenarbeit mit den britischen örtlichen Gemeinden, die ich gleichfalls als einen Erfolg der Lagerseelsorge im Jahre 1947 ansehen möchte, wird den besonderen Gegenstand Ihrer Beratungen bilden. Ich möchte deshalb davon absehen, auf diese Zusammenarbeit näher einzugehen.

Die Gottesdienste in den Lagern wurden im Jahre 1947 weiter ausgebaut. Wie schon in anderem Zusammenhang erwähnt, gab es nunmehr kein Lager, in dem nicht regelmäßig Gottesdienste abgehalten wurden. Der Besuch der Hostels wurde den Lagerpfarrern dadurch erleichtert, daß ihnen Fahrräder und teilweise auch Kraftfahrräder teils von der YMCA und teils vom War Office zur Verfügung gestellt wurden und daß sie späterhin auch mit besonderen „Warrants" zur unentgeltlichen Benutzung öffentlicher Verkehrsmittel ausgestattet wurden. Sie wurden nunmehr auch mit Abendmahlsgeräten versehen, soweit solche nicht bereits auf andere Weise beschafft worden waren, und zwar teils aus Heeresbeständen, teils durch Vermittlung der Ökumenischen Kommission. Die Society of Friends hatte schon von 1944 an manche Lagerkapelle mit einem Harmonium ausgestattet; diese wertvolle Hilfe erfuhr im Jahre 1947 eine solche Ausdehnung, daß zuweilen

---

[90] Vgl. unten Nr. I/19, S. 220–226 und Bericht von Theodor Heckel über die Evangelische Studentengemeinde. Norton Camp, Juni 1947 (EZA BERLIN, 2/206).

mehr Harmonien angeboten wurden als tatsächlich benötigt wurden. Das Norton Camp machte sich weiterhin dadurch verdient, daß es in einer besonderen Werkstatt Kruzifixe für die Lagerkapellen herstellte sowie aus Verdunklungsstoff, der von vielen Seiten herbeigeschafft wurde, Talare für Lagerpfarrer fertigte. Vorhandene Lagerkapellen wurden ausgebaut und neue wurden geschaffen. Einige wurden sogar mit einem Glockenturm versehen; ferner sind mir zwei Lager bekannt, in denen das Glockengeläut durch Grammophon und Lautsprecher übertragen wurde.

Es soll an dieser Stelle mit besonderer Dankbarkeit der Ökumenischen Kommission für die Pastoration der Kriegsgefangenen in Genf gedacht werden, die in diesem Jahr umfangreiche Bücherkisten mit vielen Hunderten von theologischen Büchern und mit Tausenden von religiösen Traktaten und gedruckten Predigten nach dem Norton Camp gesandt hat, von wo diese Schriften an alle Lagerpfarrer verteilt wurden. Die Zeit ist zu kurz, um im einzelnen der vielen Besucher zu gedenken, die in diesem Jahr aus Deutschland zu uns kamen. Ich beschränke mich deshalb auf die Bemerkung, daß von vielen Lagerpfarrern und Lagergemeinden die Besuche von Propst Dr. Böhm, Pastor Kurtz, Landessuperintendent Laasch und Gustav Adolf Gedat besonders dankbar empfunden worden sind.

Abschließend komme ich zu dem, was ich als unsere „Niederlagen" im Jahre 1947 bezeichnen möchte. Dazu gehört zunächst die Art und Weise, wie die Repatriierung der Lagerpfarrer ohne Rücksicht auf kirchliche Gesichtspunkte durchgeführt worden ist, nämlich rein schematisch danach, wie lange sich ein Lagerpfarrer in Kriegsgefangenschaft befand. Die gegebene Möglichkeit ihrer vorzeitigen Entlassung „on compassionate grounds" erwies sich als unzulänglich, da deren Vorbereitung lange Zeit in Anspruch nahm und nicht immer denen zuteil wurde, die in erster Linie auf eine frühere Entlassung Anspruch gehabt hätten.

Zweitens gehört hierher die wesentliche Verzögerung in der Verwirklichung des Austauschpfarrerprojektes. Wie schon erwähnt, hatten die Vorbereitungen dazu im Herbst 1946 angefangen, und bereits im Dezember 1946 hatten wir begründete Hoffnung, die ersten Austauschpfarrer im Februar 1947 willkommen heißen zu dürfen. Es ist hier nicht der Ort, darüber zu sprechen, aus welchen Gründen es dahin kam, daß die ersten Austauschpfarrer erst Ende Dezember 1947 in England eintrafen und daß wir dann ferner nicht, wie ursprünglich in Aussicht gestellt, 50 Austauschpfarrer zur Verfügung hatten, sondern nur sieben. Die „Schuld" an dieser wesentlichen Verzögerung, wenn von einer solchen überhaupt geredet werden kann, lag wohl kaum auf englischer Seite, vielmehr war seitens des War Office und des British Council of Churches alles getan worden, um ein möglichst frühzeitiges Herüberkommen von Austauschpfarrern in ausreichender Zahl zu ermöglichen. Immerhin darf doch dies zum Trost gesagt werden, daß die 26 Amtsbrüder aus Deutschland, die nunmehr unter uns weilen, nicht zu spät gekommen sind, sondern es durch ihr Herüberkommen ermöglicht haben, daß eine Anzahl kriegsgefangener Lagerpfarrer inzwischen repatriiert werden konnten.

Als ein weiterer Mißerfolg des Jahres 1947 muß gebucht werden, daß es auch in diesem Jahr nicht möglich war, eine angemessene Lösung der Bezahlung der Lagerpfarrer zu finden. Schwerer aber als alles, was an Negativem bisher festgestellt werden mußte, wiegt das erschreckende Nachlassen des religiösen Lebens in den Lagern, wie es sich im Verlauf des Jahres 1947 mehr und mehr bemerkbar gemacht hat. Die Brüder werden über die Gründe für dieses Nachlassen in den nächsten Tagen beraten, so daß ich mich damit begnügen kann, auf diesen Tatbestand hinzuweisen.

Ich möchte aber meinen Vortrag nicht abschließen, ohne wenigstens in einigen kurzen Worten auf die Arbeit der Lagerpfarrer einzugehen. Denn das darf ich den Brüdern zum Trost sagen: Mag es auch dem einen oder anderen unter Ihnen so scheinen, besonders unter dem Eindruck der Verhältnisse in den Lagern in den letzten anderthalb Jahren, als ob Ihre Arbeit im wesentlichen ein Fehlschlag gewesen sei, so ist es doch erstaunlich, was – alles zusammengenommen – tatsächlich von den Lagerpfarrern geleistet worden ist und sogar auch noch in den letzten Monaten, nicht nur in Gestalt von Gottesdiensten, Bibelklassen, Morgen- und Abendandachten, Vorträgen, Freizeiten für Kriegsgefangene, gemeinsamen Gottesdiensten mit englischen Gemeinden, Einzelseelsorge, sondern auch in Gestalt eines eingehenden Schriftwechsels mit Billetees und mit den Heimatgemeinden im Interesse von Mitgliedern der Lagergemeinden, durch Einrichtung eines Suchdienstes, durch Betreuung von Displaced Persons, die in Nachbarlagern lebten, durch Betreuung ehemaliger Kriegsgefangener, die nunmehr Zivilarbeiter sind, durch den Besuch von Kriegsgefangenen, die in hiesigen englischen Zivilgefängnissen Strafen verbüßen, und schließlich auch durch Erteilung von Religionsunterricht an deutsche Kinder, die für einige Jahre zur Erziehung nach England gebracht worden sind. Dazu kommt die Fülle kirchlicher Gemeindeblätter, die in vielen Lagern von Lagerpfarrern regelmäßig veröffentlicht worden sind und oft recht wertvolles Material enthielten. Wir würden kleingläubig sein und des wahrhaften Vertrauens in die göttliche Vorsehung ermangeln, wenn wir annehmen wollten, daß diese Arbeit ohne Segen geblieben sei. Ich bin gewiß, daß die Zukunft das Gegenteil erweisen wird. Das wahre Israel ist immer eine Minderheit gewesen, war immer ein „Rest"[91], aber Gott sorgt dafür, daß ein solcher „Rest" immer vorhanden ist, und ich möchte annehmen, daß Sie durch Ihre Arbeit mit dazu beigetragen haben, daß die Kirche Jesu Christi im deutschen Volk weiterleben wird.

---

[91] Vgl. Röm 9,27.

Die Schule in Norton Camp

a. Berichte und Korrespondenz

I/14. Bericht des Sekretärs der Kriegsgefangenenhilfe des Weltbundes der YMCA in Großbritannien, John Barwick, über die Eröffnungsfeier am 16. August 1945

[August 1945]

YMCA-Archiv Genf, Ordner 2: Great Britain Nr. 1964

Few ceremonies have moved me more than the exercises arranged for the formular opening of the School Camp.[92] None of us from the „outside" were untouched as we felt the deep sincerity and spirit of sacrifice for a spiritual objective so evident in all who took part. Not less stirring was the obvious wealth of ability amongst those chosen to direct the school. For the first time in years, one felt here is genuine ground for hope in the future, that here are over five hundred men not only willing but able to lead their country out of its fearful plight.

The preparations have been slow. Over four months had passed since we expected to get at least the School of Theology under way. The newness of the experiment and hindrances natural to wartime work with prisoners wore our patience thin until finally we had the men there and started all selections at once. All the while we realized the extraordinary consideration given us and our project by the War Office. Not only did they give us the loveliest camp of its size in the country, but with it came every facility that we could desire. Other than the wire which must surround it and every other prisoner of war camp, there is little or no sign of the fact that this is a camp of prisoners of war. Besides this highly important feature, they gave us space in the officers' lines for offices and living quarters, cinema repair and other workshops. Whatever, failures may come, the

---

[92] Vgl. auch oben S. 160 mit Anm. 67 und den Bericht über die Eröffnungsfeier der Schule. In: Studienblatt der Kriegsgefangenenhilfe des Weltbundes der Christlichen Vereine Junger Männer in England, Nr. 1, 1.9.1945, S. 1–3 (BA/MILITÄRARCHIV FREIBURG, B 205 v 490). – Zur Theologischen Schule im ganzen vgl. den Bericht bei K. W. BÖHME, Geist und Kultur, S. 154–156 und K. LOSCHER, Studium, S. 68–70. In Norton Camp bestand neben der Theologischen Schule eine Pädagogische Akademie zur Ausbildung von Lehrern (vgl. unten Nr. I/15, Ziffer 8) und das Norton Education Committee, eine Institution für Berufsberatung.

authorities, including the Commandant and his officers, the district and command officers, and the War Office have done their part to make it a success.

Mr. Ögren, our educational secretary, Pastor Forell, the unfailing source of inspiration for all of us and supervisor of the Theological School, and myself represented the YMCA. The head of the Theological School[93] and two directors of the Training School for teachers, all prisoners of war, but leaders in their professions in their own country, had charge of all arrangements. The Commandant, his Adjutant and his Interpreter represented the War Office. The Associate Head of the Theology Faculty gave the sermon at the early morning service. He pointed out the fallacy in German education and religion, – materialism. There was not a whisper as he boldly traced the growth of „unspirituality" for the past 100 years, down to Ludendorff and finally Rosenberg.[94] Now that all was lost, thanks to this misguided philosophy, he pointed out that the Spirit of Jesus had its first chance in German history and here only was to be found the hope of every man there.

The general exercises were held in the open air auditorium under the huge oaks and overlooking the blue of the lake that streched miles away. It is difficult to convey the beauty of the scene with its cloud-patched sunlight and cool western breeze. The human element was no less arresting, prisoners and guard, neutrals and belligerents, several nationalities meeting together on the first day of world peace in almost six years. The Commandant pointed out that it was a day of peace on earth, our aim was to make it one of good will amongst men.[95] I recalled the part played in setting up the School by officers now retired. Amongst them towered General Gepp, whose enlightened administration had provided so many amenities to hopeless men behind the wire. Major Gilkes' part in the complicated arrangements needed to make the enterprise a practicable one was commended.

A choir of thirty gave us several excellent selections alternating with a tenor soloist and two solos on the organ. The objectives of the school were outlined by the general director, a man who could not fail to impress with his restraint yet evident burning zeal for the cause we were there to initiate. Under his capable direction the influence of this camp should go joy that months of waiting were finally crowned by realization of the plans and efforts. And the School was thus formally opened.

---

[93] Pfarrer Rudolf Damrath.

[94] General Erich Ludendorff, deutscher Heerführer und Generalquartiermeister im Ersten Weltkrieg, Repräsentant einer völkischen Religiosität. – Alfred Rosenberg, „Chefideologe" des Nationalsozialismus.

[95] Lk 2,14.

In the afternoon, Pastor Forell told the story of the many who had contributed in the preparation for this day. Disappointments, humorous accidents and the steadfast purpose that finally enjoyed seeing dreams come true. Pastor Schweitzer, the head of Wistow Training Institute, spoke on „Religion and Weltanschauung". I was engaged in further arrangements with the camp authorities at the time and returned in time for coffee with all the „Küche" so dear to the German taste. Beside me sat one camp officer whose wife and children were in Breslau the last he heard of them over two years ago. On the other side was a lad born in New Jersey and taken to Germany when he was fourteen by his parents in 1938. Incredible accidents of fate with their human sufferers all confined within that camp.

Over two hours were taken up with the problems incurred in administering the affairs behind the wire. We were three Germans, two Swedes and one American in that „Cabinet" meeting. What to do with four diehard National Socialists, one Communist, how to get all the manifold things required to run a university, were a few of the questions faced and discussed with complete frankness. It was evident that our objectives were as nearly as possible the same, the spiritual rehabilitation of Germany. We would probably differ on the method, but differences were never on lines of our respective nationalities, but rather temperament. I came away with no fear of lack of capability in administration or industry in solving really difficult situations. The men directing that School can handle the situation. Our job is to give them the tools.

The last meeting of the day was the celebration of Holy Communion. Under a half moon Pastor Forell and I walked back to the farmhouse where I loged. We spoke of the message of the morning sermon that had echoed through all the meetings of the day, from now on science and wealth, learning and power, all these materialistic substitues for the Holy Spirit would be relegated to their place. This project would depend on and train men who would depend on not might or power, but His Spirit.

I/15. Organisation und Lehrbetrieb der Theologischen Schule

Norton Camp, 9. Mai 1946

EZA Berlin, 2/504[96]

---

[96] Dieser ausführliche Bericht entstand offenkundig in mehreren Stufen und wurde in einer gekürzten Fassung von der Kirchenkanzlei der EKD am 28.6.1946 den Mitgliedern des Rats der EKD mitgeteilt (LKA STUTTGART, Generalia, Bund 380e). Er erscheint hier in der in Norton Camp gefertigten Fassung. Zu Organisation, Dozenten, Studenten, Vorlesungen, Prüfungen vgl. K. LOSCHER, Studium, S. 95–171.

1. Organisation

Die Theologische Schule ist von der YMCA mit Genehmigung des War Office eingerichtet worden. An ihrer Spitze steht der Studienleiter, der in allen militärischen und Ordnungsfragen dem britischen Lagerkommandanten, in allen Unterrichts- und Lehrmittelfragen der YMCA verantwortlich ist. Der erste, von den Dozenten gewählte und vom YMCA bestätigte Studienleiter (zugleich Lagerpfarrer) war vom Juli 1945 bis zu seiner Repatriierung am 25. April 1946 Oberpfarrer Rudolf Damrath, Potsdam. Sein Nachfolger wurde durch einen einstimmigen Beschluß des Dozentenkollegiums Superintendent Frerich Schnuis aus Drochtersen bei Stade, Hannover (von 1929–1939 Studiendirektor des Predigerseminars der Evangelisch-Lutherischen Landeskirche Hannovers in Göhrde). Der Studienleiter trifft seine Anordnungen in Übereinstimmung mit der Dozentenkonferenz, die vor allen Entscheidungen grundsätzlicher Art einberufen wird. Seine Weisungen an die Studentenschaft nimmt der Studentensprecher entgegen, der zugleich die Wünsche der Studenten ihm übermittelt.

2. Das Dozentenkollegium

Die Dozenten sind zum geringen Teil Hochschullehrer, meist praktische Pfarrer, die jedoch nach besonderer Eignung zu wissenschaftlicher Arbeit ausgewählt sind. Im ersten Semester lasen Magister Helmut Frey (früher Dozent an der Universität in Dorpat) Altes Testament, Superintendent Schnuis (früher Studiendirektor am Predigerseminar in Göhrde) Neues Testament, Pastor Dr. phil. Helmut vom Berg Dogmatik, Pfarrer Lic. habil. Justus Ferdinand Laun (früher Privatdozent an der Universität in Gießen) Kirchengeschichte, Pastor Friedrich von Bodelschwingh, Bethel, alle Lehrfächer für Diakonie, Pastor Wolfgang Theopold (früher Assistent von Prof. Schreiner in Münster) Ethik und Liturgik.

An die Stelle von Magister Frey und Pastor von Bodelschwingh, die im November 1945 repatriiert wurden, traten Pastor Rudolf Halver für Altes Testament und für Kirchenrecht Oberkirchenrat Ranke (früher München und Berlin).

Dem Lehrkörper gehören ferner an: Studienrat Otto Stadler für alte Sprachen und Kirchenmusiklehrer Otto Spar.

3. Studentenschaft

Die Studenten gliedern sich gegenwärtig in 61 Studenten der Theologie, 15 Hospitanten, acht Kandidaten der Theologie (Vikare) und 16 Diakonieschüler oder Gemeindehelfer. Die 15 Hospitanten hören Vorlesungen an der Pädagogischen Akademie, um Lücken in der mangelhaften Schulbildung während der letzten Jahre nachzuholen. Von dem Ergebnis des Lehrgangs hängt die Fortsetzung ihres Studiums ab. Nach der Auskunft ihres Studienleiters ist jedoch damit zu rechnen, daß sie sämtlich noch in diesem Jahr das Abitur bestehen. Das Durchschnittsalter der Studenten ist 24 Jahre. Drei Studenten haben eine abgeschlossene Ausbildung als Lehrer für Höhere Schulen und holen die Religionsfakultas nach.

Die Studenten regeln ihren Ordnungsdienst in Selbstverwaltung. Sie gestalten ihr geselliges Leben, beteiligen sich an sportlichen Wettkämpfen und Theatergruppen.

4. Die Lehrmittel

Die theologische Bibliothek besteht gegenwärtig aus rund 2.000 Bänden. Darunter befindet sich die Erlanger Ausgabe von Luthers Werken, bestehend aus 65 Bänden, die in Deutschland nicht mehr zu haben ist. Wertvoll ist die Bereitstellung von genügend hebräischen Bibeln und griechischen Neuen Testamenten. In hochherziger Weise haben das Mansfield College und Prof. Micklem DD, Oxford, bedeutende Werke deutscher theologischer Literatur leihweise zur Verfügung gestellt. Neuerscheinungen von Büchern führender Schweizer Theologen sind von der YMCA herangeschafft. Ebenso sind dankbar begrüßt worden Geschenkgaben englischer theologischer Literatur. Schwedischen Spendern verdankt die Schule die Übersendung von Papier und Kollegheften.

5. Das Vorlesungsverzeichnis[97]

Da die Mehrzahl der Studenten im ersten Semester der Schule ihr Studium erst begann, mußte das Vorlesungsverzeichnis darauf besonders Rücksicht nehmen. Für Anfangssemester wurde gelesen: Theologische Einführung in die Genesis, Geschichte des Volkes Israel, Einleitung in das Neue Testament, Erklärung der Synoptiker, Kirchen- und Dogmengeschichte I (Alte Kirche). Für fortgeschrittene Semester wurden gelesen: Auslegung ausgewählter Psalmen, Erklärung des Philipperbriefes, Seelsorge im Neuen Testament, Kirchengeschichte III (Reformationszeit), Anthropologie, Ethik, Liturgik, Kirchenrecht, Katechismusunterricht. Die Kandidaten der Theologie wurden herangezogen zu Übungen über Sacharja, kursorischem Lesen des Neuen Testaments, Übungen zur Predigtlehre, Übungen zur Pädagogik, Übungen zur Liturgik und Sprechtechnik.

---

[97] Vgl. Dozenten- und Vorlesungsverzeichnisse für das 1. bis 4. Semester. Norton Camp, 1945–1948 (EZA BERLIN, 2/507); Dozenten- und Vorlesungsverzeichnis für das 5. Semester. Norton Camp, Sommer 1947 (LKA HANNOVER, L 3 Nr. II 16); Dozenten- und Vorlesungsverzeichnis für das 6. Semester. Norton Camp, Herbst 1947 (EZA BERLIN, 620/5). Zur Sammlung aller Vorlesungsverzeichnisse in verschiedenen Fassungen vgl. LKA STUTTGART, D 54: Norton Camp; zu den Vorlesungsverzeichnissen vgl. K. LOSCHER, Studium, S. 117–126, der viele Detailinformationen verarbeitet. Leider vermißt der Leser eine textkritische Ausgabe der verschiedenen Fassungen, die die Entscheidung Loschers, zu seiner Fassung zu kommen, nachvollziehbar macht.

Ein großer Teil der Studenten mußte auf die hebräische und griechische Sprachprüfung vorbereitet werden.

Wöchentlich fanden sportliche Übungen oder Spiele statt.

Im zweiten Semester wurde der Aufbau des Studiums fortgesetzt. Es wurden gelesen: Geschichte des Volkes Israel (Fortsetzung), Erklärung des Propheten Jeremia, Theologie des Neuen Testaments, Erklärung der Synoptiker (Fortsetzung), Kirchen- und Dogmengeschichte II (Mittelalter), Dogmatik I (Allgemeine Dogmatik); daneben liefen die Sprachkurse weiter. Die Ausbildung der Vikare wurde im zweiten Semester nach der Ordnung der Predigerseminare der Evangelisch-Lutherischen Landeskirche Hannovers durchgeführt. Sie umfaßte wöchentlich: Alt- und Neutestamentliche Exegese zweistündig, Kirchenrecht einstündig, Katechetik einstündig, Predigtvorbereitung, Predigtkritik zweistündig. Von den Kandidaten wurden folgende systematische Themen bearbeitet: Das Wort Gottes und die Heilige Schrift. Die „Kirche" in den lutherischen Bekenntnisschriften. Die Lehre von der Erbsünde in der weltanschaulichen Auseinandersetzung der Gegenwart. Luthers Lehre vom Amt. Die Lehre vom Menschen bei Paulus und ihre Bedeutung für die Verkündigung heute. Die christliche Sinndeutung des Leidens. Luthers Lehre von den zwei Reichen. Außerdem wurden folgende praktische Arbeiten abgeliefert und durchgesprochen: Welche Richtlinien ergeben sich aus unseren Kriegs- und Gefangenschaftserfahrungen für die Seelsorge? Das Kirchenlied des 19. Jahrhunderts als Spiegel des Glaubenslebens dieser Zeit. Die Stellung des Heiligen Abendmahls im Gottesdienst unserer Kirche. Gesetz und Evangelium in der gegenwärtigen Predigt. Das Ich-Lied und das Wir-Lied im reformatorischen und pietistischen Kirchenlied. Das evangelische Gesangbuch als Bindeglied der Una Sancta. Wie baue ich meinen Konfirmandenunterricht auf (Zweijähriger Lehrgang mit Stoffverteilungsplan)? Erwachsenentaufe oder Kindertaufe. (Die Themata wurden mit Rücksicht auf die vorhandene Literatur gestellt und zum Teil so ausgesucht, daß sie ohne Literatur angefertigt werden konnten.)

Für Diakonenschüler steht die Bibelkunde im Mittelpunkt der Ausbildung. Es kommen hinzu Reichgottesgeschichte, Auslegung der Patriarchengeschichte und des Römerbriefes, Laiendogmatik, Kirchenlied, kirchliche Verwaltung, Übungen zu Andacht und Bibelstunden.

6. Prüfungen[98]

Der Bischof von Berlin D. Dr. Dibelius hat mit Schreiben vom 8. Oktober 1945 den Studienleiter im Verein mit den Dozenten ermächtigt, theologische Prüfungen abzunehmen. Es wurden eine Ergänzungsprüfung in Kir-

---

[98] Vgl. folgende Dokumente: Reifezeugnis für Inhaber eines Reifevermerks. Norton Camp, Dezember 1946 (LKA STUTTGART, D 54: Richter); Zeugnis für eine Ergänzungsprüfung in alten Sprachen. Norton Camp, September 1946 (LKA STUTTGART, D 54: Steinhoff).

chengeschichte und eine Ergänzungsprüfung in Dogmatik abgenommen. Ferner haben sich im ersten und zweiten Semester 38 Studenten zum hebräischen Sprachexamen gemeldet und es bestanden. Es wurde eine schriftliche und mündliche Prüfung in einem Genesistext verlangt und die Grammatik geprüft. ...[99] Studenten erhielten das Prädikat „sehr gut". Sie waren imstande, einen Sacharja- oder Jesajatext fehlerlos zu übersetzen. Drei Studenten bestanden das Graecum. Zwei Studenten haben sich zum I. Theologischen Examen gemeldet und sind nach Überprüfung der Erfüllung der Prüfungsbestimmungen zum I. Theologischen Examen zugelassen worden. Sie haben schriftliche Prüfungsarbeiten erhalten, die sie nach drei Monaten abzuliefern haben.

Viele Studenten haben am Ende der Semester Fleißprüfungen abgelegt.

7. Gemeindeleben

Das Studium ist eingebettet in ein reges Gemeindeleben. Am Sonntag finden Vormittags- und Abendgottesdienste statt. Ein Kirchenchor gestaltet die Gottesdienste reich aus. Täglich finden Morgen- und Abendandachten statt, die von den Kandidaten, Studenten oder Diakonenschülern abgehalten werden. Einmal wöchentlich versammelt sich die Gemeinde zu Bibelstunden, deren Inhalt bis Ende November [1945] die Offenbarung St. Johannis, im Dezember die Adventsgeschichte, später der Galaterbrief und jetzt der Epheserbrief sind. Das Weihnachts- und Osterfest wurden sehr festlich begangen und haben in ihrer äußeren und inneren Gestaltung starke Eindrücke hinterlassen. Die Beteiligung am Heiligen Abendmahl, das sonntäglich gefeiert wird, ist sehr rege. Unter den Übungsschülern der Lehrer-Akademie wird kirchliche Jugendarbeit getrieben.

8. Lehrer-Akademie[100]

Zur Lehrer-Akademie, die im gleichen Lager arbeitet, bestehen zwischen den Studienleitern, den Dozenten und Studenten hin und her geistige und persönliche Beziehungen. Allgemein interessierende Vorträge werden von beiden Schulen besucht. Die Dozenten der Lehrer-Akademie übernehmen den Unterricht für Theologiestudenten, die Lücken in ihrer Schulbildung ausgleichen müssen. Der Religionsunterricht bei den Lehrerschülern wird von den Dozenten der Theologischen Schule erteilt.

---

[99] Die Anzahl der Studenten fehlt in der Vorlage.

[100] Vgl. folgende Dokumente: Bericht von Studienleiter Hans Basel an die Zentrale der Kriegsgefangenenhilfe der YMCA in London über den Einführungslehrgang. Norton Camp, 5.10.1945 (EZA BERLIN, 2/504); Bericht von Studienleiter Hans Basel. In: Studienblatt Nr. 7–9, Juni/August 1946, S. 11–13. Norton Camp, Sommer 1946 (LKA STUTTGART, D 54: Dammann); Schulordnung der Pädagogischen Schule. Norton Camp, Sommer 1946 (BA/MILITÄRARCHIV FREIBURG, B 113/54); Protokoll einer Lehrerkonferenz der Pädagogischen Schule. Norton Camp, 14.11.1946 (EBD.); Regelung für die Ablegung von Reifeprüfungen. Norton Camp, 14.11.1946 (EBD.).

9. Politische Schulung

Zur Vorbereitung auf das kirchliche Amt gehört auch die Beschäftigung mit den politischen Tagesfragen und der Staatsbürgerkunde. Studenten, die unter dem nationalsozialistischen Regime ihr Studium schon begonnen haben, zeigten damit ihren Bekennermut. Die jüngeren Studenten sind, wie die ganze deutsche Jugend, durch die Hitlerjugend gegangen, haben aber zum großen Teil im Widerspruch zu der Weltanschauung gestanden. Sie sind in politischen Fragen zurückhaltend, aber sehr scharf beobachtend und willig, die demokratische Lebensgemeinschaft zu bejahen. Sie widerstehen der Versuchung, durch die Machtkämpfe der Gegenwart sich ihr neues, politisches Ideal trüben zu lassen.

Die politische Schulung wird im Einverständnis mit dem Political Intelligence Department des Foreign und War Office während eines Zeitraums von 13 Wochen durch die aus dem Vorlesungsverzeichnis ersichtlichen Dozenten der Theologischen und Pädagogischen Schule durchgeführt und umfaßte in dieser Zeit mindestens eine Stunde an jedem Tag für jeden Angehörigen des Lagers.

Sodann wurden von Lagerinsassen und englischen und deutschen Gästen Vorträge gehalten. Dabei sind besonders hervorzuheben die menschlich warmen und gedanklich klaren Ausführungen von Dr. Demuth, die einen nachhaltigen Eindruck gemacht haben. Ferner sprachen Dr. Amos, Dr. Samuel, Hauptmann Carnie, der amerikanische Pastor Lefevre, der amerikanische Reverend Hoover, Dr. Milch, Dr. Zuntz, Herr Borinski, Dr. Nathan, Prof. Hirsch, Frau Minna Specht, Herr Brückner u. a.

Es besteht ein Aushang aller wichtigen politischen Nachrichten und Diskussionen im Informationsraum des Lagers. Dort ist auch eine besondere Abteilung „Kirche in aller Welt" eingerichtet, in der Nachrichten des Ökumenischen Pressedienstes in Genf und Ausschnitte aus englischen Kirchenzeitungen oder Tagespresse aushängen.

Einen starken Impuls zur Würdigung des anderen Volkes und des Menschen mit einer fremden Sprache und einer anderen Uniform gibt das menschlich offene fürsorgliche und dienstlich korrekte Verhalten und das klare christliche Bekenntnis des englischen Lagerkommandanten.

10. Besuche im Lager

Besuche von außerhalb wurden in der Abgeschlossenheit des Lagers besonders begrüßt. An erster Stelle stehen die Besuche der Vertreter der YMCA, Pastor Forell, Mr. Barwick, Birger, Ögren, Dr. Hirschwald u. a. Gastvorlesungen, die gut besucht waren, hielten Prof. Micklem DD, Oxford, Pastor Kramm DD und Superintendent D. Dr. Schweitzer. Einen großen Eindruck machte Mitte Dezember der Besuch des Vertreters des Council of British Churches, Dr. Craig, Mr. Burlingham und des Captain Cranfield. Die Worte brüderlichen und christlichen Geistes wirkten wie ein Trost auf alles Leid, das der einzelne hier täglich trägt. Dann sind noch die freundlichen Besuche der Quäker, Prof. Stephan aus Birmingham und Mr. Pierry, des Vertreters des World Student Relief Mr. Sims, des Moderators der Church of Brethren in Amerika, des Erzdiakons des Bischofs von Nottingham, des Vertreters der SCM[101] (ist gleich DCSV) Reverend Lusk, des Chairman of YMCA America Barwett und des Reverend Hoover aus Detroit, Michigan zu erwähnen. Die ersten Grüße aus Deutschland überbrachte Propst Grüber aus Berlin. Der Weihnachtsgruß des Bischofs von Chichester und das Grußwort des Rats der Britischen Kirchen zu Ostern wurden besonders wohltuend empfunden.

11. Pfarrerauffrischungskurse
Im März 1946 begannen Kurse für Lagerpfarrer[102], die aus anderen Lagern für drei Wochen hierher gesandt werden. Sie sollen die Pfarrer in ihrem Glauben festigen und zu ihrer Arbeit neu stärken. Dabei sollen Erfahrungen ausgetauscht und Anregungen entgegengenommen werden. Gegenwärtig läuft der zweite Kursus. Nach Abschluß des ersten Kurses wurde die in Anlage beigefügte Resolution gefaßt und an das War Office eingereicht.[103]

12. Arbeit an anderen Lagergemeinden
Die Dozenten der Theologischen Schule geben das „Monatsblatt für evangelische Lagerpfarrer"[104] heraus. Es reicht den Pfarrern in den Gefangenenlagern Material für ihre Arbeit. Zunächst werden Exegesen und Meditationen für die Predigt veröffentlicht. Dann enthält das Blatt Bibelstunden und Vortragsentwürfe, Gebetsformulare und die monatliche Bibellese mit Texten für jeden Tag. Schließlich werden Nachrichten aus dem Leben der deutschen und anderer Kirchen vermittelt.

Für die Kirchengemeinden in den Lagern wird der „Monatsbrief"[105] in 20.000 Exemplaren gedruckt. Er will durch geistliche Betrachtungen und ausgewählte Stücke volkstümlicher Erzählkunst die Leser zu stiller Einsicht und Besinnung führen.

Für das Weihnachtsfest wurde das „Quempasheft"[106], ein mit Zeichnungen verziertes Choralbüchlein, und die „Weihnachtsbotschaft", ein Liederheft, herausgegeben.

Am 11. Januar sandte das Lager acht Laienprediger in andere Lager aus, die hier für den Dienst an der Wortverkündigung zugerüstet wurden.

---

[101] Vgl. unten Nr. I/19, S. 220–226; vgl. auch Bericht von Theodor Heckel über die Evangelische Studentengemeinde. Norton Camp, Juni 1947 (EZA BERLIN, 2/206).

[102] Vgl. unten Nr. I/20 und I/21, S. 226 f.; 228 ff.

[103] Nicht mehr bei den Akten.

[104] = *Pfarrblatt für evangelische Lagergemeinden* (vgl. Einleitung, S. 37).

[105] Zum *Monatsbrief* vgl. Einleitung, S. 36 f.

[106] Vgl. das *Quempasheft* in LKA STUTTGART, D 54: Correns.

Vor seiner kürzlich erfolgten Repatriierung hat der bisherige Leiter der Theologischen Schule vorgeschlagen, daß vorbehaltlich der Zustimmung oder anderweitiger Regelung durch die Evangelische Kirche in Deutschland der jeweilige Leiter der Theologischen Schule als Vorläufige Kirchenleitung die Aufgabe der Vertretung der evangelischen Gemeinden in den englischen Kriegsgefangenenlagern übernimmt. Um ihn von der Alleinverantwortung zu entlasten und um ihm Ratgeber zur Seite zu stellen, hat er vorgeschlagen, einen beratenden Ausschuß für die allgemeinen kirchlichen Fragen in den Gefangenengemeinden zu bilden. Diesem Ausschuß sollen angehören a) Die Theologen unter den Dozenten der Theologischen Schule und der Dozent für Kirchenrecht, Oberkirchenrat Ranke; b) Von den Vorgenannten hinzuzuwählende ältere Gemeindeglieder des Lagers 174 und nach Möglichkeit der umliegenden Lager.

In diesen Angelegenheiten solle der Leiter der Theologischen Schule durch Oberkirchenrat Ranke als Geschäftsführer für die allgemeinen Aufgaben der Evangelischen Kirche in Deutschland an den Kriegsgefangenen vertreten werden. Die laufenden Arbeiten dieses Arbeitsgebietes seien jeweils mit den im Lager laufenden Pfarrerfreizeiten für Lagerpfarrer zu besprechen und es sei auf diese Weise die weitest mögliche Zustimmung der Lagergemeinden anzustreben. Vordringliche Aufgaben auf diesem Arbeitsgebiet sind: Bildung von Gemeindekörperschaften, Klärung der Fragen von Eintritt und Wiedereintritt in die evangelische Kirche, Konfirmation, Ordination, Auswahl der Studenten der Theologie, Auswahl der Laienprediger, Fragen von Agende, Gesangbuch und Gebetbuch, Vertretung gegenüber der YMCA und der Gewahrsamsmacht.

Oberpfarrer Damrath stützte sich hierbei auf die Stellungnahme der Teilnehmer an der ersten Pfarrerfreizeit für Lagerpfarrer und auf viele Anregungen zur Abhilfe kirchlicher Notstände, die im Laufe der Zeit an den Leiter der Theologischen Schule gelangt sind. Die Notwendigkeit einer derartigen Maßnahme ist in den Verhandlungen mit der zweiten Pfarrerfreizeit noch deutlicher geworden. Das Dozentenkollegium` hat diesen Vorschlag einstimmig angenommen. Der Leiter der Theologischen Schule hat sich aus diesem Grunde entschlossen, unter Betonung der Vorläufigkeit dieser Arbeit sich dieser Aufgabe zu unterziehen. Die Bestätigung dieser Maßnahme oder anderweitige Regelung durch die Evangelische Kirche in Deutschland, mit deren Leitung Oberpfarrer Damrath verhandeln will, bleibt vorbehalten.

I/16. Bericht des in die Heimat entlassenen zweiten Leiters der Theologischen Schule, Superintendent Frerich Schnuis

Drochtersen bei Stade [August 1946]

EZA Berlin, 2/504[107]

1. Wert der Schule

Der Wert der Theologischen Schule liegt darin, daß sie die angehenden Theologen aus den verschiedenen Lagern herausgezogen und ihnen Gelegenheit gegeben hat, ihr religiöses Leben zu festigen und das Studium zu beginnen. Ihr Leben bekam dadurch einen neuen Sinn und Inhalt. Die Theologische Schule hat wiederholt der englischen Militärverwaltung und der YMCA ihren Dank für die Einrichtung der Schule ausgesprochen. Es wäre angebracht, wenn auch die EKD ein Dankeswort an diese beiden Instanzen richten würde.

Der Wert der Schule ist zu beurteilen erstens nach ihrer Lehr- und Lernmöglichkeit und zweitens nach der Art des christlichen Gemeinschaftslebens und dem daraus sich ergebenden Pfarrertyp.

Zu Erstens ist zu sagen: Das Dozentenkollegium ist sich immer dessen bewußt gewesen, daß es nicht gleichwertig mit dem einer Theologischen Fakultät ist. Alle Dozenten haben sich aber bemüht, ernstliche wissenschaftliche Arbeit zu leisten und zu fordern. Es ist auch allen Studenten von vorne herein klargemacht, daß die Theologische Schule niemandem die Möglichkeit geben könne und wolle, sich ein paar Semester oder ein Examen zu erschleichen. Durch Heranziehung anderer geeigneter Kräfte wie Prof. Micklem, Oxford, D. Dr. Schweitzer, Dr. Rieger und Dr. Kramm hat die Schule von Anfang an versucht, den dargebotenen Stoff zu erweitern und zu vertiefen.

Es ist außerdem hervorzuheben, daß im gleichen Lager noch eine Pädagogische Akademie besteht, die neben Abiturientenkursen Vorlesungen in über 20 Fächern abhält. Besonders gut besetzt sind Geschichte und Philosophie. Mit beiden Dozenten wird zur Zeit verhandelt wegen Herübernahme als Professoren an eine Pädagogische Akademie in Deutschland. Außerdem wurden laufend Vorträge gehalten von zum Teil hervorragenden Kräften, wie zum Beispiel Prof. Leibholz, früher in Göttingen. Die Theologische Schule ist dadurch in ein reiches und lebendiges geistiges Leben hineingestellt, in dem alle Probleme der Gegenwart erörtert und lebhaft

---

[107] Der Bericht ging an die Kirchenkanzlei der EKD und trägt deren Eingangsstempel vom 3.9.1946.

diskutiert werden. Man kann sagen, daß das geistige Leben im Norton Camp nicht weit hinter dem einer deutschen Universität zurücksteht.

Zweitens: Einige Sorgen und Bedenken muß ich aber vorbringen hinsichtlich des Frömmigkeitstypus, der sich durchweg in den Lagern heranbildet. Der POW, der getrennt von Familie, Kirche und Volk dahinlebt, steht in Gefahr, sich abzukapseln und nach den verschiedensten Richtungen hin ein Eigenbrötler zu werden und den Dingen um ihn herum gegenüber völlig gleichgültig zu werden. Nach der religiösen Seite bedeutet das, daß eine erlebnisbetonte subjektivistische Frömmigkeit sich anbahnt, die in kontemplativer Abgekehrtheit von der Welt ihre Befriedigung sucht und zu wenig Aktivismus besitzen wird. Darüber hinaus ist zu bedenken, daß mit der Dauer der Gefangenschaft sich jeder POW mit seinem Volk und seinen Anforderungen irgendwie auseinander lebt und je länger die Gefangenschaft dauert, desto schwieriger wird es für den POW werden, den Anschluß in der Heimat zu bekommen und mit dem nötigen Verständnis zu wirken. Bei der Anrechnung der Semester ist dieser Tatbestand mit zu berücksichtigen.

2. Leistungen der Schule

Allgemein ist zu sagen, daß die Studenten mit einem derartigen Fleiß arbeiten, daß der Schulleiter darauf bedacht sein mußte, abzustoppen und durch Sport und Gemeinschaftsabende einen Ausgleich zu schaffen. Man denke sich eine Baracke, mit 24 Studenten vom einfachen Landser bis zum Major belegt, davon zehn sich auf das Hebraicum vorbereitend, die schon laufenden Wetten und den verbissenen Ehrgeiz des Gefreiten, die höheren Dienstgrade zu übertrumpfen, dann hat man das Milieu. Ähnlich lag es bei Fleißübungen und schriftlichen Semesterarbeiten. Da zudem jede Ablenkung fehlt, ist es nicht verwunderlich, wenn die Einzelleistungen der Studenten weit über dem Durchschnitt lagen. Von den über 60 Studenten, die ihr Hebraicum machten, hat ein hoher Prozentsatz es mit „Sehr gut" gemacht. Diese Examina wurden anfangs von Magister Hellmuth Frey, früher Dorpat, jetzt Dozent in Bethel, Lic. Laun und mir abgenommen, wobei ich den Vorsitz führte, weil ich seit 1929 zum Prüfungsausschuß der Hannoverschen Landeskirche gehöre. Nach dem Fortgang von Frey ist Lic. Dr. Schwab an seine Stelle getreten.

Das Graecum wird von zwei Studienräten unter Herzuziehung eines Dozenten der Theologischen Schule nach den geltenden Bestimmungen abgehalten. Bei diesen beiden abgenommenen Examina wird um Anerkennung gebeten.

Zum I. Theologischen Examen meldeten sich zwei, zum II. Theologischen Examen sieben Kandidaten. Zulassung sowie Art und Zahl der schriftlichen Arbeiten richten sich nach den Bestimmungen der Hannoverschen Landeskirche. Mit den Predigtamtskandidaten habe ich täglich zwei

Stunden gemeinsam gearbeitet nach dem Studienplan der Hannoverschen Predigerseminare, wobei besonderes Gewicht auf die praktischen Fächer gelegt wurde. Da ein Teil der Kandidaten schon als Lagerpfarrer, die anderen als Gehilfen der Lagerpfarrer tätig gewesen waren, so lag nach einer einjährigen Vorbereitung in der Theologischen Schule kein Grund vor, sie zum Examen nicht zuzulassen, das Examen wird Ende diesen Monats abgehalten werden. Um diese Anerkennung durch die Landeskirchen zu erleichtern, habe ich im Einvernehmen mit dem Dozentenkollegium D. Dr. Schweitzer gebeten, den Vorsitz bei dem I. und II. Examen zu übernehmen, was er auch übernommen hat.

Anrechnung der Semester. Die Theologische Schule hat im Jahr drei Semester. Sie tut das, um längere Ferien zu vermeiden, die nur anderweitigen Arbeitseinsatz nach sich ziehen würden. Es würde zu verantworten sein, alle drei Semester pro Studienjahr anzurechnen, aber ich würde es für ausreichend ansehen, wenn pro Studienjahr zwei Semester angerechnet würden. Um der schon angegebenen Gründe willen ist es wünschenswert, daß vor allem die Studenten, die in der Gefangenschaft mit dem Studium begonnen haben, zum Ausgleich noch möglichst lange deutsche Universitäten besuchen. Es wäre damit auch ein Ausgleich geschaffen gegenüber den vielen Abiturienten in der Heimat, die an den Universitäten mit dem Studium trotz frühzeitiger Entlassung nicht beginnen können.

I/17. Schreiben des Leiters der Theologischen Schule, Pfarrer Dr. Gerhard Friedrich, an die Kirchenkanzlei der EKD

Norton Camp, 9. August 1946

EZA Berlin, 2/504[108]

I. Die Evangelisch-Theologische Schule überreicht in der Anlage unter Bezugnahme auf das Schreiben vom 13. Mai 1946 an Oberlandeskirchenrat Dr. Lilje

1. Ein Vorlesungsverzeichnis der Schule für das Sommersemester 1946 vom 20. Mai – 31. August 1946.[109]

2. Je einen Stundenplan der 2., 3., 4. und 5. Freizeit für Lagerpfarrer,

---

[108] Die Anlagen befinden sich nicht bei den Akten, ebensowenig das Schreiben von Lilje. Dieses steht offenkundig in Verbindung mit dessen Besuch der Kriegsgefangenenlager im Februar 1946 (vgl. oben Nr. I/5, Anm. 14, S. 90).

[109] Vgl. die Dozenten- und Vorlesungsverzeichnisse für das 1. bis 4. Semester. Norton Camp, 1945–1948 (EZA BERLIN, 2/507).

die mit Hilfe der YMCA und der britischen Behörden an der Schule durchgeführt wurden.

3. Eine Ergänzung des Personalstands der Schule mit den Namen der seit dem Mai neu angekommenen und der aus der Schule versetzten Studenten und Lehrer.

4. Eine Denkschrift der Lagerpfarrer der ersten Lagerpfarrerfreizeit, die sich alle bisherigen Lagerpfarrerfreizeiten zueigen gemacht haben, über die seelische Lage der Kriegsgefangenen.

5. Die Anträge der neu angekommenen Studenten um Anrechnung ihres Studiums an ihre Landeskirchen mit der Bitte um Weiterleitung.

6. Die letzten Hefte des Monatsbriefes, Zeitschrift für Kriegsgefangene, und des Monatsblattes für Lagerpfarrer.[110]

II. 1. Die Leitung der Schule wurde durch Beschluß des Dozentenkollegiums vom 14. Juli 1946 anläßlich der Repatriierung von Superintendent Schnuis mit Zustimmung der YMCA an Pastor Dr. Gerhard Friedrich übertragen. Die Schule bittet, ihn als Leiter der Schule bestätigen zu wollen. Die ohnehin für die Evangelische Kirche in Deutschland kaum verbindliche Prüfungsermächtigung, die Bischof D. Dr. Dibelius mit Schreiben vom 8. Oktober 1945 an Oberpfarrer Damrath und zwei weitere inzwischen repatriierte Mitglieder des Dozentenkollegiums erteilt hatte, weiter zu übertragen, erschien untunlich. Die Schule wird im Rahmen der gegebenen Verhältnisse, so gut als möglich, weiter wie bisher Vorlesungen und auch Prüfungen abhalten und die Prüfungsunterlagen jeweils über die Kanzlei der Evangelischen Kirche in Deutschland den betreffenden Landeskirchen zuleiten. Sie vertraut darauf, daß die Landeskirchen dann die Prüfungen anerkennen werden, und bittet, aus diesem Grund jeweils das der Kanzlei der EKD zugeleitete Material über den Lehrbetrieb der Schule mit einem Gutachten an die Landeskirchen weiterleiten zu wollen.

2. Die Schule beabsichtigt im Laufe des Monats August für zwei Studenten das I. Theologische Examen und für sechs Vikare das II. Theologische Examen abzuhalten. Sie wird sich dabei in Ermangelung anderer Prüfungsbestimmungen an die von Superintendent D. Schweitzer in Wistow (früher Wustermark und Apologetische Zentrale des CA für Innere Mission) übergebenen Prüfungsbestimmungen der Evangelischen Kirche der Altpreußischen Union halten. Die Schule bittet aber die EKD bestimmen zu wollen, an welche Prüfungsbestimmungen sie sich in Zukunft halten soll, und ihr diese Prüfungsbestimmungen zuzusenden. Die Schule hat bis zur Bestätigung von Dr. Friedrich als Leiter der Schule durch die EKD für die bevorstehenden Prüfungen Superintendent D. Schweitzer gebeten, den Vorsitz in der Prüfungskommission zu übernehmen.

---

[110] Zum *Monatsbrief* und *Pfarrblatt* vgl. Einleitung, S. 36 f.

3. Nach der von Oberlandeskirchenrat Dr. Lilje an Superintendent Schnuis erteilten Ermächtigung zu ordinieren, wurden die Vikare Gerhard Wallmann, Evangelisch-Lutherische Landeskirche Hannovers, und Gerhard Danz, Evangelische Landeskirche Thüringen (letzterer nach Abhaltung eines Kolloquiums) im Gemeindegottesdienst des Lagers unter Assistenz zweier Dozenten der Schule am 15. Mai 1946 unmittelbar vor ihrer Aussendung als Lagerpfarrer ordiniert. Als Ordinationsformel diente angesichts des Evangelisch-lutherischen Bekenntnisses sowohl der Ordinanden als des Ordinators die Ordinationsformel der Evangelisch-Lutherischen Landeskirche Bayerns rechts des Rheins. Die Abschrift eines Formulars der Ordinationsurkunde liegt bei. Die Ordination wurde ausdrücklich auf die Zeit der Wirksamkeit in der Kriegsgefangenschaft beschränkt. Superintendent Schnuis hat außerdem gelegentlich der an der Schule laufenden Freizeiten für Lagerpfarrer die Ordinationen bzw. Beauftragungen, die heiligen Sakramente zu verwalten, für den Missionskandidaten der Hermannsburger Missionsgesellschaft Adolf Ehlbeck (aus Neustadt bei Celle/Hannover) und für den Hilfsgeistlichen Manfred Knodt (aus Bad Nauheim, Wilhelmstraße 10) bestätigt. Abschriften der ausgehändigten Urkunden liegen bei.

Durch das Schreiben des Herrn Vorsitzenden des Rats der EKD vom 9. Juli 1946, das der Schule übermittelt wurde, werden leider die vorhandenen Schwierigkeiten nicht ganz gelöst. Die Lage in den Kriegsgefangenenlagern, die keine Pfarrer haben, erheischt den sofortigen Einsatz aller zur Verfügung stehenden Pfarrer und Prediger. Die Ordination durch die Schule ist nur im Schullager selbst möglich. Die Er[Ein]holung der Bevollmächtigung bei den zuständigen Landeskirchen würde zur Zeit, nach der Ablegung des Examens, mindestens ein Vierteljahr erfordern. Während dieser Zeit muß der Vikar in einem Lager eingesetzt sein. Er würde auch sonst einem Theologiestudenten an der Schule einen Platz wegnehmen. Ist der Vikar aber eingesetzt, so ist es für die Schule nicht mehr möglich zu ordinieren, bis er durchschnittlich nach einem Jahr wieder zu einer Freizeit für Lagerpfarrer ins Schullager kommt. In diesem Jahr wäre er also nicht in der Lage, die heiligen Sakramente zu verwalten. Eine solche Lösung ist angesichts des starken Drängens nach dem heiligen Sakrament in den Lagern nicht tragbar und würde nur den bisherigen Zustand verschärfen, in dem in zahlreichen Fällen die heiligen Sakramente ohne Ordination verwaltet werden.

Nicht gelöst ist in diesem Schreiben auch die Frage, ob an der Schule die Lagerpfarrer, die zu Freizeiten kommen und die vor oder im Krieg ein gültiges II. Examen gemacht haben, aber wegen der Kriegsläufe nicht ordiniert sind, ordiniert werden können oder nicht. Wir nehmen an, daß gelegentlich des Besuchs von Pastor Lic. Fricke in der Schule zwei hessische Vikare, die, als Lagerpfarrer eingesetzt, jetzt an einer Freizeit teilnehmen, die Ordination erhalten werden. Es erscheint der Schule im Interesse der ordnungsmässigen Verwaltung des Dienstes der Lagerpfarrer aber nach wie vor notwendig zu sein, daß eine Stelle von der EKD in Großbritannien bestimmt wird, die anordnen kann, daß ordiniert wird. Die Ordination selbst wäre dann, wie Oberlandeskirchenrat Dr. Lilje seiner Zeit bestimmt hatte, jeweils durch einen Ordinator des Bekenntnisses des Ordinanden auf das Bekenntnis der Landeskirche des Ordinanden vorzunehmen. Die Schule wäre aus diesem Grunde für die Übersendung der Bekenntnisverpflichtungen in der Ordination der einzelnen Landeskirchen der EKD dankbar.

4. Die Theologische Schule hat durch Beschluß des Dozentenkollegiums vom 30. Januar 1946 unter dem Vorsitz von Herrn Oberpfarrer Damrath beschlossen, die Arbeit der Theologischen Schule sei im lutherischen Bekenntnis verankert. Unter lutherischem Bekenntnis verstehe die Konferenz das Bekenntnis, das in der Augsburgischen Konfession, den beiden Katechismen Dr. Martin Luthers, den Schmalkaldischen Artikeln und der Konkordienformel festgelegt ist. Die YMCA hat damals gebeten, von einer Publikation dieses Beschlusses abzusehen. Anläßlich ihres Besuches in der Theologischen Schule vom 29. Juli 1946 haben nun sowohl Prof. Courvoisier, Genf, der Präsident der Ökumenische Kommission für die Pastoration der Kriegsgefangenen, als Dr. Visser 't Hooft, nachdem sie die Frage nach dem Bekenntnisstand der Schule gestellt hatten, gebeten, die Schule möchte eine zusätzliche Erklärung abgeben, aus der hervorgehe, daß sie nicht beabsichtige, künftige Entscheidungen für die EKD durch diesen Beschluß vorweg zu bestimmen. Das Dozentenkollegium der Theologischen Schule besteht zur Zeit aus drei Mitgliedern lutherischer Landeskirchen, drei Mitgliedern der Evangelischen Kirche der Altpreußischen Union und Hessens (Verwaltungsunion) und zwei Mitgliedern der Badischen Landeskirche (Bekenntnisunion). Unter den Studenten der Schule befinden sich unter anderem ein Methodist und ein Angehöriger einer lutherischen Freikirche.

Auch die Frage der Wahlen zu den Kirchenräten in den Kriegsgefangenenlagern, die wir gelegentlich der Lagerpfarrerfreizeiten im Zusammenhang mit den an die Schule gelangten neuen Bestimmungen über die Wahlen zu Gemeindekirchenräten in der Evangelisch-Lutherischen Landeskirche Oldenburgs besprochen haben, hat die Frage des Bekenntnisses unserer evangelischen Kriegsgefangenengemeinden erneut dringend gemacht. Die Schule verfolgt, soweit es ihr möglich ist, mit lebhafter Anteilnahme die auf diesem Gebiet sich vollziehende Entwicklung in der EKD. Die Schule hat aber aus Rücksicht auf die Verhältnisse in den Lagergemeinden, die nicht nur Lutheraner, sondern auch Reformierte, Angehörige der Verwaltungs- und Bekenntnisunion, der lutherischen und anderen Freikirchen, der Brüdergemeine, der Gemeinschaften der Methodistischen und der Baptistischen Kirche umfassen, den Lagergemeinden nur vorschlagen können, die Bekenntnisverpflichtung bei den Wahlen zu den Kirchenräten der Lager auf das Bekenntnis zu Jesus Christus unserm Herrn, wie es in der Heiligen Schrift geoffenbart und in den Bekenntnissen der Reformation bezeugt ist, vorzunehmen. Die Schule und alle bisher bei ihr zu Freizeiten versammelten Lagerpfarrer sehen aber in dem Mangel eines weitergehenden Consensus über das Bekenntnis der Lagergemeinden, der über die Scheidungen der in den Lagergemeinden zusammengefaßten Konfessionen hinausführte, ihre Armut und ihre Schuld vor Christus. In weitestgehender Übereinstimmung mit sämtlichen bisher zu den Lagerpfarrerfreizeiten versammelten Pfarrern (darunter ein Methodist und mehrere Angehörige von Freikirchen verschiedener Prägung) sieht es das Dozentenkollegium der Theologischen Schule gerade angesichts seiner Verwurzelung im Bekenntnis der Evangelisch-Lutherischen Kirche als seine Pflicht an, die lebendige Einheit der Lagergemeinden im Bekenntnis zu Jesus Christus unserm Herrn vor seinem Antlitz und vor dem Wort der Heiligen Schrift zu erstreben und die tatsächliche Einheit in den Lagern zu vertiefen. Die Schule erkennt, daß diese Einheit nicht allein durch das Aufgeben der reformatorischen Bekenntnisse erreicht wird. Aber sie stellt alle ihre Arbeit in Verantwortung vor den christlichen Vätern unter das Ziel, das der Herr Christus selbst in dem Hohenpriesterlichen Gebet[111] seiner Kirche gestellt hat. Sie sieht sich zu dieser Haltung umso mehr verpflichtet, als sie seit Beginn ihres Bestehens ohne Unterbrechung mit größtem Dank die Hilfe der christlichen Brüder in der Ökumene erfahren hat. Die Theologische Schule bittet die EKD, von diesem Sachverhalt Kenntnis zu nehmen, den Standpunkt der Schule zu überprüfen und zu der Frage Stellung zu nehmen, ob es richtig ist, dem Ökumenischen Rat der Kirchen gegenüber auf die Fragen von Prof. Courvoisier und Dr. Visser 't Hooft in diesem Sinn Stellung zu nehmen.

5. Die Theologische Schule hat durch Repatriierung ihrer bisherigen Leiter, Oberpfarrer Damrath und Superintendent Schnuis, und der Dozenten Pastor von Bodelschwingh, Magister Frey, Pastor Dr. vom Berg und Pastor Theopold schwere Verluste erlitten. Sie versucht zur Zeit im Benehmen mit der YMCA und mit dem Staff Chaplain im War Office (Adresse: Curzon Street House, Curzon Street London W 1) das Dozentenkollegium zu ergänzen. Es ist jedoch wohl mit weiteren Repatriierungen von kriegsgefangenen Pfarrern im allgemeinen und von theologischen Dozenten im besonderen zu rechnen. Nicht in allen Fällen wird man billiger Weise von den betreffenden Dozenten und Pfarrern eine freiwillige Verlängerung ihrer Kriegsgefangenschaft erwarten können. Die Schule sowohl als die seelsorgerliche Arbeit in den Kriegsgefangenenlagern kann daher

---

[111] Joh 17.

nur dann auf dem gegenwärtigen [...][112] Niveau erhalten werden, wenn Hilfe von außen kommt. Die Versorgung der Kriegsgefangenenlager mit Pfarrern ist ohnehin schon gegenwärtig unzureichend (ca. 150 Lagerpfarrer in ca. 380 Lagern plus 1.000 Hostels und zahllosen Billetes für ca. 400.000 Kriegsgefangene). Es ist schon jetzt kaum mehr möglich, die wichtigen Pfarrstellen in Wilton Park und im BBC Lager nach Repatriierung ihrer bisherigen Stelleninhaber mit entsprechenden Kräften zu besetzen.

Die Schule hat aus diesem Grunde in einer gemeinsamen Besprechung mit Pastor Forell, Prof. Courvoisier und Dr. Visser 't Hooft gebeten, der Ökumenische Rat möchte sich dafür einsetzen, daß

a) deutschsprechende evangelische Hochschullehrer aus Schweden, Norwegen, Holland, Dänemark, der Schweiz und Deutschland zu Gastvorlesungen an die Schule entsandt werden. Diese Gastvorlesungen sollten mindestens die Stundenzahl von drei- bis vierstündigen Semestervorlesungen (also 36 oder 48 Stunden) umfassen. Die Schule würde, um solche Vorlesungen zu ermöglichen, ihren übrigen Lehrbetrieb für die Zeit der (täglich mehrstündigen) Gastvorlesungen ausfallen lassen.

b) die EKD Pfarrer oder Hilfsprediger entsendet, die bis zur völligen Repatriierung der deutschen Kriegsgefangenen sich an der Seelsorge in den Lagern beteiligen. Wir bitten die EKD, diese Bitte an die Ökumene wirksam unterstützen zu wollen.

6. Sowohl die YMCA als der Staff Chaplain im War Office stellen es, wenn ein theologischer Dozent oder Lagerpfarrer zur Repatriierung heransteht, in seine Entscheidung vor Gott und vor den kriegsgefangenen Gemeinden, ob er heimfahren oder sich freiwillig zum Bleiben verpflichten will. Diese Entscheidung ist von verschiedenen Pfarrern schon jetzt zugunsten der Lagerseelsorge getroffen worden. Sie wird aber zahlreichen, insbesondere den aus den Ostgebieten stammenden kriegsgefangenen Pfarrern dadurch erschwert, daß in der Zwischenzeit

a) ihre Familien keine Gehälter beziehen und vielfach keine bleibende Unterkunft haben,

b) die offenen Stellen in der EKD naturgemäß besetzt werden müssen. Die Schule wird aus diesem Grund nun versuchen, alle in England kriegsgefangenen Pfarrer und unter ihnen besonders diejenigen, die keine Pfarrstelle innehaben, zu erfassen und der EKD zu melden. Sie bittet aber auch jetzt schon, um die oben bezeichneten Entscheidungen zu erleichtern, bei den Landeskirchen anzuregen, ob nicht der Dienst als Lagerpfarrer in einem Kriegsgefangenenlager als Dienst in einem landeskirchlichen Pfarramt angerechnet und (an die Familie) unter entsprechenden Abstrichen bezahlt werden kann. Eine derartige Regelung würde einer Repatriierung

---

[112] Ein Wort in der Vorlage unkenntlich gemacht.

der Pfarrer, die sich freiwillig zur Verlängerung ihrer Kriegsgefangenschaft melden, zusammen mit den letzten, politisch ungünstig beurteilten Kriegsgefangenen die sonst notwendige Härte nehmen.

7. Die Theologische Schule hat anläßlich des Besuchs des Herrn Ministers Grimme und des Herrn Senators Landahl in Großbritannien von den neuen Bestimmungen Kenntnis erhalten, die in der Englischen Zone für die Zulassung zum Studium an Hochschulen gelten. Nach den vorliegenden Meldungen scheinen sie den Bestimmungen in der Amerikanischen Zone zu entsprechen. Es scheint danach ein Reifevermerk mit einem späteren Datum als 1941 nicht mehr zum Studium zu berechtigen. Die Theologische Schule hat aus diesem Grund im Benehmen mit der Pädagogischen Schule einen weiteren Abiturkursus eingerichtet, in dem alle diejenigen Studenten, die später als 1941 den Reifevermerk erhalten haben, die Möglichkeit haben sollen, Abitur zu machen. Eine von den Bestimmungen in der Englischen und Amerikanischen Zone abweichende Regelung scheint an der Universität Tübingen zu herrschen. Zwei Studenten unserer Schule, die lediglich im Besitz von Reifevermerken nach 1941 sind, haben jedenfalls vom Württembergischen Evangelischen Oberkirchenrat die Zusicherung, ihre Vorbildung genüge zur Zulassung zum Universitätsstudium an der Universität Tübingen. Ist mit einer Beibehaltung der bisherigen Übung in Tübingen zu rechnen? Soll den betreffenden Studenten nicht empfohlen werden, auf alle Fälle wie ihre Kameraden an der Schule das Abitur zu machen?

8. Die Theologische Schule hatte im vergangenen Semester außer den laufenden Besuchen von Pastor Forell, Mister Barwick, Pastor Dr. Hirschwald, Pastor Dr. Rieger, Superintendent D. Schweitzer und Pastor Dr. Kramm unter anderem Besuch von dem anglikanische Bischof von Southwell (zweimal), dem katholischen Bischof von Nottingham, dem Herzog von Portland, Mister Cairns vom Student Christian Movement, Prof. Forster DD., Birmingham, vom Internationalen Missionsrat, Mister Ellis, Generalsekretär der englischen YMCA und zahlreichen Rednern des Political Education Departement (darunter Prof. Dr. Leibholz, Dr. Milch, Prof. Hirsch, Dr. Lorinski, Dr. Samuel, Dr. Frieters, Viola). Die deutschen Pastoren in England, Superintendent Dr. Schweitzer, Dr. Rieger und Dr. Kramm, haben der Schule wie bisher in allen Nöten und durch ihr reiches Wissen zur Seite gestanden. Der Leiter der Schule, Superintendent Schnuis, hat am Pfingstsonntag auf Einladung des Rats der Britischen Kirchen an einem feierlichen ökumenischen Gottesdienst in der Westminster Abtei teilgenommen. Mit Prof. Dodd DD und Prof. Zernoff wird wegen Vorlesungen an der Schule verhandelt.

9. Die Schule bittet die Evangelische Kirche in Deutschland um regelmäßige Zusendung des Amtsblattes der EKD, verfügbarer Amtsblätter der Landeskirchen, von Kirchenblättern, volksmissionarischen Schriften und theologischen Neuerscheinungen. Sie hat außer einem Exemplar der Be-

kenntnisschriften der Evangelisch-Lutherischen Kirche (Kirchenausschuß-
ausgabe) und einer Schrift von Pfarrer [Hermann] Diem[113], für die sie
herzlich dankt, bisher noch nichts dergleichen von der Evangelischen
Kirche in Deutschland erhalten. Der Staff Chaplain im War Office hat
seine Adresse (vergleiche oben) zur Übermittlung von Post an die Schule
zur Verfügung gestellt.

I/18. Bericht des Leiters der Theologischen Schule, Dr. Gerhard Friedrich, über das Wintersemester 1946/1947

Norton Camp [Frühjahr 1947]

EZA Berlin, 2/505

Es war der Schule vergönnt, trotz mancherlei Schwierigkeiten ein viertes
Semester plangemäß durchzuführen. Das Semester stand unter dem Zei-
chen starker personeller Veränderungen und eines ungewöhnlich strengen
Winters, so daß es keine leichte Aufgabe war, eine gewisse Stetigkeit der
Arbeit zu wahren. Guter Wille und Gemeinschaftssinn von seiten der
Studenten und vorsichtige Maßnahmen von Lager- und Schulleitung er-
möglichten es, das Semester ohne Einbuße an Lehrstunden zu Ende zu
führen.

Dozenten
Die durch die Repatriierung von Dozenten entstandenen Lücken konnten
immer wieder geschlossen werden, da sich unter den kriegsgefangenen
Theologen stets wieder Männer fanden, die die Arbeit der Heimgekehrten
zu übernehmen und weiterzuführen bereit waren. Ein im Augenblick schwer
zu ersetzender Dozent nahm freiwillig einige weitere Monate Gefangenschaft auf sich, um keinen Ausfall im Studiengang eintreten zu lassen.

Vorlesungen und Seminare
Im vierten Semester der Schule konnte der Vorlesungsplan erweitert werden, vor allem in Systematischer und Praktischer Theologie und Philosophie. Missionskunde, verbunden mit einem einstündigen Kolleg Suaheli[114],
wurde zusätzlich eingeführt. Die Studentenzahl für Griechisch und Hebräisch wurde erhöht und ein Vorbereitungskurs auf das Große Latinum
angesetzt.

---

[113] Es kann sich um folgende Titel von H. DIEM handeln: Philosophie; Substanz; Textpredigt; Restauration.
[114] Dozent war Dr. phil. habil. Ernst Dammann.

Ein gewisser Mangel an systematischem Arbeiten, wie er sich in den vorhergehenden Semestern gezeigt hatte, veranlaßte die Schulleitung, die Zahl der Seminare zu erhöhen und von jedem Teilnehmer eine schriftliche Arbeit zu verlangen. Das Dozentenkollegium war weiterhin der Ansicht, daß es unter heutigen Verhältnissen ein Vorrecht bedeute, unter so gesicherten und verhältnismäßig ungestörten Bedingungen studieren zu dürfen, und verlangte daher als Nachweis für ein ernstes und zielbewußtes Arbeiten von jedem Studenten eine Fleißarbeit.

Über die im Vorlesungsplan angesetzten Kollegs hinaus konnte die Schule den Studenten eine Reihe von Gastvorlesungen und Einzelvorträgen bieten. Sie benutzte somit die Gelegenheit dieses unfreiwilligen Auslandsstudiums, ihren Hörern eine möglichst weite Sicht zu vermitteln und den Kontakt mit Theologen und Pfarrern des Auslandes herzustellen.

Im Laufe des Semesters wurden Verhandlungen aufgenommen, die die Besuche von Gastdozenten aus den skandinavischen Ländern und der Schweiz in die Wege leiteten. Es haben bisher Pfarrer Skård (Oslo), Professor Nygren (Lund), Professor Søe (Kopenhagen) und Professor Blanke (Zürich) zugesagt, und sie werden zwischen den Semestern und im Laufe des kommenden Semesters an der Schule lesen.

Vorbereitungskurs zur Reifeergänzungsprüfung
Der bereits gegen Ende des Sommersemesters von der Schule begonnene Reifeergänzungslehrgang wurde fortgeführt. Dieser Lehrgang soll wenigstens einer Reihe von jungen Leuten, die damit rechnen müssen, daß ihr Reifevermerk nicht zur Immatrikulation berechtigt, die Möglichkeit geben, ein vollgültiges Abitur abzulegen, um dann mit dem Studium beginnen zu können. Der Lehrgang fand im Dezember seinen Abschluß, als sich die 13 Lehrgangsteilnehmer der Ergänzungsprüfung unterzogen. Zwölf von ihnen bestanden, einer trat während der Prüfung zurück. Die Prüfungsergebnisse waren im Durchschnitt zufriedenstellend, teilweise gut und sehr gut. Die Abiturienten können gemäß der Erklärung, die Oberschulrat Merck, Zonenbevollmächtigter für das Erziehungswesen in der Britischen Zone, anläßlich seines Besuches im Schullager abgab, mit einer Anerkennung ihrer Prüfung rechnen.[115]

Studenten
Auch bei den Studenten waren infolge von Repatriierungen Veränderungen zu verzeichnen. Die Durchschnittszahl der Studenten betrug 65, einschließlich der Vikare, die sich auf das Zweite Examen vorbereiteten. Vier Vikare

---

[115] Vgl. das Protokoll der Sitzung des Dozentenkollegiums der Theologischen Schule am 13.11.1946. Norton Camp, 14.11.1946 (EZA BERLIN, 2/505); vgl. auch K. LOSCHER, Studium, S. 158 f.

meldeten sich im Laufe des Semesters zum Zweiten Examen und bestanden es am 18./19. November. Sie konnten als Hilfsprediger in pfarrerlose Lager entsandt werden.

Sprachkurse
Die Sprachkurse, auf die die Schulleitung größten Wert legt, wurden während des Semesters weitergeführt. Trotz der Erhöhung der Anforderungen konnten in diesem Zeitraum fünf Hebraica, acht Graeca und zwei Große Latina abgenommen werden. Die Prüflinge zeigten zufriedenstellende Leistungen. In der gleichen Erklärung, in der Oberschulrat Merck (Hamburg) zu den Abiturergänzungsprüfungen Stellung nahm, hat er auch die Sprachprüfungen anerkannt.

Religionsunterweisung
Auch im vierten Semester betreute ein Dozent der Theologischen Schule das Lehrfach für Religionserziehung an der im gleichen Lager befindlichen Pädagogischen Schule. Alle evangelischen Studenten der Pädagogischen Schule nahmen an dem Kursus, der freiwillig war, teil. Der Unterricht wurde durch eine Arbeitsgemeinschaft erweitert, in deren Rahmen Dozenten der Schule über theologische und kirchliche Fragen sprachen.

Laienpredigerkurs
Von den Teilnehmern des Laienpredigerkurses wurden im Laufe des Semesters eine große Anzahl repatriiert. Ein Teil der Zurückgebliebenen erwies sich als zu jung für die Lagerseelsorge oder als ungeeignet. Es verblieben zur Prüfung und Entsendung nur drei Kursusteilnehmer. Das Prüfungsergebnis war bei diesen Dreien außerordentlich zufriedenstellend.

Da durch den starken Rückgang der Teilnehmerzahl der ursprüngliche Plan, durch eine derartige Unterweisung dem Lagerpfarrermangel zu steuern, illusorisch geworden war, entschloß sich die Schulleitung, diesen Lehrgängen künftighin ein neues Gepräge zu geben. Es sollen, beginnend mit dem neuen Semester, auf drei Monate berechnete Kurse für Laien eingerichtet werden, denen im Hinblick auf eine spätere Mitarbeit im kirchlichen Leben ein vertieftes Bibelverständnis, klare Vorstellungen in Glaubensfragen sowie eine gewisse Kenntnis der Kirchengeschichte vermittelt werden.

Jugendleiterkurs
Eine ähnliche Zielsetzung hat ein weiteres Arbeitsgebiet der Schule, dessen Festlegung ebenfalls in die Zeit des Semesters fällt. Die Tatsache, daß es im heutigen Deutschland an geeigneten jungen Männern fehlen wird, die in der christlichen Jugendarbeit etwa im Rahmen des CVJM eingesetzt werden können, veranlaßte die Männer des YMCA, die Einrichtung eines Jugendleiterkurses anzuregen, der dann in einer Aussprache mit Pfarrer

Dannenmann, Generalsekretär des CVJM in Deutschland, anläßlich seines Besuches im November Gestalt gewann.[116] Außer Bibelkunde, Laiendogmatik und kirchengeschichtlichen Bildern sind unter anderem Sozialkunde, Verwaltung, Laienspiel, Musik, Sport und Spiele als Lehrfächer vorgesehen.

Lagerpfarrerfreizeiten[117]
Die schon seit März 1946 laufenden Lagerpfarrerfreizeiten wurden fortgesetzt. Es fielen fünf Freizeiten ungefähr in die Zeit des Semesters. Wiederum wurden auf diesen dreiwöchigen Zusammenkünften jeweils etwa 15 Lagerseelsorgern durch Vorträge, Meditationen und zwanglosen Gedankenaustausch Anregung und Entspannung geboten. Vorträge von auswärtigen Rednern wurden möglichst so gelegt, daß sie in die Zeit dieser Treffen fielen oder auch besonders für sie vereinbart. Die Arbeit des Lagerpfarrers wird mit der Dauer der Gefangenschaft und der zunehmenden seelischen Belastung von Pfarrer und Gemeindegliedern immer schwerer, und es gewinnt somit diese Betreuung an Bedeutung und Dringlichkeit. Nach den Beobachtungen der Schule und den Aussagen in den Briefen der Pfarrer erfüllten diese Freizeiten im Rahmen des Möglichen ihre Aufgabe.

Lagergemeinde
Die Lagergemeinde besteht zum überwiegenden Teil aus Studenten. Zu ihrer seelsorgerischen Betreuung wurde im Laufe des Semesters aus dem Kreise des Dozentenkollegiums der Schule ein Studentenpfarrer bestimmt, der zu gewissen Stunden für persönliche Aussprachen mit den Studenten frei ist. Zugleich liegt in seinen Händen die Leitung und Förderung des geistlichen Lebens im Lager als Ganzes.

Ende Oktober wurde in Abendandachten nach dem Vorbild der Oldenburgischen Wahlordnung ein Gemeindekirchenrat gewählt. Die Ältesten legten im Sonntagsgottesdienst des 27. Oktobers das Amtsgelübde ab. Vertreter der Dozentenkollegien und der Studentenschaften beider Schulen sowie Vertreter der Lagerstämme gehören dem Gemeindekirchenrat an. Der Gemeindekirchenrat tritt regelmäßig zusammen, um die Arbeit der Lagergemeinde durchzusprechen.

Der sehr regen und umfangreichen Gemeinde entspricht ein reiches gottesdienstliches Leben. Gemeindeglieder versammelten sich auch in diesem Semester täglich zu Morgen- und Abendandachten in der Lagerkapelle. Für die sonntäglichen Hauptgottesdienste hat sich während der letzten Monate die Gewohnheit herausgebildet, jeweils einen Gottesdienst in einem

---

[116] Vgl. den Abschlußbericht von Pfr. Lic. Werner Jentsch (oben Nr. I/12, S. 163 f.); Zeugnis über die Teilnahme an einem kirchlichen Jugendleiterkurs. Norton Camp, Frühjahr 1948 (LKA STUTTGART, D 54: Kurz).
[117] Vgl. unten Nr. I/20 und I/21, S. 226 f. und 228 ff. und das Programm der Zweiten Freizeit für Lagerpfarrer im Frühjahr 1946. Norton Camp, April 1946 (EZA BERLIN, 2/629).

der Speisesäle im Lager, den nächsten dagegen in der schönen anglikanischen Kirche zu Cuckney zu halten, und zwar diesen letzteren verbunden mit der Feier des Heiligen Abendmahls. Die Gottesdienste werden im Turnus mit besonderer Berücksichtigung des Lagerpfarrers gehalten. Beide bisher veranstalteten Bibelstunden, eine allgemeine Mittwoch abends und eine weitere besonders für das mit Lagerarbeiten beschäftigte Stammpersonal, wurden fortgeführt. Durchschnittlich einmal im Monat traf sich die gesamte Gemeinde zu einem zwanglosen Zusammensein.

Der Kontakt mit der englischen Ortsgemeinde Cuckney ist im Laufe des Semesters enger geworden. Ein Konzert mit Werken von Kantor Spar für Zivilisten und Kriegsgefangene in der Dorfkirche zu Cuckney fand bei Engländern und Deutschen so großen Beifall, daß es wiederholt werden mußte. Die anglikanische Gemeinde lud daraufhin die Lagergemeinde zu einem Erntedankfest-Gottesdienst ein. Im Laufe des Semesters haben weitere gemeinsame Konzerte, so zum Beispiel zum Bußtag und zu Weihnachten stattgefunden.

Von dem Gefühl glaubensbrüderlicher Verbundenheit waren auch die Männer des Christian Student Movement beseelt, als sie die Gründung einer den englischen Zweigen der Bewegung gleichgestellten Studentengruppe im Lager anregten.[118] Die Gruppe wurde ins Leben gerufen und umfaßt die Theologiestudenten sowie Studenten der Pädagogischen Schule. Die Mitglieder versammeln sich in Kleinkreisen und besprechen theologische, literarische, philosophische und allgemeine Fragen. Unvergeßlich werden den zwölf Teilnehmern die Tage auf einem Studententreffen des SCM zu High Leigh, Haddesdon, Hertfordshire bleiben, auf dem englische und deutsche Teilnehmer Referate hielten. Weitere eintägige Treffen haben inzwischen stattgefunden, die alle durch die vorbehaltlose Aufnahme unserer Studenten und ein freies Gespräch in christlichem Geiste ausgezeichnet waren.

Zu den seelsorgerischen Aufgaben der Schule gehört auch die Betreuung einiger Lager in der näheren Umgebung. Es wurden auch im Laufe dieses Semesters in diesen Lagern regelmäßig von Dozenten und Vikaren der Schule Gottesdienste abgehalten und in Gemeindeabenden und in persönlichen Aussprachen seelsorgerische Hilfe geboten.

Allgemeine Seelsorge für die Gefangenen in England
Obgleich der Schule nicht eigentlich die Aufgabe einer zentralen Stelle für die allgemeine seelsorgerische Betreuung der in England befindlichen Gefangenenlager zukommt, sondern diese gemäß einer Besprechung mit Präsident Asmussen im August vergangenen Jahres in den Händen von Dekan

---

[118] Vgl. unten Nr. I/19, S. 220–226 und den Bericht von Theodor Heckel über die Evangelische Studentengemeinde. Norton Camp, Juni 1947 (EZA BERLIN, 2/206).

Dr. Rieger, London, liegt, ist sie doch infolge der Sonderstellung des Lagers ein gewisser Mittelpunkt für das gesamte geistliche Leben in den Gefangenenlagern geworden. Eine sich an alle Gefangenen Englands wendende seelsorgerliche Arbeit erfüllt die Schule mit der Herausgabe des „Monatsbriefes", einer christlichen Zeitschrift für deutsche Kriegsgefangene, und des „Pfarrblattes".[119] Der „Monatsbrief" hat in der Zeit seines Erscheinens sich unter den Angehörigen beider Konfessionen sowie auch unter denen, die dem kirchlichen Leben ferner stehen, viele Freunde erworben. Die Weihnachtsnummer konnte in einer Auflage von 35.000 Exemplaren erscheinen. Die künstlerische Ausgestaltung des Blattes mit seinen Bildbeilagen und Illustrationen sowie sein literarisches Niveau haben es weit über den Kreis der Gemeinden hinaus bei den Kriegsgefangenen Eingang finden lassen. Das „Pfarrblatt" sucht durch seine Predigtmeditationen und Anregungen zu Vortragsarbeit dem Lagerpfarrer und Hilfsprediger eine Handreichung zu sein. Auf den Nachrichtenteil, der Mitteilungen aus der Heimatkirche vermittelt, legen die Leser des „Pfarrblattes" besonderen Wert. Unterlagen für christliche Spiele und Feiern sowie Schriften und Nachrichtenmaterial werden in zwanglos zusammengestellten Monatsgaben ebenfalls an die Pfarrer versandt.

Besuche

Das vergangene Semester brachte der Schule wiederum eine Reihe bedeutungsvoller Besuche aus der Heimat. Außer dem bereits in anderem Zusammenhang erwähnten Oberschulrat Merck und Pfarrer Dr. Dannenmann besuchten Pastor D. Martin Niemöller, Pfarrer Markus Barth und Bischof D. Dr. Dibelius die Schule. Pfarrer Niemöller sprach bei dieser Gelegenheit zum gesamten Lager in der Kirche zu Cuckney. Pfarrer Barth brachte die Grüße der Ökumene, als deren spezieller Vertreter er gekommen war. Bischof Dibelius hielt am ersten Weihnachtstag den Festgottesdienst zu Cuckney für die Lagergemeinde.[120]

Als Freunde und Helfer der Schule kamen auch in diesem Semester die deutschen Pfarrer in England, Dekan Dr. Rieger, Superintendent D. Dr. Schweitzer, Pfarrer Dr. Kramm und Pfarrer Dr. Hirschwald häufig nach Norton Camp. Auf Grund ihrer speziellen Stellungen sowie als Gastdozenten unterstützten sie in aufopfernder Weise die Arbeit der Schule.

Die Besuche auswärtiger Redner, die für das gesamte Lager über aktuelle politische und kulturelle Fragen sprachen, fanden auch in den letzten Monaten statt. Sie fanden stets eine zahlreiche und aufmerksame Zuhörerschaft.

---

[119] Zum *Monatsbrief* und zum *Pfarrblatt* vgl. Einleitung, S. 36 f.

[120] Zum Besuch von Martin Niemöller vgl. oben Nr. I/8, S. 99 ff., zum Besuch von Markus Barth oben Nr. I/9, S. 101–128, zu Dibelius oben Nr. I/9, S. 102; 104.

Die wissenschaftlichen und technischen Vorbereitungen für ein fünftes Semester sind getroffen und alle Voraussetzungen für eine planmäßige Durchführung geschaffen. Es ist noch ungewiß, welche Geschicke die Schule über diesen Zeitpunkt hinaus erwarten. Ob sie weiterhin in der Lage sein wird, hier in Norton zu wirken oder ob sie mit Aufgaben in einem neuen Rahmen betraut wird, steht noch dahin.

I/19. Bericht von stud. theol. Walter Haaren: „Aus der Arbeit der Studentengemeinde (SCM-Gruppe) im POW Camp 174"

Norton Camp [April 1947]

LKA Hannover, L 3 Nr. II 17[121]

Die Geschichte
Die Geschichte – wenn man nach 1 1/2 Jahren schon von einer solchen reden darf – der Studentengemeinde (SCM-Gruppe) läßt sich wohl am besten in zwei Reihen von Ereignissen darstellen. In der ersten Reihe wäre von dem Geschehen innerhalb des Stacheldrahtes zu berichten, während die zweite die Beziehungen zur britischen SCM zu schildern hätte. Doch muß hier bereits festgestellt werden, daß beide ineinander greifen und sich daher auch nicht ganz von einander trennen lassen.

1. Das Geschehen innerhalb des Lagers
Als im August 1945 das Studienlager im POW Camp 174 mit der Theologischen und Pädagogischen Schule eröffnet wurde, gab es viele glückliche Herzen. Was wir kaum zu hoffen gewagt hatten, war in Erfüllung gegangen. Wir durften studieren, durften der Zeit, die wir in der Gefangenschaft zu verbringen gezwungen waren, nun einen Sinn geben. In der ersten Freude war wenig Platz für große Probleme. Was in anderen Lagern oft nur mit Mühe hatte eingerichtet werden können und dann noch stets umkämpft war, war hier mit dem Dasein der beiden Schulen von vornherein gegeben. Wir hatten unsere sonntäglichen Gottesdienste, unsere allwöchentlichen Bibelstunden, die täglichen Morgen- und Abendandachten und das Chorsingen. Wohl gab es Fragen wie etwa die des Zusammenlebens von ehemaligen Offiziers- und Mannschaftsdienstgraden, des neuen politischen Werdens, der Ungewißheit über das Los der Angehörigen daheim und der Repatriierung, die einen jeden POW wie sein Schatten

---

[121] Vom Leiter der Theologischen Schule, Dr. Gerhard Friedrich, am 24.4.1947 an Oberlandeskirchenrat Dr. Hanns Lilje, Hannover, übersandt. Zum Ganzen vgl. auch K. LOSCHER, Studium, S. 188–190. 263 f.

begleiten. Dank dessen jedoch, daß wir alle denselben Herrn über uns wußten, ging es – jedenfalls was die Theologische Schule anbetrifft – ohne größere Erschütterungen. Doch in guter Übereinstimmung mit der Tradition der alten CSV in Deutschland meldeten sich auch unter uns sehr bald die beiden alten Fragen: Die Frage nach der Gemeinschaft und nach der Mission. Die Zeit lehrte uns, daß trotz des reichen gottesdienstlichen Lebens eines fehlte: das Gespräch über die Fragen, die uns innerlich bewegten und für die im Gemeindegottesdienst kein Platz war. Manche waren in der glücklichen Lage, daß sie zusammen mit einem Freunde hierher versetzt worden waren, mit dem sie solche Fragen besprechen konnten, andere aber standen allein. So bildeten sich vor allem unter dem Einfluß der Oxford-Gruppenbewegung Gebetsgemeinschaften, die ihr Anliegen gemeinsam vor Gott brachten. Daneben fand sich vornehmlich durch Anregung des „Berneuchener Kreises"[122] eine zweite Gruppe zusammen, die es sich zur Aufgabe machte, das gottesdienstliche Leben bis in die Ordnungen des Alltags hinein wirken zu lassen.

Die zweite Frage ergab sich aus dem Nebeneinander der beiden Schulen. Sehr bald schon stellte sich heraus, daß beide auf Grund ihrer verschiedenen Interessen eigene Wege gingen. Das stellte besonders uns Theologiestudenten vor die Aufgabe des Verbindung-Haltens, die bis heute noch keineswegs befriedigend gelöst ist. Neben zahlreichen Versuchen, durch persönliche Beziehungen, die entweder bei den gemeinsamen Mahlzeiten oder auf Spaziergängen angeknüpft wurden, diese Verbindung aufrecht zu erhalten, traten andere, die von einem größeren Kreise getragen wurden. Eine von beiden Fakultäten veranstaltete Vortragsreihe über allgemein interessierende Themen aus der Kunst, der Politik und dem täglichen Leben kam nicht über den zweiten Vortrag hinaus, weil sie in Gefahr stand, durch parteipolitische Interessen ihren ursprünglichen Sinn zu verlieren. Desgleichen scheiterte ein zweiter Versuch, nach Art der alten christlichen Studentenverbindungen Volkstum und studentische Sitte zu pflegen. Es erwies sich, daß der Stacheldraht die falsche Umgebung und die oftmals wenig erfreulichen Nachrichten aus der Heimat nicht die rechte Grundlage für eine solche Arbeit waren. Das Fragen ging nach dem Letzten, drum konnte die Antwort nicht aus dem Vorletzten kommen.

Es soll auch nicht verschwiegen werden, daß die verschiedenen Wege zu Spannungen führten, die heute aber wohl zum größten Teil überwunden sind. Das „Unternehmen", das im August 1945 so mit vollen Segeln in See ging, hatte oftmals schwere Stürme zu bestehen, bis es das offene Meer erreichte, wo es jetzt nur noch gelegentlich in kurze Böen hinein gerät. Doch muß auch gesagt werden, daß das Vereinende zu allen Zeiten stärker

---

[122] Zum Berneuchener Kreis vgl. P. CORNEHL, Gottesdienst, S. 72.

war als das Trennende. Daß wir in diesen Tagen nun so friedlich unseren Kurs halten, verdanken wir nicht zuletzt dem alten Gedanken der DCSV und den neuen Anregungen des britischen SCM, die uns immer wieder die gemeinsame Aufgabe ins Bewußtsein zurückriefen. Im Sommer des vergangenen Jahres waren die Dinge nun so weit gediehen, daß wir alle vorhandene und neu hinzukommende Arbeit in den Dienst der SCM stellen konnten, der die Theologische Schule beigetreten war. Nach dem Vorbilde der heimatlichen Universitäten und um der Arbeit eine breitere Grundlage zu geben und um von vornherein zum Ausdruck zu bringen, daß diese Arbeit ganz im Dienste der Gemeinde stehen sollte, haben wir – wie oben ersichtlich – uns neuerdings entschlossen, unsere Arbeit im Rahmen der Studentengemeinde zu tun. Das Ziel der Arbeit und die Arbeitsweise bleiben dadurch unverändert.

2. Die Verbindung zum britischen SCM

Doch nun ist es an der Zeit, auch die zweite Reihe von Ereignissen zu erwähnen: Unsere und unserer britischen Freunde wechselseitigen Versuche, miteinander in Verbindung zu treten. Der Fortschritt dieser beiderseitigen Bemühungen läßt sich am kürzesten durch die Wiedergabe der lakonischen Tagebuchaufzeichnungen der Theologischen Schule darstellen. Die Daten mögen dabei gleichzeitig die Chronologie des Geschehens ein wenig erhellen.

Anläßlich eines Besuches von Oberst Frazer am 24. Januar 1946 heißt es dort: „... Dr. vom Berg beantragt das Recht zur Gründung einer YMCA-Gruppe und einer Studentengruppe der CSV. Oberst Frazer empfiehlt einen entsprechenden Antrag an die YMCA und verspricht seine Hilfe."

Unter dem 18. März 1946 findet sich folgende Notiz: „... Dr. Luck von der CSV bespricht mit den Dozenten die Gründung einer christlichen Studentengruppe im Lager. Es wird die Woche nach Ostern dafür in Aussicht genommen. Dr. Luck will die Verbindung mit englischen Studenten herstellen ..."

Die Aufzeichnung über den bedeutungsvollsten Besuch läßt sich in ihrer Kürze wirklich kaum noch überbieten.

Unter dem 24. Mai 1946 heißt es: „... Besuch D. Cairns (SCM). In einer Ansprache Bekenntnis zu Deutschland und den Deutschen."

Und am 25. Mai 1946: „... D. Cairns reist ab ..."

Einen erheblichen Anstoß zur organisatorischen Weiterbildung gab der Besuch des Reverend Mc Caughey. Im Tagebuch heißt es am 8. November 1946: „... Besuch von Reverend Mc Caughey (Acting Secretary Theological Colleges). [...] Bis 14. Dezember 1946 Bericht nach London über Arbeit und Organisation der SCM im Lager. Die SCM-Gruppen im Lager werden vorläufig dem englischen SCM angegliedert, die Theologische Schule in corpore ..."

Nachdem einige gemeinsame Konferenzen zum Jahresende nicht zustande gekommen waren, besuchte uns Anfang Januar 1947 Eberhard Wedell, mit dem Fragen der Versorgung mit Material für die SCM-Arbeit und die Erfassung der Altfreunde der alten deutschen CSV besprochen wurden. Während die Versorgung mit Arbeitsmaterial inzwischen gut angelaufen ist, konnte die Erfassung der Altfreunde erst zu einem Teil geschehen. Über den Stand der Arbeit im POW Camp 174 wurde bereits im Januar – Februar – Heft 1947 „The Student Movement" (Seite 31) berichtet, hier kann also auf deren Erwähnung verzichtet werden. Ergänzend mag hinzugefügt werden, daß die Zahl der Kleinkreise vermehrt wurde, daß in Zukunft noch Laienspiele und – mehr in der Initiative des Religionslehrers der Pädagogischen Schule und des Lagerpfarrers liegende – öffentliche Diskussionsabende über im Lager gezeigte Filme und aktuelle Themen des Alltags geplant sind. Ein Höhepunkt in der Zusammenarbeit mit dem britischen SCM war zweifelsohne die Konferenz in High Leigh vom 27. Februar bis 3. März 1947, von der unsere britischen Gastgeber jedoch wohl besser zu berichten vermögen als wir.[123]

Die Schwierigkeiten dieser Arbeit
Auf der Konferenz in High Leigh baten uns unsere britischen Freunde, auch etwas von den Schwierigkeiten dieser Arbeit zu erzählen. Das mag nun geschehen. Wir dürfen auch hier ein wenig schematisieren und zunächst die aufzählen, die mit unserem Dasein als POW gegeben sind und die sich vor allem der Kleinkreisarbeit in den Weg stellen. Dann mögen die in die Tiefe gehenden Schwierigkeiten folgen.

1. Die Zeit- und Raumfrage
Es klingt seltsam, dennoch ist es so: Ein POW hat nie Zeit. Er rennt vom Waschen zum Frühstück, vom Frühstück in die Vorlesung. Er läßt sich zählen, macht seinen Arbeitsdienst, wäscht seine Wäsche, stopft seine Strümpfe, zimmert Bücherbretter und Holzpantoffeln und legt sich abends müde ins Bett. Fast noch schwieriger ist die Raumfrage zu lösen. Wir wohnen in Nissenhütten[124], die mit bis zu 24 Studenten belegt sind. Sie sind für Kleinkreisarbeit kaum brauchbar, weil fortwährender „Betrieb" ist. Ebenso unbrauchbar sind die Arbeitshütten, in denen bis zu 40 Studenten zusammen arbeiten. Dort ist es umgekehrt, es muß absolute Stille herrschen, weil jeder arbeiten will. Die wenigen Räume, die dann noch bleiben, sind unfreundlich, kahl und – in dieser Jahreszeit – kalt. Da findet sich kaum jemand, der bereit wäre, seinen warmen Raum, den er doch

---

[123] Zu dieser und zu weiteren Konferenzen vgl. den Bericht von Theodor Heckel über die Evangelische Studentengemeinde. Norton Camp, Juni 1947 (EZA BERLIN, 2/206).

[124] Nissenhütten waren tonnenförmige Hütten aus Wellblech, genannt nach dem englischen Ingenieur Peter Nissen.

auch nur mühsam warm halten kann, mit einem kalten zu vertauschen. Doch diese Dinge ließen sich wohl schon noch überwinden, die eigentlichen Hindernisse liegen denn auch in der Tat weit tiefer.

2. Die seelischen Schwierigkeiten

a) Einem Menschen, der immer nur mit anderen zusammenlebt, der keine Minute am Tage für sich allein hat und der am Morgen, wenn das Wecksignal ertönt, schon das Gesicht dessen wieder sehen muß, von dem ihn erst am Abend vorher die Nacht oder der Schlaf „befreite", müssen wohl notwendig allmählich – besonders wenn er nicht Christ ist – alle Anlagen zur Gemeinschaft hin verloren gehen, eben weil er nie allein ist und keine private Sphäre mehr hat. Damit berührt sich aufs engste, daß man leicht reizbar, empfindlich und verärgert ist. Es macht sich das breit, was wir in dem Lager „Stacheldrahtpsychose" nennen. Diese Erscheinung nimmt mit der Dauer der Gefangenschaft mehr und mehr zu.

b) Viele haben lange Zeit kein Buch mehr gelesen. Manche waren acht und mehr Jahre Soldat. Jetzt stürzt sich jeder in die Wissenschaft. Zum Teil sind es wirklich der Hunger nach lang Entbehrtem und das Bewußtsein, daß man zunächst etwas wissen muß, um den Fragen des Lebens in der rechten Weise begegnen zu können. Zum Teil aber ist es auch Flucht, Flucht vor den Fragen der Gegenwart und des Lebens überhaupt. Man vergräbt sich in die Bücher und betäubt das suchende und fragende Herz mit allerlei Wissenswertem aus vergangenen Jahrhunderten. Man flieht aber auch – und das gilt insbesondere uns Theologiestudenten – vor der uns von Gott gesetzten Aufgabe am Bruder. Schließlich verbirgt sich aber auch nackter Existenzkampf dahinter. Wer wird in der Heimat noch Bücher haben? Wer wird überhaupt noch studieren können? Die Zahl derer, die allein und mittellos, ohne Angehörige und Heimat sind, ist groß. So wird hineingepfropft, was nur eben geht. Diese Notlage zwingt denn auch dazu, daß man nur das lernt, was für das Examen nötig ist. Auf die eigene Meinung wird weithin verzichtet. Man lernt die Dinge so, daß man mit der Antwort vor jedem politischen Tribunal bestehen kann. Mancher wird zum dritten oder vierten Male „umgeschult". Da verstummt allmählich die Frage nach der Wahrheit. Es verstummt das Fragen überhaupt. An seine Stelle tritt eine allgemeine Skepsis.

c) „Ein verbranntes Kind scheut das Feuer", sagt ein deutsches Sprichwort. Man will sich nicht wieder festlegen. Man hat sich einmal mit Leib und Seele einer Sache verschrieben. Man war auch „dabei" mit allem Idealismus, nun wird man dafür gestraft. Von wem? Danach fragt kaum noch einer. Aus der Heimat kommen schlechte Nachrichten, die hoffnungslos und mutlos machen. Nirgends zeigt sich ein Licht am Horizont, nirgends ein Hoffnungsstrahl, an den man sich klammern und an dem man sich etwas wärmen könnte. Die Dinge wollen sich nicht mehr entwirren lassen; es ist ja alles sinnlos. Da ist es nur noch ein kleiner Schritt, daß man sich dem Nihilismus ganz und bewußt in die Arme wirft. Man hat viel Zeit zum Nachdenken, doch dieses Denken bleibt dann an der Oberfläche. Es deckt nicht mehr die Hintergründigkeit des Lebens auf. Es ist wohl wahr, daß man es oft schon an den Gesichtern sieht, daß – wie H. Thielicke einmal sagt – die Gesichter auf wenige Meter eingestellt sind, so, als seien sie ganz auf die nächstliegenden Dinge und nicht mehr in die Ferne gerichtet. Es ist schwer, diesen Menschen etwas von Christus zu sagen. Man stößt eigentlich kaum noch auf Widerspruch, sondern nur noch auf Gleichgültigkeit. Der Christ ist der arme, hoffnungslose Tor, der noch einem längst verklungenen Märchen glaubt. Vielleicht wird er ob dieses Glaubens sogar noch ein wenig beneidet. Es wird durchaus zugegeben, daß es gut wäre, wenn sich gegenüber der Säkularisation durchsetzen würde [!], es könnte sein, daß dann manches besser ginge; freilich, ein Betrug wäre das auch, vielleicht der gescheiteste, denn in Wirklichkeit werden ja hinter der Maske des Christentums auch nur Machtkämpfe ausgetragen. Die Frage nach Gott ist verstummt. Es hat keinen Sinn, nach dem Warum und Wozu zu fragen, denn man steht einer gähnenden Leere gegenüber, der Sinnlosigkeit, dem Dunkel, das kein Auge durchdringt, aus dem keine Antwort kommt. Äußerlich ist man höflich und zuvorkommend, es gibt so etwas wie eine allgemeine POW-Solidarität, doch diese Solidarität, wie die Tatsache, daß die Botschaft der Bibel nur noch auf Gleichgültigkeit trifft, legen sich oftmals wie eine Mauer um jede kirchliche Arbeit.

d) Um das Bild nicht zu verzeichnen, muß noch ein Letztes hinzugefügt werden. All diese Menschen sind trotz ihrer scheinbar so unüberbrückbaren Ferne nicht selten dem wirklichen Christus selbst ganz nahe. Hinter der Gleichgültigkeit, der Verkrampfung und der Flucht in den Nihilismus verbirgt sich doch oft nur – auch dann noch, wenn es den einzelnen selbst gar nicht ins Bewußtsein dringt – der Schrei nach Gott und der nicht zur Ruhe kommenden Gottesfrage. Sie, die meinen, sie hätten ein Recht, über alle Dinge zu lächeln, ahnen in der Tiefe ihres Herzens doch wohl noch etwas davon, daß sie in einer belagerten Festung sitzen und daß der Belagerer niemand anders als der lebendige Gott selbst ist. Es ist eine der unerklärlichen Erscheinungen: Man sollte glauben, daß der Boden zur Aufnahme des Wortes Gottes nie besser zubereitet gewesen sei als in dieser Zeit, wo Gott selbst alle säkularisierte Philosophie, alle Weltanschauungen und allen Idealismus zerbrochen hat. Und doch ist alles so ganz anders. Dieses Rätsel legt sich schwer auf die Seele dessen, der glaubt, hier im Auftrage Gottes seine Arbeit zu tun. Liegt es an uns, daß das Wort Gottes so kraftlos ist? Bringen wir vielleicht nur „Unser Wort" und nicht das Wort Gottes? Reden und handeln wir anstatt in Gottes Namen etwa nur im eigenen? Fehlt es uns an der Geduld, am Glauben, an der rechten Freudigkeit? Wollen wir zuviel, und können wir vielleicht nur nicht warten, bis

Gottes Stunde schlägt? Oder sehen wir in den Menschen, die uns gegenüber stehen, nur noch Objekte unserer Evangelisation und Bekehrungsmethode, und ist uns das Gefühl dafür verloren gegangen, daß es unsere Brüder sind, denen wir helfend zur Seite stehen, für die wir in den Riß treten sollten? Fehlt es uns an der Liebe? Das sind Fragen, die immer wieder zum Nachdenken führen und zum Gebet anhalten.

Unsere britischen Freunde von High Leigh haben wohl nicht zu Unrecht geltend gemacht, daß die Arbeit für das Reich Gottes nicht ruhen dürfe, bis der Heilige Geist auf die Glieder der Kirche falle. Das haben wir zwar auch nie ganz vergessen gehabt, wir werden es uns nun aber stets noch eindringlicher sagen, und wir werden nicht aufhören [zu bitten], daß Gott unser unvollkommenes Werk annehme und daß er darüber hinaus seiner Kirche immer mehr Boten erwecke, die Sein Wort mit Vollmacht verkünden, daß Er von Ihm selbst mit Kraft begüterte Arbeiter in Seinen Weinberg sende.

Wir können diesen Bericht nicht schließen, ohne dem britischen SCM zuvor unseren tief empfundenen Dank für ihre immer bewährte Offenheit und Bereitschaft uns gegenüber zum Ausdruck gebracht zu haben. Uns gefangenen Deutschen war die Treue, die die SCM dieses Landes uns in ihren Besuchen und Einladungen bewiesen hat, eine große Hilfe. Wir haben in dem allem erfahren dürfen, daß das Evangelium von unserem Herrn Jesus Christus auch heute noch die Kraft in sich trägt, dort Brücken zu schlagen und zur Gemeinschaft zusammenzufügen, wo nach den Gesetzen der Menschen eigentlich nur Haß und Zwietracht sein könnte. Des sind wir froh. Möge Gott ihr diese Liebe hundertfältig vergelten, das ist unser Wunsch und unser Gebet. Möchten aber auch die Angehörigen der britischen SCM ihr Pflegekind hinter Stacheldraht nie ganz vergessen, das ist unsere Bitte.

b. Rüstzeiten für deutsche Lagerpfarrer

I/20. Achte Freizeit für Lagerpfarrer, 14. Oktober bis 5. November 1946. Arbeitsplan

Norton Camp, Oktober 1946

EZA Berlin, 2/629

13 Teilnehmer
Meditation täglich 1 Stunde, Pfarrer Schulz
Vortragsthemen

1. Verkündigung in der Bibel und unsere Predigtarbeit, zusammen 3 Stunden, Pfarrer Dr. Friedrich
2. Allgemeine Fragen der Lagerseelsorge (mit Aussprache), zusammen 3 Stunden, Pfarrer Dr. Friedrich
3. Bericht über die Arbeit der Theologischen Schule, zusammen 3 Stunden, Pfarrer Dr. Friedrich
4. Die Lage der deutschen Heidenmission, zusammen 3 Stunden, Pfarrer Dr. habil. Dammann
5. Nehemia, ein Beispiel für geistlichen und volklichen Wiederaufbau, zusammen 3 Stunden, Pfarrer Dr. habil. Dammann
6. Der Mensch und die Technik, zusammen 3 Stunden, Pfarrer Halver
7. Die Evangelische Kirche und die Judenfrage, zusammen 3 Stunden, Pfarrer Halver
8. Die Englische Kirche, zusammen 3 Stunden, Pfarrer Lic. habil. Laun
9. Seelsorge, zusammen 6 Stunden, Pfarrer Lic. habil. Laun
10. Agende für Lagergemeinden, zusammen 3 Stunden, Pfarrer Schmid
11. Jugend und Alter in den Lagern, zusammen 3 Stunden, Pfarrer Schmid
12. Kirche und soziale Frage, zusammen 1 Stunde, Pfarrer Schulz
13. Über unsere Predigtarbeit, zusammen 1 Stunde, Pfarrer Schulz
14. Abendmahlsgemeinschaft, zusammen 3 Stunden, Lic. Dr. Schwab
15. Fragen der Kirchenmusik, zusammen 1 Stunde, Kantor Spar

Allgemeine Themen und Gastvorträge
- Theologische Literatur in England, 1 Stunde, Dekan Dr. Rieger, London
- Das Judenproblem im Lichte der Bibel, 1 Stunde, Pfarrer Dewitz, Sheffield
- Palästina, Land der Konfessionen und Religionen, 1 Stunde, Pfarrer Moderow (Freizeitpfarrer)
- Von der Bibel zum Talmud, 1 Stunde, Pfarrer Moderow (Freizeitpfarrer)
- Luther und die Politik, 1 Stunde, Pfarrer Dr. Kramm, London
- Erziehung in und zur Demokratie, 1 Stunde, Mr. Borinski
- Autorität und Freiheit, 1 Stunde, Mr. Borinski
- Erwachsenenbildung in England, 1 Stunde, Herr Burmester
- Erwachsenenbildung in Deutschland, 1 Stunde, Herr Burmester

**I/21. Fünfzehnte Freizeit für Lagerpfarrer, 30. Juli bis 19. August 1947.
Programm-Überblick**

Norton-Camp, Juli 1947

EZA Berlin, 2/506

Mittwoch, 30. Juli
Genesisvorlesung, Prof. Eissfeldt – Bibelstunde über Klagelieder, Pfarrer
Dr. Dammann

Donnerstag, 31. Juli
Eröffnung und Vorstellung – Besprechung allgemeiner Fragen, Pfarrer Dr.
Friedrich

Freitag, 1. August
Meditation über Mk 4,26–29, Pfarrer Schulz – Möglichkeiten der Schrif-
tenmission, Pfarrer Halver

Sonnabend, 2. August
„Dies"

Sonntag, 3. August
Teilnahme am Gemeindegottesdienst mit Abendmahlsfeier – Besprechung
verschiedener Fragen der Jugendarbeit, CVJM-Sekretär Gedat

Montag, 4. August
Meditation über Mt 10,26–39, Pfarrer Schulz – Die Arbeit an der jungen
Generation in den Lagern, Pfarrer Lic. Jentsch

Dienstag, 5. August
Meditation über Joh 8,31–36, Pfarrer Schulz – Die Kirche und die soziale
Frage, Pfarrer Schulz – Ergebnisse der neueren Theologie und der Reli-
gionsunterricht, Hauptpastor Lic. Herntrich

Mittwoch, 6. August
Meditation über Joh 11,32–45, Pfarrer Schulz – Vortrag über die Arbeit
des Burckhardthaus-Verbandes, Hauptpastor Lic. Herntrich – Vorlesung:
Das Reich Gottes und die Reiche der Welt, Hauptpastor Lic. Herntrich
Besprechung und Kurzbericht über die Konferenz in Lund[125], Hauptpastor
Lic. Herntrich – Bibelstunde über Klagelieder, Pfarrer Dr. Dammann

---

[125] Vollversammlung des Lutherischen Weltbundes vom 30.6. bis 6.7.1947 in Lund (vgl.
G. GASSMANN, Weltbund, S. 616 f.).

Donnerstag, 7. August
Meditation über Mt 25,14–30, Pfarrer Schulz – Kirche und Staat, Pfarrer Stange – Ansprache vor dem Lager auf der Freilichtbühne, Dr. John R. Mott

Freitag, 8. August
Meditation über Mt 12,31–37, Pfarrer Schulz – Die Beichte im Leben des Christen, Pfarrer Schmid – Die Gottesanschauung Dostojewskis, Prof. Dr. von Arseniew – Kurzer Besuch und Bericht über die Verhältnisse in Deutschland, D. Dr. Schweitzer

Sonnabend, 9. August
„Dies"
Die Weltanschauung und Frömmigkeit der Ostkirche, Prof. Dr. von Arseniew

Sonntag, 10. August
Teilnahme am Gemeindegottesdienst

Montag, 11. August
Meditation über Lk 12,35–46, Pfarrer Schulz – Gegenwärtige Eheprobleme, Pfarrer Burkert

Dienstag, 12. August
Meditation über Hebr 10,19–25, Pfarrer Schulz – Besprechung mit dem Education Committee[126]

Mittwoch, 13. August
Meditation über 2 Petr 3,11, Pfarrer Schulz – Vom Sinn der Geschichte, Pfarrer Walther – Bibelstunde über Klagelieder, Pfarrer Dr. Dammann

Donnerstag, 14. August
Meditation über 2 Tim 4,5–8, Pfarrer Schulz – Die Stellung der Bibel im Ökumenischen Gespräch, Pfarrer Moderow – Vortrag über Palästina, Pfarrer Jentsch

---

[126] Vgl. folgende Dokumente: Entwurf eines Planes für die Unterrichts- und Erziehungsarbeit in deutschen Kriegsgefangenenlagern in Großbritannien. Norton Camp, Herbst 1946 (BA/MILITÄRARCHIV FREIBURG, B 113/54); Bericht über eine Konferenz des Norton Education Committee. In: Studienblatt Nr. 13. Norton Camp, Dezember 1946 (BA/MILITÄRARCHIV FREIBURG, B 205 v 490); Beschlüsse des Norton Education Committee für die Aus- und Fortbildung von deutschen Kriegsgefangenen. Norton Camp, 7.–9.10.1946 (BA/MILITÄRARCHIV FREIBURG, B 113/54).

Freitag, 15. August
Meditation über 1 Joh 1,1–4, Pfarrer Schulz – Zur Vortragsarbeit in den Lagern, Pfarrer Lic. Laun

Sonnabend, 16. August
„Dies"
Besuch und Besprechung mit Staff Chaplain Johnston, Dekan Dr. Rieger und Dr. Hirschwald

Sonntag, 17. August
Teilnahme am Gemeindegottesdienst mit Abendmahlsfeier – Besuch und Besprechung mit Pfarrer D. Forell

Montag, 18. August
Meditation über Lk 2,10–11, Pfarrer Schulz – Schlußbesprechung, Pfarrer Dr. Dammann – Über Septuagintaprobleme, Prof. Dr. Kahle

Dienstag, 19. August
Meditation über 1 Joh 3,1–5, Pfarrer Schulz – Über Masora, Targum und das Aramäisch zur Zeit Jesu, Prof. Dr. Kahle

c. Der Kurs für kirchliche Jugendleiter

I/22. Planungsprotokoll

Norton Camp, 12. November 1946

EZA Berlin, 620/1 und 2/507[127]

1. Vorbemerkung: Mr. Barwick hat in den Ausschuß berufen: Pastor Hansen, die beiden Schulleiter, Dr. Friedrich und Herrn Wilke, den Religionserzieher an der Pädagogischen Schule, und Pater Wahler. Hinzugenommen wurden auf Beschluß des Ausschusses: Lic. Dr. Schwab und

---

[127] Die Sitzung des Ausschusses fand im Zusammenhang mit einem Besuch von Pfr. Dr. Arnold Dannenmann in Norton Camp statt (vgl. oben Nr. I/12, S. 163 f. und K. LOSCHER, Studium, S. 275 sowie den Bericht des Leiters der Theologischen Schule, Pfr. Dr. Gerhard Friedrich, über das Wintersemester 1946/1947, Norton Camp (Frühjahr 1947) (oben Nr. I/18, S. 216 f.). Die Leitung lag seit Frühjahr 1947 bei Pfr. Lic. Werner Jentsch (vgl. W. JENTSCH, Ernstfälle, S. 464–485). Zum Ganzen vgl. den Arbeitsbericht von Jentsch für das vierte Quartal 1947. Norton Camp, 8.1.1948 (EZA BERLIN, 2/506).

die beiden Studentensprecher Reichel (Theologische Schule) und Henning (Pädagogische Schule).

Anwesende: Die obengenannten Herren und Pastor Dr. Dannenmann als Vertreter des CVJM in Deutschland (Pastor Hansen kommt erst gegen Ende der Sitzung zur Besprechung der Unterbringungsmöglichkeiten).

2. Es ist Übereinstimmung darüber und wird von Dr. Dannenmann ausdrücklich betont, daß nur Teilnehmer mit einwandfrei christlicher und kirchlicher Gesinnung zugelassen werden sollen. Der Lehrgang soll zunächst 24 Teilnehmer umfassen. Im Mittelpunkt soll die Bibelarbeit stehen.

3. Da die Herbeibringung der Teilnehmer längere Zeit in Anspruch nimmt, wird beschlossen, den ersten Lehrgang aus Studenten der Pädagogischen Akademie, die im Februar ihre Abschlußprüfung machen, zusammenzusetzen. Die Auswahl soll durch die Religionserzieher im Einvernehmen mit den Vertrauenslehrern nach den unter 2. angegeben Maßstäben vorgenommen werden.

4. Die Leitung des Lehrgangs wird auf Vorschlag von Herrn Wilke dem Leiter der Theologischen Schule einstimmig übertragen.

5. Die Stoffverteilung wird in Bezug auf den ersten Lehrgang laut Anlage festgelegt. Da die eigentliche pädagogische Erziehung der Teilnehmer als abgeschlossen betrachtet werden kann, sollen die pädagogischen und psychologischen Fächer hinter der eigentlichen christlichen Erziehung zurücktreten.

6. Die Frage der Unterbringung wird mit Pastor Hansen besprochen und soweit möglich geklärt. Vorgesehen ist der Raum der Abiturientenklasse und eventuell ein Raum in der Pädagogischen Schule.

Anlage: Stoffverteilungsplan[128]

4 Stunden Bibelarbeit; 4 Stunden Bibelkunde und Einleitungsfragen; 3 Stunden Glaubenslehre; 1 Stunde Geschichte der YMCA; 1 Stunde Geschichte der deutschen Jugendbewegung (einschließlich konfessioneller Jugendbewegung); 1 Stunde Soziale Fragen (Innere Mission, Caritas); 2 Stunden Apologetische Fragen; 1 Stunde Katechetische Übungen; 1 Stunde Missionarischer Dienst; 1 Stunde Volksliedersingen; 2 Stunden Laienspiele; 1 Stunde Erzähl-Übungsstunde; 1 Stunde Heimspiele; 1 Stunde Sport; 1 Stunde Verwaltungskunde.

Wilke.   A. Dannenmann

---

[128] Angegeben ist die Anzahl der Wochenstunden für jedes Fach.

I/23. Richtlinien für den Jugendleiterkurs

Norton Camp, 15. November 1946

EZA Berlin, 2/505[129]

1. Ziel der Ausbildung

Das Ziel der Ausbildung an der Sekretärsschule in Norton Camp ist, dem deutschen CVJM-Werk hauptamtliche CVJM-Sekretäre zu stellen; das deutsche CVJM-Werk braucht Sekretäre, deren Herz für Christus brennt, die gründlich biblisch geschult sind. Sie sollen Wissen von der weltweiten Bedeutung des Christentums, eine genaue Kenntnis von der Geschichte und von dem Geist des CVJM der Welt ebenso wie ein Wissen um die jugendliche Situation mit nach Hause bringen. Wichtig ist, daß die Ausbildung die Fähigkeiten entwickelt, die notwendig sind, um die Aussprache über lebenswichtige Themen mit dem jungen Mann zu führen. Der CVJM will Seele und Geist gleichmäßig erfassen. Auch eine gründliche Kenntnis der Sportarten, die heute üblich sind, sollte vorhanden sein.

2. Die Auswahl der Teilnehmer am CVJM-Sekretärskursus

Die Teilnehmer sollten nach zwei Gesichtspunkten ausgewählt werden:
a) Jeder Teilnehmer sollte ein überzeugter Christ sein, der bereit ist, sein Leben und Wirken in den Dienst des Christus zu stellen.
b) Die Teilnehmer sollten eine überdurchschnittliche Begabung aufweisen, weil nur Menschen mit einer überdurchschnittlichen Begabung den sehr verschiedenen Ansprüchen, die an einen CVJM-Sekretär gestellt werden, gerecht werden können.

Es wird vorgeschlagen, daß über die Auswahl der Männer, die zum Kursus zugelassen werden, ein Komitee entscheidet, bestehend aus den Herren: Pastor Hansen, Pastor Dr. Friedrich, Pater Wahler und andere.

Den Vorsitz im Komitee hat der jeweilige Leiter der Theologischen Schule. Das Komitee ergänzt sich durch Selbstwahl. Die Altersgrenze für die Teilnehmer ist 40 Jahre.

3. Berufsaussichten für den CVJM-Sekretär

Die gegenwärtige Lage in Deutschland erfordert, daß der CVJM alle seine verschiedenen Arbeitszweige, die ihm gemäß seiner geschichtlichen Entwicklung gegeben sind, ausbaut. Dazu benötigt er eine große Anzahl von hauptamtlichen Sekretären. Es kann darum jedermann, der die unter Punkt

---

[129] Die Richtlinien sind von Dannenmann anläßlich seines Besuches in Norton Camp zusammengestellt.

2a und 2b dargelegten Bedingungen erfüllt, schon heute versichert werden, daß er nach seiner Rückkehr alsbald beruflich in den Dienst des CVJM übernommen werden kann. Welche Arbeitsgebiete hierbei in Frage kommen, läßt sich nur in der Heimat entscheiden. Im allgemeinen sind es folgende:

a) CVJM-Sekretär in einer Großstadt
b) Hausverwalter, Hospizleiter, Übernahme organisatorischer Funktionen
c) Einsatz in den neu zu bildenden Arbeitslagern
d) Mitarbeit in der Presse- und Bucharbeit des CVJM
e) Einsatz in der Sozialfürsorge des CVJM
f) Tätigkeit im volksmissionarischen Dienst des CVJM (volksmissionarische Trupps, Evangelisationstätigkeit)
g) Mitarbeit in ständigen Freizeitlagern des CVJM (Mainau und Bochum)

Die Anschriften, an die sich die Rückkehrer zu wenden haben, sind: Kassel-Wilhelmshöhe, Druseltal 8; Hirsau bei Calw/Schwarzwald; Wuppertal-Barmen, Baesenbruckstraße 28; Hamburg; Bad Salzuflen, YMCA-Leitstelle; Berlin C 2, Sophienstraße 19.

d. Der Ertrag

I/24. Ernst Dammann: „Die Theologische Schule für deutsche Kriegsgefangene in Norton (England)"

In: Traditio – Krisis – Renovatio aus theologischer Sicht. Festschrift Winfried Zeller. Hg. von Bernd Jasper und Rudolf Mohr. Marburg 1976, S. 423[130]

Wenn man die etwa 150 Vikare, Studenten und Hospitanten oder die etwa 35 Herren, die zum Teil nur kurze Zeit an der Schule als Lehrer weilten, nach dem fragen würde, was sie in Norton am stärksten beeindruckt hat, so würde sich wahrscheinlich herausstellen, daß es nicht in erster Linie die „angenehme" Art war, in der man die Gefangenschaft verbrachte, auch nicht das interessante und anregende Leben, sondern die geistliche Bruderschaft. Bei aller Achtung vor der Persönlichkeit des anderen und bei aller Tolerierung der verschiedenen Ausprägungen evangelischen Christentums war etwas lebendig von der Wirkung des Heiligen Geistes. Er über-

---

[130] Vgl. auch den ebenfalls aus zeitlicher Distanz geschriebenen zusammenfassenden Rückblick M. B. SULLIVAN, Schwelle zum Frieden. Zu Norton Camp vgl. S. 293–305.

brückte Gegensätze, die es auch in Norton gab, nicht zuletzt den, der sich immer wieder in der Spannung zwischen Wissen und Glauben zeigt. Kirche und Theologie standen einander nicht als unvereinbare Größen gegenüber, sondern waren ineinander integriert. Das Erlebnis von damals hat viele so geprägt, daß sie sich auch in den späteren Jahren in Deutschland nicht in ihrer Glaubensposition erschüttern ließen. Noch 1973 trafen sich ehemalige Nortonen wieder. Auch dabei zeigte es sich, daß nicht – sicherlich auch vorhandenes – Kameradschaftsgefühl das verbindende Moment war, sondern der Glaube an den lebendigen Christus.

II. LEBEN UND LERNEN IN ITALIEN –
DIE ENKLAVE RIMINI 1945–1947

Evangelische Lagergemeinden in den Kriegsgefangenenlagern

a. Berichte

II/1. Bericht von Staff Chaplain Rev. Charles E.B. Cranfield über eine erste kirchliche Arbeit mit deutschen Kriegsgefangenen in Italien

15. August 1945

LKA Stuttgart, D 54: Cranfield [1]

1. German Hymn Book brought out by Wehrmachtoberpfarrer Herbert Ziekur here. First few thousand copies are already out, and the remaining copies will appear in an few days. There will be 30.000 in all. These thirty thousand and our twenty thousand smaller Hymn Booklets should be a very adequate supply for the Central Mediterranean Forces. A copy of this Hymn Book is enclosed herewith and sent with the German Senior Chaplain's [2] compliments.

2. Concentration of surplus Church personnel. Those Pastors who are not needed here in the work in the camps, and the students of Theology, and most of the Lay Pastors have now been concentrated in one of the camps here – Camp 6a [Bellaria]. There are just about 140 of these Church Personnel there, and they have their tents – such as they are – together. In the same camp the Roman Church Personnel are also concentrated, but 140 does not include them. The Camp Chaplain of this camp [Camp 6a] is Oberpfarrer Schlüter, and he is doing excellently. There is a vigorous life of study and devotion going on there, and a very happy fellowship. It is a relief to me to know they are together, as they are less likely to be

---

[1] Der Empfänger ist nicht genannt; vielleicht ging der Bericht an den Supervising Chaplain beim britischen Hauptquartier.

[2] Wehrmachtoberpfarrer Herbert Ziekur.

whisked away over the world without my knowing it. Most of these are due for repatriation.

3. German Chaplains' Conferences. We have had two Conferences – the first in German Head Quarter, the second in [Camp] 6a. Each time there were some 150 or so together. They were full days of Services and Papers. One of the papers at the second conference, by a young Lic. theol. Hans-Otto Wölber, was outstandingly good, in my opinion. It was on „The Word and the words", on the Word of God, Bible, Preaching. Each time the conference closed with the Celebration of the Holy Supper.

4. Chapel, Church-Places. In Camp 6a a filthy stable has been turned into a lovely Chapel, used both by Roman Catholics and Protestants for their smaller Services. In all or nearly all the camps there is an open air altar, very tastefully constructed. Behind the altars stand huge crosses, which can be seen from the road. It is interesting and impressive to drive along the road and see in one camp after another the Cross standing out above the tents.

5. Week evening Service in [Camp] 6a. I preached on a Monday evening in [Camp] 6a, one of the Pastors took the Service. There were about 300 present.

6. Attendance at Sunday Services. In many camps attendance at the Protestant Service on Sunday morning approaches 1.000, though in some it is considerably less. The number of Communicants is growing.

7. Four Protestant Chaplains have been sent away with the „17–25s".[3] They are Pastors Helmut Adamek, Hans-Heinz Theis, Walter Müller, and Reinhold Dreger. Perhaps you would like to send a special letter to wherever they have gone, to ask that they should be afforded every help and encouragement. They have gone willingly. They have perhaps gone outside Central Mediterranean Forces, but a note from you would carry weight.

8. Could I have some more of those certificates with your signature? I have used up the 50.

9. Supplies. Pastor Ziekur managed to buy some Chalices, etc., and we are just about managing as far as this area is concerned. It was suggested that some Chaplains going home might let you have their Communion sets for this purpose. If they do, I think Mr. Coombes (52 Area) has first claim on two or three. I have received the box of 500 German New Testaments and they have been greeted with terrific enthusiasm and gratitude. I have received about 40 from the Oecumenical Commission for the Pastoral Care of War Prisoners, Geneva, and from the same source a few German books of popular theology, and 18 Complete Bibles, a very

---

[3] Vermutlich: die 17- bis 25jährigen.

welcome gift. The great cry is for more and yet more German New Testaments. McWilliam brought back from Naples a lot of Greek New Testaments, as you know. Pastors Ziekur and Schlüter are extremly good at getting material together, from German sources. Pastor Ziekur has for example got small crosses made from metal for the Church personnel to wear in their caps as a badge and on their collars, and he has got a number of pairs of black German Tank Corps trousers for each Camp Chaplain to have a pair to wear for Services.

10. The arrangement, by which Pastors Ziekur and Schlüter were to work together as SCsF[4], has worked out very well indeed. They are working happily together, and both are co-operating very well with me.

11. I am afraid we were loosing the AAG.[5] He has been very helpful indeed. It is a tremendous help to know that however busy he may be, if one has to disturb him, one will be greeted with a smile. He really has been unfailingly helpful and friendly, and has taken an understanding interest in Church matters.

12. McWilliam expects to go to Austria on Friday, 17 August [1945], to put our affairs in order there. He will take with him a supply of Hymn Booklets (the smaller ones), etc.

13. Might I stress again the tremendous importance of getting post facilities of some sort going for the prisoners who are „Surrendered Personnel"? It may not seem very urgent to people thinking about it in an academic way separated from the camps by many miles; but both from the point of view of humanity and from that of expediency, it is tremendously important. Our British name is at stake – both for humanity and efficiency, and there is also real danger of *open* discontent, if nothing is done. Both Protestant and Catholics can do something through Church means, and both have offered. The matter ought to have a high priority. Mr. McWilliam and Fr. Griffith and I probably have a better chance than any other British officers here to know the state of the prisoners' morale. Would you use your influence to stress this matter?

14. There are some 400 Germans in 374 POW Camp. I have not appointed a Chaplain in view of the smallness of numbers and the fact that these men are out working most of day; but last Sunday I took Pastor Schlüter over there to hold a Service. The response was encouraging – over 200 came to it out of this small camp, and they seemed delighted. So I hope to get a German Pastor over there once a week to hold a Service.

15. No. 1 New Zealand General Hospital: German Patients. I visited them at the request of the New Zealand SCF[6], and have arranged for

---

[4] Die Bedeutung der Abkürzung blieb unklar, vielleicht Supervising Chaplains of Forces.
[5] Wohl ein Offizier im Stab der 21. britischen Tank-Brigade.
[6] Vgl. oben Anm. 4.

Pastor Neustadt to go there every Wednesday at 2.30 p.m. by ambulance from „U" POW Camp, to hold a Service.

16. The big question now before me is „Repatriation" for those Church personnel, who are not needed in Camps or for work battallions. I do hope this will not be put off much longer. I still hope to be allowed to go to Munich beforehand to try to make arrangements for their reception.

17. As to appointments of Chaplains for work battalions, both Fr. Griffith and I are waiting till we know where they are actually stationed, and then we hope to send them Chaplains. This seems better then automatically attaching Chaplains of each Confession to every unit. That would be a criminal waste of the Church's manpower, when every available Minister and Priest is needed in Germany in face of the terrific shortage of clergy – particularly though, on the Protestant side, which is much more disorganised.

II/2. Berichte: „Quer durch die italienischen Lagergemeinden"

[Miramare] 18. Februar 1946

LKA Stuttgart, D 54: Bereitschaft (Aus: „Bereitschaft" 1946/47, Nr. 1)

Nach der Entlassung von mehr als 200 evangelischen Pfarrern zum Aufbau der deutschen Heimatgemeinden[7] ist die Arbeit der evangelischen Lagerseelsorge in das Stadium einer stilleren und regelmäßigeren Entwicklung getreten. Es befinden sich zur Zeit etwa noch 80 evangelische Pfarrer in Italien, die sich in 6 Konventen, nämlich in Tarent, Neapel, Rimini, Pisa, Verona und Bozen treffen und ihren Dienst in den Lagern sowie in den Arbeitsbataillonen versehen. Von englischer Seite erfahren wir besondere Hilfe durch den Supervising Prisoners of War Chaplain Reverend Williams.

Mit Unterstützung des Generalsekretärs der YMCA Mr. Jones und mit Genehmigung des Allied Forces Head Quarter ist vor kurzem in Miramare-Rimini ein „Deutsches YMCA-Sekretariat Italien" (CVJM-Lagerdienst) errichtet worden, dessen Aufgabe eine spezielle religiöse Betreuung der jungen Generation unter den Kriegsgefangenen in Italien und die Verteilung des aus der Schweiz empfangenen YMCA-Materials ist. Die „Young Men's Christian Association" ist in Deutschland unter dem Namen „Christlicher Verein Junger Männer" (CVJM) bekannt. Wir sind dankbar, daß wir durch die Hilfe des weltweiten christlichen Jugendwerkes in der

---

[7] Seit Sommer 1945 wurden Kriegsgefangene nach einer Dringlichkeitsliste entlassen, die sich an Berufsgruppen orientierte; Pfarrer gehörten zu einer hohen Dringlichkeitsstufe.

Lage sind, den für das junge innere Deutschland seit Jahrzehnten so wichtig gewordenen evangelischen Jugenddienst wieder aufnehmen und an entscheidender Stelle wieder einsetzen zu können.

Auf Grund eines Entgegenkommens der Bayerischen Landeskirche und ihres Bischofs D. Meiser konnten aus Bellaria am Ende des vergangenen Jahres eine Reihe von Studenten in Erlangen ihr Studium aufnehmen, das sie im Lager 6a [in Bellaria] begonnen hatten. Auch in Tarent hat sich ein Theologisches Martin-Niemöller-Seminar, dessen Studenten jetzt nach Erlangen überwiesen werden, gebildet. Die Leitung des Seminars lag in den Händen von Pfarrer Schönherr. Die Evangelische Arbeitsgemeinschaft der Lagerschule in Rimini hat 1946 mit neuen Übungen und Vorlesungen angefangen. Sie bildet für die Gemeinde und Jugendarbeit hauptamtliche und nebenamtliche Kräfte aus.

Im Januar wurden in Viserba und in Mestre neue Lagerkapellen eingeweiht.

Im Raum Bozen unterrichten die evangelischen Lagerpfarrer aus Deutschland während des Krieges evakuierte Jungen in den Grundfragen des Christentums.

Der Deutsche Vertreter des Ökumenischen Rates, Pastor Wabnitz in Mailand, unternimmt zur Zeit eine Reise durch die Kriegsgefangenenlager in Österreich.

II/3. Bericht des deutschen Hauptquartiers der Enklave Rimini über den Aufbau der Lager

[Rimini, Frühjahr 1946]

Bundesarchiv, Militärarchiv Freiburg, MSG 200/140 (Gedruckte Broschüre)[8]

Als am 20. Mai 1945 das nunmehrige Deutsche Hauptquartier, im wesentlichen [der] Stab [des] 76. Panzer-Armeekorps, durch die britische 21. Tank-Brigade mit der Organisation, Verwaltung, Versorgung, Aufrechterhaltung der Disziplin und Betreuung der deutschen SEP beauftragt wurde – die englischen Dienststellen hatten sich entschlossen, die im Raume Rimini einlaufenden Massen deutscher Soldaten unter deutscher Rechtsverwaltung zu belassen, eine in Italien einmalige, großzügige und günstige Regelung –, bestanden bereits seit einigen Tagen die Lager 11, 12, 13 entlang der Hauptstraße Ravenna-Rimini zwischen Cesenatico und Bellaria. Infolge Mangels an Zeit, Material und Personal waren bis dahin von Alliierten

---

[8] Vgl. H. WOLFF, Überblick, S. 80–83. 319–334. 343–349.

Truppen nur die notwendigsten Vorbereitungen (Umzäunung, Beginn der Wasserversorgung und wenige hygienische Einrichtungen) getroffen. Alle weiteren Lagerarbeiten wurden nun von deutschen Kräften übernommen. Eine so schnell improvisierte Einrichtung zur Aufnahme vieler Tausend Menschen – es waren insgesamt etwa 150.000 – zog erhebliche Schwierigkeiten nach sich, so daß es den Lagern teilweise an den notwendigsten Dingen des täglichen Lebens mangelte und sie sich oft mit einfachsten Mitteln behelfen mußten. Das günstige Klima erleichterte die Lage der SEP.

Dem Aufbau des Gesundheitsdienstes kam besondere Bedeutung zu. In jedem Lager wurde ein Lagerarzt mit entsprechenden Fachkräften und Sanitäts-Personal eingesetzt sowie Sanitäts-Zelte für Untersuchungsräume, Zahnstationen und Liegeplätze errichtet. Täglich trafen neue Transporte deutscher Soldaten aus dem Norden ein, die zunächst einmal alle untergebracht und mit dem Notwendigsten versorgt werden mußten. Eine Zeltstadt nach der anderen entstand entlang der Hauptstraße. Unermüdlich wurde überall an der Ausgestaltung und Verbesserung gearbeitet. Feste Koch-, Wasch- und Duschanlagen wurden im Laufe der Zeit geschaffen. Allein 74.000 Meter Rohrleitungen mußten für die Wasserversorgung der Lager verlegt werden.

Um die Grundlagen für das Zusammenleben in diesem Zeltstaat auf so engem Raum zu schaffen, war Übersicht und Ordnung in die großen Menschenmassen zu bringen, die sich aus allen Wehrmachtsteilen und Waffengattungen, insbesondere aus Angehörigen der 10. Armee zusammensetzten. Verwaltungsstäbe innerhalb der Lager wurden hierzu eingesetzt, eine Lager-Polizei wurde gebildet.

Zur Sicherstellung der Versorgung wurden nacheinander LKW-Transporteinheiten und eine PKW-Kompanie, die in der „Deutschen Transportkolonne" zusammengefaßt wurden, die Deutsche Werkstatt-Abteilung Cervia, zwei Tankstellen, der Deutsche Pionier-Park, der Versorgungs-Stützpunkt Viserba, drei Verpflegungs-Ausgabestellen und drei Bäckerei-Kompanien gebildet. Später wurden dann noch bespannte Kolonnen aus dem Norden zugeführt, die im „Deutschen Versorgungs-Regiment" vereint und für Nahtransporte eingesetzt wurden. In Cesena und Cesenatico wurden deutsche Lazarette eingerichtet (Bettenzahl 600 bzw. 700), ersteres mit einer Abteilung für Chirurgie, Hals-, Nasen-, Ohren-, Augen- und Hautkranke, mit einer Zahn- und Zahnprothetikstation, mit einer chemischen Untersuchungsstelle und einer orthopädischen Werkstatt, letzteres mit einer Abteilung für innerlich Kranke, für Nerven- und Geisteskranke und mit einer Zahn- und Zahnprothetikstation. Späterhin wurden noch fünf fahrbare Zahnstationen (auch außerhalb der Enklave) eingesetzt. Der Gesundheitszustand hat sich in der Sommer- und Winterzeit wider aller Befürchtungen günstig gestaltet. Seuchen, ansteckende Krankheiten und dergleichen traten niemals auf.

Die Ernährung hätte wohl zeitweise abwechslungsreicher sein mögen, war aber – mit Zusatzverpflegung für Arbeitende und Ausmärsche – zweckmäßig und ausreichend. Auf dem Gebiete der Bekleidung und Ausrüstung auftretende Schwierigkeiten konnten in der Enklave nach und nach beseitigt werden.

Wenn Versorgung und innere Ordnung die erste Forderung in unserem Staate waren, so konnte doch auch sehr bald das Interesse der Lagerangehörigen an den Ereignissen des Weltgeschehens zufriedengestellt werden. Hierfür sorgte ein Nachrichtenblatt, das im Deutschen Hauptquartier gedruckt wurde und bereits ab 9. Juni 1945 täglich erscheinen konnte. Seit Oktober wurde daraus die unabhängig vom Deutschen Hauptquartier erscheinende Lagerzeitung „Die Brücke" (Auflage zur Zeit [1946] 12.000), deren Verbreitung weit über den Rahmen der Enklave hinausgeht. Eine eigene Druckerei (Benutzung einer italienischen Klosterdruckerei) wurde in Miramare eingerichtet.

Seit Anfang Juli [1945] wurden Disziplin- und Strafrecht von deutschen Richtern wahrgenommen, während das britische Kommando sich die Oberaufsicht und das Bestätigungsrecht vorbehielt. Auch die Aufgaben der Lagerpolizei mußten erweitert werden. Es entwickelte sich aus ihr die Militär-Polizei, von der Teile zur Selbstbewachung einiger Einheiten eingesetzt wurden. Mit Ausnahme des Winterlagers bewachen sich heute fast alle deutschen Einrichtungen selbst.

Nachdem in den ersten beiden Monaten durch deutschen Fleiß die Grundlagen für das Lagerleben geschaffen worden waren, konnte auch bald mit der Berufsförderung, wissenschaftlicher und handwerklicher Ausbildung sowie der geistigen Betreuung und mit sportlichen Wettkämpfen begonnen werden. Sehr schnell fanden sich Spielgruppen und Musikkapellen zusammen. Zahlreiche Lehrkräfte und Künstler stellten sich für diese Aufgabe zur Verfügung. Die Bespielung der Lager mit Filmen hatte bereits Anfang Juni [1945] begonnen. In ununterbrochener Folge wurden Fuß- und Handballspiele zwischen den einzelnen Lagermannschaften ausgetragen und Sport- und Motorsportfeste veranstaltet. Ein besonderes Ereignis war die Eröffnung der Hochschule mit 80 Dozenten und Lektoren sowie 700 Immatrikulierten und 500 Gasthörern am 26. Juli 1945. Dieser Tag war der Beginn einer Studienzeit an einer Lagerhochschule, die wohl einzig in ihrer Art bleiben wird.[9]

Auch seelsorgerisch wurden die Lager betreut. Dem Deutschen Hauptquartier waren je ein Pfarrer beider Konfessionen beigegeben. Kirchenzelte und weihevolle Kirchenplätze wurden in den Lagern errichtet.

---

[9] Tatsächlich entstanden auch in anderen Lagern und nicht nur im Bereich der britischen Gewahrsamsmacht ähnliche Lagerhochschulen.

Allmählich wurde dem deutschen Verwaltungspersonal größere Freizügigkeit gewährt. Notwendige Pässe wurden ausgegeben, so daß Eskorten nicht mehr erforderlich waren. Die Lagerangehörigen wurden abwechselnd zum Baden an die Adria geführt, das eine willkommene Erfrischung in den glutheißen Tagen des Lagerlebens darstellte. Zur Erleichterung der Verbindung zwischen den einzelnen Lagern und dem Deutschen Hauptquartier wurde eine Omnibuslinie eingerichtet, die zweimal täglich zwischen Viserba und Cervia befahren wurde. Noch heute [1946] verkehrt der Omnibus zwischen dem Winterlager Rimini und Cesenatico. Im August [1945] begann der Einsatz von Arbeitseinheiten, Tausendschaften, Pionier-Kompanien, Kraftfahr-Kompanien, Werkstätten und sonstigen Einheiten aus den Lagern über ganz Italien. Es wurden aufgestellt: 43 Arbeitseinheiten, 22 Tausendschaften, 38 Pionier-Kompanien, 15 Kraftfahr-Kompanien, 41 Werkstätten, 11 Kraftfahrpark-Kompanien, 95 sonstige Einheiten.

Mancher Kamerad hat sich damals von uns verabschiedet. Als dann noch am 18. August [1945] die ersten Heimatentlassungen anliefen – die Entlassung erfolgte nach einer Dringlichkeitsliste der Berufsgruppen; Versehrte wurden als erste entlassen – ging große Unruhe durch die Lager. Jeder wollte als erster dabei sein. Jetzt wissen wir, daß nur ein Teil derer, die uns damals verließen, in die Heimat entlassen worden ist. Ein großer Teil wurde in Arbeitseinheiten anderweitig verwendet. Bis heute wurden von hier nach Norden insgesamt 65.000 einschließlich 6.000 Versehrter entlassen.

Neben dem Lazarettgelände Cesenatico entstand ein weiteres Lager zur Aufnahme aller Versehrten. Später erfolgte eine Erweiterung für Leichtkranke.

Nachdem sich übersehen ließ, daß ein Teil von uns den Winter in der Enklave verbringen mußte, begann der Ausbau des ehemaligen Flugplatzes Rimini als Winterlager. Unsere Pioniere, Techniker und Arbeitseinheiten hatten hierbei die Hauptlast der Arbeit zu tragen. Galt es doch, auf dem zerstörten Flugfeld die notwendigsten Einrichtungen für die Unterbringung einer großen Menschenmenge wie Wasser-, Licht-, Koch-, Wasch- und Hygieneanlagen zu schaffen. 27.000 Meter Rohrleitungen mußten verlegt werden, zwei Pumpstationen wurden in Betrieb genommen, die täglich 600 bis 800 m³ Wasser liefern. Für die Stromversorgung einschließlich der Zaunbeleuchtung und der Torwachen wurden 500 Masten gesetzt, 64.000 Meter Leitung gezogen und 1.150 Glühbirnen installiert. Die Stromversorgung erfolgte bis Mitte Januar [1946] durch vier 15 Kilowatt-Aggregate und von da ab durch ein 50 und 60 Kilowatt-Aggregat. Im Laufe der Zeit wurden erstellt: 400 Nissenbaracken für Wärmehallen, Betreuung und Unterricht, Küchen- und Verpflegungszwecke, 150 Kochherde, 5 Romney-Baracken für Betreuungszwecke, 4 Badehäuser sowie 15 Kilometer Straßen für Versorgungsnachschub.

In der Ausgestaltung der Inneneinrichtungen haben uns besonders die Männer des Pionier-Parks geholfen. Öfen und Heizeinrichtungen wurden in den Lagern Viserba und Cervia von Spezialkommandos hergestellt.

Im September [1945] hatten die Künstler und Lagerangehörigen Gelegenheit, ihre Werke und das Laienschaffen in einer Kunstausstellung zu zeigen. Die mit einfachsten Materialien hergestellten künstlerischen Arbeiten fanden großen Beifall. Am 19. September [1945] versammelten sich wiederum Vertreter aller Lager in der Lagerhochschule, um die Universitätsabschlußfeier nach Beendigung des Kurzsemesters zu begehen.

Nachdem bis Ende September [1945] der größte Teil der Lager nördlich Rimini geschlossen worden war, erfolgte die Verlegung ins Winterlager. Es begann die Zeit des Aufbaues unserer Winterstadt. Auch die Versorgungseinrichtungen mußten gleichfalls südwärts umziehen, sich neu einrichten und aufbauen. Das Deutsche Hauptquartier übersiedelte nach Miramare, während das alte Gebäude in Bellaria für aus dem Süden eintreffende Generale bestimmt wurde.

Durch gemeinsame Bemühungen gelang es sehr bald, den Plan der Berufsförderung für die Wintermonate aufzustellen und noch im Oktober [1945] die Lagerhochschule im Lager 2 zu eröffnen.

Wo immer in diesem Kriege deutsche Soldaten waren, da haben sie es als ihre heilige Pflicht angesehen, gefallenen Kameraden eine würdige Ruhestätte zu schaffen. So war auch das Deutsche Hauptquartier bemüht, die im Raume der Enklave Rimini gefallenen deutschen Soldaten auf einem gemeinsamen würdigen Ehrenfriedhof zu bestatten. Der Weg von der Idee bis zur Verwirklichung war nicht einfach. Aber nachdem die erste Voraussetzung – die Genehmigung durch das britische Kommando und die Auswahl des Platzes – gegeben war, ging es ohne Verzug an die Arbeit, und am 4. Oktober 1945 wurde der deutsche Ehrenfriedhof Cervia in einer schlichten Feierstunde eingeweiht. Er umfaßt ein vier Hektar großes Gelände und kann jetzt nach seiner Erweiterung 3.000 gefallene Soldaten aufnehmen. Bis heute [1946] haben rund 1.400 Umbettungen stattgefunden, und 125 in den Lagern und Lazaretten Verstorbene sind dort beigesetzt worden.

Kein Tag ist vergangen, an dem nicht überall an der Verbesserung und Verschönerung der Lager und Unterkünfte gearbeitet wurde. Nahezu eine Million Ziegelsteine wurden verbaut. In dem Lazarett Cesena und in dem Generalslager wurden die Dampf- bzw. Warmwasserheizung wieder instand gesetzt. Für das Rieselfeldsystem wurden 31.000 m³ Erde bewegt. Noch im Jahre 1945 konnten mehrere Lagerkirchen und -kapellen ihrer Bestimmung übergeben und im Lager 2 der Betreuungsbau, die „Deutschlandhalle", fertiggestellt werden, eine geschmackvoll und mit einfachsten Mitteln hergerichtete Flugzeughalle, die in sich ein Meisterwerk deutschen

Schaffens, eine vollständig aus Konservendosen- und Kekskanisterblech hergestellte Orgel mit 12 Registern, birgt.[10]

Heute laufen für die 14 Betreuungsgruppen, 12 Filmwagen, Lazarette, Versorgungseinrichtungen und Werkstätten 55 Stromerzeugungs-Aggregate. Noch heute wird die 42 km lange Wasserleitung von 500 mm Durchmesser nach Ravenna von deutschen Fachkräften unterhalten; die Pumpstation Torre Petrarca liefert dafür täglich 4.000 m³ Wasser. Ebenso wird die 16 km lange Asbestzementleitung von 250 mm Durchmesser nördlich Cesenatico von den gleichen Fachleuten versorgt.

Seit November [1945] ist es uns ermöglicht worden, durch Ausmärsche die Enklave auch außerhalb unserer Lager kennenzulernen. Nicht nur die Arbeitskommandos, auch diejenigen, die eine Wanderung unternehmen wollen, können das Lager verlassen. Wesentlicher Zweck ist dabei die Erhaltung körperlicher Leistungsfähigkeit. Vor Weihnachten hatten die Lagerangehörigen nochmals Gelegenheit, in einer Ausstellung ihre selbstgefertigten Spielzeuge zu zeigen, die überall große Anerkennung fanden. Ein Teil wurde Lazarettzügen nach Deutschland mitgegeben.

Im Laufe der Zeit hat sich die Enklave Rimnini zum Mittelpunkt der unter englischer Führung stehenden deutschen SEP in Italien entwickelt. Von hier werden aufgestellte Einheiten und Ersatz in Marsch gesetzt, zur Entlassung kommende Soldaten werden hier durchgeschleust. Das Versehrten- und Leichtkrankenlager Cesenatico nimmt deutsche Soldaten aus allen Teilen Italiens auf. Das Versorgungslager Viserba – 918 German Stores Depot – beliefert ganz Italien. Ein YMCA-Sekretariat zur seelsorgerischen Betreuung und Verteilung von YMCA-Material für ganz Italien ist in Miramare errichtet worden[11], und schließlich gehen von hier die Film-, Theater- und Spielgruppen auf „Tournee", um den Einheiten außerhalb der Enklave Abwechslung, Freude und Unterhaltung zu bringen.

---

[10] Diese Orgel soll nach Auskunft von Werner Jentsch später von der katholischen Kirche übernommen worden und schließlich einem Brand zum Opfer gefallen sein; vgl. K. W. BÖHME, Geist und Kultur, S. 225 (Bild).

[11] Vgl. unten Nr. II/6–II/8, S. 256–269.

II/4. Bericht des Beauftragten der Ökumenischen Kommission für die Pastoration der Kriegsgefangenen in Genf, Dr. Reinold von Thadden-Trieglaff, über seinen Besuch deutscher Kriegsgefangenenlager in Italien vom 19. bis 29. Juli 1946

[Sommer 1946]

EZA Berlin, 6/85/67 [12]

Die Reise Dr. von Thaddens im Auftrage des Ökumenischen Rates nach Italien zum Besuch deutscher Kriegsgefangenenlager war eine Ergänzung der vorher stattgehabten Besuchsfahrt von Dr. Freudenberg Ende Juni 1946.[13] Wegen der nur sehr beschränkt zur Verfügung stehenden Zeit mußte das Unternehmen in denkbar gedrängter Kürze vor sich gehen. Dennoch glückte es, sämtliche deutsche Kriegsgefangenenlager in der Amerikanischen Zone von Pisa-Livorno, einige Lager in der Britischen Zone von Rimini und einige Gruppen von Kriegsgefangenen im Weichbild der Stadt Rom zu besuchen.

I. Gelingen der Reise.
Im großen und ganzen kann dankbar gesagt werden, daß die Reise den Zweck voll erfüllt hat, für den sie gedacht war. Der Eindruck, den sie bei den kriegsgefangenen Soldaten, bei den deutschen Lagerpfarrern und auch bei den Vertretern der Anglo-amerikanischen Besatzungsbehörden hinterließ, war offenbar in vollem Umfang befriedigend.

1. Innerhalb der Amerikanischen Besatzungszone war diese Reise eines Vertreters des Ökumenischen Rates die erste Kundgebung kirchlicher Verbundenheit zwischen den deutschen Kriegsgefangenen in Italien und der Außenwelt, soweit sie in dem persönlichen Auftreten eines besonderen Abgesandten zum Ausdruck kommen konnte. Bisher waren die deutschen Gefangenen nur durch einen Besuch des Münchner Erzbischofs Kardinal Faulhaber von katholischer Seite her besucht worden. Daß nun auch die Evangelische Kirche sich aufmachte, die deutschen Lager durch einen Vertreter sowohl der Deutschen Evangelischen Kirche wie des Weltkirchenrates zu besuchen, wurde als ein Ereignis von hervorragender Bedeutung empfunden und mit großer Dankbarkeit aufgenommen.

2. Obgleich Kardinal Faulhaber seiner hohen geistlichen Stellung entsprechend in den Lagern überall ganz anders auftreten konnte und stets von einem höheren katholischen Feldgeistlichen der Amerikanischen Be-

---

[12] Unter dieser Signatur ist eine vom Verfasser unterschriebene Fassung verzeichnet (A). Eine weitere Fassung ohne Unterschrift ist vorhanden in EZA BERLIN, 2/470 (B).

[13] Zur Besuchsfahrt Freudenbergs vgl. unten Nr. II/5, S. 251–255.

satzungsmacht begleitet war, war am Schluß meiner Reise die Beurteilung unseres ökumenischen Versuchs bei den Beteiligten positiver, als sie es gegenüber dem katholischen Auftreten gewesen war. Soweit ich mir ein Urteil bilden kann, will es mir scheinen, als ob der größere offizielle Glanz und die selbstverständliche autoritative Haltung des römisch-katholischen Kirchenfürsten einem tieferen Einwirken auf die Zuhörer eher hinderlich als förderlich gewesen sei. Der deutsche Gefangene nimmt heute das geistliche Wort eines Vertreters der christlichen Kirche nur dann bereitwillig auf, wenn die Begegnung gewissermaßen auf gleicher Ebene erfolgt und deutlich macht, daß der Besuchende gewillt ist, mit dem Besuchten wenigstens für den Augenblick des Besuchs dasselbe Schicksal zu teilen.

3. Die Gründe für das überraschend gute Gelingen der eigenen Reise sind meines Erachtens in folgenden Punkten zu suchen:

a) Die Reise war durch Pfarrer Wabnitz, Mailand, bereits vorher bei den Besatzungsbehörden sorgfältig vorbereitet. Die nötigen Erlaubnisdokumente mit den Unterschriften der maßgeblichen Autoritäten waren zur Hand.

b) Gar nicht zu überschätzen war der Vorteil der gegebenen motorischen Beweglichkeit im eigenen offenen Wagen, den die Britische Besatzungsmacht in Mailand dem Pfarrer Wabnitz als „Supervising Chaplain" zur Verfügung gestellt hat. Die großen Entfernungen bei ungeheurer Hitze konnten auf diese Weise schnell und leicht bewältigt werden, und das Programm bedurfte in keinem Augenblick einer abändernden Korrektur.

c) Sehr erfreulich war auch die dienstbereite Unterstützung der Besuchsfahrten durch die deutschen Lagerpfarrer, die deutschen Lagerkommandanten und oft auch durch die Vertreter der Besatzungsmacht.

aa) Mein Höflichkeitsbesuch bei dem Chief Chaplain Colonel Wilson im amerikanischen Hauptquartier in Livorno, dem auch einer der wichtigsten Offiziere der Besatzungsmacht für die deutschen Kriegsgefangenen in der Amerikanischen Zone beiwohnte, hatte die Wirkung, daß man amerikanischerseits nicht nur meinem Betreten der Gefangenenlager jede Erleichterung zuteil werden ließ, sondern daß man auch einzelnen besonders vorgetragenen Wünschen in liebenswürdiger Weise entgegenkam.

bb) Auch dem amerikanischen Chefarzt des großen Lazarettlagers in Pisa, Major Dr. Basset, bewahre ich für manche persönliche Freundlichkeit ein dankbares Andenken.

II. Charakter der Reise.
Nach meiner Überzeugung war es notwendig, der Besuchsfahrt von vornherein ganz eindeutig den Charakter eines persönlichen Besuches zu geben.

1. Das bedeutet, daß ich entscheidenden Wert darauf legte, daß für jedes Lager genügend Zeit zur Verfügung stand. Nur wenn der Gefangene den Eindruck hat, daß der Besuch des Fremden ihm wirklich gilt und nicht

unter dem Vorzeichen ständiger Hetze steht, kann man hoffen, daß das Ergebnis den Erwartungen entspricht.

2. Von geradezu ausschlaggebender Bedeutung war, daß ich es mir angelegen sein ließ, bei meinen Besuchen „den Gefangenen wirklich ein Gefangener"[14] zu werden, ihr Essen mit ihnen zu teilen und mich in jeder Weise den Umständen anzupassen, die das Alltagsleben der Lagerinsassen bedeutet.

3. Sehr bewährt hat sich unsere Praxis, den Besuchsfahrten ein grundsätzlich gottesdienstliches Gepräge zu geben und nicht die Allgemeinheit, sondern die nicht-katholische Lagergemeinde zu besuchen. Es muß klar sein, daß die *Kirche* kommt und besucht, daß also zur Kirche kommen muß, wer etwas von diesem Gruß der Kirche für sich erwartet.

4. Auf der anderen Seite habe ich sehr oft, wo die Verhältnisse es erforderten, der Bitte der Lagerpfarrer Rechnung getragen, auch einmal das *ganze* Lager evangelistisch anzusprechen. Allein im Raum Pisa-Livorno, wo ich im ganzen acht Lager besuchte, habe ich fünf Mal vor großen Menschenversammlungen teils im Freien, teils in riesigen Barackenhallen gesprochen und auf diese Weise im Verlauf meiner ganzen Reise viele Tausende von Gefangenen mit einem Grußwort der Kirche erreicht. Daß es sich hierbei trotz des weitgespannten Rahmens nicht um eine beliebige säkulare Veranstaltung handelte, sondern um die Sache der Kirche Christi, wurde selbstverständlich durch den Inhalt und durch die Form der Vorträge vor jedem Zweifel geschützt. Ganz sicherlich sind auf diese Weise unendlich viele Menschen vom Evangelium berührt worden, die seit Jahren nicht zum Gottesdienst gegangen sind und deren Denken sich auf völlig a-christlichen Gedankengängen bewegte. Bekannte freidenkerische Agitatoren und betont feindselig eingestellte Männer nahmen an der Zusammenkunft teil und schieden nach anfänglichem lauten Widerspruch mit dem Bekenntnis, hier zum ersten Mal die Kirche in ihrer Wirklichkeit kennengelernt zu haben.

5. Voraussetzung für ein solches erfreuliches Ergebnis ist allerdings, daß der Redner seine Zuhörer ernst nimmt, auf ihre Einwendungen eingeht und vor allem eine geistige Atmosphäre zu schaffen versteht, in der erkennbar wird, daß die Kirche im Auftrag ihres Meisters kommt, der nicht nur die Liebe gepredigt, sondern für die Sünder sein Leben gegeben hat.

6. Sobald man sich entschließt, die Insassen eines Lagers in voller Öffentlichkeit zu apostrophieren, muß man die Gelegenheit zu freimütiger Aussprache geben. Das ist zwar jedes Mal ein Wagnis und verlangt von dem Redner ein hohes Maß von Selbstkontrolle und politischer Vorsicht, aber es ist der einzige Weg, um den Auftrag der Kirche Christi auszurichten und in die Sprache und in das Verständnis der Gefangenen zu übersetzen.

---

[14] Vgl. 1 Kor 9, 20.22.

7. Sehr zweckmäßig erwies sich auch das planmäßige Aufsuchen der Unterkünfte der Gefangenen, eine eingehende Besichtigung der selbstgefertigten Lagerkirchen und eine entsprechende Würdigung der kleinen künstlerischen Schöpfungen (Orgeln, Wandmalereien, gärtnerische Anlagen, Ausschmückung der Zelte usw.), die den ganzen Stolz der Lagergemeinden bedeuten.

8. Den Höhepunkt aller Besuche sowohl in der Amerikanischen wie Britischen Zone bildeten in jedem Fall die Zusammenkünfte mit den Lagerpfarrern. Sie bedürfen ganz besonders der Aufrichtung und Stärkung durch den Besuchenden. Die Anberaumung kleiner Tagungen mit festem Programm, mit Berichten der Pfarrer und mit einem orientierenden Vortrag des Besuchers verleihen solchem Beisammensein ein gesteigertes Gewicht und verhindern ein planloses und inhaltloses Plaudern. Wo es möglich ist, sollten diese Zusammenkünfte nicht ohne Sammlung um das Wort Gottes und nicht ohne Gebetsgemeinschaft vor sich gehen.

9. Sehr förderlich haben sich auch alle Höflichkeitsbesuche erwiesen, die den jeweiligen Besatzungsautoritäten, den deutschen Ärzten und den eingesetzten deutschen Vertrauensleuten bzw. Lagerkommandanten gemacht wurden.

10. Wo immer die Gelegenheit geboten wurde, öffentlich oder im kleinen Kreise zu sprechen, habe ich es niemals unterlassen, von der Tatsache und von dem Wesen des ökumenischen Zusammenschlusses der Kirchen zu erzählen. Sowohl die Kriegsgefangenen wie auch oft die Vertreter der anglo-amerikanischen Besatzungsbehörden waren besonders dankbar für solche Berichte. Im allgemeinen irrt man nicht, wenn man annimmt, daß die Kenntnis von diesen Zusammenhängen und Möglichkeiten vorläufig nur sehr gering ist.

III. Besondere Schwierigkeiten.

Je länger der Zustand andauert, daß über 100.000 deutscher Kriegsgefangener in Italien konzentriert sind, umso größer werden die Schwierigkeiten. Die Männer sehen nicht ein, warum sie bald 1 1/2 Jahre nach dem faktischen Kriegsende noch immer gefangen gehalten werden und für die Siegermächte Frondienste tun müssen. Im einzelnen setzen sich diese Schwierigkeiten aus folgenden Faktoren zusammen:

1. Die Situation für die Gefangenen ist innerhalb der beiden Besatzungszonen in Italien verschieden.

a) Bei den Amerikanern ist die Ernährung der deutschen Kriegsgefangenen durchweg vorzüglich, in den Lazaretten so gut, daß sie die Durchschnittsbeköstigung einer Familie etwa auf schweizerischem Boden bei weitem übertrifft; ist die Unterbringung besonders zweckmäßig und komfortabel organisiert; ist vor allem die sanitäre Versorgung, die Ausstattung der Operationsräume und Zahnstationen, der Reichtum an Medikamenten aller Art über alles Lob erhaben.

Auf der anderen Seite wird über den Bürokratismus und die Kleinlichkeit bestimmter Maßnahmen, über die Willkürlichkeit gelegentlichen Vorgehens, über die Zunahme des Denunziantentums, über die Härte der Behandlung in den Widerspenstigen (recalcitrant)-Lagern und auch darüber geklagt, daß Kriegsgefangene hie und da brutal geschlagen wurden. Das Gefühl, daß der deutsche POW von den Amerikanern rücksichtslos ausgenutzt wird, scheint sehr verbreitet zu sein.

b) Bei den Engländern sind die äußeren Umstände für den Kriegsgefangenen im allgemeinen vielleicht etwas weniger günstig. Die Verpflegung ist bescheidener, aber die POW meinen den Eindruck zu haben, daß der Engländer sie individueller behandelt, ihnen die Freiheit einer gewissen Selbstverwaltung gönnt und vor allen Dingen in größerem Umfange und in regelmäßigen Abständen Kriegsgefangene nach Deutschland entläßt, während die Amerikaner bisher fast noch gar keine Repatriierungen aus den italienischen Lagern vollzogen haben.

2. Nicht minder verschieden ist auch die Situation für die deutschen Lagerpfarrer innerhalb der beiden Besatzungszonen Italiens.

a) Bei den Engländern ist die Organisation auf dem Gebiete der Kriegsgefangenen-Seelsorge so geregelt, daß es einen besonderen englischen Supervising Chaplain beim englischen General Head Quarter gibt[15], dem unter den deutschen Lagerpfarrern ein deutscher Senior Chaplain entspricht.[16] Alle Wünsche und Anliegen der deutschen Gefangenen-Seelsorge können von dem hierzu legitimierten Senior Chaplain dem englischen Supervising Chaplain vorgetragen werden, der die Sache beim General Head Quarter vertritt und dem deutschen aufsichtführenden Pfarrer die größte Bewegungsfreiheit und den größten Rückhalt gewährt.

b) Bei den Amerikanern gibt es nur den Chief Chaplain, Colonel Wilson in Livorno, für die Bedürfnisse der amerikanischen Heeresseelsorge, mit dem lediglich ein deutscher Verbindungs-Geistlicher die Fühlung aufrecht erhält; um den Ablauf der deutschen Gefangenenseelsorge kümmert sich der amerikanische Chief Chaplain an und für sich nicht. Auch ein wirklich autorisierter deutscher federführender Oberpfarrer für das amerikanische Gebiet ist nicht eingesetzt und nicht mit Erleichterungen der motorischen Beweglichkeit ausgestattet.

3. Ganz große Not macht sowohl den Lagerpfarrern wie den Anglo-amerikanischen Besatzungsbehörden das zunehmende Sinken der allgemeinen Moral und der soldatischen Haltung in den Gefangenenlagern. Zwar

---

[15] Im Sommer 1946 Reverend Speirs in Caserta.
[16] Lic. Werner Jentsch, Oberpfarrer für das nördliche Italien.

ist es in dieser Hinsicht in der Britischen Zone etwas besser, weil dort die
Belassung des deutschen Hauptquartiers unter dem General Polack und
das weitgehend durchgeführte self-government dieser deutschen Dienst-
stelle eine unmittelbare deutsche Einflußnahme im Sinne von Ordnung,
Disziplin und Gehorsam ermöglicht. Aber die allgemeinen Gefahren für
eine innere Dekomposition der deutschen Kriegsgefangenenlager sind auch
dort noch groß genug. Innerhalb der Amerikanischen Besatzungszone mit
dem bunten Farbengemisch verschiedenrassiger Aufsichtspersonen ist die
Verwilderung der militärischen Moral in vollem Gange.

a) Schiebungen jeder Art sind üblich und haben neuerdings noch zugenommen, seit den Gefangenen die Erlaubnis erteilt ist, für Stunden der
Erholung das Lager zu verlassen, ohne daß die Leute über Geld verfügten,
mit dem sie sich draußen etwas kaufen können. Der Soldat wird einfach
zum Geschäftsmann und darin oft bereitwillig von den Negerwachtposten
unterstützt.

b) Ganz erschütternd ist das Umsichgreifen bedenkenloser sexueller
Zügellosigkeit, leider sehr oft durch das böse Beispiel des amerikanischen
Wachtpersonals oder gar höherer Offiziere angestachelt. Was in dieser
Beziehung möglich und üblich ist, spottet jeder Beschreibung.

c) Erschreckend ist auch die generelle geistige Verstumpfung und nihi-
listische Gleichgültigkeit in den Gefangenenlagern, die allerdings nicht nur
der Gefangenschaft auf das Konto geschrieben werden kann, sondern ganz
entschieden schon auf die Zeit der nationalsozialistischen Propaganda und
der Kriegseindrücke in Rußland zurückgeht. Die Frage, wie dieser verhängnisvollen Entwicklung entgegengetreten werden kann, ist eines der
wichtigsten Probleme, das der geistigen Betreuung und der kirchlichen
Seelsorge gegenwärtig gestellt ist.

IV. Schlußbetrachtung.
Für den, der die Lage in solchen Kriegsgefangenenlagern Italiens unvor-
eingenommen prüft, kann es keinem Zweifel unterliegen, daß die Aufgabe
der Kirche auf dem Gebiete der Gefangenenfürsorge von unüberschätzba-
rer Bedeutung ist. Die Bedeutung liegt nicht nur auf kirchlichem Gebiet.
Sie ist durchaus auch politischer Natur. Wenn es nicht gelingt, der wachsenden Verzweiflung, der tiefgreifenden Verbitterung und der moralischen
Haltlosigkeit der POW wirksam Einhalt zu gebieten, wird es unvermeidlich
sein, daß sich der moderne Nihilismus in den Gefangenenlagern dahin
auswirkt, daß die Gefangenen ihr letztes Vertrauen auf die Menschlichkeit,
die Weisheit und die demokratische Einsicht der Anglo-amerikanischen
Siegermächte verlieren und sich bedenkenlos der Idee hingeben, daß sie
innerhalb der russischen Mentalität auf größeres Verständnis, auf eine
bessere psychologische Behandlung und vielleicht sogar praktisch auf ein
höheres Maß an Freiheit stoßen würden. Dementsprechende optimistische

Nachrichten aus der deutschen östlichen Besatzungszone sind überall verbreitet und ermutigen die Gefangenen, sehr ernsthaft mit dem Gedanken zu spielen, eines Tages für den russischen Nachbarn zu optieren und auf dem Wege des Kommunismus zu erreichen, was ihnen im Bereich des christlichen Abendlandes von den westeuropäischen Demokratien versagt wird.[17]

Wenn es aber gelingen soll, noch in letzter Stunde mit Erfolg den Gefangenen die Botschaft des Evangeliums zu bringen und ihnen Mut und Zuversicht zuzusprechen, wird es von ganz besonderer ausschlaggebender Wichtigkeit sein, daß die Lagerpfarrer besser noch als bisher selbst pastorisiert und zu einer lebendigen Gemeinschaft vereinigt werden. Was in dieser Beziehung bisher geschehen konnte, erscheint mir ungenügend, weil weder der Pfarrer Wabnitz in Mailand noch der Pfarrer Dahlgrün [in Rom] über die nötige geistliche Autorität verfügen, um gegenüber den gefangenen Geistlichen als „pastor pastorum" aufzutreten und ihnen den seelsorgerlichen Dienst im letzten und tiefsten Sinne zu erweisen, deren [sic!] sie bedürfen.

Eine Vereinheitlichung dieser Aufgabe von Genf her müßte meines Erachtens erwogen werden, da die heimatliche deutsche Kirche unter den gegebenen Umständen von sich aus nicht in der Lage sein dürfte, die nötige Aufsicht und geistliche Fürsorge bei den deutschen Lagerpfarrern in Italien zu übernehmen.

II/5. Bericht des Pfarrers der deutschen evangelischen Gemeinde in Mailand, Friedrich Wabnitz, an die Ökumenische Kommission für die Pastoration der Kriegsgefangenen in Genf

Mailand, 22. August 1946

EZA Berlin, 6/85/67

Ende Juni und im Juli dieses Jahres besuchten Dr. Freudenberg und Dr. von Thadden[18] im Auftrag der Ökumenischen Kommission [für die Pastoration der Kriegsgefangenen] die deutschen Kriegsgefangenenlager in Italien, Dr. Freudenberg mehr die Lager um Neapel und Rimini[19], Dr. von

---

[17] Die Fassung B endet hier. Die folgenden zwei Absätze bilden den Schluß der Fassung A.

[18] Vgl. den Bericht v. Thadden-Trieglaffs oben Nr. II/4, S. 245–251.

[19] Freudenberg besuchte am 1.7.1946 das Theologische Seminar Rimini; vgl. Klaus Voigtländer, Tagebuch des Theologischen Seminars Rimini. Rimini 1946 (EZA BERLIN, 2/634): „... Am Nachmittag besuchte uns Herr Dr. Freudenberg und der englische POW Supervising

Thadden hauptsächlich die amerikanischen Lager im Raum Pisa/Livorno und zu einem kurzen Besuch der [sic!] englischen Enklave Rimini.

Nachdem im Frühjahr die deutschen Kardinäle durch die Lager gereist waren, wurden die Besuche dieser beiden Kirchenvertreter aus Genf von den evangelischen POWs besonders gern und dankbar aufgenommen. Wir haben soweit als möglich Versammlungen abgehalten in den kleinen Lagerkirchen, in den großen Versammlungshallen, im Freien, über das Lagerradio usw. Zur Zeit befinden sich noch etwa 82.000 POWs in Italien in englischer und amerikanischer Hand. Auf einer beigefügten Karte ist deren Verteilung über den italienischen Raum dargestellt.[20] Besonders aus den englischen Lagern werden laufend POWs nach der Westzone entlassen, POWs aus der Ostzone aber auch zu neuen Arbeitseinheiten nach England zusammengestellt. Immerhin werden wir auch über diesen Winter noch POWs in Italien haben, besonders in den Hauptzentren Napoli, Rimini, Pisa/Livorno und Vermia/Giulia.

Zur Darstellung der Haltung und Stimmung der POWs verweise ich auf die „Kundgebung des Ökumenischen Rates zur Kriegsgefangenenfrage an die Vereinten Nationen", auf den Reisebericht von Dr. Freudenberg, auf die „Stimmungsberichte aus dem Deutschen Hauptquartier", die ich regelmäßig nach Genf übersende, oder auf den ausgezeichneten Leitartikel der „Weltwoche" vom 2. August dieses Jahres, in dem der Brief eines POW aus Rimini abgedruckt wird. Besser läßt sich die Stimmung nicht darstellen, höchstens noch durch einige praktische Beispiele erweitern.

Durch die unglückselige Erfindung des SEP-Status[21] haben die alliierten Kommandostellen selbst sich in eine schwierige Lage hineingebracht. Die Soldaten, die die Waffen niederlegten, sollten nicht als POWs, sondern als Zivilinternierte betrachtet und behandelt werden. Sie unterstanden nicht der Genfer Konvention, wurden trotzdem genau wie Kriegsgefangene

---

Chaplain, Reverend Speirs. Eine fröhliche Kaffeetafel war der Höhepunkt des Tages. Ernste und scherzhafte Reden ließen Stunden in Windeseile vergehen" (1.7.1946).

[20] Nach dieser von Wabnitz handgezeichneten Karte Italiens verteilten sich die Kriegsgefangenen im August 1946 über das Land wie folgt: im Gebiet nördlich Venedigs über Mestre nach Triest bis zur nord-östlichen Staatsgrenze ca. 10.000; bei Mailand ca. 1.200; bei Bologna ca. 3.000; in der Area Pisa-Livorno ca. 20.000; in der Enklave Rimini ca. 25.000; bei Rom ca. 2.000; in der Area Caserta-Napoli ca. 12.000; in Apulien um die Städte Bari, Manfredonia und Foggia ca. 7.500; in Tarent ca. 600 – Zu Wabnitz vgl. H. PATZELT, Schlesische Pastoren.

[21] Henry Faulk, einer der Hauptverantwortlichen der Re-education-Abteilung, beschreibt die mit der bedingungslosen Kapitulation eingeführte Unterscheidung von SEP zu den gemäß der Genfer Konvention zu behandelnden POW folgendermaßen: „Aus Angst davor, daß eine Behandlung von regelrechten Kriegsgefangenen, die den Verpflichtungen der Genfer Konvention nicht entsprach, zu späteren Vergeltungsmaßnahmen führen könnte, wurden die deutschen Soldaten am Kriegsende ‚Surrendered Enemy Personnel' (SEP; ‚feindliches Personal, das sich ergeben hat') genannt und hatten damit kein Recht mehr, nach den Bestimmungen der Konvention behandelt zu werden" (H. FAULK, Re-education, S. 645–647).

behandelt, ausgeplündert, abgesperrt und ihre Arbeitskraft ohne einen
Pfennig Gegenleistung ausgenützt. Marketendereien für die allernotwen-
digsten Bedarfsartikel gab es bis jetzt nicht. Ich selbst mußte – wenigstens
den Pfarrern – Rasierklingen, Schuhcreme, Zahnbürsten, Kämme, Hefte
etc. hineinbringen. Die anderen Soldaten griffen zur Selbsthilfe. Es wurde
„organisiert", keineswegs gestohlen. Dieser Begriff wäre falsch, man kann
es höchstens „Schädigung des Feindes" nennen, was zwar nicht nach der
Schrift, aber nach Kriegsgesetzen allgemein erlaubt, sogar geboten ist. Alles
Predigen dagegen ist völlig zwecklos. In einem Gespräch darüber erhielt
ich von einem POW folgende lustige, von seiner Seite aber durchaus ernst
gemeinte und für ihn nun plausible Erklärung seines Handelns: Es steht
geschrieben, es sei leichter, daß ein Kamel durchs Nadelöhr gehe, denn
daß ein Reicher ins Himmelreich komme.[22] Wenn wir nun den reichen Ami
und den armen Tommy noch ärmer machen, helfen wir ihm doch nur,
daß er vielleicht doch mit uns armen, ausgeplünderten Germans auch noch
ins Himmelreich kommt. Und das ist eine christliche Tat. Das ist zwar
eine naive Laientheologie, über die unter uns natürlich gar nicht zu reden
ist. Aber es ist auf der anderen Seite für uns bei der oft sinnlosen Ver-
schwendung bei den Amis und Tommys einfach zwecklos zu predigen: Du
darfst das nicht nehmen, denn es gehört nicht dir!

Einige Beispiele: In den Ami-Lagern und Lazaretten wird jedes übrig-
bleibende – und allgemein gute – Essen sofort weggeschüttet und nicht
etwa an die armen hungernden Kinder ausgeschenkt. Ehemaliges deutsches
Wehrmachtsgut – Telefonapparate, Schreibmaschinen etc. – wurde nicht
etwa verkauft, sondern verschrottet und eingestampft. In Bari wurde ein
großes Lager gebrauchter Decken und Schuhe zur Vernichtung und Ver-
brennung abgefahren, wo jeder Landser weiß, wie dringend diese Dinge
in der Heimat gebraucht werden. Hier in Mailand wurde in einem englischen Workshop ein großes Lager von Autokarosserien und Bestandteilen
– aus der Deutschen Wehrmacht stammend – mit Benzin übergossen und
verbrannt, anstatt es den Italienern zu verkaufen und daraus den POWs
zusätzlich frisches Gemüse und Früchte zu liefern.

Seitdem wird „organisiert" und zwar gründlich und mit deutschem
Organisationstalent: Benzin, Reifen, ganze Autos mit der Ladung, Decken,
Kleidung, Wäsche, Nahrungsmittel usw. usw., und zwar meistens zusammen mit den Amis und den Tommys, die selbst nicht so pfiffig sind, zu
fifty/fifty. Bei den amerikanischen Überseetransporten werden von vornherein 30 % Verlust beim Ausladen angesetzt. Sind aber Neger im Hafen
als Bewachungspersonal, muß man etwa 50 % in Rechnung stellen. Unter
den Italienern finden sich überall reißende Abnehmer.

---

[22] Mt 19,24.

Hier nun lassen sich zahllose Beispiele berichten, die nicht nur zum Staunen und Lachen, sondern auch stark bedenklich sind. Wo Geld leicht erworben wird, wird es auch leichtsinnig ausgegeben und spielt der Alkohol und die Frauen immer die wichtigste Rolle.

In Rimini war ich vor wenigen Tagen in einem der geschlossenen, streng bewachten Lager eingeladen in einer Soldatenkneipe, die ein ehemaliger Pfarrerssohn einfach aus „Selbsterhaltungstrieb" führte. Es gab alles: Limonaden, Wein, Liköre (eisgekühlt), Milch, Kaffee, Zigaretten, Sandwiches usw. Für Geld kann jeder seine Sorgen dort vergessen machen. Aber sogar die polnischen oder englischen Wachtposten finden sich des Abends ein, weil bei den deutschen POWs etwas „los" ist, während sie sonst Trübsal blasen.

In Foggia-Manfredonia, wo 7.500 deutsche POWs in ziemlicher Abgeschlossenheit, aber bei sehr guter Verpflegung einen großen amerikanischen Flugplatz bauen, kamen letzthin 800 Neger an, teils als Wachtruppen, teils zum Bau der Unterkünfte, die in ihrem Gefolge 200 weiße italienische Frauen mitbrachten. Als diese die kräftigen, braun gebrannten deutschen POWs sahen, waren sie im Nu in deren Lager verschwunden. Razzien durch die amerikanischen Wachtruppen sind wenig sinnvoll und erzieherisch, da sie selbst in diesem Punkt ein nur zu deutliches Vorbild und Beispiel geben.

In Neapel haben kürzlich 3 POWs, bislang bei einer Kraftfahrereinheit tätig, sich „selbst entlassen" und sind mit dem amerikanischen Kurierflugzeug direkt nach Frankfurt abgeflogen, Fahrpreis pro Kopf 15.000,– Lire, freies Aussteigen in Frankfurt zugesichert. Grüße aus der Heimat bestätigen bereits ihre glückhafte Ankunft.

Diese Beispiele, die sich vertausendfachen lassen, mögen aufzeigen, was aus der geplanten Umerziehung des deutschen Menschen in der Kriegsgefangenschaft geworden ist, und hinweisen auf die großen Gefahren, die sich bei solcher Loslösung von jeder ethischen Bindung nicht nur für Deutschland, sondern für das ganze Abendland ergeben. Und sie mögen ferner aufzeigen, vor welchen Nöten und unlösbaren Schwierigkeiten unsere jungen Amtsbrüder mit ihrem Auftrag der Predigt des Evangeliums in den Lagern stehen.

Mit den alliierten Kommandostellen in Livorno und in Caserta, vor allem aber mit den englischen und amerikanischen Amtsbrüdern haben wir immer diese Dinge durchgesprochen. Sie sehen die Situation genauso klar wie wir, stehen aber genauso machtlos gegenüber und haben in ihren eigenen Soldatengemeinden die gleichen Nöte. Einenorts wurde ich gebeten, doch möglichst scharf und deutlich nach Genf und Washington zu berichten, damit von dort endlich ändernde Bestimmungen für die POWs kommen. Den Weiterbericht an das War Office in Washington überlasse ich Ihnen in Genf mit der Bitte um möglichsten Nachdruck. Die deutschen

POWs sind willig und bereit zu helfen, daß diese Welt wieder in Ordnung kommt, aber nach einem Jahr harter Kriegsgefangenschaft unter oft unbegreiflichen Bestimmungen jetzt nur noch unter anderen, besseren Bedingungen. Andernfalls werden sie noch bereitwilliger ihr Ohr den „östlichen" Einflüssen leihen und „radikalisiert" werden. Ihre Parole ist vielfach: „Dann lieber mit dem Russen gegen die Amis und Tomys, und wenn wir auch dabei selbst zugrunde gehen!"

Was ist zu wünschen? Es ist in der Kundgebung des Ökumenischen Rates an die Vereinten Nationen bereits deutlich ausgedrückt:

1. Entlassung möglichst vieler, besonders der älteren und Familienväter.

2. Überführung der anderen aus dem POW- in ein Dienst- und Arbeitsverhältnis im Gefolge der Alliierten Wehrmacht gegen entsprechende Bezahlung und Behandlung. In kürzester Zeit würden die Alliierten den Gewinn und Vorteil dieser Änderung vor Augen haben und aller dieser Schwierigkeiten mit den POWs ledig sein.

Ein Wort zur Seelsorgearbeit unter den POWs. In den „geschlossenen" Lagern haben die Leute Zeit zum Hören und Nachdenken und ist die Arbeit unserer Amtsbrüder von großem Segen begleitet. In den offenen Arbeitseinheiten ist sehr steiniges Land und erfordert viel Geduld und Gottvertrauen, daß der Herr auch aus dem steinigen Boden noch einmal etwas aufgehen läßt.[23] Die Betreuung durch die Ökumenische Kommission [für die Pastoration der Kriegsgefangenen], vor allen Dingen die schönen Sendungen an guten theologischen Büchern, die wir im Mai erhielten, wird von allen Amtsbrüdern in Italien und Österreich mit größtem Dank entgegengenommen, und ich [werde] immer wieder gebeten, diesen Dank an Sie nach Genf weiterzugeben. Meine Besuche in den Lagern und bei den Amtsbrüdern, wegen der Weite des Raumes freilich sehr sporadisch, sind für die meisten die Verbindung zur „großen Welt", immer erwartet und willkommen. Seit Mitte April, seit mir dank des Englischen Hauptquartiers ein Wagen mit Fahrer zur Verfügung steht, habe ich fast 30.000 km zurückgelegt. Aber auch eine Wiederholung der Besuche wie der von Dr. Freudenberg und von Dr. von Thadden wäre sehr erwünscht und würde begrüßt werden.

Ich schließe meinen Bericht in der Hoffnung, daß [er] helfen möge, Verständnis und Hilfe für unsere Kriegsgefangenen und ihr schweres Los zu bringen.

---

[23] Vgl. Mt 13,5.

b. Das deutsche YMCA-Sekretariat in Rimini

II/6. Richtlinien für die deutsche YMCA-Arbeit in Italien[24]

[Rimini, Sommer 1946]

EZA Berlin, 6/85/67

1. Die deutsche YMCA-Arbeit in Italien wird ab sofort neu geordnet. Ihre geistliche Ausrichtung bleibt unverändert. Ihre Verwaltung wird ausgebaut, der allgemeinen weltlichen deutschen Betreuung koordiniert und dem britischen Army Welfare Staff unterstellt. Die zentrale britische Aufsicht liegt beim General Head Quarter/Army Welfare Staff Directorate (Major Campbell) in Neapel. Als britischer YMCA-Liaison-Offizier und Vertreter des Weltkomitees der YMCA in Genf ist Mr. Meade eingesetzt, dem alle deutschen Anliegen vertrauensvoll vorgetragen werden können. Pastor Lic. theol. Jentsch ist German YMCA-Liaison-Offizier German Headquarter, Oberleutnant Krack ist German Welfare Liaison-Offizier German Headquarter.

2. Italien ist in mehrere Areas eingeteilt. Für jede Area ist ein deutscher YMCA-Offizier und ein deutscher Welfare-Offizier mit je zwei Kraftfahrern, zwei Lagerverwaltern und einem Schreiber/Dolmetscher, alle unter Aufsicht des britischen Welfare Offiziers der Area, bestimmt. [...]

3. Die deutsche YMCA-Arbeit dient der Verkündigung des Evangeliums von Jesus Christus unter der jungen Generation auf Grund der Pariser Basis (1855): „Die Christlichen Vereine Junger Männer haben den Zweck, solche jungen Männer miteinander zu verbinden, welche Jesum Christum nach der Heiligen Schrift als ihren Gott und Heiland anerkennen, in ihrem Glauben und Leben seine Jünger sein und gemeinsam danach trachten wollen, das Reich ihres Meisters unter den jungen Menschen auszubreiten."
    Durch die Verteilung des Materials aus Genf vertritt sie den Standpunkt eines praktischen Christentums der Tat. Im Sinne des deutschen Heimatwerkes (Evangelisches Jungmännerwerk Deutschland, CVJM) arbeitet sie

---

[24] Die Richtlinien stammen wohl von Jentsch und gingen an die YMCA-Offiziere in allen Kriegsgefangenenlagern in Italien, an die Obmänner der deutschen YMCA-Gruppen und an die deutschen evangelischen Pfarrer in Italien. Sie wurden später von Jentsch auch in England seiner YMCA-Arbeit zugrunde gelegt; vgl. den Arbeitsbericht von Jentsch für das vierte Quartal 1947. Norton Camp, 8.1.1948 (EZA BERLIN, 2/506). Grundlage der Arbeit (Ziffer 3) ist das Gründungsstatut des Weltbundes des CVJM vom 22.8.1855 (vgl. W. STURSBERG, Glauben, S. 53–57).

eng mit den deutschen evangelischen Lagerpfarrern zusammen und sucht gleichzeitig die ökumenische Bruderschaft zu den katholischen Kameraden und Vertretern von anderen Konfessionen, die sich zu Christus bekennen. Die YMCA treibt vornehmlich Arbeit durch Laien. Nach dem Zusammenbruch des Dritten Reiches kann sie von entscheidendem Wert für die innere Neuformung der SEPs in den Lagern von der Nazi-Weltanschauung zur Haltung des christlichen Abendlandes sein. Sie weiß, daß Christus allein Menschen neu machen kann. Sie treibt deshalb keine Politik, aber sie sucht den Deutschen, der in Nihilismus unterzugehen droht, seelsorgerlich zum Christentum hinzuführen.

4. Die Mittel der geistlichen YMCA-Arbeit sind in Italien folgende:
a) Mister Meade und Pastor Lic. Jentsch besuchen die Lager. Mister Meade wird dabei besonders die OCs[25] sprechen und sich um die Anliegen und Sorgen der einzelnen YMCA-Gruppen kümmern. Pastor Lic. Jentsch hält Vorträge, Evangelisationen (drei Tage), Sprechstunden. [...]
  b) Die YMCA-Offiziere besuchen die Einheiten ihrer Area und halten Vorträge. Ihre Reisen sind beim britischen Welfare Offizier vorher anzumelden. Sie versuchen in Zusammenarbeit mit den Pastoren, YMCA-Gruppen in den Lagern zu bilden, die selbständig in ihrer Freizeit an besonderen Abenden zusammenkommen. Sie organisieren die gegenwärtigen Besuche der YMCA-Gruppen und veranstalten gemeinsame Besichtigungen von Kirchen und Kulturstätten. In Sprechstunden und in Seelsorge kümmern sie sich um den einzelnen. Sie liefern monatlich Berichte.
  c) Die YMCA-Gruppenobmänner sollen nach Möglichkeit ihre Gruppen zwei Mal in der Woche zu einem Bibelabend und einem Heimabend sammeln und die Mitglieder in einer familiären Lebensgemeinschaft zusammenfassen. Sie sind die freundschaftlichen Berater der jungen Männer in den Lagern, sie kümmern sich um die Heimatsorgen, Sexualfragen und Weltanschauungsprobleme. Die Heimabende dienen Vorträgen, Diskussionen, Musik, Sport, Spiel und Unterhaltung, stehen aber alle auf einer geistlichen Grundlage. Die Bibelabende sollen dem vom Christentum in den letzten Jahren entwöhnten jungen Deutschen das Neue Testament vertraut machen. Die Gruppenleiter verwalten die YMCA-Bücherei. [...]
  d) Die Wochenschrift „Bereitschaft" erscheint vierzehntägig in einer Auflage von 12.000 Stück. Herausgeber ist Pastor Lic. Jentsch, Schriftleiter Pastor Oehlmann, Hersteller Hauptmann Pohle. Sie kann am besten durch Mr. Meade und Pastor Jentsch bei ihren Reisen verteilt werden.
  e) Das Theologische Seminar Rimini dient neben der theologischen Bildung auch der Ausbildung von Pfarrern in der Jugendarbeit und von haupt- und nebenamtlichen YMCA-Sekretären in Deutschland. Vorsitzen-

---

[25] Die Bedeutung der Abkürzung blieb unklar.

der des Kuratoriums ist Pastor Lic. Jentsch, wissenschaftlicher Leiter Pastor Karcher, Studentenpfarrer Pastor Mrozek. Pastor Lic. Jentsch hält die Vorlesungen über Jugendarbeit.

5. Die Materialverteilung wird vom General Head Quarter/Army Welfare Staff Directorate auf Grund der Vorschläge von Mr. Meade und dem German YMCA-Liaison-Officer auf dem Wege über SEP Centre (German Head Quarter Stores Unit) und die britische Area Welfare Offiziere vorgenommen. Der deutsche YMCA-Offizier in der Area berät nach seelsorgerlichen und individuellen Gesichtspunkten und teilt unter Aufsicht des britischen Welfare Officers der Area die einzelnen Gegenstände in Zusammenarbeit mit den YMCA-Gruppenleitern aus.

6. Die Arbeit der YMCA erstreckt sich in den Lagern auf die 17- bis 25-jährigen jungen Männer. In Ausnahmefällen ist die Altersgrenze nach oben beliebig offen. Die Gliedschaft in der YMCA ist nicht von äußerem Alter abhängig, sondern davon, wieweit einer innerlich zur jungen Generation gehört. Da nun aber die eigentliche Jungmannschaft (17–25) rein technisch im Vordergrund stehen wird, empfiehlt es sich, einige pädagogische Winke zu geben.

Der junge Deutsche zwischen 17 und 25 kommt aus der politischen, militärischen, kulturellen und religiösen Umwelt des Dritten Reiches. Sie ist zusammengebrochen, und er steht zunächst einmal relativ hilflos und einsam da. Je idealistischer er in der Vergangenheit kämpfte, desto kritischer ist er gegen jedes neue System, desto skeptischer auch gegen neue christliche Bemühungen. Je mehr er früher „mitlief", desto mehr fällt er jetzt der seelischen Versturung bis zum Nihilismus anheim und wird ein williges Werkzeug für den politischen und religiösen Materialismus. Nicht die Schlechtesten bleiben, wie sie sagen, „ungebrochen" und hängen auch weltanschaulich heimlich an den alten Idealen. Hier heißt es vorsichtig und weise Seelsorge üben. Man kann durch billige Kritik an toter Vergangenheit viel Porzellan zerschlagen. Außerdem ist das „Abrechnen" unwürdig und unchristlich. In der Masse der SEP sondern sich hier und da „Inselmenschen" ab, um die es einzeln zu ringen gilt. Sie müssen aus ihrer Isolierung heraus und vor den lebendigen Gott wie vor den „Bruder Mensch" gestellt werden. Der junge Mensch fragt nicht mehr nach der Kirche. So muß eben die YMCA ihn vom Gott des Evangeliums her in Frage stellen. Aus diesem Grunde legen wir Wert auf die erwecklichen Formen der Verkündigung, auf Evangelisation, Initiative in der Seelsorge und eine in den praktischen Alltag des jungen Menschen hineingreifende Gestaltung der Jugendarbeit. Wir wollen damit die normale gottesdienstliche Arbeit der Kirchengemeinde nicht aufheben, sondern nur ergänzen.

Der junge Mann ist aber nicht nur ein Kind seiner Zeit, er bleibt, was er ist, einfach ein junger Mensch. Das darf der YMCA-Mitarbeiter nicht vergessen. Der 17- bis 25-jährige steht auf dem Höhepunkt und am Ausgang der Pubertät. Er befindet sich im Überschritt zum Mannsein. Durchweg hat ihn der Krieg frühreif gemacht. Sein Ichbewußtsein, seine Sexualität, sein Gestaltungsdrang sind erwacht. Die besondere Lage der Gefangenschaft macht eine besondere Not des beginnenden Geschlechtslebens aus (Onanie, Verkehr mit Italienerinnen, Homosexualität). In dieser Frage fällt der YMCA eine ganz enorme Verantwortung zu. Die zerstörte Staatsordnung und sein Leben hinter Stacheldraht haben dem Jugendlichen das Gefühl für das Ordnungsgefüge der Menschen untereinander in bestimmten Fällen genommen. Eigentum und Disziplin sind wackelige Begriffe geworden. Der YMCA-Mitarbeiter sollte hier zwar nicht „moralisch", aber „evangelisch" helfen. Der junge Mann ist im Zuge seines Erwachsenwerdens ein Kritikaster, Aktivist und Radikalist. Er muß also in der YMCA-Gruppe aktiv mitarbeiten können. Daher halten wir Diskussionsabende, ziehen die Bibelarbeit als Rundgespräch auf, verteilen kleine Vorträge, Ämter und Aufgaben, richten Fragekästen ein und suchen im Sinne der Pariser Basis den jungen Mann selbst missionarisch im Dienst an den Seinen einzusetzen. Der 17- bis 21-jährige hat es schwer, aus sich heraus zu gehen. Gewiß, er sehnt sich nach Verstandenwerden, aber er fühlt sich nie ganz verstanden. So wird er oft zum Träumer und Romantiker. So sehr er hier aber zur Einsamkeit neigt, so stark ist andererseits seine Sehnsucht nach Gemeinschaft im Kreis der Altersgenossen. Zum großen Teil haben unsere jungen SEP keine Eltern und keine Heimat mehr. Die YMCA muß ihnen Lebensgemeinschaft und Bruderschaft schenken und versuchen, wenigstens etwas die Heimat zu ersetzen. Im Sinne der biblischen Einheit von „Geist, Seele, Leib" muß das Gemeinschaftsleben sich dann auch auf den Alltag des jungen Mannes erstrecken, also zum Beispiel auf Sport, Spiel und Freizeitgestaltung. [...][26]

---

[26] Es folgen nun Themenlisten für Evangelisationsabende, für Heimabende und Diskussionsabende, für Bibelarbeiten und Bibellese. Die einzelnen Themen sind offenkundig entwickelt aus den Grundlinien des Vortrags von W. Jentsch, Die geistige Situation der Zeit und die kommende Kirche. In: Bereitschaft 1946/1947, Nr. 1. Miramare, 18.2.1946 (LKA STUTTGART, D 54: Bereitschaft). So legt sich die Annahme nahe, daß die Richtlinien ebenfalls von Jentsch konzipiert sind. Vgl. dazu auch den eben genannten Vortrag von Jentsch.

II/7. Artikel von Pfr. Lic. Werner Jentsch: „Was ist eigentlich YMCA?"

[Miramare] 21. April 1947 [27]

LKA Stuttgart, D 54: Bereitschaft (Aus: „Bereitschaft" 1946/1947, Nr. 5)

Vier geheimnisvolle Buchstaben: YMCA. Man liest sie in Verbindung mit dem Sekretariat, das diese Wochenschrift herausgibt, auf jeder letzten Seite der „Bereitschaft". Man findet sie an den großen blauen LKWs, die Kisten um Kisten aus der Schweiz in die deutschen Kriegsgefangenenlager bringen. Man sieht sie auf den Materialkartons, auf den Titelseiten der Bibeln, Bücher und Hefte, auf den Spielkästen, Sportgeräten usw., die zur Zeit in den Lagern verteilt werden. Sie grüßen uns von den Schildern zweier großer Baracken in Miramare-Rimini. Sie flattern auf dem kleinen Wimpel meines Opel-Kadett, mit dem ich die Kameraden in Italien besuche, um Vorträge zu halten. Wie oft bin ich gefragt worden: „Was heißt eigentlich YMCA?" Es scheint nötig, diese Frage einmal öffentlich zu beantworten.

YMCA sind die Anfangsbuchstaben der weltumspannenden christlichen Jugendorganisation Young Men's Christian Association (Christlicher Verein Junger Männer). Wir Deutschen kürzen in unserer Sprache ebenfalls gern lange Namen. So ist die deutsche Zweigstelle der YMCA der „Christliche Verein Junger Männer" bzw. das „Evangelische Jungmännerwerk Deutschlands" weithin unter den Buchstaben CVJM bekannt geworden.

Das Weltkomitee der YMCA, „Der Weltbund der Christlichen Vereine Junger Männer", hat seinen Sitz in Genf. Durch einen der Weltbundsekretäre, Generalsekretär Mr. Jones, wurde Ende 1945 in Miramare-Rimini ein Deutsches YMCA-Sekretariat, CVJM-Lagerdienst, eingerichtet. Es steht unter deutscher Leitung (Pastor Lic. Jentsch), hat vier deutsche Mitarbeiter, arbeitet mit alliierter Genehmigung in allen englischen und amerikanischen Lagern Italiens, untersteht britischer Aufsicht [...] und ist dienstlich dem YMCA-Liaison Officer Italian Area, Mr. Jones, verantwortlich. Es dient der besonderen Evangeliumsverkündigung und der christlichen Seelsorge an der jungen deutschen Generation in den italienischen Kriegsgefangenenlagern. Darüber hinaus verteilt es das aus der Schweiz empfangene englische, amerikanische und schweizerische YMCA-Material auf dem Wege über die evangelischen Lagerpfarrer oder besondere CVJM-Beauftragte.

Vielleicht interessieren einige Zahlen. Durch Evangelisationsvorträge in Mittel- und Ostitalien erfuhren Hunderte von Männern, was Christus für die Fragen des kriegsgefangenen jungen Mannes bedeutet. Eine Vortrags-

---

[27] Der Text entstand wohl noch während der Tätigkeit Jentschs in Italien im Jahr 1946.

reihe in der Deutschlandhalle in Rimini erreichte drei Abende hintereinander je 2.000 bis 3.000 Mann. Die „Bereitschaft", die mit sachlicher und
materieller Unterstützung der YMCA herausgebracht wird, erscheint in
einer Auflage von 12.000 Stück und wird von Tarent bis Meran, von Neapel
bis Livorno, ja auch in Österreich gelesen. An Material wurde und wird
demnächst verteilt: 3.000 Vollbibeln, 6.500 Lehrbücher, 8.100 Unterhal-
tungsbücher, 7.700 christliche Schriften, 27.800 Gesangbücher, 20.000
Schreibhefte, 90.000 Bleistifte, 7.500 Rasierklingen, 100 Malkästen, 15.000
Taschenkalender, 288 Paar Boxhandschuhe, 234 Fußballgarnituren, 12
Grammophone, 400 Tischtennisspiele, 30 Akkordeons. Fast zwölf Jahre
hat die evangelische Kirche keine praktische Liebestätigkeit im eigentlichen
Sinne des Wortes mehr treiben können. Durch den Bruderdienst der
Christlichen Jugend innerhalb der Siegerstaaten ist es uns jetzt möglich,
das Evangelium nicht nur hörbar, sondern auch sichtbar zu machen. Was
das für die Glaubwürdigkeit der Botschaft von Christus inmitten der
Glaubenskrise der Nachkriegszeit bedeutet, braucht nicht näher erörtert
zu werden. Der Tatbestand spricht für sich selbst. Wir Deutschen nehmen
diese brüderliche Hilfe unserer ehemaligen Feinde sehr ernst. Wir wissen,
daß hinter dem YMCA-Material nicht nur der Geldbeutel eines New
Yorker Großbankier-Sohnes, sondern auch der schwer geopferte Cent
eines jungen amerikanischen Hafenarbeiters, nicht nur das Pfund eines
englischen Rennstallbesitzers, sondern auch die Ersparnisse eines jungen
Cornwaller Kohlengrubenarbeiters stehen. Aus diesem Material spricht ein
Geist, über dessen Entstehung, Geschichte und Gegenwart sich nachzu-
denken lohnt.

Die YMCA verdankt ihre Gründung einem Engländer, dem Kaufmann
Georg Williams. Keiner hatte es dem Lehrling aus einem Bauernge-
schlecht Südostenglands angesehen, daß er später als Führer einer weltweiten christlichen Bewegung internationalen Ruf erhalten und als Ehrenbürger Londons, geadelt an der Seite der Staatsmänner und Seehelden
seines Volkes, in der St. Paulskathedrale in London beigesetzt werden
würde. Williams fing wie jeder „Stift" in einem Geschäft in Bridgewater
an. Zwei Kameraden zeigten ihm aber später einen Weg, wie man als
ein richtiger Kerl gegen den Strom schwimmen könne: Er begegnete in
einer Kongregationalisten-Gemeinde Christus. Die Botschaft von Jesus,
die ihm das heimliche junge Königtum über die Probleme von Schuld,
Schicksal und Tod verkündete, hat ihn so gepackt, daß er sie sofort den
jungen Menschen in der Sonntagsschule weitersagen mußte. Der amerikanische Erweckungsprediger Charles Finney und der stillere Seelsorger
Thomas Binney beeinflußten ihn während seiner Jungmännerjahre. In
einer Londoner Firma sammelte er Arbeitskollegen zum gemeinsamen
Beten. Am 6. Juni 1844 entstand in einem Ring von zwölf jungen Männern der erste eigentliche CVJM.

Deutsche junge Männer hatten sich bereits etwa zehn Jahre vorher in Gemeindejungmannschaften gesammelt. Auch in anderen Ländern wuchs die Bewegung der jungen Christen. 1851 benutzte man die Londoner Weltausstellung, um den CVJM-Gedanken an die Besucher aus allen Kreisen der Erde weiterzutragen. So erwuchs aus verschiedenen Anregungen die erste große YMCA-Weltkonferenz in Paris 1855. Man kam Tausende von Kilometern mit Segelschiffen und Postkutschen. Williams war 34 Jahre, der Schriftführer war noch nicht mündig, der Verfasser der Satzungen gerade 22 Jahre geworden. Hier sammelten sich brennenden Herzens wirklich junge Menschen um Christus, von dem sie wußten, daß er der jungen Generation in allen Ländern der Erde Entscheidendes zu sagen habe. Die verschiedensten Konfessionen waren vertreten. 70 Jahre vor der ersten Ökumenischen Protestantischen Weltkirchenkonferenz war hier bereits die junge Kirche zu einem Ökumenischen Bunde vereinigt. Für alle Zeiten ist dann die sogenannte Pariser Basis wichtig geworden:[28]

> „Die Christlichen Vereine Junger Männer haben den Zweck, solche jungen Männer miteinander zu verbinden, welche Jesum Christum nach der Heiligen Schrift als ihren Gott und Heiland anerkennen, in ihrem Glauben und Leben seine Jünger sein und gemeinsam danach trachten wollen, das Reich ihres Meisters unter den jungen Männern auszubreiten."

Genf wurde Sitz des Weltbundes. Heute arbeitet der CVJM in 60 Ländern. Am 31. Dezember 1938 hatte er 1.960.000 Mitglieder. In den angelsächsischen Ländern ist die YMCA gleichzeitig die größte Sport- und Sozialorganisation. Sie zählt eine ganze Reihe von Goldmedaillenträgern der Berliner Olympiade [1936] zu den Ihren. Der Präsident des Weltkomitees ist der berühmte Amerikaner Dr. John R. Mott, sein Generalsekretär ist Tracy Strong. Als ständiger deutscher Vertreter in Genf wirkt seit Jahren Carl von Prosch. Durch die Bruderschaft der jungen christlichen Generation war immer ein zwischenstaatliches Gespräch möglich. Freunde aus dem Ausland nahmen und nehmen sich der evangelischen Jugend in Deutschland an. So hat noch kurz vor dem Kriege der amerikanische YMCA-Führer Dr. Davis auf einem Kursus meines Berliner Seminars für Jugendarbeit zu den Greifswalder Studenten gesprochen, und jetzt genießt der britische Generalsekretär Mr. Jones das besondere Vertrauen der deutschen kriegsgefangenen jungen Männer in Frankreich und Italien. Leider riß das Band gewaltsam. Die deutsche Gestapo verbot z. B. mir, als einer der Jugend-Delegierten zu den großen Tagungen nach Oxford und Amsterdam zu fahren. Erst nach dem Kriege war es möglich, daß D. Erich Stange, der Leiter des Evangelischen Jungmännerwerkes in Deutschland, der durch seinen Konflikt mit Baldur von Schirach bekannt wurde, und

---

[28] Zum Ganzen vgl. W. STURSBERG, Glauben, S. 26–55.

der Schriftsteller und CVJM-Sekretär Gustav Adolf Gedat, dessen Buch „Ein Christ erlebt die Probleme der Welt" die meisten gelesen haben und dessen Schrift „Auch das nennt man Leben" ihm ein jahrelanges Redeverbot der Gestapo eintrug[29], in Genf zur YMCA-Welttagung 1946 das deutsche Werk wieder vertreten durften.

In Deutschland hat man mit dem Anliegen der Pariser Basis besonders gründlich Ernst gemacht. Die dort vorgezeichnete Doppelpoligkeit der Bruderschaft=Sammlung und Mission=Sendung läßt sich in den mannigfaltigen Entwicklungsformen der deutschen evangelischen Jugendbünde immer wieder beobachten. Sie wurde zur ständigen Erneuerungsbewegung für eine verkalkte Kirche und wird auch heute bei dem Aufbau der Heimatgemeinde ihren entscheidenden Beitrag liefern können. Die deutsche YMCA ist zusammengefaßt im Evangelischen Jungmännerwerk Deutschlands, das in den einzelnen evangelischen Kirchengemeinden, nach Altersstufen getrennt (10–14jährige Jungschar, 14–18jährige Jungvolk, über 18jährige Jungmannschaft), in eigenständigen jugendlichen Lebensgemeinschaften geformt, die jungen Deutschen um Christus sammelt und sie zu missionarischem Dienst an ihren Altersgenossen einsetzt. Die bündischen Lebensformen wie Fahrt und Lager waren während des Dritten Reiches verboten. Die Verfolgung von seiten des Nationalsozialismus war hart. Ich selbst mußte siebenmal zu Gestapo-Vernehmungen, kam in den Alex[30], das bekannte Berliner Gefängnis, erhielt ein Sondergerichtsverfahren und wurde aus einem Gau landesverwiesen. Das Manuskript eines größeren Buches über die evangelische Jugendarbeit wurde mir zusammen mit Hunderten von seelsorgerlichen Briefen beschlagnahmt.[31] Die Großstadtgruppen unseres Werkes sammelten sich in eigentlichen CVJMs, die in einer besonderen Arbeitsgemeinschaft zusammengeschlossen waren. In brüderlicher Arbeitsgemeinschaft standen mit uns der Bund Deutscher Bibelkreise (BK-Schülerbewegung), der Jugendbund für entschiedenes Christentum (EC), die Christliche Pfadfinderschaft (CP), der Bund christdeutscher Jugend und andere. Die Ausbildung der Mitarbeiter erfolgte in der Kasseler Sekretärsschule, der Pfarrer Adamek vorstand, und im Berliner Seminar für evangelische Jugendarbeit unter meiner Leitung. Zur Zeit ist Pastor Arnold Dannenmann, der frühere Leiter des Ostwerks, damit beauftragt, das deutsche Werk wieder aufzubauen und sich insonderheit der deutschen Kriegsgefangenen in der Heimat anzunehmen.

---

[29] G. A. GEDAT, Christ; DERS., Leben. Im Frühjahr 1946 konnten Reichswart D. Erich Stange und Gedat an der Sitzung des Exekutiv-Ausschusses des Weltbundes der YMCA in Genf teilnehmen (vgl. W. STURSBERG, Glauben, S. 261 f.).

[30] Gefängnis der Geheimen Staatspolizei am Alexanderplatz in Berlin (vgl. W. JENTSCH, Ernstfälle, S. 96–101).

[31] Ausweisung aus Danzig anläßlich einer Veranstaltung des Ostdeutschen Jungmännerwerks im Sommer 1937, Beschlagnahmung des Manuskripts „Das Jugendwerk der Kirche" (vgl. EBD., S. 93–96. 102–105).

Wir freuen uns, mit Hilfe der YMCA wieder neu an den Dienst der Evangelisierung junger deutscher Männer herangehen zu können. Als alter Wegweiser in neuer Stunde bleibt uns das neutestamentliche Leitwort für die gegenwärtige Arbeit, Titus 2,6–8:

„Desgleichen die jungen Männer ermahne, daß sie züchtig seien. Allenthalben aber stelle dich selbst zum Vorbilde guter Werke, mit unverfälschter Lehre, mit Ehrbarkeit, mit heilsamem und untadeligem Wort, auf daß der Widersacher sich schäme und nichts habe, daß er von uns möge Böses sagen."

II/8. Werner Jentsch: „Abschließender Arbeitsbericht über meine Tätigkeit in Italien vom Mai 1945 bis Oktober 1946"

Kassel-Wilhelmshöhe, 31. Dezember 1946

EZA Berlin, 2/547[32]

Nach der Kapitulation der Deutschen Wehrmacht in Italien wurde ich mit der evangelischen Seelsorge im Kriegsgefangenenlazarett Abano Terme[33] beauftragt. Es handelte sich hier um einen Dienst an 3.000 Verwundeten und Kranken und um die theologische Arbeitsgemeinschaft mit fünf evangelischen Pfarrern, die als Hilfskräfte eingesetzt werden konnten.

Im August 1945 kam ich nach Bellaria, Lager 6a. Pläne, die mich als Lagerpfarrer für das Offizierslager und später als Zivilpfarrer für die deutsche protestantische Gemeinde in Rom als Helfer für Pfarrer Dahlgrün vorsahen, zerschlugen sich aus technischen Gründen. So übernahm ich die im Lager 6a zurückgebliebenen ca. 30 Theologiestudenten, CVJM- und Diakonenschüler und gab ihnen einen ersten geschlossenen theologischen Kurs, der eine Einführung in die christliche Botschaft brachte. Auf Grund von Vorträgen und seelsorgerlichen Aussprachen kam es unter den jungen Menschen zu einer regelrechten Erweckung, die schließlich am 18. September 1945 in eine besondere Bruderschaft mündete. In der Michaelska-

---

[32] Geschrieben nach der Repatriierung von Jentsch im November 1946 während dessen Tätigkeit an der CVJM-Sekretärsschule in Kassel-Wilhelmshöhe. Ein Exemplar des an den Vorsitzenden des Rates der EKD, Landesbischof Theophil Wurm, und die Kirchenkanzlei der EKD in Schwäbisch Gmünd gerichteten Berichts ging wohl auch an Oberlandeskirchenrat Dr. Hanns Lilje, Hannover; vgl. Bericht über die Verbindung zur EKD und über kirchenrechtliche Regelungen durch die EKD. In: Bereitschaft 1946/1947, Nr. 9. Miramare, 24.6.1946 (LKA STUTTGART, D 54: Bereitschaft). Zum Ganzen vgl. W. JENTSCH, Ernstfälle, S. 311–337.

[33] Jentsch kam am Ende des Zweiten Weltkriegs in Abano in britische Kriegsgefangenschaft (vgl. EBD., S. 261–267).

pelle des Lagers verpflichteten sich die Studenten auf eine eigene Lebensordnung (Michaelskette), um sich für Pfarramt und CVJM in der Heimat zu rüsten.[34]

Ende September 1945 übernahm ich bis zur endgültigen Klärung meiner weiteren Verwendung das Lager 4 im Winterlager Flugplatz Rimini als Lagerpfarrer. Hier sammelte ich unter Arbeitern, Handwerkern und Bauern einen festen Stammkreis. Es kam zu einer Gebetsgemeinschaft, die das Lager und seine Seelsorger innerlich trug. Während dieser Zeit schuf sich die Gemeinde einen Feldaltar, einen Kirchplatz und ein Kirchzelt.

Nach Repatriierung von über 100 Pfarrern wurde ich im Oktober 1945 zum Geschäftsführenden Pfarrer der Enklave Rimini berufen und kam damit ins Deutsche Hauptquartier [in Miramare]. Von hier aus eröffnete und leitete ich die „Evangelische Lagerschule" im Lager 2, die den Laien eine Einführung ins Christentum und die Vorbereitung zum späteren kirchlichen Hilfsdienst in der Heimat geben sollte. 50 Teilnehmer besuchten den ganzen Winter hindurch regelmäßig die Vorlesungen, die von den einzelnen Lagerpfarrern gehalten wurden. Mit Hilfe von Reverend Graydon, dem Surrendered Forces Chaplain der 218 Area, wurde den acht Lagerpfarrern materielle und geistliche Hilfe zuteil. Die Hauptquartier-Gemeinde wurde durch Vorträge erweitert, die Gemeinde im Generalslager [in Bellaria] eingerichtet und der Druck der „Herrnhuter Losungen für 1946" vorbereitet. Während der kirchlichen Aufbauarbeit in der Enklave gewährte von deutscher Seite aus Generalleutnant Dr. Polack wirksame Unterstützung.

Am 20. November 1945 fand eine Konferenz mit Mr. Jones vom Weltkomitee der YMCA in Genf und Pastor Wabnitz, dem Vertreter des Ökumenischen Rates, der die Kriegsgefangenen in Italien zu betreuen hat, statt, in der ich mit den Vorbereitungen einer deutschen YMCA-Lagerarbeit in Italien beauftragt wurde. Bereits Weihnachten 1945 konnten die ersten Einkäufe gemacht und Geschenke an SEP verteilt werden.

Ende Januar 1946 bekam ich vom General Head Quarter Central Mediterranean Forces Caserta einen Wagen und einen Paß für ganz Italien, zwei dankenswerte Hilfsmittel, ohne die die Gesamtorganisation des YMCA-Lagerdienstes und die straffe Zusammenfassung der evangelischen Pfarrerschaft in Italien nicht möglich gewesen wäre. Am 17. Januar 1946 wurde ich als Evangelischer Oberpfarrer (Senior Chaplain) für Norditalien eingesetzt. Durch die gleichzeitige Beauftragung eines Oberpfarrers für Süditalien und die entsprechende Regelung in der katholischen Lagerseelsorge wurde damit mein Vorschlag vom 13. November 1945 verwirklicht, in dem zwei Oberpfarrer für Nord- und Süditalien erbeten und die Anco-

---

[34] Vgl. unten Nr. II/9, S. 270 ff.

na-Linie als Gebietsgrenze angegeben wurde. Durch die neue Regelung konnten die weit verstreuten Pfarrer Italiens enger zusammengefaßt und gemeinsam für ihre schwierige Aufgabe an den SEPs ausgerichtet werden. Bei den schwierigen Transport- und Personalfragen halfen tatkräftig Reverend Stounton und Reverend Williams, ich konnte bei meinen gesamtkirchlichen Bemühungen jederzeit mit ihrer Unterstützung rechnen.

Durch zahlreiche Reisen im Winter, Frühjahr und Sommer von Nord nach Süd und West nach Ost gelang es nun, die Botschaft des Christentums an die jungen Deutschen in den Gefangenenlagern Italiens in mannigfaltiger Form neu auszurichten.

Wo es möglich war, hielt ich in Großlagern Evangelisationen, d. h. religiöse Vortragsreihen, die bei ganz weltlich-alltäglichen Fragen anfingen und zum eigentlichen Kern des Evangeliums führen sollten. Es wurden dadurch junge Menschen erfaßt, die sonst nie den Weg zur Kirche gefunden hätten. In zwei Lagern kamen drei Abende hintereinander je 2.000, mehr als Film- und Varietéveranstaltungen normalerweise zu erreichen pflegten.

Einzelnen jungen Männern, die durch die Evangelisation erfaßt waren, widmete ich mich ganz persönlich durch individuelle Seelsorge im Gespräch und später in Briefen. In den vielen Aussprachen lernte ich die Stimmung der jungen deutschen Generation kennen und am Echo der Vorträge spürte ich, wie sehr Deutschland heute eine erweckliche Christuspredigt benötigt, wenn es jemals wieder innerlich gesunden soll.

Von vornherein zielte die YMCA-Arbeit auf die Bildung von Gruppen junger Männer. In den YMCA-Gruppen fanden die jungen Deutschen eine neue Heimat, eine Familie. Die meisten waren ohne Familie und hatten ihre Heimat im Osten verloren. Hier konnten sie im Kameradenkreise basteln, spielen, singen, lesen, diskutieren und bekamen auf ihre religiösen, beruflichen, sozialen oder sexuellen Fragen eine Antwort.

Die ganze Missionsarbeit des CVJM gewann an Durchschlagskraft durch die großzügige Materialspende des Weltkomitees der YMCA in Genf. Es waren die Geschenke des ehemaligen Feindes. Nun konnten wir wieder praktisches Christentum der Tat üben, und der nationalsozialistisch erzogene SEP merkte: Das Christentum redet nicht nur, es tut auch etwas. So wurden während der Berichtszeit in Italien an deutsche Kriegsgefangene u. a. verteilt: 120.977 deutsche Bücher und Schriften, 1.572 Sportartikel, 310 Musikinstrumente, 840 Spiele, 150.000 Zigaretten.

Mit besonderen Geldmitteln konnte in Einzelfällen den Lagern, den CVJM-Gruppen und den Lagerpfarrern geholfen werden. Dazu kam die Ermöglichung einer eigenen Pressearbeit, zu der ebenfalls die YMCA das Geld gab. Ich gründete im Februar 1946 die evangelische Wochenschrift „Bereitschaft" und stellte sie vornehmlich in den Dienst der evangelischen Lagergemeinde, da der CVJM in Deutschland sich hauptsächlich aus Protestanten zusammensetzt. Die „Bereitschaft" erscheint zweimal im Monat mit je acht Seiten und einer Auflage von 12.000. Sie dient den Lagern in Italien, Österreich und Ägypten. Als Hauptmitarbeiter halfen mir dabei Pastor Oehlmann als Schriftleiter und Hauptmann Pohle als Hersteller. An Artikeln schrieb ich Beiträge zur geistigen Situation der Zeit und Einführungen in das Alte und Neue Testament.[35]

Die Zusammenarbeit mit der katholischen Schwesterkirche verlief brüderlich im ökumenischen Geiste und im Sinne der weltweiten Bewegung der YMCA.

In Rimini selbst nahm die Arbeit einen derart großen Umfang an, daß ein besonderer Mitarbeiterstab gesucht werden mußte. Wir bauten uns an der Adria eine YMCA-Großbaracke mit dazugehörigen Zelten und Lagerräumen. So entstand eine Lebensgemeinschaft junger Menschen im christlichen Geiste. Sie fand ihren organisatorischen Ausdruck im „Deutschen YMCA-Sekretariat Italien", CVJM-Lagerdienst. Der britische Kommandant Colonel Calwell vom Nr. 1 SEP Centre Military Riccione gewährte die dienstliche Unterstützung. [Leutnant] Wünderlich half im Aufbau in den ersten Monaten und versorgte den Reisedienst. Hauptmann Pohle leitete die Materialverteilung und vertrat mich in allen organisatorischen und technischen Dingen. Gestützt auf ihn konnte ich mich der religiösen Arbeit und der Gesamtleitung der YMCA widmen. Auch auf kirchlichem Gebiet zog ich festere Mitarbeiter heran, vor allem Pastor Oehlmann, den ich bereits im Januar 1946 bei einer Besprechung im General Head Quarter Caserta als meinen Vertreter und als Geschäftsführenden Geistlichen in der Enklave Rimini vorschlug. Bei der Fülle der Verpflichtungen, die ich übernommen hatte, war es eine starke Entlastung, als er in dem Amt als evangelischer Oberpfarrer im Sommer 1946 mein Nachfolger wurde und ich mich auf die YMCA-Arbeit konzentrieren konnte. In Bozen und Verona baute ich die Pfarrkonvente aus. Nachdem ich alle Pfarrer in Italien kennengelernt hatte, zielten meine Bemühungen kirchlich gesehen auf eine Sammlung aller protestantischen [Kräfte] in unserem Lande. Nach längeren Verhandlungen, bei denen besonders Reverend Williams half, kam auf meinen Vorschlag hin die erste Pfarrkonferenz in Italien in Cervia[36] zustande. Hier wurde auf die Anregung eines meiner Vorträge hin die „Bruderschaft der evangelischen Pfarrer in Italien" gebildet. Sie gab sich eine eigene geistliche Lebensordnung im Sinne des Entwurfes und wählte sich Pastor Dahlgrün, Rom, als ihren Senior.

---

[35] Vgl. W. Jentsch: Die geistige Situation der Zeit und die kommende Kirche. In: Bereitschaft 1946/1947, Nr. 1. Miramare, 18.2.1946 (LKA STUTTGART, D 54: Bereitschaft); Ders.: Die junge Generation und das Alte Testament. In: Bereitschaft 1946/1947, Nr. 11.12.13.15. Miramare, 28.7.-22.9.1946 (EBD.)

[36] Vgl. unten Nr. II/10, S. 272–275.

Inzwischen hatte ich auch mit den deutschen Einheiten und Pfarrern in den amerikanischen Lagern Fühlung nehmen können, YMCA-Material gebracht, Vorträge gehalten und Gruppen angeregt. Überall wurden Wünsche nach einer speziellen Betreuung der Theologiestudenten vorgetragen. Auf Grund meiner Erfahrungen in Bellaria und im Lager 2 machte ich deshalb den Vorschlag eines Theologischen Seminars in Rimini. Die britischen und amerikanischen Behörden nahmen sich des Planes wohlwollend an und mit Unterstützung von Reverend Speirs gelang die Durchführung. Es meldeten sich fast 90 Theologiestudenten, CVJM- und Diakonenschüler. Eine ganze Reihe Seminaristen konnte ich selber werben. Als wissenschaftlichen Leiter berief ich Pastor Karcher, als Studentenpfarrer Pastor Mrozek. Pastor Oehlmann half in allen geschäftlichen Fragen. Ein Lehrer-Kollegium von zwölf Dozenten hielt die Vorlesungen und Übungen. Als Vorsitzender des Seminar-Kuratoriums zeichnete ich für die deutsche Gesamtplanung verantwortlich, hielt eine Vorlesung über evangelische Jugendarbeit und nahm mich in seelsorgerlichen Aussprachen besonders der jüngeren Seminaristen und der künftigen ca. 30 CVJM-Mitarbeiter an. Auch hier kam es zu einer Bruderschaft unter Leitung von Pfarrer Mrozek, die organisch an die Bruderschaft der „Michaelskette" im Lager 6a anknüpfen konnte und zu deren Mitbetreuung in der Heimat ich gebeten wurde.[37] Für die weitere berufliche Förderung der Seminaristen stellte ich Zeugnisse an die kirchlichen Heimatbehörden aus, die mir durch meine frühere Tätigkeit bekannt sind.

Während der ganzen Berichtszeit standen mir in den teilweise sehr schwierigen Aufbaufragen der YMCA, auf organisatorisch-technischem Gebiet Mr. Jones und [auf] seelsorgerlich-beratenden Gebieten Mr. Nelson, beide vom Weltkomitee der YMCA Genf, zur Seite. Ihrem Vertrauen verdanke ich es, daß ich die YMCA-Arbeit in Italien frei und ungehindert im Sinne des deutschen Heimatwerkes als missionarisch-religiöse Bewegung, die im organischen Zusammenhang mit der Gesamtkirche steht, und als jugendliche Lebensgemeinschaft um das Evangelium von Christus gestalten durfte.

Im April 1946 setzte ich mich an entscheidender Stelle im General Head Quarter für Betreuungsfragen und für eine Verbesserung des Status der „R-Leute"[38] ein. Ich fand dabei weitgehendes Verständnis.

---

[37] Vgl. unten Nr. II/16 – II/17, S. 287–290.

[38] Unter den sog. „R-Leuten" (recalcitrant persons) verstanden die Briten die Kriegsgefangenen, die sich im Rahmen der Screening-Maßnahmen des Programms der Re-education aus den unterschiedlichsten Gründen als besonders „widerspenstig" erwiesen, indem sie z. B. die Fragen der Screener offensichtlich falsch oder gar nicht beantworteten. Zum Komplex des Screening vgl. H. FAULK, Re-education, S. 75–173 und Einleitung, S. 26.

In ein neues Stadium trat die YMCA-Arbeit durch die Neuordnung der Betreuung im Sommer 1946. Reverend Speirs durfte zusammen mit mir das gesamte Betreuungspersonal für die YMCA- und Welfare-Stäbe in 7 Areas und beim Directorate des Army Welfare Staff vorschlagen.[39] Es waren insgesamt über 50 Männer, die so in verantwortliche Stellungen kamen. Als neuer militärischer Vorgesetzter nahm sich Major Campbell vom General Head Quarter Army Welfare Staff Directorate fördernd der deutschen YMCA-Arbeit in Italien an. Neue Möglichkeiten taten sich auf. Wir erhielten sieben YMCA-Offiziere, die nunmehr als christliche Laienmitarbeiter den Pfarrern im Dienste an der jungen Generation zur Seite standen. Sie wurden auf einer besonderen YMCA-Konferenz vom 25. September bis 1. Oktober 1946 in Rimini geschult. Mr. John Meade wurde als britischer YMCA-Liaison-Offizier eingesetzt und half mir bei der Einrichtung des neuen Systems. Er übernahm gleichzeitig die Finanzverwaltung und erledigte die weitverzweigten Einkäufe, die für die immer größer werdende Arbeit notwendig waren. Infolge Überarbeitung mußte ich in den letzten Monaten zweimal länger pausieren. In dieser Zeit half mir mein Dolmetscher-Offizier Leutnant Miethke als selbständiger Vertreter, nachdem Hauptmann Pohle repatriiert worden war. Ausführliche Richtlinien gaben den [...][40] eine grundsätzliche und praktische Handreichung für die Fragen der Bibelarbeit, der Heimabende, der Gruppen-Arbeit und der Jugendpsychologie. Im Raum Rimini und im Raum Neapel kam es zu größeren Gruppenbildungen mit zusammen ca. 20 Gruppen, deren Mitgliederzahl zwischen 20 und 200 liegen. Vornehmlich in den SS-Lagern und unter allen jungen SEP wirkten die YMCA-Gruppen im Sinne einer echten Re-education, der es nicht auf politische Gleichschaltung oder Massenpropaganda ankommt, sondern die auf eine wirkliche innere Erneuerung des einzelnen Menschen abzielt. Was hier vom Standpunkt des Evangeliums und vornehmlich der lutherischen Kirche aus im missionarisch-seelsorgerlichen Sinne des CVJM getan werden konnte, habe ich seit Übernahme meines Amtes bis heute versucht.

---

[39] Die Welfare Stäbe waren ein Betreuungsdienst, der für die Enklave Rimini in Miramare stationiert war und für eine Art Freizeitbetreuung der Kriegsgefangenen zuständig war; diese Stäbe mußten z. B. die Kinovorführungen u. ä. organisieren.

[40] Textverlust von etwa einer halben Zeile in der Vorlage.

c. Die Michaelskette in Bellaria

II/9. Ordnung der Michaelskette[41]

[Bellaria] 18. September 1945

LKA Stuttgart, D 54: Cranfield

Leitwort
Zur selben Zeit wird der große Fürst Michael, der für die Kinder deines
Volkes steht, sich aufmachen, denn es wird eine solche trübselige Zeit sein,
wie sie nicht gewesen ist, seit Leute gewesen sind, bis auf diese Zeit. Zur
selben Zeit wird dein Volk errettet werden. Dan 12,1.

Michael und seine Engel stritten mit dem Drachen; und der Drache
stritt und seine Engel, und siegten nicht. Und ich hörte eine große Stimme,
die sprach im Himmel: „Nun ist das Heil und die Kraft und das Reich
unseres Gottes geworden und die Macht seines Christus." Offb 12,7.10.

I. Gemeinschaft
Christus spricht: „Wo zwei unter Euch eins werden, worum es ist, das sie
bitten wollen, das soll ihnen widerfahren von meinem Vater im Himmel.
Denn wo zwei oder drei versammelt sind in meinem Namen, da bin ich
mitten unter ihnen". Mt 18,19 f.

Das bedeutet für uns:
1. Daß wir täglich die „Herrnhuter Losungen" und die Bibellese der evangelischen Jugend lesen.
2. Daß wir täglich morgens und abends beten, wöchentlich sonnabends um

---

[41] Vgl. W. JENTSCH, Ernstfälle, S. 247–287. – Die *Michaelskette* ist eine Bruderschaft, die
sich im Kriegsgefangenenlager 6a in Bellaria am 18.9.1945 konstituierte und bis zum heutigen
Tag fortbesteht. Sie war die erste Bruderschaft ihrer Art. Ihren Namen verdankt sie der
Michaelskapelle des Lagers. Die in den Dokumenten auch synonym gebrauchte und etwas
irreführende Selbstbezeichnung *Michaelsbruderschaft* hat weder eine gewollte noch ungewollte
Nähe zur Berneuchener Michaelsbruderschaft. Wenn im weiteren daher auch von der
Michaelsbruderschaft die Rede ist, so ist damit immer die Michaelskette von Lager 6a
gemeint. – Der Dokumentationsstelle liegt die Kopie eines sogenannten *Kettenbuches* vor,
das von den Mitgliedern der Michaelskette verfaßt wurde. Nach mündlicher Information
von W. Jentsch wurde dieses Kettenbuch vorrangig für ihn selber verfaßt. Doch zeigt die
vorliegende Kopie, daß das Kettenbuch auch Rev. Charles E.B. Cranfield, Oberpfarrer
Herbert Ziekur und Oberpfarrer Hans-Albrecht Schlüter überreicht wurde; vgl. S. [1]:
„Reverend C. E. B. Cranfield, dem aufrichtigen Freund und Vertreter der englischen Schwesterkirche, Wehrmachtoberpfarrer Ziekur, dem unermüdlichen Förderer unserer Anliegen,
Marine-Oberpfarrer Schlüter, dem lebendigen Verkündiger des Christus im Lager 6a, in
Verehrung und Dankbarkeit" (LKA STUTTGART, D 54: Cranfield).

22.30 Uhr in der Fürbitte einander gedenken und immer dann, wenn die Stunde reif ist, Gebetsgemeinschaft üben.

3. Daß wir unsere Freuden miteinander teilen und unsere Nöte gemeinsam tragen, bis zum brüderlichen Opfer an Geld und Gut.

4. Daß wir einmal jährlich in einem jeweils zu bestimmenden Orte, möglichst zu der Zeit, als wir die Kette unserer Bruderschaft zum ersten Male schlossen, uns in einer Rüstzeit treffen wollen.

5. Daß wir in der Zeit, in welcher wir getrennte Wege wandern, durch einen monatlichen Rundbrief miteinander in Verbindung bleiben.

II. Beichte

So wir sagen, wir haben keine Sünde, so verführen wir uns selbst, und die Wahrheit ist nicht in uns. So wir aber unsere Sünde bekennen, so ist Er treu und gerecht, daß Er uns die Sünden vergibt und reinigt uns von aller Untugend. 1 Joh 1,8 f.

Das bedeutet für uns:

1. Daß wir uns gegenseitig in brüderlicher Liebe helfen, unsere Sünden zu erkennen.

2. Daß wir einem ordinierten Bruder innerhalb oder außerhalb unserer Bruderschaft unser ganzes Vertrauen schenken und ihm unsere Sünden bekennen.

3. Daß wir jeweils den Tag, an welchem uns Vergebung unserer Sünden erteilt wird, als Fasttag halten und Gott zum Dank für seine Gnade ein Opfer an Geld oder Gut darbringen.

4. Daß wir uns der Absolution in der Feier des Heiligen Abendmahles vergewissern.

III. Dienst

Lasset uns aber rechtschaffen sein in der Liebe und wachsen in allen Stücken an dem, der das Haupt ist, Christus, von welchem aus der ganze Leib zusammengefügt ist und ein Glied am anderen hanget, durch alle Gelenke, dadurch daß eins dem anderen Handreichung tut, nach dem Werk eines jeglichen Gliedes in seinem Maße, und macht, daß der Leib wächst zu seiner selbst Besserung; und das alles in der Liebe. Eph 4,15 f.

Das bedeutet für uns:

1. Daß wir mit unserer Bruderschaft nicht uns selbst, sondern der ganzen Kirche des Christus dienen und mit ihr an unserem Teil im Geiste St. Michaels für Deutschland christliche Ritterschaft in Wort und Tat üben wollen.

2. Daß wir während der Ausbildungszeit uns dem Verkündigungsdienst und der Liebesarbeit unserer jeweiligen Parochie zur Verfügung stellen und später, als Pfarrer oder Diakone unserer [!] Gemeinde im Sinne der Bruderschaft aufbauen.

3. Daß wir uns verpflichtet fühlen, um die junge Generation zu ringen, indem wir uns besonders im Evangelischen Jugendwerk einsetzen.
4. Daß wir uns bemühen, jederzeit theologisch weiterzuarbeiten, nie aufhören, die uns begegnenden Menschen ganz ernst zu nehmen und darüber hinaus, daß ein jeder seine besondere Gabe durch Fachstudium pflegt und in den Dienst der Kirche stellt.

Nachwort
Diese Ordnung ist kein Gesetz. Sie dient uns vielmehr als Hilfe für die Nachfolge Christi, sie findet ihre Grenze am Evangelium und ist jederzeit durch einen daraus erwachsenen brüderlichen Beschluß korrigierbar.

d. Rüstzeiten für evangelische Lagerpfarrer

II/10. Bericht von Pfr. Hans Mrozek über die Rüstzeit in Cervia vom 8. bis 12. Mai 1946

[Miramare] 9. Juni 1946

LKA Stuttgart, D 54: Bereitschaft (Aus: „Bereitschaft" 1946/1947, Nr. 8)

Fünf Tage Rüstzeit für evangelische Pfarrer sind nicht eine Angelegenheit, die lediglich die 35 Teilnehmer angeht, die betend und geistig arbeitend sich zu einer Bruderschaft haben zusammen schließen lassen; vielmehr geht das einen jeden Christen an, der sich durch seinen Pfarrer das „Wort" hat sagen lassen oder gar Gelegenheit nahm, sein mit Not und Sorge randvoll angefülltes Herz in persönlicher Aussprache zu erleichtern und sich trösten zu lassen. Denn in Cervia ging es um den „Bruder", also auch um dich, der du mitten im Leben deiner Lagergemeinde stehst oder – wie wir hoffen – noch zu ihr findest. Darum also soll über Cervia berichtet und Rechenschaft abgelegt werden.

Das Generalthema der Tagung war mit „Bruderschaft" überschrieben. Warum gerade dieses Thema? Hast du dir vielleicht einmal überlegt, was es heißt, täglich Bekenntnisse von Menschen anzuhören, bei denen alles, was sie an innerem Halt hatten, völlig zusammengebrochen ist? Und dieses Anhören darf kein billiges Zuhören sein, sondern muß ein williges Mittragen, ein brüderliches Zur-Seite-Stehen sein, nach dem Wort „Einer trage des anderen Last, so werdet ihr das Gesetz Christi erfüllen".[42] Dazu

---

[42] Gal 6,2.

kommt, daß der Pfarrer Gottes Wort täglich anzubieten hat in einer Form, die das Hören möglich machen soll. Welche innere und äußere Ruhe hierzu gehört, kann nur der ermessen, der sich die Mühe genommen hat, einmal hinter die Kulissen zu schauen. Er wird dann auch mit Erstaunen feststellen, wie einsam solch ein im heiligen Dienst am Bruder stehender Pfarrer ist. Um für solche Einsamkeit und seelische Anspannung gerüstet zu sein – welcher Christ wünschte das nicht für den Pfarrer seiner Gemeinde –, fand die Rüstzeit in Cervia statt und war das Thema „Bruderschaft" gewählt. Denn nur eine wahre Bruderschaft in Christo kann der tragende Grund für den einzelnen im priesterlichen Dienst stehenden Pfarrer sein. Daß solche Bruderschaft auch in den Lagergemeinden Wirklichkeit werde und damit jeden einzelnen Gefangenen wie unser ganzes deutsches Volk für die schwere Zukunft rüste, ist Wunsch und Gebet während der fünf Tage in Cervia gewesen.

Damit wir uns gegenseitig in Freude und Leid unseres Dienstes kennenlernten und dadurch einer dem anderen Hilfe geben konnte, wurden Berichte aus der Lagerseelsorge gegeben. Wieviel gemeinsame Probleme sind da aufgetaucht, aber ebensoviel neue Wege und neue Fragen. Wenn berichtet wurde, daß in einem Arbeitslager die „Anständigen" zum Selbstschutz gegriffen haben, um bestimmten sitten- und zuchtlosen Elementen das Handwerk zu legen, und sich damit für das Lagerleben eine größere Bewegungsfreiheit schufen, dann freuten wir uns darüber in der Hoffnung, daß das gute Beispiel, wo nötig, Nachahmung finde. Diese Lagerberichte fanden oft in Einzelgesprächen fruchtbarste Fortsetzung.

Im Mittelpunkt der geistigen Arbeit jedoch stand eine Bibelbesprechung über den 1. Timotheus-Brief, in der alle zentralen Fragen einer christlichen Bruderschaft zur Sprache kamen. Zwischen Paulus und Timotheus war ein großer Abstand, nicht zuletzt der eines gewissen Altersunterschiedes. Und doch hatten sie Bruderschaft. Denn die Grundlage aller Bruderschaft ist Christus. Dabei hat Paulus keine Sorge für seine Autorität, als er vor dem viel jüngeren Timotheus seine christusfeindlich-bewegte Vergangenheit schonungslos aufdeckt. Er hat eine tiefe innere Demut, die aus der täglichen Erfahrung mit Gottes Barmherzigkeit lebt. Das gibt ihm die Fähigkeit, den Bruder so zu sehen, wie er wirklich ist. Bruderschaft ist zu unterscheiden von dem, was wir auch im besten idealen Sinn Gemeinschaft nennen. Die Bruderschaft steht und fällt mit der Vergebung. Sünde erkennen und sich vergeben lassen, gehört zu ihrem Lebensnerv. Diese kurzen Andeutungen sollen genügen. Laßt euch von eurem Pfarrer hierüber mehr sagen.

Daneben hörten wir Referate, die zu vielen unserer und eurer Fragen Stellung nahmen und helfende Hinweise gaben. So haben wir uns von einem Arzt über „Die sexuellen Nöte in der Kriegsgefangenschaft" berichten lassen, und in einem Vortrag „Die sozialistischen Bewegungen als Frage an die Kirche" ist manches Wort gefallen, das bei echter Besinnung ein

Bußwort war. Wir tauschten bei herzhafter Kritik Erfahrungen über die „Bereitschaft" aus, erarbeiteten uns den Bericht „Gerechtigkeit", die das Hauptproblem in der gegenwärtigen Krise des Abendlandes ausmacht; und wir erfuhren vom Vertreter des Ökumenischen Rates in Genf Einzelheiten über den Verlauf der großen Genfer Zusammenkunft[43], die gezeigt hat, daß dort, wo Christen sich treffen, nicht Vergeltung, sondern gegenseitige Vergebung Gemeinschaft wirkt. Gelernt haben wir vor allem auch aus den vorgetragenen „Gedanken eines Laien zur Lagerseelsorge", worin der unbefangene oder kritische Mann im Lager genauso gut erfaßt war wie die Not der Zeit. Es wurde dabei deutlich, welchen Weg der Seelsorger zu den Herzen der ihn umgebenden Männer wählen müsse. Daß in jenen Tagen auch die Alte Kirche in den so beredten Zeugnissen der Mosaiken Ravennas von der Ursprünglichkeit und Reinheit des Glaubens und der Hoffnung zu uns sprach, stärkte die Zuversicht, daß Jesus Christus in alle Ewigkeit der Herr bleibt, wie er seine Gemeinde durch die Jahrhunderte bis in unsere Gegenwart geführt hat.

Unvergeßlich werden die Stunden bleiben, in denen Pfarrer wie Laien aus England und den USA mit uns die Hände gefaltet und deutsche Choräle gesungen haben, nachdem sie mit unermüdlicher Geduld unsere und damit auch eure Sorgen angehört hatten. Es ist schon etwas Befreiendes, wenn an die Stelle früherer Feindschaft und gegenwärtigen Abstandes die Bruderschaft tritt, die in dieser Form nur Christen geschenkt wird, nämlich die Gemeinschaft im Geist durch das Band des Friedens.[44]

Daß dieses Band auch euch Amtsbrüder in den amerikanischen Lagern einschließt, die ihr nicht nach Cervia kommen konntet, das ist gewiß, weil der zur Rechten Gottes Erhöhte die Verheißung des Heiligen Geistes wahrgemacht hat und weil Er keinen vergißt, der sich an ihn hält.

Ein Vortrag über die „Restgemeinde" schließlich hat deutlich gemacht, daß ein mit der Bibel lebender Christ sich niemals einem frisch – fröhlichen „Kulturprotestantismus" wird hingeben können; denn die „kleine Herde"[45] hat es auch mit einem Feind, dem Herrn dieser Welt, dem Antichristen, zu tun, dem keine menschliche Macht gewachsen ist.

Morgenwache und Abendsegen waren die beiden Eckpfeiler, die dem Tag Richtung und Beschluß gaben.

Der Höhepunkt und zugleich Abschluß der Tage von Cervia waren der Gottesdienst in der Deutschlandhalle des Lagers 2 mit dem tröstlichen Jubilate-Wort „Eure Traurigkeit soll in Freude verkehrt werden" und „Ich will euch wiedersehen"[46] und eine wohl fürs Leben unvergeßliche Abend-

---

[43] Vgl. oben Nr. II/7, Anm. 29, S. 263.
[44] Eph 4,3.
[45] Lk 12,32.
[46] Jak 4,9; Joh 16,22.

mahlsfeier in der Kapelle von Cervia. Jede Bruderschaft hat ihren Ursprung und ihr Ziel im Mittelpunkt aller Verkündigung des Evangeliums Christi: „Nehmet hin und esset, nehmet hin und trinket, das ist mein Leib, das ist mein Blut im Neuen Testament, für euch gegeben und vergossen zur Vergebung der Sünden."[47]

Daß solche Bruderschaft im Sakrament des Altars die Tage in Cervia beschließen konnte, war ein großes Geschenk, zugleich aber auch Auftrag und Vermächtnis, daß dies ebenso in unseren Lagergemeinden werden darf und werden kann.

II/11. Michaelis-Rüstzeit in Miramare[48]

[Miramare] 31. Oktober 1946

LKA Stuttgart, D 54: Bereitschaft (Aus: „Bereitschaft" 1946/1947, Nr. 17)

In der Zeit vom 24. September bis zum 1. Oktober fand im Hause der deutschen Verbindungsstelle in Miramare eine Rüstzeit statt, zu der die evangelischen Pfarrer und die YMCA-Leiter aus den britischen und zum Teil auch aus den amerikanischen Lagern in Italien und Österreich erschienen waren. Eine viertägige Bibelarbeit über das Thema „Christus und die Engel" diente der Durchdringung der Heiligen Schrift und führte zu mancherlei neuer Erkenntnis auf dem Gebiet, das noch recht selten beschritten worden ist. Die Referate über die „Politische Verantwortung des Pfarrers", „Die geistliche Lähmung des deutschen Protestantismus und ihre Überwindung in einer erwecklichen Predigt", „Die Evangelische Kirche in Deutschland und die Konfessionen" sowie über die „Una sancta, Sehnsucht und Aufbruch" waren aus der Gegenwart genommen und versuchten Wegweisung zu geben, um den einzelnen nicht unvorbereitet in die Heimatkirche zurückkehren zu lassen.

Während weder Heimat noch Ökumene Vertreter entsenden konnten, war der General Chaplain aus London erschienen, der das Theologische Seminar besuchte, am Gottesdienst in der Deutschlandhalle teilnahm und der Konferenz ein geistliches Wort entbot. Außerdem kam Mr. Jones vom Weltkomitee der YMCA in Genf und sprach zu den CVJM-Mitarbeitern.

Der besondere Dank für das Zustandekommen der Rüstzeit gebührt dem Supervising Chaplain Reverend Speirs, der für die evangelische Seelsorge unter den deutschen Kriegsgefangenen wahrhaft brüderlich eintritt.

---

[47] Mt 26,26–28.
[48] Die Rüstzeit fand vom 24.9. bis 1.10.1946 statt (vgl. W. JENTSCH, Ernstfälle, S. 309 f.). Das Programm der Rüstzeit vgl. LKA STUTTGART, D 54: Karcher.

Das Theologische Seminar Rimini

a. Berichte

II/12. „Das Theologische Seminar Rimini 1946"

[Miramare] 10. November 1946

LKA Stuttgart, D 54: Bereitschaft (Aus: „Bereitschaft" 1946/1947, Nr. 18)[49]

1. Der Anstoß
Schon bald nach dem Zusammenbruch ging eine Reihe Pastoren in den britischen und amerikanischen Sammellagern Italiens daran, die viele freie Zeit für die planmäßige theologische Arbeit auszunützen. Die bedeutendsten Schulen der Anfangszeit waren die Kurse des von Pfarrer Schönherr geleiteten Seminars in Tarent und die theologische Arbeit in der Lagerschule Rimini unter Leitung von Lic. Jentsch.[50]

Beide Schulen hatten noch mit großen Schwierigkeiten wegen Fehlens von Unterrichtsmitteln (Büchern, Heften, geeigneter Unterrichtsräume) zu kämpfen. Trotzdem wurde sehr ernsthaft gearbeitet und es gelang, von Rimini aus [im] Oktober 1945 16 Seminaristen[51] und [im] Februar 1946 20 Seminaristen[52] geschlossen in die Heimat zur weiteren Ausbildung zu überführen. Hier fanden die Studenten hervorragende Unterstützung durch Bischof D. Meiser, die Bayerische Landeskirche und die Theologische Fakultät Erlangen.[53]

Pfarrer Lic. Werner Jentsch, seit Januar 1946 mit der Gesamtorganisation der Kriegsgefangenenhilfe der YMCA in Italien beauftragt, bemühte

---

[49] Verfasser des Berichts ist wahrscheinlich Hans-Eberhard Wilhelm. Eine nicht vollständige, bis zum Abschnitt 4 aber gleichlautende Fassung befand sich bei den Unterlagen von Werner Jentsch (vgl. jetzt LKA STUTTGART, D 54: Jentsch). So ist anzunehmen, daß der Text mit Jentsch besprochen wurde. Zum Ganzen vgl. W. JENTSCH, Ernstfälle, S. 345–363.

[50] Lagerschule in Lager 2 mit einer Evang. Arbeitsgemeinschaft. Zu Schönherr vgl. A. SCHÖNHERR; Zeit, S. 141–154; vgl. auch Ders.: Christus und Mythus. Der Kampf der Kirche im Dritten Reich. In: Bereitschaft 1, 1946/1947, Nr. 2 (Teil 1), S. 1–4. Nr. 3 (Teil 2), S. 2 f. Nr. 4 (Teil 3), S. 2–4. Miramare, 4.3.1946–7.4.1946 (LKA STUTTGART, D 54: Bereitschaft).

[51] Teilnehmer der Evang. Lagerschule in Lager 6a in Bellaria.

[52] Teilnehmer der Evang. Arbeitsgemeinschaft in Lager 2.

[53] Vgl. das Schreiben von Jentsch an Meiser. Miramare, 1.5.1946 (LKA STUTTGART, D 54: Jentsch) sowie Nr. II/18, S. 290 ff. und weitere Korrespondenz (LKA NÜRNBERG, LKR IV 557a Bd. 1; LKA NÜRNBERG, LKR z. IV 421a (Rimini); LKA NÜRNBERG, LKR 3 VI 1163b Bd. 1).

sich auf Grund seiner im Vorjahr gemachten Erfahrungen um die Errichtung eines Theologischen Seminars in der Enklave Rimini, um allen deutschen Kriegsgefangenen im italienischen Raum, die in den Dienst der Kirche treten wollten, eine Ausbildungsmöglichkeit zu geben. Nachdem grundsätzliches Einverständnis erteilt war, war es vor allem das Verdienst des britischen Supervising Chaplain Reverend Speirs, durch mehrmonatige Verhandlungen mit den Britischen und Amerikanischen Militärbehörden die Errichtung des Seminars zu erreichen.

Die Britischen Behörden gewährten dem Seminar deutsche Selbstverwaltung. Die deutsche Leitung lag in den Händen von Lic. Jentsch. Als wissenschaftlichen Leiter gewann er den Seelsorger des Generalslagers Bellaria, Pfarrer Karcher, als Studentenpfarrer und Heimleiter Pfarrer Mrozek, [den] früheren Leiter eines Leipziger Studentenheims. Außerdem wurden als Dozenten herangezogen:

- Pfarrer Kurt Oehlmann, Oberpfarrer der Enklave[54], für Ethik;
- Pfarrer Gerlach für Einführung [in das] Neue Testament und für Kirchengeschichte;
- Pfarrer Rein für Altes Testament (Amos) und für Hebräisch;
- Pfarrer Wolff, Lagerpfarrer [von] Lager 2, für Bibelkunde;
- Dr. rer. pol. Polack, Kommandant der deutschen Verbindungsstelle, für Wirtschaftskunde;
- Assessor Bunge für Naturwissenschaft;
- Dr. phil. Junghanns für Literatur;
- Dr. phil. Wilhelm für Lateinisch und für Griechisch;
- Verwaltungs-Inspektor Seifert für kirchliche Verwaltung.

Von den mit der Leitung des Seminars beauftragten Pastoren hielten Vorlesungen
- Pfarrer Lic. Jentsch über Jugendarbeit [und] Hiob;
- Pfarrer Karcher über Dogmatik (Credo), Katechismus [und] Neues Testament (Markus);
- Pfarrer Mrozek über Kirchenjahr und Choral.

Außerdem hielt
- Diakon Piesnack zwei Vorlesungen über Evangelische Diakonie
- Dr. Martini über Archäologie;
- Dr. M. Lange über Psychologie.

Das Singen leitete Pfarrer Mrozek, Musikunterricht gab Herr Heribert Beutel; [er] besuchte das Seminar auch wiederholt mit seinem Männerchor und trug durch die von ihm komponierte Kantate „Ein feste Burg" sehr zum Gelingen der Abschieds- und Abschlußfeier des Seminars bei, und in

---

[54] Oehlmann wurde erst Ende 1946 als Nachfolger von Jentsch nach dessen Repatriierung Oberpfarrer.

das Musikschaffen J. S. Bachs führte Herr H. Elter, Organist in Potsdam, ein. Herr Elter hielt außerdem eine Reihe Klavierabende, zu denen das Seminar eingeladen wurde.

2. Zielsetzung

So konnte dank der vorhandenen Lehrkräfte und unter Berücksichtigung der bunten Schar der gemeldeten Seminaristen das Ziel für den von Juni bis Ende September durchzuführenden Kursus festgelegt werden:

Allen im italienischen Raum kriegsgefangenen deutschen Jungmännern und Männern, die zur Mitarbeit im Dienst der evangelischen Heimatkirche bereit sind, noch in der Kriegsgefangenschaft Gelegenheit zu geben, sich geistig und geistlich zu rüsten. Dazu sollte dienen: Theologisch-wissenschaftliche Arbeit, Vertiefung in Gottes Wort und eine christliche Lebensgemeinschaft in gemeinsamen Andachten, Singen, Spiel und Sport. Gefordert wurde allein ein williges Einordnen in die nach dem Wort Gottes ausgerichtete und vom brüderlichen Gebet getragene Lebensgemeinschaft in Liebe und Zucht.

3. Durchführung

Zwei Dutzend Gefangene als künftige Hörer, ein paar Pfarrer und Laien als künftige Lehrer; ein freier Platz auf dem Kirchgelände des Lagers; ein paar Zelte, erst noch aufzubauen; viel guter Wille, eine nebelhafte Ahnung von den Schwierigkeiten, die es dabei geben könnte: So fing das Seminar Rimini in den Pfingsttagen 1946 an.

In den ersten Tagen wurden die Zelte gebaut, eine Kiste mit Büchern aus der Schweiz kam an – später kam dann noch eine zweite Sendung – und am 15. Juli kamen wieder 20 Hörer, und gegen Ende der Seminarzeit waren sie schließlich auf etwa 70 angestiegen. Die waren recht verschieden untereinander: Vom Sechzehnjährigen bis zum Fünfzigjährigen, vom Volksschüler bis zum Akademiker, vom Oberschützen bis zum Oberstleutnant standen sie nebeneinander, aus allerlei Berufen, aus verschiedenen Landeskirchen, Freikirchen und Gemeinschaften, mancher aus christlichem Elternhause stammend und immer Christ geblieben, mancher erst ganz vor kurzem mit dem Evangelium in Berührung gekommen; mancher mit recht unklarem Ziel, und auch die Klaren mit verschiedenen Absichten: 22 wollten Theologie studieren, 16 Jüngere und acht Ältere hauptamtlich in die evangelische Jugendarbeit, sechs als Religionslehrer, sechs in die Innere Mission, drei sofort hauptamtlich in der Wortverkündigung und der Rest als Laienhelfer der Kirche dienen. Für sie alle war ein Lehrplan aufgestellt, der die genannten Lehrfächer vorsah. Es war nicht ganz einfach für jeden, die rechte Auswahl zu treffen; mancher nahm sich zu viel vor und mußte dann einsehen, daß es bei der sengenden Sommerhitze im schattenlosen Lager schlechterdings unmöglich war, in den Mittagsstunden zu arbeiten.

Auch mancher Lehrer mußte sich erst an seine neue Tätigkeit gewöhnen und abschätzen lernen, was man Kriegsgefangenen zumuten dürfe, die meist seit Jahren jeder geistigen Tätigkeit entwöhnt waren.

Aber außer dem Studienplan gab es da noch etwas anderes: Eine Lebensordnung, deren Anweisungen „vom Geiste Jesu Christi getragen sein" wollten und dazu dienen sollten, „der Selbstsucht, die alle Gemeinschaften hindert, zu steuern". Sie sprach vom Gebet und der Vergebung als den Grundlagen aller christlichen Gemeinschaft. Das war allerdings etwas Neues oder, wenn man will, eine Erneuerung alten Gutes aus einer Zeit, da die Theologieschüler noch in eine feste Ordnung eingegliedert waren, die sie vom Wecken über das Morgengebet, das Studium, die gemeinsamen Mahlzeiten, das Lesen bis hin zum Abendgebet umfing, hielt und stützte. Und diese Lebensordnung, von vielen wohl zunächst als eine rein technische Regelung des Tageslaufes angesehen, hat dann allerdings im Laufe der fünf Monate zu Erfahrungen und Wirkungen geführt, die kaum jemand vorausgesehen hat.

Es begann mit der Erfahrung, welch ein Segen im gemeinsamen Gebete liegen kann. Wohl wissen evangelische Christen auch heute noch allgemein davon, daß der einzelne seinen Dank und seine Nöte dem himmlischen Vater durch das Gebet im Kämmerlein vorbringen darf und soll; auch das liturgische Kirchengebet wird im Gottesdienste gehört und hoffentlich auch im Herzen mitgesprochen; aber es war doch den allermeisten – der Berichterstatter muß bekennen, ihm auch – eine ziemlich neue Erfahrung, welch eine Kraft davon ausgehen kann, wenn sich etwa morgens oder abends die Belegschaft eines Kleinzeltes zusammenfindet, um Gott für seine Güte zu danken, sich mit allen frohen und traurigen Anliegen seiner Gnade zu empfehlen und schließlich Fürbitte zu tun für ihre Lehrer und einzelne Brüder, um deren besondere Schwierigkeiten oder Nöte man weiß.

Es setzte sich fort in der Erfahrung, was die Einzelbeichte für starke Bedeutung hat. Wieviele Kirchenglieder wissen denn noch davon, daß es nach evangelischer Lehre nicht nur erlaubt ist, sondern sogar dringend angeraten wird, die Schuld, die uns von der Gemeinschaft Gottes trennt, in der Aussprache mit einem Beichtiger rückhaltlos vor Gott zu bekennen und vom Beichtiger in Jesu Namen Vergebung verkündet zu bekommen? Im Seminar wurde in einer Abendandacht des Seminarpfarrers ernstlich darauf hingewiesen; und in den nächsten Tagen gingen erst einige, dann immer mehr zur Einzelbeichte, und mehr als einem, dem alte Schuld oder neue Not zu schaffen machte, ist eine Last von der Seele genommen worden, und er ist als ein befreiter und gewandelter Mensch daraus hervorgegangen.

Und noch ein Drittes: Es war kaum einer, dem nicht im Laufe der Vorlesungen deutlich geworden wäre, wie sehr es ihm an der Grundlage aller theologischen Arbeit, der sicheren Bibelkenntnis, fehlte. So wurde denn aus dem Kreise der Hörerschaft selbst der Ruf nach größerer persönlicher, täglicher Bibelarbeit immer stärker, und dies hat sich schließlich teils als Einzelstudium, teils als Arbeit in kleinen Gruppen wie selbstverständlich durchgesetzt.

Aus der Ordnung des gemeinsamen Lebens wuchsen dann auch Formen für besondere Gelegenheiten, so für die Feier von Geburtstagen. Da ward ausnahmsweise beim Morgengebet im Kirchzelt der Tagesspruch oder die Morgenlesung – nach den Herrnhuter Losungen – nicht nur verlesen, sondern auch ausgelegt, und zwar für die gesamte Gemeinschaft, nicht für das Geburtstagskind besonders; und doch war ein Ton darin, der auch ihn wiederum besonders ansprach. Da wurde beim gemeinsamen Frühstück ein besonderer Kanon gesungen; das Singen spielte im Gemeinschaftsleben überhaupt eine große Rolle. Ein bekränzter Platz am Tisch, ein besonders bequemer Stuhl für das Geburtstagskind waren Selbstverständlichkeiten. Schließlich gab es dann nachmittags eine fröhliche Tee- oder Kaffeestunde, bei der die Verpflegungskekse oder eine Marmeladenschnitte gemeinsam verzehrt und mit Lied und Scherz gewürzt wurde. Wieviel wertvolles Liedgut aus alten Chorälen und Weisen ist uns in der kurzen Zeit erschlossen worden! Vieles, was die Berneuchener[55] der Kirche neu geschenkt oder vermittelt haben, haben wir verstehen und lieben gelernt!

4. Was ist nun, da das Seminar abgeschlossen ist, erreicht?
Von der wissenschaftlichen Arbeit hat eine Prüfung Zeugnis gegeben, zu der jeder Teilnehmer – neben dem weiterlaufenden Vorlesungs- und Sprachbetrieb – eins von sechs vorgelegten Themen in einer Dreiwochenarbeit schriftlich behandeln mußte. Außerdem hatte er eine mündliche Prüfung in zwei Lehrfächern abzulegen; für ein Lehrfach konnte auch eine Sprache eintreten. Aber wichtiger als alles das war das Andere, daß nämlich die Grundlagen evangelischen Christentums im Seminar nicht bloß wissenschaftlich behandelt, gelehrt, gehört und gelesen wurden, sondern daß sie in einer festen Lebensgemeinschaft wirklich erlebt und dargestellt wurden. So wird denn das, was unsere jungen Studenten, Diakonen- und CVJM-Schüler bei ihrer späteren Ausbildung an theologischem Wissen noch werden aufnehmen müssen, für sie keine graue Theorie und toter Begriff sein, sondern es wird aus eigenem inneren Erleben in ihnen wirkliche Gestalt und Farbe gewinnen. Denn um damit zu schließen: aus der zusammengewürfelten Menge von Hörern ist nicht durch Menschenwerk, sondern durch Den, Dessen Dienst die Arbeit des Seminars galt, ein fester Kreis geworden, der sich mit Selbstverständlichkeit als eine Bruderschaft bezeichnet und von dem wir in aller Bescheidenheit hoffen, daß er einst zu einer Erneuerung des evangelischen Gemeindelebens sein Teil wird beitragen dürfen.

---

[55] Zu den Berneuchenern vgl. P. CORNEHL, Gottesdienst, S. 72.

II/13. Erinnerungen Alfred Roys: „Im Theologischen Kriegsgefangenen-Seminar Rimini"

[1985]

LKA Stuttgart, D 54: Roy[56]

Dank der beharrlichen Bemühungen von Mr. Speirs beim US-Hauptquartier in Caserta gelang es, meine Überführung in die britische Kriegsgefangenschaft und meine Verlegung nach Rimini im Juli [1946] zu erreichen. Gemeinsam mit X[57] wurden wir zunächst unter der Bewachung eines Sergeanten mit der Eisenbahn nach Livorno gebracht. Dort wurde ich ca. 14 Tage festgehalten, bis ich von den Amerikanern für Rimini freigegeben wurde. Leider wurde X weiter festgehalten. Gegen einen Träger gleichen Namens lief noch immer eine amerikanische Suchaktion. Obwohl X bei ersten Vernehmungen den Nachweis erbringen konnte, daß er mit dem als „Mörder" bezeichneten Träger des gleichen Namens nicht identisch war, gaben ihn die Amerikaner nicht frei. So kam ich ohne ihn – zusammen mit anderen POWs – auf einem LKW in das große britische Sammellager bei Rimini an der Adria. In dem – vom übrigen Lager abgetrennten – Teillager wurden wir von Pfarrer Hans Mrozek und den Seminar-Angehörigen herzlich begrüßt und in ihre Gemeinschaft aufgenommen. Die Zelte der Seminar-Teilnehmer gruppierten sich um einen freien Platz herum. Außerdem gab es ein „Kirchenzelt" für die gemeinsamen Andachten, ein Eßzelt, Vorlesungszelt, Bibliothekszelt, Küchenzelt, Zelt des Seminarleiters etc. Wir waren also gut ausgestattet. Ich wurde mit zwei Seminaristen einem Dreierzelt zugeteilt.

Die Entstehung des „Theologischen Kriegsgefangenen-Seminars 1946" ging auf die Initiative von Dr. Werner Jentsch zurück. Nach dem Vorbild eines Lager-Seminars im Jahr 1945, an dem auch andere Fakultäten vertreten waren[58], hatte er bei den Alliierten die Errichtung genehmigt bekommen und ihre Unterstützung gefunden. Er selbst gehörte dem CVJM an und konnte sich verhältnismäßig frei bewegen. Mit Hilfe der Lagerpfarrer war es ihm gelungen, das Seminar in den amerikanischen und britischen Kriegsgefangenen-Lagern bekannt zu machen und dafür zu werben. Die Teilnehmerzahl belief sich schließlich auf ca. 70 Seminaristen: Mehr als ein Drittel davon waren Theologiestudenten, die anderen hatten sich für diakonische Dienste und für christliche Jugendarbeit gemeldet. Ihre Aufnahme geschah sehr großzügig. Für den Un-

---

[56] Aus der für seine Familie bestimmten Autobiographie des Verfassers.
[57] Der in der Autobiographie genannte Name wird ausgelassen.
[58] Evang. Arbeitsgemeinschaft in Lager 2.

terricht hatte W. Jentsch deutsche Lagerpfarrer und andere Dozenten gewonnen. Wir hatten tüchtige und in ihrem Spezialgebiet gut vorgebildete Dozenten. So wurden neben den theologischen Disziplinen Dogmatik, Ethik, Kirchengeschichte, Bibelkunde und Bibelexegese auch Vorlesungen über Wirtschaftskunde, Philosophie gehalten und Unterricht in den antiken Sprachen Hebräisch, Griechisch und Lateinisch erteilt. W. Jentsch las über evangelische Jugendarbeit, H. Mrozek führte in das Kirchenjahr und den Choral ein. Außerdem leitete H. Mrozek das Singen. Er hatte als Heimpfarrer auch die seelsorgerliche Verantwortung für die Seminaristen. Er übte sie sehr verantwortungsbewußt gemeinsam mit Werner Jentsch und anderen Pfarrern.

Der Tagesablauf[59] begann mit Frühsport auf dem Lagerplatz. Nach der Morgentoilette folgten Morgenwache[60] und Frühstück. Am Vormittag hatten wir Vorlesungen und Unterricht. Beim gemeinsamen Mittagessen wurde vorgelesen. Meistens hörten wir christliche Lebensbilder. Nach einer Mittagspause war Zeit zum Lernen und zum Lesen. Der Tag wurde mit Abendessen und Abendandacht beschlossen. Reihum wurden wir zum Abhalten der Abendandachten aufgefordert. Diese Andachten und Auslegungen von biblischen Texten galten zugleich als praktische Übungen. Wir reichten sie schriftlich ein. Sonntags war Lagergottesdienst im großen Kirchenzelt des gesamten Lagers. Kriegsgefangene Kameraden hatten aus Blechbüchsen und Holz eine Orgel geschaffen. Mit ihrem Spiel begleitete ein Organist den Gesang. Diese Feierstunden waren Höhepunkte der Rimini-Zeit. Nach der geistigen Dürre der vorangegangenen Zeit meiner Kriegsgefangenschaft empfand ich es als großen Vorzug, studieren zu dürfen. Es war der Anfang meiner intensiven Vorbereitung auf mein späteres theologisches Studium in der Heimat und Dienst als Gemeindepfarrer.

In der Seminar-Gemeinschaft herrschte – trotz der sehr verschiedenen Charaktere, Vorbildung und Herkommen – ein guter Geist. Dank der intensiven Seelsorge kam es zu vielen Einzelgesprächen und Einzelbeichten. Für viele bedeutete es einen Neuanfang ihres Glaubens in der Nachfolge Jesu Christi. Das wirkte sich sehr positiv auf unsere Gemeinschaft aus. Geburtstage und besondere Anlässe wurden festlich begangen. Die geistliche Musik wurde besonders gefördert. Hier habe ich erst richtig singen gelernt. Mit manchen Chorälen und liturgischen Gesängen, aber auch mit anderen Liedern und Kanons wurde ich erstmalig bekannt. Das alles trug dazu bei, daß die Seminarzeit zu einem einmaligen Erlebnis wurde. [...]

In der freien Zeit durften wir zu zweit ans Meer Schwimmen gehen.

---

[59] Vgl. die Ordnung der Abschlußprüfung des Theologischen Seminars. Rimini, 27.8.1946 (LKA STUTTGART, D 54: Karcher).

[60] Vgl. die Gebete des Theologischen Seminars. Rimini Sommer 1946 (LKA STUTTGART, D 54: Rimini-Bruderschaft 1).

Wir bekamen das Gefühl größerer Freiheit und empfanden uns nicht mehr
– wie in der US-Gefangenschaft – als Sklaven. Verpflegung und sanitäre
Versorgung waren bei den Briten einfacher als bei den Amerikanern im
zweiten Jahr der Kriegsgefangenschaft. Dafür wurden wir menschlicher
behandelt. Ich habe schätzen gelernt, was das Gefühl größerer Freiheit
bedeuten kann, es ist materiell nicht aufzuwiegen.

Die Seminarzeit wurde am 30. September 1946 mit einer theologischen
Prüfung abgeschlossen.[61] Dafür haben wir noch einmal tüchtig gearbeitet.
Die Dozenten wirkten als Prüfungs-Kommission. Lic. theol. Werner
Jentsch war Vorsitzender, Pfarrer Hans Karcher war wissenschaftlicher
Leiter. Wir erhielten Zeugnisse.[62] Mein erstes Vor-Semester im Studium
wurde also geordnet abgeschlossen und damit mein Weg in das weitere
Studium in der Heimat bestens vorbereitet. Ich hatte allen Grund, für diese
Zeit tief dankbar zu sein.

Nach sehr schönen Sommerwochen bei meist heißem Sommerwetter
setzte im Spätherbst schlechtes Wetter ein. Mit viel Mühe hielten wir die
Zelte und Lagerwege vom Regenwasser frei. Durch Ausheben von Gräben
gelang es einigermaßen, das viele Wasser abzuleiten. Sonst hielten wir uns
meistens in den Zelten auf und fanden Zeit zum Studieren und Lesen.

Als wir zu einer inneren Gemeinschaft zusammengewachsen waren,
schlossen wir uns zu einer geistlichen Bruderschaft zusammen.[63] Die Anregung dazu ging von Werner Jentsch aus. Wir gaben uns eine „Regel" für
das persönliche geistliche Leben und für unsere Verbindung untereinander.
Unsere brüderliche Gemeinschaft sollte über die gemeinsame Zeit im Seminar erhalten bleiben. Jeder Bruder verpflichtete sich, den täglichen Umgang mit Gottes Wort und dem Gebet ernst zu nehmen und in der Fürbitte
miteinander verbunden zu bleiben. Einzelseelsorge und Einzelbeichte sollten zu einem geistlichen Leben helfen. Wir wollten der Kirche Jesu Christi
mit unseren verschiedenen Gaben dienen und zu brüderlicher Hilfe gegenseitig bereit sein. Hans Mrozek erklärte sich zum Dienst des „Bruder-
schafts-Ältesten" bereit. In einer Bruderschaftsfeier wurden wir durch die
leitenden Pfarrer des Seminars eingesegnet.[64] Ich erhielt als Segenswort den
Spruch: „Gott hat uns nicht gegeben den Geist der Furcht, sondern der
Kraft und der Liebe und Zucht" (2 Tim 1,7). Das wurde auch mein
Ordinationsspruch.

---

[61] Vgl. Anm. 59, S. 282 und die Mitteilung des wissenschaftlichen Leiters, Pfarrer Hans
Karcher, über die Organisation der Abschlußprüfung des Theologischen Seminars an Dozenten und Studenten. Rimini, 1.9.1946 (LKA STUTTGART, D 54: Karcher).

[62] Vgl. den Zeugnisvordruck des Theologischen Seminars. Rimini, 30.9.1946 (LKA STUTT-
GART, D 54: Karcher).

[63] Vgl. unten Nr. II/16, S. 287 f.

[64] Vgl. unten Nr. II/17, S. 288 ff.

Wir empfanden diesen Zusammenschluß als Geschenk. Die „Bruder-schaft des Theologischen Seminars Rimini 1946" hat nun schon fast 40 Jahre Bestand. Es ist vor allem das Verdienst von Fritz Richartz in der BRD und von Götz Pfundt und Horst Schmidt in der DDR, daß sie durch regelmäßige Rundbriefe und das Organisieren von Begegnungen diese Gemeinschaft zusammenhielten. Bei der späteren Zerstreuung der Brüder im geteilten Deutschland war das keine leichte Aufgabe.

b. Ordnungen im Seminar

II/14. „Studienordnung"

[Rimini, Sommer 1946]

LKA Stuttgart, D 54: Rimini-Bruderschaft 1 (Gedrucktes Doppelblatt[65])

[…]

Der Sinn unserer Arbeit
Wir lernen in der Geschichte des Evangeliums, um in unserer Kirche den uns durch den Herrn gegebenen Auftrag erfüllen zu können.

Wir nehmen voll Dank vor Gott diese Gelegenheit wahr, wieder geistig arbeiten zu dürfen.

Wir wissen uns für unseren Nächsten verantwortlich und bereit, ihm sein Forschen „helfen bessern und behüten".[66]

Die Form unserer Arbeit
Wir dienen als Gemeinde einander im gemeinsamen Hören des Wortes, mit der musica sacra, im Diakonat.

Wir sehen unseren Stolz in der Gewissenhaftigkeit unserer wissenschaft-lichen Arbeit in Vorlesung, Referat, Hausarbeit.

Oberflächlichkeit in diesem Tun macht unser Bleiben überflüssig und führt den Nächsten in Versuchung.

Die Helfer unserer Arbeit

---

[65] Das in der deutschen Druckerei in Miramare hergestellte Doppelblatt enthält außer der Studienordnung auch Angaben zur Organisation des Theologischen Seminars und zu den Vorlesungen.
[66] MARTIN LUTHER, Kleiner Katechismus (siebtes Gebot).

Die uns anvertrauten Bücher benötigen auch die anderen, deshalb horten wir sie nicht und horsten auch nicht auf ihnen.

Abwechslung verschiedener Studiengebiete sowie zwischen geistiger und körperlicher Arbeit steigert unsere Leistungsfähigkeit.

Die sich uns in Vorlesung und Gespräch anvertrauenden Gefährten sind treue Helfer und unserer Fürbitte bedürftig. [...]

II/15. Lebensordnung

[Rimini, Sommer 1946]

LKA Stuttgart, D 54: Jentsch (Gedrucktes Blatt)

Die Lebensgemeinschaft des Theologischen Seminars muß straff in eine Lebensordnung gefügt sein; denn sie hilft dazu, der Selbstsucht, die alle Gemeinschaft hindert, zu steuern. Eine solche Lebensordnung muß vom Geiste Jesu Christ getragen sein.

Das will im einzelnen besagen:

1. Christus ist das Haupt, wir sind die Glieder.[67] Jedes Glied übt seine ihm zugewiesene Tätigkeit aus. Der Leib aber, dessen Haupt Christus ist, fordert alle Glieder zum gegenseitigen Fördern, Helfen und Behüten.

2. Dasselbe meint Martin Luther, wenn er davon spricht, daß einer dem anderen ein Christus sein müsse.

3. Die Gemeinschaft kann nur erhalten bleiben, solange sie das gegenseitige Vergeben übt. Das ist der eigentliche Ernst der Fünften Bitte des Vaterunsers.

4. Der Christ befindet sich immer und überall, also auch in einer Gemeinschaft von Christen, im Kampf. Gegen seinen Glauben läuft der Widersacher an. Straffheit und Zucht sind daher die Formen des Gemeinschaftslebens. Empfindsamkeit und Weichlichkeit prägen nicht die Züge eines Streiters Jesu Christi.

Die Gemeinschaft wird von drei Inhalten geprägt, nämlich vom Gebet, vom Studium und von der Freizeitgestaltung.

Das Gebet als Anfang, Mitte und Ende des christlichen Lebens ist das Jawort des Glaubens auf das Wort Gottes. Damit das Beten zuchtvoll geschehe, ist eine feste liturgische Ordnung gegeben, die sich auf das freie Beten in der Gemeinschaft oder auf das Gebet des einzelnen auswirkt. Es

---

[67] Vgl. Kol 1,18; N. L. Graf von Zinzendorf, „Herz und Herz vereint zusammen sucht in Gottes Herzen Ruh", Strophe 1: „Er das Haupt, wir seine Glieder" (EG 251).

falten sich die Hände frühmorgens im Zelt, bei Tisch, zum Abendsegen, bei Gottesdienst und Sakrament und in der Gebetsgemeinschaft.

Vom Studium ist in einer besonderen Studienordnung die Rede.[68]

Das gemeinsame Leben im Seminar ist um der „Frohen Botschaft" willen fröhlich. Diese Fröhlichkeit macht jedes Glied bereit zu allem Tun, das die Gemeinschaft fördert.

Eine gegliederte Zeiteinteilung hilft allen, nach dem Wort zu leben: „Kaufet die Zeit aus."[69]

Tageseinteilung

5.30	Uhr Wecken (mit kurzer Gymnastik)
6.15	Uhr Zeltsegen und Morgengebet
6.30	Uhr Gemeinsames Frühstück
7.15–10.00	Uhr Kollegstunden
11.30	Uhr Singen
12.00–15.30	Uhr Gemeinsames Essen und Mittagsruhe
16.15–18.00	Uhr Kollegstunden
18.00–21.30	Uhr Abendbrot, Studieren und Freizeit
21.30	Uhr Abendgebet
22.00	Uhr Zeltruhe

Samstag-Nachmittag, Sonntag und Feiertag sowie der Dies academicus sind frei von Vorlesungen.

Gemeinschaftsabende, Musik, Sport und Spiel und anderes mehr werden nach gemeinsamer Vereinbarung festgelegt.

Die geistliche und organisatorische Leitung des Seminars untersteht dem Studenten- und Seminarpfarrer.[70]

Die Studentengemeinschaft vertritt ein aus dem Kreis der Studenten erwählter Senior. Zur weiteren Beratung steht dem Studentenpfarrer ein Konvent der Zeltältesten zur Seite. Die Allgemeinheit des Seminars betreffende Fragen werden in Gesamtkonventen besprochen, die der Studentenpfarrer als Leiter der Seminargemeinschaft einberuft.

Die Grundlage wie auch das Ziel der Lebensordnung im Theologischen Seminar ist die christliche Bruderschaft.[71]

---

[68] Vgl. oben Nr. II/14, S. 284 f.
[69] Eph 5,16.
[70] Pfarrer Hans Mrozek.
[71] Vgl. unten Nr. II/16, S. 287 f.

II/16. „Ordnung der Bruderschaft des Theologischen Seminars Rimini 1946"[72]

[Rimini, Sommer 1946]

LKA Stuttgart, D 54: Rimini-Bruderschaft 2

Leitwort
Hesekiel 11,19: „Ich will euch ein einträchtiges Herz geben und einen neuen Geist in euch geben und will das steinerne Herz wegnehmen aus eurem Leibe und ein fleischernes Herz geben."

Hebräer 10,23: „Lasset uns halten an dem Bekenntnis der Hoffnung und nicht wanken; denn Er ist treu, der sie verheißen hat."

Vorwort
Wir geben uns diese Ordnung als Bekenntnis zu unserem Herrn Jesus Christus, der uns zu Brüdern im Glauben gemacht hat.

Die Ordnung ist kein starres Gesetz. Sie dient uns vielmehr als Hilfe, Christus nachzufolgen, richtet sich stets am Evangelium aus und kann darum jederzeit durch einen brüderlichen Beschluß geändert werden.

Die Bruderschaft ist aufgeschlossen für Bruderschaften und einzelne Brüder gleicher Gesinnung.

I. Die Gemeinschaft
Matthäus 18,19–20: Christus spricht: „Wo zwei unter euch eins werden auf Erden, worum es ist, daß sie bitten wollen, das soll ihnen widerfahren von meinem Vater im Himmel. Denn wo zwei oder drei versammelt sind in meinem Namen, da bin ich mitten unter ihnen."

Das bedeutet für uns:

1. Daß wir täglich das Wort der Heiligen Schrift lesen und uns in der Herrnhuter Losung und Lehrtext verbunden wissen.
2. Daß wir täglich morgens und abends – wenn möglich gemeinsam – beten und in der Fürbitte einander gedenken.
3. Daß wir unsere Freuden miteinander teilen und unsere Nöte miteinander gemeinsam tragen, auch mit brüderlichem Opfer an Geld und Gut.
4. Daß wir danach trachten, uns öfter zu treffen, mindestens aber brieflich miteinander in Verbindung bleiben.

II. Die Beichte
1. Johannes 1,8–9: „So wir sagen, wir haben keine Sünde, so verführen wir uns selbst, und die Wahrheit ist nicht in uns. So wir aber unsere Sünden

---

[72] Vgl. auch oben Nr. II/9, S. 270 ff.: Ordnung der Michaelskette.

bekennen, so ist Er treu und gerecht, daß Er uns die Sünden vergibt und reinigt uns von aller Untugend."

Das bedeutet für uns:

1. Daß wir uns gegenseitig in brüderlicher Liebe helfen, unsere Sünden zu erkennen.
2. Daß jedem von uns empfohlen wird, sich einen Beichtiger innerhalb oder außerhalb der Bruderschaft zu suchen, um in dessen Gegenwart vor Gott seine Sünden zu bekennen und im Namen Jesu Vergebung zu empfangen.
3. Daß wir auch untereinander aus der Vergebung leben, also bereit sind, dem Bruder zu vergeben, wie auch ihn um Vergebung zu bitten.

III. Der Dienst

Epheser 4,15–16: „Lasset uns aber rechtschaffen sein in der Liebe und wachsen in allen Stücken an dem, der unser Haupt ist, Christus, von welchem aus der ganze Leib zusammengefügt ist und ein Glied am anderen hanget, durch alle Gelenke, dadurch eins dem anderen Handreichung tut nach dem Werk eines jeglichen Gliedes in seinem Maße und macht, daß der Leib wächst zu seiner selbst Besserung, und das alles in der Liebe."

Das bedeutet für uns:

1. Daß wir mit unserer Bruderschaft nicht uns selbst, sondern der ganzen Kirche des Christus jeder nach seiner besonderen Gabe in Wort und Tat dienen und in ihrer Gemeinschaft an Predigt und Sakrament treu teilnehmen wollen.
2. Daß wir unsere besondere Aufgabe darin sehen, die Jugend für Christus und seine Kirche zu gewinnen helfen.
3. Daß wir nie aufhören wollen, um die Festigung unseres Glaubens und die Vertiefung unserer Erkenntnis vor unserem Herrn Jesus Christus zu ringen.

Dazu helfen uns Gott Vater, Sohn und Heiliger Geist. Amen.

II/17. Aus der Predigt des wissenschaftlichen Leiters des Seminars, Pfr. Hans Karcher, zur Bruderschaftsverpflichtung am 17. Sonntag nach Trinitatis 1946, 13. Oktober 1946

(Rimini, Herbst 1946)

LKA Stuttgart, D 54: Rimini-Bruderschaft 1[73]

„So jemand zu Mir kommt und haßt nicht seinen Vater, Mutter, Weib, Kinder, Brüder, Schwestern, auch dazu sein eigen Leben, der kann nicht Mein

---

[73] Eine weitere textgleiche Vervielfältigung vgl. LKA STUTTGART, D 54: Roy. Nach dem Datum dieser Predigt zu schließen, entstand die Bruderschaft erst in den letzten Wochen des Seminars.

Jünger sein! Wer nicht sein Kreuz trägt und Mir nachfolgt, der kann nicht Mein Jünger sein! Wer nicht absagt allem, was er hat, der kann nicht Mein Jünger sein!" (Lk 14[,26]).
Darum: „Trachtet am ersten nach dem Reich Gottes und nach seiner Gerechtigkeit, so wird euch solches alles zufallen!" (Mt 6[,33]).

Dein „Ja" zur Bruderschaft ist das „Ja" zu Christus, oder es ist ein Nichts! Wir haben die wehrende Hand des Christus erfahren, der uns vor unserer Voreiligkeit beschützte. Wir geben nunmehr ein solches „Ja" nicht, weil wir Lust dazu und Freude daran haben, sondern weil Er es nun heischt, es aus uns hervor ruft. Wir geben es Ihm als Antwort auf Sein „Ja" zu uns. Denn Er gesellte sich uns zu als Bruder. Er hat uns zuerst geliebt, hat sich uns hingegeben in Gefahr, Schuld, Vergebung, Berufung.

Manchen gaben wir früher unser Wort: der Frau, dem Kind, dem Freund, dem Vaterland, dem Leben, dem Amt. Manchem hielten wir unser Wort; manchem blieben wir die Tat schuldig! Wenn wir es jetzt Ihm geben, und nur durch Ihn und in Ihm der Bruderschaft, gilt es dann Ihm als dem Besten, Würdigsten, der Ablösung, dem Ersatz alles Irdischen? Ihm als einem Superlativ aller Lebenswerte?

Wer ist es, der solches „Ja" heischt? Wer fordert: Liebe deine Feinde![74] Hasse deine Freunde?! Wer fordert unsere gewaltigsten seelischen Kräfte, gleichnishaft in „Haß" und „Liebe" für sich?! Was heißt das für dich: „Hasse" deine natürlichen Fähigkeiten, Triebe, sogar deinen Selbsterhaltungstrieb? „Liebe" das Opfer, ja den Schmachtod des „Kreuzes"?! „Hasse alle Werte!" „Liebe" die „Wertlosigkeit", als welche die Welt das Reich des Christus, ja, Ihn selbst abwertet?! – Und weiter: Tritt heraus aus dem Kahn dieser deiner Sicherungen und „Lebenskrücken" – wie Simon Petrus! Wage dich in die schlechthinnige Einsamkeit, als den einzig möglichen Ort einer Konfrontation mit dem lebendigen Gott – wie Johannes Evangelista. Nur so kannst du Jünger sein, hast du Vermögen, „Dynamik" zur Jüngerschaft!

Verwechsle solche Forderung, solchen Gehorsam nicht mit nationaler Raserei gegen dich selbst, mit Schwärmerei: Dem Christus geht es bei dir und mit dir um nüchterne Sachlichkeit und wahrhaft fromme Gelassenheit. Er will nicht, daß du Leib, Seele und Geist im Amoklauf wegwirfst, verbrennst vor Ihm, als vor einem Diktator, sondern Er ermöglicht es dir, daß solches Hingeben ein Dankopfer sei vor Ihm, als deinem Erlöser. In Ihm schwingt nicht ein Sklavenhalter seine Peitsche über dir, dir Willen und Ehre zu zerbrechen, sondern Er beruft dich in die Gemeinschaft Seiner Königsboten, Er, aller Welten (und auch dein)

---

[74] Mt 5,44.

König! Seine Freude ist es, daß er dich als Sein Herausgerufenes, Gewonnenes, Erlöstes, Sein Bestes darum den Deinen wiedergibt. Wie Er denn alle Seine Geheilten den Ihren wiederschenkte, nicht zur Fortsetzung eines Bisherigen, sondern als und zum Neubeginn als Wiedergeborene. Ja, Er sendet dich zurück in deine Welt! Nicht in deiner Sache mehr, sondern als Begnadeten in Sachen Seines Reiches! Alles ist so unser! Wir aber sind Sein! Er aber ist Gottes.[75]

Es ist eines der großen Geschenke dieser Zeit, daß du dein „Ja" zur unbedingten Forderung des Christus in einer, in dieser Bruderschaft des Theologischen Seminars Rimini tätigen, leben darfst. Sie wird dir von ihrem Herrn angeboten als die große Hilfe in all deiner Schwäche, als ein Mittel, deinen Glauben zu leben, Kirche zu sein, zu bauen. Bruderschaft ist nie Selbstzweck! Ziel ist allein die Kirche. Deine Bruderschaft ist ein Glied jener Kette (von Bruderschaften), deren erstes der Christus selber hält. „Und er hält!" Halte aber auch du, was du hast, daß niemand dir deine Krone nehme![76] Bricht die Kette bei dir, reißt sie viele mit dir in den Abgrund! So du solches weißt, fordere dich für Wahrhaftigkeit, Liebe, Treue! Kämpfe mit dem Judas in dir! Vertraue dich der Bruderschaft! Und zwar deshalb, weil der Christus Sich, Sein Wort, Sein Sakrament ihr anvertraut! Sie trägt dich, solange du sie betend trägst! Zerbrich dem Christus nicht dies neue Werkzeug, das Er sich bereitet hat, zum Bau Seiner Kirche! Amen.

c. Repatriierung und Abwicklung

II/18. Schreiben von Pfr. Lic. Werner Jentsch an Landesbischof Hans Meiser

Rimini, 16. August 1946

LKA Nürnberg, LKR z. IV 421a (Rimini)

Hochwürdigster Herr Landesbischof!
Am 30. September schließt das Theologische Seminar sein Semester.[77] Zum

---

[75] 1 Kor 3,22 f.
[76] Offb 3,11.
[77] Die Studenten des Theologischen Seminars wurden Mitte November repatriiert, die endgültige Entlassung aus der Kriegsgefangenschaft erfolgte am 26.11.1946 in München (vgl. W. JENTSCH, Ernstfälle, S. 368). Seit Oktober fand kein Unterricht mehr statt, weil die

dritten Mal darf ich Ihnen eine ganze Reihe von Studenten, Diakonen und CVJM-Schülern schicken. Diesmal sind es sehr viele[78] dank der Unterstützung der englischen Kirche und der YMCA. Ebenfalls konnten wir die Ausbildung diesmal viel gründlicher vornehmen. Die wissenschaftliche Leitung lag in den Händen von Pfarrer Karcher. Als Studentenpfarrer wirkte Pfarrer Mrozek. Das Programm füge ich in der Anlage bei.

Das britische Kommando ist nun bereit, alle Mitglieder des Seminars und auch weiteres Kirchenpersonal, das für Studium, Ausbildung oder Einsatz in der Heimat bestimmt ist, im Oktober zu repatriieren, und zwar in einem Sammeltransport an Ihre Anschrift: Der Landesbischof der Evangelisch-Lutherischen Kirche in Bayern, München, Himmelreichstr. 3. Man ist hier sehr entgegenkommend, da ich darauf hinweisen konnte, daß Herr Landesbischof Wurm Sie, hochwürdigster Herr Bischof, mit der Betreuung der Pfarrer, Studenten und des allgemeinen Kirchenpersonals aus Italien beauftragt hat. Wir sind Ihnen für Ihre bisherige rührige Hilfe und für den Dienst der Bayerischen Kirche unendlich dankbar. Bitte helfen Sie uns auch diesmal, wir sind ja einfach auf Ihre Liebe angewiesen. Ich tue es besonders herzlich, da ich ja nicht in eigener Sache kommen muß.

Das britische Kommando fordert eine Bescheinigung der militärischen amerikanischen Behörde in Bayern, aus der hervorgeht, daß die in der beiliegenden Liste aufgeführten SEPs von der Bayerischen Landeskirche amtlich zu ihrem Einsatzort beziehungsweise zu ihrer Ausbildungsstätte weitergeleitet werden. Die Bescheinigung muß abgestempelt sein und muß rechtzeitig in meine Hände kommen, und zwar an folgende Anschrift: Pastor Lic. theol. Jentsch, German YMCA-Sekretariat für Italien, c/o Nr. 1 SEP Centre CMF Riccione.

Im einzelnen wird später Pfarrer Mrozek über die Anliegen der Seminaristen und des Kirchenpersonals Vortrag halten. In besonderen Fällen werde ich mir erlauben, ein Extra-Anschreiben beizufügen. Haben Sie bitte die Güte, sich in der ganzen Angelegenheit mit Herrn Professor D. Althaus und mit Herrn D. Stange in Verbindung zu setzen, damit die Theologiestudenten geschlossen nach Erlangen und die CVJM-Sekretärsschüler nach Kassel kommen. Abschriften dieses Briefes lasse ich sicherheitshalber gleichzeitig an Herrn Professor D. Althaus und D. Stange senden. Hoffentlich ist es auch diesmal wieder möglich, daß die Heimatkirche und der

---

Kriegsgefangenen auch wegen der starken Regenfälle damit beschäftigt waren, Wassergräben zu ziehen und die Unterkünfte halbwegs trocken zu halten.

[78] Jentsch hatte seit Oktober 1945 Gruppen von entlassenen Studenten aus italienischen Kriegsgefangenenlagern an Landesbischof Meiser weitergeleitet, und zwar Teilnehmer der Evangelischen Lagerschule in Lager 6a in Bellaria, der Evangelischen Arbeitsgemeinschaft in Lager 2 und eines von Albrecht Schönherr geleiteten Theologischen Seminars in Tarent (vgl. oben Nr. II/12, S. 276).

deutsche CVJM den teilweise in schwerer Notlage befindlichen Studenten und Schülern wirtschaftliche Unterstützung zuteil werden lassen kann. Sehr dankbar wären wir Ihnen auch für eine Auskunft über die Ausbildungsmöglichkeiten der Studenten, die das Abitur nachholen müssen. Da wir diesmal durch die Bücherspenden der Ökumene und der YMCA und durch die finanzielle Unterstützung der YMCA in der Lage waren, die Ausbildung ziemlich gründlich vorzunehmen, wäre ich den kirchlichen Behörden, insbesondere auch was den CVJM anbetrifft, Herrn D. Stange sehr verbunden, wenn das in Rimini abgeleistete Semester als eine Art Vorsemester angerechnet werden kann, um damit vornehmlich den älteren Seminaristen den Ausbildungsgang nach Möglichkeit abzukürzen. Einige sind ja verheiratet, haben Kinder und wirtschaftliche Not. Eine ähnliche Sorge bewegt mich hinsichtlich derjenigen, die nebenamtlich etwa in die Gemeindejugendarbeit eintreten wollen. Vielleicht genügt hier ein umfassender vierwöchentlicher Übergangskurs in Kassel. Vielleicht könnten durch diesen Übergangskurs auch Religionslehrer, die eine entscheidende innere Wandlung erfahren haben, dadurch wieder sofort in den Dienst gestellt werden.

Über alle Einzelheiten darf ich Ihnen später berichten. Als Vorsitzender des Seminar-Kuratoriums darf ich Ihnen im Namen der Dozenten und der Schüler unsere Verehrung und Dankbarkeit zum Ausdruck bringen. Ich schreibe Ihnen diesen Brief wieder in kühnem Vertrauen, weil ich weiß, daß die Sache der „Riminianer" bei Ihnen, hochwürdigster Herr Bischof, bei Herrn Prof. D. Althaus und bei Herrn D. Stange in den besten Händen liegt.

In Ehrerbietung bin ich Ihr
Lic. Jentsch, Pfarrer.

II/19. Notiz von Pfr. Lic. Werner Jentsch

Kassel-Wilhelmshöhe, 16. März 1947

YMCA-Archiv Genf, Box Correspondence: Werner Jentsch 1936–1961[79]

1. Die Theologiestudenten des Theologischen Seminars Rimini, die zur Zeit in Neuendettelsau bzw. in Erlangen studieren und später als hauptamtliche Jugendpfarrer in den Dienst des CVJM treten wollen, und die für den unmittelbaren Dienst des CVJM in der Sekretärsschule Kassel auszubildenden Seminaristen von Rimini, die jetzt ihren Kursus begonnen

---

[79] Es geht aus dem Dokument nicht hervor, an welche Stelle die Bitte um Unterstützung in Ziffer 1 und damit wohl die gesamte Notiz gerichtet ist.

haben, wurden am 8. September 1946 ausführlich begründet dem Weltbund [der YMCA] zur finanziellen Unterstützung für ihr erstes Semester in Deutschland empfohlen. Herr Jones hat seinerseits damals die Hilfe des Weltbundes in Aussicht gestellt. Auf dieses Versprechen hin ist das ganze Studium der 29 Seminaristen gewagt worden. Neun Familien bedürfen darüber hinaus ganz besondere wirtschaftliche Unterstützung, so daß sich die Gesamtsumme von 28.100.– RM ergab. Bis heute ist noch nichts eingetroffen in Kassel. Alle genannten 29 Studenten und Seminaristen leben seit ihrer Entlassung vom Borgen, da sie entweder keine Angehörigen oder ihre Angehörigen in der Ostzone haben, die kein Geld schicken können. Das Geld ist also dringend nötig, weil die übrigen 40 Mitglieder des Seminars von den deutschen Landeskirchen für ihr erstes Semester unterstützt werden. Es war so ausgemacht, daß für 40 Mann die Kirche und für 29 die YMCA aufkommen sollten. Ich wiederhole also nochmals herzlich und inständig meine Bitte, weil ich nicht weiß, wie sonst die Seminaristen ihre Ausbildung in Deutschland fortsetzen sollen, die sie in der Gefangenschaft mit Hilfe der YMCA beginnen durften.

2. Im April 1947 werden die Lager in Italien aufgelöst. Damit findet auch das deutsche YMCA-Sekretariat Italien sein Ende. Die geschlossene Repatriierung des YMCA-Personals (30 Mann) ist durch die Zuzugsgenehmigung der Regierung in Kassel sichergestellt. Entlassungsort: Heimkehrer-Hotel Willingen, Kreis Waldeck. Herr Jones hatte im Dezember 1945 in Aussicht gestellt, daß das gesamte Material (Bücher, Musikinstrumente, Sportartikel usw.) nach Auflösung der Lager für die Heimatarbeit des Evangelischen Jungmännerwerks Deutschlands zur Verfügung stände. In den letzten Monaten meines Italien-Aufenthaltes habe ich außerdem eine ganze Holzbaracke mit fünf Zimmern und vollständiger Einrichtung, die durch Kriegsgefangene hergestellt wurde, dem britischen Kommando abgekauft. Eine solche Baracke ist in Deutschland eine Kostbarkeit. Wie ich durch meine deutschen Freunde in Rimini höre, haben sich nach der Meinung von Herrn Jones Schwierigkeiten für die Überführung des Materials und der Baracke nach Deutschland ergeben. Ich bitte nun den Weltbund einzugreifen, um das Material rechtzeitig und geschlossen zu überführen. [...][80]

---

[80] Nicht aufgenommen sind Vorschläge von Jentsch für die Rückführung des Materials des Theologischen Seminars und Fragen zu Bestellungen von Büchern.

d. Rückblick

II/20. Werner Jentsch: „Der geistliche Ertrag der Gefangenschaftskirche". 1987

In: Eine Denkwerkstatt der Kirche. Augustana-Hochschule 1947–1987. Hg. von Gerhard Monninger i. A. der Gesellschaft der Freunde der Augustana-Hochschule. München 1987, S. 13

Der geistliche Ertrag der Gefangenschaftskirche liegt wohl in einem Doppelten: Unsere Erfahrung mit Kirche hinter Stacheldraht hatte den Charakter einer Intensivierung und einer Extensivierung. Wir bekamen neuen Sinn für das Wesentliche in der Kirche, für die „Haupt"-sache Jesus Christus, für Wort und Sakrament, Gebet und Gemeinschaft. Wir rückten als Brüder zusammen. Und dann: Wir empfingen einen neuen Anstoß zum Missionarischen. Die Hörer unserer Predigten mußten erst einmal gesucht und gewonnen werden. DC-Pfarrer lernten, das Eine zu predigen, das not ist.[81] BK-Pfarrer lernten, das Bekenntnis „ad hominem" zu bekennen. Der mündige Laie wurde zum unentbehrlichen Helfer auf dem Missionsfeld des Lagers. Kurz, das Amt des Menschenfischers[82] wurde wiederentdeckt. Ob Intensivierung oder Extensivierung zuerst kam, war nicht so wichtig. Beides bedingte einander und wurde durch die Klammer der Seelsorge zusammengehalten. Gerade in der Masse der Gefangenen wurde die Maßarbeit am einzelnen entscheidend.

---

[81] Lk 10,42.
[82] Mt 4,19.

III. LEBEN UND LERNEN IN ÄGYPTEN –
DIE KANALZONE 1945–1948

Evangelische Lagergemeinden in den Kriegsgefangenenlagern

a. Berichte und Korrespondenz

III/1. Bericht von Pfr. Boye Gehrckens an die Kirchenkanzlei der EKD

Camp 305, 29. August 1946

EZA Berlin, 2/480[1]

In Tarent fanden wir uns nach unserer Gefangennahme in Venedig und einer langen Fahrt von Lager zu Lager quer durch Italien kurz vor Pfingsten 1945 im großen Transit-Camp ein. Zum Pfingstgottesdienst lernte ich dort den Pfarrer Rein kennen, der mich gern in seine Arbeit eingereiht hätte, doch schon wenige Stunden später erfolgte unsere Weiterleitung nach Afrika. Gerne wäre ich um der Arbeit willen dort geblieben, doch hielt ich es für meine Pflicht, mit den Männern, mit denen ich so lange zusammen war, nun auch den letzten bitteren Weg zu gehen, in der Gewißheit, daß dort genügend und dringende Arbeit meiner harren würde.

Am 28. Mai 1945 trafen wir im Camp 305 ein, und am nächsten Tage wurden wir in die einzelnen geschlossenen Pens verteilt. Nachdem die ersten Tage mit dem Einrichten im Lager verstrichen waren, wandte ich mich an den Lagerführer[2] mit der Bitte, Gottesdienste halten und die seelsorgerliche Betreuung übernehmen zu dürfen. Das wurde mir genehmigt, und so konnten wir am 11. Juni 1945 den ersten Gottesdienst abhalten. Es war freilich ein recht bescheidener Anfang. Nur ein kleiner Kreis fand sich ein. Ein schlichter Tisch diente in einem wenig schönen Messezelt als Altar. Gesangbücher fehlten, und nur meine Bibel und ein kleines

---

[1] Vgl. auch die speziellen Berichte über die Theologischen Schulen (unten Nr. III/15-III/19, S. 344–357). Vgl. ferner K. W. BÖHME, Geist und Kultur, S. 158–163; H. WOLFF, Überblick, S. 488–509.

[2] Gemeint ist der deutsche Lagerführer.

Feldgesangbuch standen mir selbst zur Verfügung. Ein bescheidener Anfang, und doch war es der Anfang einer Arbeit, die Freude und Segen in
reichem Maße in sich bergen sollte. Langsam kam bald der eine und bald
der andere, und unvergeßlich werden mir die seelsorgerlichen Gespräche
in den Abendstunden gerade dieser ersten Zeit sein. Es war ein gemeinsames Ringen, mit der Not und all ihren Folgen fertig zu werden, Ordnung
in das Chaos der äußeren und viel mehr noch der inneren Katastrophe zu
bringen, durchzustoßen zu der Erkenntnis eigener und gemeinsamer
Schuld, sich zu beugen unter das Gericht Gottes und Vergebung zu suchen
in seiner Gnade. Da brachen Tore auf, wo man es nie gedacht, begegnete
einem eine Aufgeschlossenheit für die Botschaft des Evangeliums, daß man
unmittelbar zu spüren vermeinte, wie der Herr die Herzen anrührte, wie
er mitten unter uns weilte. Unvergeßlich wird mir diese Zeit immer bleiben
und voll tiefer Dankbarkeit in der Erinnerung fortleben.

Während ich meine Gottesdienste erst 14-tägig, dann sonntäglich mit
steigender Anteilnahme halten konnte, wuchs aus der Gemeinde ein kleiner
Bibelkreis, der sich wöchentlich um die Bergpredigt zusammenfand. Gern
wurden die Gottesdienste auch von den Katholiken besucht, deren Betreuung erst spät im Herbst durch einen katholischen Geistlichen einsetzte.
Auch nachher blieben wir im brüderlichen Gespräch miteinander, und
manchen von ihnen sah ich auch weiterhin unter den Gottesdienstbesu-
chern.

Langsam hörte ich von den Amtsbrüdern in den Nachbarkäfigen, die
ebenfalls hier und dort die Arbeit aufgenommen hatten und jeweils ebenfalls etwa 400 Kameraden betreuten. Anläßlich von Sportwettkämpfen
zwischen den Käfigen konnte ich als Spieler oder auch Zuschauer mitgehen
und mit ihnen in Fühlung treten. Als dann im August zunächst für die
Tagesstunden die Käfige untereinander Verbindung hatten, stellte sich
heraus, daß nicht weniger als 14 Amtsbrüder im Lager waren. Nun fanden
wir uns wöchentlich an einem Vormittag zu einer theologischen Arbeitsgemeinschaft zusammen, in der nach einer Andacht und einer regelmäßigen
Römerbriefexegese Referate über theologische Themen und Fragen des
Amtes gehalten wurden. Auch die praktischen Aufgaben im Lagerdienst
wurden hier besprochen.

Der Dienst ordnete sich im großen so, daß im allgemeinen zwei Früh-
gottesdienste von den Brüdern in den anderen Käfigen abwechselnd gehalten wurden, während ich regelmäßig den Abendgottesdienst in meinem
Käfig hielt. Insgesamt dienten wir neun Käfigen. Dabei zeigte es sich, daß
der Abendgottesdienst am günstigsten lag und durch die Regelmäßigkeit,
mit der er gehalten wurde, zu einer stets wachsenden Stammgemeinde
führte, mit der man fest rechnen konnte. Durch Anfertigung schlichten
Altargerätes und Altarschmuckes sowie durch Liederzettel und Liederhefte
gelang es, den Gottesdienst würdiger auszugestalten. Leider fehlte es in

der Bibliothek an jeglicher Fachliteratur. So war es nicht immer ganz leicht, aber doch eine heilsame Zucht, nur von der Bibel her die Predigt gestalten zu müssen.

Im Lager selbst hatte sich inzwischen ein starker Unterrichtsbetrieb und ein reges geistiges Leben entwickelt, das sich auf alle wissenschaftlichen Gebiete ausdehnte. Die Politik trat dazu mehr und mehr in den Vordergrund, und langsam ergab es sich, daß die POWs sehr vielbeschäftigte Leute wurden. So blieb es nicht aus, daß der eine oder der andere, der zunächst bei uns Anregung und Sammlung gesucht hatte, fortblieb und anderen Dingen nachging. Dafür fiel uns aber aus den jüngeren Jahrgängen zunehmend eine Gruppe solcher Kameraden zu, die in ihrer Jugend kaum etwas oder nur wenig von Christus gehört hatten und die dankbar waren für die ganz schlichte, christozentrische Verkündigung. Zum Erntedankfest, am Buß- und Bettag, Totensonntag, zur Adventsfeier und Weihnachten waren alle Gottesdienste erfreulich besucht, im übrigen aber hielten sich Zu- und Abgänge die Waage, und die Arbeit schien mir an einem Punkt angekommen zu sein, da man von einer gewissen Stagnierung sprechen konnte, eine Erscheinung, die, wie ich später erfuhr, auch in anderen Lagern auftrat.

Auf der Suche nach Wegen und Möglichkeiten, soweit es in unserer Kraft stand, solcher Verhärtung Einhalt zu gebieten, kam mir im Gespräch mit einem alten christlichen Jugendführer fast blitzartig der Gedanke, hier mitten in der Wüste, in unserem Offizierslager, einen CVJM zu gründen. Einmal aufgekommen, ließ uns der Gedanke nicht mehr los, und es gelang uns schnell, einen Kreis für diese Aufgabe zu begeistern. So wurden die Vorarbeiten gründlich getroffen, und am 28. Januar 1946 konnten wir in einer Gründungsversammlung den CVJM [in Lager] 305 ins Leben rufen, dem sich sogleich 40 Mitglieder anschlossen.[3] Ein Doppelzelt wurde uns zur Verfügung gestellt, das in unermüdlichem Schaffen zu einem sehr feinen Heim ausgebaut wurde, das wir am 17. März 1946 nach einem vorhergehenden Festgottesdienst seiner Bestimmung übergeben konnten.

Die Arbeit des CVJM wirkte sich sehr segensreich für die gesamte kirchliche Arbeit hier im Lager aus. Es entstanden geschlossene Gruppen in den einzelnen Käfigen, und die Zahl der Mitglieder und Freunde wuchs zusehends und ohne große Werbung. Im Mittelpunkt stand von Anfang her die Bibelarbeit. Zuerst wurde gemeinsam der Philipperbrief gelesen, und jetzt treiben die Gruppen wöchentlich ihre Arbeit am Markusevangelium. Dabei ist es heute so, daß die Kameraden selbst Auslegung und Besprechung durchführen, während wir Pastoren nur helfend teilnehmen und eingreifen, wenn Schwierigkeiten auftreten oder das Gespräch einmal

---

[3] Vgl. unten Nr. III/9 und III/10, S. 328–331 und 331 f.

unfruchtbar zu werden droht. Neben der Bibelarbeit steht eine eifrige Schulung und Vorbereitung besonders der jüngeren Freunde für die spätere Jugendarbeit in der Heimat.

Inzwischen ist der CVJM auf 120 Mitglieder angewachsen. Außerdem kommen noch manche Freunde regelmäßig zu unseren Abenden. Geleitet wird der CVJM 305 von einem alten CVJM'er, Herrn Alfred Trüschel aus Worms, der von der Gründung her den Verein mit unendlicher Treue, mit reicher Erfahrung und großer Umsicht führt. Daneben steht der Vorstand, der sich aus den Gruppenführern der einzelnen Käfige sowie den beiden Kuratoren Pfarrer Lic. Arnold und mir zusammensetzt.

Schon im August 1945 baten mich drei jüngere Freunde, die die Absicht haben, Theologie zu studieren, um Rat und Hilfe bei ihren Vorbereitungen. Neben ihren Sprachvorbereitungen, die im Rahmen des allgemeinen Unterrichts möglich waren, trieben wir zusammen Bibelkunde und zwar wöchentlich je zwei Stunden Altes Testament und Neues Testament. Mit der Zeit fanden sich bei den anderen Amtsbrüdern auch einige angehende Studenten ein, so daß zunächst mehrere Arbeitsgruppen entstanden.

Viel Anregung brachte uns eine Theologische Rüstzeit, die in der Zeit vom 30. Mai bis 13. Juni 1946 von dem englischen Chaplain, Herrn Hauptmann Reid, hier eingerichtet wurde und für die wir sehr dankbar waren.[4] Im Mittelpunkt dieser Rüstzeit stand die Bergpredigt-Auslegung von Bruder Wester, Westerland, der von Camp 306 zu uns herüberkommen durfte. Außerdem wurden Referate von Bruder Bangert über den Offenbarungsbegriff und von mir über „Die Aufgaben und Möglichkeiten der Seelsorge" gehalten. In acht großen, stark besuchten Abendvorträgen wandten wir uns auch an die Lageröffentlichkeit. Den Hauptgottesdienst am ersten Pfingsttag hielt uns Bruder Wester über Apg 2,1–11 im überfüllten Messezelt von Pen 13. Eine gemeinsame Abendmahlsfeier beschloß die für alle Teilnehmer segensreiche Rüstzeit. Auch an dieser Stelle sei Herrn Hauptmann Reid für die Gestaltung dieser Zeit und besonders auch Bruder Wester für die Fülle seiner Anregungen von Herzen gedankt.

Im Anschluß an die Rüstzeit kamen eine ganze Reihe von Amtsbrüdern zum Einsatz bei den Arbeitskompanien außerhalb des Lagers. So mußte auch hier die Arbeit neu geordnet werden. Bruder Rückert übernahm die Vertretung gegenüber dem Lager sowie die Außenarbeit, Lic. Arnold nahm sich der inzwischen auf zehn angewachsenen Gruppe der Theologiestudenten an, die in einem Arbeitsseminar zusammengefaßt wurden, während mir neben der Arbeit an der Gemeinde die Betreuung des CVJM und die seelsorgerliche Arbeit im abgeschlossenen Sonderkäfig oblag. Die Predigt-

---

[4] Vgl. den Bericht von Pfr. Norbert Rückert über die Theologische Rüstzeit. Camp 305, 3.7.1946 (EZA BERLIN, 2/479).

arbeit führten wir gemeinsam durch, wobei uns die noch nicht eingesetzten Brüder Arnold II und Freytag unterstützten.

Durch die Pastoration für die Kriegsgefangenen in Genf[5] wurden uns Bibeln, Neue Testamente, Gesangbücher und vor allem auch theologische Schriften zugesandt, ein rechter Segen und eine große Hilfe für die Arbeit. Auch der YMCA Kairo hat durch seinen Vertreter, Herrn Morgan, mit uns Verbindung aufgenommen, hat uns manche Wünsche erfüllen können und weitere Bitten von uns entgegengenommen. So haben wir für vieles zu danken, und dieser Dank gilt allen, die uns mit Rat und Tat zur Seite standen, besonders aber auch denen, die fürbittend unsere Arbeit auf dem Herzen trugen. Wie froh und dankbar sind wir, daß wir mitten in der Trostlosigkeit der Gefangenschaft und der Wüste in dieser Gemeinschaft stehen und arbeiten dürfen! In Christus fanden viele die Lebensquelle, aus der sie immer wieder neue Kraft schöpfen durften aus aller Not und Ohnmacht dieser Zeit. So beginnt außer am Sonntag jeder Tag mit einer Morgenwache, und kaum ein Tag geht vorüber, der nicht ausklingt in der Sammlung unter das Wort.

Als Mangel empfand ich es bisher, daß den älteren Jahrgängen, denen der CVJM nicht mehr den richtigen Raum bot, besonders nachdem gerade die Jugendarbeit dort aufgenommen wurde, ein Zusammenschluß innerhalb der Gemeinde fehlte. So habe ich am 16. August [1946] zum ersten Mal zu einem evangelischen Männerwerk aufgerufen. 65 Männer fanden sich zu einem Vortrag über das Thema „Unser Dr. Martin Luther" zusammen. Im September werden zwei weitere Abende stattfinden. Als Themen hierfür wurden festgelegt: „Die bekennende Kirche der Reformation" und „Der Christ und seine Gemeinde". Bei dem letzten Vortrag habe ich die Absicht, auf die besonderen Erfordernisse der hiesigen Gemeindearbeit einzugehen, in der Erwartung, daß sich so eine Gemeindevertretung aus dem evangelischen Männerwerk und dem CVJM herausbildet, die auch von sich aus der kirchlichen Arbeit Dienste leistet und belebend wirkt.

Doch diese Arbeit wird erst in unserem neuen Lager 380 Gestalt gewinnen können, denn in wenigen Tagen wird uns der Weg dorthin führen. Möchte es dort der rechte Auftakt werden und der Arbeit dienen zur Ehre Gottes.

Schaue ich heute auf die 15 Monate zurück, die ich als POW-Pfarrer im Camp 305 arbeiten durfte, so darf ich es nur tun mit tiefem Dank gegen den Herrgott, der mit uns war und Segen legte auf das Wort, daß es nicht leer zurückkam.[6] Keinen Tag möchte ich aus dieser Zeit missen, so schwer sie in vielen Dingen auch war. Heute ist unsere Arbeit aus dem

---

[5] Gemeint ist die Ökumenische Kommission für die Pastoration der Kriegsgefangenen.
[6] Vgl. Jes 55,11.

Lagerleben gar nicht mehr fortzudenken, und das Kreuz steht auch hier als Siegeszeichen aufgerichtet.

Mit Sorgen gingen unsere Gedanken oft in die Heimat, von der wir lange, schwere Monate ohne Nachricht blieben. Im Gebet brachten wir Not und Sorge in Fürbitte und Flehen vor Gott. In Christus wurde uns Kraft und Trost in schwerer Zeit. Und als dann die Nachrichten kamen, nahmen wir sie dankbar hin als ein Gottesgeschenk, und trugen es miteinander, wenn seine harte Hand den Einen oder den Anderen traf. Wohl als letzter aus unserem Kreis erhielt ich nach einer Wartezeit von 16 Monaten die ersten Nachrichten von meiner Frau und den Kindern aus Erfurt.

Als andere werden wir einmal heimkehren, und mancher wird dabei sein, der hier erst seine rechte Heimat fand, dem Jesus Christus das Zentrum seines Lebens wurde. Durch die Erkenntnis von Sünde und Schuld fanden wir zur Gnade, die alle Tage wieder neu über uns aufging[7] und die unser Leben hier gesegnet und froh gemacht hat. Voll Sehnsucht blicken wir nach der Heimat aus und bitten zu Gott, daß der Tag nicht mehr fern sei, da wir mit unseren Lieben vereint ihr wieder unmittelbar dienen können. Doch auch über diesen Wünschen steht „Dein Wille geschehe".[8]

Und wenn ich zum Schluß dieser Arbeit hier ein Wort des Dankes anfügen darf, so soll es den lieben, treuen Brüdern und Freunden gelten, die durch ihre Fürbitte die Arbeit trugen und bauen halfen an dem Werk, zu dem wir uns gerufen wußten. Der Herr segne sie und gebe ihnen hier und einst daheim Kraft und Freudigkeit zu allem guten Werk.

Unser gemeinsamer Gruß gilt allen Brüdern und Freunden in aller Welt, insbesondere aber unseren Heimatkirchen, mit denen wir uns dankbar verbunden wissen und für deren schweren Dienst wir Gottes Segen erbitten.

III/2. Bericht von Pfr. Georg Schneider über seine Arbeit als Lagerpfarrer und an der Theologischen Schule

Schwäbisch Hall 1978

LKA Stuttgart, D 54: Schneider (Auszug aus: Georg Schneider, Als Soldat der Großdeutschen Wehrmacht, Erinnerungen aus Krieg und Gefangenschaft 1939–1947)

[...] Im März [1946] wurden wir evangelischen Geistlichen zu einem theologischen Schulungslager nach Lager 380 verbracht, das durch Käst-

---

[7] Vgl. Klg 3,23.
[8] Mt 6,10.

ners Buch „Tumilad"[9] einer breiten Öffentlichkeit bekannt wurde. Der Engländer wollte eine seelsorgerliche Betreuung der Männer starten. Mein Freund Reinhard Wester, führender Kopf der Bekenntniskirche in Schleswig-Holstein, später Bischof von Schleswig, erhält die Leitung. Wir beide hatten schon Monate vorher durch gemeinsame Bibelstunden über die Bergpredigt einen Kreis gesammelt, während ich noch auf dem [Post-]Office tätig war. Er bat mich, daß ich einen Teil der Referate halte, obwohl oder gerade weil er wußte, daß ich einen ganz anderen theologischen Standort hatte als er. Anstrengendste Arbeit, ich hielt die Koreferate zu ihm, er zu mir. Lebhafte Debatten, auch ein Aufmupfen, daß ich, der „Rotkäppchenpfarrer"[10], so meinen theologischen Standpunkt bekannt geben und untermauern durfte. Es wurden folgenschwere Tage. Einmal erhielt ich während dieses Kurses die erste Karte meiner Frau „An den Kriegsgefangenen Georg Schneider angeblich bei Kairo in Ägypten", deren Original in der „Festgabe für die Enkel" fotokopiert vorliegt. Damals baute der englische General Chaplain für die Middle-East-Gefangenen ein Seelsorgenetz aus, in das auch Laienlektoren eingeplant waren [...]. Das Ergebnis: Es wurde bestimmt, daß ich meinen Job im Office aufgeben und als Lagerpfarrer die Seelsorge vom Camp 308 übernehmen sollte. Wie es auch geschah.

Aber ehe ich von dieser Tätigkeit berichte, soll ein anderes Treffen in Ismaelia nicht vergessen werden: Die etwa 50 evangelischen Pfarrer wurden von den englischen Pfarrern verschiedenster Denominationen zu einer Art ökumenischer Begegnung eingeladen. Inzwischen war ja das berüchtigte „Stuttgarter Schuldbekenntnis"[11] über die Bühne gegangen, das ich so, wie es geschah, ablehnte. Reinhard Wester wird aufgefordert, einen Bericht über den Kirchenkampf im Dritten Reich zu geben. Das war richtig, da

---

[9] E. KÄSTNER, Zeltbuch.

[10] Georg Schneider, zunächst Pfarrer der Württembergischen Landeskirche in Stuttgart, war ein führendes Glied der württembergischen Deutschen Christen und wurde am 17.7.1936 vom Evangelischen Oberkirchenrat in Stuttgart (Landesbischof Wurm) beurlaubt, da er in seiner Verkündigung „den Boden des biblisch-reformatorisch verstandenen Evangeliums verlassen" habe. Aus formalen Gründen erfolgte die Entlassung Schneiders aus dem Dienst der Landeskirche erst im Jahr 1947. – Nach seiner Beurlaubung hielt Schneider vor allem in der im staatlichen Besitz befindlichen Schloßkirche in Stuttgart Gottesdienste für seine deutsch-christliche Personalgemeinde. Da er sich in seinen Ansprachen des öfteren auch auf Märchen bezog, wurde er als „Rotkäppchenpfarrer" bekannt (vgl. G. SCHÄFER, Landeskirche 4, S. 720 ff. und Personenregister; DERS., Landeskirche 5, S. 410 ff. und Personenregister; DERS., Landeskirche 6, Personenregister. Vgl. weiterhin R. LÄCHELE, Volk, S. 91–131.172–179; WIR KONNTEN UNS NICHT ENTZIEHEN, S. 417–431). – Getilgt in diesem Dokument sind persönliche Bemerkungen Schneiders für seine Familie.

[11] Text des sog. Stuttgarter Schuldbekenntnisses vom 19.10.1945 u. a. in: KJ 1945–1948, S. 26 ff. Vgl. dazu auch M. GRESCHAT, Schuld; G. BESIER/G. SAUTER, Christen; dort auch Hinweise auf weitere Literatur. Vgl. dazu ferner K. MEIER, Christen, S. 595 f.

er wirklich ein tadelloser, deutschbewußter, führender Kopf der Bekenntnisbewegung eines Gebietes war, wo Frenssens „Glaube der Nordmark"[12]
viel Tumult verursacht hatte. Da aber unter den deutschen evangelischen
Pfarrern keiner war, der Englisch sprechen konnte – sie alle waren Alt-
sprachler kraft ihrer Ausbildung, ich war als Oberrealschüler einen völlig
anderen Weg geführt worden und hatte ja als Dolmetscher die nötigen
Fähigkeiten –, so wurde ich nolens volens zum Dolmetscher bestimmt, saß
oben am Tisch, links zur Seite des General Chaplains. Wester und ich
hatten uns schon oft über den Jammer der innerkirchlichen Auseinandersetzungen unterhalten; ich wußte im voraus, was er etwa sagen würde,
und er wußte im voraus, was ich etwa denken würde. Ich sagte ihm mit
einem gewissen Lachen: „Reinhard, du magst sagen, was du von deinem
Standpunkt aus sagen mußt; wenn ich es aber anders ansehe, übersetze
ich es, wie ich es für richtig halte!" Die Grundzüge der kirchlichen
Kontroverse wurden klar herausgearbeitet. Die eine Seite: Theologisch
konservativ, dem Bekenntnis der Väter getreu, auf das „Wort Gottes"
gegründet und politisch ablehnend gegen das Regime. Ich lieferte damals
eine brauchbare englische Übersetzung zum Bekenntnislied „Erhalt uns
Herr bei Deinem Wort"[13], das Wester zitierte. Die andere Seite mehr
liberal-pietistisch, volksmissionarisch die Möglichkeiten im Dritten Reich
nutzen wollend und daher staatspolitisch trotz mancher Bedenken legal,
alles eingebaut in die buntscheckige Geschichte des zersplitterten deutschen
Protestantismus mit dem Willen zur Nationalkirche. Die Linien waren klar.
Am Schluß wiederholt der General Chaplain die Ausführungen, um sich
zu vergewissern, ob er auch richtig verstanden habe. Und dann endet er
mit dem unvergeßlichen Satz: „In this sense, we all are ‚German Christi-
ans'!"[14] Mir fiel ein Stein vom Herzen. In der späteren Entnazifizierung
ist daher auch in der Englischen Zone keinem einzigen DC-Pfarrer etwas
geschehen. Hugo Rönck, der letzte Thüringer DC-Landesbischof, wurde
nach dem Krieg Propst in Plön. Sogar dem Leiter „Deutscher Christen –
Nationalkirchliche Einung", Siegfried Löffler [richtig: Leffler], der von
Weimar hatte flüchten können, geschah in der Englischen Zone nichts,
obwohl er in Friedenszeit hoher Regierungsbeamter und während der
Besatzungszeit in Holland ein „hoher Goldfasan"[15] war; er wurde erst
verhaftet, als man ihn in die Amerikanische Zone gelockt hatte. [...]

---

[12] G. FRENSSEN, Glaube.

[13] Martin Luther: „Erhalt uns, Herr, bei deinem Wort" (EG 193).

[14] Zur Entwicklung der Deutschen Christen vgl. K. MEIER, Christen. In den Kriegsge-
fangenenlagern wurde das Thema des Kirchenkampfes des öfteren besprochen; vgl. ein
einschlägiges Manuskript von Reinhard Wester (LKA STUTTGART, D 54: Wester) und
Vorträge im Durchgangslager Tarent von Albrecht Schönherr, „Christus und der Mythus".
In: Bereitschaft 1946/1947, Nr. 2–4: Miramare, 4.3.1946–7.4.1946 (LKA STUTTGART, D 54:
Bereitschaft).

Die Unterhaltung mit den englischen „christlichen Brüdern" war sehr ungezwungen. Mein Tischnachbar war ein Oberst-Chaplain, der mit der in Norddeutschland vorrückenden Truppe (über Arnheim) gekommen war. Er erzählte mir: In Rotenburg/Hannover – ich kenne es nicht, liegt zwischen Hamburg und Bremen – durchkämmt seine Einheit eine schöne Waldsiedlung. Es sind arme Waliser und sie staunen, als sie glaubwürdig erfahren, daß alle diese Häuschen Arbeitern gehören. Es kommt fast zu einer Rebellion der Truppe. Sie ahnen, daß die englische Propaganda gegen Hitler wohl nicht immer mit der Wahrheit arbeitete. Es ist ein ernstes Gespräch. Über dem Suez-Kanal drüben steht noch das Denkmal, bis wohin im Ersten Weltkrieg deutsche Einheiten vorgestoßen waren. Sollten wir an unserem Volk verzweifeln? Sollen wir es nicht mit den Römern halten: „An Gott und dem Vaterland soll man nicht verzweifeln." Es tat in jener Lage gut, einem ehemaligen Feind zu begegnen, der – trotz allem – vor unserem Volk und seiner erhärteten Gemeinschaft Respekt empfand.

Meine Aufgabe als Lagerpfarrer erstreckte sich auch auf einige Arbeitseinheiten, die längs des Suezkanals zu besonderen Zwecken vorhanden waren, etwa Wäscherei, Schreinerei usw. Es waren meist kleinere Gruppen, die ich in kürzeren oder längeren Abständen mit meinem englischen Fahrer per Auto besuchte. Der Empfang immer herzlich, reichlich gedeckter Tisch – die Einheiten waren Selbstversorger –, anregende Gespräche. Meist wurden keine Vorträge gehalten, sondern man saß zwanglos beieinander und sprach über Gott und Welt, häufiger über die Welt, denn diese Menschen waren ziemlich abgeschnitten, hatten damals noch keine Radios und waren sehr dankbar für alle Informationen, über die ich stets verfügte. Die Vergangenheit konnte nicht ungeschehen gemacht werden, aber es galt, aus der Vergangenheit Lehren zu ziehen für die Zukunft. Die Herzen dieser Männer waren aufgeschlossen für alles Gute und Echte.

Eine meiner schwersten Obliegenheiten waren die Besuche im 19. General Hospital. Dort waren die „mad men", die Verrückten zusammengezogen. Die englischen Nurses taten ihr Äußerstes gegen dieses grenzenlose Leid. Ursache: Bei manchen die schwache natürliche Konstitution, bei anderen eine Art Tropenkoller, bei vielen der seelische Schock des Zusammenbruchs. Es war unmöglich, etwa eine gemeinsame Veranstaltung zu halten. Man sah um sich, ob noch irgendwo ein gesund ausschauendes Auge zu entdecken war. Eine der unvergeßlichen Gestalten ist ein Berliner Junge, den wir aus unserem *Cage* abgeliefert hatten. Er war Uhrmacher und reparierte die ihm übergebenen Uhren. Auf einmal fängt er an, erregt auch nachts zu arbeiten. Ich suche ihn zu beruhigen. Es wird immer

---

[15] Volkstümliche Bezeichnung für einen Funktionär der NSDAP, dessen Uniform reichlich mit goldenen und roten Bordüren bestückt war.

schlimmer. Ich vermute eine schwere Pubertätskrise und hole den Arzt: „Eine dementia praecox". Im General Hospital suche ich ihn auf. Furchtbar: In einer engen, grauen Zelle steht ein abgemagertes Skelett nackt gegen die Wand starrend. Alle Kleider zerriß er immer wieder. Das Essen, das ihm durch eine Öffnung zugeschoben wird, fliegt weg. Er erkennt mich nicht mehr. Und ausgerechnet diese „mad men" sind die ersten, die im Dezember 1946 in den kalten Winter zur Entlassung kamen! Von den Engländern aus gesehen durchaus verständlich, aber was sollte man mit diesen Männern in der Heimat anfangen?

Über Arbeitsmangel konnte man nicht klagen. Eine ganz neue Aufgabe erwuchs, als vom Engländer ermutigt und gefördert „Lagerhochschulen" entstanden. Lehrkräfte waren für alle Fächer vorhanden. Die dringlichsten Lehrmittel wurden beschafft. So entstand auch eine Theologische Fakultät mit etwa 25 jungen Männern, meist Abiturienten. Vor allem galt es zunächst, sie sprachlich so weit zu fördern, daß sie erfolgreich in ein ordentliches Studium eintreten konnten nach der Entlassung. Ein Hochschulprofessor nahm sich des Griechischen an. Ich übernahm Hebräisch, und von der Universität Jerusalem erhielten wir einen Nachdruck der Hollenbergschen Hebräischen Grammatik.[16] Es wurde gründlich nach Stundenplan gearbeitet. Die Jungen erhielten sogar eine kleine Bezahlung wie für einfache Arbeit. Sie lebten, von einem Verdener Pfarrer betreut, nach den Regeln der Berneucher brüderlich zusammen. Es war ein erstes zages Wagnis in das Leben hinein, das vor ihnen stand. Mir ist mein Geburtstag 1947 unvergeßlich, als, von Paul Marquardt als Konditormeister geschaffen, eine sogenannte POW-Torte zum Kaffee aufgetragen wurde. Die Torte bestand aus süßen Keks mit einer aus Kondensmilch und Schokolade hergestellten Schicht zwischen den einzelnen Kekslagen. Sie schmeckte herrlich und trug ihrem Bildner hohes Lob ein.

Doch zwei Erinnerungen trüben mir das Bild. Das eine: Ein junger Westpreuße, aus einer konfessionellen Mischehe stammend, aber evangelisch zunächst und dann auf einer Nationalpolitischen Erziehungsanstalt „gottgläubig" erzogen, litt schwer unter seinem Kriegseinsatz, den er bei der Division Brandenburg im Partisanenkrieg Jugoslawiens abgeleistet hatte. Er konnte seines Lebens nie froh werden. Eines Tages schied er von uns, trat zur Katholischen Kirche über und wollte in einen der ernsten Mönchsorden eintreten. Er wollte büßen und er glaubte, daß ihm das nur möglich sei durch ein Mönchsleben strengster Observanz. Ja, auch solche Früchte brachte der Ungeist der vorausgegangenen Zeit hervor.

Etwas Anderes gehört zu meinen schmerzlichsten Erinnerungen. Unter den „Studenten" war auch ein X (aus Y). Nun hatte ich auch einmal in

---

[16] Hollenberg-Budde, Hebräisches Schulbuch.

dieser Kirche einen Vortrag gehalten, ich erinnerte mich sogar sehr deutlich daran. Dessen Vater war ein Oberbarthianer und, von X aus zu schließen, ein unerquicklicher Fanatiker. Der Sohn schreibt dem Vater etwa: Denk Dir nur, der Rotkäppchenpfarrer ist nicht nur als Lagerpfarrer eingesetzt worden, sondern ist sogar Dozent an unserer Schule! Der Vater hat nichts Gescheiteres zu tun als an die Deutsch-Evangelische Kirche, die damals in [Schwäbisch] Gmünd unter dem Herrn Asmussen wirkte, zu schreiben. Und besagter Herr Asmussen, der längere Zeit in Schwäbisch Hall in „Verbannung" gelebt hatte und mich kennen mußte, hat nichts Wichtigeres zu tun, als an das englische Außenamt zu schreiben, man möge doch den zuständigen Geistlichen zu den wünschenswerten Schritten veranlassen. Eines Tages kommt mein Chaplain Reid aus Edinburgh, er schwenkt einen Brief, gibt ihn mir zu lesen. Ich erblasse. Obwohl der englische Geistliche keinem staatlichen Ministerium untersteht – und das war ja in meinem Fall das günstigste –, wird er doch in beredten Worten vor mir als einem ganz gefährlichen Ketzer gewarnt. Nun kannte mich ja Reid schon seit den Arbeitstagungen in Tumilad und Ismaelia. In einer schwersten Stunde der Erniedrigung lieferte hier die Evangelische Kirche in Deutschland einen der Ihren ans Messer, will es wenigstens tun! Ich sitze wortlos mit gesenktem Kopf. Scharf schneidet sein „fi donc" „Pfui Teufel" durch die Luft. Der Engländer ist für fair play, für so etwas hat er keine Worte, da muß er schon französisch reden. Er versichert mich seines Vertrauens. X wird für einige Zeit aus der Schule relegiert. Nun weiß ich, daß ich es schwer haben würde, noch ein gutes Verhältnis zur Kirche meiner Jugend zu finden. Anmerken möchte ich noch, daß ich Wurm nie etwas Derartiges zutrauen würde.

Noch einmal wird es kritisch um mich. Im Herbst 1946 naht sich der Tag, wo in Nürnberg das Militärgericht der Siegermächte seine Urteile sprechen würde.[17] Ich hatte mit heißem Atem die Verhandlungen verfolgt und war mir im klaren, was bei dieser Siegerjustiz herauskommen würde. Ich erklärte also am Sonntag der Woche, an der die Urteilsverkündung zu erwarten war, den Kameraden, daß ich am kommenden Sonntag nicht predigen werde, denn ich müßte dann zu gewissen Ereignissen, die man nicht einfach übersehen könne, Stellung nehmen in einer Weise, die mich und sie gefährden würde. Ich bäte sie aber, zu meditieren über das Pauluswort aus Römer 3[,23]: „Sie sind allzumal Sünder und mangeln des Ruhms, den sie vor Gott haben sollten."

Natürlich wurde das sofort von willigen Tratschbasen bei unserem von mir so „heißgeliebten PID", dem Dr. Sindler aus Düsseldorf, brühwarm

---

[17] Nürnberger Kriegsverbrecherprozeß vom 20.11.1945 bis 1.10.1946, Vollstreckung der Todesurteile am 16.10.1946. Hermann Göring beging unmittelbar vor der Hinrichtung Selbstmord durch Einnehmen einer Giftampulle (vgl. R. KEMPNER, Das Dritte Reich).

gemeldet. Jenes Schandereignis in Nürnberg trifft ein, wo der Vertreter Rußlands neben dem von England, Amerika und Frankreich sitzt. Er wartet den Sonntag ab, aber dann werde ich zu ihm befohlen; außerdem war es ihm zu Ohren gekommen, daß ich meine unverhohlene Genugtuung darüber ausgesprochen hatte, daß Göring mit seinem Freitod den anderen das moralische Recht zerstört habe, über ihn zu befinden. Er sitzt mir gegenüber und sieht mich forschend an. Dann: Ich werde wohl wissen, warum ich herzitiert sei. – Nein, entgegne ich frech, denn ich unterstünde mit meiner Verkündigung nicht seiner politischen Zuständigkeit. – Er wird unruhig. Ich: Ich habe nur die oben genannte Schriftstelle zitiert, die ich ihm gerne sage: Sie sind allzumal Sünder und mangeln des Ruhmes, den sie bei Gott haben sollen. Ich hatte die christliche Gemeinde gebeten, über dies Wort zu meditieren: alle! Also nicht nur die Täter von Auschwitz, sondern auch die von Katyn, nicht nur die Mörder von Oradour – Karl Barth hatte damals ein schamloses Heftchen über diese französischen Vorgänge herausgebracht, das man uns ins Gesicht schleuderte[18] –, sondern auch über die Mordbrenner von Dresden. Wenn etwas besser werden solle in dieser Welt, dann müßte dieses „alle" gehört werden. Soldatenpflicht der einen Seite dürfe nicht mit dem Strick geahndet werden, während die andere Seite mit hohen Dekorierungen ausgezeichnet sei. Aber das habe ich nicht öffentlich gesagt, sondern das sage ich ihm und nehme an, daß alle meine Freunde ähnlich meditieren. Mit Nürnberg habe man den Frieden moralisch verspielt. Im übrigen hätte ich keine Angst vor etwaigen Maßnahmen von ihm, ich wüßte, daß viele echte Engländer ähnlich dächten. – Ob ich denn deutsche Schuld leugnen wolle, die Schandtaten der Konzentrationslager usw.? – Nein, entgegne ich: Wenn ich „alle" sage, dann würde ich auch die Deutschen einschließen. Nur eine Alleinschuld auf uns abzuwälzen, das hielte ich für ungerecht. Aber ich könne [!] als deutscher Wachtmeister, daß es in meiner Einheit, und für diese allein könne ich verantwortlich gemacht werden, nie zu verbrecherischen Übergriffen gekommen sei.

Er winkte ab. Mit mir sei nicht zu rechten! „Doch, wenn Sie das ‚alle' stehen lassen! Das ist biblische Wahrheit, Herr Doktor." – Aber ich soll mich sehr merkwürdig über Görings Selbstmord geäußert haben. – Das sei eine üble Unterstellung. Als Christ lehnte ich jede Form des Selbstmords ab, auch den Görings, aber ich hätte Verständnis für Görings Motive! – Und die wären! – Eben dieses „alle", wo keiner mehr über den anderen

---

[18] In Katyn bei Smolensk wurden 1943 die Überreste von über 4.000 erschossenen polnischen Offizieren entdeckt. Das Verbrechen wurde lange Zeit der Deutschen Wehrmacht angelastet, bis sich herausstellte, daß die Rote Armee dafür verantwortlich war. – In Oradour wurden am 10.6.1944 von der Waffen-SS im Rahmen einer Vergeltungsaktion etwa 180 Männer erschossen und etwa 400 Frauen und Kinder in die Kirche eingesperrt und verbrannt.

sich zum Richter aufwerfen könne. – Dann sollten also alle sich selbst die Giftampulle geben? – Das wäre eine großartige Idee und würde eine Wende in der Weltgeschichte bedeuten. Ich wurde entlassen. Und merkwürdig, seit jenem Tage behandelte mich dieser mir unleidliche Jude mit einer gewissen Korrektheit! Ich meine auch heute noch: Es geht in Schuld und Gnade um dieses „alle".

Während meines ein Jahr umfassenden Dienstes hatte ich nur zwei Deutsche zu beerdigen: Einfache Holzkiste, englisches Begleitkommando, einsenken in dem weiten Gräberfeld längs des Suezkanals. Das ist der später wirklich ausreichenden Verpflegung der Engländer zu verdanken, aber auch dem gesunden Klima und der guten Führung. Ab Frühjahr 1946 durften wir schreiben. [...]

Weihnachten 1946. Es ist ein seltenes Fest: Wir versuchen soviel Heimat wie möglich zu schaffen. Die Atmosphäre der „Nostalgie" soll die Männer irgendwie berühren. Es gelingt mir, ein Liederheft mit anderen Helfern zusammenzustellen. Ein Jude, Glazer aus Reichenberg im Sudentengau, dessen Großfamilie fast ganz in Theresienstadt ausgerottet worden war, stiftete ein paar hundert Blatt Abzugspapier. Ein 999er-Name[19] ist mir entfallen, aber er machte sich später in der DDR als Schriftsteller einen Namen, und ich erhielt von ihm vor Jahren eine geistreiche, allerdings linientreue Erzählung zugeschickt – koloriert die Blätter sehr geschmackvoll mit Tannenzweigen und anderen Weihnachtsemblemen. Es wird sogar ein Tannenbäumchen ausgeputzt: Aus Kistenbrettern werden Splitter gemacht, diese werden mit Rupfentuch umwickelt, das vorher in eine grüne Brühe von Atrebrintabletten getaucht worden war, diese schluckten wir täglich seit Sizilien gegen Malaria. Ja es gab sogar Kerzen, hergestellt aus dem von den Köchen gesammelten Abfallfett, das man in Röhren mit einem Docht gegossen hatte. Aber sie stanken fürchterlich. Der Raum ist übervoll. Ach, wenn man doch Engel wäre, um die Weihnachtsbotschaft verkünden zu können. Aber man ist eben einer der Hirten, die sich sehr fürchten. Und ob wir zur Krippe gehen – wir haben die Kraft nicht dazu. Wir bleiben im Dunkel liegen. Jene Andacht ist in meinem Gedächtnis als eine der schmerzlichsten meines Lebens heute noch vermerkt. Im Jahre 1946 ist es für einen POW schwer, das „Ehre sei Gott" anzustimmen. Vielleicht reifen wir einmal dazu heran.

Der Uhrzeiger rückt voran. Der erste Heimattransport wird zusammengestellt, der zweite folgt rasch hinterher [...].

Ende Januar predige ich an einem Sonntag über die vorgeschriebene Perikope von der „Flucht nach Ägypten".[20] Heute noch könnte ich die

---

[19] 999 ist die Bezeichnung für ein Strafbataillon der Deutschen Wehrmacht, in dem Regime-Gegner und Verurteilte zu Todeseinsätzen gezwungen wurden.
[20] Mt 2,13–15.

Predigt sofort wieder halten mit ihren drei Teilen: 1) „Auf, flieht nach Ägypten, denn Herodes steht nach dem Kindlein." 2) „Bleib in Ägypten, bis ich es dir sage." 3) „Ich habe meinen Sohn aus Ägypten heimgerufen." Die Nutzanwendung liegt auf der Hand. „Auf, flieh nach Ägypten, ... Es ist Gottes Führung, daß wir hier sind, hier sein dürfen. Angesichts dessen, was in der Heimat geschieht, wo die Herodesse nach dem Leben unseres Volkes trachten und mancher von uns Übles erleiden müßte, leben wir doch hier gesichert und geborgen. 2) Bleibe in Ägypten, bis ..." Gottes Uhren richten sich nicht nach unseren Wünschen, sie haben ihren eigenen Gang. Wir wollen uns in Geduld üben, bis ... Auch wir werden einmal heimkehren, unsere irdische Sehnsucht wird einmal erfüllt werden. 3) Das ist das Geheimnis: Als Sohn Gottes, als Kind Gottes sollen wir heimkehren. Es soll sich in uns eine innere Verwandlung vollziehen. Wir sollen erkennen, daß die Zugehörigkeit zu einem Volk nicht die letzte Gemeinschaft ist, sondern daß es eine Gottgemeinschaft aller Völker gibt. Zu dieser Gemeinschaft heranzureifen ist das Ziel der geheimen Führung Gottes. Und wenn wir als Kinder Gottes heimkehren, dann werden wir unseren Angehörigen den schönsten Schatz mitbringen ...

Das war meine letzte Predigt. In all den Monaten vorher hatte ich intensiv an meiner Paulusarbeit geschafft. Ich hatte ein griechisches Neues Testament bekommen, die vom Young Men's Club of Amerika nachgedruckte Ausgabe der Württembergischen Bibelanstalt von Stuttgart; der englische Chaplain hatte mir von der University Jerusalem etliche sekundäre Literatur beschafft. Ich hatte gerade meine Arbeiten abgeschlossen und wollte nun „die Zeit" genießen. Mit meinem Fahrer hatte ich bereits eine Fahrt nach Kairo besprochen, die ein anderer Amtsbruder in deutscher Uniform (!) durchgeführt hatte, begeistert gefeiert. Für den Abend hatte ich meinen ersten Besuch bei den Kameraden von 306 angesagt, da meldete der Lagerfunk: „Achtung, Achtung, wir geben die Namen der POWs bekannt, die mit dem nächsten Transport repatriiert werden." Auch mein Name war darunter. Ich war einer der Ältesten, hatte wohl eine der längsten Dienstzeiten abgeleistet und war Familienvater. Ich fahre trotz allem nach Camp 306. Es ist der Abschiedsbesuch. Was uns bewegte, brauche ich nicht zu sagen. Noch einen Abschiedsbesuch mache ich, das ist bei den Kameraden im Post Office, in dem ein besonders guter Geist herrscht. [...] Ich aber mußte meine Koffer packen. [...]

III/3. Bericht des deutschen Dekans im Mittleren Osten, Pfr. Norbert Rückert, an den Rat der EKD

Camp 380, 10. Februar 1947

Bundesarchiv, Militärarchiv Freiburg, MSG 200/927

1. Dekan der deutschen kriegsgefangenen Pfarrer Middle East
Kurz vor Weihnachten 1946 wurde Pfarrer Wester repatriiert. Bei seinem Weggang bat er mich, für ihn die Besprechungen mit den englischen Dienststellen beim „Hauptquartier der britischen Truppen in Ägypten" weiterzuführen. Die Konferenz der Pfarrer und Diakone des „Suezkanaldistrikts" – es sind etwa zwei Drittel der in Middle East befindlichen Pfarrer und Diakone – hat mich dann Anfang Januar dieses Jahres als Nachfolger Pfarrer Westers zum Leiter der Pfarrkonferenz und Vertreter ihrer Interessen bei den englischen Dienststellen einmütig gewählt. Als dann einige Zeit später beim Hauptquartier der britischen Truppen in Ägypten die Bestätigung der Deutschen Evangelischen Kirche (DEK)[21] für Pfarrer Wester als Dekan der kriegsgefangenen deutschen Pfarrer vom 14. November 1946 eintraf, wurde sie mir von dort übergeben und ich gebeten, das Amt als Dekan anstelle von Pfarrer Wester zu übernehmen. Eine entsprechende Mitteilung von dort an die DEK ist bereits abgegangen. Erneut um meine Einsetzung als Dekan bei der DEK einzugeben, wurde von den englischen Dienststellen als unratsam erachtet, da die Laufzeit der Post nur eine Verzögerung bedeuten würde, andererseits aber die Frage der Besetzung von Stellen, die durch entlassene Pfarrer frei geworden waren, dringend wurde. So habe ich das Amt als Dekan – mit Zustimmung der Pfarrer des Süd- und Nordkanaldistrikts – kommissarisch übernommen.

2. Rat der Brüder
Der von der DEK empfohlene „Rat der Brüder" ist gegeben durch die Konferenz der Pfarrer und Diakone des Südkanaldistrikts, mit der – wie auch vorher schon – alle Entscheidungen von grundsätzlicher Bedeutung für unsere kirchliche Arbeit in den Lagern und Arbeitskompanien besprochen werden.

3. Derzeitige Lage der kirchlichen Arbeit in Middle East
Die bis zum Beginn der allgemeinen Repatriierung im ganzen gesicherte

---

[21] Obwohl die Deutsche Evangelische Kirche (DEK) im Zusammenhang mit dem Zusammenbruch des Deutschen Reiches aufgehört hatte zu bestehen und an deren Stelle seit Herbst 1945 die Evangelische Kirche in Deutschland (EKD) getreten war, verwendet Rückert noch die alte Bezeichnung.

Versorgung der einzelnen Lager und Arbeitskompanien ist nun, durch den Weggang von 11 Pfarrern und zwei Diakonen, schwieriger geworden. Durch die Möglichkeit, bis dahin nicht eingesetzte Pfarrer (politische Klassifizierung C) verwenden zu können einerseits, und durch die Übersiedlung des General Head Quarter und der damit verbundenen Räumung des Gebietes von Kairo und Alexandrien und Konzentrierung der Arbeitskompanien hier im Südkanaldistrikt andererseits war es bisher möglich, die Betreuung aller Einheiten und Lager zu gewährleisten. Schwierig wird die Lage erst in einigen Monaten, wenn weitere Pfarrer entlassen werden. Aus diesem Grunde war ich an die entsprechenden Pfarrer mit der Bitte herangetreten, wenn irgend möglich doch drei Monate länger freiwillig in Gefangenschaft zu bleiben. Der größte Teil der Pfarrer entsprach diesem Wunsche. Nun aber fordert das General Head Quarter ein Bleiben von sechs Monaten, wofür sich aber die Pfarrer bis jetzt nicht entschließen konnten. Ein Antrag unsererseits, für Pfarrer eine nur dreimonatige Verlängerung zu gewähren, ist noch nicht entschieden. Die klimatischen Verhältnisse lassen es vor allem für Altgefangene nicht ratsam erscheinen, sich weitere sechs Monate zu verpflichten, kämen sie doch dann im Winter erst nach Hause.

Eine andere Frage bewegte alle Kollegen, die grundsätzlich bereit waren, ihren Dienst hier so lange wie möglich auszuführen: Trägt die DEK für unsere Familien in der Zwischenzeit Sorge? Aus Briefen, vor allem aus der Russischen Zone, [wird deutlich,] daß die Frauen der Pfarrer nur eine Wohlfahrtsunterstützung, oft nicht ausreichend, bekommen. Könnte hier nicht von der DEK geholfen werden und diesen Brüdern die Sorge um ihre Familien abgenommen werden? Die Namen der in Middle East befindlichen Pfarrer sind der DEK ja bekannt. [...]

Das sind unsere Sorgen. Daneben darf ich aber auch berichten von der Freude, die wir Pfarrer in unserem Dienst an den Kameraden hier erleben dürfen. Aus allen Berichten klingt immer wieder die Freude und der Dank heraus darüber, daß Gott uns eine offene Tür geschenkt hat und die Botschaft des Heils von vielen gesucht und angenommen wird. Die Arbeit ist in stetigem Wachstum begriffen. Mit Ernst und Eifer sind die Männer dabei, sich in ihrem Glauben zu gründen, um dann einmal in der Heimat in ihrer Kirche mit Hand anzulegen, wo es nötig ist.

Mit Dank darf ich auch sagen, daß gerade in letzter Zeit durch die Zusendung kirchlicher Blätter das Band zwischen unserer Kirche hier in der Wüste und unserer Heimatkirche immer fester wird. Wer jahrelang hinter Stacheldraht lebt, sehnt sich nach Nachrichten aus der Heimat, um teilhaben zu können an den Nöten und Freuden der Heimat. So danke ich herzlich, daß mir vor einigen Tagen eine größere Sendung des Württembergischen Gemeindeblattes zuging. Darf ich bitten, auch andere Landeskirchen veranlassen zu wollen, ein Gleiches zu tun?

III/4. Schreiben von Landesbischof Hans Meiser an Pfr. Norbert Rückert

München, 14. August 1947

LKA Stuttgart, D 54: Rückert

Lieber Herr Kollege!

Ihren freundlichen Brief vom 28. Juni dieses Jahres mit dem beigelegten Bericht über die kirchliche Arbeit in den Lagern habe ich mit Freude und Interesse empfangen und gelesen, haben Sie herzlichen Dank dafür. Es bewegt mich zu lesen, daß Sie freiwillig-unfreiwillig noch länger in der Gefangenschaft und im Dienst an Ihren Kameraden bleiben, und ich wünsche Ihnen sehr, daß diese Zeit bis zur Heimkehr Ihnen und den Männern, unter denen Sie wirken, zum Segen sein möge. Gott der Herr schenke Ihnen Kraft und Freudigkeit zum Dienst unter den besonderen Umständen und helfe uns in der Heimat, allezeit treu im Gebet und Gedenken zu sein, bis Sie endlich zurückkehren dürfen.

Nun darf ich Ihnen bekennen, daß Ihr Brief mir persönlich eine Stärkung und Ermutigung bedeutet hat durch den Ton der Treue zu unserer Lutherischen Kirche, der ihn durchzieht. Einmal ist Ihr Brief mir ein Beweis, daß in den deutschen Gefangenenlagern *nicht* nur, wie es oft den Anschein hat, im Sinne einer bekenntnislosen Einheitskirche gepredigt und polemisiert wird[22], sondern daß hie und da noch treue Verkündigung auf dem Grunde der Schrift nach dem Verständnis unserer lutherischen Bekenntnisschriften sich vollzieht. Die Aufgeschlossenheit mancher Glieder Ihrer Männergemeinden für die Beschäftigung mit den Bekenntnissen der Reformation ist ja eine schöne Frucht solcher Verkündigung. Gott gebe, daß sie Frucht sei, die bleibt und dann auch einmal unserer Kirche in Deutschland zugute komme.

Wir haben hier, in Deutschland im allgemeinen, wie in Bayern im besonderen, so sehr Pfarrer *und* Laien nötig, die die Klarheit der Erkenntnis über den Wert und die Notwendigkeit der Bekenntnisse der Väter in der Reformation geschenkt bekommen haben. Und das ist der zweite Grund, der mir in Ihrem Brief zur Ermutigung und Freude wurde: Wir dürfen hoffen, daß doch einige Männer aus den Lagern mit einer neuen klaren Erkenntnis in die Heimat zurückkehren und dort auch dem Erkannten treu bleiben. So ist unsere Hoffnung auf Ihre Rückkehr eine *doppelt* gegründete!

---

[22] Vgl. dazu das Referat von Dekan Dr. Rieger bei der Konferenz der evangelischen Lagerpfarrer am 2.4.1948 in London über Fragen der Ökumene (EZA BERLIN, 2/475); vgl. auch oben Nr. I/17, S. 210 f.

Aus den Blättern, die Sie jetzt von uns zugesandt bekommen, werden Sie ja wohl direkt oder indirekt den Eindruck gewinnen, daß wir von einer endgültigen grundsätzlichen Klarheit der Beurteilung des Wesens und der Aufgaben der Kirche in Deutschland noch sehr weit entfernt sind. Und das trotz des „einmütigen Beschlusses" der Kirchenversammlung in Treysa![23] Das liegt daran, daß die Vertreter des Gedankens der Einheitskirche bisher noch gar nicht daran gedacht haben, mit der Tatsache ernst zu machen, daß die EKD nur ein Kirchenbund sein kann, der freilich über einen rein formalen und bürokratischen Zusammenschluß hinausgeht, weil wir bereit sind, mit den Brüdern aus den anderen Kirchen brüderlich zusammenzustehen und Gottes Wort zu hören.

Ich glaube, daß wir das „gemeinsame Erleben des Kirchenkampfes" nicht einfach gering schätzen dürfen, aber niemals können wir darauf allein eine Kirche gründen und bauen. Sollte die Gemeinsamkeit schon so groß sein, daß wir wirklich dasselbe glauben und bekennen, so müßte und könnte das auch in der gemeinsamen klaren Lehre seinen Ausdruck finden. Doch müssen wir da allerdings von Tag zu Tag deutlicher erkennen, daß die Unterschiede etwa zum reformierten Denken durchaus nicht nur so sehr an der Oberfläche haften bleiben, sondern daß sie sehr in die Tiefe gehen.

So haben wir uns jetzt auch mit allem Nachdruck gegen immer wieder vorgetragene Überfremdungs- und Verfälschungsversuche zu wehren, die den Calvinismus und Barthianismus in die Lutherische Kirche hineinpraktizieren wollen in den äußeren verfassungsrechtlichen Dingen ebenso wie in den entscheidenden kirchlichen Fragen.

Dadurch wird uns die Offenheit gegen die Brüder und die Bereitschaft, mit ihnen brüderlich zusammenzugehen, oft nicht leicht gemacht. Wir können und dürfen das auch nur, wenn wir in dem eigenen Bekenntnis und Glauben fest und klar stehen und wissen, daß wir unserer Kirche, der ganzen Christenheit und der Welt einen Dienst schuldig sind und diesen Dienst in entscheidender Weise durch unsere Treue zum Bekenntnis ebenso wie durch das erneute innere Inbesitznehmen des Bekenntnisses am besten üben.

Nun wünsche ich Ihnen, lieber Herr Kollege, noch einmal herzlich Gottes Schutz und Segen und spreche die Hoffnung aus, daß Sie uns nach Vollendung dieses besonderen Dienstes in der Fremde und Gefangenschaft recht bald wiedergegeben werden möchten.

Mit amtsbrüderlichem Gruß
Ihr D. Meiser.

---

[23] Angesichts der schweren Auseinandersetzungen über die konfessionelle Ausrichtung der im Aufbau befindlichen EKD war am 5./6. Juni 1947 die (zweite) Kirchenversammlung in Treysa zusammengetreten und hatte u. a. beschlossen: „Es besteht Übereinstimmung darin, daß die EKD ein Bund lutherischer, reformierter und unierter Kirchen ist" (KJ 1945–1948, S. 85).

III/5. Abschließender und zusammenfassender Bericht des deutschen Dekans im Mittleren Osten, Pfr. Norbert Rückert

Windsbach [Ende 1948][24]

Bundesarchiv, Militärarchiv Freiburg, MSG 200/927

Aus kleinsten, kümmerlichen Anfängen heraus hat sich in den verschiedenen Kriegsgefangenenlagern Ägyptens die kirchliche Arbeit entwickelt. Sie stand und fiel großenteils mit den in Gefangenschaft geratenen Pfarrern und deren eigener Initiative, von sich aus eine kirchliche Betreuung unter ihren Mitgefangenen anzufangen. Zum anderen war sie abhängig von der Zusammensetzung der einzelnen Kriegsgefangenenlager. Es ergeben sich für die kirchliche Betreuung der Kriegsgefangenen verschiedene Abschnitte:

1. Die Zeit bis zur Kapitulation 1945
Als ich im Juni 1944 nach Ägypten kam, bestand ein einziges Lager mit Kriegsgefangenen: das Lager 306 am Großen Bittersee. In ihm waren die Kriegsgefangenen des Afrika-Feldzuges, soweit sie nicht mehr nach Kanada überführt worden waren, zusammengezogen. Kirchliche Betreuung in diesem Lager war keine, da kein evangelischer Pfarrer unter den damaligen Gefangenen war. Andererseits war eine Betreuung nicht erwünscht, weil die [deutsche] Lagerleitung einseitig nationalsozialistisch und antikirchlich ausgerichtet war.

Die Neu-Gefangenen des Jahres 1944 wurden in einem neu eingerichteten Lager 307, einige Kilometer weiter südlich gelegen, zusammengefaßt. Unter diesen 8.000 deutschen Kriegsgefangenen befand ich mich als einziger Pfarrer. Der Versuch meinerseits, durch Gottesdienste und Bibelstunden die Kriegsgefangenen zu betreuen, wurde mir zwar grundsätzlich vom Engländer gewährt, aber, da ich nicht als Pfarrer, sondern als Offizier der kämpfenden Truppe in Gefangenschaft geraten war, mit großem Mißtrauen aufgenommen. Als endlich die Genehmigung gegeben wurde, wurde sie durch die Verlegung sämtlicher Offiziere in ein eigenes Offizierslager 305 unmöglich gemacht. So war auch das Lager 307 bis zur Kapitulation ohne Pfarrer. Im Offizierslager 305 habe ich, nachdem der Ausbau dieses Lagers vollendet war, mit der kirchlichen Betreuung begonnen. Die Bedingungen hierfür waren denkbar ungünstig. Die alten Afrikakorpsoffiziere waren in ihrer großen Mehrzahl gegen die Kirche eingestellt und versuchten mit allen Mitteln, eine kirchliche Betreuung zu unterbinden. Ende des Jahres kam ein Kollege aus Sachsen hinzu, der kurze Zeit im Lager 306 gewesen war und nun als Offizier nach 305 versetzt worden war. Bis zur

---

[24] Der Bericht ist nach der Repatriierung Rückerts Ende 1948 in Deutschland entstanden.

Kapitulation war es uns beiden gelungen, innerhalb des Offizierslagers einen kleinen Kreis zu sammeln.

2. Mitte 1945 bis Herbst 1946

Einen grundsätzlichen Wandel brachte die Kapitulation mit ihrem großen Zustrom von Gefangenen (20.000 auf 100.000). Nun waren auch alle äußeren Hemmnisse für die kirchliche Arbeit gefallen. In unserem Lager 305 waren insgesamt 14 Pfarrer, davon nur zwei, die als Kriegspfarrer eingesetzt waren. Im Lager waren die einzelnen Käfige[25] in der Anfangszeit streng voneinander getrennt, so daß keinerlei Verbindung unter den einzelnen Käfigen möglich war. So war hier im Lager 305 eine kirchliche Betreuung nur in solchen Käfigen möglich, in denen Pfarrer waren. Bald jedoch wurden von englischer Seite Erleichterungen gewährt und die Verbindung zu den einzelnen Käfigen hergestellt. Dadurch war es möglich, die kirchliche Arbeit des gesamten Lagers einheitlich zu gestalten. Das wurde vor allem dadurch erreicht, daß sämtliche Pfarrer sich wöchentlich zu einer Konferenz zusammenfanden, in der neben Exegese und Referaten die Verteilung der Gottesdienste und Bibelstunden besprochen wurden.

In welcher geistigen Verfassung befanden sich die Kriegsgefangenen nach der Kapitulation? Allenthalben war festzustellen, daß die Kriegsgefangenen – dies hat sich auch für die anderen Lager später bestätigt – für geistige, politische und religiöse Fragen der Zeit sehr aufgeschlossen waren. Durch Beschaffung von Büchern von seiten des Engländers wurde in kurzer Zeit ein ausgebauter Unterrichts- und Vortragsbetrieb eingerichtet. Im Rahmen regelmäßiger Vorlesungen auf allen Wissensgebieten [wurde] eine Art „Wüsten-Universität" geschaffen. Dazu kamen englischerseits Vorträge fremder Redner, die dem speziellen Zweck der politischen Umerziehung galten. Auch sie waren anfänglich gut besucht.

In solcher Lage war die kirchliche Betreuung der Kriegsgefangenen sehr erleichtert und der Dienst der Pfarrer von vielen begehrt. Neben Predigt und Bibelstunde traten Vorträge im Rahmen eines kirchlichen Männerwerkes. Um weitere Kreise noch zu erreichen, beschlossen wir Anfang des Jahres 1946, einen Lager-CVJM zu gründen. Zweck dieses Vereins war, durch verstärkten Einsatz von Laien an die große Masse der Kriegsgefangenen heranzukommen. Wir haben damit nur beste Erfahrung gemacht. Unterstützt wurde diese Arbeit durch die „Ökumenische Kommission für die Pastoration der Kriegsgefangenen" in Genf und durch den Weltbund der CVJM[26], mit denen sehr bald Verbindung aufgenommen war. Durch

---

[25] Jedes Lager war unterteilt in sog. Pens bzw. Cages bzw. Käfige von ca. 100 Mann, die durch Stacheldraht, Gräben und Wachen voneinander getrennt waren.

[26] Gemeint ist der Weltbund der YMCA in Genf, dessen nationales Mitglied in Deutschland der CVJM ist.

Zusendung von Schriften und theologischen Büchern wurden wir sehr für unsere Aufgaben unter den Gefangenen unterstützt.

Eine Verbindung zu den anderen Lagern Ägyptens war bis dahin noch nicht möglich gewesen. Nun, Mitte 1946, wurde durch die englischen kirchlichen Stellen innerhalb der britischen Wehrmacht eine Verbindung der einzelnen Lagerpfarrer hergestellt durch einen bei Chaplains Branche [im Hauptquartier der britischen Truppen in Ägypten] eingesetzten britischen Militärpfarrer. Er hatte als einziges Aufgabengebiet die Betreuung der deutschen Kriegsgefangenen. Er hat uns bei unserer Arbeit gut unterstützt. Durch ihn war es nun möglich, in sämtliche Lager Pfarrer versetzen zu lassen, so daß allenthalben eine kirchliche Betreuung der Kriegsgefangenen gewährleistet war.

Dem Zwecke der Zusammenfassung und Neu-Ordnung der gesamten kirchlichen Arbeit unter den deutschen Kriegsgefangenen diente eine von diesem Verbindungsgeistlichen ins Lager 379 einberufene Konferenz sämtlicher Pfarrer und Diakone in Kriegsgefangenschaft in Ägypten. Einzig die Pfarrer, die zugleich Offiziere waren, wurden zu dieser Konferenz nicht eingeladen. Als leitender deutscher Pfarrer wurde auf dieser Konferenz Pfarrer Wester, jetzt Bischof in Schleswig, gewählt. In engster Fühlungnahme mit dem englischen Verbindungspfarrer regelte er nun die kirchliche Arbeit in den verschiedenen Lagern.

Im Offizierslager 305, das von dieser Konferenz ausgeschlossen war, hatte ich, der ich inzwischen zum Senior unseres Pfarrkonvents gewählt worden war, im Juni 1946 zu einer „Theologischen Rüstzeit" aufgerufen, zu der auch Pfarrer Wester und der englische Verbindungspfarrer kamen. Zweck dieser Rüstzeit sollte, neben der eigenen Theologischen Schulung der Pfarrer, ein Vorstoß in die breitere Öffentlichkeit des Lagers sein. So wurden allabendlich, während dieser Woche, große öffentliche Vorträge für das gesamte Lager gehalten, die sehr gut besucht waren.

Auf jener Rüstzeit wurde die Gründung einer Theologischen Schule besprochen. Leider war es nicht möglich, auch Mannschaften zu dieser Theologischen Schule zu versetzen.[27] So mußte im Lager 307 zunächst in allzu enger Verbindung mit der von den englischen, politischen Stellen errichteten Jugendschule eine eigene Theologische Schule für Mannschaften gebildet werden. Erst im April 1947 konnten nach Beseitigung sämtlicher äußerer Schwierigkeiten diese beiden Theologischen Schulen im Offizierslager 380, wohin das Lager 305 verlegt worden war, zusammengelegt werden. Leiter dieser Theologischen Schule war ein sächsischer Pfarrer, Lic. Wolfgang Arnold. Als Gebiete theologischer Arbeit waren vorgesehen:

---

[27] In Ägypten wurden die deutschen Kriegsgefangenen streng nach der Genfer Konvention behandelt, d. h. Offiziere und Mannschaften waren in verschiedenen Lagern mit verschiedener Behandlung untergebracht.

Kirchengeschichte, Exegese des Alten Testaments und Neuen Testaments, Bibelkunde, Dogmatik und Liturgik. Da die meisten der Schüler in den alten Sprachen noch keinerlei Prüfungen abgelegt hatten, wurden Kurse in Latein und Griechisch für diese an der Schule gehalten und in beiden Fächern, wie auch in Hebräisch, Prüfungen abgehalten. Durchschnittliche Frequenz der Theologischen Schule: 25 Mann.

3. Die Zeit vom Herbst 1946 bis Mitte 1948

Waren die allgemeinen Verhältnisse in den verschiedenen Lagern des Mittleren Ostens bis zum Frühjahr des Jahres 1946 im großen und ganzen schlecht, so trat eine Wende ein in dem Augenblick, in dem durch die englischen Truppenverbände mehr und mehr deutsche Kriegsgefangene zum Arbeitseinsatz in Werkstätten und Büros herangezogen wurden. Dadurch war bedingt, daß die großen Lager aufgelöst wurden und kleinere Arbeitskompanien entstanden, die in der Nähe der jeweiligen Einheiten lagen. Durch diese neue Lage mußte auch der Einsatz von Pfarrern und Diakonen neu geregelt werden. Durch den englischen Verbindungsgeistlichen beim Hauptquartier der britischen Truppen in Ägypten war es möglich, Versetzungen vornehmen zu lassen, so daß schließlich in allen Lagern und Arbeitskompanien Pfarrer waren, welche die geistliche Betreuung in Angriff nehmen konnten. Gefördert wurde diese Arbeit durch die weitere Möglichkeit, jedem dieser Pfarrer einen bezahlten Laienhelfer an die Seite zu geben. Durch diese Möglichkeit waren wir in der Lage, auch die kleinsten Außenkommandos zu erreichen und kirchlich zu betreuen. Ein weiterer Vorteil für die kirchliche Betreuung war die Verlegung des Offizierslager 305 in das Lager 380 am Großen Bittersee. Als im Laufe des Jahres 1947 dann noch die Lager in Kairo und Alexandria-Distrikt geräumt und im Zuge der Verlegung des General-Hauptquartiers im Mittleren Osten nach dem Großen Bittersee verlegt wurden, waren fast sämtliche deutsche Kriegsgefangene in [der] Suezkanal-Zone vereinigt. Durch Gestellung eines Wagens für den Dekan der kriegsgefangenen evangelischen Pfarrer war es nun möglich, sämtliche Gemeinden in den Lagern und Arbeitskompanien noch besser zusammenzufassen als vorher.

Für die Pfarrer wurden im Laufe der Zeit zwei Pfarrkonferenzen eingerichtet. Eine für den Kanal-Nord- und Mittel-Distrikt, eine für den Kanal-Süd-Distrikt. Waren sie auch hauptsächlich nur eine Art Dienstbesprechung, so wurde doch dabei nicht vergessen, durch Referate und Exegese zur Weiterbildung der Pfarrer zu sorgen. In unregelmäßigen Zeitabständen wurden diese beiden Konferenzen zusammengelegt und die weitere Planung unserer Arbeit besprochen.

Eine wertvolle Hilfe aller kirchlichen Arbeit waren die in den Lagern und Arbeitskompanien entstandenen CVJM-Gruppen. Ihre Betreuung wurde vom Stamm-CVJM des Offizierslagers aus durchgeführt. Monatlich wurde für sie eine „Mitarbeiterhilfe" herausgegeben, in der Anregungen für die Gestaltung von Heimabenden und Bibelstunden waren.

In ganz besonders großem Umfang konnte diese Arbeit geleistet werden, als Mitte 1947 ein Weltbund-Sekretär vom Weltbund der CVJM in Genf nach Ägypten entsandt worden war. Durch ihn (Herrn Christiansen) war es möglich, in engster Verbindung mit den englischen Dienststellen und dem YMCA in Kairo die Kriegsgefangenen-Hilfe der CVJM weiter auszubauen. In einem eigenen Verkaufsladen wurden den Kriegsgefangenen zum Einkaufspreis Dinge verkauft, die sie sonst in keiner Kantine kaufen konnten. Dadurch aber war es möglich, an weiteste Kreise innerhalb der Lager heranzukommen und auch Fernstehende für die Arbeit des CVJM zu gewinnen. Leute, die sonst nie in die Kirche gekommen wären, sind auf diese Weise langsam wieder zur Kirche zurückgeführt worden. Dafür haben wir dem CVJM zu danken.

Auf welche Schwierigkeiten stieß die kirchliche Arbeit?
War die Hauptschwierigkeit der kirchlichen Arbeit zu Beginn der Gefangenschaft dadurch gegeben, daß eine Verbindung zu anderen Lagern nicht möglich war, ja daß selbst innerhalb der Lager die einzelnen Käfige getrennt waren, so war die Schwierigkeit späterer Zeit darin zu suchen, daß die politische Umerziehungsarbeit des Engländers immer wieder auch versuchte, die Kirche für diese Arbeit einzuspannen. Diese Umerziehungsarbeit politischer Stellen war wohl der unglücklichste Versuch, der jemals gemacht wurde, Menschen, denen alles zusammengebrochen war und die bereit waren, sich etwas sagen zu lassen, einen neuen, demokratischen Weg zu führen. Die damit verbundene politische Einstufung der Kriegsgefangenen (von völlig ungeeigneten Elementen – Überläufern und Emigranten – durchgeführt) führte durch ihre ungerechte Handhabung zu jeglicher Ablehnung politischer Umerziehungsarbeit. Obwohl die Kirche mit all diesen Versuchen nichts zu tun hatte, war sie doch im Verdacht, mit solchen Stellen zusammenzuarbeiten. Es dauerte erst eine gewisse Zeit, bis die Kirche sich das Vertrauen der Kriegsgefangenen wieder erworben hatte. Das geschah im letzten durch jene „Erklärung der kriegsgefangenen evangelischen Pfarrer in Ägypten" vom Oktober 1947[28], die durch die Weltpresse gegangen ist. Es war zu einer vollkommenen Vertrauenskrise der Kriegsgefangenen gegenüber der Gewahrsamsmacht gekommen, weil die Versprechungen, die gegeben worden waren über die Rückführung der Kriegsgefangenen, nicht gehalten worden waren. Dazu kam die lange Dauer der Kriegsgefangenschaft unter den klimatisch ungewohnten Verhältnissen in Ägypten. Daß die Pfarrer sich hier zum Sprecher der Kriegsgefangenen machten, wurde ihnen hoch angerechnet und gab der kirchlichen Betreuungsarbeit neue

---

[28] Vgl. unten Nr. III/6, S. 319–324.

Möglichkeiten, an breitere Kreise der Gefangenen heranzukommen. Durch diese Eingabe wurden manche Mißstände geändert.

In die breitere Öffentlichkeit der einzelnen Lager drang die Kirche durch den Vertreter unserer Evangelischen Kirche in Deutschland, D. Dr. Reinold von Thadden-Trieglaff, der vom Weltrat der Kirchen in Genf zu einer Besuchsreise der Kriegsgefangenenlager im Mittleren Osten geschickt worden war.[29] Daß hier zum ersten Mal ein Deutscher aus der Heimat Grüße und Einblicke in die Lage in Deutschland übermittelte, wurde von allen Kriegsgefangenen dankbar begrüßt. Während drei Wochen hat D. von Thadden-Trieglaff fast sämtliche Arbeitskompanien und Lager in Ägypten und in der Cyrenaika besucht und jeweils vor dem ganzen Lager gesprochen. Er verstand es, die Kriegsgefangenen zu packen und sie hinzuweisen auf den festen Punkt inmitten aller Unrast der Zeit: Jesus Christus. So war sein Besuch eine Evangelisation im weitesten und besten Sinne. Aus ihr hat die kirchliche Arbeit für die letzte Zeit der Kriegsgefangenschaft in Ägypten neue Anregung und Auftrieb geschöpft.

Daß unsere „Kirche der Wüste" in solch großem Maße ihre Arbeit innerhalb der Kriegsgefangenenlager und Arbeitskompanien im Mittleren Osten durchführen konnte, haben wir neben der Unterstützung der englischen, kirchlichen Stellen der Hilfe des Ökumenischen Rates, des Weltbundes der CVJM und der Evangelischen Kirche in Deutschland, vor allem dem Hilfswerk für Internierte und Kriegsgefangene (Bischof Dr. Heckel) zu danken. Durch Zusendung von theologischen Büchern für das Eigenstudium der Pfarrer und zur praktischen Verwendung im Gemeindedienst haben uns diese Stellen in entscheidendem Maße geholfen. Daß mit dem Jahre 1947 die Verbindung mit der Heimatkirche durch Zusendung kirchlicher Zeitschriften und Blätter immer besser wurde, war uns eine große Freude und Stärkung.

Dieser Bericht bezieht sich vor allen Dingen auf die Lage innerhalb der Kriegsgefangenenlager in Ägypten. Hier war eine persönliche Fühlungnahme möglich. Zu den anderen Kriegsgefangenenlagern und Arbeitskompanien des Dekanatsbezirkes Mittlerer Osten (von Tripolis bis Basra und Suez bis Saloniki) waren nur briefliche Verbindungen vorhanden. Durch Zusendung von Lesepredigten, Mitarbeiterhilfen und anderer Dinge konnten wir auch dort die kirchliche Arbeit im weitesten Maße unterstützen.

So hat aus kleinsten Anfängen heraus sich die „Kirche der Wüste", wie sie von den Kameraden genannt wurde, entwickelt und in Gottesdiensten, Bibelstunden, Männerwerk und anderen Veranstaltungen den Kriegsgefangenen geholfen, über die schwere Zeit ihrer Gefangenschaft hinwegzukommen.

---

[29] Vgl. auch die Ankündigung des Besuches von Dr. Reinold von Thadden-Trieglaff in Lager 380. Camp 380, Februar 1948 (LKA STUTTGART, D 54: Frank).

b. Die Erklärung der kriegsgefangenen evangelischen Pfarrer
in Ägypten vom 11. Oktober 1947

III/6. Die Erklärung[30]

Camp 380, 11. Oktober 1947

LKA Stuttgart, D 54: Rückert

Die kriegsgefangenen evangelischen Pfarrer in Ägypten, bewegt durch die
außerordentlich kritisch gewordene seelische Lage unter ihren Mitkriegs-
gefangenen in Middle East und im Gehorsam gegen ihre beschworenen
Amtspflichten, möchten vor den Britischen Behörden, vor der deutschen
Öffentlichkeit, vor ihren mitgefangenen Kameraden wie auch vor der
Christenheit der Welt die folgende Erklärung abgeben:

Seit wenigstens zweieinhalb Jahren, zum großen Teil seit wesentlich
längerer Zeit, werden in Middle East deutsche Kriegsgefangene festgehalten, deren Zahl sich zur Zeit noch auf mehr als 60.000 beläuft und die
zur Arbeit eingesetzt werden in einem Klima, das während der Hälfte des
Jahres für einen Europäer ausgesprochen unzuträglich ist.

Die seelische Belastung dieser Gefangenen hat durch die lange Dauer
der Gefangenschaft, durch die Trennung von ihren Angehörigen, durch
die schlechten Nachrichten von zu Hause, durch die Unmöglichkeit, ihnen
wirksam zu helfen und durch die bei vielen („C-Leute!"[31]) noch völlig
unabsehbare Weiterdauer ihrer Gefangenschaft einen Grad erreicht, der
zu den allerschwersten Befürchtungen für die Zukunft Anlaß gibt. Die
Symptome, die bereits jetzt sich gezeigt haben, sind erschreckend genug:
Es mehren sich die Fälle, daß Kriegsgefangene seelisch so völlig zusam-

---

[30] Mit der Ausarbeitung der Erklärung war Pfr. Arnold von der Konferenz der evangelischen Lagerpfarrer in Ägypten beauftragt (vgl. unten Nr. III/24, S. 364). – Mit der materiellen und drucktechnischen Unterstützung der YMCA wurde die Erklärung ca. 2.000
Adressaten auf den unterschiedlichsten Wegen in deutscher oder englischer Fassung zugesandt. Binnen weniger Wochen wußten alle einschlägigen britischen und deutschen Stellen
von dieser Aktion. Die Presse informierte die breite Öffentlichkeit in nahezu ganz Europa.
In beiden Häusern des Britischen Parlaments kam es zu hitzigen Debatten. Insbesondere
britische Politiker und Vertreter der Kirchen in Großbritannien sorgten dafür, daß die
Mißstände in den ägyptischen Kriegsgefangenenlagern erkannt und ernstgenommen wurden;
in kurzer Zeit traten entscheidende Verbesserungen ein. Das Ergebnis gab den Pfarrern in
ihrem Vorgehen recht. Leidtragende waren wohl die Studenten der Theologischen Schule,
die nicht als geschlossene Gruppe repatriiert wurden (vgl. unten Nr. III/15-III/19,
S. 344-357; vgl. ferner K. W. BÖHME, Geist und Kultur, S. 162 f.).

[31] Einstufung in die Gruppe „schwarz" oder „ultraschwarz", d. h. unter die Belasteten
(vgl. unten Nr. III/24, S. 365 und Einleitung, S. 26).

menbrechen, daß sie geisteskrank werden. Allein in einer Arbeitskompanie
(2719) von 5.000 Mann sind seit Februar dieses Jahres nicht weniger als
sechs Kriegsgefangene wegen Geisteskrankheit in die zuständige Abteilung
des britischen Militär-Hospitals eingeliefert worden. Es mehren sich vor
allem die Fälle, daß Kriegsgefangene selbst ihrem Leben, das ihnen uner-
träglich scheint, ein Ende machen. Es sind uns im letzten Monat allein im
Süd-Kanal-Distrikt, einem der drei britischen Militärdistrikte in Ägypten,
fünf Fälle von Selbstmord bekannt geworden. Es ist bei der Mehrzahl der
Kriegsgefangenen in Middle East zu einem völligen Vertrauenszusammen-
bruch gegenüber den Versprechungen und Erklärungen der Britischen
Gewahrsamsmacht gekommen. Die daraus erwachsende seelische Belastung
der Kriegsgefangenen ist ungeheuer. Die wichtigsten Gründe, um nur diese
zu nennen, welche zu dieser Krise geführt haben, sind folgende:

1. Ende vorigen Jahres wurde, mehr als 18 Monate nach der Kapitulation,
den Kriegsgefangenen der Repatriierungsplan mitgeteilt, wie er für das Jahr
1947 bindend sein sollte. Dieser Repatriierungsplan gab dem einzelnen im
gewissen weiten Rahmen die Möglichkeit, gemäß seiner Punktzahl und
seiner politischen Einstufung den ungefähren Zeitpunkt seiner Heimkehr
ins Auge zu fassen. Dieser Plan ist nicht durchgeführt worden. Am 30. September 1947 gab die Britische Regierung bekannt, daß sie genötigt sei, bis
Ende des Jahres wegen Schiffsraummangels die Repatriierung auf einen
Bruchteil der vorgesehenen Quote herabzusetzen. Kann man es den Kriegsgefangenen übelnehmen, daß sie dieser Erklärung die vor einiger Zeit durch
die Zeitungen gegangene Äußerung des Britischen Ministerpräsidenten
Attlee entgegenhalten, daß die Arbeitsleistungen der deutschen Kriegsgefangenen zur Zeit die einzigen von Deutschland greifbaren Reparationen
seien, auf die man noch nicht verzichten könne, daß sie ihr die Feststellung
aus der Rede des Abgeordneten von Ipswich, Herrn R. R. Stokes, am
24. März 1947 vor dem Unterhaus (House of Commons, Monday, 24th
March, 1947, Extrakts from the Official Report, Page 5) entgegensetzen,
der wahre Grund für den schleppenden Gang der Repatriierung aus Middle
East sei der, daß die dortigen Britischen Behörden die Arbeitskraft der
Kriegsgefangenen für so unentbehrlich halten, daß sie eben mit der Repatriierung warten müßten? Kann man es den deutschen Kriegsgefangenen
übelnehmen, daß sie heute schon, durch die bisherigen Erfahrungen voller
Mißtrauen, die Möglichkeit in Erwägung ziehen, daß der fast völlige Stop
der Repatriierung sich nicht nur bis zum Ende des Jahres, sondern wohl
bis ins Frühjahr hinein erstrecken werde, ja, daß wohl auch der Schluß-
termin der Repatriierung, Ende 1948, nicht eingehalten werde?
Mit einer großen, ehrlichen Dankbarkeit haben die Kriegsgefangenen
in Middle East erfahren von dem Eintreten zahlreicher Männer der britischen Öffentlichkeit, so vor allem zahlreicher Bischöfe, des Abgeordneten

Stokes, eines Mannes wie Victor Gollancz, zuletzt einer Gruppe von mehr als 60 Unterhaus-Mitgliedern, für eine Erleichterung des Loses der Gefangenen und für ihre schnellere Heimkehr. Es ist davon in Middle East kaum etwas in Erscheinung getreten, und die Folge davon ist wachsende Verbitterung und Hoffnungslosigkeit, Haltlosigkeit und Verzweiflung unter den Kriegsgefangenen.

2. Eine weitere, überaus schwerwiegende Belastung für die Stimmung und seelische Haltung der Kriegsgefangenen liegt in der kürzlich erlassenen Bestimmung, daß Kriegsgefangene künftighin im Rahmen des zugelassenen Gepäcks nur 10 Pfund Lebensmittel mit nach Deutschland nehmen dürfen. Deutschland steht vor einem neuen Hungerwinter. Tausende von Kriegsgefangenen haben monate- und jahrelang ihre hart verdiente, geringe Bezahlung gespart und sich selbst nichts gegönnt, um ihren Angehörigen, die zu Hause hungern, einige Dosen Fett, das am meisten fehlt, und andere Lebensmittel mitbringen zu können. Viele haben sich mit der abermaligen Hinausschiebung ihrer Repatriierung innerlich dadurch abgefunden und sich einen neuen Halt gegeben, daß sie sich sagten: Ich kann meinen Angehörigen von hier aus durch Mitgabe von Lebensmitteln, besonders Fett, an heimkehrende Kameraden wenigstens in kleinem Umfang Hilfe leisten. Das alles wird durch die neue Bestimmung zunichte gemacht. Sie hat deshalb besondere Verbitterung erregt, weil ihr Sinn völlig unverständlich ist. Die in Frage kommenden Lebensmittel sind in Ägypten im freien Handel und in beliebiger Menge durch die Lagerkantinen zu erhalten und können von den Kriegsgefangenen beliebig verbraucht werden. Warum sollen sie sie nicht aufsparen und mit nach Hause nehmen können? Niemand wird dadurch geschädigt, auch bleibt das ausgegebene Geld im Lande. Es wirkt schließlich besonders zerstörend und verbitternd der Gedanke, daß nicht, wie es in der natürlichen Entwicklung der Dinge läge, mit wachsendem Abstand vom Kriegsende die Behandlung der Kriegsgefangenen leichter und besser, sondern nur noch schärfer und strenger wird. Die Kriegsgefangenen können schlechterdings nicht einsehen, daß sie, die durch die spätere Heimkehr an sich schon benachteiligt sind, noch zusätzlich durch die genannte Bestimmung aufs schwerste und belastendste benachteiligt werden sollen, während die Kameraden, die so glücklich waren, früher heimkehren zu können, in der Mitnahme der im hungernden Deutschland so dringend benötigten Lebensmittel frei und unbeschränkt waren.

3. Eine weitere große Härte und überaus schwere seelische Belastung ist die Behandlung der unter „Automatical Arrest" (A-A) gestellten Kriegsgefangenen, nämlich solcher, deren Identität mit einem gesuchten Kriegsverbrecher vermutet wird oder die als Zeugen in einem solchen Prozeß benötigt werden. Sie werden auf völlig unbestimmte Zeit hier festgehalten,

oft ohne den Grund zu erfahren und ohne Urteilsspruch. Obwohl die Britischen Behörden mindestens zwei Jahre, oft erheblich längere Zeit zur Verfügung hatten, die Identität zu prüfen und Ermittlungen anzustellen, sind in zahlreichen Fällen die betroffenen Kriegsgefangenen erst wenige Stunden vor ihrer Repatriierung unter „A-A" gestellt, in zwei Fällen sogar in Port Said wieder vom Repatriierungsschiff heruntergeholt worden, ein Verfahren, das mit dem Ausdruck „seelische Mißhandlung" wohl kaum zu hart gekennzeichnet ist. Abgesehen von allen Gesichtspunkten der Humanität widerspricht ein solches Verfahren auch den in den alliierten Ländern geltenden Gesetzen, indem hier Kriegsgefangene im voraus für Verbrechen bestraft werden, deren sie nicht überführt sind. Denn eine Festhaltung auf unbegrenzte Dauer für einen Kriegsgefangenen, der nach Einstufung und Punktzahl zur Repatriierung anstand, ist nichts anderes als eine Strafe.

Ein Beispiel: Ein Kriegsgefangener, Dienstgrad Oberfeldwebel, wurde im Dezember 1945 unter „A-A" gestellt, ohne daß ihm dies bekannt gegeben wurde, weil man ihn mit seinem Bruder, einem im Krieg gefallenen Leutnant, verwechselte. Seine Aussagen wurden ihm nicht geglaubt. Er wies darauf hin, daß der letzte Kommandeur seines gefallenen Bruders sich im gleichen Lager befinde und dazu vernommen werden könne. Dies wurde abgelehnt. Erst auf das Eingreifen eines Unterhausabgeordneten (Mr. Stokes), der darum angegangen wurde, wurde der Fall aufgenommen, die Vernehmung des Kommandeurs durchgeführt und dem Betroffenen seine Freigabe in Aussicht gestellt, allerdings unter Vorbehalt der Zustimmung einer vorgesetzten Zentralstelle. Er ist bis heute noch nicht repatriiert, trotzdem er wegen schweren Asthmas von britischer ärztlicher Seite seit April dieses Jahres zur Repatriierung vorgesehen ist. Das ist einer von vielen Dutzend Fällen. Es ist verständlich, daß gerade diese Kriegsgefangenen das Gefühl der völligen Rechtlosigkeit aufs schwerste seelisch bedrückt und zur Verzweiflung bringt.

4. Die Kriegsgefangenen erkennen dankbar an, daß die überwiegende Mehrzahl der Kommandanten in den Lagern und Arbeitskompanien ehrlich bemüht ist, durch gutes Essen, durch den Ausbau von Kantinen und Aufenthaltsräumen, durch Sportveranstaltungen, Rundfunk, Kino, Theater- und Musikvorführungen ihr Los zu erleichtern, auch durch Unterrichtsgelegenheit ihnen die Möglichkeit zur Fortbildung zu geben. Sie haben volles Verständnis dafür, daß wegen der besonderen Lage in Ägypten ihre Bewegungsfreiheit nicht so ausgedehnt sein kann wie in England selbst. Nicht verstehen können sie aber die Härte der Strafen, mit denen oft nur geringfügige Vergehen, oft nur Versehen bestraft werden. In vielen Fällen wird sofort die zulässige Höchststrafe – 28 Tage Arrest – verhängt, in den meisten Fällen steht die Höhe der Strafe in keinem Verhältnis zu der Schwere der bestraften Verfehlung. Ein Beispiel: In jüngster Zeit wurde

ein Kriegsgefangener mit 14 Tagen Arrest und Verlust der Arbeitspunkte, d. h. Ausdehnung seiner Gefangenschaft um lange Monate bestraft, weil er die Kommandoflagge eines vorbeifahrenden britischen Militärautos übersehen und nicht gegrüßt hatte. Die Beispiele solcher Art ließen sich noch lange fortsetzen.

Die Härte solcher Strafen muß sich seelisch deshalb besonders schwer auswirken, weil die Kriegsgefangenen, im dritten bis fünften Jahr ihrer Gefangenschaft stehend, durchweg nicht mehr im vollen Besitz ihrer seelischen Widerstandskraft sind und solche Strafen deshalb erheblich härter empfinden als sonst ein Mensch.

Wir kriegsgefangenen evangelischen Pfarrer in Ägypten haben bisher bewußt vor der Öffentlichkeit geschwiegen zu den Fällen unnötiger Härte und zum Teil offenen Unrechts, wie zum Beispiel den körperlichen Mißhandlungen von Kriegsgefangenen in den Arrestanstalten, und haben uns bemüht, durch persönliche Vorsprache bei den verantwortlichen britischen Dienststellen diese Dinge aus der Welt zu schaffen, in der Meinung, daß es sich hier um Eigenmächtigkeiten untergeordneter Organe handelt, wie sie in jeder menschlichen Gemeinschaft vorkommen. Wir haben uns ernsthaft gefragt, ob wir in der gegenwärtigen Situation noch länger schweigen dürfen. Wir haben dabei bedacht, daß man – mit Recht – unserem Volk und unserer evangelischen Kirche den Vorwurf gemacht hat, geschwiegen zu haben, wo wir hätten reden sollen. Die Evangelische Kirche in Deutschland hat in der Stuttgarter Erklärung vom Oktober 1945[32] vor der ganzen Welt für diese ihre Versäumnisse Buße getan.

Wir sind daher in ernster Selbstprüfung zu der Meinung gekommen, daß wir durch weiteres Schweigen zu dem Unrecht, das an den Kriegsgefangenen in Middle East geschehen ist und noch geschieht, schuldig werden würden vor dem Amt der Sorge für die Seelen, das uns befohlen ist, vor unserem Gewissen, vor unserer Evangelischen Kirche in Deutschland und unserem deutschen Volk, vor unseren Mitgefangenen und nicht zuletzt vor Gott dem Herrn, vor dessen Richterstuhl wir alle einmal uns zu verantworten haben. Wir würden schweigen müssen, wenn unsere früheren Gegner des vergangenen Krieges uns gesagt hätten, daß sie im Namen der Rache und Vergeltung über uns kommen wollten. Dann hätten wir unseren Mitgefangenen nur sagen können: Seht, wohin Recht- und Gottlosigkeit führen, seht, wie das furchtbare Gesetz der Vergeltung sich auswirkt! Dann hätten wir uns nur stumm unter die verdienten Gerichte Gottes beugen können. Aber das haben unsere früheren Gegner nicht gesagt, sondern sie haben feierlich verkündet, daß sie im Namen des Rechtes und der Menschlichkeit, im Geiste des Christentums und seiner unvergänglichen Werte in

---

[32] Vgl. dazu oben Nr. III/2, S. 301, Anm. 11.

den Krieg eingetreten sind und ihn zu Ende geführt haben, daß sie in diesem Geist unser Volk auf einen neuen Weg führen wollen.

Das aber gibt uns den Mut und das Recht, das legt uns die heilige Pflicht auf, heute als Seelsorger unserer mitgefangenen Brüder in allem Ernst unsere Gewahrsamsmacht, ihre leitenden Persönlichkeiten und ihre verantwortlichen Behörden zu bitten, dem Unrecht, das an den Kriegsgefangenen in Middle East geschehen ist und noch geschieht, nicht länger untätig zuzusehen, sondern durch praktische, wirksame und schnelle Maßnahmen der großen seelischen Not und Verzweiflung unter diesen Gefangenen zu steuern, die täglich weiter um sich greift.

Wir haben die bitterernste Sorge, daß sonst unsern Mitgefangenen in Middle East das Letzte und Beste verloren gehen wird, das wir im Geiste Christi ihnen so gerne zeigen wollten – wieviele haben es wohl schon verloren! –, der Glaube und das Vertrauen darauf, daß in dieser Welt nicht die Gewalt, nicht der Geist der Rache und Vergeltung, nicht das Recht des Stärkeren das letzte Wort behalten, sondern daß ein Zusammenleben innerhalb der einzelnen Völker und der Völker miteinander möglich ist im Geiste des Rechtes, der Gerechtigkeit, der Menschlichkeit, der Versöhnung und der brüderlichen Hilfsbereitschaft.

Im Namen und Auftrag der kriegsgefangenen evangelischen Pfarrer in Ägypten:
Norbert Rückert, Pfarrer, Dekan für Middle East.

III/7. Schreiben des Beauftragten der Ökumenischen Kommission für die Pastoration der Kriegsgefangenen in Genf, Dr. Reinold von Thadden-Trieglaff, an Kirchenpräsident Martin Niemöller

Genf, 23. Dezember 1947

EZA Berlin, 2/552[33]

Lieber Bruder Niemöller,
indem ich Ihnen den Empfang der beiden Auslandsbriefe nach Amerika bestätige, die ich soeben per Luftpost an die betreffenden Adressen geschickt habe, lasse ich Sie eben schnell noch das Folgende wissen.

1. Die Angelegenheit mit der geistlichen Versorgung der Kaiserwerther Diakonissen[34] in Kairo (Brief von Lüttichau an Sie vom 5. Dezember und ein entsprechender an mich hier beim Ökumenischen Rat), das heißt die

---

[33] Eine Mehrfertigung ging an die Kirchenkanzlei der EKD in Schwäbisch Gmünd.
[34] Vgl. auch unten Nr. III/24, S. 371.

Frage nach der Möglichkeit gelegentlicher deutscher Predigt-Gottesdienste durch Kriegsgefangenen-Lagerpfarrer in Ägypten habe ich hier eingehend mit Reverend Iain Wilson besprochen, und wir sind übereingekommen, daß er am besten in dieser Angelegenheit einen persönlichen Brief an den Chief Chaplain beim War Office in London, Reverend W.B. Johnston schreibt. Das hat er gestern in sehr netter Weise getan und ich meine, daß damit der beste Weg beschritten wurde, um unseren Schwestern im Mittleren Osten die kleine Bitte zu erfüllen. Wilson selber war ganz zuversichtlich, daß irgend etwas Nützliches daraus kommen wird.

2. Die sehr viel ernsthafteren Beschwerden der deutschen Lagerpfarrer in Ägypten wegen der Herauszögerung der Entlassung aus der Kriegsgefangenschaft sind der Gegenstand viel gewichtigerer Aussprachen hier beim Ökumenischen Rat gewesen und haben die volle Aufmerksamkeit der leitenden Leute hier gefunden. Ursprünglich hatten wir den Gedanken, daß auch hier sich Wilson (der frühere Chaplain von Bünde) zum Vermittler machen sollte, aber dann kamen wir überein, daß in diesem Falle die Ökumenische Kommission für die Pastoration der Kriegsgefangenen die gegebene Verantwortungsträgerin ist, und so wurde Mister Béguin gebeten, einen offiziellen Brief an den Bischof von Chichester zu schreiben, der die Unterschrift des Kommissionsvorsitzenden Prof. Courvoisier tragen soll. Eine Abschrift dieses Briefes geht ebenfalls an das British War Office zu Händen von Reverend Johnston. In dem Brief wird mit ganzem Ernst auf die psychologische, seelsorgerliche, allgemein geistige und politische Tragweite dieser Zurückhaltung deutscher Kriegsgefangener im Gegensatz zu allen bisherigen offiziellen Versprechungen hingewiesen und zum Ausdruck gebracht, daß hier eine Weltchristenheit nicht schweigen kann.

Leider liegt der Briefentwurf noch nicht vor, sonst würde ich Ihnen eine Abschrift davon senden.

Für heute nur sehr viele herzliche Grüße und Wünsche zum Neuen Jahr Ihr getreuer Dr. R. von Thadden-Trieglaff.

III/8. Schreiben der Kirchenkanzlei der EKD an den deutschen Dekan im Mittleren Osten, Pfr. Norbert Rückert

Schwäbisch Gmünd, 16. Januar 1948

EZA Berlin, 2/513

Sehr verehrter Bruder Rückert!
Die Erklärung der evangelischen Lagerpfarrer in Middle East, die Sie uns als aufsichtsführender Dekan unter dem 12. Oktober 1947 übermittelten, ist uns von vielen kirchlichen Stellen und auch von privater Seite zugesandt worden. Die breite deutsche Öffentlichkeit ist über die Erklärung zur Lage unserer Kriegsgefangenen in Middle East, durch kurz gefaßte Zeitungsmeldungen, unter anderem auch der „Neuen Zeitung", der offiziösen amerikanischen Zeitung in deutscher Sprache, unterrichtet worden.

Wir möchten vor allem Ihnen und den mitgefangenen Brüdern sagen, daß wir Eure andauernde Gefangenschaft und die damit verbundenen körperlichen und seelischen Belastungen als unsere eigene Not empfinden, die wir auf betendem Herzen gemeinsam tragen wollen. Wir danken Ihnen, daß Sie zusammen mit Ihren Brüdern das Ihnen vom Herrn der Kirche aufgetragene Amt, über die Seelen Ihrer Gefangenengemeinden zu wachen, ernst genommen haben.

Immerhin hätten wir es für richtiger gehalten, wenn die Erklärung nur den in Frage kommenden Stellen zur Kenntnis gebracht worden wäre. Es erscheint uns deshalb notwendig, in diesem Zusammenhang die ins Ganze gesehene korrekte Behandlung unserer Gefangenen durch die Britische Gewahrsamsmacht zu erwähnen. Wir sind daher sicher, daß Eure Bitten gehört und berücksichtigt werden. Was wir selbst tun können, um Eure Bitten zu unterstützen, ist bereits geschehen. Das British Council of Churches, Joint Committee, ist durch Pfarrer Dr. Hirschwald, London, von uns gebeten worden, sich Eurer Sache, die auch immer die unsere sein wird, anzunehmen. Die Ökumenische Kommission hat sich gleichfalls mit der Angelegenheit befaßt. Dazu schreibt uns unser ökumenischer Vertreter Dr. von Thadden, die ernsthaften Beschwerden der deutschen Lagerpfarrer in Ägypten wegen der Herauszögerung der Entlassung aus der Kriegsgefangenschaft waren Gegenstand gewichtiger Aussprachen des Ökumenischen Rates und fanden die volle Aufmerksamkeit der leitenden Leute. Es wurde beschlossen, daß die Ökumenische Kommission für die Pastoration der Kriegsgefangenen für Eure Sache die gegebene Verantwortungsträgerin ist, und es wird darin ein offizieller Brief an den Bischof von Chichester, unterzeichnet vom Kommissionsvorsitzenden, Prof. Courvoisier, geschrieben werden.

Gott wird Eure Gefangenschaft wenden zu seiner Zeit. Ihm wollen wir vertrauen und unsere Sache in seine Hände befehlen.

Bedauerlicherweise ist auch die Repatriierung der Theologischen Schule in Ägypten infolge der gesamten Verzögerung der Repatriierungen aus dem Middle East bisher nicht erfolgt. Nach einer Mitteilung des War Office von Ende November vorigen Jahres war die Entlassung der Schule für spätestens Januar dieses Jahres vorgesehen. Wir werden Reverend Johnston vom War Office nochmals befragen, ob inzwischen von den zuständigen Britischen Behörden der genaue Termin dafür schon festgesetzt wurde. Unsere Vorbereitungen zur Aufnahme der Studenten im Heimkehrerheim Isny/Allgäu sowie ihre Zulassung zum Studium an der Universität in Tübingen sind schon seit langer Zeit getroffen.[35] [...]

Wir bitten Euch, in dem letzten Jahr Eurer Gefangenschaft nicht müde zu werden und Euch stärken zu lassen im Hören auf Gottes Wort.[36] Wir werden auch in diesem Jahr, wie Landesbischof D. Wurm in seinem Neujahrswort sagt, weiter unter Leiden stehen, aber wir werden es tragen können, wenn wir uns anvertrauen dem, der den Müden Kraft gibt und Stärke genug den Unvermögenden.[37]

Möge Gott Euch schenken, daß Ihr Euren Dienst in Vollmacht und Freudigkeit tun dürft. Er lasse Eure Arbeit dort, und so er gibt, bald auch hier in der Heimat nicht vergeblich sein.[38]

Wir grüßen Euch und Eure Gefangenengemeinden mit der Jahreslosung „Bereitet den Weg des Herrn".[39]

In brüderlicher Verbundenheit
im Auftrag Dr. Merzyn.

---

[35] Vgl. dazu unten Nr. III/21–24, S. 360–373.
[36] Ps 119,28.
[37] Jes 40,29.
[38] 1 Kor 15,58.
[39] Jes 40,3.

c. Die Arbeit der CVJM-Gruppen in den Lagern

III/9. Henning Frank: Notizen über die CVJM-Arbeit in den verschiedenen Lagern 1946–1948

Camp 380, 1. Mai 1948[40]

LKA Stuttgart, D 54: Frank

1. Beginn der CVJM-Arbeit im Lager 305

28. Januar 1946: Gründungsversammlung der CVJM-Gruppe im Offiziers-Camp 305; 70 Besucher, 54 Eintragungen in ausgelegte Liste. Gruppe entsteht aus eigener Initiative der Kriegsgefangenen, besonders alte Angehörige der christlichen Jugendbewegung. Heimbau bringt 20 Zugänge.[41]

17. März 1946: Heimeinweihung, Versammlung vor Öffentlichkeit des Lagers. Bekanntgabe der in zehn Punkten gefaßten Grundsätze für CVJM-Arbeit[42], 200 Besucher.

Arbeit in sechs selbständigen Cages-Gruppen unter gewählten Gruppenleitern, Vorsitzender vom ganzen Verein gewählt.[43] Anfangs je ein Heimabend und eine Bibelstunde die Woche für ganzen Verein, später wegen starker Beteiligung Trennung. Drei Gruppen zusammen je ein Heimabend und eine Bibelstunde die Woche. Sonntags Vorträge, Musik, Gesang für alle.

31. Mai–13. Juni 1946: Rüstzeit der Pastoren des Lagers mit Captain Reverend Reid und Pfarrer Wester (damals Dekan für Middle East) im CVJM-Heim.[44] 13 Pfarrer, zwölf Theologiestudenten.

8. Juli–21. Juli 1946: Ausbildungslehrgang für christliche Jugendführer unter Leitung des Vereinsvorsitzenden mit 20 ständigen Teilnehmern.

Themen: Bibelarbeit und Andachten, Gruppen- und Gemeindeabende, Fahrt und Lager, Der christliche Jugendführer, Jugendarbeit und Kirche, Jugend und Politik, Singen, Musik, Laienspiel, Rechts- und Gesundheitsfragen.

Juli/August 1946: Die ersten drei Besuche durch Herrn Morgan.

Anfang August 1946: Verlegung des Lagers 305 nach Lager 380. Mitgliederzahl der Gruppe: 119 eingeschriebene, davon 80 tätige.

---

[40] Datum handschriftlich vom Verfasser eingesetzt.
[41] Vgl. oben Nr. III/1, S. 295–300.
[42] Vgl. unten Nr. III/10, S. 331 f.
[43] Handschriftlicher Zusatz vom Verfasser: „Trüschel".
[44] Vgl. den Bericht von Pfr. Rückert über die Theologische Rüstzeit. Camp 305, 3.7.1946 (EZA BERLIN, 2/479).

2. Beginn der CVJM-Arbeit außerhalb [Lager] 305
17. August 1946: Der Pfarrer des B.M.H.[45] Quassasin, angeregt bei Rüstzeit durch CVJM-Gruppe 305, beginnt im Bereich Quassasin und Tel-el-Kebir CVJM-Arbeit. Erste Gruppe in Wäschereikompanie.

Beginn im Bereich Moaskar durch Versetzung eines Mitgliedes aus CVJM 305; weitere Ausbreitung im Herbst 1946 im Nord- und Mitteldistrikt durch Kranke, die im Hospital CVJM sehen, Pastoren, alter CVJMer in den Kompanien und weitere Versetzungen aus [Lager] 305. Unterstützung durch 14-tägige Besuche Morgans in den Kompanien.

Dezember 1946: Ausgabe von Mitgliedskarten durch Morgan. Ausgabe auch an Pastoren, Laienhelfer und Lagerführer der Kompanien, wo aus sich selbst kein CVJM entstanden: Süddistrikt, Alexandrien, Kairo.

Bis Ostern 1947: 1.100 Ausweise ausgegeben. Stärkste und lebendigste Gruppen neben Offizierslager in den Arbeitskompanien: 2723[46] Wäschereikompanie am 1. Januar 1947 70 Mitglieder; 3106 Tel-el-Kebir am 1. Januar 1947 65 Mitglieder; 2777 Tel-el-Kebir am 1. Januar 1947 50 Mitglieder; 2773 Moaskar am 1. Januar 1947 50 Mitglieder.

In den meisten Kompanien CVJM identisch mit Lagergemeinde, teilweise direkte Zusammenarbeit mit Katholiken, nur getrennte Bibelstunden. Äußeres Bild sehr verschieden, einige reine Bibelkreise, andere offen gegen das Lager durch Heimabende, Vorträge, Wandzeitungen, Ausstellungen handwerklicher Arbeiten, Teilnahme an politischer Diskussion, photographieren für das Lager, Pflege der Friedhöfe, Büchereien. Gruppen: Arm der Kriegsgefangenenhilfe ins Lager durch Vermittlung von Dingen, die Morgan aus Kairo bringen kann. Zum Teil gute Verbindung mit britischen Geistlichen und Unterstützung durch sie.

Schwierigkeiten: Ermüdung der Kriegsgefangenen durch bis zu 10-stündige Arbeitszeit im ägyptischen Klima. Sehr starke kommunistische antichristliche Tendenzen, die durch PID unterstützt werden.

3. Fortsetzung der CVJM-Arbeit im Lager 380
Nicht mehr reines Offizierslager. Gruppe erhält 60 Mann Zuwachs aus alten Angehörigen des Lagers 380. Bau einer Lagerzeltkirche, zugleich CVJM-Heim. Wöchentlich drei Bibelstunden mit verschiedenen Texten, je 20–30 Besucher; ein Heimabend, 30–150 Besucher, Wanderungen in die Umgebung des Lagers. Arbeit nach außen durch Besuche der Arbeitskompanien mit Heimabenden und musikalischen Feierstunden. CVJM stellt die meisten Mitglieder des evangelischen Kirchenchores und eines Kirchenquartetts. Sendung im Lagerrundfunk. Gräberaufnahmen auf Friedhof Fayid, Versendung der Bilder an die Angehörigen, Vermittlung von Wün-

---

[45] Die Bedeutung der Abkürzung blieb unklar, vielleicht British Military Hospital.
[46] Solche vierstelligen Zahlen bezeichnen einzelne Arbeitskompanien.

schen an die Kriegsgefangenenhilfe. Arbeit wie früher im deutschen CVJM ohne Sport. Mit der Repatriierung Hinzuziehung der Kameraden aus dem Repat[riierungs]-Wing. Täglich Morgenwache und Abendandacht.

6. März–3. September 1947: Mitarbeiterschulung für die christliche Jugendarbeit. Arbeitsgemeinschaft mit fünf ständigen Mitgliedern zweimal wöchentlich.

Schwierigkeiten: Interesselosigkeit im allgemeinen, lange Dauer der Kriegsgefangenschaft, klimatische Bedingungen, Fehlen geeigneter Räumlichkeiten.

Unterstützung: durch Kriegsgefangenenhilfe, Ökumene, deutsche Schwestern in Kairo, britische Geistliche.

August 1947: Umzug des Lagers 380 nach 307, jetzt 380.

Mitgliederzahl: 179, davon versetzt oder repatriiert: 60, ausgetreten: 9, tätige Mitglieder: 70.

4. Einrichtung des YMCA-Office in Lager 380

Mitte September 1947: Trennung der Arbeitsbereiche Christiansen-Morgan.[47] Einrichtung von Office und Shop. Mitarbeiter aus CVJM-Gruppen.

September–Dezember 1947 in Zelten.

Seit Januar 1948: [Kirche] im Steinbau.[48]

Office: Besuche Christiansens in den Kompanien, Heimkehrerdienst, Studienanmeldungen, Suchanzeigen, Weihnachtswettbewerb, Kalender, Fachbücher, Noten, Büchereien, Instrumente.

Dezember: 2.000 Bücher aus Dänemark.

1. Februar 1948: 8.000 Bücher aus Genf.

Rund 50 Büchereien in den Kompanien im Umlauf, Tausch etwa alle drei Monate. Im Lager 380: drei Büchereien.

Für CVJM-Gruppen „Mitarbeiterhilfe", Heimabende von 380 in den Kompanien, Bildung von CVJM-Gruppen jetzt auch in kleineren Kompanien. Verbindung in die Cyrenaica, Cypern, Griechenland und Malta. Rundbriefe, Versand von Zeitschriften. Ausstellung: „Von den Wüstenbergen zum Bittersee" im Januar. Unterstützung der Lagergemeinde 380 und der CVJM-Gruppe 380. Mobiliar für CVJM-Heim vom britischen YMCA Ismaelia. Shop: Tagesumsatz 30–50 Englische Pfund. Anfangs Sport- und Musikartikel, jetzt Kleinigkeiten für den Heimkehrer. Schlager: Weihnachtskerzen, Taschenbücher, Füllfederhalter.

5. CVJM-Gruppen in Kompanien und Lager 380 heute

Rund 1.500 Ausweise ausgegeben, seit Beginn 1948 Repatriierung besonders spürbar. Gruppen schmelzen zusammen, insbesondere keine geeigneten Leu-

---

[47] Vgl. unten Nr. III/11, S. 332 f.
[48] Vgl. unten Nr. III/12, S. 334 f. und Nr. III/19, S. 355 f.

te als Gruppenleiter mehr. Außer [Lager] 380 noch 15 nennenswerte Gruppen. Gruppen werden sich bis zum Ende halten und sind die Stützpunkte der Kriegsgefangenenhilfe in den Kompanien. Hauptarbeit: Bibelstunden und Heimabende. Fast alle Gruppen können Jahresfest feiern. Vermehrter gegenseitiger Besuch von CVJM-Gruppen und britischen Fellowships.

1. Februar 1948: Zweites Jahresfest der Gruppe 380.[49] Zugleich Treffen der CVJM-Führer aus den Arbeitskompanien.

Kirchenbau, Heimbau, Ping-Pong-Zelt, Heim Cage 11 (Repat[riierungslager]), Heim Cage 25. CVJM-Orchester, Kirchenchor, Musikveranstaltungen, Wanderungen, Kaffeenachmittage.

1. Mai 1948: Mitgliederzahl der Gruppe 380: Von 231 in Liste eingetragenen Mitgliedern noch 70 im Lager. Teilnahme: Bibelstunden: 30–50. Heimabende: 50–100.

III/10. Henning Frank: „Unsere Zehn Punkte"

Camp 305 [Februar 1946]

LKA Stuttgart, D 54: Frank

Es läuft natürlich alles anders als geplant – bei der Gründungsveranstaltung.[50] Ein junger Arzt, der gar nicht reden sollte, ergreift das Wort. Mit Schwung und Begeisterung redet er von dem Vorhaben und dem Wert einer solchen Gruppe. Das Verhängnisvollste aber ist, daß er mit der Verkündung von Zehn Punkten über das Wesen einer CVJM-Gruppe schließt. Diese Punkte stehen nun da, an der Wiege der neuen Gruppe. So wie sie sind, allgemein und unverbindlich, können sie jedoch nicht bleiben. Deshalb setzen sich wenige Tage später neun Mitglieder der neu gegründeten Gruppe zusammen. Sie nehmen sich jeden Punkt einzeln vor und arbeiten ihn um. Es geht hoch her, jeder beteiligt sich, und jedes Wort wird gewogen. So stehen sie nun da.[51]

1. Wir bekennen uns zu Christus, unserm Herrn.
2. Wir stehen zur christlichen Kirche und mühen uns, in evangelischer Haltung unser Leben zu gestalten.
3. Wir wollen weltoffen, natur- und kulturverbunden sein, ohne alle Enge und Lebensfremdheit.

---

[49] Vgl. das Erinnerungsblatt an das zweijährige Bestehen der CVJM-Gruppe in Lager 305/380. Camp 380, August 1948 (LKA STUTTGART, D 54: Deußen).

[50] Gründung der CVJM-Gruppe im Lager 305 am 28.1.1946.

[51] Vgl. auch die spätere Fassung: Erinnerungsblatt an das einjährige Bestehen der CVJM-Gruppe in Lager 305. Camp 305/380, August 1947 (LKA STUTTGART, D 54: Deussen).

4. Deshalb ist uns der Dienst am Nächsten, ohne Unterschied von Stand und Herkunft, Erfüllung göttlichen Gebotes.
5. Wir mühen uns von der Bibel her um Klarheit und Wahrheit in allen Fragen des inneren und äußeren Lebens.
6. Wir ringen um Reinheit und Sauberkeit im eigenen Denken und Handeln.
7. Wir halten körperlich und geistig auf Zucht und Selbstbeherrschung.
8. Wir kämpfen gegen Schmutz und Laster, Überspanntheit und Schwätzerei, Haß und Bosheit, Neid und Eifersucht.
9. Der CVJM 305, als Glied der CVJM-Weltorganisation, stellt sich die Aufgabe, uns für das Leben in der Heimat vorzubereiten und zu festigen.
10. Dort wollen wir diese Haltung für einen vom christlichen Ethos getragenen Staat in Volk, Familie und Beruf in die Tat umsetzen.

An die Öffentlichkeit treten diese Zehn Punkte durch einen stark besuchten Vortragsabend zur Einweihung des Heimes, und um der ganzen Gruppe stets vor Augen zu sein, hängen sie dann im Heim an der Wand. Dort sieht sie einer unserer Lagerpfarrer während einer Rüstzeit. Er beginnt, in seine Kompanien zurückgekehrt, CVJM-Gruppen zu gründen. Die Zehn Punkte nimmt er dorthin mit als Leitgedanken. In einem Bericht wandern sie von einer dieser Kompanien an den Weltbund. Das Weltbundnachrichtenblatt druckt sie ab, und damit schließt sich der Kreis. Denn mit diesem kehren sie zurück in den Mittleren Osten zu anderen inzwischen entstandenen Gruppen und auch in die Gruppe 305.

III/11. Erstes Rundschreiben des Sekretärs des Weltbundes der YMCA, Christian Christiansen, an die deutschen Lagerführer

Camp 380, 9. September 1947

LKA Stuttgart, D 54: Frank

Herr Lagerführer!
Seit dem Kriegsausbruch hat der Weltbund der YMCA eine große Hilfsarbeit unter den Kriegsgefangenen ausgeübt. Durch Vertreter von den kleinen, neutralen Ländern – hauptsächlich Schweden, Dänemark und der Schweiz – wurden die vielen alliierten Lager in Deutschland während der Kriegszeit besucht, und heute ist eine noch größere Anzahl von unseren Mitarbeitern in England, Belgien und Frankreich tätig, um Ihren Landsleuten, die dort in Gefangenschaft sind, soweit wie möglich zu helfen. Durch unseren Herrn Morgan und die Hilfe, die er hat bringen können, ist die YMCA bestimmt auch für Sie schon ein bekannter Begriff.

Es ist jetzt unser Plan, die Kriegsgefangenenhilfe der YMCA im Mittleren Osten auszudehnen und noch besser zu organisieren. Mit Genehmigung der englischen Militärbehörden haben wir ein YMCA-Büro im POW-Lager 380 in Fayid eingerichtet. Von hier aus wollen wir die Arbeit leiten, die Lager besuchen und die Sachen bringen, die gewöhnlich von den Kriegsgefangenen gewünscht werden. Die Engländer haben uns zehn große Zelte zur Verfügung gestellt, so daß wir hier Platz genug haben, um einen Vorrat der am meisten gewünschten Sachen wie Sportartikel, Bücher, Musikalien, Farbkästen etc. aufbauen zu können. Wir hoffen dadurch die Zeitspanne zwischen dem Empfang und der Erledigung Ihrer Wünsche auf ganz wenige Tage beschränken zu können.

Wir bedauern, daß wir nicht in der Lage sind, die Sachen kostenlos zu liefern, aber wir garantieren, daß wir Sie so billig wie möglich beliefern werden. Sowohl Herr Morgan wie auch ich bekommen unsere Spesen aus Genf bezahlt, so daß Sie nur denselben Preis bezahlen müssen, den wir in den Geschäften Kairos bezahlt haben.

Wir werden uns bemühen, alle Wünsche der Kriegsgefangenen zu berücksichtigen. Wünsche der Allgemeinheit des Lagers werden aber bevorzugt. Ein gewisser Vorrat der am meisten gewünschten Artikel ist schon vorhanden, so daß Sie schon jetzt an uns schreiben können, wenn Sie etwas benötigen. Wir hoffen auf eine gute Zusammenarbeit mit Ihnen und bitten Sie, in Zukunft alle Wünsche und Mitteilungen an die folgende Anschrift einzureichen: YMCA-Office, Lager 380.

Wir bitten Sie, diese Mitteilung zur Kenntnis aller Kriegsgefangenen Ihres Lagers zu bringen.

Mit den besten Wünschen für Sie und Ihre Kameraden
Kriegsgefangenenhilfe des Weltbundes der YMCA
Chr. Christiansen.[52]

---

[52] Seit 1.9.1947 leitete Christiansen als Beauftragter des Weltbundes der YMCA für dessen Kriegsgefangenenhilfe im Mittleren Osten diese Arbeit im neuen Lager 380, nachdem er seit 1.6.1947 von Kairo aus die Vorbereitung für seine Arbeit getroffen hatte (vgl. CHR. CHRISTIANSEN, Erindringer, S. 197–238; DERS., Hoffnung, S. 143–160).

III/12. Horst Wagner: „Neues christliches Leben in Lager 380"

Lager 380 [Ende November 1947]

EZA Berlin, 2/513 (Vervielfältigung aus: Der Ruf. Hg. im Auftrag der evangelischen Pfarrer in Middle East unter der Leitung von Johannes Matthes)

Die Wende des Kirchenjahres gibt uns Kriegsgefangenen der Lagergemeinde 380 besondere Veranlassung, uns einen Augenblick zu besinnen und Rückblick wie Ausschau zu halten.

Mit dem Kirchenjahr 1946/47 geht auch der Neubau unserer Lagerkirche seiner Vollendung entgegen. Die Errichtung einer neuen Kirche[53] war in dem Augenblick zwingend notwendig geworden, als das alte Lager 380 aufgelöst und nach 307 überführt wurde. Im neuen Lager war ein Kirchenzelt bislang überhaupt nicht vorhanden, so daß eine Stätte geschaffen werden mußte, wo Gottesdienste, Andachten und andere Veranstaltungen der Kirchengemeinde stattfinden können und die ausschließlich für diese Zwecke bestimmt ist. Die Tatsache, daß das neue Lager 380 nicht nur im Zentrum aller Dienststellen und Arbeitskompanien des Mittleren Ostens liegt, sondern auch Sitz des evangelischen Dekanats und damit der Mittelpunkt für das Leben der evangelischen Christen unter den Kriegsgefangenen ist, und der begreifliche Wunsch, ein recht würdiges Haus der Anbetung zu besitzen, hat die Gemeinde bewogen, sich nicht mit einem einfachen Kirchenzelt zu begnügen, sondern eine massive Kirche mit allem, was dazu gehört, zu errichten.

Wenn wir heute vor diesem ganz respektablen Bau stehen, so empfinden wir mit Dankbarkeit, daß er fast ausschließlich das Werk freiwilliger Helfer ist. Pfarrer, Theologische Schule, CVJM und viele Glieder der Kirchengemeinde haben in ihrer Freizeit gearbeitet, um mit Hilfe weniger Fachleute in gut drei Monaten etwas zu schaffen, was sich sehen lassen kann. Ihnen allen, an ihrer Spitze Dekan Pfarrer Rückert, sei an dieser Stelle nochmals gedankt. Nicht allein, daß rund 18.000 Steine, zwölf Fuhren Sand und fünf Fuhren Lehm verarbeitet wurden; trotz bereitwilliger Unterstützung britischer Dienststellen mußten viele Dinge, die nun einmal zu einer Lagerkirche gehören, herbeigeschafft und verarbeitet werden. Wenn von unserer neuen Lagerkirche etwas besondere Erwähnung verdient, so ist es der Altarraum, ein Halbrund, hinter dem sich eine Sakristei und Pfarrwohnung befinden. Im Mittelpunkt steht ein Altar, der in langer, mühevoller Arbeit aus Naturstein gehauen und zusammengefügt wurde, ein achtbares Stück handwerklicher Kunst. Eine weitere Würdigung verdient

---

[53] Vgl. auch unten Nr. III/19, S. 355 f.

die Vorderseite der Kirche mit dem Stufenportal und den mit braunen und grünen Flaschenböden ausgefüllten Rundbogenfenstern, die den Eindruck altehrwürdiger Kirchenfenster vermitteln.

Unser neues Gotteshaus soll ein Ort sein, an dem sich jeder kriegsgefangene Christ daheim fühlen kann. Dies gilt auch besonders für alle diejenigen – und das ist der besondere Zweck dieser Zeilen –, die nur vorübergehend oder zur Repatriierung im Lager 380 weilen. An sie ergeht der Ruf, hier einzutreten und inmitten des POW-Alltags einige Minuten der Besinnung und inneren Einkehr zu halten.

Wenn diese Arbeit der Lagergemeinde selbst und ihren Gliedern zugedacht war, so sind wir uns im Lager 380 bewußt geworden, daß wir gerade heute auch der Allgemeinheit gegenüber bestimmte Pflichten haben. In der Zeit, in der das gesamte private und öffentliche Leben einer immer stärker werdenden Verweltlichung ausgesetzt ist und Unglaube und Antichristentum je nach politischer Blickrichtung in offener oder verbrämter Form hervortreten, dürfen Christen nicht mehr schweigen, sondern haben unter Überwindung jeder Gleichgültigkeit und Furcht alles zu tun, um den Geboten Gottes die ihnen gebührende Achtung zu verschaffen. Es gibt wohl kaum ein Gebiet im Leben eines Menschen und eines Volkes, zu dem wir als Christen nicht etwas zu sagen hätten. Wir wissen um diese hohe Verantwortung, und wir müssen sie auf uns nehmen, nicht aus moralischen oder politischen Gründen, sondern aus Gehorsam gegen Gott. Sie soll Ausdruck finden in den Abenden des „Evangelischen Männerwerkes", zu denen nicht nur die Gemeindeglieder, sondern auch alle übrigen Kameraden des Lagers und seiner Umgebung eingeladen werden und an denen in 14-tägiger Folge zu brennenden Tagesfragen und Problemen der heutigen Zeit in Vortrag und Diskussion Stellung genommen wird. Pfarrer Lic. Arnold sprach vor wenigen Tagen vor 400 Zuhörern über den „Kampf um den Paragraphen 218", weitere Vortragsabende werden folgen.

Eine wesentliche Unterstützung unserer Arbeit wurde uns dadurch zuteil, daß die Kriegsgefangenenhilfe des Weltbundes der Christlichen Vereine Junger Männer (YMCA) Anfang September ihren Sitz von Kairo nach [Lager] 380 verlegte und sich in unmittelbarer Nähe der Lagerkirche niederließ. Die YMCA ist durch ihre Einrichtung wie Verkaufsstelle, Bücherei usw. sowie durch die an alle Arbeitskompanien und Lager gesandten Rundbriefe und nicht zuletzt durch Vorträge ihres Sekretärs, des Herrn Christiansen, schon zu bekannt geworden, als daß nähere Ausführungen hierüber notwendig wären. Eines darf nur gesagt werden, daß der Sekretär der YMCA in jeder Weise bestrebt ist, allen Kriegsgefangenen nach Möglichkeit zu helfen und ihre Lage zu erleichtern. Er ist daher auch für jede Anregung, ganz gleich von welcher Seite sie kommt, besonders dankbar. Jedem Kriegsgefangenen steht es frei, persönlich zu ihm zu kommen und sein Anliegen vorzubringen. Neben der Kriegsgefangenenhilfe besteht nach wie vor die CVJM-Gruppe des Lagers, die sich neu organisiert hat und das Interesse weiterer Kreise für sich wecken will. Die Heimfrage konnte infolge der Unwetterschäden des 23. November noch nicht völlig gelöst werden. Fest steht aber, daß unser mit Bequemlichkeiten mancher Art und elektrischem Licht ausgestattetes vorläufiges CVJM-Heim allen Kriegsgefangenen zur Verfügung steht, die in Ruhe und Besinnlichkeit eine Stunde bei guter Lektüre oder ähnlicher Beschäftigung genießen wollen. Die CVJM-Gruppe selbst will in ihren Heimabenden, zu denen jeder eingeladen ist, mit Lesungen, Vorträgen, Musik und Unterhaltung christliche Kultur allen denen nahebringen, die Herz und Gemüt dafür offen halten. Den gleichen Zweck verfolgt das neugebildete Kammermusik-Studio des CVJM, das vielen Interessenten die Möglichkeit gibt, gute Musik zu treiben und zusammen mit dem Kirchenchor die musikalische Ausgestaltung der Gottesdienste und anderer Veranstaltungen zu übernehmen.

Wir stehen mit Zuversicht und Hoffnung an der Schwelle des Kirchenjahres 1947/48. Mit Zuversicht vertrauen wir darauf, daß Gott unserem Wollen und Wirken seinen Segen nicht versagen wird; mit der Hoffnung wollen wir das bevorstehende Weihnachtsfest feiern, daß das Weihnachtsfest des neuen Jahres alle Kriegsgefangenen mit ihren Lieben in der Heimat vereinen wird. Diese Zuversicht und Hoffnung soll uns froh machen und in echter Weihnachtsfreude einstimmen lassen in den nun fast zweitausend Jahre alten Chor der Engel: „Ehre sei Gott in der Höhe und Friede auf Erden!"[54] Für uns bedeutet das, und wir wollen es zur Weihnacht allen unseren Mitgefangenen sagen, daß nur dann Friede sein kann, wenn Gott die Ehre gegeben wird.

III/13. Siebtes Rundschreiben des Sekretärs des Weltbundes der YMCA, Christian Christiansen, an die deutschen Lagerführer

Camp 380, 1. Februar 1948

LKA Stuttgart, D 54: Frank

Lieber Herr Lagerführer!
Hiermit übersenden wir Ihnen unseren neuen Rundbrief zusammen mit einer Preisliste über die bei uns erhältlichen Waren. Wir bitten Sie, diesen gut bekannt zu machen, evtl. auch Abschriften anfertigen zu lassen für Ihre Außenstellen.

---

[54] Lk 2,14.

Anerkennung von Reifeprüfungen: Nach einer Mitteilung des Prüfungs-
amtes für Fremden- und Ergänzungsprüfungen der Schulbehörde der Han-
sestadt Hamburg vom 6. Oktober 1947 werden Reifeprüfungen, die gemäß
des Erlasses des früheren Reichsministers für Wissenschaft, Erziehung und
Volksbildung in Ägypten abgehalten worden sind, ohne Einschränkung
anerkannt, wenn die Prüfungsunterlagen beim Prüfungsamt vorliegen und
die Prüfungen als ordnungsgemäß und ausreichend befunden werden. Jeder
um Anerkennung seines Reifezeugnisses nachsuchende frühere Kriegsgefangene muß außerdem sein letztes Schulzeugnis vorlegen. Die Unterlagen
für die Reifeprüfung I und II, die im Lager 305 durchgeführt worden sind,
und diejenigen für die Prüfung IV (Mai 1947 im alten [Lager] 380)
befinden sich bereits in Deutschland. Der Sekretär der YMCA in Bad
Salzuflen (Britische Zone) hat mitgeteilt, daß er von sich aus an die
Verwahrer dieser Urkunden in Deutschland herantreten wird, damit diese
Unterlagen an die Schulbehörde in Hamburg von dort aus übersandt
werden. Die Prüfungsunterlagen für die Reifeprüfung III im Camp 305
werden in Kürze nach Hamburg übersandt werden. Interessenten wird
empfohlen, sich nach ihrer Repatriierung an die Schulverwaltung Hamburg
36, Dammtorstraße 25, Oberschulrat Merck zu wenden.[55]
    An alle landwirtschaftlich interessierten Kreise (Landwirte, Bauern,
Siedler, Landarbeiter, Gärtner, ländliche Handwerker und landwirtschaftliche Angestellte): Das brennendste Problem für Kriegsgefangene ist die
Heimkehr nach Deutschland, dort die Wiederaufnahme der Arbeit und
damit die Sicherstellung einer Lebensmöglichkeit. Viele haben im Osten
Haus und Hof oder ihre Existenz verloren. Auch kann mancher aus dem
Westen nicht an seine Arbeitsstelle zurück. Deshalb wollen wir hier noch
alles tun, um den Weg in den alten oder einen artverwandten Beruf zu
ermöglichen.
    Professor Seedorf in Göttingen will mit der Kriegsgefangenenhilfe der
YMCA alle landwirtschaftlichen Kriegsgefangenen unterstützen, um diese
Berufsgruppe ausbildungsmäßig zu erfassen und sachgemäß einzusetzen.
Herr Professor Seedorf leitet bei der wiedererstandenen Deutschen Land-
wirtschaftsgesellschaft (DLG) die Abteilung Landvolk.
    Die DLG ist allen alten Landwirten gut bekannt. Sie ist ein unpolitischer
Zusammenschluß rein landwirtschaftlicher Kreise. Ihre Aufgabe besteht
darin, alle landwirtschaftlichen, wissenschaftlichen und praktischen Erfahrungen zu erfassen und auszuwerten und dann zum Wohle aller einzusetzen. Alle speziellen Sachgebiete werden hierbei von namhaften Professoren
geleitet. Eine Erfassungsstelle und Möglichkeit für sofortigen Einsatz aus-

---

[55] Vgl. auch das Protokoll der Sitzung des Dozentenkollegiums der Theologischen Schule
am 13.11.1946 in Norton Camp vom 14.11.1946 (EZA BERLIN, 2/505).

gebildeter Kräfte besteht zur Zeit in Deutschland nirgends. Herr Professor Seedorf hat aber seine Unterstützung zugesagt und will das Ergebnis der hiesigen Arbeit in den „Neuen Mitteilungen für Landwirtschaft" veröffentlichen (Landbuchverlag Hannover, Hohenzollernstraße 39).

In enger Zusammenarbeit mit der YMCA und den deutschen Berufsstellen soll versucht werden, die Wege zu ebnen. Dazu ist, wie Herr Professor Seedorf rät, eine karteimäßige Erfassung „aller interessierten Kreise" nötig. Zu diesem Zwecke legen wir einen Fragebogen bei, um nach diesen Unterlagen eine Kartei aufzustellen, die wir dann nach Deutschland weiterleiten. In Deutschland unterstützen heimgekehrte Kameraden die Arbeit. Es handelt sich hier erst mal um eine reine Selbsthilfe, die aber mit Hilfe aller zum Erfolge führen wird. Diese Hilfe soll auf alle deutschen Kriegsgefangenen aller Länder ausgedehnt werden. Irgendwelche maßgebenden Entscheidungen in dieser Sache werden von Herrn Professor Seedorf in obengenannter Fachzeitung veröffentlicht.

Der ausgefüllte Fragebogen ist bis zum 20. Februar an das YMCA-Office im Lager 380 zu leiten.

Bibeln: Seit langem haben wir keine Bibeln gehabt. Vor wenigen Tagen bekamen wir 200 Stück zugeschickt, die jetzt zu dem alten Preis von 15 Piastres verkauft werden.

Taschenkalender 1948: Auf Grund der großen Nachfrage bringen wir noch einmal Taschenkalender 1948 zum Verkauf. Sie sind ab sofort in unserem Office für fünf Piastres erhältlich.

Kriegsgefangenenhilfe des Weltbundes der YMCA
Chr. Christiansen, Sekretär des Weltbundes der YMCA.

III/14. Vortrag des Sekretärs der Kriegsgefangenenhilfe des Weltbundes der YMCA in Großbritannien, John Barwick, am 6. Mai 1948 in Lager 380

[Camp 380, Mai 1948]

LKA Stuttgart, D 54: Frank

Deutsche und Alliierte Behörden stimmen darin überein, daß die Gefangenen, die Middle East verlassen, körperlich sehr gut, aber innerlich sehr wenig für die Rückkehr vorbereitet sind. In den letzten Jahren ist Euer Dasein entweder inhaltlos oder eine Zeitspanne der Vorbereitung für ein viel schwierigeres und viel mühseligeres Leben geworden, und es wird ausschlaggebend sein, ob Ihr das getan habt, was Ihr hättet tun sollen.

Ihr nähert Euch einem sehr kritischen Tag. Einige Eurer Kameraden haben ihn hinter sich und leisten wertvollen Dienst in Eurem Vaterland auf neuem Gebiet, dem friedlichen Handwerk. Andere sind durch Enttäuschungen und Verwirrungen gebrochen und leben im Zwielicht und sind abhängig vom Bestehen einer Unterwelt.[56] Was Ihr nun tun werdet, dazu müßt Ihr Euch entscheiden, bevor Ihr dieses Lager einmal verlaßt. Das wird ganz von Euch abhängen.

Es wird Euch wie einem Menschen gehen, der aus einem klaren, lichten Raum in die dunkelste Nacht hinaustritt. Gott, der Herr, rät uns, klüger zu sein als jener Baumeister, der seine Fähigkeiten und Mittel überschätzte und das Haus nicht fertig bauen konnte, das er begonnen hatte.[57] So laßt uns nun die Vorteile, die uns der Krieg gebracht hat, mit der rechten Hand aufzählen und mit der linken die anderen Dinge.

Der Zeigefinger der rechten Hand mag Gesundheit darstellen; starke Körper, braungebrannt und gut genährt. Eure Frauen, Kinder und Freunde haben nichts, was sie ebenso widerstandsfähig macht. In einem Jahr habt Ihr soviel bekommen, wie sie in drei Jahren hatten.

Als Nächstes stellt der Mittelfinger den großen Reichtum an neuen Erfahrungen dar, die wir niemals erworben hätten, wenn kein Krieg gewesen wäre. Da gibt es manchen jungen Burschen vom Lande, der andernfalls sein ganzes Leben lang nur immer das Rothaargebirge vor Augen gehabt hätte. Aber jetzt hat er in den Bauholzlagern Kanadas gearbeitet, Baumwolle im Süden der Staaten geerntet, Kohle in Belgien oder Frankreich gefördert oder Rüben in England gehackt. Er hat zum Neid seiner Geschwister, die ohne eigenes Verschulden zu Hause blieben, reiche Erfahrungen gesammelt. Dieser Jüngling hat andere Möglichkeiten der Rinderzucht und der Getreideernte, der Waldpflege, der Kleidung und des Essens und des Zusammenlebens kennengelernt. Wenn er klug ist, kann er das Gute hieraus annehmen und das Schlechte vergessen. Er kann auch seiner Familie Rat geben, wie sie ihre Lage physisch oder sozial verbessern kann. Er ist durch selbstsüchtige, selbstherrliche Offiziere oder Ausbeuter angetrieben worden. Er hat Güte bei den Männern gefunden, die eigentlich seine Feinde sind. Er hat gelernt, daß Gutes und Böses keine Nationalität haben. Er wird, so hoffe ich, die kostbarsten Beziehungen im Leben kennengelernt haben, die alle Grenzen überwinden. An Hand von Tausenden empfangener Briefe kann ich das deutlich machen.

Einige werden während ihrer Gefangenschaft Gelegenheit gefunden haben, zu studieren und Prüfungen abzulegen. Für diese Männer werden neue Aufgaben nach ihrer Rückkehr bereit stehen und auf sie warten. Das

---

[56] Am 20.6.1948 wurde in Deutschland die Währung von der wertlos gewordenen Reichsmark (RM) auf die neue Deutsche Mark (DM) umgestellt. Vor diesem Termin blühte der Schwarzhandel.

[57] Vgl. Mt 7,26.

wird von gewaltigem Vorteil sein in einer Heimat, wo es in den Schulen stark an Raum mangelt und gleichzeitig sehr viele Schüler vorhanden sind.

Den kleinen Finger möchte ich für Euer Eigentum wählen. Ich habe gesehen, wie Gefangene gelogen, gestohlen und Freunde betrogen haben und sich wie Bestien gebärdeten und sich um kleine Dinge stritten, die sie mit nach Hause nehmen wollten, obwohl sie nur geringen oder keinen Wert hatten. Eigentum, das Ihr mitnehmt, ist Euer geringster und am wenigsten beständiger Gewinn. Was Eure Reichsmark daheim wert ist, das vermag ich nicht vorauszusagen. Einige Bücher werden vielleicht der wertvollere Ertrag vom Kriege sein, wenn sie auch nicht so begierig gestohlen würden.

Nun bleibt der Daumen noch übrig, und den habe ich für Euren Glauben übrig behalten, den Glauben an den Herrn und Euren Nächsten. Manche fanden ihn auf dem Schlachtfeld, andere in der Gefangenschaft. Einige haben nie etwas von ihm verspürt. Sie kehren zynisch und verbittert zurück und wissen nicht, wer ihnen im Strudel den Weg weist und Halt bietet. (Auch Pfarrer sind in diesem Wirbel gescheitert.) Auf der anderen Seite habe ich wandelnde Gerippe mehr tot als lebendig über die Ebenen Rußlands zurückkehren sehen. In ihren Augen jedoch brannte noch das Feuer des Glaubens und der Treue. Das nur allein hat sie befähigt, aus der Hölle zurückzukehren.

Das ist Eure rechte Hand. Wieviel Finger habt Ihr daran und wie stark sind diese? Ist der Zeigefinger durch Torheit geschwächt oder fehlt der Daumen? Habt Ihr an Eurem kleinen Finger gearbeitet, bis die anderen noch kleiner wurden?

Jetzt wollen wir aber auf die linke Hand schauen und sie gegen den Gewinn der rechten als Verlust betrachten. Einmal wird es sie gelüsten, Euch herabzureißen. Wie viele Dinge des Lebens, so können wir im Ganzen gesehen den Ertrag des Krieges weder als schlecht noch als gut bezeichnen. Es hängt vom einzelnen Mann ab, denn auf ihn kommt es an. Der richtige Seemann kann sein Boot steuern, in welche Richtung er immer will, mit dem Wind oder gegen den Wind.

(Ich glaube, viele der Schliche zu kennen, die von Kriegsgefangenen angewendet werden; denn diese habe ich acht Jahre lang beobachtet, mich mit ihnen befreundet und einige gesprochen, die nicht mehr lange zu leben hatten, und diese konnten wohl kaum etwas verbergen, was ich nicht hätte ergründen können.)

Ich habe ihnen zugehört, als sie Fluchtversuche planten, weil sie nichts anderes zu tun hatten. Die Einsamen, die wahnsinnig wurden, weil sie nicht einen Augenblick allein sein konnten, bedrückten mich. Ich war jahrelang fern von meiner Familie genau wie Ihr, aber ich hatte immer einen ruhigen Platz, wenn ich für mich sein wollte. Dieses Alleinsein ist etwas, das ich viel höher schätze als gesellschaftliche Beziehungen, die der Kriegsgefangene kaum finden kann.

Es ist nicht so entscheidend, wie wir unsere Schwächen taxieren. Alle sind mächtige Feinde und zerstören zuerst den einzelnen Menschen, dann die Familie und dann den Staat. Ich werde mit dem Feind „Mißtrauen" beginnen. Deutsche Gefangene sind, wie ich es selbst kennengelernt habe, argwöhnischer und mißtrauischer als Gefangene anderer Nationen. Ihr traut keinen Nachrichten, denn Ihr wart viele Jahre hindurch der Propaganda unterworfen. Ich würde unbesonnen sein, wenn ich sage, daß die Vertreter Eurer Gewahrsamsmächte niemals zweizüngig geredet haben. Ihr mißtraut und seid argwöhnisch gegen den Kommandanten, den Vernehmungsoffizier und manchmal selbst gegen die Mitarbeiter der Einrichtungen, die Euch doch nur helfen wollen. Ihr glaubt, die ganze Welt spielt Euch einen Streich. Das Ergebnis davon ist, daß Ihr Euch viel Gutes entgehen laßt, weil Ihr nicht mehr daran glaubt, daß jemand Euch selbstlos etwas Gutes tut. Ich bin überzeugt, daß es besser ist, manchmal zum Narren gehalten zu werden, als nichts wie Falschheit hinter allem zu sehen.

Das führt zur nächsten großen Schwäche der Gefangenen, ihre zynische Abgeschlossenheit. Das ist wahrscheinlich eine der größten Schwächen des deutschen Zivillebens von heute, und wenn das nicht aufhört, wird es den deutschen Staat zerstören, wie es weder der Krieg noch Bomben jemals vermocht haben. Wie es vorkam, daß ein Kind gelehrt wurde, seine Eltern zu bespitzeln und zu verraten, war der erste Schritt getan, Deutschland aufzulösen. Die Einheit der Familie wurde dadurch zerbrochen.

Dann wurde die Kirche angegriffen und ihr Ansehen durch kluge Intrigenspiele entstellt. Der CVJM wurde auf gleiche Weise behandelt, und so ging es fort mit allen den Einrichtungen, welche das Rückgrat des deutschen Lebens bildeten und ein Bollwerk gegen zersetzende Einflüsse waren. Jetzt haben wir das Resultat. Jeder lebt für sich abgeschlossen, traut seinem eigenen Schatten nicht, und es ist ihm gleichgültig, ob sein Nachbar lebt oder umkommt. Einer der traurigsten Anblicke, der sich mir in Deutschland bot, war ein über 60 Jahre alter Doktor, der müde forderte, sein Gerichtsverfahren möge nicht von Richtern, die Landsleute seien, verhandelt werden. Es handelte sich hier um einen Mann, der sein ganzes Leben damit zugebracht hatte, anderen Gutes zu tun. Da er nun auch eine schwierige Operation an einem sehr berühmten Manne der letzten Jahre vorgenommen hatte, fürchtete er, daß er nicht umhin könne, zu fünf Jahren Zwangsarbeit wegen dieser Operation verurteilt zu werden. Ein Urteil, das ihn töten würde. Er wurde tatsächlich so hoch verurteilt und starb kurz darauf.

Hegt die Gefühle der Treue und des Glaubens. Nicht nur Euer eigenes Leben, sondern das Leben Eures Landes hängt davon ab. Ich habe gut genährte Bauern beobachtet, wie sie Hunde auf Kinder jagten, als diese um Nahrung baten. Wenn gutgläubige Christen in Amerika Lebensmittelpakete, die sie in einigen Fällen, wie ich selbst weiß, kaum aufbringen können, nach Deutschland senden, die Herzlosigkeit der Deutschen unter

sich sehen würden, dann würden diese gewaltigen Lebensmittelsendungen
aufhören.

Ein unvermeidlich begleitender Umstand im Soldaten- und Gefangenen-
leben scheint die sexuelle Verdorbenheit zu sein. Einige wohlmeinende
Persönlichkeiten möchten die Genfer Konvention dahingehend revidieren,
daß gewerbsmäßige Prostituierte bei den Gefangenen zugelassen werden.
Zum Glück ist diesen irreführenden Leuten es nicht gelungen, ihre Pläne
verwirklicht zu sehen. Von uns arbeiteten einige in Genf an einem Plan,
wonach alle Gefangenen in neutrale Länder gebracht werden sollten und
wo es ihren Angehörigen gestattet werden sollte, bei ihnen bis zum Tage
der Freilassung zu wohnen. Leider haben sich die Militärbehörden diesem
Plan widersetzt, denn sie befürchten, daß dann alle Soldaten lieber in
Gefangenschaft geraten würden, als zu kämpfen. Das Leben ohne Frau
wird allerdings für Euch schwere Folgen haben, wenn Ihr einst wieder mit
Eurer Familie zusammen seid. Ich kann nur sagen, daß das fortgesetzte
Reden und Denken über das Geschlechtliche weit schlimmere Perversität
zur Folge hat, als es in einem frauenlosen Leben unbedingt der Fall sein
müßte. Solches Reden und Denken könnt Ihr vermeiden, obgleich Eure
äußere Lage nicht geändert werden kann.

Die vierte Schwäche ist die Entwicklung einer falschen Linie. Jahrelanges
Zusammensein mit Offizieren, die niemals zufrieden gestellt werden konnten, und dann mit Vertretern der Gewahrsamsmächte, die noch nicht
eingesehen haben, daß der Krieg vorüber ist, haben den meisten Kriegsgefangenen zwei Richtungen entwickelt. Die eine ist von der Autorität
abhängig, und die andere ist den Mitmenschen und Freunden zugekehrt.
In der ersten wird ohne geringsten Gewissenszweifel gelogen. Ein sonst
offener Charakter wird mit oder ohne Grund täuschen. Das entwickelt
einen Unterweltgeist, der dem Guten oder Bösen wenig Bedeutung schenkt.
Er stellt somit eine ideale Schule für Schwarzhändler dar.

Der fünfte schlimme Zug, der sich in der Gefangenschaft ausprägt, ist
das Stehlen. Ihr werdet sicher stark überrascht sein zu erfahren, daß der
YMCA eine Menge Sportartikel, Bücher und andere Betreuungsgegenstän-
de gestohlen worden sind. Die Tatsache, daß diese Sachen zu Betreuungs-
zwecken zur Verfügung gestellt wurden, hat diese Leute nicht davon
abschrecken können. Ich habe den größten Teil meines Lebens in einer
deutschen Gemeinschaft verbracht, und es ist niemals durch irgend jemanden dieser Gemeinschaft, deren Angehörige deutscher Herkunft waren,
jemals etwas gestohlen worden. Die beängstigenden Diebstähle durch Alliierte Truppen und Displaced Persons haben die Moral der Deutschen in
dieser Beziehung auf einen Nullpunkt gebracht. Sie nehmen sich oft auch
das Recht zu stehlen. Ich verzeihe den Plünderern für ihre Tat nicht, ich
kann nicht einsehen, wie sich auf dieser Grundlage eine stabile Gemeinschaft in Deutschland entwickeln soll. Staaten, deren Bürger solche Un-

sittlichkeiten begehen, laufen Gefahr, ein Volk zweiten und dritten Ranges zu werden. Es ist nicht zuviel gesagt, wenn die Stärke ganz gleich welchen Staates im Verhältnis zu dem Charakter seines Volkes beurteilt wird. Solange nicht eine Grundlage für das gegenseitige Verstehen und Vertrauen hergestellt ist, bauen wir noch auf dem Sande. Herumstreichende, zum Plündern angestiftete Banden von Kindern lassen die Zukunft dunkel erscheinen. Der heimkehrende Gefangene, welcher hieran zweifelt, wird in den Untiefen und Abgründen der zügellosen Masse versinken.

Jeder muß für sich die Addition in seiner Bilanz vornehmen. Seid unbarmherzig in der Berechnung Eurer Tugenden und Fehler und entscheidet, welche Chancen Ihr habt. Neigt die Waage nach links oder rechts? Selbst wenn sie um das Gewicht nur eines Haares auf die rechte Seite dauernd ausschlägt, so kann das gerade den notwendigen ausschlaggebenden Betrag ausmachen, der das ganze Land sichert. Umgekehrt kann das aber auf der schlechten Seite gehen.

Wir sind alle davon überzeugt, daß die Zukunft Deutschlands von den zurückkehrenden Kriegsgefangenen abhängig ist. Ihr könnt nicht die britischen oder amerikanischen Soldaten tadeln, wenn Ihr Schiffbruch erleidet. Ihr könnt Eure Nöte in den Gefangenenlagern nicht an den alliierten Soldaten in Deutschland auslassen. Viele Schwächen und Fehler sind in Eurer eigenen Regierung und in dem Volk, zu dem Ihr gehört, zu suchen. Möge Euch Gott kräftig machen für die Auseinandersetzung mit diesen Fragen. Unsere Sympathien sind immer bei Euch, Hilfe liegt nicht immer im Bereich unserer Möglichkeiten.

Ein Schlußwort: Vergeudet nicht unnütz Eure Kraft in Vorspiegelungen und Argwohn. (Der Mann in der Wüste sieht einen Busch und sieht ein Haus.) Wir können über kleine Dinge brüten, dann werden sie größer. Dabei verlieren wir aber das Gefühl für die richtigen Verhältnisse der Dinge. Das bedeutet zuletzt einen verkümmerten Geist besitzen, wie einen Körper, dessen eines Bein kürzer ist als das andere. Laßt die tote Vergangenheit ihre Toten begraben.[58] Das Elend ist heute größer und verbreiteter denn je.

Wenn Ihr auch als einzelne heimkehrt, Ihr seid nicht allein, denn mit Euch gehen alle, die nie mehr zurückkehren können, Eure Toten. Sie ruhen im Sand der Wüste und unter dem Schnee der Steppen. Ihr tragt nun die Verantwortung für sie. Jeder von Euch trägt die Last für noch fünf weitere Menschen auf seinen Schultern. Nur ganzer Einsatz von Leib, Seele und Geist kann die großen Forderungen, die Euer Heimatland an Euch stellt, erfüllen.

Joh 16,33: „Jesus Christus spricht: In der Welt habt Ihr Angst, aber seid getrost, ich habe die Welt überwunden."

---

[58] Vgl. Mt 8,22.

Die Theologischen Schulen in den Lagern

a. Berichte und Korrespondenz

III/15. Bericht des Leiters der Theologischen Schule in Lager 306/307, Pfr. Carl Richter, an die Kirchenkanzlei der EKD

Camp 307, 12. März 1947

EZA Berlin, 2/512[59]

Die Theologische Schule im Lager 307 besteht seit dem 15. Juni 1946. Sie verdankt ihre Entstehung in erster Linie dem tatkräftigen Wirken des Herrn Chaplain Reid, der im Frühjahr 1946 vom Britischen Hauptquartier mit der Regelung aller Fragen der evangelischen Seelsorge unter den deutschen Kriegsgefangenen des Mittleren Ostens beauftragt worden war. Auch durch den Nachfolger von Herrn Reid, durch Herrn Chaplain Mac Quarrie erfuhr die Schule stets Förderung und Unterstützung. Die Zahl der Studenten betrug zunächst acht und stieg dann bis zum November 1946 auf fünfzehn. Die Leitung der Schule lag bis Mitte Dezember 1946 in den Händen von Pfarrer Johannes Kramer aus Nienburg/Weser. Außer ihm waren in dieser Zeit als Lehrer tätig: Universitätsprofessor Dr. Andreas Thierfelder, Gießen (Altphilologe) und Pfarrer Georg Schneider aus Stuttgart.[60]

Im Vordergrund des Studiums stand zunächst das Erlernen der altgriechischen Sprache beziehungsweise bei den Humanisten die Auffrischung der griechischen Kenntnisse. Wegen der verschiedenen Vorbildung der Teilnehmer wurden mehrere griechische Kurse unter der Leitung von Prof. Thierfelder und Pfarrer Kramer durchgeführt. Im November kam dann noch ein hebräischer Sprachkurs unter der Leitung von Pfarrer Schneider

---

[59] Vgl. zu allen folgenden Berichten über die Theologischen Schulen auch die allgemeinen Berichte über die kirchliche Arbeit in den Kriegsgefangenenlagern in Ägypten (oben Nr. III/1–3; 5, S. 295–310; 313–318); vgl. ferner K. W. Böhme, Geist und Kultur, S. 158–163; H. Wolff, Überblick, S. 488–509. – Vgl. weiterhin den Bericht des ersten Leiters der Theologischen Schule in Lager 306/307, Pfarrer Johannes Kramer, vom 30.4.1947 (LKA Hannover, L 2, 33 Bd. 2).

[60] Johannes Kramer benennt darüber hinaus den Ersten Lagerpfarrer Reinhard Wester als Lehrer für Evangelische Glaubenslehre; vgl. den Bericht des Leiters der Theologischen Schule in Lager 306/307, Pfarrer Johannes Kramer, an den Rat der EKD. Nienburg/Weser, 30.4.1947 (LKA Hannover, Nr. L 2, 33 Bd. 2).

hinzu. Neben den Sprachen wurde das Hauptgewicht auf die Biblischen Fächer gelegt, die in folgenden Vorlesungen behandelt wurden:

Auslegung des Markusevangeliums und neutestamentliche Bibelkunde (drei Wochenstunden): Pfarrer Kramer.

Die religiös-sittlichen Anschauungen des Propheten Amos und Einführung in das Alte Testament (zwei Wochenstunden): Pfarrer Schneider.

Außerdem nahmen die Studenten regelmäßig an den zweimal wöchentlich stattfindenden öffentlichen Vorträgen von Reverend Stringer über die Ökumene und über die Stellung des Christen zur Welt teil.

Zwei englische Sprachkurse wurden für Anfänger und für Fortgeschrittene von Pfarrer Schneider geleitet.

Ferner nahmen die Studenten am Unterricht für Neue Geschichte und Literaturgeschichte in der Camp-Schule teil.

Die eigentliche Arbeit der Theologischen Schule mußte auf nur drei Tage in der Woche beschränkt bleiben, da die Studenten bis Anfang Januar 1947 jeden zweiten Tag zu Buchbinderarbeiten im Lager herangezogen wurden.

Am 12. Dezember 1946 schied Pfarrer Kramer wegen Repatriierung aus der Arbeit der Schule aus und Pfarrer Schneider wurde vorübergehend mit der Leitung der Schule beauftragt. Die von Pfarrer Kramer begonnenen griechischen Sprachkurse wurden von Pfarrer Leonhard Ruske aus Alt-Sarnow, Kreis Cammin/Pommern, übernommen. Ende Januar 1947 mußte auch Pfarrer Schneider wegen seiner bevorstehenden Repatriierung seine Lehrtätigkeit einstellen.

Anfang Februar 1947 wurde Pfarrer Carl Richter aus Berlin-Karlshorst als neuer Leiter der Theologischen Schule eingesetzt. Seitdem konnten die Vorlesungen und der Unterricht wieder in vollem Umfange und regelmäßig durchgeführt werden, zumal auch seit Anfang Januar 1947 die Buchbinderarbeiten fortgefallen sind.

Wie bisher wird das Hauptgewicht auf das Sprachenstudium und auf das Bibelstudium gelegt, damit die Teilnehmer hier ein möglichst solides Fundament für ihr späteres Studium an den Universitäten erhalten.

Zur Zeit laufen folgende Sprachkurse:
1. Griechisch, Oberstufe, vierstündig, Prof. Thierfelder;
2. Griechisch, Mittelstufe, sechsstündig, Prof. Thierfelder;
3. Griechisch, Anfänger I, sechsstündig, Pfarrer Ruske;
4. Griechisch, Anfänger II, achtstündig, Pfarrer Ruske;
5. Hebräisch, Anfänger, sechsstündig, Pfarrer Richter.

Folgende Biblische Vorlesungen und Übungen werden gehalten:
1. Einführung ins Alte Testament, zweistündig, Pfarrer Richter;
2. Einführung ins Neue Testament, zweistündig, Pfarrer Richter;
3. Bibelkunde, einstündig, Pfarrer Richter;

4. Erklärung der Bergpredigt, zweistündig, Pfarrer Richter;
5. Lektüre des Griechischen Neuen Testamentes (Markus), zweistündig, Prof. Thierfelder.

Zwei Teilnehmer des griechischen Sprachkurses konnten im März 1947 zum Graecum zugelassen werden und bestanden es. Die Prüfung wurde durch Herrn Prof. Thierfelder abgenommen.

Dank der Betreuung durch die Ökumenische Kommission für die Pastoration der Kriegsgefangenen steht uns eine theologische Bibliothek von etwa 250 Bänden zur Verfügung, die in unserem Studienzelt untergebracht ist. Für den Unterricht ist außer dem Studienzelt ein besonderes Zelt vorhanden. Für die Ausrüstung mit allen notwendigen Gegenständen (Tische, Bänke, Lampen, Schreibmaterial usw.) sind wir der Britischen Lagerbehörde besonders dankbar.

Über den eigentlichen Unterrichtsbetrieb hinaus sind Lehrer und Schüler in einem geordneten Gemeinschaftsleben zu einer christlichen Bruderschaft geworden, die durch das tägliche gemeinsame Hören auf das Wort Gottes und durch gemeinsames Gebet bestimmt ist. Die Morgen- und Abendandachten werden abwechselnd von den Studenten selbst gehalten, ebenso die Wochenschlußandachten, an denen auch andere Kameraden des Lagers teilnehmen. Der schriftliche Entwurf der Wochenschlußandacht wird jeweils zwei Tage vorher dem Schulleiter vorgelegt. Die Mahlzeiten werden morgens, mittags und abends gemeinsam eingenommen.

An dem kirchlichen Leben der evangelischen Lagergemeinde sind die Angehörigen der Schule nicht nur passiv, sondern auch aktiv beteiligt (zum Beispiel äußere Vorbereitung der Gottesdienste und Arbeitsgemeinschaften, Chorgesang im Gottesdienst und anderes).

Die politische Urteilsbildung wird durch die Teilnahme an den Vorträgen und Aussprachen der Demokratischen Arbeitsgemeinschaft gefördert. Die Erweiterung der englischen Sprachkenntnisse wird fortgesetzt.

Lehrer und Schüler sind gemeinsam Gott dankbar für die Möglichkeit, sich in der Abgeschlossenheit der Wüste auf die bevorstehenden Aufgaben im Dienste des Herrn aller Herren vorbereiten zu können, und sind mit viel Freude und Eifer bei der Sache. Natürlich hat jeder auch immer wieder mit mancherlei Anfechtungen zu kämpfen, die besonders in der Länge der Gefangenschaft, in dem Empfang ungünstiger Nachrichten aus der Heimat und nicht zuletzt in dem die geistige Spannkraft lähmenden heißen Klima Afrikas begründet sind. Wir wären daher gar nicht böse, wenn es uns so ginge wie den 70 Angehörigen des Theologischen Seminars in Rimini, die nach einem kürzlich hier eingetroffenen Bericht geschlossen nach Bayern entlassen worden sind.[61]

---

[61] Vgl. oben Nr. II/18–II/19, S. 290–293.

III/16. Bericht des Leiters der Theologischen Schule in Lager 380, Pfarrer Lic. Wolfgang Arnold

Camp 380, 14. März 1947

LKA Stuttgart, D 54: Heinrici[62]

I. Geschichte

Die Theologische Schule ist entstanden in dem früheren Camp 305, einem reinen Offizierslager, das sehr streng von der Außenwelt abgeschnitten war. Erst zu Beginn des Jahres 1946 konnte der englische Chaplain i./c. POW Pastors, Reverend Reid aus Edinburgh, mit den Pfarrern des Lagers Verbindung aufnehmen. Im Juni 1946 fand dann eine Theologische Rüstzeit statt[63], die durch Reverend Reid für die 15 im Lager befindlichen Pfarrer und die angehenden Theologiestudenten veranstaltet wurde. Das Ergebnis dieser Rüstzeit war unter anderem die vor allem auf Betreiben von Pfarrer Wester (Westerland, Sylt, im Dezember 1946 repatriiert) erfolgende Begründung der Theologischen Schule [in Lager] 305.

Die Studenten – zwölf an der Zahl – hatten bis dahin in kleineren Gruppen bei einzelnen der Pfarrer Unterricht in Bibelkunde erhalten und selbständig zur Erweiterung ihrer Kenntnisse im Lateinischen und Griechischen im Anschluß an die damals im Lager laufenden Sprachlehrgänge gearbeitet. Verbindende Lebensgemeinschaft fanden sie in der Kirchengemeinde und in dem seit Januar 1946 bestehenden CVJM[64] des Lagers. Nach Ausbau eines Studienzeltes konnte im Juli 1946 mit der Arbeit begonnen werden, nachdem unterdessen das größte Hindernis, nämlich der Mangel an Literatur, beseitigt war. Die Ökumenische Kommission für die Pastoration der Kriegsgefangenen hat in großzügiger Weise uns mit der wichtigsten Literatur, vor allem den nötigen „Schulbüchern" (Sammlung Toepelmann) versehen. Wir möchten unseren Dank dafür auch an dieser Stelle besonders zum Ausdruck bringen.

Im September 1946 wurde das Lager 305 aufgelöst und mit dem Lager 380 am Bittersee vereinigt. Bei dieser Verlegung war es möglich, die Mehrzahl der Studenten räumlich zusammenzufassen – in [Lager] 305 waren sie auf alle Lagerteile verteilt. Trotzdem wurden die Arbeitsbedingungen etwas schwieriger, als sie es vorher waren; andererseits war es möglich, erstmals Verbindung mit der Theologischen Schule in [Lager]

---

[62] Der Bericht ging wohl an die Kirchenkanzlei der EKD in Schwäbisch Gmünd. Das in Ziffer II,3 genannte Verzeichnis der Studenten lag nicht vor.

[63] Vgl. oben Nr. III/5, S. 315 und den Bericht von Pfarrer Norbert Rückert über die Theologische Rüstzeit. Camp 305 3.7.1946 (EZA BERLIN, 2/479).

[64] Vgl. oben Nr. III/9 und III/10, S. 328–331 und 331 f.

307, einem etwa fünf Kilometer entfernt gelegenen Lager, aufzunehmen. Im Dezember 1946 fand erstmalig eine gemeinsame Tagung beider Schulen mit wissenschaftlichem Vortrag statt. Die Verbindung mit [Lager] 307 wurde vor allem dann wichtig, als im Januar 1947 unser Altphilologe, Studienrat Dr. Ruhe (Helmstedt) repatriiert wurde und die bisherigen Teilnehmer an seinem Griechisch-Lehrgang sich bei Universitätsprofessor Dr. Thierfelder, dem Altphilologen von [Lager] 307, anschließen konnten.

II. Organisation

1. Leiter der Schule: Pfarrer Lic. Wolfgang Arnold, Neusalza/Spremberg, Sachsen, Evangelisch-lutherische Kirche Sachsen. Er vertritt die Schule gegenüber dem Lagerkommandanten und dem Chaplain i./c. POW Pastors beim Hauptquartier der britischen Truppen in Ägypten, Herrn Captain Mac Quarrie, der dies Amt seit der Entlassung von Reverend Reid innehat.

2. Weitere Lehrer der Schule sind beziehungsweise waren:
Studienrat Dr. Ruhe (Januar 1947 repatriiert), Griechisch und Latein; Pfarrer Volkenand (Gelnhausen/Hessen, Januar 1947 repatriiert), Altes Testament; Pfarrer Johannes Matthes (Erfurt), Altes Testament; Pfarrer Norbert Rückert (Windsbach/Bayern), Hebräisch.

3. Studenten

Von den zunächst zehn Studenten sind inzwischen zwei aus inneren Gründen ausgeschieden, ein weiterer ist im Dezember 1946 wegen eines Magenleidens ins Hospital gekommen. Dieser wird demnächst als Kranker repatriiert. Die starken Unterschiede nach Vorbildung und entsprechend nach Fächern machen die Gestaltung des Stundenplans schwierig. So nehmen zum Beispiel zur Zeit zwei Studenten an dem im Lager, aber ohne Zusammenhang mit der Theologischen Schule stattfindenden Abiturlehrgang teil, der im Mai seinen Abschluß finden soll.

Eine Übersicht der Studenten, aus der alle weiteren persönlichen Angaben ersichtlich sind, ist vorliegendem Schreiben beigefügt.

4. Verhältnis zur Schule 307

Der vor einigen Monaten gescheiterte Versuch, beide Schulen zu vereinigen, wird jetzt nochmals mit Hilfe von Captain Mac Quarrie wiederholt werden, da durch die beginnende Repatriierung die Frage der Lehrkräfte immer brennender geworden ist und diese Vereinigung dringend notwendig erscheint. Sie soll nun demnächst durchgeführt werden. Zur Zeit gehen die Teilnehmer am griechischen Lehrgang von Prof. Thierfelder noch dreimal wöchentlich nach 307 hinüber. Prof. Thierfelder wird ebenfalls im Mai repatriiert werden. Deshalb wird gegenwärtig versucht, unter den Kriegsgefangenen des Mittleren Ostens einen neuen Altphilologen zu finden, der seine Arbeit übernehmen kann.

III. Fächer

1. Theologische

Einleitung in das Neue Testament (zugleich Bibelkunde), dreistündig, Lic. Arnold;

Einleitung in das Alte Testament (zugleich Bibelkunde), zweistündig, früher Volkenand, jetzt Matthes;

Kirchengeschichte III (Reformation), zweistündig, Lic. Arnold;

Dogmatische Grundfragen, zweistündig, Lic. Arnold;

Praktische Auslegung von Philipper und Markus, einstündig, Lic. Arnold.

2. Philologische

Latein, Wiederholungsübungen, zweistündig, Dr. Ruhe (jetzt fortgefallen);

Oberstufe (Ziel: Großes Latinum), vierstündig, außerhalb der Schule;

Griechisch, Wiederholungen und Lektüre des Neuen Testamentes, zweistündig, außerhalb der Schule;

Mittelstufe (Ziel: Graecum), sechsstündig, Prof. Dr. Thierfelder;

Hebräisch, Anfänger, zweistündig, Pfarrer Rückert.

3. Allgemeine Vorträge im Rahmen der Kirchengemeinde (Männerwerk und CVJM)

Einmal wöchentlich Vortrag und Aussprache. Themen zum Beispiel: Kirche und Elternhaus, Schule, Familie, Staat usw., Bedeutung von Taufe, Abendmahl, Konfirmation, Geistliches Amt, Mission usw.

4. Allgemeines

Verglichen mit den Verhältnissen in den Theologischen Schulen in Norton Camp, Montpellier und Rimini leben und arbeiten wir hier unter wesentlich kleineren und beschränkteren Verhältnissen. Erschwerend fallen insbesondere ins Gewicht die klimatischen Bedingungen Ägyptens, die ein geistiges Arbeiten in den Monaten Mai bis September zur Qual machen.

Hinzu kommt die psychische Verfassung durch die zur Zeit noch nicht abzusehende Dauer der Gefangenschaft. Bei Begründung der Schule war von englischer Seite in Aussicht gestellt worden, den Studenten das Studium als Arbeitseinsatz anzurechnen. Dieses ist bisher nicht geschehen. Da die Reihenfolge der Repatriierung sich nach der Bewertung des Arbeitseinsatzes richtet (Punktsystem), sind die Studenten ziemlich an das Ende des augenblicklich gültigen Repatriierungsplanes gerückt, das heißt sie müssen noch mit einer Fortdauer der Gefangenschaft von einem Jahr und länger rechnen. Dies bedeutet, abgesehen von allem Persönlichen, den Verlust wertvoller Semester, der bei dem hohen Durchschnittsalter der Studenten (26 Jahre) besonders ins Gewicht fällt.

Da die Studenten alle noch Anfänger sind, zwei wie oben erwähnt das Abitur wiederholen, muß das Hauptgewicht der Arbeit auf den philologischen Fächern liegen. Das Ziel der Schule kann also unter den gegebenen Umständen nur die Ablage von Sprachprüfungen beziehungsweise die möglichst nahe Heranführung an diese sein, das heißt die Ersparung von

Sprachsemestern im künftigen Studium, sowie die möglichst umfassende Einführung in das theologische Studium in die biblischen und historischen Fächer.

Ein geschlossenes Wohnen der Studenten ist wegen der örtlichen Verhältnisse nicht möglich. Die Studenten nehmen rege am Leben der Lagergemeinde teil, halten regelmäßig die von dieser veranstalteten täglichen Andachten und sind im CVJM, zum Teil als Führer einzelner Gruppen, tätig; ebenso arbeiten sie an der wöchentlichen kirchlichen Sendung des Lagerrundfunks mit.

III/17. Schreiben des Leiters der Theologischen Schule in Lager 380, Pfr. Lic. Wolfgang Arnold, an die Kirchenkanzlei der EKD

Camp 380, 29. April 1947

EZA Berlin, 2/512

Lieber Bruder Damrath!

In Weiterführung meines Berichtes vom 15. März 1947[65] kann ich Ihnen heute die erfreuliche Mitteilung machen, daß die beiden Theologischen Schulen in Ägypten nun endlich, wie es das einzig Sachgemäße und Richtige ist, vereinigt worden sind.

Die Schule 307 wurde nach Ostern durch englischen Befehl aufgehoben und mit den gesamten personellen Resten hierher nach [Lager] 380 überführt. Hier wurde uns nun endlich ein zusammenhängender Platz in einem Cage in unmittelbarer Nachbarschaft unserer Zeltkirche und dazu acht Wohnzelte und zwei Studienzelte zur Verfügung gestellt. Die Wochen seit Ostern waren die Studenten, jetzt insgesamt 24 an der Zahl, zu denen noch drei weitere erwartet werden, mit dem Zeltausbau beschäftigt. Ende dieser, Anfang nächster Woche hoffen wir mit der eigentlichen Arbeit wieder beginnen zu können.

Durch den derzeitigen Stop in der Repatriierung sind uns Professor Dr. Thierfelder (Altphilologe) und Pfarrer Richter als Lehrer bisher noch erhalten geblieben. Die Zuversetzung eines neuen Altphilologen (Studienrat May) zur Schule ist in die Wege geleitet, so daß bei der Repatriierung von Professor Dr. Thierfelder die sprachliche Schwerpunktarbeit gesichert bleibt.

---

[65] Die der Dokumentation vorliegende Abschrift dieses Berichts trägt das Datum vom 14.3.1947 (vgl. oben Nr. III/16, S. 347).

Der Student Hans Merten gab mir Einblick in den Briefwechsel seines Vaters, Pfarrer Merten, Wiesbaden, mit Ihnen betreffs Beantragung der geschlossenen Repatriierung der Schule, aus dem wir mit Freuden ersehen, daß ein entsprechender Schritt durch Ihr Schreiben an den Staff Chaplain beim War Department London bereits getan ist. Wir bemühen uns hier unsererseits ebenfalls, „von unten her" die Aufmerksamkeit des hiesigen Headquarters auf diesen Punkt zu lenken. Hoffentlich hat es Erfolg, denn die Arbeit im ägyptischen Sommer liegt zunächst wie ein großer Berg vor uns, der sehr harte Anforderungen an den einzelnen stellen wird, der ernstlich weiterkommen will.

In der Hoffnung, bald einmal Näheres von Ihnen zu hören, bin ich mit amtsbrüderlichem Gruß
Ihr [Arnold].

III/18. Schreiben des deutschen Dekans im Mittleren Osten, Pfr. Norbert Rückert, an die Kirchenkanzlei der EKD

Camp 380, 30. September 1947

EZA Berlin, 2/512

Sehr geehrter, lieber Bruder Elss!
Haben Sie herzlichen Dank für Ihren freundlichen Brief [vom 9. August 1947], den Sie in Vertretung für Pastor Damrath geschrieben haben. Da hier aber irgendwie bekannt wurde, daß Bruder Damrath nach Berlin berufen worden sei, so will ich doch Ihnen antworten, der Sie wohl nun die Kriegsgefangenenbetreuung übernommen haben werden. [...][66]
3. Nun zur Frage der Repatriierung und der Möglichkeit eines Austausches. Aus Schiffsraummangelgründen ist die Repatriierung etwas verlangsamt worden. Das bedeutet, daß der von mir ausgearbeitete Plan über den Einsatz unserer Pfarrer hier im Mittleren Osten kaum einzuhalten sein wird, da die erwartete Verkleinerung der Arbeit dadurch nicht eintreten wird. Das heißt weiter, daß Pfarrer länger als geplant hier zurückgehalten werden müssen. Wenn nicht – und das ist die Frage, die ich allen Ernstes noch einmal wieder stellen möchte und die ich bitte noch einmal wieder auch zu überprüfen – Austauschpfarrer aus der Heimat uns hier ablösen. Sie schreiben, daß das vor allem wegen der weiten Entfernung nicht möglich wäre und aus vielen anderen Gründen. Die Entfernung könnte

---

[66] Der hier nicht wiedergegebene erste Teil des Schreibens bezieht sich nicht auf die Theologische Schule in Ägypten. Zum Schreiben der Kirchenkanzlei der EKD vom 9.8.1947 an den deutschen Dekan im Mittleren Osten, Pfr. Rückert, vgl. EZA Berlin, 2/512.

eigentlich keine Rolle spielen. Die englischen Schiffe laufen von Cuxhaven bis nach Port Said leer hierher zurück. Was machte es da schon aus, wenn der eine oder andere Austauschpfarrer mit herüberkäme. Vom englischen Verbindungsgeistlichen beim Hauptquartier der Britischen Truppen in Ägypten ist ja in letzter Zeit die Bitte um sechs Austauschpfarrer an die EKD gerichtet worden. Vielleicht nehmen Sie doch noch einmal Verbindung mit den entsprechenden Stellen der englischen Wehrmacht auf, um diesen Austausch zu ermöglichen.[67] Oder was sind die anderen vielerlei Gründe, die dem im Wege stehen? Für uns, die wir nun schon lange Zeit hier in diesem heißen Klima in der Arbeit stehen, wäre eine Luftveränderung dringend nötig, obwohl wir sonst bei den Fleischtöpfen Ägyptens[68] im wahrsten Sinne des Wortes sitzen. Hier könnte sich mancher Kollege wieder etwas auf die Beine stellen in allerkürzester Zeit. Und dann wäre beiden geholfen.

4. Zur Frage der geschlossenen Repatriierung unserer Theologischen Schule habe ich bis jetzt selbst noch keine Stellung genommen, sondern diese dem Leiter der Schule, Pfarrer Lic. Arnold, überlassen. Da aber bis heute noch immer kein Bescheid eingetroffen ist, will ich doch einmal meine Meinung dazu sagen. Zwar hat der Engländer die Gewähr verlangt, daß alle zu Hause weiterstudieren können, meines Erachtens damit aber zu viel verlangt, aus nicht genügender Übersicht über die Lage. Die Zusammensetzung unserer Schule ist ja so verschieden, daß sie höchstens an einem Studienkolleg wie Heilsbronn geschlossen unterkommen könnten. Einige wollen ja gar nicht Pfarrer werden, sondern auf einer Diakonenschule unterkommen. Manche haben noch kein Abitur. So wäre es das Beste gewesen, einmal hier über den Daumen zu peilen und nach hier zu melden: „Die Theologische Schule wird in ... von der dortigen Landeskirche geschlossen übernommen und dem Studium zugeführt. Wir bitten, sie nach dort zu entlassen. Für ihren Empfang werden wir die nötigen Maßnahmen treffen." Das dauert dann ja immer noch ein bis zwei Monate, bis die Schule dann in Deutschland erscheint, und in der Zwischenzeit hätte sich ein Unterschlupf für sie finden lassen. Sollte der Brief noch so rechtzeitig eintreffen, daß noch immer sich nichts entschieden hat, so bitte ich doch, diesen Weg zu gehen.

5. Daß von den Kirchen Heimkehrerheime für solche Kameraden eingerichtet wurden, die keine Heimat mehr haben, kann ich nur begrüßen. Immer wieder werden wir Pfarrer danach gefragt. Ich habe alle Pfarrer darauf hingewiesen und ihnen versprochen, ihnen eine Liste der Heime zu

---

[67] Vgl. den Bericht eines Austauschpfarrers an die Kirchenkanzlei der EKD über die kirchliche Arbeit in den Kriegsgefangenenlagern im Mittleren Osten vom 22.9.1948 (EZA BERLIN, 2/563).

[68] Vgl. 2 Mos 16,3.

vermitteln. Könnten Sie mir eine solche Liste von bereits bestehenden Heimkehrerheimen senden?

6. Anfang Oktober erwarten wir nun den Besuch von Thaddens[69] hier bei uns. Wir freuen uns schon sehr. Er hat sich wieder verzögert, weil zu viele auf eine Möglichkeit warten, nach Ägypten zu fliegen. Ich verspreche mir von diesem Besuch eine Belebung unserer gesamten kirchlichen Arbeit. Können wir doch damit an den großen Kreis der Kameraden uns wenden, die bis heute noch keinen Anschluß an unsere kirchliche Arbeit gefunden haben.

7. Zu guter Letzt ist nun auch vom Weltbund der CVJM in Genf Herr Christiansen aus Dänemark hier eingetroffen und hat eine CVJM-Zentrale für Ägypten hier in unserem Lager eingerichtet.[70] Das ist eine große Hilfe für unsere gesamte Arbeit und ich hoffe nur, daß Herr Christiansen recht lange hier bleiben kann. Durch einen Verkaufsladen von allerlei Artikeln, die in der Kantine nicht zu haben sind, bekommen wir auf diesem Wege doch die Möglichkeit, größere Kreise zu erfassen.

8. Im Lager 380 sind wir eben dabei, uns eine Kirche zu bauen.[71] Mit dem Rohbau sind wir bald fertig. Bis Thadden kommt, hoffe ich, sie unter Dach und Fach zu haben. Für unsere Lagergemeinde ist das eine schöne Gemeinschaftsleistung. Von englischer Seite wird uns jegliche Unterstützung gewährt. Unser sonntäglicher Gottesdienstbesuch ist doch recht erfreulich. Im Morgengottesdienst sind es durchschnittlich 200 bis 250, im Abendgottesdienst 70 bis 100. Das bedeutet, daß es von den Evangelischen im Lager doch 15 % sind, die wir erfassen.

9. Die Ausschreibung für die Gebetswoche habe ich erhalten und allen Pfarrern in Middle East zugeleitet mit der Bitte, doch auch in den Lagergemeinden eine Gebetswoche zu halten. So werden wir im Kreis derer, die vor Gottes Angesicht im Gebet sich für die Kriegsgefangenen und Internierten vereinen, mit dabei sein. Über die sonntägliche Fürbitte für unsere Heimatkirche hinaus mag das ein neues Band innerer Verbundenheit mit unserer Mutterkirche bilden. Gott segne diese Woche an uns allen.

Es grüßt Sie und damit unsere geliebte Kirche in Deutschland herzlich in treuer Verbundenheit des Dienstes im Weinberge unseres Herrn

Ihr Norbert Rückert.

---

[69] Vgl. die Ankündigung des Besuches von Dr. Reinold von Thadden-Trieglaff in Lager 380. Camp 380, Februar 1948 (LKA STUTTGART, D 54: Frank).

[70] Vgl. oben Nr. III/11 und III/13, S. 332 f. und 336 ff.

[71] Vgl. oben Nr. III/12, S. 334 f. und unten Nr. III/19, S. 355 f.

III/19. Rundschreiben der Studenten der Theologischen Schule in Lager 380 an ehemalige Lehrer und Studenten

Camp 380, Ende November 1947

LKA Stuttgart, D 54: Heinrici[72]

Verehrte ehemalige Lehrer, liebe Kameraden!

Da es nun Winter wird und das Weihnachtsfest naht, gehen unsere Gedanken auch zu Ihnen, unseren verehrten Lehrern der Theologischen Schulen 305, 306, 307 und 380 – wie großartig sich das schon anhört! – und Euch, die Ihr mit uns gemeinsam ein Stück des Lebensweges gegangen seid als Freunde, Seelsorger und Lehrer in gemeinsamer Arbeit und Leben hinter dem Stacheldraht.

Von Herzen wünschen wir, daß Euch in der Heimat im Kreise der Familien ein gesegnetes Christfest geschenkt werde, das reich ist an innerer Freude. Wir haben es in den Jahren des Krieges und der Gefangenschaft erlebt, daß nicht äußerer Glanz und die Aufmachung des Festes unsere Freude hervorrufen, sondern das Wissen um die Geburt unseres Heilandes Jesus Christus.

Vieles wird für Euch anders sein als bei jenen Festen, die wir miteinander als Gefangene erlebten. Ein richtiger Tannenbaum, mag er auch noch so klein sein, und ein paar Lichtlein dazu mögen einem jeden von Euch beschert sein. Und dank der aus dem „Morgenland" mitgebrachten Schätze werdet Ihr, sofern die Repatriierung noch nicht allzuweit zurückliegt, Euren Lieben manche Freude bereiten können. Daß wir auch lieber als Weihnachtsmänner nach Hause gekommen wären als noch hier zu bleiben, ist selbstverständlich. Und dennoch tun wir dankbar und freudig unsere Arbeit, die gerade in der Weihnachtszeit vermehrt ein Dienst an der Gemeinde sein wird, in der Gewißheit, recht geführt zu werden.

Ja, wer hätte in den heißen Sommermonaten, als einer nach dem anderen die Heimreise antrat, gedacht, daß wir an alle einmal würden schreiben müssen, um über das Vielerlei innerhalb und außerhalb der Schule zu berichten!

Seit März 1947 bemühte sich die EKD um eine geschlossene Repatriierung der Theologischen Schulen 307/380, die zu dieser Zeit noch getrennt arbeiteten. Abgesehen von der dienstlichen Verbindung durch den Dekan, Pfarrer Rückert, bestand seit dem 17. Dezember vorigen Jahres, an dem wir uns erstmalig noch im Beisein von Pfarrer Wester kennenlern-

---

[72] Die vorliegende Abschrift stellt wohl eine von Heinrici an einigen Stellen handschriftlich korrigierte Fassung dar.

ten, nur eine lockere Verbindung durch die „Fahrschüler" von Herrn Prof. Thierfelder. Wir wußten etwas von diesen Bemühungen, uns nach Deutschland zu holen, darum trösteten wir uns bei der Abreise unserer verschiedenen Lehrer mit dem Gedanken, selbst bald folgen zu können. Wir sträubten uns deshalb auch, aus dem Pen 14/380, in dem die inzwischen zusammengelegten Schulen ein „eigenes Stadtviertel" besaßen, auszuziehen. [Lager] 380 wurde nach 307 verlegt. Wir wollten uns nicht von unseren ausgebauten Dreieckszelten und dem grüngestrichenen Gemeinschafts- und Bibliothekszelt (ach, hätten wir es doch noch, wir würden gern wieder sonntags in ihm zu Mittag essen!) trennen. Aber das Argument, wir wollten eine Unterbrechung unserer Arbeit vermeiden und erst umziehen, wenn wir ins Repatriierungs-Wing kämen, erschien dem Kommandanten nicht zugkräftig. Er sagte, er müsse auch arbeiten und würde auch umziehen, dann könnten wir das auch. Damit hatte also Herr Professor auf die Dauer gesehen Recht behalten, als er zu Ostern gegen den Umzug stimmte. Inzwischen war aber die Raumverteilung im alten [Lager] 307, das seit dem 15. August zu Adolf Sindlers ständigem Mißfallen [Lager] 380 heißt, vorgenommen worden, ohne Berücksichtigung unserer Schule. Im Vor-Cage des ehemaligen Pen 6/307, also auf der Bergseite des Lagers, unmittelbar dem Kino und „der kalten Dusche" gegenüber gelegen, haben wir uns nun sechs IPP-Zelte[73] aufgeschlagen. Ausgebaut wurde im Hinblick auf die „unmittelbar bevorstehende" Repatriierung nichts.

Der Unterricht läuft fast unverändert gegenüber den Zeiten von 14/380 weiter. Da es jetzt kühler ist, wurden die Stunden mehr auf den Vormittag und frühen Nachmittag konzentriert. [...][74]

Unterbrechungen erfuhr der Unterricht durch die erwähnten Sommerferien, in die der Umzug fiel, ferner durch je eine Woche Kirchenbau und allgemeines Kranksein. Dann in den Tagen der Nilüberschwemmung wurde, vom Licentiaten [Arnold] angefangen, einer nach dem anderen krank, so daß es schließlich keinen Zweck hatte, den Unterricht weiterzuführen. Es war zwar noch keine Cholera im Lande, aber irgendwie ähnlich waren die Erscheinungen doch. O. Hoefler, H. Froehlich, von Riesen, Lugenbiehl, Eichert, Kuppinger und last not least der Licentiat lagen im Revier. Außerdem gab es verschiedene, die sich im Zelt kurierten. [...][75]

Die Schule selbst hat ihre Zelte nicht ausgebaut. Stattdessen haben wir manche Arbeitsstunde dem Bau der neuen Lagerkirche[76] gewidmet, die am

---

[73] Die Bedeutung der Abkürzung blieb unklar.

[74] Ausgelassen sind Einzelangaben zu verschiedenen Fächern und über den Kenntnisstand einzelner Studenten.

[75] Ausgelassen sind Einzelangaben zu verschiedenen Fächern und über den Kenntnisstand einzelner Studenten.

[76] Vgl. auch oben Nr. III/12, S. 334 f. und das Erinnerungsblatt an das zweijährige Be-

Sonntag nach dem Reformationsfest, – obwohl noch nicht in allem fertiggestellt, – eingeweiht worden ist. Auf dem freien Platz zwischen Pen 2
und 4 steht unsere Kirche als das – was Höhe anbelangt – größte Bauwerk
des Lagers. Von sieben IPP-Zelten[77] überdacht, steht der auf einer An-
schüttung errichtete Bau beherrschend nahe dem Lagereingang. Die von
einem weiten Portal, zu dem aus Sandstein gehauene Stufen empor führen
und das von zwei hohen Rundbogenfenstern flankiert wird, durchbrochene
Stirnseite der Kirche hat eine Mauerhöhe von dreieinhalb Metern. In der
rund-gemauerten Apsis, die eine Stufe höher liegt als das Kirchenschiff,
steht der aus hellem Sandstein gemeißelte Altar. Durch Holztüren, die
allerdings noch nicht alle fertiggestellt sind, betritt man die Kirche von
den Seiten. Wir sind überzeugt, daß manche Gemeinde in der Heimat
heute froh sein würde, ein solches Gotteshaus ihr eigen nennen zu können.
So ist es kein Wunder, daß der Bau der Kirche ein Vierteljahr gedauert
hat. Wenn wir dabei mithalfen, dachten wir an den getreuen Herrn Suttor,
der uns in [Lager] 305 und 380 bei allen Bauten des CVJM und der
Gemeinde sowie der Theologischen Schule unermüdlich geholfen hat. Auch
er wird Weihnachten zu Hause erleben.

Ende September brach die Cholera in der Gegend 20 Kilometer nördlich
[Lager] alt-379 aus. Für uns hatte das nur eine Fülle warnender Befehle
am Schwarzen Brett und Einkaufsverbot in Eingeborenen-Läden zur Folge.
Selbst die Engländer wurden nur zum Teil geimpft, wir bekamen die
übliche Typhusspritze und gelbe Vitaminpillen, denn das Kaufen von
Frischobst wurde selbstverständlich als erstes verboten. Am ersten Oktober
wurde die Repatriierung gestoppt. [...][78]

Nicht vergessen werden soll in diesem Brief der CVJM. Unter der
Leitung des aus Dänemark gekommenen CVJM-Sekretärs Christiansen ist
in unserem Lager eine Zentralstelle des Weltbundes eingerichtet worden.
Dort arbeitet unermüdlich Otto Hoefler mit, außerdem unsere „Rufdruk-
ker"[79] Kroener und Eigner. Von der Feder bis zum Tennisschläger, vom
Briefumschlag bis zur Tischtennisplatte gibt es dort alles, was die Kantine
nie hatte, zu kaufen. Von hier wird ganz Middle East versorgt. Daß
unabhängig von diesem geschäftlichen Betrieb auch die ureigenste CVJM-
Arbeit wieder aufgenommen wurde, ist selbstverständlich. Der Aufschub
der Repatriierung gewährleistet für derartige Arbeit die notwendige Stetigkeit. Und wie stets bisher stehen wir als Theologiestudenten mit einem

---

stehen der CVJM-Gruppe in Lager 305/380. Camp 380, August 1948 (LKA STUTTGART, D
54: Deußen).

[77] Die Bedeutung der Abkürzung blieb unklar.

[78] Ausgelassen ist ein Abschnitt über die Erklärung der kriegsgefangenen evangelischen
Pfarrer in Ägypten (oben Nr. III/6, S. 319–324).

[79] Vgl. oben Nr. III/12, S. 334 ff.

Bein in der CVJM-Arbeit. Gerade die Adventszeit und Weihnachten tauen die nicht eingefrorenen, sondern eingetrockneten POW-Herzen wieder mehr auf. [...]

Zum Neuen Jahr wünschen wir Ihnen, unseren verehrten Lehrern, und Euch, unseren Freunden, Gottes Segen. Möge er sein „Ja" zu Eurer Arbeit unter den bestimmt um vieles schwereren Umständen sprechen. Möge er Euch und Eure Familien vor Krankheit und Not bewahren und uns, wenn auch wir einmal zu Hause sein werden, ein Wiedersehen mit Euch schenken. Unser Weg wird uns nach Wiederaufnahme der Repatriierung zunächst in die Französische Zone (Entlassungslager Tuttlingen) führen, von wo aus wir in das Heimkehrerheim der EKD auf Schloß Hohenzollern entlassen werden sollen. Tübingen wird für die meisten von uns die erste Universität sein, da sie sich bereit erklärte, uns aufzunehmen.[80] Ihr seht, soweit Menschen voraussorgen können, ist alles für uns geschehen. Dankbar dafür und ohne Sorgen dürfen wir dem Neuen Jahr entgegensehen.

Wir grüßen Euch alle, indem wir einzeln hinzufügen, was wir noch an persönlichen Grüßen zu sagen haben, mit einem herzlichen „Gott befohlen!"

b. Repatriierung und Abschluß

III/20. Schreiben des Leiters der Theologischen Schule in Lager 380, Pfr. Lic. Wolfgang Arnold, an die Kirchenkanzlei der EKD

Camp 380, 12. Januar 1948

LKA Stuttgart, D 54: Arnold

Sehr geehrter Herr Oberkirchenrat!

Heute habe ich Ihnen eine sehr bedauerliche Mitteilung zu machen. Wie Ihnen bekannt ist, sind seit März 1947 umfangreiche Verhandlungen hin und her gegangen zwischen der Kanzlei der EKD, Staff Chaplain Johnston beim War Department London, von dort zum Oberkommando Middle East, zuletzt Verhandlungen zwischen der EKD und der Universität Tübingen mit dem Ziel, die geschlossene Repatriierung der Theologischen

---

[80] Vgl. das Schreiben von Pfr. Rudolf Damrath in der Kirchenkanzlei der EKD an Staff Chaplain Rev. W.B. Johnston beim Kriegsministerium in London. Schwäbisch Gmünd, 30.8.1947 (EZA BERLIN, 2/513), das Schreiben des Leiters der Theologischen Schule in Lager 380, Pfr. Arnold, an den Dekan der Evangelisch-theologischen Fakultät der Universität Tübingen, Prof. Dr. Helmut Thielicke. Camp 380, 24.10.1947 (LKA STUTTGART, D 54: Arnold) und unten Nr. III/20, S. 357 ff.

Schule Ägyptens zu ermöglichen. Am 9. Oktober [1947] traf hier die Mitteilung ein, daß nun auch die letzte, vom Engländer gestellte Bedingung erfüllt sei und eine Universität, nämlich Tübingen, sich bereit erklärt habe, die Schule geschlossen zu übernehmen. Mittlerweile war hier am 1. Oktober 1947 der fast völlige Stop der Repatriierung eingetreten. Wir wurden von englischer Seite beschieden, die Repatriierung der Schule solle stattfinden „as soon as possible". Als im Lauf des Dezember verstärkte Repatriierung einsetzte, fragte ich daraufhin nochmals bei dem für uns zuständigen Geistlichen an. Dieser erhielt auf telephonische Anfrage beim General-Hauptquartier den kurzen Bescheid, die Schule werde nicht geschlossen repatriiert, sondern die Schüler einzeln, nach ihren Punktgruppen. Als Grund wurde ihm und uns lediglich angegeben, es sei unfair gegenüber den anderen Gefangenen, die geschlossene Repatriierung wie geplant durchzuführen. Als *wir* im vergangenen Jahr in den Verhandlungen diesen Gesichtspunkt geltend machten, wurde uns damals gesagt, das spiele in diesem Fall keine Rolle, hier habe das Interesse der Kirche vorzugehen. Diese Begründung erscheint uns vor allem im jetzigen Zeitpunkt um so unverständlicher, als zur Zeit mehrere tausend Gefangene als sogenannte „compassionate cases" nach Hause fahren, das heißt auf Anforderung durch Gesuch von Deutschland, darunter überaus zahlreiche, deren Fälle in keiner Weise „Härtefälle" darstellen. Diese Repatriierung wird nicht zusätzlich, sondern im Rahmen der normalen Quote durchgeführt, so daß dadurch die Repatriierung nach Punkten weiterhin hinausgeschoben wird.

Die Frage nach den wahren Gründen der Verweigerung der Repatriierung nach so umfangreichen und komplizierten Verhandlungen beschäftigt uns natürlich erheblich. Es fällt uns selbst nicht leicht, aber wir können immerhin die Vermutung nicht ganz von der Hand weisen, daß das vielleicht auch eine Art „Antwort" auf die, wohl auch Ihnen bekannt gewordene „Erklärung der kriegsgefangenen evangelischen Pfarrer in Ägypten" vom 12. Oktober 1947[81] sein könnte. Vielleicht können Sie auf Grund Ihrer Übersicht in Deutschland uns einiges Nähere darüber, vielleicht auch nur vermutungsweise sagen, zum Beispiel etwa, ob die Einstellung der Besatzungsmächte gegenüber den kirchlichen Stellen sich grundlegend gewandelt hat usw. Wir hier in Middle East, die wir ja am weitesten weg von der Heimat sind, sind für alle derartigen Nachrichten und Hinweise sehr dankbar.

Ich habe nach Rücksprache mit Herrn Pfarrer Rückert, mit dem ich hier im Lager aufs engste zusammenarbeite, am 20. Dezember 1947 ein ausführliches Schreiben an den obersten englischen Militärgeistlichen beim General-Hauptquartier gerichtet, das ich Ihnen in Abschrift beilege.[82] Ich

---

[81] Vgl. oben Nr. III/6, S. 319–324.
[82] Der Inhalt dieses Schreibens ist in dem vorliegenden Dokument ausführlich referiert, es wird deshalb nicht im Wortlaut wiedergegeben.

habe darin besonders auf die erheblichen Härten hingewiesen, die sich für unsere Studenten aus der Streichung der Repatriierung ergeben. Daraufhin ist uns bisher durch den für uns zuständigen englischen Geistlichen nur mündlich mitgeteilt worden, es bliebe bei der getroffenen Regelung, die Schule werde nicht geschlossen repatriiert. Einen schriftlichen Bescheid auf mein Schreiben haben wir noch kaum zu erwarten, das gehört nicht zu den „Gepflogenheiten" unserer Gewahrsamsmacht gegenüber den deutschen Kriegsgefangenen.

Meine Bitte an Sie bzw. die EKD geht nun dahin, daß Sie von sich aus das War Department (Staff Chaplain Johnston) über diese Dinge orientieren, was uns von hier aus offiziell nicht möglich ist (Umgehung des Dienstweges). Vielleicht ist es möglich, von dort aus noch irgend eine Hilfe zu erhalten. Direkt werden allerdings die kirchlichen Dienststellen beim War Department nichts erreichen können, da die Repatriierung im ganzen ja eine Angelegenheit der rein militärischen Kommandogewalt ist.

Weiterhin würde ich Sie bitten, auch die Universität Tübingen darüber zu unterrichten, daß mit unserem Eintreffen unter den gegebenen Umständen zur Zeit nicht zu rechnen ist.

Zum Dritten bitte ich Sie zu erwägen, ob und welche Maßnahmen getroffen werden könnten, um den Studenten, die im Laufe des Jahres dann (sub conditione Jacobaea)[83] einzeln in Deutschland eintreffen werden, das Ankommen an den Universitäten zu erleichtern bzw. zu klären, ob Tübingen seine Bereitschaft auch gegenüber einzeln eintreffenden Studenten von hier aufrechterhalten würde. Es ist dies die Sorge, die mich bei der ganzen Angelegenheit am stärksten bewegt. Und das alles wäre bei dem bisherigen Plane doch so schön und reibungslos geregelt gewesen.

Ich glaube annehmen zu können, daß die Enttäuschung über diese Entwicklung der Dinge bei Ihnen nicht geringer sein wird als bei uns hier. Denn für die Masse der Studenten der Schule bedeutet es so einen unmittelbaren Verlust von einem bzw. zwei Semestern. Auch ist es mir durchaus noch nicht klar, ob wir die Schule hier auf Dauer werden aufrechterhalten können. Ich selber, der ich mit sieben Punkten etwa Mitte des Sommers zur Repatriierung anstehe, soweit man bei den hiesigen Methoden überhaupt derartige Rechnungen anstellen kann, kann jedenfalls ein längeres freiwilliges Bleiben weder vor meiner Gemeinde (Neusalza/Spremberg, Kreis Löbau, Sachsen), die seit meiner Einberufung im Februar 1940 auf mich wartet, noch vor meiner Familie (vier Kinder) verantworten.

Ich würde mich freuen, recht bald wieder von Ihnen zu hören, und bin mit amtsbrüderlichen Grüßen

Ihr sehr ergebener Lic. Arnold.

---

[83] Vgl. Jak 4,15.

III/21. Schreiben der Kirchenkanzlei der EKD an Staff Chaplain Reverend W. B. Johnston beim Kriegsministerium in London

Schwäbisch Gmünd, 24. Januar 1948

EZA Berlin, 2/513

Sehr verehrter, lieber Bruder!

Unter Bezugnahme auf unsere bisherige Korrespondenz in der Angelegenheit der vorzeitigen Repatriierung der Theologischen Schule im POW Camp 380 in Ägypten sehen wir uns veranlaßt, Ihnen heute mitzuteilen, daß nach einer Mitteilung ihres Leiters das zuständige Generalhauptquartier im Dezember letzten Jahres der Schule den Bescheid erteilt hat, die Schule werde nicht geschlossen repatriiert, sondern die Schüler würden einzeln nach ihren Punktgruppen in die Heimat kommen. Als Grund für diese veränderte Stellungnahme sei angegeben worden, es sei unfair gegenüber den anderen Gefangenen, die geschlossene Repatriierung wie geplant durchzuführen.

Der Leiter der Schule schreibt uns dazu, als die Schule im vergangenen Jahr diesen Standpunkt geltend gemacht habe, sei ihm damals eröffnet worden, solche Erwägungen spielen in diesem Fall keine Rolle. Das Interesse der Kirche habe vorzugehen. Der Leiter der Schule teilt uns des weiteren mit, zur Zeit führen mehrere tausend Gefangene aus Middle East als sogenannte compassionate cases, das heißt auf Anordnung durch Gesuche von Deutschland in die Heimat und unter ihnen befänden sich zahlreiche, deren Fälle in keiner Weise als „Härtefälle" bezeichnet werden könnten. Die Repatriierungen würden nicht zusätzlich, sondern im Rahmen der normalen Quote durchgeführt, so daß durch sie die allgemeine Repatriierung nach Punkten weit hinausgeschoben würde.

Die Frage nach den Gründen der neuerlichen Verweigerung der Repatriierung nach den bisherigen umfangreichen und komplizierten Verhandlungen beschäftigt die Schule im Camp 380 erheblich. Es ist die Vermutung entstanden, daß unter Umständen die wohl auch Ihnen bekannt gewordene Erklärung der kriegsgefangenen evangelischen Pfarrer in Ägypten vom 12. Oktober 1947[84] mit ihr im Zusammenhang stehen könnte.

Der Leiter der Theologischen Schule im Camp 380 hat inzwischen auf ein ausführliches Schreiben an den Herrn Obersten englischen Militärgeistlichen beim Generalhauptquartier durch den zuständigen englischen Geistlichen mündlich die Mitteilung erhalten, es bliebe bei der getroffenen Regelung und die Schule werde nicht geschlossen repatriiert.

---

[84] Vgl. oben Nr. III/6, S. 319–324.

Wir haben von uns aus nicht nur wegen der uns angebotenen vorzeitigen Repatriierung der Theologischen Schule des Camp 380 umfangreiche Verhandlungen mit allen Theologischen Fakultäten Deutschlands geführt, sondern auch von der Evangelisch-theologischen Fakultät der Universität Tübingen und dem dortigen Hilfswerk der Evangelischen Kirche die Zusicherung erhalten, die Studenten aus Ägypten würden geschlossen an der Universität immatrikuliert und untergebracht.

Wir sind dankbar, lieber Bruder, daß wir nun wie in allen früheren Fällen Ihnen völlig offen den uns vorliegenden Tatbestand unterbreiten dürfen, und haben die Gewißheit, daß Sie wie bisher auch in diesem Fall alles tun werden, was in Ihrer Macht steht, uns in Abwägung der Möglichkeiten unserer Kirche und der Theologischen Schule im Camp 380 behilflich zu sein.

Wir sehen zunächst, bis wir von Ihnen Antwort erhalten haben werden, davon ab, die Evangelisch-theologische Fakultät in Tübingen von der veränderten Sachlage zu unterrichten, damit nicht die Zusicherung der Immatrikulation der Studenten aus Ägypten hinfällig wird. Es liegt uns in hohem Maß daran, daß das Vertrauen unserer Theologiestudenten und Lehrer im Camp 380, das sie bisher allen Stellen Ihres Landes und besonders den zuständigen englischen Geistlichen gegenüber gehabt haben, unverändert erfreulich erhalten wird. Wir selbst wollen alles tun, um unserer Verbundenheit mit Ihnen auch in diesem Zusammenhang Ausdruck zu geben. Wir wären Ihnen aber gerade aus diesem Grunde für ein aufklärendes Wort dankbar.

In herzlicher Verbundenheit und Gemeinschaft des Dienstes
im Auftrag Ihr ergebenster Dr. Merzyn.

III/22. Schreiben des Präsidenten der Kirchenkanzlei der EKD an den deutschen Dekan im Mittleren Osten, Pfr. Norbert Rückert

Schwäbisch Gmünd, 9. Februar 1948

EZA Berlin, 2/513

Lieber Bruder Rückert!
Ihr Schreiben vom 6. Januar 1948 haben wir erhalten.
Neben Ihren erfreulichen Ausführungen über die Lager-Kathedrale und die Hilfe von Herrn Christiansen vom CVJM bewegt uns vor allem die seelische Not Ihrer gefangenen Brüder, die Sie uns aufs Herz legen. Wir haben nun - wie wir bereits in unserem vorhergehenden Schreiben ankündigten -, Staff Chaplain Johnston vom War Office unsere Stellung zu der

Erklärung unserer gefangenen Brüder mitgeteilt und ihn vor allem gebeten, alles zu tun, was in seiner Macht steht, um die Repatriierung der Theologischen Schule in Camp 380 voranzutreiben. Da wir ihn als einen Bruder kennen, zu dem wir völlig offen unsere Sorgen bringen dürfen, sind wir seiner verständnisvollen Unterstützung sicher. Wer so wie er dem Herrn Christus dient, wird Euch und uns immer verstehen. Es wird Sie in diesem Zusammenhang interessieren, daß auch im Ausschuß für Kriegsgefangenenfragen beim Länderrat die Lage unserer Gefangenen im Nahen Osten Gegenstand eingehender Beratungen war und daß man zu dem Entschluß gekommen ist, den Länderrat zu bitten, in dieser Sache bei der Militärregierung vorstellig zu werden. Von unseren englischen Brüdern, die wir um Vermittlung gebeten hatten, haben wir noch keine Antwort. In der letzten Zeit sind aber vermehrte Stimmen aus England zu uns gedrungen, die besagen, daß namhafte Männer der englischen Kirchen in der Öffentlichkeit und im Parlament die dringend notwendige Lösung der Kriegsgefangenen-Frage gefordert haben. Diesem brüderlichen Eintreten ist es zu verdanken, daß unsere in England befindlichen Kriegsgefangenen bis zum Juli diesen Jahres mit der Masse entlassen sein sollen; auch die Repatriierung unserer Gefangenen aus dem Nahen Osten soll wesentlich beschleunigt werden. Möchte Gott geben, daß Ihr doch bald heimkehren dürft. [...][85]

Wir bleiben Ihnen und allen Brüdern in der Fürbitte verbunden. Der Herr sei mit Euch allen, damit Ihr etwas seid zum Lob seiner Herrlichkeit.[86]

In brüderlicher Verbundenheit
Asmussen DD.

III/23. Schreiben des Leiters der Theologischen Schule in Lager 380, Pfr. Lic. Wolfgang Arnold, an den Präsidenten der Kirchenkanzlei der EKD

Camp 380, 16. März 1948

EZA Berlin, 2/513

Hochverehrter Herr Präsident,
mit großer Dankbarkeit erhielten wir Ihr Schreiben vom 7. Februar 1948[87] mit der Mitteilung, daß Sie sich nochmals bei Staff Chaplain Johnston

---

[85] Ausgelassen sind Stellen, die sich mit Einzelfragen beschäftigen, die keinen Bezug zu Ägypten haben.
[86] Vgl. Eph 1,6.
[87] Das Schreiben Asmussens trägt das Datum vom 9.2.1948 (vgl. oben Nr. III/22, S. 361).

vom War Office für die Repatriierung unserer Schule eingesetzt haben. Wir selber sind ja allerdings der Meinung, daß bei der Langsamkeit des englischen Dienstweges an eine positive Lösung der Frage kaum noch zu denken sein wird. Außerdem erhielten wir jetzt eine Nachricht in einem Brief von Frau Heinrici in Endersbach an ihren Sohn, einen meiner hiesigen Schüler, folgenden Inhalts: „Pfarrer Scheible (Mitarbeiter von Herrn Landesbischof Wurm, Stuttgart) sagte mir folgendes: Der Landesbischof hat sich bereits erfolglos für die Theologische Schule 380 eingesetzt. Er wandte sich deshalb an den Bischof von Chichester; dieser hat bereits geantwortet und mitgeteilt, daß er sich vergeblich an den allein zuständigen Oberkommandierenden von Ägypten gewandt hat."

Andererseits ist erfreulicherweise zu berichten, daß die Repatriierung der hiesigen Kriegsgefangenen nun doch endlich in Fluß zu kommen scheint. Es sind diesen Monat bereits fünf Transporte mit über 8.000 POWs abgefahren, darunter von unserer Schule der Studienrat für alte Sprachen, Herr May aus Schweinfurt, und zwei Schüler. Zu unserer Freude haben wir in Herrn Studienrat Niechoj nochmals einen Altphilologen für die Schule bekommen können, der sich, obwohl er demnächst zur Repatriierung heransteht, dankenswerterweise bereit erklärt hat, bis Juni hier zu bleiben und Unterricht in Griechisch und Latein zu erteilen.

Ich selbst stehe mit einem weiteren Schüler (7er-Punkte) etwa im April–Mai zur Repatriierung heran. Wie ich bereits in meinem letzten Brief schrieb, glaube ich es vor meiner Gemeinde und vor meiner Familie nicht verantworten zu können, freiwillig noch länger zu bleiben. Doch scheint es jetzt möglich, die Schule in gewissem Umfange aufrecht zu erhalten, insbesondere die weitere Bezahlung der other Ranks zu ermöglichen. Wenn die Repatriierung in dem jetzt begonnenen Ausmaß weitergeht, würden möglicherweise bereits im Mai–Juni neun Schüler (6er-Punkte) nach Hause kommen. Es blieben dann noch zwölf mit fünf und vier Punkten übrig. Doch hat es zur Zeit tatsächlich den Anschein, als ob man die Repatriierung aus Middle East bis August–September abschließen will. Ich selber werde gemäß dem Rat der Kirchenkanzlei der EKD, da ich ehemaliger Offizier und in der Ostzone (Neusalza-Spremberg) beheimatet bin, zuerst in die Britische Zone entlassen und mich dann eventuell bei Ihnen in Schwäbisch Gmünd vorstellen, um von dort aus weitere Weisung zu erhalten.

Indem ich Ihnen nochmals zugleich im Namen meiner Schüler für Ihre Bemühungen um uns herzlich danke und Ihre Grüße erwidere bin ich

Ihr ergebener Wolfgang Arnold.

III/24. Zusammenfassender und abschließender Bericht des Leiters der Theologischen Schule in Lager 380, Pfr. Lic. Wolfgang Arnold

[Neusalza-Spremberg?] 10. Juni 1948

LKA Stuttgart, D 54: Arnold

1. Die Zeit von Mitte 1945 bis Herbst 1946

In den ersten Augusttagen des Jahres 1945 wurde ich mit dem vorletzten Kriegsgefangenentransport, der überhaupt vom Engländer von Italien (Tarent) nach Ägypten gebracht wurde, in Alexandria ausgeschifft und nach kurzem Aufenthalt in einem Übergangslager westlich Alexandria in das große Offiziersgefangenenlager 305, ca. 40 Kilometer westlich Ismaelia mitten in der Wüste gelegen (das frühere Land Gosen!)[88], überführt. In diesem Lager befanden sich über 3.000 kriegsgefangene Offiziere, darunter 14 Geistliche. Von diesen waren aber nur zwei als deutsche Wehrmachtsgeistliche in Gefangenschaft geraten, die übrigen als kämpfendes Personal. Die einzelnen Abteilungen des Lagers waren zunächst streng voneinander abgeschlossen, und wir Geistlichen begannen zunächst an der Stelle, wo sich der einzelne befand, mit Gottesdiensten, Bibelstunden, Vorträgen usw. Bald traten gewisse Erleichterungen ein. Die einzelnen Abteilungen des Lagers konnten miteinander tagsüber in Verbindung treten. Wir Geistlichen fanden uns sofort zusammen und richteten die Gottesdienste derart ein, daß jeweils sonntags zwei oder drei Parallelgottesdienste in den verschiedenen Abteilungen des Lagers stattfanden. Instrumente fehlten zunächst, später wurden Akkordeons zur Begleitung des Gemeindegesanges verwendet. Bibelstunden wurden eingerichtet, ich selbst habe ein halbes Jahr lang eine religiöse Arbeitsgemeinschaft gehalten, die sich, wie auch die übrigen Veranstaltungen, regen Zuspruchs erfreuten. Wir Geistlichen fanden uns regelmäßig wöchentlich zu einer Art Konferenz bzw. Dienstbesprechung zusammen.

Die geistige Lage im Lager war zu dieser Zeit gekennzeichnet durch eine ausgesprochene Aufgeschlossenheit für alle geistigen, politischen usw. Fragen der Zeit. Es entwickelte sich bald, vom Engländer durch Beschaffung von Büchern, vor allem Schweizer Ursprungs unterstützt, ein lebhafter Unterrichts- und Vortragsbetrieb, ja es entstand binnen kurzem eine Art Wüsten-Universität, in deren Rahmen regelmäßige Vorlesungen aus allen Wissensgebieten gehalten wurden. Abend für Abend fanden große, von mehreren hundert Zuhörern besuchte Vorträge statt. Daneben lief eine vom Engländer betriebene Art von Umschulung (Re-education) mit poli-

---

[88] Vgl. 1 Mos 45,10; 1 Mos 46,28 f.

tischen Vorträgen, meist von Emigranten, aber auch vom Engländer gehalten, die ebenfalls zunächst auf großes Interesse stießen.

Wir Geistlichen betrachteten es in dieser Lage als unsere wichtigste Aufgabe, durch Vorträge, Diskussionsabende usw. neben der eigentlichen Verkündigungsarbeit überhaupt wieder bei der großen Menge der geistig aufgeschlossenen, aber völlig säkularisierten Kriegsgefangenen ein Gefühl und eine Ahnung zu wecken, daß in der Botschaft der Kirche große Kräfte verborgen liegen, von denen sie bisher kaum etwas wußten. So hielt ich in jener Zeit in den verschiedenen Abteilungen des Lagers Vorträge über „Die religiöse Lage der Gegenwart" und „Protestantismus als geistiges Prinzip der Neuzeit", an die sich jedesmal eine rege Aussprache schloß.

Im Januar 1946 konnten wir mit etwa 70 Mitgliedern einen Lager-„CVJM" gründen[89], der sich als erstes mit zwei vom Engländer zur Verfügung gestellten Zelten ein wohnliches, schönes Heim schuf, in welchem von da an regelmäßig ein großer Teil der kirchlichen Veranstaltungen stattfand. Damals besuchte uns auch ein Abgesandter der YMCA in Kairo, der uns von da an regelmäßig mit Büchern, Spielen, Schreibmaterial usw. versorgte. Wir hatten damals auch bereits Verbindung aufgenommen mit dem Ökumenischen Weltbund der Kirche in Genf wie auch mit dem Weltbund des CVJM dortselbst. Von der Ökumene erhielten wir sehr bald die ersten Büchersendungen mit Neuen Testamenten, Gesangbüchern und theologischer Literatur.

Im Lager wurde in jener Zeit erstmalig die politische Vernehmung der einzelnen Gefangenen durch den Engländer in zum Teil sehr wenig schöner Form durchgeführt. Ihr Ziel war die Einstufung der Gefangenen in die politischen Kategorien A (weiß), B (grau), C (schwarz) und C+ (ultraschwarz).[90]

Anfang bis Mitte 1946 wurde dann erstmalig vom Engländer die Organisation der geistlichen Arbeit in die Hand genommen. Es fanden zwei Rüstzeiten für Pfarrer und Diakone statt, die eine in dem Mannschaftslager 379, die andere im Juni 1946 in unserem Lager 305.[91] Die Bibelarbeit, Vorträge, Aussprachen usw. wurden von uns Deutschen selbst bestritten, es war jedoch ein englischer Wehrmachtsgeistlicher anwesend, der vom Hauptquartier der Britischen Truppen in Ägypten mit dieser Arbeit hauptamtlich betraut war. Es war dies zunächst ein schottischer Geistlicher, der sich sehr aktiv für diese Arbeit einsetzte, jedoch leider im Herbst 1946 nach Hause entlassen wurde. Sein Nachfolger in diesem Amt war ein sehr junger und unsicherer, wenig aktiver Mann, der mehr auf Anregungen von

---

[89] Vgl. oben Nr. III/9 und III/10, S. 328–331; 331 f.

[90] Zum sog. *Screening* vgl. besonders oben Nr. I/1, S. 73 f. und Einleitung, S. 26.

[91] Vgl. den Bericht von Pfr. Rückert über die Theologische Rüstzeit. Camp 305, 3.7.1946 (EZA BERLIN, 2/479).

uns wartete, als selbst etwas tat. Jedenfalls hatten wir als Geistliche seit dieser Zeit unmittelbare Verbindung mit der Pfarrer-Abteilung (Chaplains Branch) beim Hauptquartier der Britischen Truppen in Ägypten.

Auf dieser letzten Rüstzeit wurde nun auch die Begründung der Theologischen Schule in Ägypten in die Wege geleitet. Da die Engländer in dieser Zeit die Offiziere von den Mannschaften schärfstens getrennt hielten, mußten zunächst zwei Theologische Schulen begründet werden, die eine unter meiner Leitung im Offizierslager 305 mit zwölf Studenten, die andere im Mannschaftslager 306 (später verlegt nach Lager 307 am Bittersee) unter der Leitung von Pfarrer Kramer. (Leitender Geistlicher in Ägypten war damals Pfarrer Wester, jetzt Bischof von Schleswig.)

Das Schwergewicht der Arbeit in den Theologischen Schulen mußte von Anfang an auf den sprachlichen Unterrichten liegen (Griechisch, Lateinisch, Hebräisch). Doch daneben wurde sofort auch mit dem Stoff des ersten Semesters begonnen in seminarähnlichen Vorlesungen über Kirchengeschichte, Einleitung ins Neue Testament und Alte Testament mit Bibelkunde. Die Möglichkeit dazu boten die Büchersendungen von Genf. Die Mitglieder der Theologischen Schulen waren selbstverständlich von da an stets tragendes Moment in der Entwicklung der Lagergemeinde.

Eine Verbindung von unserem Lager zu den Mannschaftslagern (379, 306, 380, 307 am Bittersee, 381, 382, 383 westlich Alexandria an der Küste) bestand zu jener Zeit fast nicht.

Wir erfuhren später durch ausführliche Berichte, daß in diesen Lagern im Winter 1945/46 die Verpflegung äußerst knapp gehalten wurde, zum Teil ausgesprochene Hungerrationen, um die Leute zur Arbeit willig zu machen. Im Jahre 1946 wurde überall mit der Aufstellung von Arbeitskompanien auf „freiwilliger" Grundlage begonnen. Wer arbeitete, erhielt doppelte Rationen, so daß jeder sich zur Arbeit drängte. Der Normalsatz für die Entlohnung der Arbeit war und blieb 2,4 Piaster, das sind etwa 37 Pfennige alter deutscher Währung, als Tagesverdienst. Später wurden höher qualifizierte Arbeiten mit dem doppelten Betrag entlohnt. Es befanden sich zu dieser Zeit etwa 100.000 deutsche Kriegsgefangene im Mittleren Osten.

Zu sehr unerfreulichen Erscheinungen kam es, als im Spätsommer 1946 aus dem Lager 305 eine größere Anzahl von Fluchtversuchen unternommen wurden. Die zum größten Teil wieder ergriffenen Gefangenen wurden vielfach von dem englischen Personal in der Arrest-Anstalt mißhandelt, sogar der Kommandant des Lagers, ein Colonel Duggan, schlug mit der bloßen Faust auf einen wiedergefangenen und gefesselten deutschen Offizier ein, daß er sich dabei einen Finger brach.

Im September 1946 wurde sodann das Offizierslager 305 aufgelöst und mit dem Mannschaftslager 380 am Bittersee vereinigt. Die Arbeit der Lagergemeinden und des CVJM hatte sich bis dahin ständig weiterentwickelt und einen erfreulichen Aufschwung genommen.

2. Vom Herbst 1946 bis Herbst 1947

Das Lager 380, in das wir verlegt wurden, wurde bald zu einer Art Zentrale für den gesamten Kriegsgefangenenbetrieb, indem dort zusammengefaßt wurden: das Zentralpostamt, die Repatriierungsabteilung, die Zentralzahlmeisterei und das Informationsbüro (Personalpapiere) für sämtliche Kriegsgefangene. Es wurde dadurch auch besonders geeignet, von dort aus die gesamte geistliche Versorgung der Kriegsgefangenen zu steuern. Sofort nach unserer Ankunft im Herbst 1946 wurde der würdige Ausbau einer Zeltlagerkirche begonnen und in etwa sechs Wochen abgeschlossen, so daß die Lagergemeinde nun über einen schönen gottesdienstlichen Raum verfügte. Es wurde Verbindung aufgenommen zu den benachbarten Lagern 306, wo Pfarrer Wester, unser Dekan, als Lagerpfarrer amtierte, und mit Lager 307, wo sich die zweite Theologische Schule befand. Zu dieser Zeit wurden den deutschen Pfarrern zwei mit deutschen Fahrern besetzte Wagen für ihre Dienstfahrten zur Verfügung gestellt, der eine war bei uns im Lager 380 für den Südkanal-Distrikt, der andere lief im Zentral- und Nordkanal-Distrikt. Damals wurden die Geistlichen des Südkanal-Distrikts zusammen mit den Laienhelfern zur sogenannten Bittersee-Konferenz zusammengefaßt, die sich alle 14 Tage in dem Leseraum der englischen Freikirche am Bittersee zusammenfand und in der Art einer heimatlichen Pfarrerkonferenz durchgeführt wurde. Damals wurde die Bewegungsfreiheit der Kriegsgefangenen innerhalb einer Fünf-Meilen-Zone (acht Kilometer) rings um das Lager gewährt, uns Pfarrern wurde größere Bewegungsfreiheit eingeräumt. Die Verbindung zur Chaplains Branch im Hauptquartier der Britischen Truppen in Ägypten in Ismaelia wurde durch regelmäßige, wöchentliche Fahrten dorthin noch enger ausgebaut. Wir fanden dort weitgehendstes Entgegenkommen und Hilfen in allen Fragen der geistlichen Versorgung. So wurden dort die Einsetzungen beziehungsweise Versetzungen von Pfarrern und Laienhelfern unmittelbar beantragt und durchgeführt. Auch konnten wir dort, was sich als sehr wichtig erwies, unter Umgehung des Dienstweges (Lagerkommandant usw.) direkt Mißstände in den einzelnen Lagern und Arbeitskompanien zur Sprache bringen.

Keine persönliche Verbindung bestand zu den Arbeitskompanien bzw. Lagern im Raum von Kairo und Alexandria, weil die Entfernung zu groß war und wir mit unserem Wagen so weit nicht fahren durften.

Die Arbeit in den Lagergemeinden wurde weiter ausgebaut, auch an mehreren Stellen neue CVJM-Gruppen begründet. Allgemein machte sich damals durch die immer längere Ausdehnung der Gefangenschaft ein erhebliches Nachlassen des geistigen, vor allem auch des politischen Interesses bei den Gefangenen bemerkbar, was auch auf die Lagergemeinden nicht ohne Rückwirkung blieb.

Ende 1946 wurde endlich vom Engländer ein vorläufiges Repatriierungs-Schema bekanntgegeben, welches vorsah, daß in der ersten Hälfte des

Jahres 1947 monatlich 2.500 Gefangene repatriiert werden sollten, vom Juli 1947 an monatlich 5.000, eine geringe Rate im Blick auf die Gesamtzahl der Gefangenen (100.000). Zuerst wurden die A-Leute (politisch weiß) repatriiert. Unter den ersten Gefangenen, die im Januar 1947 repatriiert wurden, befanden sich bereits zahlreiche Pfarrer, unter anderem auch Pfarrer Wester. An seiner Stelle wählten wir den bayerischen Pfarrer Norbert Rückert zum Dekan, der als Altgefangener mit guten englischen Kenntnissen und Erfahrungen im Umgang mit englischen Behörden die beste Eignung hierzu besaß und sich im Verlauf der weiteren Monate sowohl bei den deutschen Kriegsgefangenen als auch bei den englischen Behörden eine sehr geachtete und einflußreiche Stellung erwarb. Er wurde von der EKD schriftlich in diesem Amt bestätigt.[92]

Die Theologische Schule in [Lager] 380 (früher 305) kam in eine immer engere Verbindung und Zusammenarbeit mit der Schule in 307. So besuchte ein großer Teil meiner Studenten von 380 während des Winters den griechischen Unterricht in 307, der durch den ordentlichen Professor für Altsprachen an der Universität Gießen, Professor Dr. Thierfelder, erteilt wurde. Daneben ging die theologische Arbeit weiter. Schon damals unternahmen wir Schritte, um eine Vereinigung beider Schulen durchzuführen, die dann nach einigen Mißerfolgen endlich im April 1947 im Lager 380 unter meiner Leitung zusammengefaßt wurden. Neben der Weiterarbeit in Kirchengeschichte und Bibelkunde (Einleitung in Altes Testament und Neues Testament) wurde damals begonnen mit Exegese des Lukas-Evangeliums und Einführung in dogmatische Grundfragen.

Im Verlauf des Jahres 1947 räumte der Engländer Kairo und Alexandria und verlegte seine sämtlichen Einheiten, darunter auch die Kriegsgefangenen in die Kanalzone, so daß eine einheitliche Betreuung aller möglich wurde. An Lagern bestanden damals nur noch 306, 380 und 307 am Bittersee, alles übrige war zu Arbeitskompanien umgewandelt worden. Auch das Lager 306, auf dessen Gebiet das gesamte englische Generalhauptquartier für den Mittleren Osten durch deutsche Kriegsgefangene errichtet wurde, kam damals allmählich zur Auflösung. Die Kriegsgefangenen wurden immer mehr in sämtlichen englischen Einheiten und Dienststellen bis in die Schreibstuben der Stäbe hinein zur Arbeit eingesetzt. Sie waren tätig bei Bauarbeiten (Häuser, Nissenhütten, Kantinen, Sportanlagen, Badeanlagen), bei der Verwaltung der großen Lager (Bekleidung, Verpflegung usw.), auch als Putzer in englischen Offiziersfamilien, ja sogar bei englischen weiblichen Einheiten, was zum Teil zu sehr unerfreulichen Zuständen führte.

Im Lager 380 wurde ein leistungsfähiger Kirchenchor, der auch vielfach in den anderen Lagern diente, gebildet, ein kirchliches Streichquartett fand

---

[92] Vgl. dazu oben Nr. III/3, S. 309.

sich zusammen, das allsonntäglich den Gottesdienst führte, auch größere Kirchenkonzerte wurden mehrfach veranstaltet. Vom Engländer wurden eine Anzahl Harmoniums zur Verfügung gestellt. Am Ersten Advent 1947 wurde im Gottesdienst der Lagergemeinde 380 die lutherische Liturgie eingeführt, nicht ohne zunächst auf einen gewissen Widerstand seitens der unierten Gemeindeglieder zu stoßen. Im übrigen war das Verhältnis innerhalb der einzelnen evangelischen Konfessionen ein durchaus gutes, die Unterschiede traten völlig zurück hinter der gemeinsamen Sache. Auch die Freikirchler und Gemeinschaftsleute standen im allgemeinen tragend in der Arbeit der Lagergemeinden. Lediglich an einer Stelle im Zentral-Kanal-Distrikt kam es eine Zeitlang zu Schwierigkeiten. Im Lagerrundfunk des Lagers wurde regelmäßig wöchentlich eine Stunde der evangelischen Lagergemeinde gehalten. Ein Lehrgang für Leiter von christlichen Jugendgruppen wurde im Blick auf die in der Heimat bevorstehende Arbeit durch mehrere Monate hindurch geführt. Auch ein Kirchenvorstand wurde gemäß den von der EKD erlassenen Richtlinien gebildet.[93] Im Sommer 1947 wurden durch den Engländer eine Anzahl von Pfarrern zwangsweise um mehrere Monate von der Repatriierung zurückgestellt, in der gleichen Art, wie dies mit geschütztem Personal (Ärzte usw.) gemäß den Bestimmungen der Genfer Konvention geschah, um die geistliche Betreuung der Gefangenen sicherzustellen. Es gelang leider nicht, eine Anerkennung der Pfarrer als geschütztes Personal durchzusetzen, wie es unter diesen Umständen nur recht und billig gewesen wäre. Das war für die Brüder, die nicht Offiziere waren, besonders in finanzieller Hinsicht von großem Nachteil.

Die Theologische Schule in [Lager] 380 führte seit März 1947 ausgedehnte Verhandlungen mit der EKD, von dort aus mit dem Kriegsministerium in London und den Britischen Kommandostellen in Ägypten, um eine geschlossene Repatriierung der Schule zu erreichen, wie dies mit den Theologischen Schulen in Rimini (Italien) und Montpellier (Frankreich) geschehen war.

Die allgemeine Stimmung der Kriegsgefangenen war im Jahre 1947 in immer weiterem Absinken begriffen, zumal die Sommermonate von Mai bis Oktober durch die ungeheure Hitze klimatisch für einen Europäer, zumal wenn einer körperlich arbeiten soll, nur sehr schwer erträglich sind. Erwähnt sei noch, daß vom Engländer etwa 10.000 Gefangene sogar nach dem Irak (Persischer Golf) zur Arbeitsleistung überführt worden waren, wo die Durchschnittstemperaturen noch etwa 10° höher waren als in Ägypten. Auch dort war ein evangelischer Geistlicher eingesetzt. Im Zusammenhang damit war vielfach eine gewisse Verwilderung in den sittlichen Begriffen zu beobachten. Vor allem in den großen Vorratslagern, Arsenalen usw. herrschte eine weitgehende Korruption, große Werte wurden gemein-

---

[93] Vgl. oben Nr. III/3, S. 309 f.

sam von Engländern und Gefangenen verschoben und unter der Hand verkauft. Der Gesundheitszustand der Gefangenen war im allgemeinen einigermaßen gut. Die sanitären Einrichtungen, Hospitäler und ärztliche Versorgung waren in Ordnung, die Verpflegung war gut und konnte durch Zukauf verbessert werden.

Im September 1947 wurde das Lager 380 in das Lager 307 verlegt, dieses aufgelöst.

3. Von Herbst 1947 bis April 1948

Die Theologische Schule übersiedelte als geschlossene Einheit in das neue Lager 380 und setzte dort ihre Arbeit unter recht günstigen äußeren Umständen fort. Wir waren in einer Abteilung des Lagers gesondert für uns in sechs großen und zwei kleinen Wohn- und Unterrichtszelten untergebracht und erhielten sogar elektrisches Licht.

Im Herbst 1947 wurde vom Weltbund des CVJM ein Weltbund-Sekretär, der Däne Christiansen, zur Arbeit unter den Kriegsgefangenen in Ägypten und zum Aufbau der Kriegsgefangenenhilfe entsandt und im neuen Lager 380 stationiert. Von dort aus begann nun eine weitreichende Arbeit in sämtlichen Arbeitskompanien. Herr Christiansen, der perfekt Deutsch sprach, war während des Krieges unter den Engländern in deutschen Kriegsgefangenenlagern tätig gewesen und zwar besonders in den Bezirken Löbau, Bautzen und Pirna.[94] Leider kam, vom Standpunkt der geistigen und geistlichen Entwicklung aus gesehen, dieser Einsatz des Weltbundsekretärs um ein oder eineinhalb Jahre zu spät, da er jetzt auf eine weitgehend verbitterte und stumpf gewordene Masse von Kriegsgefangenen traf, die allem, was an sie herangetragen wurde, mit großem Mißtrauen gegenübertraten. Ein Jahr vorher wären dieser Arbeit noch erheblich größere seelsorgerische Erfolge beschieden gewesen. Trotzdem sind wir dem Weltbund zu großer, herzlicher Dankbarkeit verpflichtet. Es gelang damals noch, in fast sämtlichen Arbeitskompanien hübsch eingerichtete CVJM-Heime zu schaffen, die von den einzelnen CVJM-Gruppen betreut wurden und allen Gefangenen in ihrer Ruhezeit offen standen. Auch im Lager 380 wurde ein großes, vorbildlich eingerichtetes CVJM-Heim von den Kriegsgefangenen selbst erbaut und mit Hilfe von Herrn Christiansen möbliert und eingerichtet.

Gleich nach dem Umzug in das neue Lager 380 war auch mit dem Bau einer großen massiven Lagerkirche aus Lehmziegelsteinen mit Zeltdach begonnen worden, die etwa um Weihnachten fertiggestellt war und seitdem bis heute ein Schmuckstück des Lagers bildet.[95] Es ist die größte und schönste

---

[94] Vgl. oben Nr. III/11, S. 332 f. und Nr. III/13, S. 336 ff. sowie CHR. CHRISTIANSEN, Erindringer, S. 197–238; DERS., Hoffnung, S. 143–160.

[95] Vgl. oben Nr. III/12, S. 334 f. und Nr. III/19, S. 355 f.

Kriegsgefangenenkirche im ganzen Mittleren Osten, in der sich täglich reiches Leben entfaltet in Gottesdiensten, Morgen- und Abendandachten, Bibelstunden, Vorträgen und geistlicher Musik.

Wir bekamen damals auch etwas engere Verbindung mit Kairo, sowohl durch Herrn Christiansen, der mit der dortigen YMCA-Stelle in enger Verbindung stand, als auch vor allem durch die deutsche Kaiserswerther Diakonisse[96], Schwester Hanna Freitag, welche das deutsche Heim in Kairo den Krieg hindurch geführt hatte und auch heute noch leitet und weitreichende Verbindungen zu führenden ägyptischen Familien bis hinein zum Königshaus hat. Sie hat viel Gutes für die Kriegsgefangenen, besonders für die Lagergemeinden getan durch Zusendung von Bekleidung, Lebensmitteln, Kirchenschmuck, Altarbekleidung usw. Sie hat uns mehrfach im neuen Lager 380 besucht und hat es auch ermöglicht, daß einige Pfarrer, darunter auch ich, allerdings „schwarz" sie in Kairo besuchen konnten und auf diese Weise wenigstens das ägyptische Museum und die Pyramiden zu sehen bekamen.

Am 1. Oktober 1947 wurde den Kriegsgefangenen plötzlich bekanntgegeben, daß die englische Regierung wegen Schiffsraummangels die Repatriierung der Gefangenen auf ein Vierteljahr einstellen müsse. Die Wirkung auf die Stimmung der Gefangenen war ungeheuer. Die Verbitterung und die Verzweiflung wurden immer größer, in einzelnen Arbeitskompanien wurde erwogen, in den Streik zu treten, ein äußerst gefährliches Unterfangen, da dieses vom Engländer als militärische Meuterei bewertet wurde. In dieser Lage faßten wir in der Bitterseekonferenz versammelten evangelischen Pfarrer den Entschluß, uns jetzt nicht mehr mit einzelnen Vorstellungen und Protesten bei den englischen Behörden und Kommandostellen zu begnügen, sondern mit einer öffentlichen Erklärung hervorzutreten. Mit ihrer Ausarbeitung wurde ich beauftragt. Sie wurde aus bestimmten äußeren Gründen in großer Eile fertiggestellt, vervielfältigt, übersetzt und an den beiden kommenden Sonntagen in sämtlichen Gottesdiensten und Lagergemeinden als Kanzelabkündigung verlesen. Zugleich wurde sie den englischen Dienststellen offiziell überreicht, gleichzeitig aber auch an eine große Anzahl ausländischer Stellen versandt: Attlee, Unterhausabgeordneter Stokes, Viktor Gollancz, die skandinavischen Bischöfe, die Ökumene in Genf, die EKD, das National-Lutheran (Council) in New York usw.[97]

Der Erfolg bei den deutschen Kriegsgefangenen war groß, es war eine allgemeine Freude und ein Aufatmen, daß sich endlich einmal eine Stelle fand, die klar und offen die Dinge beim Namen nannte und aussprach, wo die Gefangenen der Schuh drückte. Die Reaktion beim Engländer war geteilt, die militärischen Dienststellen standen der Erklärung zum Teil positiv

---

[96] Vgl. auch oben Nr. III/7, S. 324 f.
[97] Vgl. oben Nr. III/6, S. 319–324.

gegenüber, die politischen Erziehungsstellen, die sich in ihrer Arbeit am meisten getroffen fühlten, versuchten, allerdings vergeblich, die Erklärung zu einer englandfeindlichen Aktion zu stempeln und uns entsprechend zur Verantwortung zu ziehen. Am meisten bedauerte man offenbar, die Wirkung der Erklärung nicht mehr auf den Mittleren Osten lokalisieren zu können. Wie wir später erfuhren, teils vertraulich, teils auch durch Zeitungsartikel, hat die Erklärung in England selbst in breitesten Kreisen ihre Wirkung getan, auch die englische Regierung hat sich ausführlich mit ihr befaßt. Eine ganze Anzahl der darin genannten Mißstände wurde abgestellt. Die Pfarrer und Laienhelfer, die die Erklärung in Ägypten verbreiteten, blieben bis auf eine kleine Vernehmungswelle unbehelligt. Die englischen kirchlichen Armeedienststellen waren mit der Form der Erklärung, vor allem ihrer weitgehenden Verbreitung nicht einverstanden, haben aber trotzdem weiter in korrekter und brüderlicher Weise mit uns zusammengearbeitet.

Als eine negative Wirkung der Erklärung mag vielleicht anzusehen sein, daß die geschlossene Repatriierung der Theologischen Schule, die an sich schon vom Engländer genehmigt war, auch nach Ablauf des Repatriierungsstops schließlich doch nicht durchgeführt wurde. Es sollten die Studenten nunmehr einzeln nach ihren Punktgruppen repatriiert werden. Die Repatriierung setzte wieder ein im Januar 1948, und zwar sollten zunächst 15.000 vierteljährlich repatriiert werden. Im Sommer sollte die Quote noch etwas erhöht werden, so daß zu hoffen ist, daß die letzten Gefangenen aus dem Mittleren Osten im Oktober [1948] heimkehren werden.

Die Theologische Schule in [Lager] 380 hat diesen Winter über weiter angestrengt gearbeitet. Der Oberkursus im Griechischen wurde bis nahe an das Graecum herangeführt, das Mangels einer Prüfungskommission erst in Deutschland abgenommen werden kann. Vier Examen in Hebräisch wurden in der Schule abgenommen.

Die gesamte kirchliche Arbeit in Ägypten steht seit Beginn dieses Jahres im Zeichen des allmählichen Kleinerwerdens der Kompanien und damit auch der Lagergemeinden, der Zusammenlegung von Lagerpfarrstellen usw. Trotzdem war unsere Vortragstätigkeit im vergangenen Winter und Frühjahr sehr rege, Pfarrer Rückert und ich waren fast jede Woche zum Teil mehrfach nach außerhalb zu Vorträgen unterwegs, besonders ein Vortrag über den „Kampf um den § 218" fand große Aufmerksamkeit.

Im Februar des Jahres erhielten wir den ersten Besuch aus Deutschland. Durch die britischen kirchlichen Armeedienststellen eingeladen und vom Ökumenischen Rat in Genf entsandt, kam auf dem Luftwege aus Genf Dr. Reinold von Thadden-Trieglaff zu uns nach Ägypten.[98] Vom Engländer

---

[98] Vgl. auch die Ankündigung des Besuches von Dr. Reinold von Thadden-Trieglaff in Lager 380. Camp 380, Februar 1948 (LKA STUTTGART, D 54: Frank).

durch Unterbringung und Stellung eines Stabswagens bestens unterstützt, hat er in zwei Wochen in sämtlichen Arbeitskompanien Ägyptens gesprochen über die Themen „Deutschland in der Weltkrise der Gegenwart" und „Hoffnung oder Verzweiflung". Als deutscher Vertreter beim Ökumenischen Rat in Genf, als Mann von großem Weitblick und bewährter Mitstreiter im Kirchenkampf der vergangenen Jahre hat er überall große Aufmerksamkeit und eine zahlreiche Zuhörerschaft gefunden. Auch wir Pfarrer wie auch die Mitglieder der Theologischen Schule haben im brüderlichen Zusammensein mit ihm fruchtbare Stunden erleben dürfen. Er wurde anschließend mit englischer Kuriermaschine nach Tobruk geflogen und hat die deutschen Arbeitskompanien in Tobruk und in der Cyrenaika besucht und zu ihnen gesprochen. Ein mehrfach angekündigter Besuch von Gedat in Ägypten hat leider bis zu meiner Abreise noch nicht stattgefunden.

Im April 1948 schloß ich meine Arbeit in der Theologischen Schule 380 ab. Allen Studenten wurden genaue Bescheinigungen über ihre Teilnahme an den einzelnen Kursen, Vorlesungen und Übungen ausgestellt und von den englischen Behörden mit unterschrieben und gestempelt. Die Schule als solche arbeitet weiter, besonders der altsprachliche Unterricht erfuhr keine Unterbrechung, da der Lehrer, ein katholischer Studienrat aus Oberschlesien, sich von der Repatriierung hat eine Zeitlang zurückstellen lassen. Die Studenten sind durch die Ökumene und durch die amerikanischen Lutheraner so reich mit theologischer Literatur versehen, daß sie selbständig in der Art weiterarbeiten können, wie es sonst Studenten in den Semesterferien tun.

Am 28. April 1948 bestieg ich in Port Said den englischen Truppentransporter „Empire Helford" zur Heimreise. Leider trafen wir auf diesem Schiff seitens des englischen Personals auf eine ausgesprochene deutschfeindliche Stimmung, die wir in dieser Art in Ägypten nicht mehr gewohnt waren. Immerhin konnte ich, wenn auch unter sehr erschwerten Bedingungen, an beiden Sonntagen Schiffsgottesdienste halten. Am 13. Mai machten wir im Hamburger Freihafen fest, und nach Durchgang durch Munster-Lager[99], Friedland-Lager [und] Kirchgandern-Quarantäne Leipzig traf ich am 22. Mai wieder in meiner Heimatgemeinde Neusalza-Spremberg ein.

---

[99] Zentrales Entlassungslager in der britischen Besatzungszone (vgl. H. WOLFF, Überblick, S. 500 ff.).

Rückblick auf die Zeit in der Gefangenschaft
und an der Theologischen Schule

III/25. Günter Frankowski: „Die Evangelisch-theologische Schule in Ägypten – 45 Jahre danach"

Reinbek, Frühjahr 1994

LKA Stuttgart, D 54: Frankowski (Manuskript)

Die Evangelisch-theologische Schule in Ägypten bestand 1946 bis 1948. Erster Leiter war der damalige Lic., heutige Dr. Wolfgang Arnold. Etwa 30 Kriegsgefangene haben an ihr drei bis zu fünf Semester Sprachen (Latein, Griechisch, Hebräisch), Einführung in Altes und Neues Testament und Kirchengeschichte der ersten Jahrhunderte „belegt". Nach ihrer Heimkehr wurden 24 von uns Pastoren, Religionslehrer oder waren an christlichen Verlagen tätig. Die übrigen ergriffen andere Berufe und waren in ihren Gemeinden weiter tätig, soweit mir bekannt ist. Nach der Repatriierung verteilten wir uns über die damaligen vier Besatzungszonen und Berlin. Kaum zehn Prozent haben in der Heimat die Verbindung zu den „Ehemaligen" nicht mehr aufgenommen. Unser erstes Wiedersehen in der Heimat erfolgte im Juni 1985 in Arnoldshain. Im Oktober 1993 trafen wir uns ein zweites Mal in Pforzheim. Ein weiteres Treffen ist in zwei Jahren geplant.

Entstehung, Existenz und Ende verdankt die Schule dem verlorenen Krieg, der Gefangenschaft, der Genfer Konvention und der Ökumene und deren Vertretern, der Lagergemeinde in den Gefangenenlagern und Gottes Wort.

Die Bedeutung dieser Schule gebe ich am besten in einem Bild wieder. Obwohl ihr Bestehen nur kurz und die Zahl ihrer Schüler klein war, ist sie mehr als ein Regen in der Wüste. Regnet es in der Wüste, beginnt sie zu grünen. Hört der Regen auf, verdorrt alles und wird wieder Wüste. So die Theologische Schule nicht. Zwar schufen verlorener Krieg und Gefangenschaft in den Lagern Ägyptens eine „provisorische Existenz"-Stimmung und -Situation. Die Theologische Schule verwandelte jedoch diese Befindlichkeit, und sie wirkt durch das, was dort erfahren wurde über die Repatriierung hinaus bis heute noch.

Ich gehörte zu den letzten Kriegsgefangenen, die Ende August 1945, also nach dem Waffenstillstand am 2. Mai in Italien, von den Britischen Militärbehörden nach Ägypten verlegt wurden. Unser Lager 305 befand sich irgendwo in der Nähe der Eisenbahnlinie Zagazik – Ismailia, in biblischer Geographie gesprochen: zwischen Sukkoth und Etam „am Rande der Wüste"

(2 Mos 13,20). Dort wurden ein Rest mussolinitreuer Italiener und etwa 2.000 deutsche Offiziere gefangen gehalten. Zunächst hatte man mich in ein Zelt mit ehemaligen Fallschirmjägern gesteckt. Die Auseinandersetzung zwischen ihnen und mir verlangte jeden Tag von mir ein Bekenntnis zu Gott. Es ging schlicht um die Frage: Wie kann Gott das zulassen? Zunächst bezog sich die Frage auf das Kriegserleben. Die Fallschirmjäger hatten das Bombardement in Monte Cassino miterlebt, den Lärm der Bomben und Granaten und das Wüten des Todes, ich als Flakartillerist – abgesehen von den Fliegerangriffen – nur den Erdeinsatz in Nettuno und in den beiden letzten Wochen vor der Kapitulation den Rückzug zum Gardasee. Sie waren teilweise die einzigen, die aus ihren Bataillonen übrig geblieben waren. Unsere drei Batterien der leichten Flakabteilung 99 hatten dagegen nur geringe Verluste und waren bis zum Zeitpunkt der Übergabe intakt. Ob der Niederlage und der Unkenntnis, wie es Zuhause aussah, war die Stimmung gedrückt. – Die erste Heimatpost erhielten wir übrigens erst Ende Mai 1946. – Dennoch verstanden wir uns an sich im Zelt gut bis eben auf das Thema, wie Gott so etwas zulassen könne. Das ließ mich Anschluß an Gleichgesinnte suchen, zumal die Anklage an Gott immer mehr darauf hinauslief, solch einem Gott könne man nicht mehr vertrauen.

So kam es, daß ich mich zu der Lagergemeinde hielt und kleine Arbeiten übernahm, daß ich zum Beispiel für die Christvesper das Lutherlied „Gelobet seist du, Jesu Christ"[100] auf Toilettenpapier abschrieb und es am Heiligen Abend am Zelteingang, in dem der Gottesdienst stattfand, an mehr als 100 POW verteilte. Da trat ein mir unbekannter POW an mich heran und fragte: „Warum tun Sie das?" Was sollte die Frage? Leider wohnte er in einem anderen Cage, und unser Cage wurde 1945 immer nur zum Gottesdienst, Baden oder Aufsuchen des Sanitätszeltes aufgeschlossen. Aber es gelang, daß wir uns wieder trafen. Der Unbekannte hieß Hartmut Heinrici und beabsichtigte, Medizin zu studieren, wenn er aus der Gefangenschaft entlassen würde. Ich erzählte ihm, eigentlich wollte ich Pfarrer werden, wäre aber schon in der Schule vor die Frage gestellt worden, ob das, was in der Bibel stünde, wahr sei. Da mich nun der Engländer nach Ägypten geführt habe, hätte ich Zeit, der Sache auf den Grund zu gehen. Zur Zeit läse ich Jeremia und sei überrascht, wie aktuell dieses Buch sei; es könnte beinahe gestern geschrieben sein. Wir kamen ins Gespräch. Und er erzählte mir, ihn beschäftige die Frage, wie man die Steine in der Mauer des Lebens auswechsele, die schon vorher nicht fest eingefügt waren; er meinte damit die Auseinandersetzung mit dem Nationalsozialismus. Er erinnerte sich daran, daß schon sein Großvater, seiner Zeit Superintendent in Ostpreußen, darauf aufmerksam gemacht habe, „Heil" sollte man eigentlich Gott nur

---

[100] EG 23.

entbieten. Allein schon der Gruß „Heil Hitler" sei fragwürdig. Über derartigen Gesprächen entwickelte sich eine Freundschaft.

Gleichzeitig war das ein Anfang für unsere Theologische Schule in Ägypten. Denn schon bald erkannten wir, daß wir mehr über die Bibel wissen müßten, als unsere laienhaften Kenntnisse hergaben. Warum nicht die Kenntnisse der mitgefangenen zehn oder zwölf Pfarrer nutzen? Wir besprachen diesen Gedanken mit Gleichgesinnten, die ähnlich wie wir an der Bibel interessiert waren. Dann sprachen wir mit den Pfarrern und fragten uns, welcher der mitgefangenen Pfarrer für eine wissenschaftliche Unterweisung der geeignetste wäre. Letztendlich erklärte sich Lic. Wolfgang Arnold bereit, den Versuch zu wagen.

Im Mai/Juni 1946 begann offiziell unsere Schule ihre Tätigkeit. Mir ist nicht mehr bekannt, ob eine der von den Engländern veranstalteten Verlegungen uns dazu verhalf, daß wir uns alle im Satellite [Lager 305] zusammenfanden, oder ob es Eigeninitiative war: „Bist Du Christ?" „Ja." „Dann komm mit!" Ich weiß auch nicht, wann und wen der Engländer zur politischen Überprüfung auf unsere Schule angesetzt hatte; ebenso sind mir weitere Einzelheiten entfallen. Mit der Repatriierung der Italiener im Herbst 1946 wurde unser Lager 305 aufgelöst, und wir wurden an den Großen Bittersee in das Lager 380 verlegt.

Wer hätte damals daran gedacht, daß erst nach der Verlegung der interessantere Abschnitt der Schulzeit begann? Vorauszusehen war das nicht. Denn zunächst wurden wir über das gesamte Lager 380 verteilt; und erst allmählich kamen wir alle in *ein* Cage des Lagers 380. Die Zahl der Schüler verdoppelte sich, als auch POW aus den Mannschaftslagern zu uns stießen. Ein Unterschied aber zwischen Mannnschaftsdienstgraden und Offizieren wurde aber nicht mehr gemacht; uns galten die neu Hinzugekommenen als die, die zu uns gehörten. Vielleicht war es diesem Zuwachs zu verdanken, daß der englische Lagerkommandant mehr Notiz von unserer Schule nahm als im Lager 305.

Als zur Schule Gehörige wurden wir eingeladen, an den Gottesdiensten der englischen Bewachungsmannschaften teilzunehmen. Gruppenweise durften wir hin und wieder die koptischen Gottesdienste in Fayid, also außerhalb des Lagers, besuchen. Meist hatten sie schon begonnen, wenn wir morgens um 8 Uhr eintrafen, und sie waren noch nicht zu Ende, wenn wir wieder um 12 Uhr im Lager zurück sein mußten. Einem Gerücht zufolge war sogar einmal im Frühjahr 1948 eine Reise nach Jerusalem geplant, die allerdings wegen des jüdisch-arabischen Krieges nicht stattfinden konnte. Trotzdem ergaben sich manche Kontakte über das Lager hinaus; denn ab und zu durfte der eine oder andere mit unserem Lagerdekan Norbert Rückert mitfahren, wenn er die Lagergemeinden anderer Camps in der Suezkanalzone besuchte. Das waren die ersten Eindrücke in die „Praxis" eines Pfarrers und auch vom Land „am Rande der Wüste".

März/April 1947 traf ein für mich wichtiger Brief von Prof. D. Dr. Martin Dibelius aus Heidelberg ein. Er bestätigte das, was wir taten, als sinnvoll, und damit machte er mir und allen, die ihn lasen, Mut. Durch seine einfühlende Art forderte er uns auf, die Verlegung nach Ägypten zu bejahen. Dieser Brief traf zu einer Zeit ein, in der „die seelische Belastung der Kriegsgefangenen" durch die Unaufrichtigkeit und Schikanen der „Gewahrsamsmacht" auch an uns nicht vorübergegangen waren. „Die Erklärung der kriegsgefangenen evangelischen Pfarrer in Ägypten" vom 11. Oktober 1947[101] hat diese Situation ausführlich geschildert. Es gab seit dem Herbst 1947 etliche Erleichterungen. Jeder POW durfte bei seiner Repatriierung mitnehmen, was er tragen konnte. So wanderten auch die Bücher in die Heimat mit, die uns von der Ökumenischen Kommission für unser Studium geschenkt worden waren und die uns bis heute an die Hilfe der Ökumene erinnern. Außerdem erhielten ab Herbst 1947 alle Lagerinsassen Ausgang. Damit bot sich die Gelegenheit, Land und Leute näher kennen zu lernen, zum mindesten „am Rande der Wüste" in der Gegend zwischen „Großem Floh"[102] über Fayid bis zum Großen Bittersee.

Fayid war ein Fellachendorf und wohl beim Bau des Suezkanals entstanden. Die Armut der Bevölkerung erschien uns bedrückend; die schwarzen Gewänder der Frauen und die weißen der Männer waren ungewohnt, ebenso die roten der Wöchnerinnen. Fremdartig wirkten die aus Münzen bestehenden Schleier, die die Frauen sich vor ihre Gesichter gebunden hatten. War das ihre Mitgift? – Den Ramadan-Feierlichkeiten konnten wir nicht beiwohnen. Das Lärmen bei den Mahlzeiten in der Nacht hörten wir in jenen Tagen bis in unser Lager schallen. Der parallel zum Suezkanal „fließende" Süßwasserkanal mit seinem 0,90 m Gefälle zwischen Ismailia und Suez hätte schon zu Pharaos Zeiten gebaut worden sein können. Sein Wasser galt als rein, obwohl dort Köpfe toter Esel schwammen, die Männer ihre Notdurft verrichteten und 100 Meter weiter andere sich den Mund mit diesem Wasser spülten. Ziegel haben sicher schon die alten Ägypter in ähnlicher Form wie die Fellachen gebrannt. Und wie man drosch, buk, bewässerte, das hatte sich mindestens seit Jesu Zeiten nicht geändert. Auf einmal konnten wir uns das vorstellen, wenn die Bibel darauf zu sprechen kam. Aber man fragte sich auch, warum in 1.900 Jahren sich so wenig verändert hatte? Hing das mit dem Islam zusammen? Ging das vielleicht auf den Koran zurück? War das eine Folge des anderen Klimas? Befremdend hatte auf mich schon 1945 die Wärme zu Weihnachten gewirkt, als wir noch fest hinter Schloß und Riegel saßen. Und beinah aufregend wurde es, als im Mai 1948 der Kamsin über unser Lager strich. Innerhalb von vier Stunden waren nicht nur die 25

---

[101] Vgl. oben Nr. III/6, S. 319–324.
[102] Bezeichnung der Kriegsgefangenen von Lager 305 für den großen von zwei Bergen hinter dem Lager.

Rosen, die man mir zu meinem Geburtstag vor der Morgenandacht geschenkt hatte, verwelkt, sondern die Blütenblätter zerbröckelten zu Staub wie hauchdünne Schokolade. „Ein Mensch ist in seinem Leben wie Gras. Er blüht wie eine Blume auf dem Felde; wenn der Wind darüber geht, so ist sie nimmer da" (Ps 103,15 f.).

Unvergessen für mich bleibt auch die Einführung der Lutherischen Messe nach der Liturgie der Bayerischen Landeskirche zum 1. Advent 1947. Bisher hatte jeder Pfarrer seine ihm vertraute landeskirchliche Liturgie gebraucht. Diese Neuerung veranlaßte weniger bei uns als in der Lagergemeinde 380 erhebliche Aufregung. Wir waren durch Fehlentscheidungen und manchen Wirrwarr in der Kirchengeschichte sowie durch die immer wiederholte Bitte von Lic. Arnold schon gewarnt: „Verteilt nicht zu schnell Ketzerhüte!" Aber im Lager empfanden die „Preußen" diese Liturgie, besonders wohl wegen des Gesangs, zu katholisch. Daran schieden sich nun die Geister. War es sinnvoll, ohne genügende Vorbereitung eine Liturgie einfach einzuführen, also anzuordnen?

Unsere Theologische Schule „ist von unten" entstanden. Sie hat sich ergeben aus den Fragen, die uns umtrieben, und aus unserer Situation. Dementsprechend erfolgte auch die Repatriierung. Wir wurden nicht etwa als Schule geschlossen in die Heimat entlassen, sondern jeder – ganz gleich ob Lehrer oder Schüler, – nach einem vom Engländer festgesetzten Plan; dadurch ergab sich ein Wechsel bei den Studenten und bei den Lehrern. Für unsere Lehrer sprangen andere noch nicht repatriierte Lehrkräfte ein oder Pastoren, die aus der Heimat nach Ägypten als Seelsorger gekommen waren. Uns Schülern stellte der englische Lagerpfarrer eine Bescheinigung für die Zeit aus, an der wir an der Theologischen Schule in Ägypten teilgenommen hatten. Sie fand bei den Landeskirchen in Deutschland später Berücksichtigung.

In den drei Jahren, in denen unsere Theologische Schule in Ägypten bestand, ist uns manches deutlich geworden von dem, was Kirche bedeutet und was das Wort Gottes bewirkt. Ich greife hier vier Fragenkreise heraus.

An der Entstehung der Schule läßt sich beobachten, wer oder was Kirche ist. Da begegnen sich zwei Menschen. Sie kommen ins Gespräch. Sie entwickeln ein Konzept: Ihre ihnen gestellten Fragen und ihre Probleme des Lebens kann ihnen ihrer Meinung nach nur eine bessere Kenntnis der Bibel beantworten. Sie wollen versuchen, eine Schule ins Leben zu rufen. Sie knüpfen Kontakte zu Gleichgesinnten, zu Pfarrern, zur Lagergemeinde. Die Vertreter der Schule knüpfen später Kontakte zu Vertretern des Internationalen Roten Kreuzes, der Ökumene, der Gewahrsamsmacht, zu anderen Konfessionen. Sie üben Kontrolle im persönlichen Gebet („Hab ich Unrecht heut getan, …"), in der Morgenandacht und durch Besuch der Gottesdienste der Lagergemeinde. Es gelingt, eine Schule ins Leben zu rufen. Sie richtet sich an der Bibel aus. So ähnlich könnte ich mir auch

die Entstehung der Urgemeinde vorstellen. Mir gilt sie als eine Gemeinschaft, die sich am Wort der Apostel und Propheten ausrichtet und das
Wort Gottes weitersagen will: Kirche ist „communio sanctorum". Wie
unsere Schule sich „von unten" und nicht auf Anordnung eines Vorgesetzten oder einer Behörde aufbaute, so auch die Kirche. Wie oft hat sich
Ähnliches in den vergangenen mehr als 1.900 Jahren wiederholt!

Das neue, das sich hier schon abzeichnet, bildet eine Engführung von
Artikel VII des Augsburger Bekenntnisses vom Jahr 1530, des Grundbe-
kenntnisses der Lutherischen Kirchen. Statt „Est autem ecclesia congregatio
sanctorum, in qua evangelium pure docetur et recte administrantur sacra-
menta"[103] gilt: „Est autem ecclesia communio sanctorum." Kirche „ist die
Versammlung aller Gläubigen". Die Hinweise auf die reine Predigt des
Evangeliums und die richtige Reichung der Sakramente werden dadurch
nicht aufgehoben. Sie behalten ihre Bedeutung, wie die alten Gesetze der
Physik durch Einsteins Relativitätstheorie auch nicht aufgehoben werden.
Nur sollte hinfort die Kontroverstheologie nicht mehr an erster Stelle
stehen! Die Zeit ist weitergegangen. Wie läßt sich heute diese Aufgabe
richtig lösen, Gemeinschaft zu den anderen Konfessionen haben und enge
Bindung zur eigenen Kirche halten? Genügt es, wenn die Bibel bekannt
und in ihrer Bedeutung als Gottes Wort anerkannt ist? Und wodurch
gelingt es, den Glaubenden nahezubringen: „Nicht in der Flucht der Gedanken, allein in der Tat ist die Freiheit" (Bonhoeffer)?

*In nuce nimmt die Geschichte der Schule die Aufgaben vorweg, die uns
heute (noch) beschäftigen.* Mit dem Ende des Zweiten Weltkrieges begann
eine neue Zeitepoche. Das, was die Existenz dieser Schule ermöglichte,
enthielt im Ansatz die Aufgaben der kommenden Jahrzehnte. Nach dem
Zusammenbruch Deutschlands erwies sich (auch) der Arm unserer Landeskirchen als zu kurz. Sie konnten uns zunächst gar nicht helfen. Wir
aber hatten uns auch nicht unter „württembergische" oder „preußische"
Kirche gesammelt. Uns genügte, daß wir uns Christen nannten. „Bist Du
Christ?" „Dann komm!" So gehörten auch Gemeindeglieder aus Freikirchen unserer Schule an. Nicht das Trennende, sondern das Verbindende
stand im Mittelpunkt. Damals lernte ich zum ersten Mal das Wort „Ökumene" kennen, handgreiflich! Die „Ökumenische Kommission für die
Pastoration der Kriegsgefangenen, Genf" hatte wissenschaftliche Bücher
für das Theologiestudium geschickt. Sie brauchten wir. Und wir bedienten
uns derer, die den Gedanken des „all together" (alle Kirchen zusammen)
vertraten. Ohne sie wäre diese Schule nicht möglich gewesen. So „materiell"
begann für uns die hohepriesterliche Bitte Jesu, „damit sie alle eins seien"
(Joh 17,21). Von daher war der spätere Zusammenschluß der deutschen

---

[103] CA VII.

Landeskirchen zur EKD im Jahr 1948 für mich eine Selbstverständlichkeit. Wie schwierig es sein würde, innerhalb der Landeskirchen die Trennung zu überwinden, hatte schon der 1. Advent 1947 mit der Einführung der Lutherischen Messe in Ägypten gelehrt. Auf Kommando jedenfalls geht das nicht. Und wieviele Jahre hat es im konfessionellen Bereich dann noch gedauert, bis es 1969 zu den Arnoldshainer Thesen und damit endgültig zur Gemeinschaft aller Kirchen der Reformation kam!

Es ist ein Glück, daß es die Genfer Konvention vom Jahre 1929 gab. Auf ihr baute 1947 die „Erklärung der evangelischen Pfarrer"[104] auf. Diese Erinnerung an die Genfer Konvention hat die Engländer bewogen, sich an sie zu halten. Andere Siegermächte taten das nicht und veranlaßten dadurch viele Länder, schon 1949 weitergehende Vereinbarungen zu unterschreiben.

Daß die Sehnsucht nach Menschlichkeit bis heute noch in keiner Weise genügend berücksichtigt ist, ist bekannt: „Recht ohne Macht ist ohnmächtig, Macht ohne Recht Tyrannei" (Pascal). Die Erklärung der evangelischen Pfarrer ist der Versuch, dem Recht Macht zu verleihen. Erfolg hat er jedoch nur, wenn der Sieger sein Verhalten als beschämend empfindet. Erschütternd! Was muß noch alles getan werden, bis alle Völker das Gefühl für Menschlichkeit entwickelt haben und einander zugestehen?

Schließlich – und das ist wohl die am schwersten zu beantwortende Frage – nahmen jene drei Jahre die Frage vorweg: Wie kann das Machtstreben des Menschen und der Völker in geordnete Bahnen gelenkt werden? Darf nach dem Abwurf der ersten Atombombe Krieg überhaupt noch als Fortsetzung der Politik (Clausewitz) in Erwägung gezogen werden? Damals hatte mich die Frage meiner Zeltgenossen hochgeschreckt: Wie kann Gott das zulassen? Er ließ es zu! Als Soldaten wußten wir: Pazifismus ist keine Lösung. Das ist Selbstmord. Bert Brechts bekanntes Wort ließ sich nicht von der Hand weisen: „Stellt euch vor, es kommt Krieg und keiner geht hin, dann kommt der Krieg zu euch", weil Macht ohne Recht zu Tyrannei führt und weil in jedem Menschen auch eine Bestie wohnt. Wie kann man der Menschheit und dem Menschen klarmachen, daß es für Krieg nur die Alternative Frieden gibt? Appelle an die Vernunft genügen nicht, wie der Golfkrieg und die Kriege vor unserer Haustür lehren. Hat die Bibel eine Lösung?

An dem, was bei den Schülern (und Lehrern) der Schule vor sich ging, kann die Wirkung des Wortes Gottes gesehen werden. Wir waren der Meinung, die Bibel weise Wege für die Lösung all dieser Aufgaben. Deshalb hatten wir versucht, eine Theologische Schule zu gründen. Und der Versuch lohnte. Das bestätigten diese drei Jahre, wenn auch die Antwort anders

---

[104] Vgl. oben Nr. III/6, S. 319–324.

lautete, als wir sie erwarteten, nämlich: Laßt euch von Gottes Wort in Dienst nehmen! Gottes Wort veränderte. Schon vor dem Umzug ins Satellite (Lager 305) hatten sich über dem Lesen von Joh 21,15 ff einige von uns entschieden, ihre Berufspläne neu zu ordnen. Die Schule nahm uns in Dienst. Sie vermittelte mit der Bibel und mit der Kirchengeschichte nicht nur Informationen. Gottes Wort griff tiefer. Es verwandelte unsere Existenz und uns. Gottes Wort veränderte allein schon unsere Einstellung zur Geschichte. Ob der Irrungen und Wirren in der Kirchengeschichte hatte uns Lic. Arnold darauf hingewiesen: „Verteilt nicht zu schnell Ketzerhüte!" Mir ist seine Mahnung in Erinnerung geblieben, wenn sie sich auch nur langsam in meinem Bewußtsein festsetzte. Aber ich ging hinfort mit einer anderen Voraussetzung an Beurteilungen heran.

Gottes Wort half in der Angst. „In der Angst rief ich den Herrn an und der Herr erhörte mich und tröstete mich" (Ps 118,5). 1946 bezogen wir das Wort, „Fliehe nach Ägypten und bleibe allda, bis ich's dir sage" (Mt 2,13), auf uns und wir fühlten uns getröstet. Als sich seelische Nöte wieder einschlichen – die Erklärung der Pfarrer schildern sie –, eröffnete die „reactio" des Engländers auf diese Erklärung wieder Zukunft.

Veränderte Gottes Wort auch uns selbst, die Bestie, die in uns ist? Das ist ein weites Feld, zumal ja das Tierische in uns durchaus auch positive Seiten enthält. Die Antwort müßte jeder „Ehemalige" selber geben. Für mich kann ich nur sagen: „Ich hoffe." Mir ist klar, daß das „Du aber herrsche über sie" (1 Mos 2,4) – wenn überhaupt – nur selten gelungen ist. Und doch: Gottes Wort veränderte das Bewußtsein. Das „simul iustus – simul peccator" setzte ein neues Vorzeichen (Vor-Urteil) vor das, was im Leben begegnet.

Wie schon der Krieg gelehrt hatte, ist der Arm des einzelnen zu kurz. Wir brauchen den Nächsten; die Bibel spricht von Nächstenliebe. Das bestätigte sich im Lager und setzte sich auch daheim bei uns fort. Nein, wir teilten nicht wie im Kibbuz, aber wir gaben ab, je nach dem, welche Reichtümer einem zur Verfügung standen, „als die Armen und die doch viele reich machen" (2 Kor 6,10).

Gottes Wort veränderte auch unsere Vorstellung von Gott: Daß der „liebe" Gott so großes Elend zulassen konnte! Was ist das eigentlich für ein Gott, der aus Negativem (Niederlage, Gefangenschaft) Positives machen kann, wenn er will? Umgekehrt gefragt: Brauchen wir Menschen negative Erlebnisse, damit wir so werden, wie Gott uns gemeint hat, und daß wir unsere positiven Aspekte entwickeln? Sehr eindrücklich blieb mir die Legende von den beiden Mönchen, die Lic. Arnold erzählte: Sie wollten wissen, wie es in der Ewigkeit aussähe und erfuhren: totaliter aliter – völlig anders. Sogar die Aussagen der Bibel bleiben der Immanenz verhaftet. Auch ihre Bilder, Bildworte, Gleichnisse über Gott und Ewigkeit stoßen nur ein Fenster auf und werfen einen kurzen Blick auf die Herrlichkeit

Gottes, bleiben jedoch in unserer Welt. Gilt in diesem Zusammenhang nicht auch die Antwort, die Paulus erfuhr: „Laß dir an meiner Gnade genügen" (2 Kor 11,9)?

Die größte Veränderung durch Gottes Wort war: Trotz der provisorischen Existenz, die wir Gefangenen führten, ließ sich ein „Trotzdem Ja zum Leben" (Victor E. Frankl) finden. Jene drei Jahre waren keine verlorene Zeit mehr. Dank des Wortes Gottes hatten wir in der Ungeborgenheit der Zeit in Christus einen Halt gefunden, auch die, die nicht planten, Theologen zu werden, aber dennoch Schüler dieser Schule waren. Für die werdenden Theologen erwies sich die Teilnahme an der Schule zusätzlich als hilfreich, als ein „donum super additum" – ein Geschenk darüber hinaus. Für einige konnten an der Universität die Sprachsemester verkürzt werden. Durch die Kenntnisse von Land und Umwelt der Bibel und durch bessere Bibelkenntnisse gingen wir gerüsteter in unser Studium. Dadurch wurde die Zeit der Gefangenschaft zu einer Vorbereitung für das Leben und den Beruf. Man kann sich aber auch fragen: Ist nicht unser ganzes Leben auch eine Provisorium ohne Termin?

Die Grenzen unserer Erkenntnis von Gott. Daß es gelang, trotz dem Erleben eines verlorenen Krieges und der Gefangenschaft eine Schule zu gründen, ist nicht unser Verdienst. Daß wir genügend zu essen hatten, nicht frieren mußten, einander begegneten, Bücher bekamen und ... und ... und ..., war zwar nicht uns zu verdanken, aber auch kein Zufall. Es fiel uns zu. Unser Gott ist kein Gott des Zufalls, sondern ein Gott der Liebe. Wie Gott aber auch nicht Adam zusehen ließ, als er aus ihm Mann und Männin schuf, sondern einen „tiefen Schlaf" auf ihn fallen ließ, so bleibt auch für uns Geheimnis, wie Gott durch sein Wort wirkte.

Wenn ich heute etwas über meine Erkenntnisse auf Grund der Erfahrungen jener drei Jahre sagen soll, möchte ich sie mit Worten C. F. von Weizsäckers wiedergeben: „Die tiefste Erfahrung von sich selbst, zu der der Mensch in seiner Natur und in der Gesellschaft vordringt, lautet nicht Freiheit, sondern Ohnmacht. Die tiefste Erfahrung vom Gelingen menschlichen Lebens ist nicht die Erfahrung von eigener Macht, sondern von Gnade. Die tiefste Erfahrung des Menschen ist nicht der Mensch, sondern Gott."

So sehe ich uns „Ehemalige" als „lebendige Steine", die sich zum „geistlichen Hause" (1 Petr 2,5) erbauen, jeder einzelne in gleicher Weise „simul iustus – simul peccator". Damals schien mir zunächst die Verlegung nach Ägypten nur Zeit zu geben, mich näher mit Gottes Wort auseinanderzusetzen. Heute wollen mir die Jahre von 1945 bis 1948 als das Zur-Ruhe-Kommen zwischen Kindheit, Schule und Soldatsein auf der einen und Studium, Beruf und Älterwerden auf der anderen Seite erscheinen. Eine Ruhe voller Bewegung, Mühe und Not. Dennoch: Diese „Atempause" möchte ich – trotz all ihrer Unruhe – nicht missen und bin dafür dankbar.

QUELLEN- UND LITERATURVERZEICHNIS

I. UNVERÖFFENTLICHTE QUELLEN

Evangelisches Zentralarchiv in Berlin (EZA Berlin)

Bestand 2: Kirchenkanzlei der EKD 1943–1968

2/206: Besatzungsmächte

2/470: Berichte aus den Lagern In- und Ausland (Aug. 1945–Dez. 1947)

2/472: Lagerpfarrer, allgemein: Einsatz der Lagerpfarrer (Okt. 1945–Sept. 1947)

2/475: Konferenz der deutschen evangelischen Lagerpfarrer in England vom 30.3.–5.4.1948, u. a. „Geschichte der Evangelischen Lagerseelsorge in England 1944–48" (H. Hirschwald)

2/479: Berichte der Lagerpfarrer (über Seelsorge in den Lagern) (Aug. 1945–Nov. 1947)

2/480: Berichte der Lagerpfarrer (über Seelsorge in den Lagern) Bd. 2 (Aug. 1946–März 1947)

2/504: Theologische Schulen (Norton Camp) Bd. 1 (Okt. 1945–Dez. 1946)

2/505: Theologische Schulen (Norton Camp) Bd. 2 (Nov. 1946–Dez. 1947)

2/506: Theologische Schulen (Norton Camp) Bd. 3 (9.47–4.51); Plan: Eine Theologische Schule nach Auflösung Norton Camps in Möllenbeck bzw. Espelkamp (Verwendung der Bibliothek)

2/507: Theologische Schulen: Norton Camp; Anerkennung der Semester und Prüfungen; Vorlesungsverzeichnisse (3. April bis Sept. 1947)

2/512: Theologisches Seminar Rimini u. a. Bd. 2: (Nov. 1946–Okt. 1947)

2/513: Theologisches Seminar, Bd. 3: Camp 380 Ägypten u. a. Repatriierung der Theologischen Schule (Okt. 1947–Juli 1948)

2/547: YMCA, u. a. CVJM-Weltbund (Nov. 1945–Juni 1948)

2/552: Behörden: Ägypten. Seelsorge in den Gefangenenlagern, Repatriierung (Juli 1946–Febr. 1948)

2/553: Behörden: England (Juli 1945; April 1946–Dez. 1947)

2/563: Berichte der Lagerpfarrer (über Seelsorge in den Lagern) Bd. 3 (1948)

2/625: Seelsorge Kriegsgefangene (England) (Dez. 1947–März 1948) (Schriftwechsel Dekan J. Rieger)

2/629: Lagerpfarrertagungen in England und Frankreich (Dez. 1946–März 1948)

2/634: Theologische Schulen für Kriegsgefangene (1946–1948): Materialzusammenstellung aus den Akten des Gefangenenreferats

Bestand 6: Kirchliches Außenamt der EKD

6/85/67: Kriegsgefangene Bd. 1 (Febr. 1946–Aug. 1951)

Bestand 620: Nachlaß Julius Rieger

620/1: Allgemeines: Berichte, Denkschriften 1946–1948

620/5: Theologische Schule Norton Camp

Bundesarchiv/Militärarchiv Freiburg

Bestand B 113:   Zentralstelle für ausländisches Bildungswesen. Unterlagen
                      über die Bildungsarbeit in Kriegsgefangenen-, Internierungs-
                      und Flüchtlingslagern (1942–1948)
B 113/54:   Norton Camp (England)

Bestand B 205:   Sammlung zur Geschichte deutscher Kriegsgefangener aus
                      dem 2. Weltkrieg
B 205/490:   Studienblatt der Kriegsgefangenenhilfe des Weltbundes der
                      YMCA (Großbritannien)

Bestand MSG 200:   Elsa-Brandström-Gedächtnisarchiv – Sammlung Kriegsgefan-
                      genenwesen
140:                  Materialien aus dem britischen Kriegsgefangenenlager Rimi-
                      ni-Miramare
927:                  N. Rückert, Bericht über die Arbeit von Juni 1944 bis Juni
                      1948

YMCA-Archiv Genf

Box 4:   War Prisoners' Aid YMCA. Great Britain Reports on German
                      POW camps
                      Educational work among German POWS
                      General reports on War Prisoners' Aid work (1939–1945)

Box Correspondence: Werner Jentsch 1936–1961

Ordner 2:   Reports on visits to camps
2/1964:   Great Britain

Landeskirchliches Archiv Hannover (LKA Hannover)

Bestand L 2:   Kanzlei Landesbischof Marahrens
L 2/33, Bd. 2:   Schriftwechsel mit Pastoren (1946–1949)

Bestand L 3:   Kanzlei Landesbischof Lilje
L 3/II/16:   EKD: Rundschreiben der Kirchenkanzlei (1946–1948)
L 3/II/17:   EKD: Mitarbeit im Rat 1945–1948
                      1. CVJM-Angelegenheiten
                      2. Studentenweltbund
L 3/II/32:   Kriegsgefangene: v. a. Allgemeines 1947–1949

Bundesarchiv Koblenz

Bestand NL 109: Birger Forell
NL 109/2:   Tagebücher (Übersetzung) 1944–1956
NL 109/13:   Wirksamkeit bei und nach Kriegsende
                      Bd. 1 (1944–1946)

NL 109/136: Ursula Bosselmann: Die Kriegsgefangenenbetreuung Forells in England (1944 bis 1948) und seine Arbeit an deutschen Flüchtlingen (1945 bis 1948), Hamburg 1968

Bestand B 150: Bundesministerium für Vertriebene, Flüchtlinge und Kriegsgeschädigte

B 150/4417: Schicksal der deutschen Kriegsgefangenen in Großbritannien (1949–1956)

Landeskirchliches Archiv Nürnberg (LKA Nürnberg)

Bestand LKR (Landeskirchenrat) 3.VI
3.VI/1163b Bd. 1: Augustana-Hochschule Neuendettelsau-Heilsbronn

Bestand LKR (Landeskirchenrat) z. IV
z. IV/421a (Rimini): Studenten aus Kriegsgefangenenlagern Rimini 1946/47

Bestand LKR (Landeskirchenrat) IV
IV/557a Bd. I: Ev.-luth. Pastoralkolleg in Neuendettelsau. Allgemein (1945 ff.)

Landeskirchliches Archiv Stuttgart (LKA Stuttgart)

Bestand D 54: YMCA-Kriegsgefangenenhilfe

Bestand 380e Generalia: Kriegsgefangenendienst
Allgemeines: 1945–1950

II. VERÖFFENTLICHTE QUELLEN UND DARSTELLUNGEN

Die verwendeten Abkürzungen richten sich, soweit im Abkürzungsverzeichnis nicht anders angegeben, nach: Theologische Realenzyklopädie. Abkürzungsverzeichnis. Zusammengestellt von Siegfried Schwertner. Berlin/New York 1994.

ASMUSSEN, Hans: Die Seelsorge. Praktisches Handbuch über Seelsorge und Seelenführung. München 1935 (und weitere Auflagen).

BALFOUR, Michael: In Retrospect: Britain's Policy of „Re-education". In: PRONAY, Nicholas/WILSON, Keith: The political Re-education of Germany and her Allies after World War II. London/Sydney 1985, S. 139–150.

BAUER, Johannes B. (Hg.): Entwürfe der Theologie. Graz/Wien/Köln 1985.

BEKENNTNISSYNODE DER DEUTSCHEN EVANGELISCHEN KIRCHE. BARMEN 1934. Vorträge und Entschließungen. Hg. von Karl Immer i. A. des Bruderrates der Bekenntnissynode. Wuppertal-Barmen 1934.

BENTLEY, James: Martin Niemöller. Eine Biographie. München 1985 (Auswahlbibliographie S. 292–296).

BESIER, Gerhard/SAUTER, Gerhard: Wie Christen ihre Schuld bekennen. Die Stuttgarter Erklärung 1945. Göttingen 1985.

BETHGE, Eberhard u. a. (Hg.): An der Schwelle zum gespaltenen Europa. Der Briefwechsel zwischen George Bell und Gerhard Leibholz, 1939–1951. Stuttgart 1974.

BLUM, Emil (Hg.): Kriegsgefangen in Frankreich. Dokumente der Deutschen Evangelischen Kirche. Hg. i. A. der Ökumenischen Kommission für die Pastoration der Kriegsgefangenen. Tübingen 1948.

BÖHME, Kurt W.: Geist und Kultur der deutschen Kriegsgefangenen im Westen (Zur Geschichte der deutschen Kriegsgefangenen des Zweiten Weltkrieges Bd. XIV. Hg. von Erich Maschke). München 1968.

BONHOEFFER, Dietrich: Gemeinsames Leben. München 1940.

CHAMBERLIN, Brewster S.: Todesmühlen. Ein früher Versuch zur Massen-„Umerziehung" im besetzten Deutschland 1945–1946. In: VZG 29, 1981, S. 420–436.

CHRISTIANSEN, Chris: Syv år blandt krigsfanger. Erindringer 1942–1948. Bearb. und hg. im Zusammenhang mit dem dänischen Forschungsprojekt „Die Kirche unter der deutschen Besatzung 1940–1945". Odense 1991.

DERS.: Hoffnung hinter Stacheldraht. Hilfe für Kriegsgefangene. Erinnerungen eines CVJM-Sekretärs 1942–1948. Mit einem Geleitwort von Ulrich Parzany (Nach einer Übersetzung von Olav Meinhardt bearb. von Gerhard Schäfer). Metzingen 1999.

CORNEHL, Peter: Evangelischer Gottesdienst von der Reformation bis zur Gegenwart (Gottesdienst VIII). In: TRE Bd. 14, 1985, S. 54–85.

DAMMANN, Ernst: Die Theologische Schule für deutsche Kriegsgefangene in Norton (England). In: Traditio – Krisis – Renovatio aus theologischer Sicht. Festschrift für Winfried Zeller. Hg. von Bernd Jasper und Rudolf Mohr. Marburg 1976.

DIE BARMER THEOLOGISCHE ERKLÄRUNG. Einführung und Dokumentation. Hg. von Alfred Burgsmüller und Rudolf Weth. Neukirchen-Vluyn [4]1984.

DIE THEOLOGISCHE SCHULE NORTON CAMP. In: ThLZ 72, 1947, Sp. 100–102.

DIEM, Hermann: Philosophie und Christentum bei Sören Kierkegaard. München 1929.

DIEM, Hermann: Restauration oder Neuanfang in der Evangelischen Kirche? Stuttgart 1946.

DIEM, Hermann: Die Substanz der Kirche. München 1935.

DIEM, Hermann: Warum Textpredigt? München 1939.

EINE DENKWERKSTATT DER KIRCHE. AUGUSTANA-HOCHSCHULE 1947–1987. Hg. von Gerhard Monninger i. A. der Gesellschaft der Freunde der Augustana-Hochschule. München 1987.

EVANGELISCH-THEOLOGISCHE SCHULE FÜR DEUTSCHE KRIEGSGEFANGENE IN ENGLAND (NORTON CAMP). In: ThLZ 72, 1947, Sp. 308–310.

FAULK, Henry: Die deutschen Kriegsgefangenen in Großbritannien. Re-education (Zur Geschichte der deutschen Kriegsgefangenen des Zweiten Weltkrieges Bd. XI,2. Hg. von Erich Maschke). Bielefeld 1970.

FRENSSEN, Gustav: Der Glaube der Nordmark. Stuttgart 1938/1940. Feldausgabe: 1940 und 1944.

FRITZ, Hartmut: Otto Dibelius. Ein Kirchenmann in der Zeit zwischen Monarchie und Diktatur (AKiZ. B 27). Göttingen 1998.

GAßMANN, Günther: Lutherischer Weltbund. In: TRE Bd. 21, 1991, S. 616–620.

GEDAT, Gustav Adolf: Ein Christ erlebt die Probleme der Welt. Versuch einer volkstümlichen Einführung in das Weltgeschehen unserer Tage. Stuttgart 1934.

GEDAT, Gustav Adolf: Auch das nennt man Leben. Begegnungen unterwegs. Stuttgart 1935.

GRESCHAT, Martin (Hg.): Die Schuld der Kirche. Dokumente und Reflexionen zur Stuttgarter Schulderklärung vom 18./19. Oktober 1945 (Studienbücher zur kirchlichen Zeitgeschichte. 4). München 1982.

HABERER, Erwin: Schule für Kriegsgefangene/25 Jahre danach. In: DtPfrBl 20, 1972, S. 682 f.

HOLLENBERG-BUDDE, Hebräisches Schulbuch, Berlin [3]1873–1929. Bearb. von W. Baumgartner. Berlin [16]1935 (seit 1943 weitere Auflagen im Verlag Helbig und Lichenhahn in Basel).

JENTSCH, Werner: Ernstfälle. Erlebtes und Bedachtes. Moers 1992.

JENTSCH, Werner: Das geistliche Vermächtnis der Gefangenschaftskirche. In: Evangelium und junges Leben. Schriftenreihe für christliche Jugendarbeit Heft 1. Stuttgart 1948.

JENTSCH, Werner: Der geistliche Ertrag der Gefangenschaftskirche. Referat auf dem Deutschen Evangelischen Kirchentag in Stuttgart 1952. In: PBl 12, 1952, S. 683–700.

JÜRGENSEN, Kurt: Elemente britischer Deutschlandpolitik: Political Re-education, Responsible Gouvernment, Federation of Germany. In: Claus Scharf/Hans-Jürgen Schröder (Hg.): Die Deutschlandpolitik Großbritanniens und die britische Zone 1945–1949 (VIEG Mainz, Abteilung Universalgeschichte Beiheft 6). Wiesbaden 1979, S. 103–128.

KÄSTNER, Erhart: Zeltbuch von Tumilad. Frankfurt a. M./Hamburg 1956. Vom Autor durchgesehene und erweiterte Neuauflage: Zeltbuch von Tumilat (Bibliothek Suhrkamp. 382). Frankfurt a. M. 1967.

KEMPNER, Robert Max: Das Dritte Reich im Kreuzverhör. Königstein 1980.

KETTENACKER, Lothar: Krieg zur Friedenssicherung. Die Deutschlandpolitik der britischen Regierung während des Zweiten Weltkrieges (Veröffentlichungen des Deutschen Historischen Instituts London. 22). Göttingen 1989 (zugleich Habilitations-Schrift Universität Frankfurt a.M. 1983).

KIRCHLICHES JAHRBUCH FÜR DIE EVANGELISCHE KIRCHE IN DEUTSCHLAND 1945–1948. Hg. von Joachim Beckmann. 72.–75. Jg. Gütersloh 1950.

KLOIDT, Karl Heinz (Hg.): Chartres 1945. Seminar hinter Stacheldraht. Eine Dokumentation. Freiburg/Basel/Wien 1988.

KOENIGSWALD, Harald von: Birger Forell. Leben und Wirken in den Jahren 1933–1958. Witten/Berlin 1962.

KOSZYK, Kurt: „Umerziehung" der Deutschen aus britischer Sicht. Konzepte und Wirklichkeit der „Re-education" in der Kriegs- und Besatzungsära. In: Aus Politik und Zeitgeschichte. Beilage zur Wochenzeitung „Das Parlament" 29, 1978.

KRÖNIG, Waldemar/MÜLLER, Klaus-Dieter: Nachkriegs-Semester. Studium in Kriegs- und Nachkriegszeit. Mit einem Vorwort von Walter Rüegg, einer Rede von Herbert Schöffler vom 28.10.1945 sowie einem statistischen und dokumentarischen Anhang (Veröffentlichung der HIS Hochschul-Informations-System GmbH). Stuttgart 1990.

KUNST, Hermann (Hg.): Gott läßt sich nicht spotten. Franz Dohrmann, Feldbischof unter Hitler. Hannover 1983.

LÄCHELE, Rainer: Ein Volk, ein Reich, ein Glaube. Die „Deutschen Christen" in Württemberg (QFWKG. 12). Stuttgart 1994.

LOSCHER, Klaus: Studium und Alltag hinter Stacheldraht. Birger Forells Beitrag zum theologisch-pädagogischen Lehrbetrieb im Norton Camp/England (1945–1948) (Neukirchner Theologische Dissertationen und Habilitationen. 12). Neukirchen-Vluyn 1997.

MASCHKE, Erich (Hg.): Zur Geschichte der deutschen Kriegsgefangenen des Zweiten Weltkrieges, 22 Bände. Bielefeld/München 1962–1974.

MEIER, Kurt: Die deutschen Christen. In: TRE Bd. 8, 1981, S. 552–554.

MEIER, Kurt: Die deutschen Christen. Das Bild einer Bewegung im Kirchenkampf des Dritten Reiches. Göttingen 1964.

MOLTMANN, Jürgen: Theologie der Hoffnung. In: Entwürfe der Theologie. Hg. von Johannes B. Bauer. Graz/Wien/Köln 1985, S. 235–257.

MÜLHAUPT, Erwin: Die Psalmen von Chartres. Predigten in der Kriegsgefangenschaft. München 1947.

NORDEN, Günther van (Hg.)/ALBEL, Monika (Bearb.): Kriegsgefangenenseelsorge im Zweiten Weltkrieg. Düsseldorf 1992.

PAKSCHIES, Günter: Umerziehung in der Britischen Zone 1945–1949. Untersuchungen zur britischen Re-education-Politik. Weinheim 1979.

PATZELT, Herbert: Schlesische Pastoren in Italien. In: Alles ist euer, ihr aber seid Christi. Festschrift für Dietrich Meyer. Hg. von Rudolf Mohr (SVRKG. 147). Köln 2000, S. 991–1008.

REUSCH, Ulrich: Die Londoner Institutionen der britischen Deutschlandpolitik 1943–48. In: HJ 100, 1980, S. 318–443.

RIEGER, Julius: Das ökumenische Problem in der Gefangenschaftskirche. In: Für

Arbeit und Besinnung. Kirchlich-theologische Halbmonatsschrift 5, 1951, Sp. 402–413, 427–431 (Manuskript: EZA BERLIN, 2/475).

ROSE, Norman: Vansittart. Study of a Diplomat. London 1978.

ROSENBERG, Alfred: Der Mythus des 20. Jahrhunderts. Eine Wertung der seelisch-geistigen Gestaltenkämpfe unserer Zeit. München 1930.

SANGE, Wolfgang: Kriegsgefangene studierten Theologie. In: ZdZ 3, 1949, S. 265–270.

SCHÄFER, Gerhard: Die Evangelische Landeskirche in Württemberg und der Nationalsozialismus. Eine Dokumentation zum Kirchenkampf. 6 Bände. Stuttgart 1971–1986.

SCHÄFER, Gerhard: Von der Reichskirche zur Evangelischen Kirche in Deutschland (Die Evangelische Landeskirche in Württemberg und der Nationalsozialismus. Eine Dokumentation zum Kirchenkampf. 6). Stuttgart 1986.

SCHARF, Claus/SCHRÖDER, Hans-Jürgen (Hg.): Die Deutschlandpolitik Großbritanniens und die britische Zone 1945–1949 (VIEG Mainz, Abteilung Universalgeschichte Beiheft 6). Wiesbaden 1979.

SCHÖNHERR, Albrecht: ... aber die Zeit war nicht verloren. Erinnerungen eines Altbischofs. Berlin 1993.

SCHULZ-FIELBRANDT, Hans: In Kriegsgefangenschaft Abiturientenprüfungen. Segensreicher Christlicher Verein Junger Männer. In: Heimatbund Hagen und Mark. Hagener Heimatkalender 31 (1990). Beiträge zu Kultur und Literatur, Geschichte und Entwicklung aus Hagen und der Region Mark. Hagen 1989, S. 125–134.

STRONG, Tracy: Service with Prisoners of War. In: Clarence Prouty Shedd a.o.: History of the World's Alliance of Young Men's Christian Associations. Published for the World's Committee of YMCA. London 1955, S. 545–588.

STURSBERG, Walter: Glauben, Wagen, Handeln. Eine Geschichte der CVJM-Bewegung in Deutschland. Kassel [3]1987.

SULLIVAN, Matthew Barry: Auf der Schwelle zum Frieden. Deutsche Kriegsgefangene in Großbritannien. Mit zahlreichen Dokumentarfotos und Textabbildungen. Berechtigte Übersetzung aus dem Englischen von Margarete Venjakob. Wien/Hamburg 1981. (Englische Veröffentlichung: Thresholds of Peace. London 1979).

THURNEYSEN, Eduard: Die Lehre von der Seelsorge. Zürich 1946 (und weitere Auflagen).

WEMBER, Heiner: Umerziehung im Lager. Internierung und Bestrafung von Nationalsozialisten in der britischen Besatzungszone Deutschlands (Düsseldorfer Schriften zur Neueren Landesgeschichte und zur Geschichte Nordrhein-Westfalens. 30). Essen 1991.

WIENERT, Walter: Der Unterricht in Kriegsgefangenenlagern. Schule und Hochschule hinter Stacheldraht. Göttingen 1956.

WIR KONNTEN UNS NICHT ENTZIEHEN. 30 Porträts zu Kirche und Nationalsozialismus in Württemberg. Hg. von Rainer Lächele und Jörg Thierfelder. Stuttgart 1998.

WOLFF, Helmut: Die deutschen Kriegsgefangenen in britischer Hand. Ein Überblick (Zur Geschichte der deutschen Kriegsgefangenen des Zweiten Weltkrieges Bd. XI,1. Hg. von Erich Maschke). Bielefeld/München 1974.

CHRONOLOGISCHES DOKUMENTENVERZEICHNIS/ VERGLEICHENDE ZEITTAFEL

Dieses Verzeichnis, in das eine vergleichende Zeittafel integriert ist, enthält
1. alle vollständig abgedruckten Dokumente (Seitenzahlen in Fettdruck)
2. alle in den diplomatischen Apparaten und in den Fußnoten zitierten oder erwähnten Dokumente.

April
Großbritannien: Birger Forell als Beauftragter der Kriegsgefangenenhilfe des Weltbundes der YMCA

Juni
Ägypten: Eröffnung des Lagers 307

Spätsommer
Großbritannien: Bemühungen um die Schaffung von Lagerhochschulen (bis Sommer 1945)

September 14
Beschluß des Re-education-Programms durch das War-Office

September 18
Beauftragung der Political Warfare Executive mit der Durchführung der Re-education

Oktober 10
Tagebucheintrag Forells

Oktober
Großbritannien: Dr. Hans Hirschwald Beauftragter der Anglikanischen Kirche und der Umerziehungsabteilung des Foreign Office

Winter
Schriftwechsel zwischen PID und YMCA in London (bis Sommer 1945)

1945

Februar 18
Lagerzeitschrift *Bereitschaft* Nr. 1 über Lager in Italien
238 f.

Frühjahr
Jones Generalsekretär der YMCA für Italien (bis Frühjahr 1946)

April 29
Kapitulation der Heeresgruppe Südwest zum 2. Mai

Mai
Bildung der Enklave Rimini in Italien und weiterer Lager in Ägypten in der Kanalzone (u. a. Offizierslager 305) nach dem 8. Mai

Mai 20
Selbstverwaltung der Enklave Rimini unter Kommando von Generalleutnant Dr. Polack

Juni
Ägypten: Errichtung des „Antinazilagers" 379

Juni 27
Tagebucheintrag Forells
25, Anm. 36

Sommer
Großbritannien: Errichtung einer YMCA-Druckerei in Luton

Juli 26
Eröffnung einer Lagerhochschule im Lager 1, Rimini

August
Desgleichen der evangelischen Lagerschule im Lager 6a, Rimini

August
Ägypten: 1. Konferenz der evangelischen Lagerpfarrer im Lager 305

August 4
Schreiben des War Office an Barwick
73 f.; 365, Anm. 90

August
Großbritannien: Lagerzeitschrift *Pfarrblatt* (bis Mai 1948)
94–98; 94, Anm. 15; 180, Anm. 78

August 15
Italien: Bericht Cranfields
235–238

August 16
Tagebucheintrag Forells
33 f., Anm. 67

August 16
Großbritannien: Eröffnung der Theologischen Schule in Camp 174, Norton Camp unter Leitung (bis 24. April 1946) von Pfarrer Rudolf Damrath

August 16
Bericht über die Eröffnung der Theologischen Schule
195, Anm. 92

August
Bericht Barwicks u. a. über die Eröffnung
195–197; 33 f., Anm. 67; 173, Anm. 75

August 16
Vorlesungs- und Dozentenverzeichnis für das 1. Semester (bis 30. November 1945; fortgesetzt für 2. – 6. Semester bis Herbst 1947)
199, Anm. 97; 207, Anm. 109

August 18
Beginn der Repatriierung aus Rimini

August 19
Eröffnung der Pädagogischen Schule in Norton Camp

September
Ausbau von Lagerschulen im Lager 2, Rimini

September
1. Lehrgang der Pädagogischen Schule Norton Camp (bis Weihnachten)

September 18
Gründung und Ordnung der Bruderschaft *Michaelskette* im Lager 6a, Rimini
270–272; 265, Anm. 34

September 19
Abschluß des Kurzsemesters im Lager 1, Rimini

Oktober 5
Großbritannien: Bericht Basels
201, Anm. 100

Herbst
Schaffung der Stelle eines Staff Chaplain beim War Office für die Seelsorge in
den Lagern

Oktober
Repatriierung aus Lager 6a, Gründung einer Lagerschule im Lager 2 mit Evan-
gelischer Arbeitsgemeinschaft und Wahl von Pfarrer Lic. Werner Jentsch zum
Oberpfarrer in Rimini

Herbst
3. Vierteljahresbericht der Kriegsgefangenenhilfe des Weltbundes der YMCA
74–79; 18, Anm. 14

Herbst
Verzeichnisse aus Rimini repatriierter Pfarrer und anderer kirchlicher Mitarbeiter
7, Anm. 98

Herbst
Bericht über die politische Haltung der deutschen Kriegsgefangenen
79–81

November 30
Abschluß des 1. Semesters in Norton Camp

Winter
Berufung von Pfarrer Lic. Werner Jentsch zum Leiter eines deutschen YMCA-
Sekretariats für die Kriegsgefangenenhilfe in ganz Italien

Dezember
Großbritannien: Choralbuch *Quempasheft*
203, Anm. 106

1946

1946
Lagerkalender *Mein Begleiter*
178, Anm. 77

Januar 7
2. Semester der Theologischen Schule in Norton Camp (bis 10. April 1946)

Januar
2. Lehrgang an der Pädagogischen Schule in Norton Camp (bis Mai 1946)

Januar 28
Ägypten: Gründung der CVJM-Gruppe im Offizierslager 305

Januar 30
Einführung des lutherischen Bekenntnisses in der Theologischen Schule in Norton Camp

Februar 18
Italien: Vortrag Jentschs
259, Anm. 26; 267, Anm. 35

Februar
Repatriierung der Evangelischen Arbeitsgemeinschaft aus Lager 2 in Rimini

Februar
Ägypten: Grundsätzliche Erklärung der CVJM-Gruppe im Lager 305
331 f.; 297, Anm. 3; 328, Anm. 42; 347, Anm. 64; 365, Anm. 89

März 4
Albrecht Schönherr, Christus und Mythus (bis 7. April 1946)
276, Anm. 50; 302, Anm. 14

März
Beginn der Rüstzeiten für Lagerpfarrer in Norton Camp

März 17
Ägypten: Einweihung eines CVJM-Zeltes im Lager 305 und Grundsätze der CVJM-Arbeit

Frühjahr
Programm der 2. Freizeit für Lagerpfarrer in Norton Camp
217, Anm. 117

Frühjahr
Bericht des deutschen Hauptquartiers der Enklave Rimini
239–244; 46, Anm. 93

Frühjahr
Auflösung des Kriegsgefangenenlagers in Tarent; Meade Generalsekretär der YMCA für Italien

April 21
Bericht Jentschs über die YMCA
260–264; 18, Anm. 14; 244, Anm. 11

April 25
Superintendent Frerich Schnuis Leiter der Theologischen Schule in Norton Camp
(bis 14. Juli 1946)

Mai 1
Schreiben Jentschs an Meiser
276, Anm. 53

Mai 8
Italien: Rüstzeit für evangelische Lagerpfarrer in Cervia (bis 12. Mai 1946)

Mai 9
Bericht über die Theologische Schule in Norton Camp
197–204; 39, Anm. 79; 195, Anm. 92

Mai
Großbritannien: Besuch von Oberlandeskirchenrat Dr. Hanns Lilje in Kriegsgefangenenlagern

Mai
Ägypten: Konferenz aller Pfarrer und Diakone im Lager 379

Mai 18
Großbritannien: Grußwort Liljes an die deutschen Kriegsgefangenen
90, Anm. 14; 187, Anm. 85; 207, Anm. 108

Mai 25
Schreiben Cranfields an Asmussen
90 f.; 42, Anm. 82; 207, Anm. 108

Mai 26
3. Semester der Theologischen Schule in Norton Camp (bis 31. August 1946)

Mai 30
Ägypten: Theologische Rüstzeit im Mannschaftslager 305 (bis 13. Juni 1946)

Juni 9
Italien: Bericht Mrozeks
272–275; 267, Anm. 36

Juni 11
Eröffnung des Theologischen Seminars unter der Leitung von Pfarrer Lic. Werner
Jentsch in Rimini (bis 28. September 1946)

Juni 15
Ägypten: Eröffnung der Theologischen Schule in den Mannschaftslagern 306
und 307 unter der Leitung von Pfarrer Johannes Kramer (bis 12. Dezember 1946)

Juni 24
Bericht über Verbindung zur EKD
264, Anm. 32

Juni 28
Schreiben der Kirchenkanzlei an den Rat der EKD
197, Anm. 96

Sommer
Großbritannien: Bericht Basels
201, Anm. 100

Sommer
Schulordnung der Pädagogischen Schule in Norton Camp
201, Anm. 100

Sommer
Studienordnung des Theologischen Seminars in Rimini
284 f.; 286, Anm. 68

Sommer
Gebete des Theologischen Seminars in Rimini
282, Anm. 60

Sommer
Bruderschaftsordnung des Theologischen Seminars in Rimini
287 f.; 268, Anm. 37; 283, Anm. 63; 286, Anm. 71

Juli 1
Italien: Tagebucheintrag Voigtländers
251 f., Anm. 19

Juli 1
Großbritannien: Übertragung der Erziehungsarbeit an das Norton Education
Committee

Juli 1
Ägypten: Theologische Schule im Offizierslager 305 (später in 380) unter Leitung
von Pfarrer Lic. Wolfgang Arnold (bis 15. April 1948)

Juli 3
Ägypten: Bericht Rückerts
298, Anm. 4; 328, Anm. 44; 347, Anm. 63; 365, Anm. 91

Juli 8
Ägypten: 1. Jugendleiterkurs (bis 21. Juli 1946)

Juli 10
Großbritannien: Beauftragung Schnuis' zur Seelsorge
188, Anm. 87

Juli 17
Pfarrer Dr. Gerhard Friedrich Leiter der Theologischen Schule in Norton Camp
(bis 31. August 1947)

Juli 19
Italien: Besuch von Dr. Reinold von Thadden-Trieglaff (bis 29. Juli 1946)

Juli 26
3. Lehrgang an der Pädagogischen Schule in Norton Camp (bis Dezember 1946)

Juli 27
Aktennotiz zur Besprechung Damraths mit Barwick
79, Anm. 9

Juli 28
Italien: Werner Jentsch, Die junge Generation und das Alte Testament (bis
22. September 1946)
267, Anm. 35

Sommer
Italien: Bericht v. Thadden-Trieglaffs
245–251; 65, Anm. 129; 251, Anm. 18

Sommer
Lebensordnung des Theologischen Seminars in Rimini
285 f.

Sommer
Richtlinien für die deutsche YMCA-Arbeit in Italien
256–259; 18, Anm. 14; 162, Anm. 69; 244, Anm. 11

August 9
Schreiben Friedrichs an Kirchenkanzlei
207–214; 311, Anm. 22

August
Bericht Schnuis' über die Theologische Schule in Norton Camp
205–207; 34, Anm. 68

August 16
Schreiben Jentschs an Meiser
290–292; 276, Anm. 53; 346, Anm. 61

August 16
Asmussens Rede in Norton Camp
90, Anm. 12

August 16
Ägypten: Aufruf zur Bildung eines Evangelischen Männerwerks im Lager 305

August 17
Großbritannien: Bestellung von Dekan Dr. Julius Rieger zum Dekan der Lagerpfarrer

August
Großbritannien: Besuch von Pfarrer Hans Asmussen DD

August 22
Italien: Bericht Wabnitz'
251–255; 245, Anm. 13

August 27
Ordnung der Abschlußprüfung des Theologischen Seminars in Rimini
282, Anm. 59

August 29
Ägypten: Bericht Gehrckens
295–300; 328, Anm. 41; 344, Anm. 59

Sommer
Italien: Kettenbuch der „Michaelskette"
270, Anm. 41

September 1
Mitteilung Karchers an Dozenten und Studenten in Norton Camp
283, Anm. 61

September
Ägypten: Vereinigung der Lager 305 und 380; Lager 380 als Zentrale der
kirchlichen Arbeit

September
Italien: Zeugnis für Ergänzungsprüfung in alten Sprachen
200, Anm. 98

September
Italien: Programm der Michaelisrüstzeit in Miramare
275, Anm. 48

September 24
Rüstzeit der „Michaelskette" in Miramare (bis 1. Oktober 1946)

September 28
Abschluß des Theologischen Seminars in Rimini

September 30
Zeugnisvordruck des Theologischen Seminars in Rimini
83, Anm. 62

Herbst
Großbritannien: Entwurf eines Unterrichts- und
Erziehungsplanes
35, Anm. 70; 229, Anm. 126

Herbst
Bericht über Konferenz des Norton Education Committee
35, Anm. 70

Oktober
Arbeitsplan der 8. Freizeit für evangelische Lagerpfarrer in Norton Camp
226 f.; 38, Anm. 77; 114, Anm. 35; 161, Anm. 68; 174, Anm. 76; 186, Anm. 84;
203, Anm. 102; 217, Anm. 117

Herbst
Großbritannien: Memorandum Rankes
92–94

Oktober 1
4. Semester der Theologischen Schule in Norton Camp (bis 8. Februar 1947 bzw.
31. Januar 1947)

Oktober 7
Beschlüsse des Norton Education Committee (bis 9. Oktober 1946)
35, Anm. 70; 229, Anm. 126

Oktober
Wahl eines Gemeindekirchenrates in Norton Camp

Oktober 13
Aus der Predigt Karchers in Rimini
288–290; 268, Anm. 37; 283, Anm. 64

Oktober 14
Schreiben Cranfields an Asmussen
94, Anm. 15

Herbst und Winter 46/47
Laienprediger-Lehrgang in Norton Camp

Oktober 31
Bericht über Michaelisrüstzeit in Miramare
275

November
Beginn von Jugendleiterkursen in Norton Camp

November
Repatriierung des Theologischen Seminars aus Rimini zum Studium in Neuendettelsau

November
Großbritannien: Besuch von Pfarrer Martin Niemöller DD

November 6
Großbritannien: Eingliederung der Evangelischen Studentengemeinde in das Student Christian Movement

November 9
Großbritannien: Besuch von Pfarrer Dr. Arnold Dannenmann (bis 22. November
1946)

November 10
Bericht über das Theologische Seminar in Rimini
276–280; 291, Anm. 78

November 12
Planungsprotokoll über Jugendleiterkurs in Norton Camp
230–232; 38, Anm. 78; 153, Anm. 62; 163, Anm. 71

November 14
Protokoll der Lehrerkonferenz in der Pädagogischen Schule in Norton Camp
201, Anm. 100

November 14
Reifezeugnisregelung in Norton Camp
201, Anm. 100

November 14
Protokoll der Sitzung des Dozentenkollegiums der Theologischen Schule in Norton Camp am 13. November 1946
215, Anm. 115; 337, Anm. 55

November 14
Besuch von Oberschulrat Walther Merck in Norton Camp

November 14
Ernennung Reinhard Westers zum Dekan im Mittleren Osten

November 15
Richtlinien für den Jugendleiterkurs in Norton Camp
232 f.; 38, Anm. 78; 153, Anm. 62; 163, Anm. 71

November 21
Schreiben Niemöllers an Damrath
99–101; 41 f., Anm. 82; 153, Anm. 61; 187, Anm. 86; 219, Anm. 120

Dezember
Reifezeugnis von Norton Camp
200, Anm. 98

Dezember
Bericht über die Konferenz des Norton Education Committee
229, Anm. 126

Dezember
Großbritannien: Aufhebung des Fraternisierungsverbots (seit 1940 in Kraft)

Dezember
Ägypten: Repatriierung Reinhard Westers und Wahl Norbert Rückerts zum Dekan im Mittleren Osten

Dezember
Großbritannien: Besuch von Bischof D. Dr. Otto Dibelius

Dezember 10
Großbritannien: Besuch von Pfarrer Markus Barth (bis 9. Januar 1947)

Dezember 12
Ägypten: Pfarrer Georg Schneider Leiter der Theologischen Schule in den Mannschaftslagern 306 und 307 (bis Februar 1947)

Dezember 31
Italien: Abschlußbericht Jentschs
264–269; 18, Anm. 14; 129, Anm. 46; 162, Anm. 69; 244, Anm. 11

1947

Januar
Ägypten: Pfarrer Norbert Rückert Dekan (bis Mai 1948)

Januar
Bericht der Theologischen Schule in Norton Camp
183, Anm. 81

Januar
Großbritannien: Bericht Markus Barths
101–128; 41 f., Anm. 82; 42, Anm. 83; 79, Anm. 9; 132, Anm. 49; 219, Anm. 120

Januar/Februar
Jahresbericht 1946 der Theologischen Schule in Norton Camp
99, Anm. 20

Februar 10
Ägypten: Bericht Rückerts
309 f.; 368, Anm. 92; 369, Anm. 93

Februar
Großbritannien: Gründung des Joint Committee on POW

Februar
Ägypten: Pfarrer Carl Richter Leiter der Theologischen Schule in den Mannschaftslagern 306 und 307 (bis April 1947)

Februar 27
Teilnahme von Studenten aus Norton Camp an der Konferenz des britischen SCM (bis 3. März 1947)

März 1
5. Semester der Theologischen Schule in Norton Camp (bis 31. August 1947)

März 6
Ägypten: 2. Jugendleiterkurs (bis 3. September 1947)

März 8
Schreiben Friedrichs an die Kirchenkanzlei
128–131

März 12
Ägypten: Bericht Richters über Theologische Schule im Lager 306/307
344–346; 180, Anm. 79; 295, Anm. 1; 319, Anm. 30

März 14
Ägypten: Bericht Arnolds über Theologische Schule im Lager 380
347–350; 34, Anm. 68; 180, Anm. 79; 295, Anm. 1; 319, Anm. 30; 350, Anm. 65

März 16
Notiz Jentschs über Theologisches Seminar in Rimini
294; 346, Anm. 61

Frühjahr
4. Lehrgang an der Pädagogischen Schule in Norton Camp (bis 22. September 1947)

Frühjahr
Großbritannien: Bericht Friedrichs
214–220; 34, Anm. 68; 230 f., Anm. 127

Frühjahr
Ägypten: Verhandlungen über die Repatriierung der Theologischen Schulen

April
Ägypten: Vereinigung der Theologischen Schulen im Lager 380

April
Großbritannien: Bericht Haarens
220–226; 40, Anm. 80; 192, Anm. 90; 203, Anm. 101; 218, Anm. 118

April 29
Ägypten: Bericht Arnolds
350 f.; 180, Anm. 79; 295, Anm. 1; 319, Anm. 30

April 30
Ägypten: Bericht Kramers
62, Anm. 127; 344, Anm. 59; 344, Anm. 60

April 30
Schreiben Johnstons an Damrath
131, Anm. 48

Mai 2
Schreiben Schmidts an Merz
52 f., Anm. 109

Mai 15
Norton Camp als Zentrale der YMCA-Kriegsgefangenenarbeit in Großbritannien unter der Leitung von Pfarrer Lic. Werner Jentsch

Juni 1
Ägypten: Christian Christiansen als Sekretär der YMCA

Juni
Großbritannien: Bericht Heckels
192, Anm. 90; 203, Anm. 101; 218, Anm. 118; 223, Anm. 123

Juli 1
Großbritannien: Screening-Ende

Juli
Programm der 15. Lagerpfarrerfreizeit in Norton Camp
228–230; 38, Anm. 77; 114, Anm. 35; 161, Anm. 68; 174, Anm. 76; 186, Anm. 84;
203, Anm. 102; 217, Anm. 117

Sommer
Abschluß der Repatriierung aus Rimini

Juli
Großbritannien: Besuch von Prof. Dr. Jaques Courvoisier und Gustav Adolf
Gedat

August
Ägypten: Erinnerungsblatt der CVJM-Gruppe im Lager 305
331, Anm. 49

August 9
Schreiben der Kirchenkanzlei an Rückert
351, Anm. 66

August 14
Schreiben Meisers an Rückert
311 f.

August
Ägypten: Bildung des neuen Lagers 380 mit Theologischer Schule

August 30
Schreiben Damraths an Johnston
357, Anm. 80

September 1
Pfarrer Dr. Ernst Dammann Leiter der Theologischen Schule in Norton Camp
(bis 18. April 1948)

September 1
6. Semester der Theologischen Schule in Norton Camp (bis Frühjahr 1948)

September 1
Ägypten: Christian Christiansen im neuen Lager 380

September 9
Rundschreiben Christiansens
332 f.; 61, Anm. 125; 330, Anm. 47; 353, Anm. 70; 370, Anm. 94

September 30
Schreiben Rückerts an die Kirchenkanzlei
351–353; 180, Anm. 79; 295, Anm. 1; 319, Anm. 30

September 30
Ägypten: Verringerung der Repatriierungen

Oktober 11
Erklärung der kriegsgefangenen evangelischen Lagerpfarrer in Ägypten
319–324; 32, Anm. 61; 58, Anm. 119; 317, Anm. 28; 356, Anm. 78; 358, Anm. 81;
360, Anm. 84; 371, Anm. 97; 377, Anm. 101; 380, Anm. 104

Oktober 15
Jugendleiterkurs in Norton Camp unter Leitung von Pfarrer Lic. Werner Jentsch
(bis 18. April 1948)

Oktober 24
Schreiben Arnolds an Thielicke
357, Anm. 80

November
Ägypten: Einführung einer lutherischen Agende für die Lagergemeinden im Mittleren Osten (am 1. Advent 1947 in der Gemeinde des Lagers 380)
58, Anm. 118

November
Ägypten: Rundschreiben der Theologischen Schule im Lager 380
354–357; 180, Anm. 79; 295, Anm. 1; 319, Anm. 30; 330, Anm. 48; 334, Anm. 53;
353, Anm. 71; 371, Anm. 95

November
Großbritannien: Besuch von Pfarrer Hans-Dietrich Pompe (bis April 1948)

November
Großbritannien: Lagerzeitschrift *Bereitschaft* (bis April 1948)
37, Anm. 74; 162, Anm. 69

November
Ägypten: Bericht Wagners
334–336; 330, Anm. 48; 353, Anm. 71; 355 f., Anm. 76; 356, Anm. 79; 371,
Anm. 95

Dezember
Ägypten: Einweihung der Lagerkirche im Lager 380

Dezember 23
Schreiben v. Thadden-Trieglaffs an Niemöller
324 f.; 371, Anm. 96

1947
Billhardts religiöse Dichtungen
56, Anm. 116

1948

Januar 8
Großbritannien: Jentschs Arbeitsbericht für das 4. Quartal 1947
129, Anm. 46; 191, Anm. 89; 230 f., Anm. 127; 256, Anm. 24

Januar 12
Schreiben Arnolds an die Kirchenkanzlei
357–359; 357, Anm. 80

Januar 16
Schreiben der Kirchenkanzlei an Rückert
326 f.; 59, Anm. 121

Januar 24
Schreiben der Kirchenkanzlei an Johnston
360 f.; 327, Anm. 35

Februar
Ägypten: Ankündigung des Besuches v. Thadden-Trieglaffs im Lager 380
318, Anm. 29; 353, Anm. 69; 373, Anm. 98

Februar 1
Ägypten: 7. Rundschreiben Christiansens
336–338; 61, Anm. 125; 353, Anm. 70; 370, Anm. 94

Februar 9
Schreiben Asmussens an Rückert
361 f.; 327, Anm. 35; 362, Anm. 87

Februar 17
Ägypten: Besuch von Dr. Reinold von Thadden-Trieglaff (bis 22. Februar 1948)

März 16
Schreiben Arnolds an Asmussen
362 f.; 327, Anm. 35

März 30
Konferenz der evangelischen Lagerpfarrer in London (bis 5. April 1948)
165, Anm. 72

März 30
Referat Hirschwalds
165–194; 31, Anm. 57; 33, Anm. 65; 34, Anm. 69; 43, Anm. 86

April 2
Referat Riegers
18, Anm. 12; 311, Anm. 22

April
Bericht Richters
165, Anm. 72

April
Zeugnis des Jugendleiterkurses in Norton Camp
191, Anm. 89; 217, Anm. 116

April 12
Abschlußfeiern in Norton Camp (bis 23. April 1948)

Mai
Großbritannien: Bericht Pompes
132–159; 42, Anm. 83; 190, Anm. 88

Mai
Ägypten: Repatriierung Norbert Rückerts

Mai 1
Ägypten: Notizen Franks über CVJM-Lagergruppen
328–331; 297, Anm. 3; 347, Anm. 64; 365, Anm. 89

Mai 6
Ägypten: Besuch von John Barwick im Lager 380 mit Vortrag
338–343; 66, Anm. 130

Mai
Ägypten: Pfarrer Reinhard von Kirchbach Leiter der Theologischen Schule im Lager 380 (bis September 1948)

Juni
Pfarrer Alfred Fliedner deutscher Dekan im Mittleren Osten

Juni 10
Ägypten: Abschlußbericht Arnolds
364–373; 319, Anm. 30; 319, Anm. 31; 324, Anm. 34; 327, Anm. 35

Juni 22
Repatriierung der letzten Lehrer und Schüler der Theologischen Schule aus Norton Camp

Sommer
Großbritannien: Abschlußbericht Jentschs
159–165; 129, Anm. 46; 191, Anm. 89; 217, Anm. 116; 230, Anm. 127

August
Ägypten: Erinnerungsblatt
331, Anm. 49; 355 f., Anm. 76

September 26
Letzter Gottesdienst in der Lagerkirche des Lagers 380 und Repatriierung der letzten deutschen Kriegsgefangenen aus Ägypten

Winter
Ägypten: Abschlußbericht Rückerts
313–318; 344, Anm. 59

1976

Ernst Dammann, Die Theologische Schule für deutsche Kriegsgefangene in Norton (England)
233 f.

1978

Ägypten: Rückblick Schneiders
300–308; 56, Anm. 116; 323, Anm. 32; 344, Anm. 59

1985

Italien: Bericht Roys
281–284

1987

Werner Jentsch, Der geistliche Ertrag der Gefangenschaftskirche
294

1994

Frühjahr
Frankowskis Rückblick auf die Kriegsgefangenschaft in Ägypten
374–383; 67, Anm. 131

ABKÜRZUNGEN

A-A	Automatical Arrest
AAG	[diese Abkürzung konnte nicht aufgelöst werden]
Abt.	Abteilung
a. M.	am Main
Anm.	Anmerkung
a. o.	and others
Apg	Apostelgeschichte
ApU	Altpreußische Union
BA	Bundesarchiv
BBC	British Broadcasting Company
Bd.	Band
Bearb.	Bearbeiter/in
bes.	besonders
BK	Bekennende Kirche
B.M.H.	[diese Abkürzung konnte nicht eindeutig aufgelöst werden; vielleicht:] British Military Hospital
BRD	Bundesrepublik Deutschland
BSLK	Bekenntnisschriften der evangelisch-lutherischen Kirche
bzw.	beziehungsweise
CA	Centralausschuß der Inneren Mission
CA	Confessio Augustana
ca.	circa
CDU	Christlich-Demokratische Union
CF	[diese Abkürzung konnte nicht eindeutig aufgelöst werden; vielleicht:] Chaplain/Captain of Forces
CMF	[diese Abkürzung konnte nicht eindeutig aufgelöst werden; wahrscheinlich:] Centre Mediterranean Forces
c/o	care of
CP	Christliche Pfadfinderschaft
CSV	Christliche Studentenvereinigung
CVJM	Christlicher Verein Junger Männer
D.	Ehrendoktor der evangelischen Theologie
Dan	Danielbuch
DC	Deutsche Christen
DCSV	Deutsche Christliche Studentenvereinigung
DD	Doctor Divinitatis [Doktor der Theologie im englischen Sprachraum]
DDR	Deutsche Demokratische Republik
DEF	Disarmed Enemy Forces
DEK	Deutsche Evangelische Kirche
Ders.	Derselbe
dgl.	desgleichen

d. J.	der Jüngere
d. h.	das heißt
DLG	Deutsche Landwirtschaftsgesellschaft
DM	Deutsche Mark
DNVP	Deutsch-Nationale Volkspartei
DP	[diese Abkürzung konnte nicht aufgelöst werden]
DPW	[diese Abkürzung konnte nicht eindeutig aufgelöst werden; vielleicht:] Director of POW [oder:] Department of Public Works
Dr.	Doktor
ebd.	ebenda
EC	Entschiedenes Christentum
EG	Evangelisches Gesangbuch 1993
EKD	Evangelische Kirche in Deutschland
EKHN	Evangelische Kirche in Hessen-Nassau
EOK	Evangelischer Oberkirchenrat
Eph	Epheserbrief
etc.	et cetera
Ev./ev.	Evangelisch/evangelisch
Ev.-Luth.	Evangelisch-Lutherisch
Evang.	Evangelisch
evtl.	eventuell
EZA	Evangelisches Zentralarchiv Berlin
f.	folgende Seite
ff.	fortfolgende Seiten
Gal	Galaterbrief
geb.	geboren
gest.	gestorben
Gestapo	Geheime Staatspolizei
GmbH	Gesellschaft mit beschränkter Haftung
habil.	habilitatus
h. c.	honoris causa
Hebr	Hebräerbrief
Hg.	Herausgeber/herausgegeben
H M	[diese Abkürzung konnte nicht aufgelöst werden]
i. A.	im Auftrag
i. Br.	im Breisgau
i./c.	in charge of
IKRK	Internationales Komitee des Roten Kreuzes
Ing.	Ingenieur
IOW	[diese Abkürzung konnte nicht eindeutig aufgelöst werden; vermutlich:] Institut of Welding
Jak	Jakobusbrief
Jer	Jeremiabuch
Jes	Jesajabuch
Joh	Johannesevangelium/Johannesbrief
jur.	juris
Klg	Klagelieder
km	Kilometer

Kol	Kolosserbrief
Kor	Korintherbrief
Krs.	Kreis
Lic.	Licentiatus
Lk	Lukasevangelium
LKA	Landeskirchliches Archiv
LKW	Lastkraftwagen
Ltd.	limited
m	Meter
M. A.	Magister Artium/master of arts
Mag.	Magister
med.	medicinae
Mk	Markusevangelium
mm	Millimeter
Mos	Mosebuch
Mr.	Mister
Mt	Mattäusevangelium
NL	Nachlaß
No.	Number
Nr.	Nummer
NS	Nationalsozialismus/nationalsozialistisch
NSDAP	Nationalsozialistische Deutsche Arbeiterpartei
NSV	Nationalsozialistische Volkswohlfahrt
Offb	Buch der Offenbarung
o. J.	ohne Jahr
OKW	Oberkommando der Wehrmacht
o. O.	ohne Ort
ÖRK	Ökumenischer Rat der Kirchen
OSB	Ordo Sanct Benedictus
p. a.	pro anno
PED	Political Education Department
Petr	Petrusbrief
Pfr.	Pfarrer/Pastor
Phil	Philipperbrief
phil.	philosophiae
PID	Political Intelligence Department
PKW	Personenkraftwagen
p. m.	post meridiem
POW	Prisoner(s) of War
POWD	Prisoner of War Division of the Political Intelligence Department
PP	Protected Personal
Prof.	Professor
Ps	Psalm
PW	[diese Abkürzung konnte nicht eindeutig aufgelöst werden; vielleicht:] Pilot Wire [oder:] Private Wire
PWD	Political Warfare Division
PWE	Political Warfare Executive
PWE	Prisoners of War Enclosures

RC	[diese Abkürzung konnte nicht eindeutig aufgelöst werden; vielleicht:] Roman Catholic
rer. pol.	rerum politicum
resp.	respektive
Rev.	Reverend
RM	Reichsmark
Röm	Römerbrief
S.	Seite
SCF	[diese Abkürzung konnte nicht eindeutig aufgelöst werden; vielleicht:] Staff Chaplain of Forces [oder:] Supervising Chaplain of Forces
SCsF	[diese Abkürzung konnte nicht eindeutig aufgelöst werden; vielleicht:] Supervising Chaplains of Forces [oder:] Staff Chaplains of Forces
SCM	Student Christian Movement
SED	Sozialistische Einheitspartei Deutschlands
SEP	Surrendered Enemy Personnel
sfrs.	Schweizer Franken
SHAEF	Supreme Headquarter Allied Expeditionary Forces
sog.	sogenannt
SPD	Sozialdemokratische Partei Deutschlands
SS	Schutzstaffel
St.	Sankt/Saint
stud.	studiosus
Tbc	Tuberkulose
theol.	theologiae
Tim	Timotheusbrief
Titus	Titusbrief
u. a.	unter anderem/und andere
u. ä.	und ähnliches
UNESCO	United Nations Educational, Scientific and Cultural Organisation
UNO	United Nations Organisation
u. ö.	und öfter
US	United States
USA	United States of America
usw.	und so weiter
v.	von
v. a.	vor allem
VELKD	Vereinigte Evangelisch-Lutherische Kirche Deutschlands
vgl.	vergleiche
VVN	Vereinigung der Verfolgten des Nazi-Regimes
WD	[diese Abkürzung konnte nicht eindeutig aufgelöst werden; vermutlich:] War Department
YMCA	Young Men's Christian Associations
YWCA	Young Women's Christian Associations
z. B.	zum Beispiel

PERSONENREGISTER/BIOGRAPHISCHE ANGABEN

ADAMEK, Helmut   236, 263
Pfarrer, Kriegsgefangener Italien, nach dem Krieg Vorsteher CVJM-Sekretärs-schule Kassel.

ALEXANDER, Harold Rupert Leofrice George   43
geb. 19.12.1891, Berufsoffizier, 1943 Kommandant der 18. Army Group Nord-afrika, 1943/44 Kommandant der 15. Army Group Italien, 1944 Feldmarschall, 1944/45 alliierter Oberbefehlshaber Mittelmeerraum, zusammen mit General-oberst von Vietinghoff in Caserta Unterzeichnung der bedingungslosen Kapi-tulation der deutschen Heeresgruppe Südwest, seit 1946 Viscount Alexander of Tunis, 1946 Gouverneur von Kanada.

ALTHAUS, Paul d.J., Prof. Dr.theol.   49, 52, 291 f.
geb. 4.2.1888 Obershagen/Celle, gest. 18.5.1966 Erlangen, 1915/17 Militär-pfarrer Lodz, 1919 Professor für Systematische Theologie Rostock, 1925–1956 Professor für Systematische Theologie und Neues Testament Erlangen (1947 vorübergehend von der Militärregierung entlassen), 1926–1964 Präsident der Luthergesellschaft.

AMOS, Dr.   202
1946 Vortrag im Rahmen der politischen Schulung Norton Camp/England.

ARNOLD, W.J.   34
Oberstleutnant, seit April 1945 Kommandant von Norton Camp/England, 30.10.1945 Ablösung durch Major A.E. Boughton.

ARNOLD, Wolfgang, Dr.   58, 63 ff., 298 f., 315, 319, 335, 347–352, 355, 357 ff., 362–373, 374, 376, 378, 381 f.
geb. 15.10.1908, Pfarrer aus Sachsen, später Superintendent (Neusalza-Sprem-berg), ehemaliger Offizier, 1.7.1946–15.4.1948 Leiter der Theologischen Schule Offizierslager 305/380/Ägypten, Mitglied der CVJM-Gruppe Lager 380, Leh-rer für Bibelkunde, Kirchengeschichte, Systematik, Neues Testament und Prak-tische Theologie, Mai 1948 Repatriierung.

ARNOLD [II, Walter oder Edhar]   299
Kriegsgefangener Ägypten, Mitglied der CVJM-Gruppe Lager 380/Ägypten.

ARSENIEW, Nikolaus von, Prof. Dr.   229
Exilrusse aus Paris, seit 1946 Professor für Religionsgeschichte und -philoso-phie am Orthodoxen Theologischen Institut Paris, Sommersemester 1947 Gast-vorlesung Norton Camp/England, 30.7.–19.8.1947 Teilnahme an der 15. Frei-zeit für Lagerpfarrer und Vorträge.

ASMUSSEN, Hans, D.DD.   39, 41, 90, 94, 107, 130, 187 f., 218, 305, 362
geb. 21.8.1898 Flensburg, gest. 30.12.1968 Speyer, 1923 Ordination und Pfarrer Diakonissenanstalt Flensburg, 1925 Albersdorf, 1932 Altona, 1933 aus kirchen-politischen Gründen Amtsenthebung, 25.2.1934 Ruhestandsversetzung, führen-des Mitglied der Bekennenden Kirche, 1945–1948 erster Präsident der Kir-

chenkanzlei der EKD Schwäbisch Gmünd, 16.8.1946 Besuch der Theologischen Schule Norton Camp/England mit einer Rede an die Gefangenen, 1948 Mitglied der Kirchenversammlung Eisenach und stellvertretender Delegierter der EKD auf der Weltkirchenkonferenz Amsterdam, 1948–1955 Propst Kiel, 1955 Ruhestand.

ATKINS 133
britischer Major, Kommandant von Kriegsgefangenenlager 171 PW Base Camp Bungay Suffolk.

ATTLEE, Clement Richard, Earl (seit 1955)   320, 371
geb. 3.1.1883 Putney/London, gest. 8.10.1967 London, Rechtsanwalt, 1922–1955 Abgeordneter, 1935–1955 Führer der Labour Party, 1940–1945 mehrfach Minister, 1945–1951 Premierminister.

BACH, Johann Sebastian   181, 277
geb. 21.3.1685 Eisenach, gest. 28.7.1750 Leipzig, Komponist.

BANGERT 298
Reverend Head Quarter Hospital/Ägypten, später Dekan Mainz.

BARTH, Karl, D.D.D.L.L.D.   102, 306
geb. 10.5.1886 Basel, gest. 10.12.1968 Basel, 1921 Professor für Systematische Theologie Göttingen, 1925 Professor Münster, 1930 Professor Bonn, 1935–1962 nach Suspendierung und Ausweisung aus Deutschland Professor Basel.

BARTH, Markus   42, 101 ff., 132, 219
Schweizer Pfarrer, Wintersemester 1946/47 Gastvorlesung Norton Camp/England, 10.12.1946–9.1.1947 Reise durch Schottland und England als Abgesandter der Ökumenischen Kommission für die Pastoration der Kriegsgefangenen.

BARWETT 203
Chairman of YMCA America, 1946 Besuch Norton Camp/England.

BARWICK, John   25, 31–35, 60, 65, 73, 79, 102, 106, 129, 160, 170 f., 173 f., 195, 202, 213, 230, 338
amerikanischer Geschäftsmann, seit 1940 Leiter/Generalsekretär der YMCA-Kriegsgefangenenhilfe in Großbritannien für Europa und den Mittleren Osten London, Zusammenarbeit mit B. Forell, Kauf einer Druckerei Luton bei London zum Druck deutschsprachigen Studienmaterials, 16.8.1945 Rede zur Eröffnung des Studienlagers Norton Camp/England.

BASEL, Hans   201
Studienleiter Norton Camp/England.

BASSET, Dr.med.   246
Major, 1946 amerikanischer Chefarzt des Lazarettlagers Pisa/Italien.

BAUMANN, Friedrich   34
geb. 6.2.1927 Groß-Rohrheim, 1944/45 Soldat, 1945–1948 Kriegsgefangener USA und Großbritannien, 1947/48 Abitur Norton Camp/England, 1948–1952 Theologiestudium Neuendettelsau, Marburg, Mainz, März 1953 I. Theologisches Examen, Januar 1955 II. Theologisches Examen, 1955 Ordination, Pfarrer aus der Landeskirche Hessen-Nassau, 1969–1990 Dekan, 1990 Ruhestand.

BAYERWALD, August   162
Notariats-Amtmann, Kriegsgefangener Norton Camp/England, Sekretär von Pfarrer Lic. Werner Jentsch.

BEGUIN, Olivier   325
   geb. 2.1.1914 Le Locle/Kanton Neuenburg, gest. 1.4.1972 London, 1940–1947
   Sekretär der Ökumenischen Kommission für die Pastoration der Kriegsgefangenen Genf, 1947 Sekretär des Weltbundes der Bibelgesellschaften London,
   1949–1972 Generalsekretär.

BELL, George Kennedy Allen, Dr.   22, 32 f., 168 ff., 179, 203, 325 f., 363
   geb. 4.2.1883 Hayling Island Hants/Großbritannien, gest. 3.10.1958 Canterbury, 1908 Ordination, 1914 Chaplain beim Erzbischof von Canterbury, 1924
   Domdechant von Canterbury, 1928–1957 Bischof von Chichester/England,
   Lordbishop mit Sitz und Stimme im englischen Oberhaus, 1932–1936 Vorsitz
   der britischen Sektion des Universal Council for Life and Work, 1932–1936
   Vorsitzender des Ökumenischen Rates für Praktisches Christentum, 1944 Bitte
   an die lutherische Kirche Schwedens um die Entsendung B. Forells zur Gefangenenseelsorge in England, nach 1945 Mitglied der Ökumenischen Flüchtlingskommission, 1947/48 Besuch Norton Camp/England und Vortrag („Kirchliche
   Jugendarbeit"), 1948–1955 Vorsitzender des Zentral- und Exekutivausschusses
   des ÖRK, 1955 Ehrenpräsident des ÖRK.

BERG, Helmut vom, Dr.phil.   181, 198, 211, 222
   geb. 24.1.1901 Barmen, gest. 1.9.1975 Bremen, 1926–1931 Pfarrer Reckling-
   hausen, 1931–1934 Pfarrer im Auftrag der Pastoralhilfsgesellschaft Berlin für
   den kirchlichen Jugenddienst der Mark Brandenburg Potsdam, 1933 Pfarrer
   Recklinghausen, 1934 Elberfeld, 1940 Kriegspfarrer, 1944–1946 britischer
   Kriegsgefangener, seit dem I. Semester 1945 Dozent für Dogmatik an der
   Theologischen Schule Norton Camp/England, 24.1.1946 Beantragung des
   Rechtes zur Gründung einer YMCA-Gruppe und einer Studentengruppe der
   CSV, seit dem III. Semester 1946 Dozent für antike Philosophie, Juli 1946
   Repatriierung, dann Landesjugendpfarrer des Saarlandes, zugleich Obmann für
   religiöses Erziehungswesen, 1946–1955 Pfarrer Fechingen, 1955–1966 Emme-
   rich, 1966 Ruhestand.

BETHGE, Eberhard, D.DD.   187
   geb. 28.8.1909 Warchau/Provinz Sachsen, gest. 18.3.2000, 1934 Predigerseminar Wittenberg, 1935–1940 Studieninspektor am Predigerseminar der Bekennenden Kirche Finkenwalde resp. Groß-Schlönwitz/Pommern, 1940–1945 Missionsinspektor Goßnersche Mission Berlin, 1944 Soldat, als Soldat von der
   Gestapo verhaftet, 1945 persönlicher Referent von Bischof Dibelius, Weihnachten 1946 Besuch Norton Camp/England, 1946–1953 Studentenpfarrer Berlin,
   1953–1961 Auslandspfarrer London, 1961–1976 Leiter des Pastoralkollegs der
   Rheinischen Kirche Rengsdorf/Rheinland, 1969 Honorarprofessor für Praktische Theologie Bonn.

BEUTEL, Heribert   161, 277
   1945–1946 Kriegsgefangener Rimini/Italien, 1946 Musikunterricht am Theologischen Seminar Rimini, Gründer und Leiter des „Beutel-Chores", später auf
   Antrag Versetzung nach England zur Gründung eines neuen Chores, Weihnachten 1947 erster Auftritt Norton Camp/England, Sangesmeister und Komponist, später Kirchenmusikdirektor Württemberg.

BIERI, Fredk.   102 f.
   Major, 1946/47 Arbeit beim Internationalen Roten Kreuz.

BILL, Paul, D. 101
1946 Abteilungsarzt Hospitallager Naburn/Großbritannien.

BILLHARDT, Werner 56
Lager 3112/Ägypten, Verfasser religiöser Gedichte.

BINNEY, Thomas 261
Seelsorger.

BIRGER, Mr. 202
1946 Besuch Norton Camp/England.

BLANKE, Fritz, Prof. Dr.theol.h. c. 42, 163, 215
geb. 22.4.1900 Kreuzlingen-Emmishofen/Schweiz, gest. 4.3.1967 Zürich, 1929
Professor für Kirchen- und Dogmengeschichte Zürich, 1947/48 Gastdozent
Norton Camp/England.

BLUM, Emil 16
Schweizer Pfarrer, Frühjahr 1945–Frühjahr 1947 Frankreich im Auftrag der
Ökumenischen Kommission für die Pastoration der Kriegsgefangenen, seit
Frühjahr 1947 Pfarrer der deutsch-schweizerischen Gemeinde London/Eng-
land, 30.3.–5.4.1948 vorübergehende Teilnahme an der Konferenz der evange-
lischen Lagerpfarrer Großbritanniens London.

BODELSCHWINGH d.J., Friedrich von 25, 93, 181, 198, 211
geb. 23.5.1902 Bonn, gest. 5.6.1977 Bethel, Februar 1930 Ordination Marten,
1930 Hilfsprediger, 1932 Pfarrer, 1932–1936 Anstaltsgeistlicher Bethel, 1936
Pfarrer Schlüsselburg/Minden, 1942 Pfarrer Gütersloh, August–November
1945 Dozent für alle Fächer der Diakonie und Prüfer Norton Camp/England,
25. November 1945 Repatriierung, 1946–1968 Vorsteher der Anstalt und Pfarrer der Anstaltsgemeinde Bethel, 1960 Vorsitzender der Vereinigten Vorstände
Bethel, Sarepta und Nazareth.

BÖHM, Hans, Dr.phil.D. 193
geb. 5.5.1899 Hamm/Westfalen, gest. 3.4.1962 Berlin, 1927 Pfarrer Langhei-
nersdorf, 1934 Pfarrer Berlin, seit 1934 führendes Mitglied der Bekennenden
Kirche, Herbst 1945 Propst von St. Petri Berlin, 1947 Besuch in englischen
Kriegsgefangenenlagern, 1948 stellvertretender Delegierter der EKD auf der
Weltkirchenkonferenz Amsterdam, 1949–1959 geistlicher Leiter der Abteilung
Berlin des Konsistoriums mit Amtsbezeichnung Propst.

BONHOEFFER, Dietrich, D. 132, 379
geb. 4.2.1906 Breslau, gest. (ermordet) 9.4.1945 Konzentrationslager Flossen-
bürg, 1931 Privatdozent für Systematische Theologie und Studentenpfarrer
Berlin, 1933 Auslandspfarrer London, dort enge Verbindung zu J. Rieger,
1935–1937 Leiter und Dozent am pommerschen Predigerseminar der Bekennenden Kirche Zingsthof und Finkenwalde, 5.8.1936 Entzug der Lehrbefugnis
Berlin, im Dienst der militärischen Abwehr am Widerstand gegen Hitler beteiligt, (Reise-) Tätigkeit für die Widerstandsgruppen um die Generäle Oster
und Beck, 5.4.1943 Verhaftung durch die Gestapo (Anklage auf „Zersetzung
der Wehrkraft").

BORINSKI, Fritz, Dr. 202, 227
II. Semester 1946 Sondervorlesungen Norton Camp/England, besonderer Mitarbeiter vom German Educational Reconstruction, Wintersemester 1946/47

Vorträge Norton Camp, 14.10.–5.11.1946 Teilnahme an der achten Freizeit für Lagerpfarrer und Vorträge.

BOUGHTON, A.E.   103
britischer Major, seit 30.10.1945 Kommandant des Norton Camp/England.

BRAUCHITSCH, Walther von   124
geb. 4.10.1881 Berlin, gest. 18.10.1948 Hamburg (in britischer Haft), 4.2.1938 als Generaloberst Ernennung zum Oberbefehlshaber des Heeres, 19.12.1941 Ausscheiden aus dem Militärdienst, 1945–1948 britischer Kriegsgefangener England und Deutschland.

BRECHT, Bertolt   380
geb. 10.2.1898 Augsburg, gest. 14.8.1956 Berlin, Schriftsteller und Regisseur.

BROOKS, Cyrus   25
1914–1918 als Internierter Studienrat für Englisch in Deutschland, Übersetzer von Erich Kästner u. a., 1944–1946 Verfasser des Re-education-Modells, Offizier des britischen PWE, Chef im PID, maßgeblich für die Re-education zuständig, Nachfolger von Ch.E.B. Cranfield und W.B. Johnston als Vertreter des für Norton Camp/England zuständigen War Office.

BROWN   162
YMCA-Sekretär nach dem II. Weltkrieg.

BRÜCKNER   202
1946 Vortrag im Rahmen der politischen Schulung Norton Camp/England.

BUNGE, Karl   277
geb. 13.5.1914 Barby/Elbe, gest. 17.9.1982 Kloster Neuendorf, 1933–1938 Studium Naturwissenschaften Halle, Jena, München, Oktober 1938 Staatsexamen Jena, Mai 1940 Soldat im Sanitätsdienst, später Feldwebel, Juni 1945 Kriegsgefangener Theologisches Seminar Rimini/Italien, Schüler der Theologischen Schule, Laienmitglied im Lehrpersonal des Theologischen Seminars Rimini, Dozent für Naturwissenschaft, 1946/47 Leitung des CVJM-Dienstes Neapel-Area/Italien, 13.8.1947 Repatriierung, 11.2.1953 I. Theologisches Examen Düsseldorf, 22.5.1955 Ordination, 1.6.1955–31.8.1980 Pfarrer Kloster Neuendorf/Gardelegen.

BURKERT, Wilhelm Karl   229
geb. 29.4.1913 Wohlau, Pfarrer, 1932–1936 Theologiestudium Breslau, 1937 I. Theologisches Examen, 1.7.1937–31.12.1939 Vikar Breslau und Berlin, 1939 II. Theologisches Examen, 10.11.1939 Ordination Breslau, 1940–1945 Oberstleutnant der Reserve, 1945–1948 Kriegsgefangener England, Januar 1947-April 1948 Norton Camp/England, Dozent der Theologischen Schule, der Jugendleiterlehrgänge und der Laienkurse für Neues Testament, Religionspädagogik und Laiendogmatik, seit März 1947 Dozent der Pädagogischen Schule und der Abiturlehrgänge für religiöse Unterweisung im Norton Camp/England, 30.7.–19.8.1947 Teilnahme an der 15. Freizeit für Lagerpfarrer und Vortrag, 30.3.–5.4.1948 Teilnahme an der Konferenz der evangelischen Lagerpfarrer Großbritanniens London und Referat, bis 1948 Pfarrer der Kirchenprovinz Sachsen, seit 1948 Pfarrer der Ev. Kirche im Rheinland, seit 1.1.1980 Ruhestand.

BURLINGHAM, Ralph Ellis   102, 162, 190, 202
Reverend, Vertreter des British Council of Churches, 1938 Generalsekretär des

British Christian Council for International Friendship through the Churches, November 1945 Besuch Norton Camp/England.

BURMESTER 227

14.10.–5.11.1946 Teilnahme an der 8. Freizeit für Lagerpfarrer, Vorträge, Wintersemester 1946/47 Vorträge in der Theologischen Schule Norton Camp/England.

CAIRNS, David, DD. 213, 222

geb. 11.6.1904 Ayton/Berwickshire, Theologiestudium Aberdeen, Oxford und Zürich, 1935 Ordination Church of Scotland, 1940–1945 Militärpfarrer, 24.5.1946 Besuch Norton Camp/England, Mitarbeiter des Student Christian Movement, 1947 Professor für Praktische Theologie Christ's College Aberdeen.

CALWELL 267

Brigadier Colonel, 1946 britischer Kommandant der Enklave Rimini/Italien.

CAMPBELL 256, 269

1946 Major vom General-Hauptquartier des Heeres der Wohlfahrt, Stabsdirektion Caserta/Italien, Förderer der deutschen YMCA-Arbeit Italien.

CARNIE, T.C. 34, 202

Captain, schottischer Dolmetscher von W.J. Arnold Norton Camp/England, vor Juni 1946 Vortrag im Rahmen der politischen Schulung Norton Camp.

CHRISTIANSEN, Christian 59 ff., 65, 82, 94, 129, 317, 330, 332 f., 335 f., 338, 353, 356, 361, 370 f.

geb. 24.9.1914 Viborg, 1933 Abitur Viborg, 1933–1940 Studium der Evangelischen Theologie Kopenhagen, 1940 Theologische Staatsprüfung an der Universität Kopenhagen, 1940–1945 Sekretär der YMCA-Kriegsgefangenen-Hilfe in Deutschland unter alliierten Kriegsgefangenen, 1945/46 Gefangenschaft in russischem Internierungslager 20b Butirka/bei Moskau und deutschem Kriegsgefangenenlager 27 Krasnoworst, November 1946–Mai 1947 Sekretär der YMCA-Kriegsgefangenen-Hilfe London, Mai 1947–1948 Leitung und Sekretär der YMCA-Kriegsgefangenen-Hilfe Mittlerer Osten, Lager 380 Faid/Ägypten, 1949–1952 Leiter der Flüchtlingsarbeit des Lutherischen Weltbundes in der Britischen Zone in Deutschland Hamburg, 1952–1954 Hilfsarbeit des Lutherischen Weltbundes unter palästinensischen Flüchtlingen in Syrien, Mai 1954–1957 Leitung für den Mittleren Osten Jerusalem, 1957–1962 Generalsekretär der Kirche Kopenhagen (Kopenhagens-Kirchen-Fond), 1965–1983 Auswärtiges Amt Dänemarks, 1967–1969 Flüchtlingsarbeit des Lutherischen Weltbundes Sambia, 1980 Ruhestand, 1981 i.A. des Weltkirchenrates in Kambodscha, 1982 i.A. des Weltkirchenrates in Jerusalem und Syrien, 1985 Flüchtlingsarbeit des Lutherischen Weltbundes Swasiland.

CLAUSEWITZ, Carl von 380

geb. 1.6.1780 Burg bei Magdeburg, gest. 16.11.1831 Breslau, General und Militärtheoretiker.

COOMBES 236

1945 in der 52. Area/Italien.

COURVOISIER, Jaques, Prof. Dr. 42, 102, 108, 163, 165, 210 ff., 325 f.

geb. 12.2.1900 Genf, gest. 1988, Theologiestudium Paris und Genf, 1927–1930 Pfarrer Bière (Schweiz), 1931–1939 Pfarrer Genf, 1939–1970 Professor für Kirchengeschichte Universität Genf, seit 1944 Dekan der Theologischen Fakultät, seit 1939 Vizepräsident, dann Präsident der Ökumenischen Kommission für die Pastoration der Kriegsgefangenen des ÖRK, Sommersemester 1946 Besuch Norton Camp und Vortrag, Sommersemester 1947 Besuch Norton Camp und Vortrag, März/April 1948 dritte Reise nach England (u. a. Norton Camp), 30.3.–5.4.1948 Teilnahme an der Konferenz der evangelischen Lagerpfarrer Großbritanniens London, 1952 Dr.theol., 1958–1959 Rektor der Universität Genf.

CRAIG, A.C., Dr.   190, 202
Generalsekretär des British Council of Churches, November/Dezember 1945 Besuch Norton Camp/England.

CRAIGHIE   103
britischer Major, 1946 Kommandant von Hostel Sighthill, Camp 123, Midlothien/England.

CRANFIELD, Charles Ernest Burland, Prof.   47, 90 f., 94, 186, 202, 235, 270
geb. 13.9.1915, 1933–1939 Theologiestudium Cambridge (u. a. Basel), 1941 Ordination Methodistische Kirche, 1942–1945 Militärgeistlicher British General Hospital Algier und Italien, Sommer 1942–Herbst 1946 Chaplain of the Forces, Ende Mai–Ende Oktober 1945 Betreuung der POW in Italien, besonders mit Repatriierung beauftragt, 17.9.–6.10.1945 Besuch in Kriegsgefangenenlagern der Amerikanischen Zone Italien, Oktober 1945–Spätsommer 1946 Arbeit mit deutschen Kriegsgefangenen als First Staff Chaplain in Großbritannien, POW Direktion, War Office, 1946 Besuch Norton Camp/England, 30.3.–5.4.1948 Teilnahme an der Konferenz der evangelischen Lagerpfarrer Großbritanniens London/England, September 1946–August 1950 Geistlicher der Presbyterianischen Kirche/England, 1950–1980 Dozent für Theologie Durham University, 1954 Übertritt zur Presbyterianischen Kirche (seit 1972 durch Zusammenschluß Vereinigte Reformierte Kirche), 1978–1980 Professor für Theologie, 1980 Ehrendoktor der Universität Aberdeen, Ruhestand.

DAHLGRÜN, Erich   251, 264, 267
geb. 24.11.1895 Salzwedel, gest. 26.9.1978, 1927–1939 Pfarrer Paris, später Pfarrer der deutschen evangelischen Gemeinde Rom und Florenz, Vorsitzender des Konsistoriums der Evangelisch-Lutherischen Kirche in Italien, Mai 1946 Gründung der „Bruderschaft der evangelischen Pfarrer in Italien" auf der Pfarrkonferenz Cervia/Italien, 1946 Senior der Bruderschaft, September/Oktober 1946 Mitglied der Pfarrkonferenz Rimini-Miramare/Italien.

DAMMANN, Ernst, Prof. Dr.phil.habil.D.   15, 42, 214, 227–230, 233
geb. 6.5.1904 Pinneberg, 1923 Abitur Hamburg/Altona, 1927 I. Theologisches Examen Kiel, 1927–1930 Lehrbeauftragter für Hebräisch Kiel, 1929 Dr.phil. Kiel, 1930 II. Theologisches Examen und Ordination, 1933–1937 Missions- und Forschungsreisen nach Afrika, 1939 Dr.phil.habil. Hamburg, 1940–1948 mit einer Unterbrechung 1941/42 Soldat, seit 1943 Kriegsgefangener, 1943–1946 Lagerpfarrer Fort Sam Houston/Texas, 30.7.–19.8.1947 Teilnahme an der 15. Freizeit für Lagerpfarrer England und Vortrag, 1946–22.6.1948 Lehrer und später (letzter) Leiter der Theologischen Schule Norton Camp/England, Dozent für Altes Testament und Missionswissenschaften, 30.3.–5.4.1948 Teilnahme an der Konferenz der evangelischen Lagerpfarrer Großbritanniens London und Ansprache, 1949 Dozent Hamburg und Pinneberg, 1957 Professor

für Afrikanistik Berlin, 1962 Professor für Religionsgeschichte Marburg, 1965/
66 und 1968/69 Dekan der Theologischen Fakultät, 1968 D.theol. Heidelberg,
1972 Ruhestand, seit 1974 zeitweilige Lehraufträge an den Universitäten Hamburg, Bayreuth und Bremen.

DAMRATH, Rudolf 25, 34, 39 f., 79 f., 93, 99, 128, 131, 179, 196, 198, 204,
208, 210 f., 350 f., 357
geb. 26.3.1905 Applinken/Marienwerder, gest. 14.4.1959 Herford, 1932 I.
Theologisches Examen Berlin, bis 1934 Lehrvikar Wustermark und Ferch/Potsdam, 1935 Ordination, 1935–1937 Standortpfarrer Stettin und Glogau, seit
1937 Pfarrer Potsdam, 1942–1946 Wehrmachtoberpfarrer/Heeresoberpfarrer
Frankreich, Mitglied der Bekennenden Kirche im Armeestab, 16.8.1945 Teilnahme an der Eröffnungsfeier für die Theologische Schule Norton Camp/England, 16.8.1945–24.4.1946 Leiter der Theologischen Schule Norton Camp,
Dozent und Leiter der Refresher-Kurse für Lagerpfarrer, April 1946 Repatriierung, 1946–1947 Referent Kanzlei der EKD Schwäbisch Gmünd, Koordinator der die Kriegsgefangenen betreffenden Fragen (von der EKD aus), 1947–
1953 Pfarrer und Direktor der Berliner Stadtmission, 1953–1959 Pfarrer Herford.

DANNENMANN, Arnold, Prof. 38, 217, 219, 230 ff., 263
geb. 4.1.1907 Faurndau/Krs. Göppingen, gest. 1.3.1993 Murnau/Oberbayern,
1931 Ordination und Leiter des CVJM Gesamtverbandes Kassel, 1932–1945
Leiter des Evangelischen Jungmännerwerks der Evangelischen Kirche der Altpreußischen Union (Ostwerk) Berlin, 1936 Gründung einer geheimen Hilfsorganisation für politisch Verfolgte im NS-Regime, 1940–1945 Standortpfarrer
Berlin, 1945 Mitbegründer der ersten Lageruniversität für deutsche Kriegsgefangene Norton Camp/England, November 1946 als deutscher Verbindungsmann zur Kriegsgefangenenhilfe der YMCA Genf auf Einladung der englischen
Regierung in England, Besuch Norton Camp, Einrichtung von Jugendleiterkursen, 12.11.1946 Teilnahme am Treffen des Planungsausschusses für die
Jugendleiterkurse Norton Camp, 15.11.1946 Ausarbeitung von Richtlinien für
den Jugendleiterkurs, Frühjahr 1947 Schaffung der Voraussetzungen für die
Jugendleiterausbildung, 1947 Professor und Gründer des Christlichen Jugenddorfwerkes, in den 50er Jahren auch Präses des deutschen Nationalverbandes
des CVJM, 1960–1985 Präsident des Christlichen Jugenddorfwerkes.

DANZ, Gerhard 209
gest. 5.5.1991, Vikar der Evangelischen Landeskirche Thüringens, Schüler der
Theologischen Schule Norton Camp/England, 15.5.1946 Ordination zum Lagerpfarrer Norton Camp.

DAVIS, Dr. 262
amerikanischer YMCA-Führer beim Weltbund Genf.

DEMUTH, Dr. 202
1946 Vortrag im Rahmen der politischen Schulung Norton Camp/England.

DEUßEN 331

DEWITZ, Ludwig 227
Lagerpfarrer aus Sheffield, 14.10.–5.11.1946 Teilnahme an der 8. Freizeit für
Lagerpfarrer und Vortrag, Wintersemester 1946/47 Dozent Norton Camp/
England.

DHAPATEN   104
Britischer Major, 1946 Kommandant Camp 687 Shothover House near Wheatley, Oxford/England.

DIBELIUS, Martin, Prof. Dr.D.   377
geb. 14.9.1883 Dresden, gest. 11.11.1947 Heidelberg, seit 1915 Professor für Neues Testament Heidelberg.

DIBELIUS, Friedrich Karl Otto, Dr.phil.Lic.theol.D.DD.   41, 93, 102, 104, 146, 165, 181, 187, 200, 208, 219
geb. 15.5.1880 Berlin, gest. 31.1.1967 Berlin, 1925–1933 Generalsuperintendent der Kurmark, 1933–1945 Beurlaubung durch Staatskommissar Jäger und Zwangspensionierung, Mitarbeit in der Bekennenden Kirche, 1945–1966 Bischof Berlin-Brandenburg, seit 1945 Mitglied des Rates der EKD und Leiter der Berliner Stelle der Kirchenkanzlei der EKD, 8.10.1945 Genehmigung zur Abnahme theologischer Prüfungen Norton Camp/England, 1945–1951 Präsident des EOK Berlin, Weihnachten 1946 Besuch der Kriegsgefangenenlager Großbritannien (auch Norton Camp), Beeinflussung des Prüfungsverfahrens Norton Camp, Erwirken der allgemeinen Anerkennung der Prüfungen, 30.3.–5.4.1948 Teilnahme an der Konferenz der evangelischen Lagerpfarrer Großbritanniens London und Ansprache, 1948 Mitglied des Zentralausschusses des neu gegründeten ÖRK (Amsterdam), 1949–1961 Ratsvorsitzender der EKD, 1954–1961 einer der sechs Präsidenten des ÖRK, 1966 Ruhestand.

DIEHL, August   178
Pfarrer, Kriegsgefangener Norton Camp/England, Herausgabe des christlichen Kalenders „Mein Begleiter" für die Kriegsgefangenen in England.

DIEM, Hermann, Prof. D.   67, 214
geb. 2.2.1900 Stuttgart, gest. 27.2.1975 Tübingen, bis 1919 Jungscharleiter im CVJM, 1934–1956 Pfarrer Ebersbach, 1937 stellvertretender Vorsitzender des württembergischen Landesbruderrats, Leiter der Kirchlich-Theologischen Sozietät, 1939–1940/1941–1945 Soldat, Januar 1945 Versetzung zur 305. Division nach Italien, April 1945 US-Kriegsgefangener Livorno/Italien, Lagerpfarrer und Headchaplain, September 1945 Repatriierung, 1950 Lehrauftrag Tübingen, 1955 Professor Tübingen, 1957–1968 Professor für Systematische Theologie, Kirchenrecht und Kirchenordnung Tübingen, Mitglied der Kammer für öffentliche Verantwortung der EKD.

DODD, Prof. DD.   213
August 1946 potentieller Dozent für das Norton Camp/England.

DOKERTY   103
britischer Colonel, 1946 Kommandant Camp 76, Merry Thought, Calthwaite near Penrith, Cumberland/England.

DOLLAR   133
Lieutnant Colonel, 1947 Kommandant 17 PW Base Camp Lodge Moor near Cheffield/England.

DOSTOJEWSKI, Fjodor Michailowitsch   56, 229
geb. 11.11.1821 Moskau, gest. 9.2.1881 Petersburg, Dichter.

DREGER, Reinhold   236
Pfarrer, 1945 Kriegsgefangener Italien.

DUGGAN 366
Colonel, 1946 britischer Kommandant Lager 305/Ägypten.

EDGAR 162
YMCA-Sekretär nach dem II. Weltkrieg.

EDWARDS 133
britischer Major, 1947 Kommandant 101 PW Camp Newtown, Monmouthshire/England.

EHLBECK, Adolf 209
Missionskandidat der Hermannsburger Mission aus Neustadt, Ordination Norton Camp/England.

EHRENBERG, Hans, Dr.rer.pol.Dr.phil. 178
geb. 4.6.1883 Altona, gest. 31.3.1958 Heidelberg, seit 1907 Jura-, Volkswirtschaft- und Philologiestudium, 1910 Privatdozent für Philosophie Heidelberg, 1914–1918 Soldat, 1918 Professor Heidelberg, seit 1920 Theologiestudium, 1924 Ordination, 1925 Pfarrer Bochum, 1937 Amtsverzicht wegen „nichtarischer" Abstammung, 1938 Haft Konzentrationslager Sachsenhausen, 1939–1947 Emigration nach Großbritannien, dort gemeinsam mit Pfarrer Dr. Kramm Herausgabe einer für die besonderen Bedürfnisse der Kriegsgefangenen-Lagerseelsorge geschaffene Agende, 1947–1954 Tätigkeit in der westfälischen Volksmission („Jedermannfreizeiten").

EICHERT, Rudolf 355
geb. 12.[oder 22.]3.1917, Kriegsgefangener in Ägypten aus Dernbach, 1947 Schüler der Theologischen Schule Lager 380/Ägypten, Mitglied der dortigen CVJM-Gruppe.

EIDEM, Erling, Prof. 32
geb. 23.4.1880 Göteborg, gest. 14.4.1972 Vänersborg, 1913 zunächst Dozent für Neues Testament Lund, 1928 Professor für Neues Testament Lund, 1931–1950 Erzbischof von Uppsala, 1946/47 Präsident des Lutherischen Weltbundes, 1948–1950 einer der Präsidenten des ÖRK.

EIGNER, Walter 356
1947 Kriegsgefangener aus Grafrath/München in Ägypten.

EISSFELDT, Otto, Prof. Dr.D. 228
geb. 1.9.1887 Northeim, gest. 27.4.1973 Halle, 1922–1957 Professor für Altes Testament und Semitische Religionsgeschichte Halle, Sommersemester 1947 Gastvorlesung Norton Camp/England.

ELLIS 213
1946 Generalsekretär der englischen YMCA.

ELSS, Eberhard, Dr.jur. 351
geb. 1.10.1908 Neuruppin, 1935 Rechtsassessor, 1935–1940 Justitiar des Rates der Bekenntnissynode der ApU, 1940–1945 Sachbearbeiter und Referatsleiter beim Oberpräsidenten der Provinz Oberschlesien Kattowitz, 1942–1945 Soldat und Gefangenschaft, 1946 juristischer Sachbearbeiter Kirchenkanzlei der EKD, 1948–1973 Oberkirchenrat EKHN Darmstadt.

ELTER, H. 351
Organist Potsdam, 1946 Dozent am Theologischen Seminar Rimini/Italien, dort Veranstaltung einiger Klavierabende.

FAULHABER, Michael von 245

geb. 5.3.1869 Klosterheidenfeld/Unterfranken, gest. 12.6.1952 München, 1892 Priester, 1903–1910 Professor für alttestamentliche Exegese Straßburg, 1911–1917 Bischof von Speyer, 1917–1952 Erzbischof von München und Freising, seit 1921 Kardinal, 1946 Besuch der Kriegsgefangenenlager Italien.

FAULK, Henry   15, 22 ff., 25, 252
geb. 1908 Schottland, Colonel, 1933 Berlin, vor dem Krieg Studium der Germanistik Berlin und Heidelberg sowie Französisch und Deutsch Glasgow, 1939 Soldat Abwehroffizier, seit 1943 Dolmetscheroffizier, seit September 1944–1948 als Oberstleutnant, Arbeit für die POWD, Abteilung PID des Foreign Office, Initiator der britischen Re-education und einer der Hauptverantwortlichen der Umerziehungsabteilung, nach dem Krieg Gymnasiallehrer England.

FINNEY, Charles   261
Amerikanischer Erweckungsprediger.

FLIEDNER, Alfred   58
Pfarrer aus Hamburg, 1948 Austauschpfarrer der EKD in britischen Kriegsgefangenenlagern Ägypten, Lehrer der Theologischen Schule des Lagers 380/Ägypten, Ende Mai 1948 deutscher Dekan für die deutschen Kriegsgefangenen Mittlerer Osten.

FORELL, Birger, D.   25, 31–34, 39, 41, 60, 99–102, 129, 147, 160, 169 f., 173 f., 179, 181, 196 f., 202, 212 f., 230
geb. 23.9.1893 Söderhamn/Schweden, gest. 4.7.1958 Borås, 1921 Seemannspfarrer Rotterdam, 1926 Pfarrer Tillinge/Schweden, 1927/28 Zusammentreffen mit Mahatma Gandhi, 1930–1942 Pfarrer an der schwedischen Gesandtschaft Berlin, 1942–1953 Borås, 1944–1947 Betreuer der deutschen Kriegsgefangenen in Großbritannien, nach Kriegsende Aufbau der Flüchtlingsstadt Espelkamp/Westfalen, 16.8.1945 Teilnahme an der Eröffnungsfeier für die Theologische Schule Norton Camp/England, Mitinitiator der Theologischen Schule Norton Camp, 30.3.–5.4.1948 Teilnahme an der Konferenz der evangelischen Lagerpfarrer Großbritanniens London, 1951–1958 Leiter der Deutsch-Schwedischen Flüchtlingshilfe, Sekretär und Mitarbeiter von Erzbischof Nathan Söderblom Uppsala.

FOSTER, Prof. DD.   213
Mitglied des Internationalen Missionsrates aus Birmingham, 26.5.–31.8.1946 (3. Semester) Vortrag Norton Camp/England.

FRANK, Henning   328 ff., 331
geb. 1.11.1921, gest. 1996, aus Flensburg, Oberleutnant, Kriegsgefangener Ägypten, Schüler an der Theologischen Schule Lager 305/380/Ägypten, Mitglied der dortigen CVJM-Gruppe, 1954 Pfarrer Wenningstedt/Sylt, 1978 Wankheim, 1979 Ilshofen, 1985 Ruhestand.

FRANKE, Wolfgang   34
Pianist und Bildhauer, 1945 Kriegsgefangener Norton Camp/England.

FRANKL, Victor E.   382
geb. 26.3.1905 Wien, gest. 2.9.1997 Wien, Psychiater und Psychotherapeut.

FRANKOWSKI, Günter, Dr.   67, 374 ff.
geb. 29.5.1920 Danzig, 1937 Soldat, bis 1.8.1948 Kriegsgefangener Ägypten, Schüler an der Theologischen Schule Lager 305/380/Ägypten, 1948–1951 Theologiestudium Bethel, Heidelberg, Tübingen, später Pfarrer.

FRAZER   222
britischer Oberst, 1945–1947 Kommandant in einem britischen Kriegsgefangenenlager England, 24.1.1946 Besuch Norton Camp, Hilfszusage bei der Gründung einer YMCA-Gruppe und einer Studentengruppe der CSV, Empfehlung
eines entsprechenden Antrages, 1947 britisches Hauptquartier Ägypten.

FREITAG, Hanna   371
Kaiserswerther Diakonisse, während des II. Weltkrieges Führung des „deut-
schen Heimes" Kairo, weitreichende Verbindungen zu führenden ägyptischen
Familien.

FRENSSEN, Gustav   302
geb. 19.10.1863 Barlt/Dithmarschen, gest. 11.4.1945 Barlt, deutscher Schriftsteller.

FREUDENBERG, Adolf, Dr.jur.   245, 251 f., 255
geb. 4.4.1894 Weinheim/Bergstraße, gest. 7.1.1977 Bad Vilbel, 1921 Referen-
dar, 1926–1928 Legationssekretär an der Deutschen Botschaft Rom, 1934
Legationsrat, bis 1935 im Auswärtigen Amt Berlin, zuletzt Vortragender Legationsrat, ausgeschieden wegen der jüdischen Herkunft seiner Ehefrau, 1938
Lehrvikariat Neustadt/Dosse, bis Februar 1939 Theologiestudium, Mitarbeit
bei der Evangelischen Hilfsstelle für Rasseverfolgte (Büro Grüber) Berlin, 1939
Ordination, 1939–1947 Sekretär des Ökumenischen Komitees für Flüchtlings-
dienst beim ÖRK London und Genf, Juni 1946 Besuchsfahrt nach Italien
(Neapel und Rimini), 1948–1960 Pfarrer der Flüchtlingsgemeinde Heilsberg
bei Bad Vilbel.

FREY, Hellmuth, Mag.theol.   25, 93, 181, 198, 206, 211
geb. 20.12.1901 Torri, gest. 27.12.1982 Bethel, 1930 Pfarrer und Missionsleiter
Dorpat, 1931–1939 Dozent am Theologisch-philosophischen Lutherinstitut
Dorpat, 1941 Pfarrer Lissa/bei Posen, August–November 1945 Dozent für
Altes Testament an der Theologischen Schule Norton Camp/England, 25.11.
1945 Repatriierung, 1946 Pfarrer Bethel, 1946–1967 Dozent für Altes Testa-
ment Kirchliche Hochschule Bethel, Mitbegründer der Bekenntnisbewegung
„Kein anderes Evangelium".

FREYTAG, Helmuth   299
Kriegsgefangener Ägypten.

FRICKE, Otto, Dr.theol.Lic.DD.   209
geb. 28.2.1902 Heinebach/Krs. Melsungen, gest. 8.3.1955 Frankfurt/Main,
1925/26 Studieninspektor Göttingen, 1926/27 Ordination und Hilfspfarrer
Kassel, 1927 Pfarrer Frankfurt-Bockenheim, 1929–1934 Hochschulpfarrer (nebenamtlich), führendes Mitglied der Bekennenden Kirche, Beurlaubung aus
kirchenpolitischen Gründen, 1945 Mitglied in dem von der Militärregierung
eingesetzten „Bürgerrat" der Stadt Frankfurt, Mai 1945–September 1947 Mitglied der Vorläufigen Kirchenleitung Frankfurt/Main mit dem Titel „Stadtpfar-
rer", 9. August 1946 Besuch Norton Camp/England, seit 1946/47 Bevollmächtigter des Hilfswerks der EKD (Hauptbüro Hessen-Nassau), Oktober 1947 –
April 1950 Mitglied der hessisch-nassauischen Kirchenleitung, Oberkirchenrat,
Berufung zum nebenamtlichen Sachbearbeiter für Diakonie und Werke der
Kirchenverwaltung der EKHN durch die Synode, gleichzeitig Bestätigung als
Bevollmächtigter für das Hilfswerk der EKHN durch die Kirchenleitung, 1948

Mitglied der Kirchenversammlung Eisenach und stellvertretender Delegierter der EKD auf der Weltkirchenkonferenz Amsterdam.

FRIEDRICH, Gerhard, Prof. Dr.   41 f., 128, 131, 207, 214, 220, 227 f., 230 ff.
geb. 20.8.1908 Jodszen/Ostpreußen, gest. 18.1.1986 Kiel, vor 1933 Pfarrer Ostpreußen, 1933–1935 Assistent bei Gerhard Kittel und als solcher Mitarbeiter am Wörterbuch zum Neuen Testament Tübingen, 1935–1936 Inspektor des Predigerseminars der Bekennenden Kirche Bloestau/Ostpreußen, 17.7.1946–31.8.1947 Leiter der Theologischen Schule für Kriegsgefangene Norton Camp/England, Dozent für Neues Testament, 12.11.1946 Teilnahme am Treffen des Planungsausschusses für die Jugendleiterkurse Norton Camp, Mitglied des Auswahlkomitees für den Jugendleiterkurs, 30.7.–19.8.1947 Teilnahme an der 15. Freizeit für Lagerpfarrer, September 1947 Repatriierung, 1947 Dozent für Neues Testament an der Kirchlichen Hochschule Bethel, 1953 Professor Kiel, 1954 Professor für Biblische Theologie Erlangen, 1968 Kiel, 1976 Ruhestand.

FRIETERS, Dr.   213
Redner des Political Education Departement, 26.5.–31.8.1946 (drittes Semester) Vorträge Norton Camp/England.

FRÖHLICH, Hartmut   355
geb. 18.6.1925 Gera, 1943 Soldat, bis 1.8.1948 Kriegsgefangener Lager 307/Ägypten, seit 15.6.1946 Schüler an der Theologischen Schule Lager 380/Ägypten, dann Theologiestudium Marburg, Basel.

GALEN, Clemens August Graf von   124
geb. 16.3.1878 Dinklage, gest. 22.3.1946 Münster, 1933 Bischof Münster, 1946 Kardinal.

GANDHI, Mohandas Karamchand (genannt Mahatma)   32
geb. 2.10.1869 Porbandar/Gujarat, gest. 30.1.1948 Delhi, indischer Freiheitskämpfer, 1893–1914 Entwicklung seiner Methode des gewaltlosen Widerstandes im Kampf um die politischen Rechte der indischen Einwanderer in Südafrika (besonders „civil disobedience"), 1927/28 Zusammentreffen mit Birger Forell, 1934 Austritt aus dem Indian National Congress, 1947 letztes Eingreifen in die Politik, 1948 Ermordung durch einen fanatischen Hindu.

GEDAT, Gustav Adolf   163, 193, 228, 262 f., 373
Schriftsteller und CVJM-Sekretär, Mitarbeiter im deutschen evangelischen Jungmännerwerk, 1946/47 als deutscher Vertreter Teilnahme an der Welttagung des YMCA Genf, Sommersemester 1947 Vorlesung in der Theologischen Schule Norton Camp/England, 30.7.–19.8.1947 Teilnahme an der 15. Freizeit für Lagerpfarrer und Referat, 1947/48 Dozent über Praktische Berufsfragen im CVJM beim Jugendleiterkurs Norton Camp, 30.3.–5.4.1948 Teilnahme an der Konferenz der evangelischen Lagerpfarrer Großbritanniens London.

GEHRCKENS, Boye   295
Pfarrer Schönberg/Schleswig-Holstein, Frühjahr 1945–Sommer 1946 Pfarrer Lager 305/Ägypten, Mitglied der CVJM-Gruppe Lager 380/Ägypten.

GEPP, E.C.   173, 196
Major-General, Direktor der Abteilung für Kriegsgefangene im War Office, 16.8.1945 Teilnahme an der Eröffnungsfeier für die Theologische Schule Norton Camp/England.

GERLACH, Theodor   277
Lagerpfarrer in der Enklave Rimini/Italien, 1946 Geistliches Mitglied im Lehrkörper des Theologischen Seminars Rimini, Dozent für Neues Testament und Kirchengeschichte, Mai 1946 Mitglied der Pfarrkonferenz Cervia/Italien, nach der Repatriierung Schleswig-Holstein.

GILKES   34,196
Major, 16.8.1945 Teilnahme an der Eröffnungsfeier für die Theologische Schule Norton Camp/England.

GLAZER   307
Mann jüdischer Abstammung aus Reichenberg/Sudetengau, 1946 in Kriegsgefangenenlagern Ägypten tätig.

GOEBBELS, Joseph, Dr.phil.   122, 127
geb. 29.10.1897 Rheydt, gest. 1.5.1945 Berlin (Selbstmord), seit 1933 Reichsminister für Volksaufklärung und Propaganda.

GÖRING, Hermann   123, 305 f.
geb. 12.1.1893 Rosenheim, gest. 15.10.1946 Nürnberg (Selbstmord), 1933–1945 preußischer Ministerpräsident, Chef der preußischen Gestapo, Mai 1933 Reichsminister für Luftfahrt, 1934 Reichsforst- und Reichsjägermeister, 1935 Oberbefehlshaber der Luftwaffe, 1936 Beauftragter für den Vierjahresplan (zur Vorbereitung der Wirtschaft für den Krieg), 1937–1938 Reichswirtschaftsminister.

GOETERS, Johann Friedrich Gerhard, Prof. Dr.   34
geb. 1.4.1926 Bonn, gest. 20.8.1996 Bonn, 1944/45 Soldat, 1945–1948 Kriegsgefangener Belgien und Großbritannien, 17.10.1947–8.4.1948 Abiturkurs Norton Camp/England, 1948–1954 Theologiestudium Bonn, Göttingen, Tübingen, Zürich, 6.10.1954 I. Theologisches Examen, 1955–1964 wissenschaftliche Hilfskraft Göttingen und Bonn, November 1957 Dr.theol., Februar 1963 Habilitation, 1964–1967 Dozent für Kirchengeschichte Bonn, Oktober 1966 Ordination, 1967–1970 Professor Münster, 1970–1991 Bonn, 1991 Ruhestand.

GOLLANCZ, Victor, Dr.h.c.   321, 371
geb. 9.4.1893 London, gest. 8.2.1967 London, Verleger, 1927 Gründung des Verlages „Victor Gollancz Ltd.", 1936 Gründung des sozialistischen Left Book Clubs, 1941 National Committee for rescue from Nazi Terror, Organisation der Hilfsbewegung „Save Europe now", 1951 Gründung der Weltfriedensbewegung „War on Want" (vormals „Association for World Peace"), Chairman of Jewish Society for Human Service, Organisation von Hilfsmaßnahmen für Araber und arabische Flüchtlinge, 1965 zum „Knight" erhoben.

GOLZEN, Dr.   104, 106, 168
Pfarrer der Church of Scotland, seit Sommer 1944 mit Unterstützung der YMCA ständiger Beauftragter der Schottischen Kirche für die Kriegsgefangenen Schottland.

GRAYDON   265
Reverend, 1945 Surrendered Forces Chaplain der 218 Area/Italien.

GREEN   103
Britischer Captain, 1946 Kommandant Hostel Kolburn, Camp 122, Brondesburry Park, London/England.

GRIFFITH, Fr.   237 f.
1945 Mitarbeiter von Reverend Charles E.B. Cranfield in englischen Kriegsgefangenenlagern Italien.

GRIMME, Adolf   213
geb. 31.12.1889 Goslar, gest. 27.8.1963 Degerndorf, Pädagoge und Politiker
(SPD), 1930–1932 preußischer Kultusminister, Sommersemester 1946 Besuch
in Großbritannien, 1946–1948 Kultusminister von Hannover und Niedersach-
sen, 1948–1956 Generaldirektor des Nordwestdeutschen Rundfunks, seit 1961
jährliche Verleihung des Adolf-Grimme-Preises für ausgewählte deutsche Fern-
sehproduktionen.

GROVES   25
Air Commodore, 1944 Leiter der POWD.

GRÜBER, Heinrich, D.   187, 203
geb. 24.6.1891 Stolberg/Rheinland, gest. 29.11.1975 Berlin, 1934 Pfarrer Ber-
lin-Kaulsdorf, 1938–1940 Gründer und Leiter der evangelischen Hilfsstelle für
„nichtarische“ Christen (Büro Grüber), 1940–1943 Haft Konzentrationslager
Sachsenhausen und Dachau, 1945 Pfarrer und Probst von St. Marien zu Berlin
(Ost) und Mitglied der Kirchenleitung, 1945–1956 Bevollmächtigter für das
Hilfswerk der EKD (Hauptbüro Berlin), Februar 1946 Besuch Norton Camp/
England als erster offizieller Vertreter der EKD, 1946 Flüchtlingskommissar
des Hilfswerkes der evangelischen Kirchen für die sowjetisch besetzte Zone,
1946–1948 Mitglied des Exekutivkomitees bzw. des Geschäftsführenden Aus-
schusses des Hilfswerkes der EKD, Mitglied des Flüchtlingsausschusses des
ÖRK, 1949–1958 Bevollmächtigter des Rates der EKD bei der Regierung der
DDR, Mitbegründer und Leiter der Vereinigung der Verfolgten des Nazi-Re-
gimes (VVN).

GWYNNE   101
geb. 1905, gest. 1981, britischer Anwalt, 1946 Direktor der Religious Affairs
Branch, 1948 Executive Director der Outward Bound Trust.

HAAREN, Walter   220
Theologiestudent Norton Camp/England, 16.8.–30.11.1945 (erstes Semester)
Leitung eines Hebräisch-Kurses für Anfänger, 7.1.–10.4.1946 (zweites Seme-
ster) Leitung eines Hebräisch-Kurses für Anfänger, 11.12.1946 Wahl zum
Studentensprecher, Redakteur eines in Norton Camp erstellten Gedenkbandes
für G. Friedrich, März 1948 Repatriierung.

HAHN, Hugo, D.   62
geb. 22.9.1886 Reval, gest. 5.11.1957 Dresden, 1910 Ordination und Pfarrer
Nissi/Estland, 1919 nach der Vertreibung Worbis/Göttingen, 1927 Leipzig,
1930 Dresden und zugleich Superintendent von Dresden-Land, führendes Mitglied der Bekennenden Kirche, 1945–1954 Mitglied des Rates der EKD, 1946
Pfarrer Stuttgart-Zuffenhausen, 1947–1953 sächsischer Landesbischof.

HALVER, Rudolf, Dr.   36, 198, 227 f.
geb. 26.7.1912 Hamburg-Othmarschen, 1938 Pfarrer Kotzenbüll/Schleswig-
Holstein, Kriegsgefangener Camp Shap Wells/England, dann Norton Camp/
England, dort auch Lagerpfarrer, 1945–1947 Dozent für Altes Testament,
Bibelkunde und Religionsunterricht an der Theologischen Schule Norton Camp
sowie Lagerseelsorger und Schriftleiter beim „Monatsbrief“, Unterricht im Fach

Religionslehre an der dortigen Abiturschule, Unterricht beim Jugendleiterkurs („Laienspiel"), 30.7.–19.8.1947 Teilnahme an der 15. Freizeit für Lagerpfarrer und Vortrag, 1948 Pfarrer Husby, 1953 Hamburg-Blankenese.

HANSEN, Niels   104, 129, 178, 230 ff.

Pfarrer, bis 1947 YMCA-Chef Norton Camp/England, Herausgeber des christlichen Kalenders „Mein Begleiter" für die Kriegsgefangenen England, 12.11.1946 Teilnahme am Treffen des Planungsausschusses für die Jugendleiterkurse Norton Camp, Mitglied des Auswahlkomitees für den Jugendleiterkurs.

HARTWELL, Herbert   33

vgl. auch Hirschwald.

HECKEL, Theodor, Dr.jur.h. c.D.   138, 192, 203, 218, 223, 318

geb. 15.4.1894 Kammerstein/Mittelfranken, gest. 24.6.1967 München, 1921 Ordination, 1922 Reiseprediger Solln bei München, 1925 Studienrat Lehrerinnenbildungsanstalt Erlangen, 1928 Oberkonsistorialrat Deutsches Evangelisches Kirchenbundesamt Berlin, 1934–1945 Leiter des neu errichteten Kirchlichen Außenamtes der DEK und Bischof der deutschen Auslandsgemeinden, in dieser Funktion in England als staatstreu dem NS-Regime gegenüber bekannt, 1939–1945 Gründer und Leiter des Evangelischen Hilfswerks für Internierte und Kriegsgefangene Berlin (1945 Erlangen, 1950 München), 1950–1964 Dekan München.

HEINRICI, Hartmut   54, 354, 375

geb. 6.8.1921 Königsberg, gest. 1993, seit 1.12.1939 Offizierslaufbahn bis zum Hauptmann, 29.4.1945–1.8.1947 Kriegsgefangener Ägypten, Schüler der Theologischen Schule Lager 305/380/Ägypten, Mitglied der dortigen CVJM-Gruppe, 2.9.1948 Entlassung über Munsterlager, April 1949–1953 Theologiestudium Tübingen und Heidelberg, 1955 Repetent Tübinger Theologisches Stift, 1955 II. Theologisches und II. Pädagogisches Examen, 1957 Pfarrer Stuttgart, 1962 Lehrer an der Bundeswehrschule Koblenz, 1963 Militäroberpfarrer an der Schule der Bundeswehr für Innere Führung, 1969 Wissenschaftlicher Direktor am Institut für Erziehung und Bildung der Bundeswehr, 1971 am Sozialwissenschaftlichen Institut der Bundeswehr, 1974 Wehrbereichsdekan I Kiel, 1981 Dekan Reutlingen, 1989 Ruhestand.

HEINRICI, (Frau)   363

Mutter von Hartmut Heinrici.

HENNING   231

Studentensprecher der Pädagogischen Schule Norton Camp, 12.11.1946 Teilnahme am Treffen des Planungsausschusses für die Jugendleiterkurse Norton Camp/England.

HERNTRICH, Volkmar, Prof. Dr.D.DD.   228

geb. 8.12.1908 Flensburg, gest. 14.9.1958 bei Nauen, 1932 Pfarrer und Universitätsdozent Kiel, 1934 Entzug der Lehrbefugnis, 1934–1939 Dozent Theologische Hochschule Bethel, 1940–1942 Leiter des Burckhardthauses Berlin-Dahlem (Evangelisches Jugendwerk), 1943 Hauptpfarrer Hamburg (St. Katharinen) und Leiter der Alsterdorfer Anstalten (nebenamtlich), 1945 Bevollmächtigter für das Hilfswerk der EKD (Hamburg), 1946 Leiter der Alsterdorfer Anstalten (hauptamtlich), Sommersemester 1947 Gastvorlesung Norton Camp/England, 30.7.–19.8.1947 Teilnahme an der 15. Freizeit für Lagerpfarrer und verschiedene Vorträge, 1948 Oberkirchenrat, 1949 Professor für Altes Testament Kirchliche Hochschule Hamburg, 1949–1958 Mitglied des Rates der EKD, 1956–1958 Landesbischof Hamburg.

HEWAT 103
Britischer Colonel, 1946 Kommandant Camp 16, Gosford, Long Niddry, East Lothian/England.

HIMMLER, Heinrich 141, 156 f.
geb. 24.7.1907 Herrsheim/Unterfranken, gest. 23.5.1945 (Selbstmord) Lüneburg, 1929–1945 Reichsführer SS, 1933 Kommandeur der Politischen Polizei zunächst Bayern, dann in allen deutschen Ländern, 1934 stellvertretender Chef der Geheimen Staatspolizei, 1936 Chef der deutschen Polizei und Staatssekretär im Reichsinnenministerium, 1942–1945 Reichsinnenminister.

HIRSCH, Prof. 202, 213
Redner des Political Education Departement aus Oxford, vor Juni 1946 Vortrag im Rahmen der politischen Schulung Norton Camp/England, 7. Januar– 10. April 1946 (zweites Semester) Vortrag Norton Camp.

HIRSCHWALD, Hans, Dr.phil.Dr.theol. 31–34, 102, 162, 165, 202, 213, 219, 230, 326
geb. 20.4.1894 Berlin, gest. 11.12.1989 Bishop's Stortford, Glied der Reformierten Kirche, Kongregationalist, vor Kriegsausbruch jüngster Richter am Berliner Kammergericht, in der Dahlemer Gemeinde Martin Niemöllers für die Bekennende Kirche aktiv, Sommer 1939 aufgrund einer Warnung von Bischof Bell Emigration nach England; Theologiestudium am Mansfield College Oxford, anschließend Reverend der Anglikanischen Kirche, 1944 Betreuung deutscher Kriegsgefangener (Kriegsgefangenenhilfe der YMCA London), zwischen 1945 und 1947 Besuche Norton Camp/England, 30.7.–19.8.1947 Teilnahme an der 15. Freizeit für Lagerpfarrer, 30.3.–5.4.1948 Teilnahme an der Konferenz der evangelischen Lagerpfarrer Großbritanniens London, technische und inhaltliche Vorbereitung der Konferenz, 30.3.1948 Referat auf dieser Konferenz, Mitarbeiter des British Council of Churches.

HITLER, Adolf 110, 119, 123 f., 144, 147, 303
geb. 20.4.1889 Braunau/Österreich, gest. 30.4.1945 Berlin (Selbstmord), nationalsozialistischer Politiker, 1933–1945 Reichskanzler.

HITCH, Frank Hector David 25
geb. 1893, stellvertretender Vizedirektor im PWE, 1939–1948 Wing Commander/Oberstleutnant der Luftwaffe, Leiter der Kriegsgefangenenabteilung, 1945 Leiter der Einheit für Re-education des Foreign Office, Übernahme der Verwaltung als Direktor der POWD.

HODGSON, L., Prof. 178
Professor Oxford, Bereitstellung ökumenischer Literatur in reichem Umfang für die Lager in England.

HOEFLER, Otto 355 f.
geb. 4.2.1926 Nürnberg, Postbeamter, 1945 Kriegsgefangener Lager 307/Ägypten, seit 5.11.1946 Schüler der Theologischen Schule Lager 380/Ägypten, Mitglied der dortigen CVJM-Gruppe.

HOFFMANN, Bengt 169
schwedischer Pfarrer, Sekretär der War Prisoner's Aid der YMCA, 1942/43

vereinzelte Gottesdienste in Kriegsgefangenenlagern England ohne „eigenen"
Pfarrer, auch Seelsorgedienste.

HOOVER   202 f.
amerikanischer Reverend aus Detroit/Michigan, 1946 Vortrag im Rahmen der
politischen Schulung Norton Camp/England.

HORNIG, Ernst   101
geb. 25.8.1894 Kohlfurt/Schlesien, gest. 5.12.1976 Bad Vilbel-Heilsberg, April
1928–Dezember 1946 Pfarrer Breslau, 1934–1945 Leiter des schlesischen Bruderrates, Juli 1946 von der Synode der Evangelischen Kirche von Schlesien
zum Bischof berufen, Winter 1946 Vorsitzender der Kirchenleitung der schlesischen Kirche bis zu ihrer Ausweisung aus Breslau, 1947–Ende Dezember
1964 Bischof der Evangelischen Kirche von Schlesien (des Görlitzer Kirchen-
gebiets).

HOWE, Ronald   162
1947 YMCA-Sekretär nach dem II. Weltkrieg.

IWAND, Hans Joachim, Prof. D.   101
geb. 11.7.1899 Schreibendorf/Schlesien, gest. 2.5.1960 Bonn, 1923 Studieninspektor Lutherheim Königsberg, 1924 Professor Herder-Institut Riga, 1926–
1933 Leiter des Theologischen Konvikts Königsberg, 1927–1935 Privatdozent,
1935–1937 Direktor des Predigerseminars der ostpreußischen Bekenntnissynode Blöstau bis zur Schließung und Ausweisung aus Ostpreußen, 1937 Pfarrer
Dortmund, 1945 Professor für Systematische Theologie Göttingen, 1946 Vorsitzender des ostpreußischen Bruderrats, Sammlung und Betreuung evangelischer Deutscher aus Ostpreußen im Auftrag von Landesbischof Wurm, Sach-
verständiger der EKD für Flüchtlingsfragen, Vorsitzender des Hilfskomitees
evangelischer Deutscher aus Ostpreußen, 1952 Professor für Systematische
Theologie Bonn.

JENKINS, Thomas Gilmour, Sir   100 f.
geb. 1894, 1939–1941 zweiter Sekretär des Ministers im britischen Schiffahrts-
ministerium, 1941–1945 leitender Abteilungsdirektor im Ministerium für
Kriegstransportwesen, 1946 ständiger Sekretär des Kontrollamts für Deutschland und Österreich, 1947 nach Umwandlung des Kontrollamts in eine Abteilung des Foreign Office dort ständiger Staatssekretär.

JENTSCH, Werner, Prof. Dr.   16, 38, 47–53, 129, 159, 191, 217, 229, 231, 244,
249, 256–260, 264, 270, 276 f., 281 ff., 291 f., 294
geb. 3.4.1913 Chemnitz, gest. 4.1.1993 München, 1931–1935 Theologiestudium
Leipzig und Berlin, 1933/34 Kreisjugendwart Leipzig, 1934–1945 Gauwart
Ev. Jungmännerwerk Groß-Berlin und Brandenburg, 1936 I. Theologisches Examen, 1938 II. Theologisches Examen und Licenziat, 18.12.1938 Ordination
Berlin, 1939–20.4.1943 Reservepfarrer (Aufgabe des Standortpfarrers Berlin 2)
im Nebenamt Betreuung der Einheiten der Luftwaffe Groß-Berlin (Alte Garnisonskirche), 20.4.1943 Wehrmacht, 1943–1945 Soldat, Sanitätsunteroffizier
bei der Luftwaffe, 1945/46 britischer Kriegsgefangener, Mai–August 1945
Lazarett- und Lagerpfarrer von Abano Terme/Italien, Leiter eines theologischen Grundkurses Lager 6a Rimini/Italien, Mitglied der Bruderschaft „Michaelskette", Lagerpfarrer Enklave Rimini, 1945/46 Oberpfarrer für Mittel-
und Norditalien, 1945–Februar 1946 Lagerpfarrer Lager 4/Flugplatz Rimi-

ni/Italien, 11.6.–28.9.1946 Gründung und Leitung des Theologischen Seminars Rimini, Vorlesungen, Mitglied der „Bruderschaft der evangelischen Pfarrer in Italien" und der „Bruderschaft des Theologischen Seminars Rimini", Dezember 1945–1946 Leiter des deutschen CVJM-Sekretariats für ganz Italien Rimini, November 1946 Repatriierung, 15.5.1947–1948 als Sekretär des Weltbundes der YMCA nach England (Nachfolge B. Forell), Errichtung eines Jugendleiterkurses Norton Camp/England, September 1947 Gastdozent an der Theologischen Schule Norton Camp, 30.7.–19.8.1947 Teilnahme an der 15. Freizeit für Lagerpfarrer und Vortrag, Oktober 1947–April 1948 zweiter Jugendleiterkurs, November 1947 Beginn der Herausgabe der Zeitschrift „Bereitschaft" anstelle des „Monatsbriefs", 30.3.–5.4.1948 Teilnahme an der Konferenz der evangelischen Lagerpfarrer Großbritanniens London, 1.7.1948–30.11.1951 Generalsekretär CVJM Deutschland, 1.12.1951–1.7.1954 Theologischer Referent im Reichsverband Ev. Jungmännerbünde Deutschlands, 1.7.1954–31.10.1955 Pfarrer Statdkirche Bad Hersfeld, 1.11.1955–30.9.1965 Direktor Ev. Akademie Kurhessen-Waldeck Hofgeismar, 1.8.1968 Studentenpfarrer München und Gemeindepfarrer Pasing III, 1970 Leiter der Religionspädagogischen Arbeitsstelle München, Kirchenrat, Vorsitzender der VELKD-Katechismuskommission, 1972 Abteilungsleiter Religionspädagogik und Kirchliche Bildungsarbeit Gesamthochschule München, 1982 Ruhestand.

JEPP 34
General.

JOHNSTON, W.B., Dr. 96 f., 102, 131, 133, 162, 165, 186, 230, 325, 327, 357, 360 ff.
britischer Reverend, Herbst 1945–1948 Staff Chaplain beim Britischen War Office London, entscheidender Förderer des Norton Camp/England und der Lagerseelsorge, Sommersemester 1947 Besuch Norton Camp, November 1947 Gastvorlesung beim Jugendleiterkurs Norton Camp, 30.7.–19.8.1947 Teilnahme an der 15. Freizeit für Lagerpfarrer, 30.3.–5.4.1948 Teilnahme an der Konferenz der evangelischen Lagerpfarrer Großbritanniens London, technische Vorbereitung der Konferenz.

JONES, Renato William 46 f., 238, 260, 262, 265, 268, 275, 293
bis Frühjahr 1946 Generalsekretär der YMCA für Norditalien Mailand/Genua, zuständig für die Kriegsgefangenen, Ende 1945 Errichtung eines deutschen CVJM-Sekretariats Miramare in der Enklave Rimini/Italien.

JUNGHANNS, Dr.phil. 277
1946 Laienmitglied im Lehrpersonal des Theologischen Seminars Rimini/Italien, Dozent für Literatur, Mai 1946 Mitglied der Pfarrkonferenz Cervia/Italien.

KÄSTNER, Erhart 53 ff.,300 f.
geb. 13.3.1904 Augsburg, gest. 3.2.1974 Staufen i. Br., Kriegsgefangener Lager 379/Ägypten, Schriftsteller.

KAHLE, Paul, Prof. Dr. 230
geb. 21.1.1875 Hohenstein/Ostpreußen, gest. 1964 Bonn, seit 1903 Pfarrer der Deutschen Evangelischen Gemeinde Kairo, 1909 Privatdozent Halle, seit 1914 Ordinarius für orientalische Sprachen Gießen, seit 1923 Ordinarius für orientalische Sprachen Bonn, März 1939 Auswanderung nach England aufgrund

seines Protestes gegen die Judenverfolgungen durch das nationalsozialistische Regime, neue Wirkungsstätte Oxford, Sommersemester 1947 Gastvorlesung Norton Camp/England, 30.7.–19.8.1947 Teilnahme an der 15. Freizeit für Lagerpfarrer und Vorträge, Wintersemester 1947/48 Gastvorlesung Norton Camp, 1949 Professor emeritus an der Universität Bonn, danach Honorarprofessor an der Universität Münster.

KARCHER, Hanns   49, 258, 268, 277, 283, 288, 291
geb. 9.3.1901 Magdeburg, gest. 9.3.1984, 1946 Lagerpfarrer des Generalslagers Bellaria-Rimini/Italien, wissenschaftlicher Leiter des Theologischen Seminars Rimini, Vorlesungen, Mai 1946 Mitglied der Pfarrkonferenz Cervia/Italien, nach der Repatriierung Superintendent der Sächsischen Landeskirche.

KILPATRICK, Walter S.   129
geb. West Hartford/Connecticut, Glied der Broadway United Church of Christ, Studium der Sozialwissenschaften und der Soziologie Pittsburgh, Cambridge, Basel und Köln, 1939–1947 Arbeit für die War Prisoners' Aid der YMCA, 1946 amerikanischer Sekretär der YMCA-Kriegsgefangenenhilfe Großbritannien, 1947/48 Leiter des Norton Camps/England nach Pfarrer Hansen, Mitglied im Weltkirchenrat, 1948–1956 Beauftragter in Deutschland und Österreich für Flüchtlingsdienste des Weltbundes der YMCA/YWCA.

KIRCHBACH, Reinhard von   65
1948 Austauschpfarrer der EKD aus Lübeck, Lehrer der Theologischen Schule Lager 380/Ägypten, Mai–September 1948 Leiter der Theologischen Schule Lager 380.

KNODT, Manfred, Dr.phil.   209
geb. 11.8.1920, 1937–1941 Theologiestudium Marburg, Wien, Erlangen, 1941 I. Theologisches Examen Erlangen, Soldat, März 1945–Juni 1948 Kriegsgefangener, 15.4.1945 Ordination Camp 186 Colchester/England, besuchsweise Schüler der Theologischen Schule Norton Camp/England, Beauftragung als Hilfsgeistlicher, später Lagerpfarrer, 30.3.–5.4.1948 Teilnahme an der Konferenz der evangelischen Lagerpfarrer Großbritanniens London und Vortrag, März 1949 II. Theologisches Examen Ev. Kirche Hessen-Nassau, 1949–1984 Pfarrer Darmstadt, 1967 Dr.phil., 1984 Ruhestand.

KÖHLE, Dr.   163
Mitarbeiter des deutschen CVJM, 1946/47 Gastvorlesung Jugendleiterkurs Norton Camp/England.

KOEPPLER   104
1946 Camp 300, Wilton Park, Beakonsfield near Oxford/England.

KRACK   256
Oberleutnant, German Welfare Liaison-Offizier, Deutsches Hauptquartier Enklave Rimini/Italien.

KRAMER, Johannes   62 f., 344 f., 366
geb. 8.5.1905 Untertriebel/Triebel, gest. 1.10.1999 Rosdorf, 22.5.1932 Ordination Dresden, 1932 Pfarrer Rübnitz, 1935 Pfarrer Nienburg, Juni 1946–Dezember 1946 Leiter der Theologischen Schule des Mannschaftslagers 306/Ägypten, Lehrer für Neues Testament, 12.12.1946 Repatriierung, 1954 Pfarrer Nörten-Hardenberg, 1.10.1970 Ruhestand.

KRAMM, Hans-Herbert, Dr.phil., DD.D.   105, 178, 202, 205, 213, 219, 227
geb. 14.1.1910 Berlin, gest. 6.4.1955 Lüneburg, Vikar Potsdam, Schweden und
Berlin (bei B. Forell), 28.11.1935 Ordination Berlin, 1936 Pfarrverweser St.
Marien- und Christuskirche London/England, 1936 Pfarrverweser St. Petri
Kopenhagen, 1936 Pfarrer Elisabeth-Diakonissen-Krankenhaus Berlin,
1938/39 Stipendiat Oxford, 1939 Pfarrer Deutsche Lutherische Gemeinde
Oxford, 1941 Pfarrer St. Marien London, ehemaliger Visitator der World
Prisoners' Aid der YMCA, gemeinsam mit Pfarrer Dr. Ehrenberg Herausgabe
einer für die besonderen Bedürfnisse der Lagerseelsorge geschaffene Agende,
seit August 1945 Gastvorlesungen Theologische Schule Norton Camp/England,
14.10.–5.11.1946 Teilnahme an der 8. Freizeit für Lagerpfarrer und Vortrag,
1947 Dozent an der Universität Oxford, zusätzlich Pfarrer Hamburger Lutherische Kirche London, 30.3.–5.4.1948 vorübergehende Teilnahme an der
Konferenz der evangelischen Lagerpfarrer Großbritanniens London, 1953
Heimkehr nach Deutschland und Pfarrer Johannis V und Studentenpfarrer
Lüneburg.

KROENER, Wilhelm   356
1945–1948 Kriegsgefangener aus Schliersee in Ägypten, 1947 Drucker der
Lagerzeitung „Der Ruf" Lager 380/Ägypten.

KUPPINGER, Heinrich Johann August   355
geb. 22.8.1919 Hohenwettersbach/Baden, 1940 Soldat, bis 1.8.1948 Kriegsgefangener Ägypten, Schüler der Theologischen Schule Lager 380/Ägypten, Mitglied der dortigen CVJM-Gruppe.

KURTZ, Adolf   193
geb. 16.8.1891 Berlin, gest. 25.9.1975 Wembley/England, 1920 Ordination, 1922
Pfarrer Berlin, seit 1934 Organisationsleiter der Berliner Bekennenden Kirche,
1947 Ehrendomherr von Brandenburg, Besuch in englischen Kriegsgefangenenlagern und Seelsorger deutscher Kriegsgefangener dort, 1948 Besuch der Weltkirchenkonferenz Amsterdam, 1949 Pfarrer Oxford/England, 1962 Ruhestand.

LAASCH, Theodor   193
geb. 23.4.1894 Oldenstadt, gest. 8.12.1956 Hannover, 1923 Pfarrer Duderstadt,
1929 Konventual-Studiendirektor Loccum, 1936 Landessuperintendent Hannover, 1947 Besuch in englischen Kriegsgefangenenlagern, 1954 Mitglied des
Kirchensenats der ev.-luth. Landeskirche Hannovers.

LAMBERT   172
englischer Quäker.

LANDAHL, Heinrich, Dr.   213
geb. 1895, gest. 1971, Senator, zuständig für die Schulbehörde Hamburg,
Hochschulabteilung, 20.6.1946 Besuch Großbritannien und auch Norton
Camp/England, Vortrag für die Lagerinsassen und Teilnahme an der Dozentenkonferenz.

LANGE, M., Dr.   277
1946 Vorlesung über Psychologie am Theologischen Seminar Rimini/Italien.

LAUN, Justus Ferdinand, Lic.habil.   25, 34, 198, 206, 227, 230
geb. 1.8.1899 Frankfurt/Main, gest. 28.2.1963 Camberg/Taunus, 1924 II.
Theologisches Examen, Studium u. a. England (Birmingham und Oxford), 1925
Lic.theol. Gießen, seit April 1925 Pfarrassistent Offenbach/Main, 1926 Habi-

litation, 1926–1932 Privatdozent für Kirchengeschichte Gießen, 1930–1938 Pfarrer Okarben/Wetterau, 1938–1942 zuständig für die volksmissionarische Arbeit Hessen-Nassau, 1939–1944 Wehrdienst, September 1944 Gefangennahme, vor 1945 Privatdozent an der Universität Gießen, September 1944–Oktober 1947 Lagerpfarrer in den englischen Camps Northerich, Carburton und Norton Camp, dort Dozent für Kirchengeschichte, 30.7.–19.8.1947 Teilnahme an der 15. Freizeit für Lagerpfarrer und Vortrag, 1947 Heimkehr, anschließend Pfarrverwalter Frankfurt, seit 1951 Pfarrer Frankfurt, 1961 Ruhestand.

LEFÉVRE, E.   202
amerikanischer Pfarrer, Kriegsgefangenensekretär der YMCA, 1946 Vortrag im Rahmen der politischen Schulung Norton Camp/England.

LEFFLER, Siegfried   302
geb. 21.11.1900 Azendorf/Oberfranken, gest. 10.11.1983 Hengersberg/Niederbayern, 1928 Pfr. Niederwiera/Thüringen, Anfang der 1930er Jahre Mitbegründer der „Deutschen Christen", später Reichsleiter der Gruppe „Deutsche Christen Nationalkirchliche Einung", 1949 Amtsaushilfe in der bayerischen Landeskirche, 1959–1970 Pfarrer Hengersberg.

LEIBHOLZ, Gerhard, Prof. Dr.jur.Dr.phil.   22, 205, 213
geb. 15.11.1901 Berlin, gest. 19.2.1982 Göttingen, seit 1918 Studium der Philosophie, 1921 Promotion Philosophie Heidelberg, anschließend Jurastudium Heidelberg und Berlin, 1925 Promotion Jura Berlin, seit 1926 Referent für ausländisches und öffentliches Recht, 1928 Privatdozent für ausländisches und öffentliches Recht Berlin, 1929 Habilitation Jura, 1929–1931 Professor Greifswald, seit 1931 Professor Göttingen, 1935 Emeritierung wegen jüdischer Abstammung, 1938 Auswanderung nach England, 1939 Stipendium World Council of Churches, Lehrauftrag Oxford, enger Kontakt mit dem Bischof George Bell, 26.5.–31.8.1946 Vorträge Norton Camp/England, Redner des Political Education Departement, 1947–1972 Professor Göttingen, 5.9.1951–13.10.1971 Bundesverfassungsrichter Karlsruhe, 1951–1982 Herausgeber des Jahrbuchs für öffentliches Recht, 1952 Titular/Honorarprofessor Brügge, 1968 Großes Bundesverdienstkreuz, 1981 Ehrendoktor Hannover, verheiratet mit der Zwillingsschwester von Dietrich Bonhoeffer, Sabine Bonhoeffer.

LILJE, Johannes (Hanns), Dr.theol.D.   41, 53, 90 f., 187, 192, 207, 209 f., 220
geb. 20.8.1899 Hannover, gest. 6.1.1977 Hannover, 1925 Studentenpfarrer Technische Hochschule Hannover, 1927–1935 Generalsekretär der Deutschen Christlichen Studentenvereinigung, 1932–1935 Vizepräsident der World Student Christian Federation, 1936–1945 Generalsekretär des Lutherischen Weltkonvents, 1944 Gestapo-Haft Berlin, 1945–1947 Oberlandeskirchenrat Hannover, 1945–1972 Mitglied des Rates der EKD, Mai 1946 Besuch Norton Camp/England, 1946–1957 Präsident des Zentralausschusses für die Innere Mission, 1947–1970 Mitglied des Exekutivkomitees des Lutherischen Weltbundes, 1947–1971 hannoverscher Landesbischof, Januar 1948 Referat bei einer internationalen Tagung des SCM Westminster, seit 1950 Abt zu Loccum, 1952–1957 Präsident des Lutherischen Weltbundes, 1955–1969 Leitender Bischof der VELKD, Mitglied des Präsidiums der Konferenz Europäischer Kirchen, seit 1961 Mitglied des Exekutivkomitees des ÖRK, 1968–1975 Mitglied des Präsidiums des ÖRK, 1971 Ruhestand.

LORINSKI, Dr.   213
1946 (im III. Semester) Redner des Political Education Departement, in dieser Funktion Besuch Norton Camp/England.

LOWLES, Lloyd   44
1945 Colonel der 21. Britischen Panzerbrigade Rimini/Italien.

LUCK, Dr.   222
1946 Mitglied des CSV, 18.3.1946 Besprechung mit den Dozenten Norton Camp/England über die Gründung einer christlichen Studentengruppe.

LUDENDORFF, Erich   196
geb. 9.4.1865 Kruszewnia/Posen, gest. 20.12.1937 Tutzing, General, deutscher Heerführer und Generalquartiermeister im Ersten Weltkrieg, Repräsentant einer völkischen Religiosität, 1923 Beteiligung am Hitlerputsch, 1926 Gründer des Tannenberg-Bundes, später des Bundes für Gotterkenntnis.

LÜTTICHAU, Siegfried Graf von   324
geb. 10.6.1877 Matzdorf/Schlesien, gest. 9.12.1965 Kaiserswerth, 1905 Ordination und Hilfsprediger, 1907 Botschaftspfarrer Istanbul, 1919 einige Monate Pfarrer Brückenburg/Schlesien, dann Berlin, 1925–1949 Vorsteher der Diakonissenanstalt Kaiserswerth, 1932–1952 Vorsitzender des Kaiserswerther Verbandes und Präsident der Kaiserswerther Generalkonferenz.

LUGENBIEHL, Martin   355
geb. 25.3.1924, Kriegsgefangener aus Wiesbaden in Lager 3107/Ägypten, Schüler der Theologischen Schule Lager 380/Ägypten, Mitglied der dortigen CVJM-Gruppe, Dekan Zweibrücken.

LUSK   203
britischer Reverend, Vertreter des SCM, 1946 Besuch Norton Camp/England.

LUTHER, Martin, Dr.   42, 48, 138
geb. 10.11.1483 Eisleben, gest. 18.2.1546 Eisleben, Reformator.

MACQUARRIE, John   57, 344, 348
britischer Reverend, seit Herbst 1946 Assistant Chaplain General, Hauptquartier der britischen Truppen Ägypten.

MANSTEIN   124
1945–1947 General im Kriegsgefangenenlager des deutschen Generalslagers England.

MARAHRENS, August, D.   112
geb. 11.10.1875 Hannover, gest. 3.5.1950 Loccum, 1925–1947 hannoverscher Landesbischof, 1935–1945 Präsident des Lutherischen Weltkonvents, 1947 Ruhestand.

MARQUARDT, Paul   304
geb. 20.2.1923 Freiburg i. Br., seit 1941 Militärdienst, seit 9.4.1943 Kriegsgefangener Lager 306/Ägypten, seit 12.5.1945 Lager 381/Ägypten, Oktober 1946 Lager 305/380/Ägypten, Mitglied der dortigen CVJM-Gruppe, seit 9.11.1946 Schüler der Theologischen Schule Lager 380, März 1948 Repatriierung, anschließend Theologiestudium Tübingen, Basel und Heidelberg, II. Theologisches Examen Karlsruhe, 1952–1955 Religionslehrer Lörrach, 1955–1965 Pfarrer Jestetten, 1965–1967 Gemeindedienstleiter Mannheim, 1967–1988 Pfarrer Waldshut, 1988 Ruhestand.

1930 Dozent für Praktische Theologie, Kirchen- und Konfessionskunde Theologische Schule Bethel, 1942 Dekan Würzburg, 1946 Rektor des neugegründeten Pastoralkollegs Neuendettelsau, 1947 Rektor der neugegründeten Augustana-Hochschule Neuendettelsau, 1951–1957 Professor, 1957 Ruhestand.

MERZYN, Friedrich, Dr.jur.Dr.theol.h. c.   327, 361
geb. 2.6.1904 Kassel, gest. 17.1.1991 Hannover, Oktober 1936–April 1965 Kirchenbeamter der DEK bzw. der EKD, seit Oktober 1936 Konsistorialrat, seit April 1939 Oberkirchenrat.

MICKLEM, Nathaniel, Prof. Dr.DD.   33, 37, 199, 202, 205
geb. 10.4.1888 Brodensbury, gest. 26.12.1976 Abingdon, 1921 Professor Birmingham, 1927 Kingston/USA, 1931 Mansfield College/Oxford, Lehrer von Hans Hirschwald, Unterstützung der späteren Theologischen Schule Norton Camp/England durch Bücher und Vorlesungen, Gastdozent Norton Camp, Übergabe einer Bücherei mit 30.000 Büchern an B. Forell für das Norton Camp.

MIETHKE, Kurt   162, 269
Leutnant, Dolmetscher-Offizier von Werner Jentsch in Italien, 1947 Leiter des YMCA-Sekretariats Rimini-Miramare/Italien (Nachfolge Werner Jentsch), später Versetzung nach England, Verdienste in der Pressegestaltung (Verfasser von Artikeln für „Die Bereitschaft", Vorlesungen im Jugendleiterkurs).

MILCH, W., Dr.   202, 213
Redner des Political Education Departement aus London, 7.1.–10.4.1946 (zweites Semester) Gastvorlesungen Norton Camp/England, Vortrag im Rahmen der politischen Schulung Norton Camp, Wintersemester 1946/47 Vorträge Norton Camp.

MILDE   131
Missionsinspektor.

MODEROW, Felix   227, 229
geb. 1.3.1911, gest. 1983, Pfarrer aus Vorpommern, 1938–1939 Studieninspektor am theologischen Studienhaus Greifswald, 1939–1940 Pfarrer Altwigshagen, 14.10.–5.11.1946 Teilnahme an der achten Freizeit für Lagerpfarrer und Vorträge, Wintersemester 1946/47 Gastvorlesungen Norton Camp/England, seit 26.11.1946 Unterweisung des Laienpredigerkurses Norton Camp im Fach Dogmatik, Sommersemester 1947 Dozent für Neues Testament an der Theologischen Schule Norton Camp, 30.7.–19.8.1947 Teilnahme an der 15. Freizeit für Lagerpfarrer und Vortrag, Sommer 1947 Repatriierung, danach Kirchenrat und Superintendent Greifswald.

MOLTMANN, Jürgen, Prof. Dr.   34, 68
geb. 8.4.1926 Hamburg, Abiturient Norton Camp/England, Professor für Systematische Theologie Wuppertal und Bonn, 1969 Professor für Systematische Theologie Tübingen, 1994 Ruhestand.

MORGAN, E.W.   60 f., 299, 328 ff., 332 f.
1945–1947 amerikanischer Sekretär der Kriegsgefangenenhilfe der YMCA aus Kairo, Besuche und materielle Unterstützung der Lager in Ägypten.

MOTT, John Raleigh, Dr.   41, 163, 229, 262
geb. 25.5.1865 Kivingston Manor/New York, gest. 31.1.1955 Orlando/Florida, 1895 Generalsekretär des Christlichen Studentenweltbundes, seit 1920 dessen

NIECHOJ, Hans　363
Studienrat (Altphilologe) aus Heigenbrücken/Aschaffenburg, 1948 Lehrer der
Theologischen Schule Lager 380/Ägypten.

NIEMÖLLER, Martin, D.　33, 41, 99, 101, 110, 121, 144, 153, 158, 187, 219,
324
geb. 14.1.1892 Lippstadt/Westfalen, gest. 6.3.1984 Wiesbaden, 1931 Pfarrer
Berlin-Dahlem, 1933 führendes Mitglied der Bekennenden Kirche, Gründer
und Leiter des Pfarrernotbundes, 1.7.1937 Verhaftung, März 1938 Urteilsverkündung „wegen Kanzelmißbrauch und Widerstand gegen die Staatsgewalt",
1938–1945 Häftling in den Konzentrationslagern Sachsenhausen und Dachau,
1945–1955 Leiter des Kirchlichen Außenamtes, Mitglied und stellvertretender
Vorsitzender des Rates der EKD, November 1946 Englandreise, Besuch Norton Camp/England, Vorträge, 1947–1964 Präsident der Evangelischen Kirche
Hessen-Nassau, 1948 Delegierter der EKD auf der Weltkirchenkonferenz Amsterdam, 1948–1961 Mitglied des Exekutivkomitees des ÖRK, 1961–1968 einer
der Präsidenten des ÖRK, 1964 Ruhestand.

NIESEL, D.　90
Pfarrer.

NISSEN, Peter　223
englischer Ingenieur, Erfinder der Nissenhütten.

NYGREN, Anders, Prof. Dr.theol.D.D.　42, 183, 215
geb. 15.11.1890 Göteborg/Schweden, gest. 20.10.1978 Lund/Schweden, 1921
Dr.theol. Lund, dann Dozent, 1924–1948 Professor für Systematische Theologie Lund, 1934–1958 Mitglied der Schwedischen Synode, Sommersemester
1947 Gastprofessur Theologische Schule Norton Camp/England, 1947–1952
erster gewählter Präsident des Lutherischen Weltbundes, 1949–1958 Bischof
Lund, Mitglied des ÖRK.

ÖGREN, Gustaf, Dr.phil.　33 f., 73, 196, 202
Volksschullehrer aus Stockholm, Mitarbeiter Birger Forells, seit 1.12.1944
Kriegsgefangenensekretär im Dienst der YMCA, Ende Januar 1945 Dienstbe-
ginn, als Lagervisitator im Dienst der Kriegsgefangenenhilfe der YMCA,
16.8.1945 Teilnahme an der Eröffnungsfeier für die Theologische Schule Norton
Camp/England, März 1946 Vorwort zur ersten Ausgabe des „Kulturspiegels".

OEHLMANN, Kurt　48 f., 257, 267 f., 277
geb. 1.11.1909 Hannover, 1929–1933 Theologiestudium Leipzig, Erlangen,
Tübingen, 1933 I. Theologisches Examen, 1933–1936 Vikar Augustusburg/Erz-
gebirge, 1936 II. Theologisches Examen, 1936–1938 Pfarrer Dresden, 1939–
1947 Pfarrer Glosa/Chemnitz, seit November 1942 Soldat, später Obergefreiter Italien, seit April 1945 Kriegsgefangener Lager 11 Rimini/Italien, dort
Lagerpfarrer, seit 1946 evangelischer Oberpfarrer Miramare/Riccione/Italien,
bis Frühjahr 1947 geistliches Mitglied für Ethik im Lehrkörper des Theologischen Seminars Rimini, Mai 1946 Mitglied der Pfarrkonferenz Cervia/Italien,
September/Oktober 1946 Leiter der Pfarrkonferenz Rimini-Miramare, außerdem Mitglied der Bruderschaft der evangelischen Pfarrer Italien, 1946/47
Schriftleiter der italienischen Lagerzeitung „Bereitschaft", Mai 1947 Repatriierung, seit 1947 Pfarrer Glosa/Chemnitz, seit 1947–1956 Landesjugendpfarrer

der Sächsischen Landeskirche Dresden, 1956–1959 Pfarrer Berlin, 1956–1974 Konsistorialrat Berlin, 1959–1974 Superintendent Berlin, seit 1975 Ruhestand.

O'MORCHOE 103
britischer Colonel, 1946 Kommandant Camp 109, Braham Castle, Dingwall, Rossh./England.

OTTO, Rudolf, Prof. 32
geb. 25.9.1869 Peine, gest. 6.3.1937 Marburg, 1914 Professor für Theologie und Religionswissenschaft Breslau, 1917 Professor für Theologie und Religionswissenschaft Marburg.

PASCAL, Blaise 380
geb. 19.6.1623 Clermont-Ferrand, gest. 19.8.1662 Paris, Philosoph, Mathematiker und Physiker.

PATTERSON 103
britischer Major, 1946 Kommandant Camp 103, Moota, Cockermouth, Cumberland/England.

PFUNDT, Goetz 284
geb. 29.4.1921 Berlin, seit 1940 Jurastudium, seit Juli 1940 Militärdienst, Dezember 1943 Versetzung nach Italien als Lehroffizier, seit Mai 1945 Kriegsgefangener Rimini/Italien und Tarent/Italien, Teilnehmer Martin-Niemöller-Seminar Tarent, April 1946 Rimini, nach der Repatriierung zusammen mit Horst Schmidt und Friedrich Richartz Bemühungen um den Erhalt der Bruderschaft des Theologischen Seminars Rimini, 1947–1951 Theologiestudium Neuendettelsau, Erlangen, Göttingen, Tübingen, April 1952 I. Theologisches Examen Berlin, Februar 1954 II. Theologisches Examen, Pfarrer, 1.4.1986 Ruhestand.

PIERRY 203
Quäker, vor Juni 1946 Besuch Norton Camp/England.

PIESNACK 277
1946 Diakon im Lehrkörper des Theologischen Seminars Rimini/Italien, Vorlesungen.

PITZ 103
britischer Colonel, 1946 Kommandant Camp 69, Darras Hall, Ponteland near Newcastle/Tyne/England.

POHLE 257, 267, 269
Hauptmann, 1945–1946 Kriegsgefangener in der Enklave Rimini/Italien, hauptverantwortlich bei der Herstellung der Lagerzeitschrift „Bereitschaft" Rimini.

POLACK, Fritz, Dr.rer.pol. 45, 49, 250, 265, 277
Generalleutnant, Kommandant der deutschen Verbindungsstelle Rimini/Italien, 1945 deutscher Leiter der Enklave Rimini/Italien, Hauptquartier Bellaria, 1946 Laienmitglied im Lehrpersonal des Theologischen Seminars Rimini (Vertreter der Laien), Dozent für Wirtschaftskunde, Mai 1946 Mitglied der Pfarrkonferenz Cervia/Italien, nach der Repatriierung für den CVJM in Deutschland, zunächst für den CVJM-Heimkehrerdienst tätig.

POMPE, Hans-Dietrich 42, 132, 190
geb. 8.5.1910 Frankenstein/Schlesien, gest. 24.8.1999 Bonn, 1937–1939 Hilfsprediger Stecklin/Krs. Greifenhagen, 1939–1942 Soldat, 1942 zweiter Sekretär

im Evangelischen Hilfswerk für Internierte und Kriegsgefangene beim Kirchlichen Außenamt der DEK, 1945 Weiterführung des Dienstes von Lübeck aus und Beauftragter des Zentralbüros des Hilfswerks der EKD für Flüchtlingssuchdienst Lübeck, November 1947–April 1948 Besuch von Kriegsgefangenenlagern in England im Auftrag der Ökumenischen Kommission für die Pastoration der Kriegsgefangenen, 11.11.1947 Vortrag im Jugendleiterkurs Norton Camp, 30.3.–5.4.1948 Teilnahme an der Konferenz der evangelischen Lagerpfarrer Großbritanniens London, 1948 Pfarrer Bonn, 1949 Koblenz, 1967–1975 Essen-Holsterhausen.

PROSCH, Carl von   262
1947 ständiger deutscher Vertreter des CVJM beim YMCA Genf.

RANKE, Hansjürg   92, 198, 204
geb. 9.6.1904 Arosa/Schweiz, gest. 3.2.1987 Berlin/West, Jurastudium Erlangen, Kiel, Tübingen, 1930 II. Juristisches Staatsexamen, juristischer Hilfsreferent Landeskirchenrat München, 1932 juristischer Hilfsreferent Deutsches Evangelisches Kirchenbundesamt Berlin mit kurzer Tätigkeit Konsistorium Breslau, 1933–1939 Konsistorialassessor Deutsche Evangelische Kirchenkanzlei Berlin, 1935–1937 persönlicher Referent des Reichskirchenausschuß-Vorsitzenden Zoellner, 1936 Konsistorialrat, 1939–1946 Oberkirchenrat Berlin, Soldat und Gefangenschaft Frankreich und Großbritannien, seit November 1945 Dozent für Kirchenrecht an der Theologischen Schule Norton Camp/England, zugleich Geschäftsführer an der Schule, Mitglied des Kammermusikkreises und des Lagerorchesters Norton Camp (Viola), Frühjahr 1947 Repatriierung, Oberkonsistorialrat Kirchenkanzlei der EKD Schwäbisch-Gmünd, 1950 Oberkirchenrat Außenstelle der Kirchenkanzlei Bonn, 1955 Sozialreferent Kirchenkanzlei der EKD Hannover, 1960–1971 Konsistorialpräsident Berlin-Brandenburg, Oktober 1971 Ruhestand, 1972–1975 Vorsitzender der Berliner Arbeitsgemeinschaft für kirchliche Publizistik.

RAPPEL, Alexander   161
Kriegsgefangener Norton Camp/England, 1947–1948 Mitarbeiter im Sekretariat der YMCA-Lagergruppen.

RAU, Fritz   36
geb. 11.4.1920 Radeberg/Dresden, Pfarrer, 1938 Abitur, 1938–1944 Oberleutnant, 1944–1946 Kriegsgefangener Camp Crewe Hall/England, 1946–1947 Watten Camp/England, 1947–1948 Norton Camp/England, dort Schüler im Jugendleiterkurs, 1949–1950 CVJM-Sekretärsschule Kassel, 1950–1956 CVJM-Sekretär Ludwigsburg, 1956/57 Leiter eines Flüchtlingslagers für männliche Jugendliche, 1958–1961 Referent im Evangelischen Hilfswerk Stuttgart, 1964 Examen für den kirchlichen Hilfsdienst der Evangelischen Landeskirche Württemberg, 1964–1983 Pfarrer Stuttgart, Ludwigsburg und Schalkstetten, Oktober 1983 Ruhestand.

REICHEL, Normann   231
gest. Februar 1987, Pfarrer, 26.5.–31.8.1946 (drittes Semester) Studentensprecher der Theologischen Schule Norton Camp/England, außerdem Mitglied der Theatergruppe im Lager, 12.11.1946 Teilnahme am Treffen des Planungsausschusses für die Jugendleiterkurse Norton Camp.

REID, John K.S.   56 f., 61 f., 298, 305, 328, 344, 347 f.
Captain, Reverend aus Edinburgh/Schottland, 30.5.–13.6.1946 Ermöglichung einer Pfarrkonferenz im YMCA-Heim Lager 305/Ägypten, allgemeine Unterstützung der seelsorgerlichen und theologischen Arbeit in den Lagern Ägypten.

REIN   295
nach 1945 kriegsgefangener Lagerpfarrer Ägypten.

REIN, Werner   277
Pfarrer, 1946 Geistliches Mitglied im Lehrkörper des Theologischen Seminars Rimini/Italien, Dozent für Altes Testament und Hebräisch.

RICHARTZ, Friedrich (Fritz)   284
geb. 3.3.1919 Braunschweig, 1937 Abitur, seit 1939 Soldat, 19.4.1945 Kriegsgefangener Italien, Lagerdolmetscher, Studium am Theologischen Seminar Rimini/Italien, nach der Repatriierung zusammen mit Horst Schmidt und Goetz Pfundt Bemühungen um den Erhalt der Bruderschaft des Theologischen Seminars Rimini, Theologiestudium Neuendettelsau, Erlangen, Göttingen, Marburg, 1954 I. Theologisches Examen Marburg, 1956 II. Theologisches Examen, Ordination, Pfarrer, 1984 Ruhestand.

RICHTER, Carl   63, 344 ff., 350
kriegsgefangener Lagerpfarrer aus Berlin-Karlshorst, seit 15.6.1946 Lehrer an der Theologischen Schule des Mannschaftslagers 306/307/Ägypten, seit Februar 1947 deren Leiter.

RICHTER, Dr.   165,200
Dekan, 30.3.–5.4.1948 Teilnahme an der Konferenz der evangelischen Lagerpfarrer Großbritanniens London.

RIEGER, Julius, Dr.phil.   18, 40, 97, 107, 113, 128, 147, 149, 152, 162, 165, 170, 186, 188, 205, 213, 219, 227, 230, 311
geb. 23.8.1901 Berlin, gest. 1.1.1984 Berlin, 1930–1953 Pfarrer an der Deutschen Lutherischen St. Georgskirche London, seit 1945 Dekan der deutschen Pfarrer in England, vom Rat der EKD mit der Aufsicht über die Seelsorge in den Lagern und bei den Lagerpfarrern in Großbritannien beauftragt, Teilnehmer verschiedener Lagerpfarrerfreizeiten der deutschen kriegsgefangenen Lagerpfarrer in Großbritannien, Dozent an der Theologischen Schule Norton Camp/England besonders für Altes und Neues Testament, 1946 ständiger Vertreter des Rates der EKD bei der britischen Regierung, 30.7.–19.8.1947 Teilnahme an der 15. Freizeit für Lagerpfarrer, 30.3.–5.4.1948 Teilnahme an der Konferenz der evangelischen Lagerpfarrer Großbritanniens London, technische und inhaltliche Vorbereitung der Konferenz, 2.4.1948 Referat auf der Konferenz, Führung des zentralen Kirchenbuches für die gesamten deutschen Kriegsgefangenenlager in Großbritannien, 1953 Rückkehr nach Deutschland, 1953–1969 Superintendent des Kirchenkreises Berlin-Schöneberg, 1963–1972 Mitglied der Westberliner Kirchenleitung.

RIESEN, Erich von   355
geb. 16.7.1927 Königsberg, 1944 Soldat, bis 1.8.1948 Kriegsgefangener Ägypten, seit 9.11.1946 Schüler der Theologischen Schule Lager 307/Ägypten, 1948–1951 Theologiestudium Göttingen.

RÖNCK, Hugo   302
geb. 12.4.1908 Altenburg/Thüringen, gest. 8.2.1990 Eutin, seit 1925 Mitglied

der NSDAP, 1932 Ordination, 1936 Landesjugendpfarrer Thüringen, führendes Mitglied der Deutschen Christen, 1939–1943 Soldat, 1943 Präsident des Landeskirchenrats Eisenach, 1945 Titel Landesbischof, April 1945 von der amerikanischen Besatzungsmacht verhaftet, August 1945 aus dem Thüringer Kirchendienst entlassen, 1947–1978 Pfarrer Eutin.

ROSENBERG, Alfred   122, 158, 196
   geb. 12.1.1893 Reval/Estland, gest. (hingerichtet) 16.10.1946 Nürnberg, „Chef-Ideologe" des Nationalsozialismus, 1930 Verfasser „Der Mythus des 20. Jahrhunderts", 1933 Reichsleiter des Außenpolitischen Amtes der NSDAP, 1934 Beauftragter des Führers Hitler für die Überwachung der weltanschaulichen Schulung und Erziehung der NSDAP, 1940 Leiter des Einsatzstabes Reichsleiter Rosenberg, 1941–1945 Reichsminister für die besetzten Ostgebiete, 1946 Angeklagter vor dem Internationalen Militärgerichtshof Nürnberg (Nürnberger Prozesse), zum Tode verurteilt wegen Kriegsverbrechen und Verbrechen gegen die Menschlichkeit.

ROY, Alfred   281
   geb. 6.11.1913 Herrnhut/Lausitz, 1945 Kriegsgefangener Italien, Schüler des Theologischen Seminars Rimini/Italien.

RÜCKERT, Norbert   55, 57 f., 64 f., 298, 309, 311, 313, 324, 326, 334, 347 ff., 351, 353 f., 358, 361, 365, 368, 372, 376
   geb. 10.12.1913 Erlangen, Theologiestudium Erlangen, Tübingen, 1937 I. Theologisches Examen, 1939 Pfarrverweser Nürnberg, Mitarbeit beim CVJM und in der Bekennenden Kirche, Soldat, 1944 Kriegsgefangener zunächst Lager 306/Ägypten, dann Lager 307/Ägypten, Mai 1945 Verlegung in das Offizierslager 305/Ägypten, Gründungsmitglied und Lehrer (Hebräisch) an der Theologischen Schule Lager 380/Ägypten, Januar 1947–Juni 1948 deutscher Dekan im Mittleren Osten, Mitglied der CVJM-Gruppe Lager 380, 1948 Repatriierung, Studienrat/Religionslehrer Nürnberg, Vorsitzender des CVJM Nürnberg, 1961 Vorsitzender des CVJM-Landesverbandes, Ökumene-Beauftragter der Bayerischen Landeskirche.

RUHE, Walter, Dr.phil.   64, 348 f.
   Studienrat aus Helmstedt, Lehrer (Griechisch und Latein) an der Theologischen Schule Lager 380/Ägypten, Januar 1947 Repatriierung.

RUNDSTEDT, Gerd von   124
   geb. 12.12.1875 Aschersleben, gest. 24.2.1953 Hannover, im Zweiten Weltkrieg Oberbefehlshaber des Heeres, seit 1940 Generalfeldmarschall, November 1941 Enthebung von seinem Kommando, seit März 1942 Einsatz als Oberbefehlshaber West, 3.7.1944 erneute Amtsenthebung, seit 5.9.1944 nochmals Oberbefehlshaber West, 10.3.1945 endgültige Verabschiedung.

RUSKE, Leonhard   63, 345
   Pfarrer aus Alt Sarnow/Pommern, Kriegsgefangener Lager 383/Ägypten, seit Dezember 1946 Dozent für Neues Testament und Griechisch an der Theologischen Schule Lager 307/Ägypten.

SAMUEL, Dr.   202, 213
   Redner des Political Education Departement, vor Juni 1946 Vortrag im Rahmen der politischen Schulung Norton Camp/England, Wintersemester 1946/47 Gastvorträge Norton Camp.

SANGE, Wolfgang 15
geb. 29.10.1913 Berlin, seit 1934 Studium der Theologie Berlin (u. a. zwei Semester bei der Bekennenden Kirche), Halle und Gießen, 1939 I. Theologisches Examen, November 1939–September 1944 Soldat, April 1948 II. Theologisches Examen Norton Camp/England, bis Mai 1948 kriegsgefangener Vikar Norton Camp, 1948–1961 Pfarrer Friedrichsfelde, bis Ende 1978 Referent Kirchliche Erziehungskammer Berlin-Brandenburg.

SCHEIBLE 363
Pfarrer, 1948 Mitarbeiter von Landesbischof Wurm.

SCHIRACH, Baldur von 262
geb. 1907, gest. 1974, 1932 Reichsjugendführer der NSDAP, 1933 Jugendführer des Deutschen Reiches, 1940–1945 Reichsstatthalter und Gauleiter Wien, 1946 Verurteilung zu 20 Jahren Haft im Rahmen der Nürnberger Prozesse, 1966 Entlassung.

SCHLEIERMACHER, Friedrich 173
geb. 21.11.1768 Breslau, gest. 12.2.1834 Berlin, ev. Theologe, Philosoph und Pädagoge.

SCHLÜTER, Hans-Albrecht 235, 237, 270
geb. 1905, 1931 Ordination, Marineoberpfarrer, 1945 Lagerpfarrer Lager 6a Rimini/Italien, Mitglied der „Michaelskette".

SCHMID, Otto 227, 229
geb. 13.3.1906, gest. 1993, Pfarrer aus Hannover, Kriegsgefangener Norton Camp/England, seit Sommer 1946 Dozent für Neues Testament und Liturgik Norton Camp, Mitarbeiter des „Monatsbriefs", seit Wintersemester 1946/47 Dozent für den Abiturlehrgang, 14.10.–5.11.1946 Teilnahme an der 8. Lagerfreizeit und Vorträge, Sommer/Herbst 1947 Dozent des ersten Jugendleiterkurses Norton Camp, 30.7.–19.8.1947 Teilnahme an der 15. Freizeit für Lagerpfarrer und Vortrag, November 1947 Repatriierung.

SCHMIDT, Horst 284
geb. 29.4.1921 Berlin, Kaufmann, Februar 1941 Militärdienst, seit April 1945 Kriegsgefangener, August 1945 Lager Manfredonia/Italien, Juni 1946-November 1946 Schüler Theologisches Seminar und Mitglied der „Bruderschaft des Theologischen Seminars Rimini"/Italien, nach der Repatriierung zusammen mit Goetz Pfundt und Friedrich Richartz Bemühungen um den Erhalt der Bruderschaft, 1986 Ruhestand.

SCHMIDT, Karl Ludwig, Prof. 163
geb. 5.2.1891 Frankfurt/Main, gest. 10.1.1956 Basel, 1921 Professor für Neues Testament Gießen, 1925 Professor für Neues Testament Jena, 1929–1933 Bonn, 1933 Beurlaubung und Entlassung aus dem Staatsdienst, Emigration in die Schweiz, 1935–1953 Professor für Neues Testament Basel, Wintersemester 1947/48 Gastdozent Norton Camp/England.

SCHMIDT, Wilhelm Ferdinand Lic. 53
geb. 7.5.1899 Merkendorf/Mittelfranken, gest. 2.6.1980 München, 1945 Dekan Regensburg, 1946–1969 Oberkirchenrat München.

SCHNEIDER, Georg 56, 63, 300 ff., 344 f.
geb. 5.1.1902 Dürrmenz/Mühlacker, gest. 9.11.1986 Schwäbisch Hall/Gailenkirchen, 1925 Ordination, führendes Mitglied der württembergischen Deutschen Christen, 1931 Pfarrer Stuttgart, Juli 1936 Beurlaubung durch Landes-

bischof Wurm aus dem Dienst der württembergischen Landeskirche und Tätigkeit in der Landesführung „Volkskirchenbewegung Deutsche Christen" (Überführung in „Nationalkirchliche Bewegung DC" 6.6.1937), 1939 Leiter der Gaugemeinde, 1939–1945 Kriegsfreiwilliger, 1945 britischer Kriegsgefangener Lager 306/Ägypten, Dozent für Altes Testament und Hebräisch an der Theologischen Schule Lager 380/Ägypten, deren Leiter, Ende Januar 1947 Repatriierung, 1947 Entlassung aus der Landeskirche und Versetzung in den Wartestand, von da an Predigten für seine Personalgemeinde, 1951–1952 Lehrer.

SCHNETTER, Oskar   163
gest. 1998, Mitarbeiter des deutschen CVJM, Gastvorlesung Norton Camp/England, gemeinsam mit E. Stange Aufbau des CVJM-Gesamtverbandes Kassel, Verantwortlicher für die Heimkehrerbetreuung.

SCHNUIS, Frerich   33, 40, 188, 198, 205, 208 f., 211, 213
geb. 1.12.1889 Potshausen, gest. 7.10.1962 Krautsand, Hauptmann der Reserve, 1929–1937 Studiendirektor des Predigerseminars Göhrde/Hannover, 1937–1960 Superintendent Drochtersen/bei Stade, April–Juli 1946 Studienleiter der Theologischen Schule Norton Camp/England, Dozent für Neues Testament, Sprecher der Dozenten, Juli 1946 Repatriierung.

SCHÖNBUCHER, Alfred   34
geb. 13.3.1922 Freiburg i. Br., Januar 1942–Mai 1943 Soldat, Juni 1943–Mai 1947 Kriegsgefangener USA und Norton Camp/England, während der Kriegsgefangenschaft Abitur, September 1946–Mai 1947 Kriegsgefangener Norton Camp, dort Graecum, Großes Latinum und Hebraicum, 1947–1951 Theologiestudium Freiburg, Heidelberg, 1951 Ordination, Pfarrer der badischen Landeskirche, 1986 Ruhestand.

SCHÖNHERR, Albrecht, D.   239, 276, 291, 302
geb. 11.9.1911 Katscher/Oberschlesien, seit 1929 Theologiestudium Tübingen und Berlin, 1933 I. Theologisches Examen, 1933–1935 Vikar und Prädikant Potsdam, 1935 Predigerseminar Finkenwalde, 1936 II. Theologisches Examen vor dem Prüfungsamt der Bekennenden Kirche, Ordination Berlin-Dahlem, 1937 Hilfsprediger Brüssow, 1938 Pfarrer Brüssow, seit 1940 Soldat, 1945/46 Kriegsgefangener Tarent/Italien, bis 1946 Lagerpfarrer Tarent, Leiter des dortigen Martin-Niemöller-Seminars, 1946 Verlegung des Seminars nach Rimini/Italien, März/April 1946 Repatriierung, Vertrauensmann der Heimkehrer des erwähnten Seminars und der Theologiestudenten der Evangelischen Lagerschule Lager 2 Rimini/Italien, 1946–1962 Pfarrer Brandenburg, zeitweilig zugleich Superintendent, 1951–1962 Leiter des Predigerseminars Brandenburg, seit 1958 dessen Direktor, seit 1.1.1963 Generalsuperintendent Eberswalde, Januar 1967 Verwalter des Bischofsamtes der Ostregion der Evangelischen Kirche Berlin-Brandenburg, seit 1969 Vorsitzender der Konferenz der Evangelischen Kirchenleitungen in der DDR, 1970 „persönlicher Titel" eines Bischofs, November 1972–Oktober 1981 Bischof der Ostregion der Evangelischen Kirche Berlin-Brandenburg, Oktober 1981 Ruhestand, Ehrendoktor der Universitäten Greifswald, Bonn, Debrecen.

SCHREINER, Helmuth, Prof. Dr.phil.D.   198
geb. 2.3.1893 Dillenburg, gest. 28.4.1962, 1938–1955 Vorsteher der Diakonissenanstalt Münster, 1956 Professor für Praktische Theologie Münster.

geb. 21.5.1901 Schneidemühl, gest. 29.7.1983 Hamburg, 1932 Pfarrer Mummendorf/Mecklenburg, 1935 bis zur Einberufung zur Wehrmacht Pfarrer Kiel, Dozent für Praktische Theologie Norton Camp/England, Betreuung der Refresher-Courses, März 1948 Repatriierung, seit Mai 1948 Pfarrer Rendsburg-Neuwerk, seit 1954 Propst Altona, 1966 Ruhestand.

geb. 1.9.1911 Grünenwörth bei Wertheim/Main, gest. 25.6.1992 Neckarelz, Studium der Theologie, Philosophie, Psychologie und Pädagogik Tübingen, Marburg, Berlin, Heidelberg, 1935 I. Theologisches Examen, 1935–1937 Inspektor des Studienhauses Johanneum der Universität Berlin, 1936 II. Theologisches Examen, 18.10.1936 Ordination Wertheim, seit 1937 Pfarrer der badischen Landeskirche, Religionslehrer und Vikar Offenburg, Mannheim, Eberbach, Mai 1938 theologische Promotion Berlin, Oktober 1939 philosophische Promotion Marburg, 1.8.1941 Ausscheiden aus dem Dienst der badischen Landeskirche, Dienst als Heerespsychologe, seit 1.9.1944 amerikanischer und britischer Kriegsgefangener, ca. Dezember 1945–Februar 1947 Mitglied der Dozentenschaft Norton Camp/England, sowohl für die Theologische als auch für die Pädagogische Schule (dort Fach Religionspädagogik), die spätere Abiturschule, Sommersemester 1946 Vorlesungen, 12.11.1946 Teilnahme am Treffen des Planungsausschusses für die Jugendleiterkurse Norton Camp, 14.10.–5.11.1946 Teilnahme an der 8. Freizeit für Lagerpfarrer und Vortrag, Wintersemester 1946/47 Dozent für Systematische Theologie, 24.12.1946 Predigt in der Christmette Norton Camp, Februar/März 1947 Repatriierung, 1948 Pfarrer und Religionslehrer Mosbach, später dort auch Bezirksjugendpfarrer, seit 1965 Professor für Philosophie an der Pädagogischen Hochschule Heidelberg, 1976 Ruhestand.

geb. 22.12.1889 Berlin-Charlottenburg, gest. 20.6.1965 Bonn, Gymnasium Berlin, 1909 Theologiestudium Tübingen, Bonn, Berlin, Halle/Saale, Erlangen, 1914 I. Theologisches Examen, Soldat, Provinzialvikar, 1917 II. Theologisches Examen und Ordination, 1917–1921 Pfarrer Butterfelde/Neumark und an der Garnisonkirche Potsdam, 1921 Promotion, Pfarrer Evangelisches Johannesstift Berlin-Spandau, 1921–1932 Direktor des Centralausschusses der Inneren Mission, seit 1926 Gründer und Leiter der Apologetischen Centrale im Evangelischen Johannesstift Spandau/Berlin, Dozent am Sozialethischen Institut der Universität Berlin, 1931 Ehrenpromotion der Theologischen Fakultät der Universität Rostock, 1932 Ausscheiden aus dem Centralausschuß der Inneren Mission, 1932–1937 Superintendent Wustermark/Kreis Potsdam II, Mitglied des Provinzialbruderrates Brandenburg der Bekennenden Kirche, Mai 1933 Mitglied der Jungreformatorischen Bewegung, 1934 Mitbegründer des Pfarrernotbundes, Provinzialbruderrat der Bekennenden Kirche Brandenburg, Suspendierung, kurzzeitige Haft, 1937 zwangsweise Ruhestandsversetzung wegen jüdischer Abstammung, bis 1938 Mitarbeiter in der Apologetischen Zentrale Berlin, Johannesstift Spandau, 1939 Übersiedlung nach München, Emigration nach England, zunächst Pfarrer London, 1939–1947 Gründer und Leiter des Wistow Training Center for Post War Christian Service Oxford und zeitweilig

eines Londoner Bekenntnisinstituts, 16.8.1945 Teilnahme an der Eröffnungsfeier für die Theologische Schule Norton Camp/England und Semestereröff-
nungsvorlesung Norton Camp, Dozent für Apologetik, weitere Vorlesungen,
8.8.1947 Vortrag auf der 15. Freizeit für Lagerpfarrer, 1947 Training-Center
for Christian Post-War-Service Wistow/Newton Harcourt near Leicester, 1947
Rückkehr nach Deutschland, 1947–1949 Lehrbeauftragter für Ökumenik und
Sozialethik Universität Münster, 1947–1954 Direktor des Centralausschusses
für die Innere Mission Bielefeld-Bethel, 1949–1954 Direktor der Evangelischen
Sozialschule (später Sozialakademie) Friedewald, 1954 Lehrbeauftragter für
Sozialethik und Innere Mission Universität Bonn.

SEEDORF, Wilhelm, Prof. Dr.phil.   337 f.
  geb. 11.10.1881 Bostelwiebeck, 1920–1948 (emeritiert) Professor für Landwirtschaft Göttingen.

SEIFERT   49, 277
  Kirchen-Verwaltungsinspektor, Kriegsgefangener Rimini/Italien, 1946 Vertre-
  ter des allgemeinen Kirchenpersonals und Laienmitglied im Lehrpersonal des
  Theologischen Seminars Rimini, Dozent für Kirchliche Verwaltung.

SELBY   103
  britischer Major, 1946 Kommandant Camp 104, Beela River, Milnthorp, West-
  moorland/England.

SIEBENS, Johann, Dr.   34, 49, 277
  Leiter der Pädagogischen Schule Norton Camp/England, als Autor für die
  Zeitschrift „Kulturspiegel" tätig.

SIMS   203
  Vertreter des World Student Relief, vor Mai 1946 Besuch Norton Camp/Eng-
  land.

SINDLER, Adolf, Dr.med.Dr.phil.   56, 305, 355
  Emigrant jüdischer Abstammung aus Düsseldorf, als britischer Captain Lager
  307/Ägypten, Mitarbeiter des Directorate Middle East Control Office for
  Germany and Austria, Re-education-Abteilung.

SKÅRD, Bjarne   215
  Pfarrer aus Oslo, später Bischof dort, Sommersemester 1947 Gastvorlesung
  Norton Camp/England.

SØE, Niels Hansen, Prof. Dr.theol.h. c.   42, 215
  geb. 29.11.1895 Spettrup, gest. 10.6.1978 Kopenhagen, 1939–1945 Professor
  für Ethik und Religionsphilosophie Universität Kopenhagen, Sommersemester
  1947 Gastdozent an der Theologischen Schule Norton Camp/England.

SÖDERBLOM, Nathan   32
  geb. 15.1.1866 Tröno/Schweden, gest. 12.7.1931 Uppsala, 1901 Professor für
  Religionsgeschichte Uppsala, 1912 Professor für Religionsgeschichte Leipzig,
  1914–1931 Erzbischof von Uppsala, 1925 Initiator und Gastgeber der Weltkirchenkonferenz für Praktisches Christentum Stockholm, 1930 Friedensnobel-
  preis.

SPAR, Otto   198, 218, 227
  geb. 1909, gest. 1981, Meisterschüler der Hochschule für Musikerziehung und
  Kirchenmusik Berlin-Charlottenburg, Kantor und Kirchenmusiklehrer Berlin,
  Dozent für Kirchenmusik an der Theologischen Schule Norton Camp/England,

Leiter des geistlichen Lagerchores, Herausgeber des „Quempasheftes" in Handschrift, 16.8.1946 Preisverleihung der Kirchenkanzlei der EKD für Kompositionen, Musikkomposition zu dem Theaterstück „Was ihr wollt", Aufführung Norton Camp (u. a. Lagern), 14.10.–5.11.1946 Teilnahme an der 8. Freizeit für Lagerpfarrer und Vortrag, 8.9.1946 erstes Konzert in der anglikanischen Dorfkirche Cuckney, weitere Konzerte dort für Zivilisten und Kriegsgefangene, Mitarbeiter des „Monatsbriefs" und des „Kulturspiegels", 1947 Repatriierung, 1947 Organist Berlin-Siemensstadt, 1959 Kirchenmusikdirektor.

SPECHT, Minna   202

7.1.–10.4.1946 (im II. Semester) Vortrag im Rahmen der politischen Schulung Norton Camp/England.

SPEIRS, William   49, 249, 252, 268 f., 275, 277, 281

Baptist, britischer Supervising Chaplain Reverend mit Residenz Riccione/Italien bzw. Caserta/Italien, Unterstützer zum Gelingen des Theologischen Seminars Rimini/Italien.

STADLER, Otto   198

Oberstudienrat aus Mannheim, 1945/46 Dozent für Alte Sprachen an der Theologischen Schule Norton Camp/England (besonders Griechisch).

STÄHLIN, Wilhelm, Dr.theol.Dr.phil.D.   165

geb. 24.9.1883 Gunzenhausen/Bayern, gest. 16.12.1975 Prien/Chiemsee, 1906 Ordination, 1910 Pfarrer Egloffstein/Oberfranken, 1916 Nürnberg, 1922/23 Gründungsmitglied der Evangelischen Michaelsbruderschaft und des Berneuchener Kreises, 1926–1945 Professor für Praktische Theologie Münster, 1945–1952 oldenburgischer Landesbischof, 30.3.–5.4.1948 als ständiger Gast Teilnahme an der Konferenz der evangelischen Lagerpfarrer Großbritanniens London.

STANGE, Dietrich   229

gest. 5.11.1992 Rendsburg, Marinepfarrer aus Schleswig-Holstein, Kriegsgefangener Norton Camp/England, Dozent für den 1. Jugendleiterkurs der Theologischen Schule Norton Camp, nach dem Krieg Arbeit CVJM Kassel.

STANGE, Erich, D.   52, 262 f., 291 f.

geb. 23.3.1888 Schwepnitz/Sachsen, gest. 12.3.1972 Kassel, 1911 Vikar Lyon, 1913 Pfarrer Pulsnitz, 1917 Pfarrer Leipzig, 1921–1954 Reichswart des Evangelischen Jungmännerwerks, 1933 Teilnehmer der Deutschen Evangelischen Nationalsynode Wittenberg, Ende Dezember 1933 als „Reichsführer der Evangelischen Jugend Deutschlands im Deutschen Jugendführerrat beim Jugendführer des Deutschen Reiches" abgesetzt, 1921–1937 ehrenamtlicher Sekretär des Ökumenischen Rates für Praktisches Christentum, 1923 und 1929 Sekretär der Tagungen des Lutherischen Weltkonvents, 1934 Ausschlußverfahren aus der NSDAP, 1940–1954 Pfarrer Kassel, 1946 als deutscher Vertreter Teilnahme an der Welttagung der YMCA Genf, Präsident des deutschen CVJM.

STEPHAN, Prof.   203

Quäker aus Birmingham, vor Mai 1946 Besuch Norton Camp/England.

STEINHOFF   200

Kriegsgefangener Norton Camp/England.

STOKES, R.R.   320 ff., 371

1947 Abgeordneter des britischen Unterhauses aus Ipswich.

STOUNTON   266
  britischer Assistant General Chaplain vom General-Hauptquartier Padua/Italien, 1945/46 Reverend Italien, 20.10.1946 Besuch der Enklave Rimini/Italien.

STRINGER   345
  britischer Reverend Ägypten, 1946/47 Vorträge Lager 307/Ägypten.

STRONG, K.W.   25
  britischer General, Chef des Political Intelligence Department (PID).

STRONG, Tracy   17, 163, 262
  1946 Generalsekretär des Weltbundes der YMCA Genf.

SUTTOR, Heinrich   356
  bis Ende 1947 Kriegsgefangener Lager 305 und 380/Ägypten, Mitglied der dortigen CVJM-Gruppe.

THADDEN-TRIEGLAFF, Reinold von, Dr.jur.D.DD.   65, 245, 251 f., 255, 318, 324 ff., 353, 372 f.
  geb. 13.8.1891 Mohrungen/Ostpreußen, gest. 10.10.1976 Fulda, Rittergutsbesitzer auf Trieglaff und Gruchow/Pommern, bis 1920 pommerscher Kommunaldienst, 1928–1939 Vorsitzender der DCSV, 1929 Vizepräsident der pommerschen Provinzialsynode und Mitglied der altpreußischen Generalsynode, bis 1933 preußischer Landtagsabgeordneter (DNVP), seit 1934 führendes Mitglied der Bekennenden Kirche, 1934 Präses der pommerschen Bekenntnissynode und Vorsitzender des pommerschen Bruderrates, 1936 Vizepräsident des Christlichen Studentenweltbundes, 1937 Verhaftung durch die Gestapo, 1945 Kriegsgefangener Rußland, 1946 Beauftragter der Ökumenischen Kommission für die Pastoration der Kriegsgefangenen, 19.–29.7.1946 Besuch der Kriegsgefangenenlager Italien (Pisa, Livorno und Rimini), 17.–22.2.1948 Besuch der Kriegsgefangenenlager Ägypten, 1948 Vizepräsident des Zentralausschusses des ÖRK und Delegierter der EKD auf der Weltkirchenkonferenz Amsterdam, 1949 Gründer und bis 1964 Präsident des Deutschen Evangelischen Kirchentages.

THEIS, Hans-Heinz   236
  Pfarrer, 1945 Kriegsgefangener Italien.

THEOPOLD, Wolfgang, Dr.phil.   198, 211
  geb. 21.7.1911 Güstrow, Pfarrer aus Mecklenburg, Assistent von Prof. Schreiner Münster, 1944 Lagerpfarrer Lager Bury/England, 1945 Dozent für Ethik und Liturgik seit dem I. Semester der Theologischen Schule Norton/England, Mitglied der Michaelsbruderschaft, Betreuung der Refresher-Courses, Gesamtredaktion des „Quempasheftes", November 1945–August 1946 verantwortlich für die Herausgabe der Zeitschrift „Monatsbrief", Juli/August 1946 Repatriierung, 1946 Pfarrer Granzin/Mecklenburg, 1947 Pfarrer und Leiter einer Anstalt der Inneren Mission Neuenkirchen/bei Bremen, 1949 Pfarrer Hollenstedt/bei Harburg, 1951 Pfarrer Uslar, 1959–1976 Pfarrer Hameln.

THIELICKE, Helmut, Prof. Dr.theol.Dr.phil.   225, 357
  geb. 4.12.1908 Barmen, gest. 5.3.1986 Hamburg, 1936 Privatdozent für Systematische Theologie Erlangen und kommissarischer Ordinarius Heidelberg, 1940 nach Absetzung Pfarrer Ravensburg, 1942–1945 Leiter des Theologischen Amtes der württembergischen Landeskirche, seit 1945 Professor für Systematik,

Religionsphilosophie, Sozialethik Tübingen, 1951/52 Rektor und Präsident der Westdeutschen Rektorenkonferenz, 1954 Professor Hamburg.

THIERFELDER, Andreas, Prof. Dr.phil. 63 f., 344 ff., 348 ff., 355, 368
geb. 15.6.1903, Altphilologe, 1934 Dozent Leipzig, 1937 Rostock, 1941 Professor an der Universität Gießen, britischer Kriegsgefangener Ägypten, dort Dozent (Altphilologe, u. a. für Griechisch) an der Theologischen Schule Lager 380/Ägypten.

TOMKINS, Oliver Stratfort, M.A. DD. 102
geb. 9.8.1908 Hankau/China, 1945 Leiter des Büros des ÖRK London, 1948–1952 gleichzeitig beigeordneter Generalsekretär des ÖRK und Sekretär der Kommission für Glauben und Kirchenverfassung, 1953–1958 Rektor des Theological College Lincoln, 1959–1975 Bischof von Bristol.

TRÜSCHEL, Alfred 298, 328
aus Worms, 1946 Leiter der YMCA Lager 305/Ägypten, Mitglied der CVJM-Gruppe Lager 380/Ägypten.

VANSITTART, Robert Gilbert, Lord Sir 21 f., 32
ständiger Unterstaatssekretär im Foreign Office, bis 1941 Erster Diplomatischer Berater der englischen Regierung, scharfer Kritiker Deutschlands.

VIETINGHOFF, Heinrich von 43
geb. 6.12.1887 Mainz, gest. 23.2.1952 Pfronten-Ried, Generaloberst, zusammen mit dem britischen General Alexander Unterzeichnung der bedingungslosen Kapitulation der deutschen Heeresgruppe Südwest Caserta/Italien.

VIOLA 213
Redner des Political Education Departement, 1946 Besuch Norton Camp/England.

VISSER 't HOOFT, Willem Adolf, Dr.theol.D. 124, 192, 210 ff.
geb. 20.9.1900 Haarlem, gest. 4.7.1985 Genf, Mitglied der Reformierten Kirche, Theologiestudium Leiden, 1924–1931 Sekretär im Weltbund der YMCA, seit 1925 Mitarbeiter an den ökumenischen Weltkonferenzen und wichtiger Organisator der ökumenischen Bewegung, 1928 Promotion, 1931 Sekretär des SCM, 1933 Generalsekretär, 1936 Vorsitzender, 1937 Aufbau des ÖRK, Mitorganisator der Weltkonferenz für Glauben und Kirchenverfassung Edinburgh, 1938–1966 Generalsekretär des ÖRK Genf, 29.7.1946 Besuch Norton Camp/England.

VOIGTLÄNDER, Klaus 251 f.
geb. 9.9.1922 Zerbst/Anhalt, 1946 Mitglied der Bruderschaft und Schüler des Theologischen Seminars Rimini/Italien.

VOLKENAND, Berthold 64, 348 f.
geb. 23.3.1894, Pfarrer aus Gelnhausen, 1922 Pfarrer Obergude/Kurhessen, Kriegsgefangener Lager 305/Ägypten, Dozent für Altes Testament und Bibelkunde an der Theologischen Schule Lager 380/Ägypten, Januar 1947 Repatriierung.

WABNITZ, Friedrich, Dr. 239, 246, 251–255, 265
geb. 1908, gest. 17.10.1972 Mailand (ermordet), seit 1934 Pfarrer der deutschen evangelischen Gemeinde Mailand/Italien, 1945/46 deutscher Vertreter des ÖRK Genf und seiner Ökumenischen Kommission für die Pastoration der Kriegsgefangenen, Mai 1946 Mitglied der Pfarrkonferenz Cervia/Italien.

WAGNER, Horst 334
geb. 9.5.1910, Diplom-Kaufmann aus Gießen/Lahn, 1947 Kriegsgefangener Lager 380/Ägypten, Schüler der dortigen Theologischen Schule und Mitglied der dortigen CVJM-Gruppe.

WAHLER, Oskar L., OSB 163, 230 f.
Benediktinerpater, Abtei Trier, Leiter der Katholischen Abteilung Norton Camp/England, Dozent beim Jugendleiterkurs, 12.11.1946 Teilnahme am Treffen des Planungsausschusses für die Jugendleiterkurse Norton Camp, Mitglied des Auswahlkomitees für den Jugendleiterkurs, 30.3.–5.4.1948 Teilnahme an der Konferenz der evangelischen Lagerpfarrer Großbritanniens London.

WALLMANN, Gerhard 209
Vikar der Evangelisch-lutherischen Landeskirche Hannovers, Schüler der Theologischen Schule Norton Camp/England, im II. Semester (7.1.–10.4.1946) Kursleiter (noch als Vikar) an der Theologischen Schule, 15.5.1946 Ordination zum Lagerpfarrer Norton Camp.

WALTHER, Herbert 229
Pfarrer aus Rheinhessen, Kriegsgefangener Norton Camp/England, Sommersemester 1947 und Wintersemester 1947/48 Leitung des Laienkurses, 30.7.–19.8.1947 Teilnahme an der 15. Freizeit für Lagerpfarrer und Vortrag, Wintersemester 1947/48 Dozent für Altes und Neues Testament.

WATZDORF, Bernhard von 34
geb. 10.9.1925 Dresden, seit 1944 Soldat, Mai 1945–Frühjahr 1947 Kriegsgefangener Italien, 1.11.1946–Frühjahr 1947 Mitarbeiter des deutschen CVJM-Sekretariats Miramare/Italien, maßgeblich verantwortlich für die Lagerzeitung „Bereitschaft", 9.6.1947 Verlegung nach England, 4.7.1947–1948 Kriegsgefangener Norton Camp/England, 20.1.1948 Repatriierung, Verlagsbuchhändler, seit Januar 1963 Leiter der Öffentlichkeitsarbeit des ZDF, später freier Mitarbeiter.

WEDELL, Eberhard 223
Anfang Januar 1947 Besuch Norton Camp/England zur Klärung organisatorischer Fragen bezüglich der SCM-Arbeit.

WEIZSÄCKER, Carl Friedrich Freiherr von 382
geb. 28.6.1912 Kiel, seit 1937 Privatdozent für theoretische Physik Straßburg, 1937 Erfindung der „Weizsäcker-Formel", 1945 Internierung Farmhall/England, seit 1946 Abteilungsleiter am Max-Planck-Institut für Physik und als Honorarprofessor Göttingen, 12.4.1957 Hauptinitiator der „Erklärung der Göttinger Achtzehn", 1957 Professor und Direktor des Philosophischen Seminars der Universität Hamburg, 1970–Juni 1980 Leitung des Max-Planck-Instituts Starnberg.

WESTER, Reinhard, D. 57, 62, 301 f., 309, 315, 328, 344, 347, 354, 366 ff.
geb. 2.6.1902 Wuppertal-Elberfeld, gest. 16.6.1975 Fissau/Eutin, 1929 Ordination und Jugendpfarrer Kiel, 1932–1947 Pfarrer Westerland, 1936 Vorsitzender des schleswig-holsteinischen Landesbruderrates, Soldat, Lagerpfarrer während der Gefangenschaft in Ägypten, Lehrer an der Theologischen Schule Lager 380/Ägypten, November 1946 zum Dekan der kriegsgefangenen evangelischen Pfarrer im Mittleren Osten ernannt, Dezember 1946 Repatriierung, 1947–1967 Bischof von Schleswig, 1957–1965 als Bischof Landesbevollmäch-

tigter für den diakonischen Dienst, Beauftragter des Rates der EKD für Umsiedler- und Flüchtlingsfragen, 1960/61 Mitglied des Rates der EKD, 1964–1967 Vorsitzender der schleswig-holsteinischen Kirchenleitung Kiel.

WILHELM I., der Eroberer   170
geb. um 1027 Falaise bei Caen, gest. 9.9.1087 Rouen, seit 1035 Herzog der Normandie, seit 1066 König.

WILHELM, Hans-Eberhard, Dr.phil.   52, 276 f.
geb. 22.9.1907 Berlin, gest. 6.11.1962 Wuppertal, 1931 I. Staatsexamen Philologie, 1932–1938 wissenschaftliche Hilfskraft an der deutschen Hochschule für Leibesübungen, seit 1939 Soldat, Leutnant, seit Mai 1945–1947 britischer Kriegsgefangener, 1946 Laienmitglied im Lehrpersonal des Theologischen Seminars Rimini/Italien, 1947–1950 Dozent für Griechisch und Latein Neuendettelsau, 1949 I. Theologisches Examen Ansbach, 1949–1962 Dozent Kirchliche Hochschule Wuppertal, 1951 II. Theologisches Examen.

WILKE, Hartmuth, Dr.   230 f.
Pfarrer aus Sinntal, Religionserzieher an der Pädagogischen Schule Norton Camp/England, 12.11.1946 Teilnahme am Treffen des Planungsausschusses für die Jugendleiterkurse Norton Camp.

WILLIAMS   238, 266 f.
1945/46 britischer Supervising POW Chaplain Reverend in Italien.

WILLIAMS, Georg   261 f.
englischer Kaufmann, Mitte 19. Jahrhundert Begründer der YMCA, Ehrenbürger Londons.

WILLIAMS, Rheinallt   91
Theologe, Ende 1945 Nachfolger von Charles E.B. Cranfield in Italien.

WILLIS, Frank, Sir   162
1948 Generalsekretär des britischen YMCA.

WILSON, William Iain Girwood   90, 246, 249, 325
geb. 21.3.1912, 1938 Ordination, 1939–1945 britischer Militärpfarrer, Colonel, Chief Chaplain, 1945 Verbindungsmann zur evangelischen Kirche in der britischen Besatzungszone, 1946 Chief Chaplain im amerikanischen Hauptquartier Livorno/Italien, 1946/47 Assistant Director der Religious Affairs Branch, 1948 Deutschlandreferent der Wiederaufbau-Abteilung des ÖRK, 1949 Pfarrer USA, dann Associate Professor of Bible am Davidson College/North Carolina.

WÖLBER, Hans-Otto, Dr.theol.   236
geb. 22.12.1913 Hamburg, gest. 10.8.1989 Hamburg, 1942 Ordination, Leutnant, Kriegsgefangener Lager 6a Rimini/Italien, 1945–1956 Landesjugendpfarrer Hamburg, 1956 Hauptpfarrer, 1964–1987 Bischof der hamburgischen Landeskirche, 1967–1970 Mitglied des Rates der EKD, 1969–1975 Leitender Bischof der VELKD.

WOLFF, Heinz   277
geb. 1912, 1939 Ordination, 1946 als Obergefreiter Lagerpfarrer Lager 2 Rimini/Italien, Dozent für Bibelkunde am Theologischen Seminar Rimini.

WÜNDERLICH, Helmut   267
geb. 22.12.1923 Leipzig, Leutnant in der Enklave Rimini/Italien, später Superintendent.

WURM, Theophil, D.   57, 100, 188, 291, 301, 305, 327, 363
> geb. 7.12.1868 Basel, gest. 28.1.1953 Stuttgart, 1927 Prälat Heilbronn, 1929–1949 württembergischer Kirchenpräsident (seit 1933 Titel „Landesbischof"), seit 1941 führend im „Kirchlichen Einigungswerk", 1945–1949 erster Ratsvorsitzender der EKD, 1948 Delegierter der EKD auf der Weltkirchenkonferenz Amsterdam.

ZERNOFF [ZERNOV], Nicolas, Prof. Dr.phil.   213
> geb. 9.10.1898 Moskau, gest. 25.8.1980 Oxford, russischer Emigrant, 1925–1930 einer der Generalsekretäre der Russischen Christlichen Studentenbewegung Paris, Wintersemester 1946/47 Vorlesung Norton Camp/England, seit 1947 University Lecturer für Orthodoxe Kultur Oxford.

ZIEKUR, Herbert   47, 235 ff., 270
> geb. 20.9.1905, 1931 Ordination, 1936 Heerespfarrer Breslau, 1945 Wehrmachtoberpfarrer Lager 6a Rimini/Italien, Mitglied der „Michaelskette", Deutsches Hauptquartier Bellaria/Italien.

ZINZENDORF, Nikolaus Ludwig Graf von Z. und Pottendorf   285
> geb. 26.5.1700 Dresden, gest. 9.5.1760 Herrnhut, ev. Theologe und Liederdichter.

ZUNTZ, Dr.   202
> aus Oxford, im II. Semester (7.1.–10.4.1946) Vortrag im Rahmen der politischen Schulung Norton Camp/England.

INSTITUTIONEN-, ORTS- UND SACHREGISTER

Die Namen von Zeitungen erscheinen in Kursivdruck

Abano Terme 50, 264
Abiturlehrgang (Reifeprüfung und
  -zeugnis) 34, 39, 93, 199, 205,
  213, 215 f., 231, 292, 348 f., 352
Ägypten/Mittlerer Osten/Suezkanal-
  zone 15 f., 18, 20, 24, 43, 50, 53,
  66 f., 90, 153, 161, 180, 267,
  295–383
  – vgl. auch Theologische Schulen
A-Leute 20, 368
  – vgl. auch Screening
Alexandria 58, 310, 316, 329, 364,
  367 f.
Algerien 43
Alliierte 24, 30, 43 f., 60, 82, 91,
  121, 124, 126, 143, 153, 162,
  239, 252, 254 f., 281, 322, 332,
  338, 342 f.
Alte Sprachen (Latinum, Graecum,
  Hebraicum) 39, 51, 61, 63 f., 93,
  120, 163, 177, 182, 198–201, 206,
  214, 216, 277, 282, 304, 316,
  344–349, 363, 366, 368, 372 ff.
Altes Testament 51, 64, 198, 267,
  277, 298, 316, 345, 348 f., 366,
  368, 374
Altpreußische Union, Ev. Kirche der
  106, 208, 210
Amerikanische Lager 252, 274 ff.
Amerikanische Militärbehörden 277,
  291
Amerikanischer Gewahrsam 43, 45,
  250
Amsterdam 262
Ancona 265
Anglikanische Kirche 58, 114, 153,
  189, 218, 227
Anthropologie 39, 199

Apostolischer Delegierter für Groß-
  britannien 76
Arbeitsgemeinschaften 28, 50, 264
  – vgl. auch Ev. Arbeitsgemein-
  schaft im Winterlager Rimini
Arbeitskompanie 2719 320
Arbeitslager 75
Augustana-Hochschule Neuendettel-
  sau 52 f.
Auschwitz 306
Austauschpfarrer 40, 58, 65, 91 f.,
  130, 149, 190, 193, 351 f.
Australien 169

Bad Salzuflen 79, 337
Baden, Ev. Landeskirche 210
Baptismus 114, 120
Bari 252 ff.
Bayern, Ev.-Luth. Landeskirche 17,
  49, 52 f., 57, 112, 209, 239, 276,
  291, 346, 378
Barmer Theologische Erklärung 48
BBC (British Broadcasting Compa-
  ny) 30
Bekennende Kirche 32 f., 56, 90,
  101, 112, 153, 294, 299, 301 f.
  – vgl. auch Barmer Theologische
  Erklärung; Deutsche Christen;
  Kirchenkampf
Belgien 143, 332, 339
Bellaria 44 f., 49, 235, 239, 243,
  264 f., 268, 270 ff., 277
  – deutsches Hauptquartier 48, 243
  – Lager 6a 48, 50, 268, 270, 276,
  291
  – vgl. auch Lagerschulen
Bereitschaft (in England) 36 f., 48,
  137